인간행동과 사회환경

인간행동과 사회환경

한만봉 · 배상목 지음

한국학술정보㈜

| 머리말 |

인간은 무엇 때문에 사는가, 혼자 살 수 있는 존재인가 아니면 공동체만이 인간을 인간답게 만들 수 있는가 등을 우리는 알아야 한다. 인간행동과 사회환경을 통해 우리의 정체성을 찾아야 할 것이다.

어디서 와서 무엇 때문에 사는가를 찾는 것이 종교라면, 인간행동과 사회환경에서는 인간의 삶의 양식과 변화를 구체적으로 알아가는 과정을 연구하는 것이다. 이 세상에는 다양한 종족과 인종이 더불어 살아간다. 때로는 갈등하기도 하고, 때로는 영토 확장과 나의 이상과 욕심을 불태우기 위해 타인을 죽이기도 하며, 전쟁을 하기도 한다. 똑같은 상황으로 사람을 죽였더라도 전쟁 시에 죽이면 영웅이 되고, 전쟁이 아닌 평상시에 죽이면 살인이 된다. 보는 관점에 따라 달라진다는 이야기이다. 인간행동과 사회환경도 인간이 처해 있는 상황과 여건에 따라 해석이 달라질 수 있다. 언제나 동일한 답이 정답은 아니다.

다양한 각도에서 인간행동과 사회환경을 풀어 나가도록 하겠다. 이 책을 출판함에 있어서 도움을 주신 모든 분들께 감사를 드린다.

고려대학교 인문대학 학장님이셨던 김동규 교수님, 고려대학교 부총장님이셨던 표시열 교수님, 성균관대학교 박사과정에서 잘 지도해주셨던 정덕희 교수님, 한민대학교 학습관장님이신 김두흠 박사님, 고려사이버신학 원격평생교육원 유돈식 총장님, 예수대학 사회복지과 엄정순 선생님 이하 모든 분들께 감사를 드린다.

모쪼록 이 책을 통하여 인간행동과 사회환경을 잘 파악하여 인간다운 삶을 영유했으면 한다. 길다면 길고, 짧다면 짧은 인생을 보람되고 의미 있게 사는 것이 중요하리라 본다.

고려대학교 도서관에
한만봉 · 배상목 씀

| 차 례 |

I

인간행동 제 논의

1. 인간행동

인간은 사회를 떠나서는 살 수가 없다. 독립적이고 고립적인 삶을 살 수도 있지만 그것이 인간이 인간다운 삶을 영위하게 하지는 않는다. 좋든 싫든 인간은 무리지어 생활한다. 가족이라는 무리에서부터, 사회, 조직, 단체, 국가, 세계 등 많은 조직과 무리 속에서 상호 도움을 주기도 하고, 도움을 받기도 한다. 즉, 인간행동에 사회화가 존재한다는 이야기이다.

인간은 타인에게 긍정적인 영향을 주기도 하고, 부정적인 영향과 갈등을 주기도 한다. 사회 속에서 인간은 공동체를 배우기도 하고, 더불어 살아가는 방법을 터득하기도 한다. 이런 가운데 인간의 행동은 중요한 영향을 미친다.

인간행동에 있어서 개인적인 지적수준과 감성의 차이, 성격의 차이에 의해서 다양한 표현과 발현이 나타날 수 있다. 어떤 것이 정답이라고 성급하게 결론 내려서는 안 된다. 그가 처해 있는 사회와 환경에 따라 다양하게 접근해야 한다. 인간행동과 사회환경은 다양성의 발현이다. 사회조직의 다양성에 적응하고 순응하며, 때로는 변화를 유도하는 적극적인 행동이며 삶인 것이다.

인간행동과 사회환경의 관점과 목표는 인간이다. 인간을 떠나서 인간행동과 사회환경을 말할 수 없다. 그것이 동물적이든, 신적이든, 긍정적이든지, 부정적이든지, 모두 인간에 목표를 두고 시작하고, 결론에서는 인간을 위한 것이 되어야만 한다. 백인이든지, 흑인이든지, 황색인이든지 그 외형적인 피부색으로 인간을 평가하거나 인간을 구속해서도 안 된다. 동등한 인격체로서 인간을 보아야 하고, 인간행동을 관찰해야 한다.

1) 인간행동의 개관

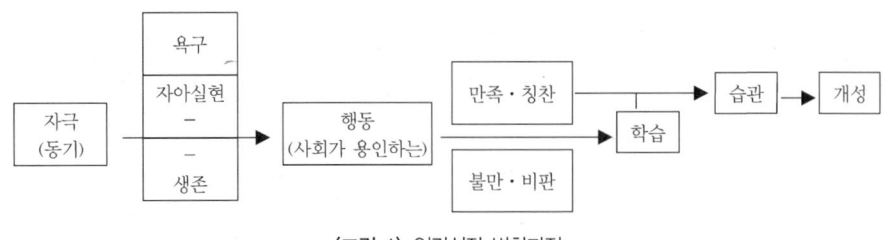

〈그림 1〉 인간성장 변화과정

2) 인간행동의 과정

인간행동의 과정(행동하는 인간의 측면에서 본 과정)을 설명하면 다음과 같다.

(1) 욕구

• 선천적 욕구 - 생물계통적 욕구

  후천적 욕구 - 사회화된 욕구

• 무의식적 욕구 - 혼란과 혼돈의 욕구

  의식적 욕구 - 삶에 대한 욕구

(2) 동인

욕구를 일으키는 것을 말한다. 예를 들어 배고프면 먹는 행동을 말하는데 이때 배고픔이 먹는 행동의 동인이 된다. 무엇을 먹을 것인가는 사회화가 결정한다. 그러나 욕구가 없어도 습관적으로 행동하기도 한다.

(3) 학습

동인(drive) - 단서(cue) - 반응(response) - 보상(reward).

인간의 행동은 보상을 받은 방향에서 강화되고 보상을 받지 못하는 경우는 점차 소거된다.

(4) 습관

보상확률이 높은 것은 반복되고, 일정한 틀을 확립하게 되는 습관을 형성을 한다.

3) 환경에 의한 행동규제

인간의 행동을 하도록 하는 방향의 기제도 있지만, 인간의 행동을 하지 않도록 하는 방향의 기제도 있다.

(1) 사회적 환경에 의한 행동 규정
  • 남성의 역할, 여성의 역할, 장유유서, 남녀유별 등

(2) 문화적 환경에 의한 행동 규제
  • 어른에게 자리양보
  • 해 색칠하기 – 서양: 노란색, 동양: 빨간색
  • 행동방향의 왜곡현상이 발생하기도 한다.
  • 문화의 차이에 의한 의식화 교육은 삶을 보는 관점을 다르게 한다.

4) 개인차의 조망

인간의 소외나 다툼 및 갈등은 타인의 행동을 이해하지 못하거나 안하고 있기 때문이다. 개인행동을 이해하는 다양한 기법들에 대해 알아보는 이유는 나와 다른 사람들의 행동의 원인과 패턴을 이해함으로써 다툼과 갈등의 소지를 줄일 수 있기 때문이다.

(1) 개인차

개인 능력을 최대 활용한다는 것은 오늘날의 경영 또는 행정에 있어서 중요한 문제가 된다. 삶의 방식 변화를 유추할 수 있다.

① 개인차의 측정

② 표준화 검사

가. 규준(norms)

심리를 측정하고 일정한 기준에 의해 점수화 시키고 비교할 수 있어야 한다.

나. 신뢰도

반복해도 동일한가?

- 검사-재검사 신뢰도
- 반분 신뢰도
- 동형 검사 신뢰도

다. 타당도

측정목표에 맞도록 측정되고 있는가?

- 내용 타당도
- 예측 타당도
- 구성 타당도

(2) 지능·감정·신체면의 특징

① 지능면: IQ(Intelligence Quotient)

가. 지능의 정의와 특성

지능검사의 요소 및 내용

- 언어적 요소(언어이해력, 유창한 언어): 어휘에 의하여 측정
- 숫자적 요소(숫자취급능력): 가감승제의 정확성과 속도
- 지각적 요소: 도안에 있어서 작은 차이를 식별하는 속도
- 추리적 요소: 단어 또는 숫자적 상황에 있어서 상호관련성을 찾아내는 능력
- 공간적 요소: 공간에 배열된 사물의 배열사태를 연상하는 능력에 의해 측정
- 기억력: 지난 일을 기억할 수 있는 능력에 의해 측정

나. 지능과 업무와의 관계
  • 리더십과 정의 관계
  • 창의력과 약한 정의 관계

② 감정면: EQ(Emotional Quotient, 감성지능)

③ 신체면
신체적 특징이 해동방향을 결정짓기도 한다.

(3) 가치관의 차이

① 가치관의 의의
바람직한 것에 대한 관념, 여러 가지 대안행위 중 하나를 선택할 때 사용되는 판단의 기준이나 표준.

② 가치관의 유형
가. 욕구반응적
나. 의존적
다. 자기중심적
라. 동조적
마. 조작적
바. 사회중심적
사. 실존적

③ 개인의 가치관 갈등 유형
개인 내부 갈등, 개인 간 갈등, 조직과 개인 간 갈등의 해결방법: 내가 맞추거나 나에게 맞추게 하거나 신경을 끈다.

(4) 성격의 특징과 차이

성격(personality)은 라틴어 'personare(per: through, ~을 통하여 + sonare: speak, 말하다)'에서 유래 → 무대에서 쓰는 가면이나 탈을 뜻하였음. 오늘날 가면 뒤에 숨겨져 있는 것, 즉 타인과 구별할 수 있는 인상 전체를 뜻하는 말로 변용.

① 성격의 정의

가. 성격의 본질

- 경향성: 행동이나 사고(思考)들에 나타나는 특징적인 양식
- 일관성
- 독특성

나. 성격의 결정요인

- 유전(Heredity): 몸의 형태, 성별, 근육 및 신경계－이런 특징이 욕구와 기대치에 영향
- 상황(Situation): 논리는 있으나 축적된 이론이 부족
- 생활경험(Life Experience)

② 성격연구의 제이론

가. 성향이론

나. 정신역동이론: 프로이트의 심리분석론

- 원초아(id)
- 자아(ego)
- 초자아(superego)

다. 학습이론

라. 현상학적 이론

③ 조직행동에 영향을 미치는 주요성격

가. 권위주의적 성격: 권위에 대한 복종과 강자가 약자를 이끌어야 한다는 믿음

나. 관료적 성격: 복종, 규율에의 순응 중시－정형화되고 반복적인 업무 선호

다. 마키아벨리즘: 자신의 이익을 위해

(5) 성격과 문제해결

성격이 다르면 문제에 대한 인식이 다르고, 문제에 대한 인식이 다르면, 상황에 대한 대처방식이 달라진다. 즉, 성격에 따라 문제해결방식이 다르다. 상대의 성격을 이해한다면 그와 함께 조직의 문제를 해결해나가는 데 있어 많은 도움이 될 것이다.

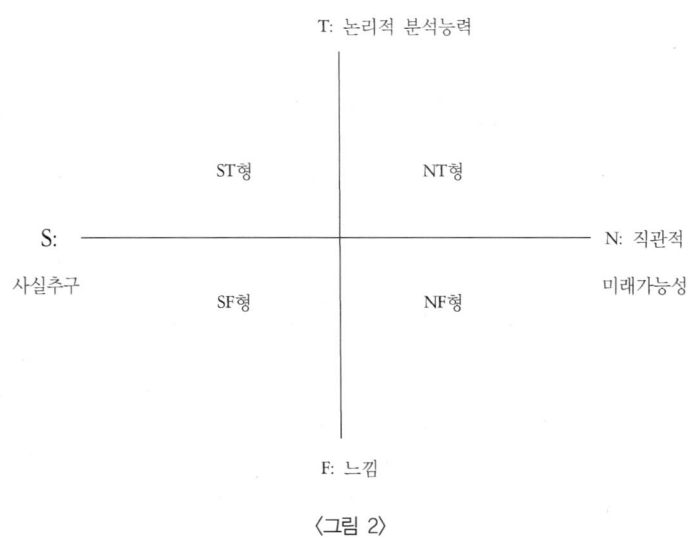

T: 논리적 분석능력

ST형   NT형

S: ────────────────── N: 직관적
사실추구   미래가능성

SF형   NF형

F: 느낌

〈그림 2〉

① 감각적 사고형: ST형
- 단호하고, 사실의 정확한 해석을 포함하는 결정에 탁월하다.
- 어떤 사람은 좋고 어떤 사람은 나쁘며 또 나쁜 사람은 처벌을 받아야 한다고 믿는다.
- 부정적 결과의 가능성에 대해 지나치게 관심을 갖는다.
- 회계, 생산, 품질관리, 공학, 통계 등의 분야에 관심이 있다.

② 직관적 사고형: NT형
- 진보와 이념의 설계자.
- 사업계획이나 아이디어의 세부사항을 수행할 참모의 지원을 받아야 한다.

- 새로운 문제의 해결을 즐긴다.
- 경영, 경제, 철학, 법학, 수학과 같은 분야에 관심을 갖고 있다.

③ 감각적 감정형: SF형
- 실용주의자.
- 추상적 사고를 싫어한다.
- 익숙하지 않은 것을 싫어하고 극단적인 변화에 대해 부정적으로 반응한다.
- 타인이나 고객과의 대인관계가 필요한 직업에 흥미를 느낀다. 판매, 상담, 중재, 인사와 같은 분야에 탁월한 능력을 발휘한다.

④ 주관적 감정형: NF형
- 카리스마적 자질.
- 타인과의 관계가 원만하며 가장 대중적인 관리자로 보인다.
- 타인의 요구에 지나치게 민감하다.
- 정치, 광고, 인적자원관리 등의 직업에서 탁월하다.

5) 이미지 형성의 과정: 지각

(1) 지각의 의의와 과정

① 지각의 개념
환경에 의미를 부여하기 위하여 감각적 자극을 조직화 하고 해석하는 과정

② 지각에 영향을 미치는 요인
가. 외적 요인
- 강도-작은 소리(것)보다는 큰 소리(것)가 인지하기 쉽다
- 규모
- 대비-같은 것도 주변의 효과로 다르게 보인다.

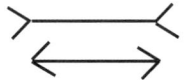

- 반복－세뇌와 같다.
- 움직임－네온사인 광고를 하는 이유.
- 신기함－신기한 것은 쉽게 눈에 들어온다(인식된다).
- 친밀함－잘 알고 있는 것에 편승되어 있는 것은 잘 알고 있는 것과 함께 인식 된다. 선거 캠페인에서 유명한 드라마나 CF송에 맞추어 선거 후보자의 이름 이나 메시지를 맞추려고 하는 이유.

나. 내적 요인
- 동기, 성격, 이해관계, 기대.
- 과도한 경쟁사회에서 인간은 점차 소외되고 있다.
- 인간관계론은 인간이 왜 소외되고 있는지, 어떻게 치유해야 할지에 대한 대 답을 줄 수 있다.

6) 사회적응과 인간관계 교육

(1) 교양적 인간관계: 개인의 사회적응
더불어 살아가는 방법, 타인과의 상호작용과정에 대한 학습이 필요하다.

(2) 학교생활과 인간관계
인간관계에 눈을 뜨기 시작하는 시기이므로 급우관계 및 교사관계에 있어서 인간 관계의 지식과 기술을 체계적으로 교육하는 것이 바람직하다.

(3) 청소년 폭력문제의 원인과 인간관계
① 가정적 원인
② 학교교육
③ 사회문제

(4) 가정폭력과 인간관계

① 정보 사회와 인간성 소외

정보화 사회의 진행은 대면적 인간관계를 맺을 시간과 장소를 줄어들게 하고 있다. 이로 인해 인간의 소외는 사회적으로 큰 문제를 일으키고 있다. 따라서 정보화 속에서도 따뜻한 인간성을 잃지 않을 방법과 기법들을 연구해야 한다. 현대는 정보화 사회이다. 그러나 정보화 사회에 의한 인간관계도 문제를 만들 수 있다.

② 정보화 사회의 역기능
가. 무기력한 인간의 양산
나. 인간적 소외감의 증대
다. 갈등의 증폭화
라. 스트레스의 증대
마. 개인 프라이버시의 침해
바. 신뢰와 익명성의 문제
사. 사이버스페이스에서의 윤리 문제

II

인간행동에 영향을 주는 이론

1. 갈등의 의의

갈등은 나무뿌리가 서로 얽혀있는 모양이거나, 실타래가 엉킨 모양을 갈등 이라고 표현한다. 그것을 풀기가 쉽지 않다. 시간이 오래 걸리며, 정성이 들어가야 풀린다.

미국경영자협회가 실시한 최고관리자 및 중간관리자들에 관한 한 연구에 의하면 평균적으로 관리자들은 약 20%의 시간을 갈등을 처리하면서 보낸다고 한다. 우선 갈등을 어떻게 관리할 것인가는 갈등현상을 어떻게 이해해야 할 것인가 하는 관점(perspective)의 정립에서부터 출발해야 할 것이다.

갈등(conflict)은 동시에 두 가지 이상의 욕구를 가지고 있으나 한꺼번에 충족할 수 없고 양자택일을 해야 할 경우에 경험하는 현상으로 갈등에 대한 정의는 관점에 따라 여러 가지로 정의할 수 있다.

심리적 측면에서는 갈등이란 유기체가 두 개 또는 그 이상의 목표에 직면하여 그 목표들이 지니는 유인가(valence)가 대체로 비슷하나 그 방향이 상반되는 까닭에 유기체가 어떤 위치에서 움직일 수 없는 상태라고 정의한다.

의사결정적 측면에서는 갈등이란 의사결정의 표준메커니즘에 고장이 생겨 행동방안의 선택에 있어서 개인이나 집단이 곤란을 겪는 상황이라고 정의한다.

조직관리적 측면에서는 갈등이란 조직의 한 단위나 단위 자체 구성원들의 목표지향적인 행동이 다른 조직단위구성원들의 목표지향적인 행동과 기대로부터 방해를 받을 때 표현되는 조건이라고 정의하고 있다. 다시 말해서 일반적으로 조직상에 있어 갈등이란 "희소자원이나 업무의 불균등한 배분 또는 처지·목표·가치·인지 등에 있어서의 차이와 같은 원인과 조건으로 인해 개인·집단·조직의 심리·행동 또는 그 양면에 일어나는 대립적인 교호작용"이라고 하겠다. 이러한 갈등의 개념정의는 조직 내의 특정 수준이 아닌 모든 수준에서 발생하는 제 갈등들을 포함한 것으로 그 구체적 세부개념을 살펴보면 다음과 같은 특징들을 찾아볼 수 있다.

첫째, 갈등은 둘 이상의 갈등주체 사이에 발생하는 현상이다. 이때의 갈등주체는 개인이나 집단 및 조직일 수도 있다. 둘째, 갈등은 주체의 심리나 행동 또는 그 양면에 나타난다. 대립적 행동이 노출되지 않더라도 주체가 불안·긴장·적대심 등을 느끼게 되면 이미 갈등이 있는 것이다. 대립적 행동으로 싸움·파괴·이견표출 등 적극적 행동(작위)뿐 아니라 응당 해야 할 말이나 행동을 하지 않는 등 소극적 행위(부작위)도 포함된다. 셋째, 갈등관계는 서로 연관된 일련의 진행단계들로 이루어진 동태적 과정(dynamic process)이다. 즉, ① 갈등원인의 형성, ② 갈등원인의 지각, ③ 심리적 대립감의 형성, ④ 대립적 행동의 표면화가 그것인데, 이러한 제 단계가 끝까지 진행하는 것은 아니다. 넷째, 갈등 발생에는 반드시 그 원인과 조건이 수반된다. 사실상 조직의 모든 구성요소는 갈등 발생의 잠재성을 가지고 있다고 할 수 있다. 그러나 그러한 단순한 존재만으로는 갈등이 발생하는 것이 아니며, 여기에 이러한 조건이 부여될 때, 즉 갈등상황이 조성될 때 비로소 갈등이 발생한다.

로빈스(Stephen P. Robbins)는 조직이론가들의 갈등관으로는 크게 다음과 같은 세 가지가 있다고 주장한다.

첫째는 전통적 견해(traditional view)로서, 갈등은 나쁜 것이고 조직 내에서 역기능(dysfunction)을 나타내기 때문에 조직효과성에 언제나 부정적인 영향을 끼친다고 가정한 것이다. 메이요(E. Mayo)도 갈등은 본질적으로 해로운 것이며, 원만한 인간관계의 결핍증상으로 나타나므로 건전한 조직에 있어서는 일종의 질병에 해당하며, 생산성을 저해하는 원인이라고 인식하였다. 따라서 관리자들의 책임은 조직에서 갈등을 제거하는 일이었다. 이러한 전통적인 주장은 19세기의 조직 및 관리문헌의 지배적인 내용이었고 이는 1940년대 중반까지 지속되었다.

둘째로는 행태적 견해(behavioral view)로서, 갈등이란 조직 내에서 자연적으로 일어나고 있는 현상으로서 당연한 것으로 본다. 갈등은 조직의 성질상 불가피한 것이기 때문에 행태론자들은 갈등의 수용(acceptance of conflict)을 주장한다. 그러나 그들은 능동적으로 갈등을 추구하거나 갈등을 낳게 할 상황적 요인을 만들어 낼 수 있는 아이디어를 제시하지 않고 있다. 즉, 갈등을 불가피한 것으로 받아들이긴 하지만 갈등의 관리 문제를 언급할 때 그들이 의미하는 것은 모두 갈등의 해소(resolution of conflict)를 말하고 있다. 이 행태적 견해는 1940년대 후반부터 1970년대 중반까지 관리 및 조직 이론을 지배해왔다.

셋째로, 가장 최근의 갈등관은 상호작용론적 견해(interactional view)이다. 행태적 관점은 갈등을 수용하는 데 그쳤지만 상호작용론적 입장은 한 걸음 더 나아가 갈등을 고무(encourage conflict)한다는 입장이다. 이는 갈등은 새로운 아이디어를 촉진하며 집단내의 응집성을 향상시키고, 다양한 의견의 투입을 통하여 보다 우수한 의사결정을 초래하고 욕구불만의 탈출구를 제공하는 등 조직에 유익한 기능(순기능)도 수행한다는 주장이다. 상호작용론적 견해가 행태적 견해와 차이를 보이고 있는 것은 첫째, 갈등의 절대적 필요성을 인정하고 있는 점, 둘째, 기능적 대립을 조장하고 있는 점, 셋째, 갈등의 해결방법은 물론 갈등의 자극을 포함하여 갈등의 관리를 규명하고 있는 점, 넷째, 갈등의 관리를 모든 관리자들의 주된 책임이라고 생각하는 점 등이다. 그러므로 상호작용론적 견해는 갈등이란 전적으로 옳은 것도 전적으로 나쁜 것도 아니라고 생각하기 때문에, 조직의 관리자는 모든 갈등을 억제하거나 제거해서는 안 되고 그 해로운 점을 최소한으로 줄이고 이로운 점을 최대한으로 신장시켜야 한다는 이론이다.

이상과 같이 살펴본 세 가지 갈등관과 관련하여 오늘날 대부분의 관리자들이 상호작용론적 접근을 시도하고 있다고 일응 간주할지도 모른다. 그러나 그것은 너무 순진한 생각이며 실제로는 갈등을 파괴적인 것으로 간주하는 전통적 견해, 이를테면 반갈등적 가치관이 우리의 조직문화(organizational culture) 속에 고착되어 있다. 즉, 갈등은 긍정적 측면이 있는데도 그것이 우리 문화 속에서 억압되고 있다는 것이다. 그러면 관리자들이 갈등을 부정적인 것으로 보고 갈등에 대해 불안해하는 이유는 어디에 있는가? 이것은 인간의 사회화과정에 있어 주역할을 담당하는 가정·학교·사회 등이 지금까지 어릴 때부터 반갈등적 가치관을 조장하여 왔기 때문이다. 즉, 부모나 교사나 사회적 지도자들 모두가 '의견의 불일치는 불행의 근원이 된다는 신념'을 강화해 왔으며, 그 결과 우리들 대부분은 '반응할 수 없는 권위'를 시인하는 관습과 더불어 성장해 온 데서 기인한다. 그리고 관리자들도 자기 직무에서 갈등이 적을수록 더 많은 보상을 받아 왔으며, 갈등해소와 갈등관리를 구별하려고 하지 않아 온 것이 사실이다. 그러나 분명한 것은 조직이 활력을 유지하고 그 존속가능성을 증대시키며 조직효과성을 제고하려면 조직에 있어서 갈등은 반드시 필요하다는 사실이다.

2. 갈등의 기능: 양면성적 이해

갈등의 기능과 관련하여 보는 두 가지 입장은 갈등을 역기능적인 측면에서 보는 입장과 기능적 측면에서 보는 입장이라고 할 수 있다. 이제 갈등이 조직 및 집단에 미치는 기능과 역기능 혹은 편익(benefits)과 비용(cost)을 균형·통합·안정·창의성과 쇄신성이라는 측면에서 분석해 보면 다음과 같다.

1) 균형(equilibrium)적 측면

갈등은 개인과 조직 및 집단의 균형을 깨뜨리고 불안과 무질서를 초래할 수 있다. 그러나 갈등에 의해서 초래되는 불균형으로 인하여 정태적이고 비발전적인 개인과 조직 및 집단의 동태적인 성장·발전의 계기를 맞이할 수도 있는 것이다.

2) 통합(integration)적 측면

갈등은 개인과 조직 및 집단의 통합과 조화를 파괴할 수도 있다. 그러나 조직이나 집단이 외부집단과 경쟁이나 마찰 등의 갈등을 벌이는 경우 조직의 내적 응집성(cohesiveness)과 조직성원의 충성심의 향상을 가져올 수 있으며, 또한 조직 내부의 갈등이 있은 연후에 조직의 새로운 조화와 통합력의 향상을 볼 수 있는 것이다. 노사 간의 갈등이나 정당 간의 갈등은 흔히 새로운 타협점을 발견하여 기존 질서를 보완하는 것이다. 역동적인 새로운 힘이 계기가 되어 조직이 새로운 조건을 형성하고 생존해 갈 수 있는 것이다.

3) 안정(stability)적 측면

갈등은 개인이나 조직 및 집단에 불안과 긴장을 조성한다. 그러나 어느 정도의 갈등과 긴장은 발전과 생산성의 향상을 위하여 필요한 '개인적 및 사회적 비용(personal and social cost)'[1]이라고 묘사할 수 있다. 최적의 불안은 오히려 동태적인 변화·발전의 돌파구를 제공하여 준다. 갈등은 경비를 만들어 내게 된다. 음으로든, 양으로든 비용이 발생한다.

4) 창의성(creativity) · 쇄신성(innovation)적 측면

극단적 갈등은 조직 내의 창의성과 쇄신성을 질식시킨다. 그러나 어느 정도의 갈등은 오히려 조직 내에 참신한 아이디어(fresh idea)를 생성케 한다. 갈등이 전혀 없는 집단(conflict-free group)은 정태적인 경우가 많으며 구성원이 자기 능력 이하의 업적밖에 내지 못하는 경우를 흔히 볼 수 있는 것이다.

이상과 같이 갈등은 양면적 기능을 가지고 있는데 현실적으로 특정한 갈등이 조직에 대하여 기능적이냐 역기능적이냐 하는 것을 판단하기란 어려운 때가 많다. 따라서 그때는 그 갈등이 조직의 생산성(productivity) · 안정성(stability) · 적응성(adaptability)을 향상시키느냐 저하시키느냐에 따라서 갈등기능을 판단해야 한다.[2]

지금까지 갈등의 역기능적 측면과 순기능적 측면을 살펴보았으나 갈등 그 자체는 역기능적이지도 순기능적이지도 않다는 사실을 고려할 때 하나의 통합된 인식체계를 가질 필요를 느낀다.

지금까지의 갈등의 기능에 관한 우리의 논의를 요약하자면 지금까지의 갈등연구의 동향은 대체로 갈등을 병리적인 현상으로 보아 제거해야만 할 대상으로 파악하는 관점이 유력했으나 이제는 갈등의 불가피성을 강조하며 그것의 긍정적인 측면도 함께 고려하는 방향으로 나간다는 것이다. 모든 갈등이 부정적인 것이 아니며 일정수준의 갈등은 개인 및 조직의 성과에 긍정적 효과를 기대할 수 있는 것이다. 요컨대 이제는 갈등의 해소와 갈등의 관리를 개념적으로 구별할 필요가 있는 것이다. 즉, 갈등의 해소는 갈등의 발생을 막거나 일단 발생한 갈등을 제거하거나 감소시키는 것을 말하는데 비하여, 갈등의 관리란 적극적인 의미에서 조직체계에 유익한 갈등을 유발하고 발생한 갈등을 조직체계를 위해 순기능적으로 작용하도록 유도하는 것이라는 것이다. 물론 우리의 연구의 중점은 갈등의 해소가 아닌 갈등의 관리에 놓여야 할 것이다.

---

1) Kenneth Boulding, *Conflict and Defense* (New York : Harper & Row, 1952., pp.305 - 307.

2) Louis R. Pondy, "Organizational Conflict : Concepts and Models," *Administrative Science Quarterly* (Sep. 1967), pp.307 - 308.

3. 갈등유형과 갈등과정모형

갈등의 유형은 매우 다양하게 분류될 수 있다. 조직에 이로운 것인가 아니면 해로운 것인가를 기준으로 순기능적 갈등과 역기능적 갈등이 구별될 수 있음은 기술한 바 있거니와 이 밖에도 갈등주체, 조직체제, 갈등의 진행과정, 갈등상황, 갈등관리전략 등을 기준으로 해서도 유형분류가 가능할 것이다. 폰디(L. Pondy)는 조직체제를 기준으로 하여 3가지 유형으로 분류하고 있는바, 부족한 자원을 둘러싼 이해당사자 간의 갈등을 협상적 갈등(bargaining conflict), 계층제의 상하 간에 발생하는 갈등을 관료제적 갈등(bureaucratic conflict), 계층제의 동일수준에 있는 기관 또는 개인 간의 수평적 갈등을 체제적 갈등(systems conflict)이라고 부르고 있다.[3]

그러나 보다 일반적인 것은 갈등의 주체를 기준으로 한 분류로서 마치(March)와 사이먼(Simon)은 개인적 갈등, 조직상의 갈등, 조직간 갈등으로 구분하는가 하면, 로빈스(S. Robbins)는 개인 간의 갈등, 조직 간의 갈등, 조직 내적 갈등으로 구분하였다.

심리학자들에 의하면 개인갈등은 긴장(stress)과 밀접하게 관련되는 것으로 좌절갈등, 목표갈등, 역할갈등으로 구분될 수 있다.

1) 좌절갈등(frustration conflict)

좌절은 어떤 동기화된 충동(motivated drive)이 원하는 목표에 달하기 전에 장애물에 의해서 저지당할 때 일어난다. 이러한 장애는 외형상으로 나타날 수도 있고 잠재적인 것일 수도 있다. 개인이 좌절감을 느끼게 되면 그는 곧 방어기제(defense mechanism)로서 여러 가지 반응행동을 취하게 된다. 예를 들면 갈증을 느끼고 있는 사람이 우물물을 마시기 위해 나가려고 하는데, 문이 잠겨 있다고 한다면 그는 욕구좌절을 느끼게 될 것이다. 이 경우 좌절감을 느낀 그는 방어기제로서 ① 공격(aggression), ② 철회(withdrawal), ③ 집착(fixation), ④ 타협(compromise)의 4가지 반응을 통하여 좌절된 욕구를 해소코자 할 것이다.

이 방어기제는 개인에게 나쁜 것이 아니라 개인의 심리적 적응과정에서 중요한 역

---

3) Louis R. Pondy, "Varieties of Organizational Conflict", *Administration Science Quaerterly*, Vol. 14, No. 4 (Dec. 1969), p.499.

할을 수행한다. 때로는 좌절이 성취의욕이나 신념이 강한 개인에게는 그 극복노력을
더욱 자극함으로써 조직성과에 긍정적 영향을 미칠 수도 있다. 단지 그 방어메커니즘
이 개인의 퍼스낼리티를 전면적으로 지배하게 될 때 그것은 '건강하지 못한 것'이 되
며 따라서 갈등관리의 목표는 좌절을 초래하게 될 잠재적 · 현재적 장애물을 제거하
는 데 두어야 할 것이다.[4)]

2) 목표갈등(goal conflict)

좌절갈등은 단일동기가 목표에 도달하기 전에 장애물에 직면한 경우인 데 비해서,
목표갈등은 둘 이상의 동기들이 서로 간에 장애가 되는 경우를 말한다. 이 목표갈등
은 밀러(Miller)와 돌라드(Dollard)에 의해 처음으로 제시된 것으로서,[5)] 목표의 성격과
경쟁여부에 따라 세 가지 유형으로 구분된다.

(1) 접근 – 접근갈등(approach–approach conflict)

개인이 두 가지 이상의 긍정적인 목표에 접근(목표추구)하려 하지만, 그 목표가 상
호배타적인 경우에 발생하는 갈등이다. 즉, 두 개의 긍정적 유인가(valence)가 동시에
나타났을 때 어느 것을 선택할지 망설이는 상태의 갈등이다. 예컨대 2가지 매력적인
일자리를 놓고 하나를 선택해야 할 때 느끼는 갈등이다. 이러한 갈등상태를 페스팅거
(Festinger)는 인지부조화(cognitive dissonance)의 한 상태로 보려고 하였다.

(2) 접근 – 회피갈등(approach–avoidance conflict)

목표에 접근하려 함과 동시에 피하려는 상태에서 일어나는 갈등이다. 조직 내의 개
인이 갖는 하나의 목표가 긍정적 성격과 부정적 성격을 동시에 내포하는 경우로서,
즉 긍정적 유인가와 부정적 유인가가 동시에 나타날 때 겪는 갈등으로서, 예컨대 종
업원이 임금은 많이 받고 싶으나 위험한 작업은 담당하기를 꺼리는 경우와 같다.

---

4) Fred Luthans, *Organizational Behavior* (N.Y : McGraw–Hill Book Company 1885), pp.386 – 391.

5) N.E. Miller and J. Dollard, *Social Learning and Imitation* (New Haven : 1941).

(3) 회피 – 회피갈등(avoidance–avoidance conflict)

2개 이상의 목표가 부정적이고 상호배타적인 경우, 이의 접근을 피하는 데서 발생하는 갈등이다. 즉, 부정적 유인가가 동시에 나타날 때 생기는 갈등으로서 예컨대 출근도 하기 싫고 그렇다고 상사로부터 질책을 받는 것도 두려워하는 경우에 생기게 되는 심적 갈등을 들 수 있겠다.

3) 역할갈등(role conflict)

조직 내의 구성원들은 다양한 기능을 수행함으로써 각각 상이한 역할을 맡을 수도 있고, 여러 사람이 같은 종류의 역할을 담당할 수도 있으며, 또한 한 사람이 동시에 여러 가지 역할을 수행할 수도 있다. 이 경우 역할(role)이란 "집단이나 조직 내에서 특정직위(position)를 가진 자들이 해야 할 것으로 기대되는 행위"[6]로서 직무수행에 커다란 영향을 미친다. 그런데 이 같은 역할이 어느 개인에게 복합적으로 부여될 때, 그 개인은 역할갈등을 느끼게 된다. 예를 들면 제일선 감독자의 경우, 그에 대한 관리집단의 일원으로서 맞이하는 상부의 기대와 자기의 출신집단인 근로자집단으로부터의 기대가 서로 다르기 때문에 갈등을 경험할 수 있는 것이다. 이 역할갈등에 대해 개인이 대처하는 간단한 패턴은 없으며, 그것은 개인의 퍼스낼리티와 개인 간 관계의 특성에 따라 영향을 받는다. 예를 들면, 개인의 퍼스낼리티가 내성적이기보다 외향적일수록, 그리고 개인 간 관계가 신뢰적이고 우호적일수록, 갈등의 해결도 성공적으로 이루어지기 쉽다. 결국 역할을 회피하는 것은 장기적으로 볼 때 자기패배적이므로 관리자가 개인의 역할갈등을 해결하기 위해서는 다음과 같은 방법의 이용이 고려될 수 있다. 즉, ① 직무 간의 상호의존성을 줄일 수 있도록 조직구조를 개편하며, ② 감수성 훈련(sensitivity training)과 같은 개인 간 관계를 개선하기 위한 훈련을 실시하여 관용과 상호성을 기르며, ③ 사회적 접촉(social interaction)의 기회를 증대시킴으로써 조직구성원의 개인적 관계를 개선한다는 것 등의 방법이 그것이다. 그리고 또 하나 알아두어야 할 것이 갈등 상황인 것이다. 갈등상황(conflict situation)이란 갈등이 야기될 수 있는 조직 내의 상황 또는 조건으로서, 잠재적 갈등이라고도 할 수 있고 갈등의 원인이라

---

6) John R. Schermerhorn Jr., J.G. Hunt and R.N. Osborn, *Managing Organizational Behavior* (N.Y; John Wiley and Sons Inc. 1982), p.453.

고도 할 수 있다. 그러나 이러한 원인이나 상황은 행동주체들에 의해 지각되지 않을 수도 있고 구체적인 갈등관계가 형성되기 전에 소멸될 수도 있기 때문에 갈등의 필요조건일 뿐이지 필요충분조건은 못된다. 갈등상황은 갈등을 유발하거나 그 출처가 될 수 있는 조직상의 제 요인과 갈등 사이를 연결해 주는 조건이기 때문에 일종의 매개변수(intervening variables)라 할 수 있다. 즉, 거의 모든 조직요소들을 갈등의 원인이라 한다면, 갈등상황은 갈등의 근원이라고 할 수 있겠다. 지금까지 살펴본 갈등의 제 모형에서도 논자마다 갈등의 원인, 즉 갈등상황을 언급하였으며, 데슬러(G. Dessler)는 한 연구를 인용하여 다음과 같이 갈등 야기 원인을 11가지로 분류 제시하고 있다. 즉, ① 몰이해(의사통로의 실패), ② 개성의 충돌, ③ 가치와 목표의 차이, ④ 표준 이하의 성과, ⑤ 방법에 대한 상이성, ⑥ 책임문제, ⑦ 협력의 결여, ⑧ 권위문제, ⑨ 좌절과 흥분, ⑩ 제한된 자원을 둘러싼 경쟁, ⑪ 규칙과 정책에의 불순응성 등이 그것이다.[7] 그리고 리터러(J. Litterer)는 갈등상황을 ① 다수의 목표가 상충되는 상황, ② 상충되는 수단이나 자원배분, ③ 지위의 부조화, ④ 지각의 차이 등 4가지로 요약 설명하고 있다.[8]

조직 내 개인들 간에 갈등을 발생시키는 요소들은 다양하다. 마치(March)와 사이먼(Simon)은 개인 간 갈등의 요소를 합동의사결정의 필요성의 존재, 목표의 차이 그리고 현실에 대한 인식의 차이를 들었다.[9]

한편 로빈스(Stephen P. Robbins)는 갈등유발조건을 다음과 같은 세 가지로 크게 범주화한다.[10] 첫째는 의사소통상의 문제로 여기에는 어의상의 문제점·오해·의사소통상의 소음·의사소통상의 여과과정 등이 포함되며, 의사소통상의 문제에 있어 특히 유의되어야 할 것은 의사소통이 너무 적을 때뿐 아니라 너무 많은 때도 갈등의 잠재성은 증가한다는 것이다. 둘째는 조직구조상의 문제로 여기에는 조직의 크기, 업무의 루틴화의 정도와 전문화의 정도, 업무의 표준화, 구성원들의 이질성, 리더십의 형태, 보수체계, 조직단위 간 의존성의 정도와 같은 변수들을 포함한다. Robbins는 조직의 크기와 전문화 및 참여의 강도는 갈등과 고도의 상호관련성을 가지고 있다는 것을 지적한다. 셋째요소는 개인적인 차이점들로 여기에는 개인 간 가치체계들과 퍼스낼

---

7) Gary Dessler, Oranization Theory(N. J., Prentice-Hall, 1980), p.316.

8) Joseph A. Litterer, "Conflict in Organization : A Reexamination", in Henry L. Tosi and Clay Hamner (eds.), *Organizational Behavior and Management : A Contingency Approach*(St. Clair Press, 1974), pp.322-324.

9) Henry L.Tosi, (eds.), *Theories of Organization*(Canada: John Wiley and Sons, Inc.,1984), pp.78-80

10) Stephen P.Robbins, *op.cit.*, (1984), pp.145-147

리티의 특성들을 포함한다. 여기에서는 이러한 갈등유발요소들을 개별적으로 살펴보는 대신에 개인적 특성들, 조직구조상의 요인들 그리고 의사소통의 측면들로 묶어서 고찰하고자 한다.

(1) 개인적인 특성 차이

개인 간 갈등의 유발을 가능케 하는 개인적인 특성들로는 가치관의 차이, 태도상의 차이, 성격의 차이 및 지각의 차이를 들 수 있다.

① 가치관(values)의 차이

가치관이란 어떤 구체적인 행동양식이나 존재양식이 그 반대의 행동양식이나 존재방식보다 개인적으로 혹은 사회적으로 더 낫다는 확신을 나타내는 용어이다.[11] 이러한 가치관은 개인마다 조금씩 다를 수밖에 없다. 그러나 옳고 그름에 대한 해석기준인 이 가치관이 크게 차이가 나는 경우 갈등유발의 소지는 존재하는 것이다. 그 대표적인 예가 종교로 인한 갈등이다.

② 태도(attitudes)의 차이

위에서 언급한 가치관이 보다 포괄적이고 광범위한 개념이라면 태도는 보다 구체적이다. 태도란 어떤 사상(events)이나 사람에 대해 호의적이라든지 비호의적이라든지 하는 평가적 진술을 말한다.[12] 따라서 동일한 지각대상에 대해 태도를 달리하는 사람들 간에는 갈등이 발생할 수 있다. 명확한 기준설정과 질서 있는 업무절차를 선호하는 사람과 느슨한 업무절차를 선호하는 사람 간의 업무가 상호의존성을 가질 때 이러한 태도의 상이성에 의한 갈등은 발생할 수 있다.

③ 성격(personality)의 차이

성격이란 그 개인에게 있어 독특한 습관들과 선천적 경향들로 구성되며 어느 정도 안정성을 지닌 그 개인만의 특질들을 말한다.[13] 개인에게 있어 독특한 성격을 결정짓

---

11) 朴乃會, 組織行動論 (서울 : 박영사, 1991), p.95
12) 上揭書 , p.99
13) Dennis W. Organ, Thomas S. Bateman, *Organizational Behavior* (M.A : Ivwin, 1991), pp.187 – 188.

는 요소들은 유전적 요인, 문화적 요인, 사회적 요인, 상황적 요인으로 다양하며,[14] 개인의 성격상의 차이는 외부 사상들에 대한 지각의 차이를 유발시키고 사상에 대한 각기 다른 해석으로 이끌어 개인들을 갈등으로 유도할 수 있다.

④ 지각(perception)의 차이

개인의 내부적 차이인 가치관·태도·성격 등의 내적 요인들이 외부의 사상을 지각하고 해석하는 데 있어 개인마다의 차이를 일으키고 이러한 지각의 차이는 개인 간에 갈등을 유발시킬 수 있다. 일반적으로 개인은 외부적 사실의 지각에 있어 단순화와 일관성을 추구하는 경향이 있는데 이러한 지나친 단순화와 심리적 일관성의 추구는 개인 간에 있어 해석상의 문제를 유발시키고, 각기 상이한 해석은 오해와 불안감을 유발시킬 수 있다.

(2) 조직구조상의 갈등 요인

조직구조 역시 많은 갈등의 잠재력을 가지고 있는데 그 대표적인 것으로는 업무의 상호의존성, 업무의 수평적인 분화, 제로 섬(zero-sum) 상황, 관할영역의 모호성, 평가기준과 보상체계에 있어서의 상이성, 참여적 의사결정체제, 지위불일치, 계선과 참모 간 갈등 등을 들 수 있다.

① 업무의 상호의존성(interdependencies)

왈튼(Walton)과 듀턴(Dutton)에 의하면 상호의존성이란 "두 개의 단위가 그들 각자의 과업성과를 위하여 협력, 정보교환, 동의 기타 조정적 활동 때문에 상대방에 의존하게 되는 정도"라고 정의하고 있다.[15] 이러한 상호의존성이 공동협력을 위한 유인을 제공할 수도 있지만, 동시에 그것은 집단상호 간의 기회도 제공한다.

② 업무의 수평적인 분화(differentiation)

이는 업무의 전문화(specialization)와 동의어적인 것으로 업무의 고도의 수평적인 분

---

14) 朴乃會, 前揭書 , pp.115－119.

15) Richard Walton and John Dutton, "The Management of Interdepartmental Conflict: A Model and Review," *Administrative Science Quarterly*, Vol. 124, No. 1, (1969), pp.73－84.

화는 개인 간에 있어 각기 다른 목표, 각기 다른 시간지향성 그리고 각기 다른 관리철학으로 이끌 수 있기 때문에 갈등의 잠재적 가능성을 자극할 수 있다.[16] 그 대표적인 예가 단기적 시야를 갖는 생산부서의 관리자와 장기적 시야를 갖는 연구개발부서 관리자 간의 갈등이다. 로렌스(Lawrence)와 로쉬(Lorsch)의 연구에 의하면 생산부서는 확실하고 예측가능한 과업을 갖는 경향이 있는 데 반해, 연구개발부서는 극히 예측불가능한 과업환경을 갖는 경향이 있었다.[17] 이러한 과업에 있어서의 차이는 결과적으로 부서별 분화를 초래케 하였는바, 이는 다음의 4가지 관점에서 관찰한 결과이다. 즉 ㉠ 구조의 강도(규칙의 엄격성 등), ㉡ 환경에 대한 태도(과학적 지식의 우선 대 고객문제 우선 등), ㉢ 시간정향성(장기적 관점 대 단기적 관점), ㉣ 타인에 대한 정향성(개방성 대 폐쇄성 등) 등 4가지 관점이 그것이다. 로렌스(Lawrence)와 로쉬(Lorsch)는 분화가 커질수록 결과적으로 갈등가능성도 크다는 것을 발견하였다. 그러나 그들은 실제로 갈등이 어떻게 얼마큼 초래되었느냐의 여부는 조직이 부서 간 통합을 어떻게 달성하였으며, 사용된 갈등해결방법은 무엇이었느냐에 따라 크게 다르다고 보고 있다.

③ 제로 섬 상황(zero-sum situation)

조직 내 개인들은 항상 요구되는 자원들에 대해 타인들과 경합상태에 있게 된다. 이러한 상황이 양 당사자 모두에게 만족을 줄 수 있는 승자-승자 상황이 아니라, 자신이 원하는 일정한 파이를 위해서는 남의 이익을 도외시하는 승자-패자의 상황인 경우 갈등의 가능성과 강도는 증가하게 된다. 둘 이상의 행동주체가 서로 양립할 수 없는 목표들을 동시에 추구할 때 승패의 상황이라는 갈등상황이 조성될 수 있다. 이것은 조직 내에서 하위단위가 전문화됨에 따라 조직목표가 분화되는 데서 기인한다. 승패상황(win or lose situation)을 조성하는 조건의 예로 감사(inspection)를 들 수 있다. 즉, 감사하는 사람은 피감사자의 잘못을 발견함으로써 자기의 존재가치 및 명예와 보상이 기약되는 반면, 감사를 받는 사람은 자기 실적의 잘못이 노출되면 불이익을 받게 된다. 또 흔히 드는 '제품의 질 향상'과 '가격 인하'라는 두 가지 목표는 직접적으로 상충될 수 있다. 이러한 갈등은 대개 협상이나 중재의 방법으로 관리하지만, 승패상황에서 야기되는 갈등이 심각한 역기능을 하게 되면 승패상황을 가져오는 근본적인

---

16) Stephen P.Robbins, *Oranization Theory* (N.J.: Prentia-Hall, 1990), p.419

17) P.R. Lawrence and J.W. Lorsch, *Organization and Environment* (Boston : Harvard Univ. Press, 1967). 참조.

조건을 뜯어 고쳐야 할 때도 있을 것이다. 목표차이의 기본패턴으로서는 ㉠ 신축성의 강조 대 안정성의 강조, ㉡ 단기적 성과의 우선 대 장기적 성과의 우선, ㉢ 계량 가능한 결과의 강조 대 무형적 결과의 강조, ㉣ 조직자체목표의 강조 대 사회적 필요성의 강조 등을 들 수 있다.

④ 관할영역의 모호성

권한의 범위와 책임의 범위가 명확하지 않을 경우, 각 당사자는 더 많은 권한과 통제력을 가지려 노력하는 반면 그들이 바라지 않는 활동들에 대하여는 책임의 한 부분 또는 전체를 회피하려 할 것이다. 역할 간 갈등은 이러한 유형 중 하나이다. 특히 '권력공백'이 발생한 조직에서는 집단 간 갈등이 초래될 가능성은 더욱 크다.

⑤ 평가기준과 보상체계에 있어서의 상이성

조직 내에 있어 공통의 목표는 수행하지만 동일한 평가기준과 보상체계를 적용받지 못한 개인들은 갈등을 일으키기 쉽다.[18] 그 대표적인 예는 고객들에 대한 빠른 서비스 조달에 의해 보상을 받는 판매관리자와 비용의 극소화에 의해 보상을 받는 생산부서 관리자 간에 발생하는 갈등이다. 계선-참모 간의 갈등 역시 각기 다른 평가기준과 보상체계로부터 연유한다고 할 수 있다.

⑥ 참여적 의사결정체제

조직이 참여적 의사결정체제를 가질 경우 갈등이 발생할 수 있다.[19] 참여적 의사결정의 과정은 현안을 둘러싼 논쟁의 더 큰 기회들을 허용하고 더 많은 경우들에 있어 불일치를 유발시키는 것을 허용한다. 그 결과로 외견상 더 큰 차이들이 나타나고 갈등에 대한 인식이 더 크게 확대되는 경우가 생길 수 있다.

⑦ 지위신분상의 불일치(status incongruence)

지위신분상의 불일치가 발생하는 곳이나 지위계층상의 변화로부터 불일치가 발생하는 곳에서는 갈등이 촉진된다.[20] 개인적 지위의 정도, 개인의 자기인식 그리고 대

---

18) Stephen P.Robbins, op.cit. (1990), p.421

19) Ibid.

Ⅱ. 인간행동에 영향을 주는 이론　35

표성의 수준이 지위차원의 서열관계 내에 차이가 날 때 갈등은 증가한다. 예를 들어, 낮은 교육수준과 낮은 사회적 지위를 지닌 실무관리자가 테스트의 수행에 있어 보다 높은 사회적 지위의 조사연구자를 지휘하기를 원할 경우 갈등은 발생한다.

⑧ 전문가에 대한 수요증가

오늘날 라인(line)과 스태프(staff)의 차이는 집단 간 갈등의 가장 일반적인 형태이다. 조직의 모든 영역에 있어서 기술적 전문지식의 필요성이 증대되고 참모(staff)의 역할이 확대됨에 따라 계선과 참모간의 갈등이 생기게 되었다. 계선관리자나 참모관리자는 각기 다른 시각에서 자신들의 역할을 보고 있다. 지금까지 계선―참모 간 갈등의 원인에 대해서는 많은 연구가 이루어져 왔거니와 조직의 세련화·전문화·복잡화의 추세와 더불어 라인(line)과 스태프(staff)의 갈등은 조직행동의 관리에 있어 더욱 주요한 관심사가 될 것이다.[21]

(3) 의사소통상의 갈등요인

관리에 있어 의사소통의 역할은 중요하다. 의사소통을 통해 조직단위들은 공통의 목표를 인식하고 그들의 에너지와 시간·공간을 공통의 목표로 지향시킬 수 있는 것이다. 따라서 의사소통의 성공도는 조직목표 달성의 큰 변수임을 알 수 있으나 관리노력과 조직목표의 달성을 연계하는 의사소통에는 보통 많은 소음(noises)이 존재한다. 이러한 의사소통상의 어려움은 의사소통자들 간의 갈등으로 이끌 수 있으며, 그 결과는 조직목표 달성의 어려움을 가져오게 될 것이다. 의사소통의 문제점으로 우선 의사소통의 왜곡(communication distortions)을 들 수 있다. 정보가 계층을 따라 위아래로 통과하는 과정에서 그 정보는 모호해지거나 왜곡되기 쉽다. 물론 그 같은 왜곡현상은 수직적 의사소통에서 두드러지지만 수평적 수준에서도 일어난다. 의미상의 난해성(semantic difficulties)도 의사소통을 방해하는 요소로서, 이는 부서 구성원들의 상이한 훈련과정, 상이한 배경, 상이한 사회화 과정 등에 기인할 수 있다. 나아가 중요한 정보가 의도적으로 보류되거나 비밀에 붙여진 결과 갈등이 발생될 수도 있다. 유념할 것은 부적절하고 불명확한 의사소통이 갈등을 촉진함은 물론이지만, 완벽하고 완전한

---

20) *Ibid.*, p.423.

21) 오세덕, 전게논문, p.211.

정보도 각 부서의 이기주의적인 측면이 명백하게 드러날 때 역시 갈등을 촉진한다는 점이다. 갈등이 비록 발생하지는 않았지만 발생할 가능성이 충분히 있는 역기능적 갈등을 미연에 방지하기 위해서는 다음과 같은 구체적인 방법을 고려할 수 있다.[22]

첫째, 현실적이고 구체적 목표를 조직과 조직 내의 집단에 부여한다.

둘째, 조직구성원 각자가 해야 할 현실적이고 구체적 작업목표·방법이 규정된 종합적인 업무명세표를 작성한다.

셋째, 조직의 모든 수준에서 의사결정이 이루어지고 이해되도록 지침을 명시한다.

넷째, 조직 내에 건강하고 순화된 분위기를 조성한다.

다섯째, 정책·절차·규칙 등을 정형화하고 정책과 집행과정이 충분한 정보와 동의하에 이루어지도록 한다.

여섯째, 갈등 발생에는 사전에 갈등을 알리는 경고신호가 있기 마련이므로 이러한 경고신호를 사전에 포착·규명해야 한다.

일곱째, 최고관리자는 평소에 모든 작업집단의 요구에 균형적 자세를 견지하여 전문적 조정자로서의 역할을 수행해야 한다.

조직 내 개인들 간에 있어 갈등이 존재한다고 느껴지면 이러한 갈등의 관리가 중요한 문제로 대두된다. 어느 정도의 갈등은 불가피하며, 상황에 따라서는 요구되어지기도 하지만 갈등이 지나치게 격화되거나 지속적이 될 때 이는 조직과 개인에게 악영향을 가져올 것임은 자명하다. 개인 간의 갈등관리를 위해서는 세 가지 기본전략이 우선 필요하다.[23] 우선 과연 갈등이 존재하며, 만약 갈등이 존재한다면 그 원인이 조직의 구조·인간관계·의사소통·개인적 특성 등의 요소들 중 어느 요인으로부터 발생하는가를 확인하는 진단이 필요하다. 때로는 갈등원인이 하나 이상의 요인으로부터 발생할 수도 있다. 둘째, 갈등원인의 진단 이후에는 그 갈등의 해결을 위한 행동개입이 필요하다. 이 실제행동개입에는 원인에 부합되는 해결방식이 요구된다. 즉, 갈등의 원인이 조직구조나 의사소통상의 과정에 있다면 기술적 개입(technical intervention)이, 갈등의 원인이 조직의 정책이나 절차에 있을 경우는 행정적 개입(administrative intervention)이, 갈등의 원인이 인간관계에 있을 경우에는 사회적 개입(social intervention)이 요구된다. 셋째, 실행개입 이후에는 갈등원인의 진단과 개입방식에 대한 적절한 평가를 행

---

22) 朴璉鎬·吳世德, 前揭書, p.600.

23) 上揭書, pp.211-213.

한 후 이를 다시 선행의 과정들에 환류시킬 필요가 있다.

4) 갈등의 해결 방식[루블(Ruble)과 토머스(Thomas)의 모형]

갈등의 해결방식에 대해서는 여러 학자들이 다양한 방안을 제시하고 있다. 여기서는 갈등당사자들이 갈등을 다루는 2차원적 모형을 제시한 루블(T. Ruble)과 토머스(K. Thomas)의 2차원적 갈등관리모형에 대하여 살펴보자.[24]

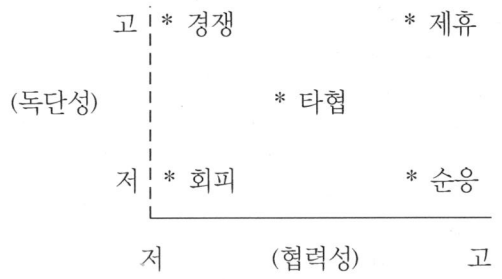

자료: T. Ruble and K. Thomas, "Support for a Two-Dimensional Model of Conflict Behavior," Organizational Behavior and Human Performance, Vol. 16(June, 1976), p.145.

〈그림 3〉 갈등관리모형

첫째는 회피(avoiding)로서, 양 당사자들이 갈등문제를 다루지 않겠다고 선택함으로써 갈등을 연기시키거나 그 문제들에서 피함으로써 관련된 갈등문제들을 무시하는 비단정적이고 비협력적인 방식이다.

둘째는 경쟁(competing)으로서, 당사자들은 논쟁·권위·위협 심지어 물리적 강제력을 통하여 타 당사자를 희생시킴으로써 자신의 목표들 달성하려는 단정적이고 비협력적인 방식이다.

셋째는 순응(accommodating)으로, 한 당사자가 그 자신의 관심사나 목표들을 포기함으로써 타 당사자의 관심사를 만족시키려는 비단정적이고 협력적인 방식이다.

넷째는 타협(compromising)으로, 상호희생을 반영하여 양 당사자가 어느 정도의 양

---

24) T. Ruble and K. Thomas, "Support for a Two-Dimensional Model of Conflict Behavior," *Organizational Behavior and Human Performance*, Vol. 16(June, 1976), pp.143－155.

보를 할 뿐 아니라 어느 정도의 양보를 획득하는 단정성과 협력성의 긍정적인 형태이다.

다섯째는 제휴(collaborating)로서, 양 당사자 모두가 자신들의 관심사를 모두 만족시키려는 단정적이고 협력적인 방식이다.

이러한 다섯 가지 방식 중 어느 것을 사용할 것인가의 결정은 상황의 본질에 달려 있다고 이들은 주장한다.[25]

〈표 1〉 갈등해결의 유형과 사용전략

유형	사용전략의 내용
경쟁	① 신속하고 결단력 필요 시 ② 인기 없는 조치의 실행 시: 예) 비용절감
협조	① 타협이 안 될 때: 양쪽 관심사가 너무 중요한 경우 ② 양쪽의 관여(협력)가 필요 시
타협	① 복잡한 문제에 대한 잠정적 해결안 ② 임기응변적 해결이 요구될 경우
회피	① 한 문제는 사소, 다른 문제는 중요한 경우 ② 사람들의 생각을 가다듬게 할 필요가 있을 경우
적응	① 논제가 타인에게 중요한 의미를 지닌 경우 ② 다음 논제에 대한 사회적 신용 획득을 위한 경우

개인 간 갈등의 해결에 대한 여러 학자들의 논의를 종합적으로 살펴보면 갈등해결 전략들에는 크게 태도상의 변화전략, 조직구조와 절차상의 개선전략, 의사소통의 효율화전략의 관점으로 나누어 볼 수 있다.

(1) 태도상의 변화전략

개인의 태도의 변화를 통하여 갈등을 해결하는 기법으로서는 정신분석이론을 이용한 교류분석(transactional analysis)과 조셉 루프트(Joseph Luft)와 해리 잉거함(Harry Ingham)에 의해 개발된 조하리 창[26]을 통한 감수성훈련(sensitivity training) 및 상황의 재해석을 통하여 현실에 대한 인식을 변화시키는 인지재구조화 방안을 들 수 있다.

① 교류분석(transactional analysis)

교류분석(TA)은 정신분석이론에 기반을 둔 것으로 개인 간의 자아상태(ego status)를

---

25) 이러한 5가지 유형을 측정할 수 있는 설문지는 【부록】에서 볼 수 있다.

26) 조하리창(Johari Window)은 앞 관련 내용을 참조하기 바란다.

분석하여 갈등의 원인을 분석하고 대인 간의 관계증진을 목적으로 한 기법이다.[27] TA에서의 주요개념은 자아상태(ego status), 교류(transaction) 그리고 자극과 게임(strokes and games)이다.

자아상태에는 ㉠ 미성숙한 행동에 의하여 특징화되는 어린이자아상태(child ego status), ㉡ 합리적인 행동과 냉철한 지성으로 특징화되는 성인자아상태(adult ego status), ㉢ 지나치게 보호적이고 애정적이거나 지나치게 엄격하고 비판적인 부모자아 상태(parent ego status)로 구분되는데 이 자아상태들은 지그문트 프로이트(Sigmund Freud)의 원초아(id), 자아(ego), 초자아(superego)[28]의 개념과 상통되는 것이라 할 수 있다.

교류(transaction)란 개인 간의 의사소통과정에서 이 세 가지 자아상태들이 어떻게 대응되느냐를 나타내는 것으로 개인 간의 교류방식에는 상호보완적 교류(complementary transaction), 상호교착적 교류(crossed transaction), 가장된 교류(ulterior transaction)가 있다.

- 상호보완적 교류(complementary transaction): 이는 어떤 사람의 자아상태에 의해 발송된 메시지가 다른 사람의 자아상태로부터 적절하고 예상되어진 반응을 얻을 때의 교류방식으로 이 경우에 있어서는 개인 간에 갈등의 유발소지는 없다.
- 상호교착적 교류(crossed transaction): 상호교착적 교류란 한 사람의 자아상태에 의하여 보내어진 메시지가 상대로부터의 예상치 못한 자아상태에 의한 반응을 만났을 때 발생하는 것으로 이때는 갈등이 발생하게 된다.
- 가장된(동기은폐적) 교류(ulterior transaction): 가장된 교류 혹은 동기은폐적 교류란 항상 적어도 당사자의 한편이 두개의 자아상태를 동시에 지니고 있는 경우로서 이는 TA에서 확인하고 처리하기가 매우 어려운 것으로 항시 갈등유발의 잠재성을 보유한다고 볼 수 있다.

TA는 개인 간의 의사소통상에 있어 자아상태들을 분석하여 갈등적인 교류를 제거하고, 개인들 간의 긍정적인 자극(positive strokes)을 증대시키며, 조직 내에서 개인들이 게임들을 행할 필요가 없게 만들거나 인내하지 않게 하는 개방된 조직분위기의 형성을 위한 분석기법이라고 요약할 수 있다.

---

27) Fred Luthans, op.cit., pp.378 - 383
28) 원초아(id)란 성격구조 중 생물학적으로 타고나며 성과 공격을 중심으로 하는 추동(drive)을 발생시키며, 나로 여겨지지 않는 부분으로 쾌락원리와 일차과정 사고를 따른다. 자아(ego)란 나로 인식되는 성격의 부분으로 현실과 환상을 구분하고 외부 상황에 맞고 안전하게 원초아(id)의 욕구를 충족시키는 기능을 하고, 현실원리와 이차과정 사고를 따른다. 초자아(superego)란 성격의 도덕적이고 윤리적인 부분으로 양심과 자아이상의 부분으로 나뉘며 도덕원리를 따른다.

② 인지재구조화 방안

인지재구조화 방안이란 긍정적인 방향으로 상황을 재해석하고 합리화하는 개인의 심리적인 갈등대처방안이다. 이러한 갈등해결방안의 사용의 예는 갈등당사자들에 있어 갈등의 원인이 업무보다는 인간관계의 요인인 경우 업무에 더 큰 가중치를 두고 인간관계에 대한 가중치를 낮춤으로써 갈등상황에 대한 해석을 새롭게 하는 조직 내 개인들의 행태를 들 수 있다. 이러한 태도상의 변화방식은 인지부조화이론(theory of cognitive dissonance)에서도 예견된 것으로 이 이론에 의하면 개인들은 태도와 행동상에 객관적으로는 일관성이 없을 경우 심리적 일관성을 유지하기 위해 자신의 태도를 변화시킨다는 것이다.[29] 개인들은 선택의 상황에 있어 부정적 유인가와 긍정적 유인가들이 동시에 발생할 경우 긍정적 유인가에 대한 호감은 증대시키고 부정적 유인가에 대하여는 평가절하를 함으로써 태도와 행동상의 일관성을 회복할 수 있는 것이다.

이외에도 조직 내 개인 간의 갈등해소기법들에는 상담(counselling) 기법, 팀 형성 (team building) 기법, 태도조사 환류 기법(survey feedback method), 목표에 의한 관리 (management by objectives) 등이 있는데, 이러한 인간관계개선 전략들에 입각한 방식들이 개인 간 갈등의 예방과 해결에 상당히 유용할 것으로 판단된다.

(2) 조직구조와 절차상의 개선전략

조직구조 및 업무절차에 변화를 일으켜 이미 발생한 갈등을 해결하는 전략으로는 완충물의 활용, 청원제도의 활용, 평가기준과 보상체계의 개선, 순환보직제의 활용, 업무배분의 변경, 명목집단기법과 델파이(delphi)기법의 활용, 연결핀(linking pin)의 사용, 상호의존성(interdependencies)의 경감 등을 들 수 있다.

① 완충물의 활용

개인들은 일정한 영토(territory)의 개념을 갖는데, 이는 반드시 물리적 개념으로의 영토는 아니다. 개인은 보통 세 가지의 영토개념을 갖는다고 할 수 있다.[30] 첫째는 1 차적 영토(primary territory)로 이는 어떤 개인에 의하여 독점적으로 소유되고 사용되는 것이고, 둘째는 2차적 영토(secondary territory)로 이는 정규적으로 사용되지만 타인들

---

29) 朴乃會, 前揭書 , pp.183-195

30) 上揭書, pp.549-553.

과 함께 소유하는 공간이며, 셋째는 공적 영토(public territory)로 이는 모든 사람들이 동등한 접근의 권리를 갖는 영토를 말한다. 개인의 일차 영토에 해당하는 업무공간이나 개인공간에 타인이 침입하였을 경우 갈등은 발생한다.

이러한 갈등의 해결을 위해서는 개인적 업무공간을 확보해 주는 것, 갈등당사자의 업무들이 상호 밀접하게 연결되어 산출과 투입이 시간상으로 맞지 않을 경우 일시보관 장소를 설치하는 것, 갈등당사자 모두에게 필수적인 자원들을 공동으로 사용케 하는 것보다는 개별적인 공급영역을 가지게 함으로써 갈등을 제거하는 등의 완충물의 활용이 갈등해결에 도움이 될 것이다.

② 청원제도(appeals system)의 활용

이는 특히 갈등의 당사자가 상사와 부하의 관계에 있을 때 유용하다. 청원은 갈등 당사자의 상급자나 제3의 중재자, 준사법기관에 제출될 수 있다.[31] 정부에 있어 이러한 역할을 하는 기관으로는 공무원의 소청심사와 고충처리를 전담하는 합의제 기관인 소청심사위원회를 들 수 있다.

③ 평가기준과 보상체계의 개선

품질통제관이 생산부서의 산출들을 검사할 때 그 당사자 모두는 상반되는 평가기준과 보상체계를 가진다. 즉, 생산자들은 자신들의 실수가 보다 적게 발견될수록 많은 보상을 받게 될 것이나, 품질통제관은 보다 많은 실수의 발견 건수에 의하여 보상을 받게 되므로 갈등은 필연적이다. 이러한 상황의 하나의 해결책은 품질통제관의 실수발견보다는 예방 쪽의 공헌에 따라 보상을 지급함으로써 당사자들 간의 갈등을 없앨 수 있다.[32]

④ 순환보직제(job rotation)의 활용

순환보직이란 사전에 장기적이고 체계적인 계획을 기초로 피교육훈련자를 직무 간 또는 조직단위 간에 전환시키는 하나의 교육훈련방식인데 이 방법은 갈등해결을 위하여도 사용될 수 있다. 즉, 갈등당사자들을 일정기간 그 업무를 교환시켜 다른 관점

---

31) Stephen P.Robbins, *op.cit.* (1990), pp.428 - 429.

32) *Ibid.,* p.431.

과 태도 그리고 가치관에서 상황을 재평가하도록 함으로써 인식을 변화시켜 타인에 대한 태도를 개선시키는 것이다. 이 해결방식은 계선-참모 간의 갈등에 특히 유용할 것이다.

⑤ 업무배분의 변경

갈등당사자의 한편이 다른 편에 지나친 일방적인 업무의존성을 가지고 있고 그 상황에서 벗어날 다른 대안이 없을 경우 갈등은 발생하기 쉽다. 이 경우에는 업무의 본질과 작업의 흐름(flow of work)통로 그리고 업무량을 변화시킴으로써 갈등을 해결할 수 있을 것이다. 업무의 권한과 책임의 수준과 내용을 변화시켜 구성원들에게 보다 큰 기회를 부여하는 직무충실화(job enrichment)도 한 방법이 될 것이다.

⑥ 명목집단기법(nominal group technique)과 델파이기법(delphi)의 활용

명목집단기법은 구조화된 의사결정형태를 취하여 갈등당사자들 간에 직접적인 논쟁을 허용치 않고, delphi기법은 설문지와 환류보고를 통한 의사결정방식이므로 갈등당사자들을 직접적으로 접촉시키지 않기 때문에 당사자 간의 갈등을 예방할 수 있다.[33] 그러나 이 기법들의 단점은 갈등행태의 표출만을 억제하므로 갈등의 잠재력은 계속 유지되게 된다.

⑦ 연결핀(linking pin)의 사용

업무상으로 상시 접촉해야 하는 개인들이 가치관·개성·태도 등의 차이로 갈등상태에 있게 될 때 당사자들의 업무를 잘 알고 당사자들 모두에게 권위와 영향력을 지닌 연결핀의 사용이 효과적이다. 예를 들어, 업무상 항시 상호작용 해야 하는 생산부서장과 품질통제부서장이 개성상의 차이로 갈등상태에 있게 될 때 양자 모두에 있어 상위관리자에게 보고하도록 함으로써 갈등은 최소화될 수 있을 것이다.[34]

⑧ 상호의존성(interdependencies)의 경감

상호의존성이나 일방적 의존성이 갈등을 야기시킬 때, 그 의존관계를 경감시킴은

---

33) Dennis W.Organ and Thomas S.Bateman, *op.cit.*, pp.501-502.

34) R Wayne Mondy, Arthur Sharplin & Shane R.Premeaux, *op.cit.*, p.539.

하나의 해결책이 될 것이다. 즉, 전술한 J. Thompson의 의존성상태에 따르면 호혜적 의존성으로부터 순차적 의존성으로, 나아가 집합적 의존성으로 이행케 함으로써 상호의존성을 줄여 나가야 할 것이다. 의존관계를 경감시키기 위해 완충장치(buffer)를 도입할 수도 있을 것이다. 예를 들어, X부서의 산출이 Y부서의 투입이 되는 순차적 의존관계에 있다고 하자. X가 예정시간보다 늦게 되면 X가 나쁘게 보일 것이며, 반대로 X가 Y의 처리속도보다 빠르게 산출하게 되면 Y가 나쁘게 보일 것이다. 이 경우 하나의 해결책은 X의 산출물을 하나의 완충물로서 완충재고를 형성하는 것이며, 이로 인해 X · Y 간의 상호의존성은 감소하게 된다. 또 한 가지 의존성해소방법은 조정직위(coordination positions)의 설정을 들 수 있겠다. 즉, 두 개 부서가 갈등관계에 있을 때, 양 부서의 전직 경력을 모두 가진 자를 조정직에 임명함으로써 중립적 입장에서 통합자의 기능을 수행케 할 수 있는 것이다.

(3) 의사소통상의 효율성 확보전략

의사소통상의 효율성 확보를 위해서는 환류의 사용, 언어의 단순화, 적극적인 청취, 자신의 비언어적 단서들에 대한 주의와 같은 것을 고려할 수 있다.

① 환류의 사용(use of feedback)

많은 의사소통상의 문제점들은 오해와 부정확성에 기인한다. 이러한 문제들은 만약 관리자가 의사소통 과정에서 환류고리의 사용을 촉진시킨다면 보다 덜 발생할 것이다.[35] 이러한 환류장치는 구두 · 문서 또는 비언어적인 것이 될 수 있다.

② 언어의 단순화(simplification)

효과적인 의사소통이란 메시지가 수신되었을 뿐 아니라 이해되어졌을 때 성취될 수 있다. 따라서 의사소통자는 메시지를 명료하고, 이해될 수 있도록 구조화할 필요가 있으며, 언어를 단순화할 필요가 있다.[36] 병원관리자의 경우 의사들에 대하여 메시지를 전달할 때 사용하는 언어들은 행정부서의 직원들에게 사용하는 언어들과 의식적으로 차별화시켜야 한다.

---

35) Stephen P.Robbins, op.cit (1984), p.105.

36) Ibid., p.106.

③ 적극적인 청취(listen actively)

청취에는 세 가지 종류가 있다.[37] 첫째는 한계적 청취(marginal listening)로 이는 대부분의 메시지가 놓쳐졌거나 이해되어지지 않은 상황이다. 둘째는 평가적인 청취(evaluative listening)로 이때 수신자는 발송자의 메시지를 자신의 가치에 입각하여 평가를 하며 듣는다. 이럴 때 의사소통을 통해 하나의 사고(idea)가 전달되는 것이 아니라 두 개의 사고(ideas)가 생겨나는 것이다. 이러한 평가적 청취는 메시지의 내용의 왜곡을 초래할 수 있다. 셋째는 투사적 청취(projective listening)로 이 유형의 청취는 효과적인 의사소통으로 이끌 잠재력이 가장 크다. 이때 수신자는 발송자의 메시지를 평가없이 감정이입적인 마음가짐으로 이해하려 한다. 수동적인 소극적 청취보다는 탐색적인 적극적인 청취가 갈등의 소지를 최소화시킬 수 있을 것이다.

④ 비언어적 단서들에 대한 주의(watch nonverbal cues)

이는 수신자가 의사소통을 할 때 비언어적 단서들이 실제에 있어서는 더 시끄럽게 부각된다는 것을 염두에 두고 행동과 말을 같은 방향으로 일관성을 가지게끔 노력해야 한다는 것을 의미한다.[38] 언어적 의사소통(말)과 비언어적 단서들(음성의 고저·강약·리듬·억양·제스처 등)이 서로를 강화시킬 때 메시지의 완전한 이해는 이루어질 수 있고 수신자는 발신자에 대하여 신뢰감을 증대시킬 수 있을 것이다.

(4) 갈등조장전략

이것은 갈등의 순기능적 작용을 인정하여 조직의 무기력을 해소하고, 창의와 쇄신 그리고 집단의 응집력을 증진시키기 위해 순기능적인 갈등을 적절히 조성하여 조직에 이익과 활력이 되도록 하는 전략인데, 순기능적 갈등의 구체적인 조장방안을 들면 다음과 같다.[39]

① 정보 및 권력의 재분배

표면화된 공식적 및 비공식적 정보전달통로를 의식적으로 변경시킴으로써 갈등을

---

37) R Wayne Mondy, Arthur Sharplin & Shane R.Premeaux, op.cit , pp.377-378.

38) Stephen P.Robbins, op.cit (1984), p.107

39) 오세덕, 전게논문. pp.218-219.

조장할 수 있다. 특정한 의사전달통로에 통상적으로 포함되던 사람을 의식적, 의도적으로 소외시키거나 또는 본래 포함되지 않았던 사람을 새로이 정보통로에 영입한다든가, 그리고 비공식적 정보망을 교체한다든가 하는 것 등이 그 예이다. 의사전달통로의 변경은 정보의 재분배와 그에 따르는 권력의 재분배를 초래하기 때문에 갈등을 야기시킬 수 있다. 특히 이 방법은 선례답습주의나 무사안일주의가 만연되고 있을 때 이를 타파하고 조직의 활력을 회복하는 전략으로 유효할 것이다.

② 정보조절

정보량의 조절, 즉 상황에 따라 정보전달을 억제하거나 지나치게 과다한 정보를 전달함으로써 갈등을 조성할 수 있다. 이러한 방법의 사용으로 모든 의사전달을 무비판적으로 받아들이는 무관심상태를 타파하고 조직구성원들의 정체된 행태를 활성화시키고 창의성과 자율성을 일깨워 줄 수 있다.

③ 제도적 갈등조장방안

여기에 속하는 효과적인 갈등창출방법으로는 조직 내의 수평적 분화를 통한 조직구조의 변경을 들 수 있다. 분화된 각 분야는 내적으로 보다 동질적인 것이 될 것이나 각 분야 간에는 차이가 심화되어 결국 갈등으로 유도될 것이다. 이 밖에도 조직의 계층 수, 직위 간의 관계, 기능적 조직단위의 수를 재설정하거나, 계선·참모 간 갈등의 적절한 활용과 리더십 유형의 적절한 교체 등을 통하여 제도적으로 갈등을 조장하여 효과적인 경쟁관계를 창출할 수 있다.

④ 충격요법적 방법

외부집단의 도전이나 위협을 느끼도록 유도하는 충격요법적 방법도 적절히 사용하면 갈등을 조장할 수 있다. 이 방법은 매너리즘과 무사안일에 빠져 있는 조직구성원들을 긴장시키고 도전에 무감각한 무사안일주의를 타파하여 조직을 활성화시키는 효과를 가져 올 수 있다.

⑤ 인사정책적 방법

정체상태에 있는 단위부서를 일깨워 편달하는 한 방법으로서 구성원들의 이질화

(heterogeneity)를 인사정책적 방법으로 도모할 수 있다. 이는 기존부서에 그 구성원들과는 전적으로 다른 배경·경험·가치관 등을 가진 구성원을 충원시키는 방법이다. 이 방법은 고정관념과 경직된 사고방식, 편협된 가치관, 침체된 지향성과 행태를 불식하는 데 많은 도움을 줄 것이다.

⑥ 경쟁상황의 창출

단위부서들 간에 경쟁상황을 조성함으로써 갈등을 촉진할 수가 있다. 물론 경쟁에서의 이해관계는 제로 섬 게임(zero-sum game)이며 갈등은 보다 강력한 것이다. 한 예로서, 판매경진대회를 개최하여 판매고신장을 도모하는 경우를 비유적으로 들 수 있다.

〈표 2〉 갈등해결 유형

당신이 어떤 사람과 대립하는 갈등상황에 있을 때, 그 갈등상황을 어떻게 대응할 것인지를 각 항목의 물음을 보면서 그 정도를 표시하십시오.

문항	절대 아니다	아니다	모르겠다	그렇다	매우 그렇다
1. 나는 확실하게 나의 목표를 밀고 나갈 것이다.	1	2	3	4	5
2. 나는 항상 논쟁에서 이기려고 노력한다.	1	2	3	4	5
3. 나는 내 입장을 상대편에게 확실하게 보여주려고 한다.	1	2	3	4	5
4. 나는 개방적인 입장에서 불일치점들을 토론하길 즐긴다.	1	2	3	4	5
5. 나는 서로의 상반된 점들을 해결하려고 노력한다.	1	2	3	4	5
6. 나는 토론을 위해 모든 문제점 및 관심을 공개한다.	1	2	3	4	5
7. 나는 상호 이익이 되는 해결책을 제시하려고 노력한다.	1	2	3	4	5
8. 나는 타인과 타협하려고 노력한다.	1	2	3	4	5
9. 나는 상대와 나와의 손익 균형을 추구한다.	1	2	3	4	5
10. 나는 상대와의 불일치점에 대해 이야기하기를 싫어한다.	1	2	3	4	5
11. 나는 나에게 불쾌감을 주는 일들을 회피하려고 한다.	1	2	3	4	5
12. 나는 상호 간의 불일치를 초래할 입장을 회피한다.	1	2	3	4	5
13. 나는 어떠한 불일치의 경우에도 타인의 입장을 고려하려고 노력한다.	1	2	3	4	5
14. 나는 어떠한 갈등상황 시에도 상대와의 관계를 유지하려고 노력한다.	1	2	3	4	5
15. 나는 타인의 감정을 해치지 않으려고 노력한다.	1	2	3	4	5
갈등관리 설문 자가 채점					
경쟁: 1~3항의 합					
제휴: 4~6항의 합		가장 합이 높은 것이 자신의 해결양식임			
타협: 7~9항의 합					
회피: 10~12항의 합					
순응: 13~15항의 합					

자료: R. M. Steers and J. S. Blach, op. cit., p.564.

우리가 사회생활을 영위하면서 성공하기 위해서는 탁월한 지적 능력(IQ) 또는 전문지식, 거북이 같은 성실성, 사람을 편안하고 즐겁게 해주는 능력 등 실로 다양한 재능이 요구될 것이다. 21세기 디지털시대에서는 "머리는 차갑게, 가슴은 따뜻하게"라는 말처럼 단지 지적능력이 우수한 사람을 최고로 평가하지는 않으며, 여기에 정서능력이 발달한 가슴이 따뜻한 사람을 선호할 것이다.

본 장에서는 21세기 디지털시대에 필요한 정서능력(EQ)의 의미는 무엇이고, 보다 나은 대인관계 형성을 위한 인상관리와 감정관리 방법에 대해 구체적으로 알아보기로 한다.

4. 정서와 인간관계

1) 정서지능(EQ)의 의의

흔히 21세기를 정서지능(emotional Intelligence)의 시대라고 부른다.[40] 정서지능은 전통적인 지능관을 근거로 수리력 · 암기력 · 기억력 등의 인지적 능력만으로 인간의 능력을 평가하거나, 교육적 성취로 실제 사회생활에서의 성공 여부를 예언하는 것이 한계에 부딪히고, 인지적 능력만을 강조하는 일은 인간의 잠재 능력의 계발에 커다란 손실을 초래한다는 비판이 대두되면서 새로운 시각에서 인간의 능력을 개념화하려는 시도로 등장하였다.

골먼(Goleman, 1995)의 저서인 『정서지능(Emotional Intelligence)』이 시사주간지 타임(Time)에 "What's your EQ"라는 내용으로 다루어지면서 개인의 정서능력(EQ), 즉 대인관계와 같은 사회적 능력이 인간 삶의 성공에 지대한 영향을 미치는 것이라고 강조되면서 일반인들의 관심을 모으게 되었다.

---

40) '1997년에 정서지수와 지능지수에 대한 오해와 이해'라는 주제하에 열린 한국심리학회 동계학술대회에서 EI 또는 EQ에 대해 정서지능 또는 정서지능지수라는 용어를 사용하기로 하였다(김혜숙 외, 전게서, pp.113-114.).

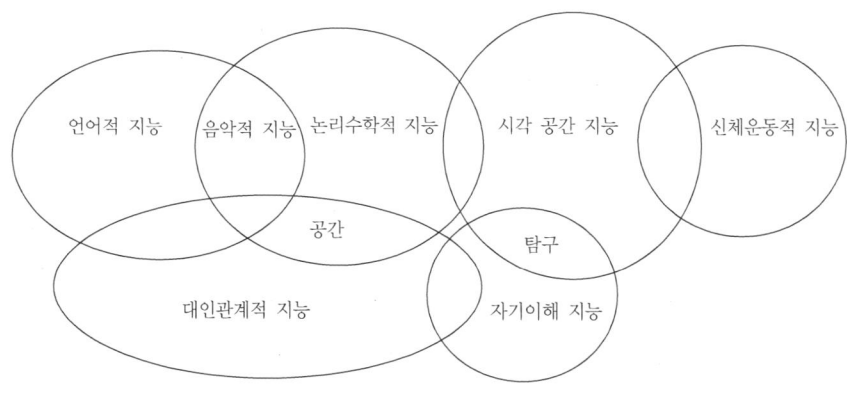

언어적 지능   음악적 지능   논리수학적 지능   시각 공간 지능   신체운동적 지능

공간

탐구

대인관계적 지능   자기이해 지능

〈그림 4〉 가드너의 다중지능이론

정서지능의 개념을 처음 사용한 살로비(Salovey)와 메이어(Mayer, 1990)에 의하면 정서지능은 자신과 타인의 정서를 점검하고 변별하며, 자신의 행위와 사고를 유도하는 데 그 정보를 이용하는 능력이고, 이에는 자신과 타인의 정서를 평가하는 능력, 자신과 타인이 가지고 있는 감정과 정서에 관련된 정보를 활용하는 능력 등이라고 보았다. 또한 살로비(Salovey)와 메이어(Mayer)는 정서지능의 개념이 <그림 4>와 같이 특히 가드너(Gardner, 1983)의 다중지능이론(Multiple Intelligence Theory)의 일곱 가지 지능 중에 개인지능(personal intelligence)과 중첩된다고 말한다. Gardner의 다중지능이론에서 개인지능은 다시 개인 내적 지능(intrapersonal intelligence)과 대인지능(interpersonal intelligence)으로 구분되며, 개인지능의 어떤 측면이 정서와 관련이 있으며, 정서기능과 유사하다고 보고 있다. 개인지능은 자기자신의 감정과 강도에 접근하고, 감정들을 즉각적으로 구분해 내고, 감정들에 이름을 붙이며, 감정들을 상징부호로 결합하며, 자신의 행동을 이해하고 이끄는 수단으로 그 감정을 이용하는 능력이다. 가장 원시적인 형태의 개인 내적 지능은 기쁨의 감정과 고통의 감정을 구별해 내는 능력이고, 가장 진보된 형태의 개인 내적 지능은 개인 내적 지식을 통해서 복잡하고, 매우 분화된 감정의 세트를 상징화하고 감지하는 능력이다.[41]

정서는 신체 외부 혹은 내부의 자극에 대한 주관적 반응으로서 신체적·생리적 반응을 동반하는 데 비해 감정은 신체적·생리적 반응을 수반하지 않는 단순한 느낌이다. 하지만 이러한 용어의 구분은 애매모호하다. 정서의 구체적 특성을 구체적으로 제시

---

41) Gardner, 1993: 곽윤정(1997), 정서지능의 발달 경향성과 구인타당성에 관한 연구, 서울대학교 대학원 석사학위논문.

하면 다음과 같다.[42]

첫째, 정서는 개인마다 차이가 난다. 정서는 개인의 감각경험, 지각양식, 인지양식, 신체적 특성, 학습경험, 성숙정도, 문화양식 등에 따라 차이가 난다.

둘째, 정서는 신체변화를 가져온다. 예를 들어 아이들도 기분이 좋을 때는 깡총깡총 빠르게 움직이지만 야단을 맞으러 갈 때는 어슬렁거리며 늦게 움직인다. 즉, 혐오자극을 받을 때 표정이 굳어진다거나, 경련이 일어나거나 심하게 떨린다거나, 머리 뒤를 긁는다거나 하는 등의 안면근육의 변화가 일어난다. 뿐만 아니라 화가 나거나 공격표현을 할 때는 눈을 날카롭게 뜨거나 흘겨보며, 기쁠 때는 눈동자의 크기가 커지는 등 눈동자에 변화가 나타난다. 또한 싫어하는 사람과는 멀리 거리를 유지하고, 자기를 좋아하는 사람과는 가까운 거리를 유지하려고 하는 등의 신체적 변화를 보이기도 한다.

셋째, 정서는 강도가 있다. 예를 들어 열심히 공부를 하고자 하나 정서 때문에 집중이 안 될 때가 있다. 너무 지나치게 높은 각성은 과제 수행 능률을 떨어뜨리고, 너무 낮은 각성도 정신적 과제 수행 능률을 떨어뜨린다. 이러한 정서의 강도와 과제수행도의 상호작용에 관한 법칙을 여크스-다드슨법칙(Yerkes-Dodson Law)라고 한다(<그림 5>).

한편 처음의 정서적 자극은 최고의 강도로 정서적 반응을 일으키나 어느 정도 시간

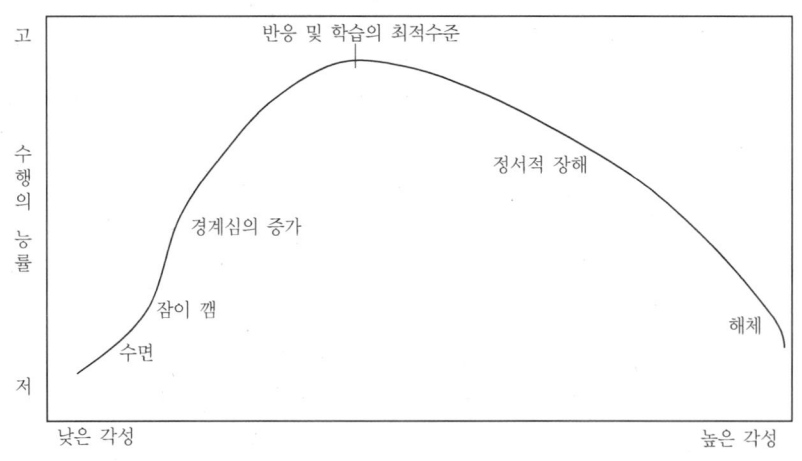

〈그림 5〉 여크스-다드슨 법칙

42) 최승희·김수욱, 전게서, pp.158-164.

이 지난 후 빠르게 정서적 자극이 사라지면 반대과정으로 정서가 서서히 변화된다. 최초의 정서경험과 여러 번의 정서경험은 강도가 다르다. 사랑하는 친구를 만날 때 최초의 정서반응은 황홀감과 기대감이 크나 자주 만나다 보면 처음의 정서경험보다는 강도가 차츰 낮아진다. 그러다가 뜻하지 않게 사랑하는 친구를 잃어버리면 어느새 기쁨이 고독감, 슬픔으로 가득할 것이다.

2) 정서지능의 요인

정서는 인지, 동기와 함께 마음의 3요소로 불린다. 정서는 보통 의식되는 감정적 체험을 지칭하지만, 감정의 의식적 체험에는 신체적 흥분과 동기화된 행동이 수반되므로 정서를 정서체험과 신체적 흥분, 그리고 동기화된 행동의 세 요소로 정리하기도 한다.[43] 살로비(Salovey)와 메이어(Mayer, 1990)는 정서기능을 자신과 타인의 정서에 대한 평가와 표현, 자신과 타인의 정서 조절, 문제해결에 있어서의 정서의 사용으로 설명한다. 골먼(Goleman, 1995)은 자신의 정서에 대한 이해, 정서의 조절, 자기동기화, 공감, 대인관계 능력 등의 다섯 가지 요인으로 정서기능을 말한다.

정서기능의 구성요소에 대해 먼저 살로비(Salovey)와 메이어(Mayer)의 모형을 살펴보면,[44] 첫째, 정서의 인식과 표현능력기능(appraisal and expression of emotion)은 가장 기본적이면서 중요하다. 자신의 정서를 보다 빠르게 지각하고 반응하는 사람이 자신의 감정에 보다 적절하게 반응하며, 나아가 타인에게 자신의 정서를 보다 잘 표현할 뿐만 아니라 타인의 감정과 기분을 이해하며 공감할 수 있는 능력이기 때문이다. 둘째, 정서조절능력(regulation of emotion)으로서 특정목표에 도달하기 위해서 자신의 기분과 정서 상태를 적응적으로 이끌어내는 능력이며, 감정이나 기분상태를 처리하는 과정에 초점을 둔다. 셋째, 정서지능 활용능력(utilizing emotional intelligence)은 사고, 추리, 문제해결, 창의적 과제에서 정서를 적응적으로 활용하는 능력을 말하며, 문제의 성격에 따라 자신의 정서와 기분을 적응시킬 수 있는 능력이다.

골먼(Goleman, 1995)은 자신의 정서에 대한 이해, 정서의 조절, 자기동기화, 공감, 대인관계 능력 등의 다섯 가지 요인으로 정서기능을 말하였는데, 구체적인 특징을 살펴

---

43) 권석만 외, 심리학개론(서울: 박영사, 2000), p.255.

44) Salovey, p. & Mayer, J. D, Emotional Intelligence, Imagination, Cognition, and Personality, 1990, 9, pp.185-211.

보면 다음과 같다.[45)]

첫째, 자신의 정서를 이해하는 과정은 마음속에서 일어나는 기분과 그리고 이 기분에 따라 생각하게 된다는 것의 두 가지 모두를 아는 것이다. 정서지능은 자신의 정서상태를 먼저 살핀 후에 일어나는 판단적인 반응이다. 자신의 정서상태를 알아차린 후 이를 적절한 상태로 바꿀 수 있는 능력을 말한다. 만약 마음속에서 일어나는 감정을 알아차리려는 과정 없이 나오는 감정대로 행동한다면 이러한 충동적인 행동으로 인해 굉장한 혼란을 초래할 것이다.

둘째, 정서조절로서 정서가 한쪽으로 치우치지 않고 조화를 이루며 살아가는 것이 매우 중요하다. 사실 유쾌한 감정이나 행복감과 같은 정서를 갖는 것도 중요한 일이긴 하지만 고통스러워하는 정서도 때때로 의미 있고, 마음의 평정을 주는 데 양호한 기능을 할 수 있다.

셋째, 정서기능에서 자기자신을 동기화시키는 능력은 중요하다. 전력을 다해 열심히 매진하여, 어떤 장애물이나 난관에 부딪혀도 좌절하지 않으며 희망을 갖고 헤쳐 나가는 힘은 정시기능에서 매우 중요한 것이다. 자신을 잘 동기화시키는 사람은 목표의식이 분명하고 어떤 일이든 해낼 수 있다는 신념과 낙관적인 태도를 갖는 특징이 있다.

넷째, 공감으로서 타인의 감정을 읽을 줄 아는 능력을 말하며, 이는 자기인식에 기초한다. 자신의 감정을 잘 인식할수록 타인의 감정도 잘 읽을 수 있다는 것을 의미한다. 타인이 느끼는 감정은 말투나 표정, 몸짓 등의 미묘한 변화를 통해 타인이 경험하고 있는 감정 상태를 잘 이해함으로써 알 수 있는데 대인관계에 대단히 중요하다. 사실 감정 표현은 말로만 되는 것이 아니라 몸짓, 목소리의 음조나 억양, 표정 등과 같은 비언어적 표현이 많기 때문이다.

마지막으로 정서지능은 대인관계 능력, 즉 다른 사람과의 관계를 효과적으로 잘 유지해 나가는 능력에 따라 달라진다. 이 능력이 우수한 사람은 다른 사람의 감정을 보다 바람직한 방향으로 변환하도록 도울 수 있다. 지적인 능력이 아무리 뛰어나다 할지라도 이 능력이 결여되면 대인관계에 어려움을 겪으며 그 결과 사회에 적응하지 못한다. 이러한 EQ는 지적능력(IQ)과는 달리 최소한 몇 가지 교육을 통해서 노력하면 향상될 가능성이 있다.

---

45) D. Goleman, Emotional Intelligence(New York: Bantam Books, 1995)

아이의 정서지능 향상을 위한 제언

(문용린, EQ특강, 경향신문, 1997.2.24.)

① 부모가 정서지능적 생활을 시범해 보여라

"남편 복 없는 사람은 자식 복도 없다"는 속담이 거짓이 아니다. 부부가 서로 상대의 감정과 기분을 이해하지 않고 자기중심적 주장만 내세우며 싸우고 갈등하는 가정에서 아이는 정서적 바보가 돈다. 부부간에 서로 감정과 기분을 공감하고 이해해 주는 모습을 보여줘라.

② 아이의 감정을 인정하고 공감해 줘라

"그것밖에 못해?" 아이의 감정과 기분을 무시하는 부모의 말을 듣고 자란 아이는 자신의 감정과 기분도 모르며, 솔직하게 표현하지도 않는다. 무조건 귀여워하거나 칭찬하지도 마라. 100점 받아 온 아이에게 "그래 잘했다. 맛있는 것 사 줄게"라고 하면 아이는 자칫 자기중심적이 되기 쉽다. "응, 100점 받았구나. 그래 오늘 너 정말 기분 좋았겠다. 네가 기분 좋아하는 걸 보니 엄마도 무척 기뻐"라며 아이의 기분을 공감해 줘라.

③ 충동적 욕구를 참아낼 수 있게 해 줘라

아끼고 저축하여 큰 것을 얻는 기쁨, 스스로 무언가를 만들어 보는 기쁨을 알게 하여 충동조절력을 키워 줘라. 어려운 것, 귀찮은 것도 하면 보람과 즐거움이 온다는 것을 경험시켜라.

④ 분노를 조절할 수 있는 능력을 키워 줘라

화가 나면 열까지 헤아리고 그래도 화나면 또 열까지 헤아리는 지혜는 부모가 먼저 솔선해야 한다. 자신이 화가 났음을 스스로 인정하게 하고 왜 화가 났는지 생각해 보게 하라. 화를 내게 한 상대편의 입장이 무엇인지 먼저 생각해 보게 하라.

⑤ 성취의 즐거움을 알게 하라

자신감은 스스로 어려운 일을 이루어 보는 즐거움에서 얻어진다. 적절히 어려운 과제를 부여하고 그것을 해내었을 때 즐거워하는 아이의 마음에 공감해 줘라.

⑥ 입장 바꾸어 생각해 보는 습관을 갖게 하라

다른 사람의 입장을 이해하는 능력은 정서지능의 중요한 요소이다. "장애아를 보고 놀리면 못써!"라고 말하기보다는 "그렇게 말하면 저 애는 얼마나 슬프겠니?"라는 말이 아이의 감수성을 길러 준다..

⑦ 다른 사람의 기분과 감정에 공감할 수 있게 하라

다른 사람이 칭찬받으면 속상해하고, 자기만 벌받으면 억울해하는 아이는 결코 원만한 인간관계를 가질 수 없다. 남이 기분이 좋으면 자기도 기분이 좋고 남이 슬프면 함께 슬퍼해 줄 수 있는 아이가 정서지능이 높은 아이다.

⑧ 자신의 기분을 솔직히 말하도록 격려하라

흔히 자신의 기분은 숨기고 억제해야 한다고 생각한다. 그러나 자신의 감정이나 기분을 억압당하는 아이는 자신의 기분에 대한 인식력과 조절력이 떨어진다.

5. 인상관리

1) 인상관리와 자아표현

인상관리(impression management)는 고프먼(Goffman)의 연극학적 이론에 기반을 둔 것으로 인간은 대인관계에 있어서 상대방에 대해 자신의 인상을 관리하려는 속성을 가지고 있음을 전제하고 있다.[46] 이 관점에서 볼 때 개인행동은 대면관계에서 빚어지는 사건의 의미를 부여하고 그 의미를 견지하려는 노력에서 인상관리를 하게 되며, 이는 마치 연극에서의 공연과 같다. 연기자(행위자)는 청중(상호작용의 대상) 앞에서 흔히 다른 연기자들과 함께 연기를 보여준다. 이 상호작용의 과정을 무대 위의 연극에 비유하여 설명하면서 고프먼은 여러 가지 분석적 개념들을 사용한다. 이 같은 개념들은 개인관리와 사회관리의 두 측면으로 나뉘어 사용된다.[47]

인상관리의 과정을 연출에 비유해 볼 때, 개인 연기자가 일정한 상황하에서 청중에게 자아표현을 하는 것과 같다고 할 수 있다. 공연 중의 개인은 청중에게 가장 좋은 인상을 보이기 위하여 자신의 의도를 적절히 조정하며 표현하게 된다. 그러므로 공연은 개인(또는 여러 개인들로 구성된 집단)이 탈을 쓰고 연기를 보일 때 관중으로 하여금 특정한 양식 또는 내용으로 뜻(상황 정의)을 터득하게 하는 과정이다.

인상관리의 과정을 좀 더 구체적으로 살펴보면, 연기자는 우선 개인적인 측면에서 여러 가지 상황과 절차를 거쳐 상황 정의를 청중에게 전달하고 이를 견지한다. 한 연기자가(개인이) 다른 사람들 앞에서 공연을 할 때 청중이 자기의 연기를 믿어 주리라는 기대하에서 최선을 다한다. 그리하여 표정을 조정하여 인상을 관리하고, 때로는 사실을 은폐시켜 좋은 점만 돋보이게 하려고 애쓴다. 즉, 공연 중의 개인이 이상적 표준에 따라 인상을 조정하기 위해서는 그 표준에 맞지 않는 행동은 감추고 맞는 행동만 보여주어야 한다는 것이다. 또 그 표현과정에서 청중이 좋아하고 수용하는 예절에 따라 행동할 때, 가장 효과적인 연기를 하게 된다는 것이다. 이와 같이 개인과 타인 간의 상호작용이 진행되는 과정에서 인상관리를 통하여 효율적으로 자아를 표현하게

---

46) Paul Rosenfeld, R.A. Giacalone & C.A. Riordan, *Impression Management in Organizations* (London: Routledge, 1995), p.4.; 박연호, 전게서, p.158.

47) 김병서, "연극적 분석론," 김동일 외, 사회과학방법론 비판(서울: 청람문화사, 1993), p.269.

된다는 것이다.[48]

그러나 인상관리는 여러 가지 대인지각에 영향을 주는 요인들 때문에 소기의 목적을 달성하지 못하는 경우도 많다. 이러한 대인지각에 영향을 주는 요소들로는 배경효과, 헤일로(halo) 효과, 최근화 경향, 상동적 태도(stereotyping), 관대화(leniency) 경향 등이 있다.[49]

2) 인상관리의 구성요소

(1) 대인 간 매력

우리가 일상생활에게 특정인에게 매력을 느끼는 경우는 대체로 다음과 같은 요인이 하나 혹은 복수로 작용했을 경우이다.[50]

첫째, 신체적·사회적·과업적 매력이다. 신체적 매력이란 외모에 대한 매력으로서 일반적으로 예쁘거나 잘생긴 사람에게 매력을 느끼는 것을 말한다. 사회적 매력이란 사회적인 인기를 의미하며, 과업적 매력이란 일을 처리하는 방식에서 느끼는 매력을 말한다.

둘째, 인접성으로 이는 서로 자주 만나게 되면 친근감이 형성되고 매력을 느끼는 경우를 의미한다.

셋째, 동질성으로 우리는 일반적으로 공통점이 많은 사람에게 친근함을 느낀다. 이는 어떤 특성이 같거나 비슷하다는 이유로 좋아하고 매력을 느끼는 원리를 말하는 것이다.

넷째, 이질성으로 사람들은 일반적으로 자신이 갖지 못한 것을 동경한다. 사람과의 관계에서도 이러한 원리가 적용되기도 하는데 자신이 갖고 있지 못한 특성을 갖고 있는 사람에게 매력을 느끼고 좋아하게 되는 경우가 있는 것이다.

다섯째, 상호성·호혜성으로 상대방에게 특별한 매력을 느끼지 못하던 사람이 상대방이 자신을 좋아하고 잘 대해주기 때문에 좋아하게 되는 경우가 생긴다. 사실 자

---

48) Paul Rosenfeld, R.A. Giacalone & C.A. Riordan, op.cit., p.29.

49) Joseph P. Forgas, *Interpersonal Behavior: The Psychology of Social Interaction* (New York: Pergamon Press, 1985), pp.66-75.

50) 설기문, 인간관계와 정신건강(서울: 학지사, 1997), pp.94-98; Ronald B. Adler & N. Towne, *Looking Out Looking In* (Florida: Holt, Rinehart & Winston, 1996), pp.80-81; M.L. Knapp & A.L. Vangelisti, *Interpersonal Communication and Human Relationships* (Boston, MA: Allyn & Bacon, 1996), pp.146-155.

신을 싫어하는 사람을 좋아하기란 정말 어렵다.

여섯째, 개방성으로 일반적으로 사람들은 자아노출을 잘하는 개방적인 사람에게 친근감을 느끼고 가까이 하게 된다.

(2) 인상 형성과 특성의 역할

타인의 전반적인 인상을 형성할 때 다른 특징보다 중요한 영향을 미치는 핵심 특성이 있다. 한 실험에서 참가자들에게 가상적 인물에 대하여 동일한 형용사들을 제시하고, 한 형용사만 바꾸어 한 집단에게는 '온화한'이라는 단어를 제시하였고, 다른 집단에게는 '차가운'이라는 단어를 제시하였다. 이때 참가자들은 '온화한'이라는 단어가 포함된 조건에서는 대상인물에 대해서 더 인간적이고 품성이 좋고 너그럽다고 평가하였고, '차가운'이라는 단어가 포함된 조건에서는 대상인물에 대해서 비사교적이고 인색하며 매정한 사람이라고 평가하는 경향을 보였다.

이러한 핵심 특성이 인상 형성에 미치는 영향력은 다른 연구에서도 나타나는데 심리학자 켈리(Kelly)의 연구결과를 보면, 그는 교실에서 초청강사를 두 집단의 학생들에게 소개하면서 한 집단에는 '차가운' 사람이라고 소개하였고 다른 집단에는 '온화한' 사람이라고 소개하였다. 이 경우 나중의 강의평가가 '온화한' 사람이라고 소개된 강사의 경우가 더 호의적이었으며 학생들의 토론의 참여도 역시 더 높았다. 이러한 실험결과는 인상 형성에 있어 다른 특성에 비해 더 큰 영향을 가지는 핵심특성이라는 것이 존재하며 사람들은 일반적으로 이러한 핵심특성을 중심으로 타인에 대한 전반적인 인상 형성을 한다.[51]

우리는 흔히 첫인상이 가장 중요하다고 말한다. 1946년 사회심리학자인 아쉬(Asch)는 참가자들에게 특정 인물을 소개하면서 몇 가지 형용사를 제시하면서 그에 대한 인상 형성을 유도했다. 한 집단에는 '똑똑한－근면한－충동적－비판적－질투심'의 순으로, 다른 집단에는 그 반대의 순으로 소개했는데 전자의 경우가 더 호의적인 인상을 갖는 것으로 나타난 것이다. 이러한 실험결과는 인상관리에는 일종의 초두효과가 큰 영향을 발휘한다는 것으로 사람들은 일반적으로 초기에 제시된 정보가 대상인물에 대한 차후 정보의 맥락을 형성하고 이 맥락에 기초하여 차후의 정보를 처리한다는 것

---

51) http://kpa.yonsei.ac.kr/about_psychology/faq-so4.htm.

이다. 따라서 호의적인 첫인상의 조성은 인간관계에서 매우 중요하다.[52]

그렇다면 일단 형성된 인상은 계속 변하지 않고 유지되는가를 검토해 보아야하는데, 이는 인지부조화이론을 이용하면 부분적으로 설명된다. 즉, 사람들은 어떤 사람들에 대해서 자신이 알고 있는 정보와 배치되는 정보를 접하게 되면 긴장을 느끼고 당혹스럽게 생각하면서 이를 해소하기 위한 노력을 하게 된다. 사람들은 인지부조화를 해소하기 위해 타인에 대한 인상을 바꾸게 되는 것이다. 또 선택적 지각을 이용해서도 다른 측면으로 설명을 할 수 있다. 즉, 개인에 대한 자신의 인상과 일치하는 정보만을 받아들이고 나머지 정보는 애써 무시함으로써 일관성 있는 인상을 유지할 수도 있는 것이다. 그러나 일반적으로 사람들은 변화가 극적이고 분명하며 다른 원인을 찾을 수 없으면 특정 개인에 대한 인상을 변화시킨다.

6. 감정관리

1) 감정의 의의

감정(feelings)이란 사물에 느끼어 일어나는 마음이다. 분노(anger), 사랑(love), 공포(fear) 등은 모두 감정의 일종인 것이다. 즉, 정서(emotions)의 경험을 감정이라고 할 수 있다.[53] 사람은 분노, 기쁨, 슬픔, 두려움, 혐오감과 같은 특정한 감정 혹은 정서를 경험한다. 또 인간은 기분(mood)이라고 하는 보다 일반적인 종류의 정서를 경험하기도 한다. 인간은 성장함에 따라서 자신의 부모나 기타의 다른 역할 모형이 되는 사람들은 우리에게 어떤 정서는 자제하고 어떤 정서는 타인에게 자유롭게 표현하도록 가르쳐 준다. 처벌과 보상은 정서적 행동형태의 발달에 있어 아주 중요한 요인들이다. 거의 모든 인간들은 신체적인 것이든 사회적인 것이든 간에 어떤 종류의 처벌을 자초할 수 있는 정서들을 회피하도록 배워 왔고, 회피하려고 노력하고 있다. 이러한 감정의 특징은 다음과 같다.

---

52) Barry L. Reece & Rhonda Brandt, *Effective Human Relations in Organizations* (Boston, MA: Houghton Mifflin Co., 1990), pp.294-295.

53) Ann Ellenson, *Human Relations* (New Jersey: Prenyice-Hall, 1982), p. 97

첫째, 감정은 인간의 내부적인 측면에 영향을 준다. 둘째, 인간은 온화한 것에서부터 아주 강력한 것에 이르기까지 다양한 수준의 감정을 종종 경험한다. 셋째, 때때로 일차적인 감정은 이차적인 감정에 의해 가려진다.[54] 넷째, 감정은 일시적인 것이다. 즉, 사람이 새로운 정보를 알고 새로운 경험을 하게 되면서 감정은 변한다.

2) 비생산적 감정

어떤 사건에 대해서 어떻게 해석하고 생각하는가에 따라서 전혀 다른 감정을 경험할 수 있다.[55] 이러한 현상을 잘 설명해주는 것이 합리적-정서적 행태치료(Rational Emotive Behavior Therapy: REBT)이다. 이 이론의 핵심은 직면한 사건을 어떻게 해석하고 생각하느냐에 따라 바람직한 정서적 결과, 즉 생산적 감정을 경험하게 될 수도 있지만 그 반대로 바람직하지 않은 비생산적인 감정을 경험하게 될 수도 있다는 것이다. 이러한 비생산적인 감정은 결국 비합리적인 사고로부터 연유되는데 이들 비합리적 사고의 유형을 그 원인을 중심으로 살펴보면 다음과 같다.[56]

첫째, 흑백논리적 사고형(black and white thinking)이다. 만약 내가 이번 일에 실패한다면 나는 다음 번 일도 완수하지 못할 것이고 계속 실패를 거듭하게 될 것이라는 식의 사고방식이다.

둘째, 결론으로의 비약형(jumping to conclusions)이다. 이는 사람들이 이번에 내가 실수하는 것을 목격했기 때문에 나를 무능한 사람으로 판단할 것이라고 생각하는 식의 사고방식을 말한다.

셋째, 부정적 예언형(fortune-telling)이다. 이는 "사람들이 내가 연설하는 동안 웃었는데 이는 그들이 나를 신통치 않은 연설자로 취급하고 있음을 의미하고 다시는 나를 초대해주지 않을 것"이라고 생각하는 부정적 사고를 의미한다.

넷째, 비극화 유형(catastrophzing)이다. 이는 "내가 잘못했기 때문에 모든 일을 다 망쳐버렸다. 따라서 사람들이 나와 어울리지 않을 것이고 사실 나 역시 좋은 파트너를

---

54) 대부분의 인간의 일차적 감정은 공포의 감정이며, 분노는 이차적인 감정이다. 예를 들어, 자동차 충돌위기를 겪었다면 충돌에 대한 공포, 전복에 대한 공포 등이 일차적 감정이고, 상대방 운전자에 대한 분노의 감정이 이차적 감정인 것이다.

55) 설기문, 전게서, p.83.

56) Albert Ellis & R.A. Harper, *A Guide to Rational Living* (No.Hollywood, CA: Wilshire Book.co., 1997), p.216.; 박연호, 전게서, pp.223-224.

만난 적이 없다"고 생각하는 경우이다.

다섯째, 두려움형(awfulizing)이다. 이는 "현재 내 주머니엔 돈이 별로 없다. 사람들에게 내가 얼마나 초라해 보일까 이것이 두렵다"는 식의 생각이다.

여섯째, 완전주의형(perpectionism)이다. 이런 경우는 "이번 인터뷰는 꽤 잘해냈는데, 한 질문에 대해서는 신통치 못한 답변을 했다. 나는 이 실수를 잊을 수 없고 용서할 수도 없다"고 믿는 사람에게 자주 보인다.

이와 같은 비생산적인 감정을 최소화할 수 있는 방안은 다음과 같다.[57] 첫째, 자신의 정서적 반응을 포착하라. 둘째, 그러한 반응의 원인을 찾아보라. 셋째, 그 사건에 대한 자신의 생각이 어떤지 분석해 보라. 넷째, 비합리적 생각이 발견되면 그것의 타당성을 검토하고 합리적으로 사고를 전환하라.

3) 감정과 분노의 관리

(1) 감정과 분노관리의 중요성

증오, 적개심 등과 같은 분노와 관련된 많은 다른 용어들이 있다. 분노는 아주 정상적인 정서로서 분노의 감정을 부정하는 것은 인간성의 부정일 수 있다. 사람이 초조하게 되거나 위협을 받거나 불공평하게 취급되면, 대개 분노하게 되고 적개심을 갖게 된다. 그러나 성숙해짐에 따라 자신들의 분노를 자제하거나, 최소한 수용가능한 방식으로 분노를 표현할 줄 알아야 한다. 대부분의 사람들은 화가 나서 해 버린 말로 인하여 많은 모욕과 경멸과 창피를 받은 경험이 있을 것이다.

물론 아주 객관적인 입장에서 분노의 정서를 생각한다는 것은 어려운 일이다. 즉, 인간이 보복적인 태도나 비난적인 태도를 관련시키지 않고 자신의 분노의 정서를 표현한다는 것은 어려운 일이다. 사람들은 의당 자신의 개인적인 감정을 갖기 마련이다. 스스로가 타인에게 상처를 주거나 복수하려는 감정에서 탈피하려 한다면 이것은 분노와 관련된 정서적 능력에 있어 아주 바람직한 일이다.

분노는 건설적으로 이용될 수 있다. 개개인의 관점으로서, 분노가 정상적인 정서이고 그래서 그것이 반드시 파괴적인 것이 아니라고 인식하는 것은 사람들로 하여금 자

---

57) *Ibid*, pp.222-224, pp.237-239.

신이 느끼는 정서를 이해하고 그래서 그것이 건설적으로 표현하도록 해준다.

분노는 불합리하게 될 때 큰 문제가 된다. 이러한 경우에, 적대적인 감정은 통제되지 않고, 보통 가까이 있는 사람들에게 보복적인 행동을 하게 된다. 분노를 표출하는 것은 습관적이 될 수 있다. 왜냐하면 분노의 표출로 인해서 인간은 긴장된 상태에서 일시적으로 해방될 수 있기 때문이다. 이러한 형태의 분노는 화를 내는 당사자에게는 물론 주변 사람들에게까지 아주 해로운 것이 된다. 사람은 자기 자신의 분노를 이해하고 또 성공적으로 표현하는 방법을 배워야 하는 것은 물론, 타인의 분노를 이해하고 수용하는 방법도 배워야 한다.

(2) 감정을 표현하는 방법

감정을 적절히 표현하고 관리하는 것은 인간관계에 있어서 매우 중요하다. 이를 대부분 잘 알고 있으면서도 제대로 표현하지 못하는 데는 문화, 성, 사회적 관습, 사회적 역할, 감정 인지의 능력 부족, 자기노출의 두려움 등의 다양한 이유에서이다. 이러한 감정을 적절히 표현하는 방법을 제시하면 다음과 같다.[58]

첫째, 자신의 신체적 증상을 이해하라. 자신에게 있었던 내부적인 일이나 감정을 토대로 하여 자신의 감정에 대한 새로운 인식을 갖도록 해 보라.

둘째, 자신의 감정을 확인하라. 자신의 감정을 부인하거나 억압하지 말고, 그 감정이 어떠한 감정인지를 밝혀 보라. 그 감정에 이름을 붙일 수 있다면 붙여 보고, 그렇지 않다면 그 감정이 자신에게 어떠한 영향을 미치며, 이를 묘사할 수 있는 은유적 표현이 무엇이며 또는 자신이 느끼는 동기가 무엇인지를 기술해 보라.

셋째, 자신의 감정을 자기의 것으로 하라. 자신의 감정문제를 타인에게 전가하거나, 그 문제로 인해 타인을 책망하지 말고, 자신의 감정문제에 대해서는 개인적인 책임감을 가져라.

넷째, 자신의 감정을 다루는 데 무엇이 필요한지 결정하라. 감정에는 상당한 힘과 잠재력이 내포되어 있다. 사람이 그러한 힘과 잠재력을 어떻게 다루어야 하느냐 하는 것은 그 사람 자신이 해야 될 일이고 책임이다.

다섯째, 감정을 표현할 적절한 용어를 생각하고 표현하라.

---

58) Ann Ellenson, op.cit., pp.; Ronald B. Adler & N. Towne, Looking Out Looking In (Florida: Holt, Rinehart & Winston, 1996), pp.145-149.; 박연호, 전게서, p.225.

여섯째, 복합감정(mixed feeling)에 주의하라. 앞에서 살펴본 것 같은 일차적 감정과 이차적 감정을 동시에 경험하는 것이 대부분이기 때문에 이를 구분하는 것이 필요하다.

일곱째, 감정과 행동은 별개라는 것을 인지하라.

여덟째, 자신의 감정에 대하여 책임지라.

아홉째, 감정을 표현할 수 있는 최적의 시간과 장소를 선택하라. 즉, 여러 환경적 요건을 파악하고 적시성을 지켜야 감정의 표현이 제대로 효과를 볼 수 있는 것이다.

마지막으로, 감정을 명확하게 표현하라.

이러한 기본적인 원칙이외에도 자신과 관련된 사람들에게 자신의 감정을 개방적으로 전달하고, 자신의 감정을 표출하며, 신체적 활동을 하거나, 미래에 대한 안목과 유머감각을 갖추며, 적극적인 사고와 행동을 하는 것은 자신의 강한 감정을 표출하는 데 도움이 될 것이다.

(3) 상대방의 분노에 대처하는 단계

우리는 상대방이 분노를 혹은 비합리적인 감정을 표출하거나 불만을 제기할 때 적절히 대처하지 못해 당황하거나 심지어 일을 그르치는 경험을 한다. 이를 방지하기 위해서는 다음과 같은 단계를 거치면서 대응하여야 할 것이다.[59]

첫째, 분노 수준(anger level)의 판단이다. 분노한 상태의 사람을 대할 때 그 사람의 현재 분노의 수준을 파악하는 것이 우선 요구된다. 분노의 종류에는 첫째, 통제 가능한 분노(controlled anger)가 있다. 이는 개인이 자신의 분노를 아직 통제할 수 있고 상대방에 대한 적대행동을 억제할 수 있는 정도를 의미한다. 둘째, 표현된 분노(expressed anger)가 있는데, 이는 분노의 보다 강력한 수준을 나타내며 타인에 대한 언어적 공격을 특징으로 한다. 셋째, 비합리적 분노(irrational anger)가 있는데, 이는 개인이 자제심을 잃고 스스로를 통제할 수 없는 경우를 의미한다. 또 이 경우 신체적인 공격행위가 나타날 가능성이 높다.

둘째, 적절한 초기반응(initial response)의 선택단계이다. 상대방의 분노의 수준을 파악했으면 여기에 적절한 초기 반응을 결정해서 적용해야 한다. 통제가능한 분노의 경우 대응하기가 비교적 수월하다. 그러나 표현된 분노나 비합리적 분노의 경우 일단은

---

59) Laird W. Mealiea & G.P. Latham, *Skills for Managerial Success* (Chicago, Irwin, 1996), pp.526~531.; 박연호, 전게서, p.226.

상대방의 분위기를 맞추어 주고 경우에 따라서 침묵을 지키며 상대방의 감정이 가라 앉기를 기다리는 것이 필요하다. 이 경우 합리적인 설득을 펼치는 것이 어렵기 때문이다. 따라서 상대방의 분노의 수준이 떨어질 때까지 상대방에 대한 어느 정도의 동조가 필요한 것이다.

셋째, 상대방의 문제에 대한 경청단계이다. 상대방의 분노가 어느 정도 가라앉아 통제가능한 수준까지 이르렀다고 판단되면 상대방의 분노의 원인을 파악하는 것이 필요하다. 따라서 상대방에게 분노의 이유에 대해 상세히 설명해 줄 것을 요청하고, 상대방의 말을 경청하는 것이 필요하다.

넷째, 상대방의 관점의 인식과 인정단계이다. 종종 분노한 상대방의 입장에 대한 적절한 감정이입적 이해가 요구된다. 즉, 상대방이 자신의 생각을 이야기할 때 적절한 반응을 보이면서 이해하는 자세가 필요한 것이다.

다섯째, 시정행동의 실시단계이다. 만일 상대방의 이야기가 옳다면 여기에 대해서 잘못된 부분을 사과하고 시정하는 것이 필요하다. 또 당장 시정이 어렵다면 시정조치가 언제 어떻게 이루어질 것인지에 대해 명확히 제시할 수 있어야 한다. 여기에서 상대방의 신뢰를 확보하는 것이 중요하다. 그런데 만약 상대방의 의견이 옳지 않고 받아들일 수 없다면 호의적인 태도로 자신의 관점이나 입장을 이야기하고. 언제든지 관련된 정보를 공유할 수 있다는 것을 알려야 한다.

여섯째, 종료와 재정립단계이다. 앞의 단계까지 순조롭게 진행됐다면 혹시 있을지 모르는 미래의 또 다른 감정적 대립을 예방하기 위해서 제시된 시정조치의 방법과 시기에 대한 명확한 제시가 중요하다. 타인의 분노에 효과적으로 대처하기 위해서 지금까지 살펴본 절차를 내면화하고 실천하는 것이 무엇보다 중요하다.

7. 감성지수 체킹

다음 질문에 대해 솔직하고 성실하게 답해 보아라.

1. 당신은 지금 심하게 흔들리는 비행기 안에 앉아 있다고 가정해 보아라. 그런 경우 당신의 행동은 어떠할 것인가?
   ① 대수롭지 않게 생각하고 읽던 책을 계속해서 읽는다.
   ② 스튜어디스의 태도나 기내 방송에 주의를 집중하고 약간 긴장한다.
   ③ a 또는 b의 중간쯤 행동을 취한다.
   ④ 잘 모르겠다. 당해 봐야 알겠다.

2. 4살짜리 아이들을 데리고 놀이터에 갔다고 가정해 보자. 그런데 한 아이가 갑자기 울기 시작했는데, 그 이유는 다른 아이들이 자기와 놀아주지 않는다는 것이다. 당신은 어떻게 하겠는가?
   ① 간섭하지 않고 아이들끼리 해결하도록 둔다.
   ② 다른 아이들과 잘 지내려면 어떻게 해야 할지 생각해 보도록 한다.
   ③ 울지 말라고 친절하게 달랜다.
   ④ 장난감 같은 것을 가지고 우는 아이의 마음을 다른 곳으로 돌리도록 한다.

3. 대학생이라고 가정해 보자. 좋은 성적을 기대했던 과목의 중간시험이 기대와는 달리 성적이 나빴다면 어떻게 할 것인가?
   ① 다음 기말 시험에 성적을 올릴 계획을 세우고 이 계획을 철저히 지키겠다고 결심한다.
   ② 앞으로 더 열심히 해야겠다고 결심한다.
   ③ 그 과목만이 중요한 것이 아니라고 마음을 돌려 먹고 대신 다른 과목을 더 열심히 한다.
   ④ 담당 교수를 찾아가 성적을 다시 한 번 생각해 달라고 부탁해 본다.

4. 전화로 물건을 파는 판매원이라고 가정해 보자. 하루 동안 연속해서 15명의 고객으로부터 퇴짜를 맞았다면 어떻게 행동할 것인가?
   ① 오늘은 포기하고 내일은 운이 좋아질 것이라고 기대한다.
   ② 자신의 능력에 문제가 있다고 생각되어 이리저리 생각에 빠진다.
   ③ 쉽게 포기할 수 없다고 자신을 타이르며 다른 방식을 시도해 본다.
   ④ 직업 자체에 회의를 느끼고 다른 일이 없나 생각해 본다.

5. 당신이 회사의 사장이라 가정해 보자. 회사 사원 간의 지역감정에 따른 파벌의식이 회사 발전에 큰 지장을 주고 있다고 보고 지연이나 학연에 따른 차별의식을 엄격히 금하고 있다고 하자. 그런데 우연히 회사 사원들이 지역감정에 조장하는 이야기를 농담 삼아 하는 것을 지나가다 들었다면 어떻게 하겠는가?
   ① 무시해버린다. 농담일 뿐이니까.
   ② 사장실로 불러 따끔하게 야단친다.
   ③ 그 자리에서 그런 농담은 회사 방침에 어긋난다고 확실하게 일러준다.
   ④ 그런 농담을 하는 사람에게 지역감정 타파 연수에 참여하는 게 어떠냐고 제안한다.

6. 친구의 차를 동승해 가다가 아슬아슬하게 자기 자동차 앞을 끼어든 다른 차 운전자 때문에 매우 화가 난 친구를 달래고자 한다면 어떻게 하겠는가?
   ① 다행히 사고 나지 않았으니 잊어버리라고 한다.
   ② 그가 좋아하는 음악 테이프를 틀어주든가 하여 마음을 돌리게 한다.
   ③ 함께 그 운전자에 대해 욕을 퍼부어 의리를 표시한다.
   ④ 당신도 최근에 그런 경험이 있었는데 알고 보니 응급환자를 싣고 급히 병원에 가는 차였다고 말해주고 그 운전자도 사정이 있을 것이니 흥분을 가라앉히라고 한다.

7. 당신의 파트너(남편, 아내, 연인)와 시비가 고조되어 흥분한 나머지 서로 본의 아니게 입에 담지 못할 소리를 퍼부었다면 그다음 어떻게 할 것인가?
   ① 일단 한 20분간 휴전을 제의하고 휴식한 다음 이야기를 계속한다.
   ② 상대가 어찌 나오든 간에 일단 말을 중단하고 입을 다문다.
   ③ 먼저 미안하다고 말을 하고 상대편으로부터도 사과하라고 한다.
   ④ 마음을 가다듬어 당신의 생각을 가능한 한 정확하게 말해준다.

8. 당신이 새롭게 구성된 업무팀을 맡았다고 하자. 그런데 그 팀에 창조적 해결방안을 모색해야 하는 어려운 작업이 떨어졌다고 한다면 맨 먼저 어떤 조치를 취하겠는가?

① 최대한 시간을 단축하기 위해 자신이 해결방안을 하나 제시하고 함께 모여 검토한다.

② 일단 서로 서로를 이해할 수 있도록 친교시간부터 가진다.

③ 참신한 아이디어가 나올 때까지 한 사람 한 사람에게 적합한 아이디어를 물어본다.

④ 브레인스토밍부터 한다. 즉, 구성원에게 어떤 아이디어도 좋으니 떠오르는데로 내놓게 한다.

9. 당신의 세 살 난 아이가 지극히 소심하여 낯선 사람 만나기를 매우 두려워한다면 어떻게 대처할 것인가?

① 그 아이의 소심한 기질을 인정하고 낯선 사람들로부터 자극받지 않게 해준다.

② 소아정신과 의사에게 보이고 상담한다.

③ 의도적으로 여러 사람과 접촉시켜 두려움을 극복하게 한다.

④ 조금씩조금씩 낯선 사람이 두렵지 않다는 것을 알도록 적응시켜 나간다.

10. 어릴 때 다루어 보았고 꼭 잘 다뤄 보고 싶었던 악기를 어른이 된 지금에야 여유를 갖고 취미 삼아 다시 시작하고자 한다. 어떻게 배워나갈 것인가?

① 엄격한 연습계획을 세워 매일매일 지켜 나간다.

② 자신의 지금의 능력에 비해 약간 어려운 곡을 선택하여 이를 익숙하도록 연습해 나간다.

③ 기분 내킬 때마다 조금씩 연습해 나간다.

④ 상당한 연습이 필요한 어려운 곡을 선택하여 이를 정복해 보고자 노력한다.

※ 자료: http://lotus.pwu.ac.kr/~eq/eqtest1.htm

Goleman의 EQ측정 검사 정답 및 해석기준

1. ②   2. ②   3. ①   4. ③   5. ③   6. ④   7. ①   8. ②   9. ④   10. ②

정답: 각 20점씩.

해석: 1~10문제 중 정답 합산한 점수

    200점 - 최우수(천재형)

    180점 - 매우우수(감정이입형: 누구나 필요로 하는 사람)

    140점 - 우수(간디형: 사회적 지도자형)

    120점 - 양호(프로이트형: 상담가형)

    100점 - 보통

    80점 - 심리치료를 요함

    60점 - 정서적으로 문제가 많음

    20점 - 둔감함(네안데르탈인형)

    0점 - 감정적 바보(도롱뇽형)

사랑과 관계형성

우리 부부는 결혼생활 4년차로 사내아이 둘을 두고 있다. 남편인 나는 보통 남자들처럼 회사에서 직장생활을 하는 샐러리맨이다. 아내는 매일같이 사내아이 둘과 씨름하며 집안일을 하는 가정주부다.

신혼 때처럼 이틀이 멀다고 싸우지는 않지만, 아직도 우리 두 사람은 자주 다투고 산다. 이런 우리 부부에게 싸움이 뚝 끊어지게 하는 계기가 있었다. 사실 나는 인간관계에서 중요한 가치 중 하나가 공평한 것이라고 여겨왔고, 결혼 전부터 부부관계도 마찬가지로 공평해야 한다고 늘 생각해 왔다.

맞벌이부부의 경우에는 밥하기, 아이보기, 설거지, 청소, 빨래 등등의 가사 일을 절반씩 나누는 것이 공평하다. 그리고 전통적인 가정의 경우 남자는 회사에서 열심히 직장생활하고, 여자는 집에서 가정주부로서 성실히 일하는 것이 공평하다. 각자 주어진 환경에서 최선을 다하는 것이 공평한 부부관계이다. 하지만 지금 우리 부부관계를 보면, 남편인 내가 가끔 청소하기, 밥하기, 설거지 등 집안일을 도와주는데 이것은 아내의 몫을 내가 대신하는 것이기 때문에 아내는 고마워해야 한다. 그런데도 아내는 더 해 달라고 짜증만 낸다. 아 정말 지겨운 결혼 생활!

하지만 이런 생각에는 중대한 착각이 있었다.

사실 남자는 회사에서 퇴근해서 집에서 휴식을 취한다. 아내는 집이 직장이므로 집에서 퇴근해야 한다. 즉, 아내는 퇴근해서 결국 집으로 간다. 하지만 아내는 동일한 장소에서 동일한 환경에 있으므로 시간을 정해 놓고 퇴근하기란 쉽지 않다. 사실 남편이 집에 도착한 이후의 시간이 바로 아내의 퇴근 시간이 되는 것이다. 그러므로 부부간에 공평한 관계를 맺기 위해서는 남편 퇴근 이후의 시간, 특히 주말의 경우 남편과 아내가 가사 일을 절반씩 공평하게 나누는 것이 중요하다. 다시 말해서 부부가 같이 있는 시간에는 남편이 일방적으로 하는 것도 아니고, 아내가 일방적으로 하는 것도 아닌 서로 절반씩 가사 일을 나누는 것이 공평할 것이다. 남편이 "집안일을 하는 것은 아내를 도와주는 것이다"라고 생각하는 것은 너무 큰 착각이었고, 이것을 깨닫는 데 꽤 오랜 시간이 걸렸다.

지금 우리 부부는 싸울 일이 별로 없다. 난 요즘 옆에서 자고 있는 아내의 머리를 때리고 싶다는 충동이 없어져서 너무 편안히 잠자리에 든다.

인간은 전 생애에 걸쳐 타인과 더불어 관계를 맺으면서 살고 있다. 인생에서 수많은 사람을 만나게 되는데 그들 대부분과는 친밀한 관계를 맺기 어려우며, 극히 소수의 사람과만 친밀한 관계를 맺게 되고 친구가 된다. 이러한 인간관계속에서 싹튼 정다운 애정을 우정이라고 한다. 또한 친구 간의 우정 이외에도 이성 간, 또는 가족 간의 관계형성으로 인해 인간이 경험할 수 있는 가장 행복하고 오묘한 감정이 바로 사랑일 것이다. 인간은 누군가를 반드시 필요로 한다. 사랑하기 위해서 필요하고 사랑받기 위해서 필요하다.

인간관계는 타인과의 상호작용의 과정으로서 자신과 타인에 대하여 더 많은 것을 알고 상호 간의 수용과 성장을 촉진한다. 긍정적인 인간관계의 형성은 인간으로 하여금 이들이 생산적으로 협동하고 효과적으로 배울 수 있는 분위기에서 타인과 의사소통을 하도록 돕는다.[60] 하지만 인간관계는 점차적으로 발전되기도 하고, 어느 순간에 관계가 단절하기도 한다.

1) 인간관계의 발달단계

일단 사람과 사람이 만나서 인간관계를 맺어나갈 때는 어떤 과정을 거치게 되는가 하는 것은 결국 두 사람 관계의 발달단계가 어떻게 되는가 하는 것에 귀결되는 문제이다. 여기에서는 인간관계의 발달단계이론 중에서 Knapp과 Vangelisti의 관계형성과 정이론을 중심으로 설명하기로 하겠다. 이들의 경우 관계발달 모형의 기본전제를 상대방과의 상호작용 유형에 두고 있다. 그는 상호작용 단계의 모형을 친화과정(coming together)과 이별과정(coming apart)으로 나누어 설명하고 있다.[61]

(1) 친화과정

① 시작단계

시작단계(initiating)는 관계가 시작되는 단계로서 일단은 상대방에게 매력을 느끼고

---

60) Ann Ellenson, *Human Relations* (New Jersey: Prentice-Hall, 1982), p.231.

61) Mark L. knapp & Anita L. Vangelisti, *Interpersonal Communication and Human Relationships* (Boston: Allyn & Bacon, 1996), pp.36-56.; 박연호, 현대인간관계론(서울: 박영사, 2000), pp.101-110.

관계를 갖고자 하는 마음을 먹는 것으로부터 출발한다. 어떤 사람이 일단 상대방을 관찰한 다음 그에게 접근해 볼까 생각해 보고 최종적인 결정을 내린다면 이미 첫 단계는 시작된 것이다.

이 시작단계는 상황과 매력의 두 가지 요소가 작용한다. 상황에 따라 접근하기가 쉬울 수도 있고 어려울 수도 있다. 또한 우리가 상대방에게 매력을 느낄 때 관계가 가능한 것이다. 결국 우리는 매력을 느끼는 사람에게 적절한 상황에서 접근하여 말을 걸게 되는데 이때 그와 계속 가까이할 수 있을지를 탐색하게 된다.

처음 관계가 시작될 때 다음과 같은 세 가지 중의 한 가지로 관계를 설정하게 된다.[62] 첫째, 더 이상 관계를 하지 않겠다는 것이다. 어떤 이유에서든 더 이상의 관계를 하지 않는 것이 좋겠다든가 또는 할 수 없다고 판단될 때 관계를 더 이상 유지하지 않기로 결정하게 되는 것이다. 둘째, 피상적인 수준에서의 관계를 생각하는 것이다. 즉, 피상적인 인사나 대화를 나누는 정도에서 관계를 유지한다는 것이다. 셋째는 더 깊은 관계를 하는 방향으로의 결정이다. 피상적인 수준에서가 아닌 더 깊은 수준에서 대화와 더 깊은 사적인 관계의 필요성과 가치가 인정될 때 상대방과의 관계를 발전시킬 결심을 하게 된다.

② 실험단계

일단 관계가 시작되면 실험단계(experimenting)로 들어가게 되는데, 실험단계는 잘 모르는 상대방의 특성에 대해서 발견하려고 노력하는 단계이다. 이 단계의 초점은 타인과의 관계의 가능성을 계속 알아보는 데 있다. 이 단계에서는 정보수집과 관계촉진이라는 두 가지 과제를 수행해야 한다. 즉, 정보수집을 통해 관계촉진이 이루어진다고 볼 수 있는데, 예를 들어 "당신의 고향은 어디입니까, 저는 어디인데요……" 같은 식의 대화를 통해 서로의 신상에 관한 기초적 정보를 교환함과 동시에 이를 통해서 관계를 촉진해나가는 것이다.

사람들은 친밀한 관계를 수립하기 위해서 이 실험단계에서 많은 시간을 보내게 된다. 이 실험단계를 통해서 서로의 공통점을 찾고, 공통점을 계속 발견함으로써 관계의 진전이 이루어지는 것이다. 이 단계에서의 관계는 대체적으로 즐겁고 편안하며,

---

62) 설기문, 인간관계와 정신건강(서울: 학지사, 1997), p.99.

명백히 비판하지 않고, 변덕스럽다. 또한 몰입은 제한적이다. 그리고 대부분 인간의 관계는 이 단계를 벗어나기 힘들다.

③ 심화단계

심화단계(intensifying)는 단순히 '아는 관계' 수준에서 '친한 수준'으로 넘어가는 단계이다. 적극적인 참여와 관계 진전의 자각이 이루어지는 단계이다. 우리는 마음과 시간을 투자해서 친밀성과 신뢰수준을 증가시키고 두 사람간의 관계는 심화된다. 자아노출도 증대되어 자신의 결점, 두려움, 실패, 좌절, 편견과 같은 은밀한 비밀들도 쉽게 털어놓게 된다.

이 단계에서는 서로를 부르는 호칭도 친밀해지고 말을 편하게 하게 되고, '우리'라는 표현을 일반적으로 사용하게 된다. 또 자기들끼리 통하는 농담, 은어와 같은 개인적 상징이 개발된다. 둘이 같이 보내는 시간도 많아지고 함께 나누는 것도 증대된다. 즉, 누적되고 공유된 가정, 기대, 관심, 지식, 상호작용, 경험의 축적물 위에 성립된 일종의 언어적 지름길이 생기게 되는 것이다.

뿐만 아니라 몰입의 보다 직접적 표현을 사용하게 된다. 점진적으로 어느 한쪽이 조정자의 역할을 하게 되기도 한다. 비언어적 메시지 전달에 있어서의 정교화가 또한 증대된다. 긴 대화 대신에 동작 하나로 해결되기도 한다. 태도(입장)의 일치가 보이기 시작하고, 심지어 복장도 비슷해지기도 한다. 소유와 개인적 공간이 모호해지기도 한다. 관계가 심화될수록 각각의 사람은 상대방의 성격에 친화하는 동시에 자신의 독특성을 드러내게 된다. 요컨대 상호 간의 관계가 심화될수록 각각의 개인은 자신의 개성을 드러내게 되고, 동시에 상대방의 개성과 자신의 개성을 융합시키게 된다.

④ 통합단계

이 통합단계(integrating)는 심리적으로 하나가 되는 단계이다. 즉, 관계가 더욱 심화되고 더 많은 것을 공유하게 됨에 따라 두 사람의 개성은 혼합되고 두 사람 간의 차이는 최소화된다. 특히 신뢰와 자아노출이 더욱 심화되어 서로의 관계가 최고조에 이르게 된다.

통합의 언어적 또는 비언어적 표현은 다음과 같은 다양한 형태로 나타난다. 첫째, 타인들과 구분되는 둘만의 태도, 의견, 관심, 취향 등이 활발히 생성된다. 둘째, 그들이 소속된 사회적 집단이 합체되고 타인들이 두 사람을 동일체로 간주하기 시작한다. 셋째, 친밀함의 "전리품(trophies)"이 교환됨으로써 각자는 상대방의 사진, 핀, 반지 같은 것을 착용하게 된다. 넷째, 버릇, 의상, 언어적 행태에 있어서의 유사점이 둘의 동일성을 강조하게 된다. 다섯째, 다양한 육체 일부의 실제적이고 신체적 침투(penetration)가 동일성을 타인이 인지하는 데 기여한다. 여섯째, 종종 "우리 노래", 공동은행계좌, 공동저작과 같은 공동의 소유물을 의도적으로 만든다. 일곱째, 감정이입의 과정이 최고점에 올라 행동의 설명과 예측이 보다 용이해진다. 여덟째, 신체리듬과 일상사가 고도의 일치성에 도달한다. 아홉째, 이따금 제3자나 대상의 사랑이 관계를 공고히 하는 데 도움을 준다.

하지만 통합이 완전한 하나 됨, 혹은 개성의 상실을 의미하는 것은 아니라는 데 유의하여야 한다. 얼마 간의 자신의 독특성, 개성의 유지는 매우 중요하며, 가능하다. 결론적으로 타인과 통합단계에 도달했다는 것은 우리가 또 다른 개인이 된다는 것에 동의한 것이라고 볼 수 있다.

⑤ 결합단계

결합단계(bonding)는 일종의 공식화된 계약단계이다. 이상의 여러 가지 과정과 단계를 거쳐 그동안의 결론이 만족스러웠다면, 이제 관계를 '공식화'하고 '계약'하여 공고히 할 필요가 생기는 것이다. 따라서 이성 간의 관계에서는 애인관계, 약혼, 결혼과 같은 단계를 밟게 된다. 일반적인 인간관계에서는 군이 '공식화'의 절차를 거치지 않고도 어떠한 모양으로든 관계를 '형식화'하는 절차를 밟게 된다. 그럼으로써 서로의 관계유지와 발전을 위해 기여하게 된다. 그리고 이 결합을 통해 서로에 대한 무한한 기여와 헌신이 요구되며 관계에 대한 새로운 규정 및 새로운 행동규율이 정해지기도 한다.

결합단계는 관계에 대한 사회적이고 제도적인 지지를 얻는 방법이다. 이는 두 사람이 법률, 정책, 선례에 의지할 수 있게 해준다. 결합은 또한 구체적 규칙과 규제를 통하여 관계에 대한 지침을 제공해준다. 그리고 이 결합단계는 관계의 본질을 좋게 혹은 나쁘게 변화시키는 데 있어서의 중요한, 강력한 특징을 갖고 있기 때문에 그 중요성이 더욱 크다고 볼 수 있다.

<표 3> 관계형성단계와 대화유형

과정	단계	대표적 대화유형
관계 형성	시작	"안녕하세요, 어떻게 지내십니까?" "안녕하세요, 잘 지내고 있습니다."
	실험	"스키 타는 것 좋아하시나 봐요, 저도 무척 좋아합니다." "그래요? 반갑네요. 주로 어디로 타러 가십니까?"
	심화	"당신을 사랑합니다(I *love you*)." "저도 당신을 사랑해요(*Me, too*)."
	통합	"당신 생각이 머리에서 떠나질 않아요." "저도요. 우리는 항상 하나인 것 같은 기분이에요."
	결합	"항상 당신과 함께 있고 싶군요." "그럼 우리 결혼할까요."

(2) 이별과정

사실 모든 관계는 항상 친화과정과 같이 이런 식으로 발전하는 것은 아니다. "올라가는 길과 내려가는 길은 같다"는 헤라클리투스(Heraclitus)의 말처럼, 경우에 따라서는 관계가 정리되는 단계를 거치게 된다. 이러한 이별과정은 차이 감지, 겉돌기, 침체, 회피, 이별의 단계를 거치게 되는데 이를 보다 구체적으로 설명하면 다음과 같다.

① 차이감지단계

차이감지단계(differentiating)는 헤어짐의 첫 번째 단계이다. 본래 개인 간의 차이점은 관계 발전의 어떠한 단계와도 관련되어 있지만, 이 단계에서는 특히 그 차이에만 초점을 두고 관심을 가지는 단계이다. 서로 얼마나 다른가를 이야기하고 생각하는 데 많은 시간을 보낸다. '우리'라는 개념보다는 '나'라는 개념이 앞서게 되며 공동의 소유물들도 점차 감소하게 된다. 상호 대화 시간도 감소한다.

일반적인 차이감지단계에서의 가시적 의사소통 유형은 반드시 그런 것은 아니지만 다툼이나 갈등이다. 종종 갈등은 관계를 상하게 하는 상대방의 행동에 대한 개인의 관용의 문제이다.

② 겉돌기단계

겉돌기단계(circumscribing)는 대화가 단절되기 시작하고 피상적으로 진행되는 단계이다. 이러한 대화의 유형은 다른 단계에서도 나타날 수 있지만, 이 단계에서는 특히 정보교환이 양적·질적으로 감소한다. 대화에 있어서의 기본적 행태는 조심스러운 통제와 안전영역에서 대화를 한정한다는 점이다. 이러한 대화의 제한 또한 관계의 다양한 측면에 영향을 주게 된다. 관계가 겉돌기 단계에 있을 때는 공적·사회적 생활에 영향을 주게 된다. 종종 함께 속해 있는 사회적 모임도 겉돌게 되고, 혼자될 것처럼 보이는 것을 피하기 위해 제3자가 있을 때만 관계가 원만한 것처럼 보이게 행동한다.

③ 침체단계

침체단계(stagnating)는 행동이 없어지거나 소극적이 되는 단계를 의미한다. 구두로 의사소통을 하는 대신, 피상적인 대화를 하게 되고 상대방이 어떻게 반응할지 알고 있기 때문에 더 이상 어떤 것에 대한 대화가 불필요하다고 생각한다. 이 단계에서는 많은 영역들이 닫히게 되고, 보다 효과적으로 의사소통을 하려는 노력도 멈추게 된다. 비언어적 의사소통을 통해서 불쾌한 감정상태를 전달하기도 하고, 의사소통은 점차로 형식화되고, 어려워지고, 완고해지고, 분명치 않아지고, 어색해지고, 협소해진다. 이러한 침체단계는 이성간의 관계뿐만 아니라 부모와 자녀 간에도, 이혼 전, 또한 연애기간에도 나타날 수 있다. 이 기간의 대화는 "내가 이렇게 말하면 그 사람은 이렇게 대답하겠지, 그러면 나는 또 이렇게 대꾸할 거야……" 같은 식의 '상상된 상호작용(imagined interaction)'으로 나타나거나, 또는 "내가 할게", "당신은 그거 못해", "아, 알았어", "알긴 뭘 알아", "나 그거 못한다고", "또 그런 식으로 나오는군", "당신도 항상 그런 식이잖아"와 같은 대화에 빠지기 쉽다. 이 단계에서는 현재의 고통보다 과거를 정리하면서부터 오는 고통이 더 클 것이기 때문에 이별에 이르는 것을 피하려고 하며, 종종 관계를 다시 회복시킬 수 있기를 희망한다. 어떤 사람들은 이 단계에서 많은 시간을 보내게 되는데 상대방을 괴롭히는 데 대한 일종의 심술궂은 쾌감을 느끼게 되기 때문이다.

④ 회피단계

회피단계(avoiding)는 시작단계의 정반대 현상이라고 보면 된다. 이 단계에서는 대화는 서로 직접 대면하여 이루어지지 않게끔 각별히 노력한다. 즉, "더 이상 당신을 보기 싫다", "더 이상 관계를 유지하는 데 관심이 없다", "당신과는 더 이상 대화하기 싫다"는 생각이 표면화되어 나타나는 단계이다. 이런 의미에서 회피단계는 이별을 보다 강력하게 징후로 보여주고 확고히 하는 단계라고 할 수 있다. 의사소통에 있어서는 적대감이나 불친절한 의미를 함축한 내용이 주가 된다. "더 이상 연락하지 말았으면 좋겠어. 다시는 당신을 보고 싶지 않아" 식의 노골적 회피를 나타내기도 하고, "너무 바빠서 만나기가 참 힘들군. 이번 금요일은 친구 집들이에 가봐야 하고……. 주말엔 친척결혼식 때문에 어렵겠고……. 월요일? 월요일은 야근해야 해. 화요일? 글쎄……. 화요일은 다음날 영어 테스트가 있어서 공부를 좀 해야 되는데……." 식의 계속적 회피가 이루어지기도 한다.

⑤ 이별단계

인간관계가 어떤 경우는 만나자마자 곧바로 끝나기도 하고 혹은 20여 년간의 긴 만남 후에도 종료될 수 있다. 이별단계(terminating)는 두 사람 간의 다양한 차이가 점차 증대되면서 발생되는 최종 결과라고 할 수 있다.

이별단계에서는 거리감(distance)과 분열(disassociation)의 특징을 보인다. 거리감은 두 사람 간의 의사소통에 있어서 심리적·물리적 장애물을 구축하는 것이고, 분열은 그들의 개별적 인생에서 상대방의 존재를 더 이상 필요로 하지 않으며 각자의 관심사나 서로의 차이를 강조하는 메시지에서 발견된다. 의사소통은 양극화되어 침체단계에서 나타난 바와 같이 형식화되고, 완고해지고, 모호해지고, 어색해지고, 협소해진 의사소통이 보다 강화된다. 이러한 이별단계는 서로 나누는 관계의 내용을 통해 감지할 수 있다. 즉, 짧은 대화(summary statement), 만나는 횟수 감소, 장래의 관계에 대한 메시지의 교환 등을 통해 이별의 전조를 볼 수 있다. 짧은 대화는 절박한 관계 종료의 이유를 알 수 있게 해주고, 만나는 횟수의 감소는 현재 일어나고 있는 현상을 명확히 해주고, 미래는 헤어진 후의 어색한 상호작용을 회피하게 해준다. 이러한 이별단계는 간혹 시간이 많이 소요되기도 하는데 어느 한편이 헤어짐을 원치 않거나 최종적 헤어짐을 망설일 때 종종 발생한다. 지금까지 설명한 관계정리(이별)의 과정과 대표적 대화 유형을 요약하면 다음 <표 4>와 같다.

<표 4> 관계정리(이별) 단계와 대화유형

과 정	단 계	대표적 대화유형
관계 정리	차이감지	"나는 이렇게 장시간 쇼핑하는 것 딱 질색이야." "가끔씩 당신을 이해 못하겠어. 이것도 우리의 차이점 중 하나인가 봐."
	겉돌기	"출장은 어땠어?" "밥은 도대체 언제 줄 거야?"
	침체	"도대체 무슨 소릴 하는 거야?" "당신이 그런 소리 할 줄 알았어."
	회피	"요즘 너무 바빠서 당분간 만나기 힘들 거야, 시간나면 전화할게." "전화해도 혹시 못 받을지 모르니 그렇게 알아."
	이별	"아무래도 우리 헤어지는 게 좋겠어. 서로 미련 갖지 말자" "누가 미련 갖는다고 그래? 걱정 말아."

지금까지 살펴본 바와 같이 관계 형성의 단계에서는 다음과 같은 특징을 지닌다. 첫째, 각 단계의 이동(movement)은 일반적으로 체계적이고 연속적이다. 즉, 관계형성 혹은 관계정리는 계속적으로 이동되고 유동적이다. 둘째, 이동은 앞으로 전개되기도 한다. 관계형성단계뿐만 아니라 관계정리에도 마찬가지로 적용된다. 셋째, 이동은 퇴화되기도 한다. 예컨대 통합단계에 도달했다고 해서 반드시 동맹단계로 올라갈 수 있는 것이 아니며 그 이전단계로 후퇴되기도 한다. 넷째, 이동은 단계 내에서도 발생한다. 즉, 각 단계도 각각 정도의 차이를 갖고 있는 것이다. 다섯째, 이동은 새로운 국면으로 향하게 된다. 즉, 어떤 특정한 단계에서 정체되는 것이 아니라 앞으로 전개되거나 후퇴하게 되는 것이 일반적이다.

2) 인간과 사랑

(1) 사랑의 의미

사람은 누군가를 사랑하고 또 사랑받고, 그리고 그 사랑이 영원히 변치 않기를 바란다. 사랑하고 사랑받는 그 사실만으로 인생의 보람과 행복을 느낀다. 인생에는 사랑이 있기 때문에 기쁨이 있고, 보람이 있고, 향기가 있다. 만약 인생에서 사랑을 제거한다면 삶은 너무 무미건조해지고 황폐해질 것이다. 부모와 자녀, 형제 그리고 부부가 따뜻한 사랑으로 맺어진 가정은 언제나 마음의 안식처이고 사랑으로 손잡고 나아가는 곳에는 가시밭길도 꽃밭이 될 것이다. 하지만 사람들은 진정한 사랑을 갈구하지만 현실에서 얻기가 쉽지 않다. 결혼할 때 변함없는 사랑을 맹세한 행복한 남녀가 폭행하고, 이혼하고, 심지어 살해하기도 한다. 이런 사랑의 이중성은 인간이 사람의 본질적 이해와 가치를 잘못 알고 실천하는 데 있다. 사실 사랑은 순간적으로 얻는 것이 아니라 가꾸어 나가는 것이다. 프롬(Erich Fromm)은 『사랑의 기술(The Art of Loving)』에서 사랑을 감상적인 측면에서가 아니라 전체적인 측면에서 다섯 가지 유형(대등한 사랑, 무조건적 사랑, 이성 간의 사랑, 자기 사랑, 신에 대한 사랑)을 제시하고 있다.[63]

첫째, 대등한 사랑(love of equals)은 우애와 같은 사랑으로 가장 기본적이고 보편적인 형태의 사랑으로서 독점적인 것이 아니고 보편적인 것이다. 즉, 단순히 상대방이 인간이라는 이유 때문에 제공하는 형태의 사랑이다. 둘째, 무조건적 사랑(unconditional love)은 아무런 조건 없이 어떤 타인이 행복하게 되기를 바라는 바람 또는 진실한 모성애 같은 사랑이다. 셋째, 이성 간의 사랑(erotic love)은 대개 독점적인 사랑으로 타인과 결합해 하나가 되고자 하는 강렬한 사랑이다. 넷째, 자기사랑(self-love)은 종종 다른 사람을 사랑한다는 것은 덕이고 자기를 사랑한다는 것은 이기심과 자만심으로서 악이라고 생각한다. 하지만 자기 자신의 고결성과 특이성을 존중할 수 있어야 타인을 사랑할 수 있다. 다섯째, 신에 대한 사랑(love of God)은 분리의 불안을 극복하고자 하는 필요에서 발생한다.

이러한 다섯 가지 유형의 사랑 속에 나타나고 있는 이상적인 상황은 우리의 생활을 고결하게 해 준다. 그러나 사랑은 이러한 방식으로만 나타나지 않고 때로는 파괴적이고 병적으로 나타날 때도 많다. 이러한 것을 특히 경계하여야 할 것이다. 결국 사랑은 받으려고 구걸하는 것이 아니라 사랑은 받기에 앞서 주어야 한다.

스턴버그(Sternberg: 1986)는 사랑을 에로스, 스토르게, 루더스, 마니아, 프라그마, 아가페로 나누어 설명한다.[64]

에로스(Eros) 사랑은 고대 그리스 신화의 에로스가 아폴론의 가슴에 사랑의 감정을 일으키는 화살을 쏜 데서 연유된다. 마치 강한 전류에 감전된 것처럼, 큐피드의 화살이 심장에 꽂히는 순간부터 사랑의 불꽃이 활활 타오르는 황홀하고 열정적인 낭만적 사랑이다. 이런 사랑은 대개 처음에는 신체적인 매력에 이끌리게 되며 신체적 변화를 수반하는 강한 정적 감정을 일으키는 것이 보통이다. 그리고 차츰 감정이나 생각, 경험들을 함께 나누어 가짐으로써 서로를 사랑의 사슬에 묶어 놓게 된다.

---

63) Ann Ellenson, Human Relations, 2nd ed.(Prentice-Hall, Inc.,1982), pp.5~6.
64) 김혜숙 외, 전게서, pp.209~210.

스트로게(Storge) 사랑은 형제자매 사이나 친구 간에 시간이 흐르면서 서서히 무르익는 사랑의 감정을 뜻하는 고대 그리스어 Strogay에서 온 것이다. 이와 같이 스트로게 사랑은 우정이나 연민을 생활 가운데서 자연스럽게 느끼고 사랑의 감정으로 발전한 경우이다. 그러므로 사랑하는 사람을 의도적으로 선택하거나 육체적인 이상을 추구하지도 않으며 생활 속에서 만나는 것에 만족한다. 이러한 사랑은 비록 황홀한 감정은 없을지라도 서로 함께 있으면 편안하고 정다우며, 서로를 신뢰하고 이해하며 보살피려는 친밀감이다.

루더스(Ludus) 사랑은 놀이나 게임을 뜻하는 라틴어에서 유래된 것으로 여러 대상을 찾아 방황하는 사랑이다. 이러한 사랑을 하는 사람들은 전 생을 한 대상만을 사랑하는 것은 무의미하다고 보고 그때그때 만나는 사람과 즉흥적이며 찰나적인 사랑을 추구한다. 이러한 사람들은 동시에 여러 사람을 사랑하며 다른 사람을 사랑할 수 있다는 것을 자랑으로 여기며 사랑을 즐긴다. 그러면서 지속적인 사랑이란 구속이라고 느껴 늘 새로운 대상을 찾는다.

마니아(Mania) 사랑은 고대 그리스어의 신으로부터 나오는 광기라는 의미의 마니아에서 유래된 것으로 상대에게 사로잡혀 질투와 소유욕에 불타는 사랑이다. 언제나 사랑받고 있다고 확인하며 상대가 사랑하기 전에 사랑하게 될까 봐 걱정을 한다. 이런 사람은 상대를 정말로 좋아하지도 않고 평생 동반자로 생각하지도 않는다. 그러다 사랑을 하게 되면 너무 많은 사랑을 필요로 하기 때문에 냉정하게 처신하기 힘들다. 마니아적 사랑은 구체적인 대상과 사랑에 빠진 것이 아니라 사랑 그 자체를 사랑하고 있는 것이다.

프래그마(Pragma) 사랑은 그리스어 pragmatic이란 말에서 유래된 것으로 실용적인 사랑을 의미한다. 이러한 사랑을 하는 사람은 상대에게 원하는 특성들을 목록으로 작성하여 잘 어울리는 상대를 찾는다. 이 자질 목록에는 신체적 매력이나 취미 등이 포함되어 있으며, 이와 같은 특성을 지닌 대상을 찾기 위해 스스로 노력한다. 만일 자신과 잘 어울리는 배경과 관심사를 가진 상대를 만나지 못하면 루더스를 사용하여 적당한 후보를 물색한다. 그러나 충족적이거나 성적 행동을 하지 않으며, 각 대상을 검토하여 자신과 잘 어울리는 상대라고 판단될 때까지 알아본다. 그리고 자기의 판단이나 선택이 옳은지 여부를 친구나 부모에게 상의한다.

아가페(Agape) 사랑은 기독교에서 나온 것으로 타인을 위한 사랑이며, 나를 희생하는 사랑이다. 상대에게 사랑하는 감정이 없더라도 사랑하는 것을 의무로서 하는 사랑이다. 따라서 아가페 사랑은 마음보다는 머리로, 감정보다는 의지로 사랑한다. 아가페는 하나님의 완전한 의지에 복종함으로써 완전한 사랑의 대상과 결합하려 한다. 의무적이며 베푸는 사랑은 이웃을 사랑하고 봉사자로서 헌신적인 친구로서 행동한다. 아가페 사랑을 하는 사람은 배우자의 관계에서 그를 사랑을 주어야 하는 많은 대상자 중의 한 사람으로 여기며, 상대가 자신보다 다른 사람과 함께 있는 것이 더 행복하다고 생각할 땐 대상이 경쟁자일지라도 관계를 단념할 수 있다.

(2) 사랑의 요소

스턴버그(Sternberg: 1986)는 사랑의 기본적인 구성요소와 사랑의 형태를 친밀감(intimacy), 열정(passion), 헌신(commitment)의 세 가지로 설명하고 있다.[65] 사람들이 경험하는 사랑은 이 세 가지 요소가 서로 상호작용을 일으켜 여러 가지 다른 형태의 사랑의 느낌을 갖게 된다.

첫째, 친밀감(intimacy)은 서로 가볍게 느끼는 감정과 소속감, 연결성 등이다. 이 감정은 서로 간에 따뜻한 정서를 불러일으킨다. 가깝고 편하게 느낌, 서로를 잘 이해함, 함께 공유함, 원활한 의사소통, 긍정적인 지지 등을 의미한다. 친밀감은 사랑의 정서적 측면을 반영하는 특성이다. 이러한 친밀감은 만남의 횟수와 교제기간에 비례하여 서서히 증가된다. 그러나 친밀감은 어느 정도 이상의 높은 친밀 수준에 이르면 더 이상 증가하지 않으며 서로 친밀하다는 것을 의식하지 않게 되는 상태로 발전한다.

둘째, 열정(passion)은 낭만적인 어떤 느낌, 육체적인 매력, 성적인 자극성 등으로 인해 상대방을 향해 일어나게 하는 정서다. 즉, 사랑의 '뜨거운' 측면이다. 열정은 연인들을 생리적으로 흥분시켜 들뜨게 하고 사랑하는 사람과 함께 있고 싶고 일체가 되고 싶은 강렬한 욕망을 불러일으킨다. 열정은 친밀감과 달리 급속히 발전한다. 때로는 상대방을 처음 만난 순간부터 강렬한 열정을 느끼게 되기도 한다. 그러나 열정은 오래 지속되기 힘들다. 연인과의 교제기간이 길어짐에 따라 열정의 강도는 감소하거나 다른 형태로 변화되는 것이 일반적이다.

셋째, 헌신(commitment)과 결정은 상대방을 사랑한다는 느낌을 지니고 어떤 형태로

---

65) 김혜숙 외, 전게서, pp.207-212.

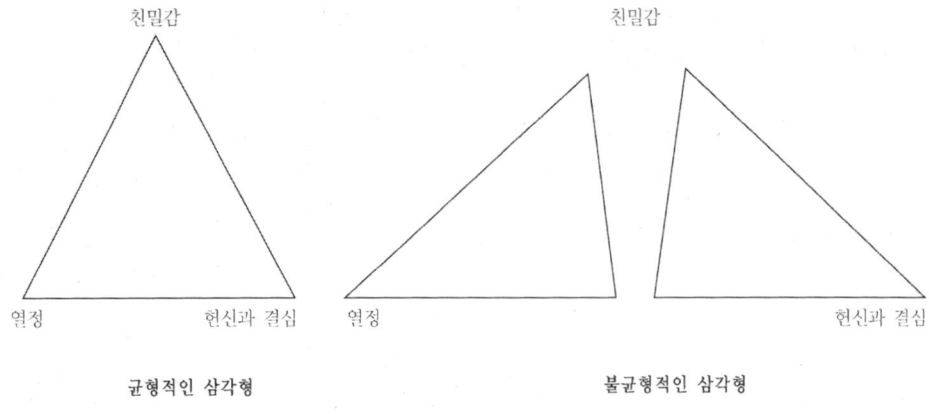

든지 이루어지는 약속을 의미한다. 헌신은 사랑하는 사람과의 사랑을 지키겠다는 선택이자 결정이며 책임의식이기도 한다. 이러한 헌신은 사랑의 '차가운' 측면을 반영하는 동시에 사랑의 인지적 측면을 나타낸다. 아울러 사랑하는 사람과의 지속적인 관계를 위해 자신을 구속시키는 행위를 포함한다. 사랑의 가장 대표적인 헌신과 결정행위는 약혼과 결혼이며 그밖에 사랑의 약속과 맹세, 사랑의 징표나 선물의 교환, 주변사람들에게 연인을 소개하는 일, 연인과 함께 고통스러운 일을 돕고 견디는 일 등이 이에 해당한다. 친밀감, 열정, 결정과 헌신의 세 가지 요소를 삼각형의 각 꼭짓점에 놓고 볼 때, 조화롭게 균형을 이룬 삼각형이 성숙한 사랑이며, 세 가지 요소 가운데 어느 한 요소에 치우치면 사랑은 균형을 잃게 된다. 세 요소들 간의 관계는 강도와 균형에 있어서 다양하고 또한 사랑의 삼각형의 크기와 모양도 다양해진다. 그러므로 상대에 대한 사랑의 삼각형 크기와 모양을 알면 그 사람이 상대를 어떻게 느끼고 있는지를 알 수 있게 된다.

　　그리고 이상과 같은 사랑의 세 요소를 결합하면, 다음 <그림 7>과 같이 좋아하는 관계, 도취적 사랑, 공허한 사랑, 낭만적 사랑, 우애적 사랑, 얼빠진 사랑, 성숙한 사랑, 사랑이 아닌 것으로 사랑의 유형을 분류할 수 있다.

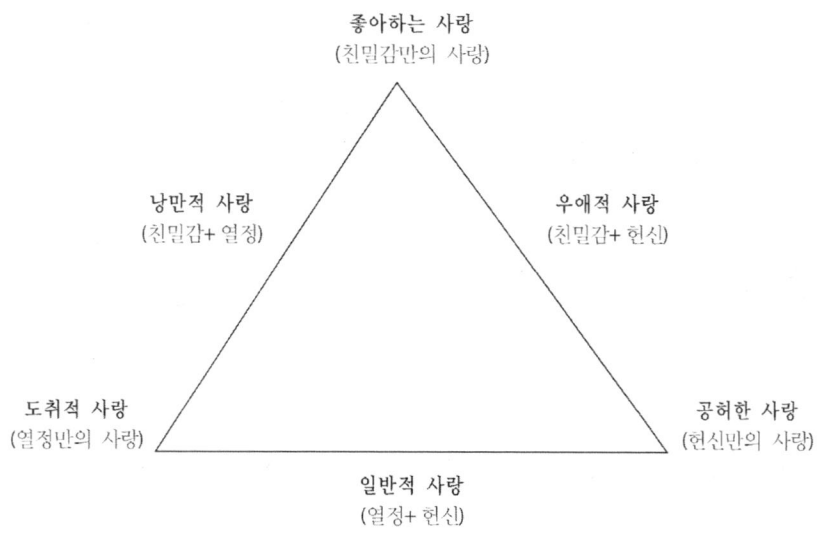

좋아하는 사랑
(친밀감만의 사랑)

낭만적 사랑
(친밀감+ 열정)

우애적 사랑
(친밀감+ 헌신)

도취적 사랑
(열정만의 사랑)

공허한 사랑
(헌신만의 사랑)

일반적 사랑
(열정+ 헌신)

〈그림 7〉 사랑의 요소와 사랑의 유형(Sternberg)

좋아하는 관계는 서로 간에 친밀감만을 경험할 수 있는 사랑이다. 이러한 사이는 진정한 친구들과의 관계에서 경험하는 감정으로 열정 없이도 결합되어 있다는 느낌이나 따뜻함을 느끼며 지낸다. 예를 들어 남녀 공학의 대학생들이 특정한 이성과 연애감정은 아니지만 더 친하게 느껴지는 감정이 대개 여기에 속한다고 보면 되겠다. 손이 닿아도 전기가 안 오르는 상태다. 이성을 보기만 하면 눈에서 반짝 빛이 나면서 사랑에 빠진다고 믿는 건 사실이 아니다.

도취적 사랑(infatuation)은 첫눈에 반하거나 망상으로 치우치는 사랑이다. 이 경우는 친밀감이나 헌신적인 것이 결여되고 열정만으로 이루어진 사랑이다. 상대를 있는 그대로 보는 것이 아니라 이상화하여 사랑하며, 사랑에 홀린 듯한 상태로 다른 일에 몰두하지 못하게 된다. 즉, 로미오와 줄리엣 식의 사랑이다. 문자 그대로 가슴이 뛰고 정서가 완전히 바뀌는 상태로 들어가 다른 사람들 눈에 이상하게 보일 정도로 자신의 감정이 통제가 안 되는 상태로 들어간다. 짝사랑의 대상을 생각하거나 멀리서 보기만 해도 가슴이 뛰고 설레며 다리에 힘이 쭉 빠지는 등 신체적인 흥분상태를 수반하는 열정을 경험하게 된다.

공허한 사랑(empty love)은 친밀감이나 열정이 없는 상대를 사랑하려는 것이다. 오랫동안 서로 감정적 몰입이나 육체적 매력을 느끼지 못하는 관계로 사랑에의 헌신이 없다면 어려운 사랑이다. 이러한 공허한 사랑은 오래된 관계의 종말 부분이기도 하지만 중매결혼이 일반화되어 있는 사회에서는 서로 간의 헌신은 관계의 시작이 되기도 한다. 약속은 남아 있어 결혼이나 애인 상태는 유지하고 있지만 친밀감이나 열정은 이미 다 소진되거나 처음부터 없는 사랑도 있다. 대화도 통하지 않고 매력도 느끼지 못하면서 습관이나 사회적 편리성 때문에 함께 사는 경우이다. 열정과 친밀감 없이 돈과 사회적 명예를 가진 늙은 남자와 결혼하는 젊은 여자도 이런 사랑의 한 사례가 된다. 서로 사랑이나 즐거움 등의 욕구가 잘 채워지지 않기 때문에 권태와 우울함에 빠질 확률이 높다.

낭만적 사랑(romantic love)은 친밀감과 열정이 있는 사랑으로 육체적 매력이나 다른 매력이 포함된 좋아하는 감정이다. 그러므로 서로가 육체적·감정적으로 밀착되어 있다. 이러한 밀착은 우정으로 시작된 좋아하는 관계에서 열정적인 사랑으로 발전될 수 있다. 또한 친밀감과 열정은 함께 있지만 어떤 형태로든 약속은 하지 않은 낭만적인 사랑도 있다. 별달리 사랑을 고백하지도 않고 두 사람이 특별한 관계라는 사실을 외부에 알리지 않고 있는 상태라고 볼 수 있다.

동료적 사랑(companionate love)은 친밀감과 헌신에서 생긴다. 육체적 매력이 약해지고 우정을 나누는 관계에서 볼 수 있는 사랑이다. 낭만적인 사랑은 차츰 동료적인 사랑으로 변하게 되는데 열정은 사라지고 친밀감은 남아 있어서 세월이 거듭됨에 따라 깊은 헌신으로 바뀌게 된다. 예를 들어 나이가 들면 저절로 이런 형태의 부부관계로 들어가는 것이 바람직하다고 주장하는 학자들도 있다. 늦바람이 무섭다는 건 이 동반자적인 사랑을 뒤집어엎을 만큼 강렬한 열정을 불러일으키는 상대가 나타나는 경우이다.

허구적 사랑(fatuous love)은 열정과 헌신이 결합되며 친밀감이 결여된 사랑이다. 남녀가 어느 날 만나 약혼하고 결혼하며 헌신하는 데 시간이 걸리는 그런 사랑이다. 도취적 사랑은 열정이 식어가게 될 때 헌신으로 변한다. 이 헌신은 오랫동안 성숙되고 심화된다. 즉, 할리우드식 사랑이다. 사랑의 열정은 맹렬하나 우정의 감정은 별로 없다. 배우들이 함께 공연하면서 열정에 이끌려 쉽게 결혼하고 쉽게 이혼하는 경우이다.

완전한 사랑(consummate love)은 친밀감과 열정, 그리고 헌신이 포함된 사랑이다. 낭만적 관계에 있는 사람들이 도달하려고 노력하는 사랑이다. 사랑은 육체적인 밀착뿐만 아니라 상대와의 일체감을 느낄 만큼 심리적으로 자기 자신에게 하는 것처럼 상대에게도 기꺼이 내어주고 행할 수 있는 친밀감을 필요로 한다. 이와 같은 완전한 사랑이 어렵긴 하지만 서로의 노력에 의해 가까이 도달할 수 있는 것이라는 기대를 가지고 사랑해야 할 것이다. 정신적 사랑과 함께 육체적 사랑으로 완전히 결합되어지고, 서로가 늘 떨어져 있어도 생각하며, 하루 중 90% 이상을 상대방을 생각하고, 상대를 위한 간절한 마음으로 생활하는 것이다. 이 사랑을 떼어 놓지는 못한다. 죽음도 두렵지 않은 사랑이 이 사랑이며, 온몸이 타들어가는 절박한 마음과, 상대를 위하는 마음이 간절해서, 만나면 불같은 사랑을 나누게 된다. 그것이 불륜이든, 잘못된 사랑이든 간에 그 사랑으로 인해 삶이 온통 이루어지는 것이 이 사랑이다. 인간은 누구나 완전한 사랑을 원한다. 완전한 사랑은, 세상에서 말하는 결혼해서 아이를 낳고, 평범한 삶으로 돌아가는 것을 말하지는 않는다. 사랑에 있어서 정신적·육체적 합치로 인한 완전함을 얻는 것을 말한다. 떨어져 있으면 간절함으로 인해 한순간도 견딜 수 없는 상태를 말함이요, 서로가 합치되면 죽도록 사랑하는 그 사랑을 말한다.

생각해 보기

Sternberg의 사랑 유형 중 나는 어디에 속할까?

친밀감, 열정, 헌신 중 어느 한 부분이 치명적으로 결핍되어 있으면, 그 사랑은 취약점을 안고 있다고 보아도 좋을 것이다. 물론 인간의 감정은 어떤 이론이나 수학적인 도식으로 쉽게 설명되는 것은 아니다. 그러나 여자친구 또는 남자친구와 계속 사귀어야 할지 아니면 헤어져야 할지, 결혼을 해야 할지 말아야 할지, 이혼해야 할지 계속 살아야 할지 등과 같은 심각한 갈등을 느끼고 있을 때, 자신의 감정을 검토해보는 방법으로 사랑의 삼각형을 활용해보면 어떨까?

사랑은 심오한 비밀을 가지고 있는 마약과도 같은 것이다.

---

(3) 이성 간의 사랑과 유형진단

우리가 이성과의 사랑에 대해 이야기할 때 대부분 같은 용어를 사용하는 것 같지만 알고 보면 제각기 다른 내용과 의미를 갖고 있는 경우가 많으며, 심지어 그 행태도 다른 경우가 대부분이다.[66]

① 외모적 사랑(love of beauty): 이러한 유형의 사랑은 정열적이고 애욕적이며 격렬

---

66) J.A. Lee, *The Color of Love* (New Jersey: Prentice-Hall, 1976); Mark L. Knapp & Anita L. Vangelisti, *Interpersonal Communication and Human Relationship* (Boston: Allyn & Bacon, 1996), pp.199-201.; 박연호, 전게서, pp.127-128.

하다. 이러한 사랑에 빠진 사람들은 주로 직접적이며 강력한 육체적 매력에 이끌린 사랑을 하는 사람들이다. 그러므로 급속히 자아노출과 육체적·성적 친밀성을 증대시킨다.

② 유희적 사랑(playful love): 이러한 사랑은 마치 게임을 하듯 사랑을 하는 유형으로 종종 사랑을 다른 일상사보다 중요시하지 않는 것처럼 보인다. 그 결과 상대방에 대한 관여나 의지함이 별로 없다. 이들은 다양함과 즐거움에 관심을 갖는다. 상대방이 지나친 관심을 갖게 되면 다른 한편이 이를 부담스러워하게 되어 문제가 생기게 되기도 한다.

③ 동료적 사랑(companionate love): 이는 인내심이 강하고 끈기 있는 사랑의 유형이다. 이러한 사랑을 하는 사람들은 사랑을 자연스럽게 조용히 키워나가고 상대방의 매력에 서서히 빠진다. 동료적 사랑은 우정과 동료애에 기초를 두고 있다. 그러므로 격렬한 감정의 표현 같은 것은 보기 드물게 일어난다.

④ 강박적 사랑(obsessive love): 이 유형은 미적 사랑의 욕망이 유희적 사랑에서 곧잘 발견되는 감정의 보류 및 관계조종의 욕망이 결합하였을 때 생긴다. 이러한 사랑의 유형은 마치 약물중독에 빠지는 것과 유사하여 일종의 중독적 사랑(addictive love)이라고 표현할 수도 있다.[67] 따라서 상대방의 관심이 식었다고 생각되면 엄청난 심리적 고통과 분노, 질투심 등을 느끼게 된다.

⑤ 현실주의적 사랑(realistic love): 이러한 사랑의 유형은 동료적 사랑에 유희적 사랑의 통제와 조종이 결합된 경우이다. 양립성(compatibility)이 시험되며 실용성이 추구된다. 논리적 사고가 추구되며, 중요한 결정에 있어서 감정의 역할을 최소화하는 것을 중시한다.

⑥ 이타주의적 사랑(altruistic love): 이 유형은 사랑을 이타적이고 인내, 친절함, 관대함, 질투를 하지 않으며 받는 것보다 주는 것을 중요시한다. 극소수의 사람들만이 이러한 사랑의 유형을 사는 동안에 일관되게 유지할 수 있다.

사랑은 다양하게 해석되고 있으며, 많은 사람들이 제각기 다른 방식으로 사랑을 이해하고, 표현하고, 사랑에 대한 나름대로의 정향 혹은 유형을 가지고 이를 삶의 양식

---

67) S. Peel & A. Brodsky, "Love Can Be an Addiction," *Psycology Today* 8 (1974), pp.23~26.

과 연결시키고 있다.

그런데 어떤 사람들은 남성과 여성은 사랑에 빠지는 방식이 다르며 다른 방식으로
이를 표현한다고 한다. 이러한 유형의 측정에 대해서는 다음의 설문지를 이용해 측정
할 수 있다.

이것을 사랑의 유형 측정 질문지 테스트라고 할 수 있다.

사랑의 유형 측정 질문지

다음의 질문에 대해 다음과 같이 응답하시오.

※ 채점방식: 각 문항에 대해 강한 동의 "매우 그렇다" = 5, 동의 "약간 그렇다"= 4, 중간 "그
   저 그렇다" = 3, 부정 "별로 그렇지 않다" = 2, 강한 부정 " 전혀 그렇지 않다" = 1의 5점
   척도상에서 다음 표에 근거하여 각 사랑의 유형별로 점수의 평균치를 계산한다.

---

1. 나의 애인과 나는 처음 만나자마자 서로 매력을 느꼈다.
2. 나의 애인과 나는 육체적 "화학작용"을 느꼈다.
3. 우리의 사랑은 매우 격렬하고 만족스럽다.
4. 나의 애인과 나는 서로를 강하게 느끼고 있다고 생각한다.
5. 나의 애인과 나는 감정적인 융화가 쉽게 이루어진다.
6. 나의 애인과 나는 정말로 서로를 잘 이해한다.
7. 나의 애인은 외모(육체적)면에서 나의 이상형이다.
8. 나는 나의 사랑에 대해 상대방이 의심하지 않게끔 노력한다.
9. 나는 나의 애인이 나에 대해 잘 알지 못한다고 해서 상처받지 않을 것이라고 믿
   는다.
10. 나는 종종 다른 사람들에게서 없는 것을 애인에게서 느낀다.
11. 나는 우리의 사랑을 쉽고 신속하게 종결시킬 수 있다.
12. 나의 애인은 내가 다른 사람과 관계를 맺었다면 우리의 관계를 끝낼 것이다.
13. 나의 애인이 지나치게 나에게 의존적일 경우 나는 소원하게 굴 것이다.
14. 나는 나의 애인과 다른 파트너들과 일종의 사랑의 게임을 하는 것을 즐기고 있다.

15. 나는 우리의 우정이 언제 사랑으로 바뀌었는지 정확히 말할 수 없다.

16. 우리의 사랑은 처음에는 돌보아주는 것이었다.

17. 나는 애인이 친구로서의 역할을 해주길 바란다.

18. 우리의 사랑은 오랜 우정에서 비롯된 것이기에 최고라고 생각한다.

19. 우리의 우정이 점차적으로 사랑으로 바뀌었다.

20. 우리의 사랑은 알 수 없는 감정이 아니고 깊은 우정에 바탕을 두고 있는 것이다.

21. 우리의 사랑은 좋은 우정에 기초를 두고 있기 때문에 매우 만족스럽다.

22. 나는 애인이 자신의 길을 알아서 개척하기를 바란다.

23. 나는 애인을 선택하기 전에 주의 깊게 내 인생의 계획을 세우겠다.

24. 애인을 선택하는 데 있어 비슷한 배경을 갖고 있는 것이 주요 기준이 된다고 생각한다.

25. 애인을 선택하는 데 있어 나의 가족들의 의견은 매우 중요하다.

26. 애인을 선택하는 데 있어 상대방의 부모들이 어떤 사람인가가 매우 중요하다.

27. 애인을 선택하는 데 있어 상대방이 나의 경력에 도움을 줄 것인지를 고려한다.

28. 애인을 선택하는 데 있어 상속이 중요하다.

29. 우리 사이에 일이 잘못되면 당장 소화가 안 된다.

30. 애인과 사이가 벌어진다면 자살을 시도할지 모른다.

31. 종종 나는 애인과의 일을 생각하면 잠을 못 이룬다.

32. 만약 상대가 나에게 관심을 가져주지 않을 때는 나는 무척 속상하다.

33. 사랑을 할 때는 아무것도 눈에 들어오지 않는다.

34. 애인이 혹시 다른 사람을 좋아하고 있다고 생각되면 불안해서 마음이 놓이지 않는다.

35. 만약 애인이 나를 무시한다면 그이 관심을 찾기 위해 무슨 짓이라도 할 것이다.

36. 나는 상대방을 어려운 시기에 항상 도우려고 애쓴다.

37. 나의 애인이 고통받게 하느니 내가 고통받는 게 낫다.

38. 나의 애인이 행복하지 않다면 나도 행복할 수 없다.

39. 나의 애인의 성공을 위해 희생할 각오가 되어 있다.

40. 나는 상대방의 선택을 따를 것이다.

41. 나의 애인이 나에게 화낼지라도 그를 일관되게 전적으로 무조건 사랑할 것이다.

42. 나의 애인을 위해 나는 모든 것을 인내할 것이다.

(4) 사랑의 종결 - 실연

우리는 살면서 누군가를 사랑하고 관계가 발전하는 단계를 겪지만 항상 이러한 사랑이 영원히 변치 않는 것은 아니다. 사실 성공하는 사랑보다 실패하는 사랑이 더 많을 것이다. 결혼하기 전 수많은 연인들의 이별과 결혼 후 약 세 쌍 중 한 쌍의 부부가 이혼하는 이러한 이별이 너무 흔하다. 이러한 사랑의 종결, 실연에는 여러 형태가 있다.

첫 번째 유형은 '일방적 실연'으로 두 사람이 서로 사랑하다가 한 사람의 일방적 요구에 의해 관계가 파기되는 경우이다. 이렇게 관계가 파기되는 것은 상대방의 성격, 능력, 행동에 대한 실망이 가장 흔하지만, 더 나은 애정상대의 출현으로 현재의 관계를 청산하는 경우도 있다. 이러한 일방적 실연을 당한 사람은 사랑의 상실과 자존심의 손상으로 인해 우울감을 경험하며, 상대방에 대한 분노, 적개심, 배신감, 복수심 등이 생기게 된다.

두 번째 유형은 '합의된 실연'으로 사랑하던 두 사람이 사랑의 관계를 종결하기로 서로 합의하고 헤어지는 경우이다. 이 경우의 두 사람은 애정이 식은 상태에서 불만스러운 상대방과 이별하는 것이기 때문에 심리적 고통이 상대적으로 적다. 하지만 미련, 아쉬움, 후회의 감정이 수반될 수 있다.

세 번째 유형은 '강요된 실연'으로 당사자의 의사와 상관없이 외부적 요인에 의해 사랑의 관계가 지속되지 못하고 중단되는 경우이다. 예를 들어, 부모의 극심한 반대, 한 사람의 지리적 이동(유학, 이민 등), 또는 한 사람의 죽음 등이 두 사람을 갈라놓는 외부적 요인이 될 수 있다. 이 경우에는 이루지 못한 사랑에 대한 안타까움, 그리움, 아쉬움, 보고 싶음 등의 감정이 뒤섞인 슬픔의 감정이 뒤따르게 된다. 흔히 강요된 실연의 경우, 사랑의 관계가 계속되지는 못하지만, 상대방에 대한 사랑의 감정은 지속되거나 더욱 강해지는 경우가 있다. 이를 '로미오와 줄리엣 효과'라고 한다.[68]

이렇게 실연이 어떤 유형에 의한 것이든지 간에 실연을 당한 사람은 대체로 정서적

---

68) http://my.netian.com/~amredin/psycho.htm#사랑의 삼각형 이론

으로 우울하고, 또한 일상적 생활에 대한 의욕과 흥미가 감소하고 활동량이 감소하게 된다. 인지적 기능에도 변화가 생겨서 주의가 산만해지며, 정신 집중력이 저하되어 지적인 업무수행능력이 떨어진다.

이처럼 젊은 날 사랑의 아픔은 보석 같은 추억이 될 수도 있고, 한 사람의 인생을 망쳐버리는 암울한 고통이 될 수도 있다. 사랑의 묘약이나 실연을 달래는 묘약이 있다면 얼마나 좋을까? 하지만 불행하게도 그런 약은 없는 것 같다. 흔히 사람들은 실연한 사람들에게 '세월이 약'이라고 말한다. 두 사람 간의 사랑의 관계가 깨지는 패턴은 여러 가지가 있고, 또한 사랑하는 대상을 상실했을 때 인간은 다음과 같은 몇 단계의 심리적인 반응을 보이는 것이 일반적이다.[69]

첫 단계는 현실에 대한 부정이다. 자기가 원한 이별이든 아니든 간에 사랑하는 이와의 결별은 생활이나 마음의 상태에 많은 변화를 가져오기 마련임에도 불구하고 마치 아무 일도 없었던 것처럼 지내려고 하는 것이다.

두 번째는 상대에게 분노를 느끼는 상태가 찾아온다. 왜 하필이면 그런 사람을 만났던가 하는 심정에서부터 진작 헤어졌어야 하는데 하는 생각 등 상대방에게 서운했던 일들을 떠올리며, 별 것 아닌 일에도 자기 자신과 주변사람들에게 자주 화를 터뜨린다. 분노를 느끼는 단계를 지나면 서서히 현실을 받아들일 준비를 하게 된다. 이제는 끝난 일이라는 생각이 들면서 이별을 감수하고 슬퍼할 마음의 상태를 갖추는 것이다.

세 번째는 본격적인 슬픔을 느끼는 애도과정이 시작된다. 다른 사람을 만나기도 싫고 멍하니 혼자 있으면서 우울한 상태가 지속된다. 심리적으로 이러한 애도기간은 반드시 필요하다. 상실의 아픔을 슬퍼할 충분한 시간이 주어져야 하는 것이다. 앨범을 정리하듯이 두 사람의 관계의 시작부터 끝까지 되돌아보고, 여기에 수반되는 복잡한 감정도 정리되어야 하기 때문이다. 그러나 얼마 동안을 슬퍼해야 하는지에 관한 기준은 물론 없지만, 애도기간이 너무 길어서도 안 된다. 예를 들어 가족의 사망과 같은 커다란 상실경험이 있을 경우 약 6개월에서 1년간을 정상적인 애도기간으로 본다.

마지막으로 이제는 완전히 사실을 수용하는 단계를 밟는다. 이 단계에서는 다시 마

---

69) 사랑에도 유효기간이 있다! 그 동안 잘 사귀어 온, 아니 사랑한다고 믿어 의심치 않았던 연인에게 뜻밖의 이별의 통보를 받게 되었다. 당신이라면 어떻게 극복할 것인가? 영화 〈Someone like you〉의 잘 나가는 커리어 우먼 '제인'은 자신이 남자에게 왜 차였는지 분석하다가 결국 그 방면의 전문가가 된다. 그렇다면 이 영화에서 보이는 실연 극복의 유형과 대처 방법은 무엇이 있을까? 줄 건 주고 받을 건 돌려 받는다? 아니면 배신에 대한 복수로 '이에는 이, 눈에는 눈'의 작전?……이 영화는 지우고 싶은 실연의 상처를 씻고 싶을 때 볼 만한 영화이다. (제작: 20세기 폭스, 감독: 토니 골드윈, 출연: 애슐리 쥬드, 휴 잭맨, 그렉키니어)

음의 평온을 되찾고, 고통스러운 감정의 소용돌이에서 벗어나 마음으로 상대를 보내고 자기 생활로 돌아온다.

사람들은 살다 보면 실연도 하고 아픈 만큼 성숙해지는 것이라며 애써 마음의 고통을 외면할 수도 있고, 합리적인 근거를 들어 그런 사람과 헤어지길 잘했다고 생각하며 마음의 위안을 얻을 수도 있다. 또한 이 모든 것이 상대방 탓이라며 상대를 원망하거나 못난 내 잘못이라고 스스로를 탓할 수도 있다. 그러나 그 어떤 경우이건 간에 우선은 자신의 감정을 솔직히 받아들이는 것이 필요하다. 그런 다음에야 이를 극복해 나갈 수 있다. 그리고 여기에는 시간이 필요하다는 것도 알아야 한다. 마음의 상처란 종기를 도려내듯 할 수 없기 때문이다. 인생을 살찌게 하는 것은 바로 우리의 경험이며, 사랑과 이별만큼 강렬하고 폭넓은 감정경험도 드물다. 그렇기 때문에 이러한 경험을 통해 인간은 대단히 성숙해진다. 물론 그 경험을 통해 배울 수 있는 경우에만 그렇다. 만남에는 언제나 헤어짐이 있으며, 이별은 또 다른 만남을 준비하는 법이다.

이러한 실연을 극복하는 방법은 개인의 성격에 따라 너무 다양하겠지만, 실연 극복 방법을 생각해 보면 다음과 같다. 첫째, 자신이 실연으로 아파하고 슬퍼하고 있다는 사실을 받아들인다. 둘째, 철저히 아파하고 통곡하라. 사랑의 상처도 실연의 고통도 충분히 느끼고 표현할수록 빨리 아물게 된다. 셋째, 가능하다면 1~2주 정도 일상생활로부터 벗어나라. 새로운 일을 하거나 환경의 변화를 통해 기분을 전환하는 것이 필요하다. 넷째, 실연에 대해서 반성해 본다. 실연의 원인과 과정을 잘 생각해 보면, 다음에 찾아오는 사랑은 쉽게 놓치지 않는다.

3) 결혼 전의 이성관계

(1) 이성교제의 의미

모든 문화는 젊은이들이 미혼에서 기혼으로 사회화하는 어떤 종류의 의식이나 행동 형태를 확립해 오고 있다. 이는 결혼에 이르는 사전작업이며 기초가 되는 데이트라는 절차에서 알 수 있다. 데이트는 결혼을 위한 목적도 아니다. 청소년들은 보통 결혼을 데이트와 관련시켜 생각하지도 않고, 오히려 이성과 동료로서 즐기며 자기 자신에 대한 수용을 강화시킬 수 있도록 젊은이들에게 제공되는 사회화의 절차로 이해한다.[70]

이러한 데이트는 시행착오의 과정을 겪게 되며, 이러한 과정을 거치면서 이성집단과 친해지며 편안한 감정을 느끼게 된다. 데이트를 하는 당사자들은 대개 '자신의 순수한 모습'보다는 '좋은 인상을 상대방에게 주려는 데' 더 관심이 있기 때문에 여러 가지 면에서 비현실적인 상황으로 보일 수 있다. 그래서 '위장된 매너'가 사용되며 상대방의 긍정적인 측면만을 보게 된다. 상대방을 너무 '이상화시키는' 경향이 있기 때문에 그 사람의 결점이나 흠을 알아차리지 못하게 된다. 데이트는 당사자로 하여금 점차적으로 독자성(liberating force)을 갖게 한다. 그리고 이러한 관계를 통해서 젊은이들은 본질적으로 자기 자신의 모습을 알 수 있게 된다.

(2) 결혼 전의 성에 대한 태도

시대적 조류로서 사이버 세계는 사실 오락의 세계, 향락의 세계를 의미한다. 지금의 사이버 세계는 과거와 같이 스포츠와 연예만이 엔터테인먼트가 아니라 뉴스도, 정치도, 교육도 모두가 오락의 세계이다. 사실 우리가 살고 있는 현재는 뉴스도, 정치도, 교육도 모두 쇼가 되어야 하고 재미있어야 한다.

이러한 찰나적 경향은 우리나라의 젊은이들 사이에 성에 대한 인식을 바꾸어 놓았다. 과거의 혼전관계를 터부시하던 폐쇄적인 성문화에서 점차 언론매체 특히 인터넷을 통한 음란물에 무방비적으로 노출됨으로써 성에 대해 개방적인 태도를 취하는 경향이 급속히 확산되고 있다. 또한 이러한 성문화의 변화로 인한 미혼모 문제, 계약 동거와 계약 결혼 등에 대한 사회적 우려가 제기되고 있으며 이는 앞으로도 계속될 것으로 전망된다.

사실 성적인 행동과 관련한 갈등은 일상적이거나 우연한 데이트의 경우에는 흔하게 일어나지 않는다. 하지만 계속적인 이성교제를 하거나 약혼의 단계에 이르면 서로가 친숙해지고, 더 나아가서 상대방을 독점하고 또 상대방에게 독점되기를 바라게 되는데 이 시기에 두 사람 간의 성적 갈등이 야기되기 쉽다.

성(sex)은 성별의 확인 이상의 의미를 갖는다. 성은 자신이 남자 또는 여자라는 인식을 갖게 하는 태도, 감정, 특성, 행동 등을 모두 포함한다. 청년기에 접어든 사람들에게는 올바른 성적 정체성을 확립하는 것은 매우 중요하다. 라이스(Reiss)는 결혼 전의

---

70) Ann Ellenson, Human Relations(Englewood Cliffs, New Jersey: Pretice-Hall, 1982), p.123; 박연호, 전게서, pp.383-384.

성에 대한 태도를 다음과 같은 네 가지 범주로 구분하였다.

첫째, 금욕(abstinence)의 유형으로서 어떤 상황에서도 성교는 남녀 모두에게 잘못된 것이다.

둘째, 애정이 있다면 가능(permissible with affection)하다고 보는 유형으로 남녀 간에 약혼, 사랑, 강한 애정이 변함없이 지속할 수 있다면 결혼 전의 성교는 남녀 모두에게 정당한 것이다.

셋째, 애정이 없이도 가능(permissible without affection)하다고 보는 유형으로서 서로에게 육체적인 만족을 줄 수 있다면, 결혼 전의 성교는 애정이나 지속성 여부에 관계없이 남녀모두에게 정당한 것이다.

넷째, 이중 기준(double standard)의 유형으로 결혼 전의 성교는 남자에게는 있을 수 있지만, 여자에게는 있을 수 없고 잘못된 것이라고 생각하는 것이다.[71]

남자와 여자 간에는 성반응에 있어서 차이가 있다.[72] 남자는 성적 욕구를 충족시키는 것에 초점을 맞추지만 여자는 정서적으로 하나 되는, 애정과 친화감, 친밀감과 사랑을 추구한다. 남자는 성적으로 소유하면 그녀를 소유했다고 생각하지만, 여자는 관계를 중시하며 성은 부차적인 것으로 생각하는 경향이 있다. 그러나 남자가 여자보다 더 빨리 사랑에 빠지며 관계가 깨어지면 남자가 자살할 가능성이 여자보다 3배나 높다.

이성 간의 만남은 인간관계를 폭넓게 경험하고 나와 다른 성을 간접적으로 경험할 수 있다. 그러나 기본적인 남녀 간의 성의 구조적인 차이로 인해 상호 간에 사고방식과 행동에 있어 뚜렷한 차이가 있다는 것을 간과해서는 안 된다. 가령 남자의 경우 성교 그 자체, 즉 성기와 성기의 결합에 대단한 관심을 갖고 있어서 사랑 없이도 성행동이 일어나는 데 반해, 여자의 경우 성을 둘러싼 여러 가지들, 예컨대 데이트 횟수와 결혼가능성, 친밀도 등 다양한 변인에 의해 성행동을 하게 된다.

늦은 시간 단둘이서 공원 벤치에 앉아 데이트하고 있는 연인을 상상해 보자. 남자의 경우 그 순간 '이 늦은 시간에 나와 같이 있으니까 나를 좋아한다는 얘기지. 그럼 키스나 해 볼까?' 그러나 여자는 '이 아름다운 밤에 좋아하는 사람과 같이 있어서 너무 좋다. 저 달도 우릴 축복하겠지?'라고 생각한다. 이처럼 남녀 간의 성은 다른 부분이 많이 있다. 서점에 나와 있는 남녀 차이에 관한 심리학 책을 몇 권 읽어 보자. 그리

---

71) Ira L. Reiss, *Premarital Sexual Standards in America* (New York: Macmillan, 1960), pp.83-84.; 박연호, 전게서, pp.384-385.
72) 양창삼, 인간관계론(서울: 경문사, 1999), p.370.

고 이성 간의 건강한 만남의 기회를 자주 갖자. 이러한 지식과 경험은 성 차이에 대해 많은 이해를 가져다준다. 남녀 간의 세계를 많이 알면 알수록 상호 간의 이해의 폭은 넓어지고 더욱더 내 이웃을 내 몸과 같이 사랑하게 될 것이다.

8. 결혼과 인간관계

1) 결혼의 의미

가정은 가족이 생활하며 신체적·공간적으로 인간의 행복을 구현하는 터전이자 사회적 기본단위이다. 이러한 가정은 한 쌍의 남녀가 애정을 바탕으로 결혼함으로써 형성되는 것이다. 즉, 결혼은 사회적으로 인정된 남녀 한 쌍의 정신적·육체적 결합이자 가정 형성의 기본이다. 개인적으로 결혼은 인간에게 정서적 안정과 성적 만족을 준다. 사회적으로 결혼은 성질서와 종족 유지를 통해 사회를 안정시키며, 사회와 문화를 계승한다. 결국 이러한 결혼은 인간이 독립된 개체로서 부부, 부모 등의 새로운 역할을 수행하며, 보다 원숙한 인격완성에 이르는 하나의 도정이며, 삶의 궁극적인 목표인 자아를 실현하는 수단이다.

그럼 '당신은 왜 결혼하는가'라고 묻는다면, 아마도 대부분의 사람들은 유행가 가사에 나오듯이 아마 '사랑 때문에'라고 말할 것이다. 결혼관계에서의 사랑은 조합된 형태의 사랑으로 여러 가지 형태의 사랑을 내포하고 있다. 그런데도 성숙하지 못한 사람은 이러한 측면을 인식하지 못하고 '사랑이 나를 위해 무엇을 해줄 것인가', '사랑이 나의 욕구를 만족시켜 줄 수 있을까' 하는 측면에서 사랑을 보는 경향이 있다. 그러나 이러한 형태는 사랑을 받는 것으로만 생각하는 관점이다.

또한 우리는 사랑과 열정(infatuation)을 구분하여야 한다. 사랑과 열정을 명확히 구분할 수 있는 기준은 존재하지 않는다. 하지만 진실한 사랑은 '빠지는(falling) 것'이 아니라 '키워나가는(growing) 것'이다. 사랑에 '빠지게' 되었을 때 사람들은 종종 자신이 사랑하는 사람의 결점을 보지 못하게 되고 완전하고 이상적이며 심지어 신성한 존재로 생각하는 경향이 있다. 진실한 사랑을 하는 사람은 상대방의 '완전한 측면'과 결점의 양 측면을 모두 본다. 그러므로 '완전한 사랑'을 찾았다는 사람은 순간적이고 감정이 앞선 열병을 앓는 것이라 할 수 있으며, 진실한 사랑은 상대방의 결점을 알고 그러한 결점을 수용할 수 있게 해주는 사랑인 것이다.

진실한 사랑은 사람들로 하여금 사랑하는 사람에 대해서 안정감과 신뢰감을 갖게한다. 반면 열정은 '사랑하는 사람'과 떨어져 있을 경우 사람들로 하여금 불안정한 감정을 갖게 한다. 의심, 변덕, 불확실성, 이별에 대한 두려움은 열정이 수반하는 대표적인 감정이다. 이러한 경우 지속적인 사랑이 유지될 가능성은 희박한 것이다.

또한 진실한 사랑은 새로운 관계에서 생기는 상호이익의 감정과도 관련된다. '나는 당신을 필요로 해', '우리가 힘을 합하면 이 문제를 해결할 수 있을 거야'라는 태도가 사랑의 감정에 더 관련된다고 볼 수 있다. 즉, 사랑의 감정은 진실하고 거짓이 없는 것으로, 이로 인해 사람들은 상대방의 관심을 자연스럽게 계발할 수 있는 것이다. 진실한 사랑이 비록 이상적인 것이라 하여도 사랑하기 위해 완벽하게 되어야 한다는 것을 의미하는 것은 아니다. 그러나 타인을 수용하고 존중하고 신뢰하도록 하기 위해서 진실한 사랑에는 어느 정도 자기수용, 자기존중, 자부심이 있어야 한다. 그리고 이를 바탕으로 존중, 신뢰, 보살핌, 상호보완의식, 동반자의식 등이 필요한 것이다.

지금까지 언급한 사랑이나 열정 이외의 결혼을 하는 이유로 성적 욕구의 충족, 타인 혹은 사회의 기대, 마음속에 잠재되어 있는 허전함을 떨치려는 욕구, 가족에게서 벗어나고자 하는 욕구, 명예에 대한 욕구, 실용성 등 경제적 욕구 등을 다양한 욕구가 결혼을 하는 데 작용하게 된다.

2) 결혼에 대한 기대

두 남녀가 일단 결혼을 하여 같은 삶을 살아가기로 결정하게 되면 보통 형식적이거나 비형식적인 약혼을 하게 된다. 약혼은 결혼에 대한 최종적인 준비단계인데, 이러한 약혼기간은 결혼과 관련되어서 통념적으로 갖게 되는 많은 잘못된 생각과 그릇된 생각을 들추어내는 시간으로 사용되기도 한다. 이러한 잘못된 생각의 유형을 설명해 보면 다음과 같다.

첫째, '우리는 서로를 완전히 이해하고 있다'

둘째, '나는 당신과 결혼한 것이지 당신의 가족과 결혼한 것이 아니다'

셋째, '두 사람의 생활비는 독신생활비와 큰 차이가 없다'

넷째, '서로의 사랑이 충만하다면 해결하지 못할 문제가 없다'

다섯째, '일단 결혼만 하면 모든 것이 변화하게 될 것이다'

여섯째, '결혼은 공통의 관심사를 만들어 줄 것이다'

일곱째, '내가 만난 사람은 나와 천생연분이다'

여덟째, '결혼은 나의 모든 문제를 해결해 줄 것이다'

그러므로 결혼 후의 파국을 피하기 위해서 이성교제나 약혼기간에 반드시 금전, 자녀, 성에 대한 태도, 부모, 직업, 의사소통의 형태, 역할 등에 대한 진지한 논의가 되어야 하는 것이다. 결혼에 앞서 이러한 문제들을 고찰하게 되면 이는 결혼 후의 적응에 아주 큰 도움을 주기 때문이다. 그리고 실제로 극복할 수 없는 문제가 발생하는 경우, 결혼을 취소하거나 최소한 그 간격이 수용될 수 있을 때까지 당분간 연기시키는 문제를 진지하게 고려해 보아야 한다.

결혼이 성사될 것인지에 대해서는 아무도 완전하게 확신할 수는 없다. 사랑은 때때로 증오와 혐오의 감정으로 돌변하기도 하고, 결혼은 종종 실패의 결과를 가져오기 때문이다. 물론 결혼은 사랑의 완성일 수도 있고, 성공적 인생의 출발점일 수도 있다. 그러나 이러한 실패의 가능성을 인정하는 것이 자신의 결혼을 성공적으로 이끌기 위해 노력하는 동기를 제공하게 될 것이다.

3) 배우자의 선택

부부관계가 한 개인의 삶에 차지하는 비중만큼, 배우자의 선택은 일생에 있어서 매우 중요한 선택사항이다. 중매혼, 자유혼, 절충형의 방법을 통해 수많은 이성 중에서 결혼상대자를 만나는 과정은 가히 운명적이라고 할 만큼 신비스럽다. 배우자가 선택되는 과정은 매우 다양하고 복잡하다.

결혼해서 배우자에게서 결혼 전에 보지 못했던 결점들이 나타나거나 결혼 후 태도가 돌변했다고 해서 너무 실망하지 말아야 한다. 만약 결혼할 수 있도록 매료시켰던 그 매력만 변하지 않았다면 그것들은 문제될 것이 없고, 그 매력이 지금도 빛나고 있다면 좋은 결혼 생활을 이끌어 나가는 데는 부족함이 없다. 잠버릇이 나쁘고, 게으르고, 지저분하고, 미적 감각이 없는 등의 결점들이 나타나더라도 오로지 자신만을 사랑해 주는 따뜻한 가슴이 있다면 애교로 넘어가야 한다.

그것은 상대방의 이해 차원이 아니라 자신의 양심 차원의 문제로서, 아무리 이해심이 많은 사람이라 하더라도 너무 많이 태도가 변해 버리면 참기 힘들어진다. 이 사이에 고춧가루가 끼인 채로 헤프게 웃어대고, 푸석한 머리로 골목을 휘젓고 다닌다면 아무리 성인군자의 심성을 가졌더라도 정나미가 뚝 떨어질 것이다.

따라서 결혼 상대자를 선택함에 있어 여러 조건이 있다. 외모도 중요하고, 가문도 중요하고, 직업도 중요하고, 건강도 중요하다. 더욱이 결혼 상대자에게서 풍기는 분위기가 중요하다. 결혼 상대자의 분위기는 결혼 후 가정의 분위기를 좌우하는 것으로서, 맑고 명랑한 사람과 결혼하면 가정 분위기도 그렇게 되고, 음산하고 침울한 분위기를 풍기는 사람과 결혼하면 가정 분위기도 그렇게 된다. 어느 누구든 만나면 그에게서 풍기는 독특한 분위기가 있다. 외모와는 상관없이 각기 다른 분위기가 풍겨져 나온다. 처음에는 좋았는데 만나면 만날수록 싫어지는 사람이 있는가 하면 처음에는 그저 그랬는데 만나면 만날수록 정이 가고 좋아지는 사람이 있고, 외모는 잘생겼으나 음산한 분위기를 풍기는 사람이 있는가 하면 외모는 그리 잘생기지 않았으나 명랑한 분위기를 풍기는 사람이 있다. 바로 후자와 같은 사람이 결혼 상대자로 좋다. 만나면 만날수록 정이 가는 사람, 명랑한 분위기를 풍기는 사람이야말로 미래의 가정을 '스위트 홈'으로 이끌고 갈 사람이다. 반대로 침울한 분위기를 풍기는 사람이나 너무 수다스러운 분위기를 풍기는 사람은 결혼 상대자로 좋지 않다. 그런 사람과 결혼하면 미래의 가정은 침묵 속에 휩싸이든가 소란 속에 휩싸이든가 한다.

---

1. 이게 바로 사랑이야

가장 흔한 생각은 어느 순간 갑자기 사랑에 빠져 이게 바로 사랑이구나 하는 그런 운명적인 느낌이 올 것이라는 생각이다. 첫눈에 반한 열정적인 사랑이 아마 그런 사랑일 것이다. 그러나 모든 사랑이 그렇게 시작되지는 않으며, 그렇게 시작되지 않는다고 해서 그것이 시시한 사랑도 아니다. 친밀감이 있는 사랑은 상대방을 이해하고 자신을 표현하면서 서서히 발전된다. 이 과정에서 느끼는 사랑이란 그렇게 분명히 알 수 있는 것은 아니지만 훨씬 안정적이고 오래 지속되는 관계를 가져온다.

2. 사랑은 행복이며, 괴로움과 고통은 없다

사랑은 고통이 따르기도 하고 질투나 좌절, 분노와 같은 부정적 감정이 휩싸이기도 한다. 사랑에는 흔히 서로 상반되는 감정이 있다. 사랑하면 질투나 분노를 느껴서는 안 된다는 생각은 잘못이다. 이런 생각은 오히려 자신과 상대방에게 솔직하지 못해 친밀감을 방해한다. 진실한 이해와 수용이란 질투, 분노 같은 부정적인 감정조차도 표현하고 이를 받아들이는 데서 깊이를 더해 간다.

3. 진정한 사랑은 영원하다

인간의 감정이란 시간이 흐르면서, 상황이 변화하면서 변하기 마련이다. 따라서 어제 좋아하지 않았던 사람을 오늘은 진정으로 사랑하게 될 수 있고, 반대로 오늘 진정으로 사랑하는 사람이라고 해도 영원히 그러리라고 보장할 수 있는 것은 아니다. 자신의 감정이 변하는데도 불구하고 생각만으로 자신의 감정을 규정짓고 묶어두려 한다면, 자신을 소외시키면서 상대를 속이는 행위가 된다.

4. 사랑은 모든 문제를 다 해결할 것이다

결혼 전에 두 사람의 관계에서 문제가 많았던 경우, 결혼함으로써 사랑의 힘으로 모두 해결될 것으로 기대하는 경우가 종종 있다. 그러나 현실은 그렇지 않다. 사랑은 만병통치약이 될 수 없으며, 영원하지도 않다. 오히려 서로가 깊은 감정적 유대를 맺고 있는 상태이기 때문에 감정적인 갈등이 더 심하게 드러날 수 있다. 사랑은 우리에게 안정감을 주지만, 그 사랑을 유지하기 위해서는 많은 노력이 필요하다.

---

1. 서로를 완전히 이해한다

결혼 전에 서로를 완전히 이해해야 된다는 생각을 가진 사람이 있다. 그러나 그것은 불가능한 생각이다. 세상 어느 누구도 다른 사람을 완전히 이해할 수 없다. 결혼생활이란 일생을 같이하면서 서로를 이해해 가는 과정이며 그 끝은 없다.

2. 결혼은 둘만의 문제이다

결혼은 사실 결혼당사자들이 결정하고 책임져야 할 문제이다. 하지만 그런 결정과 책임져야 할 부분에는 양가의 문제도 걸려 있다. 두 사람의 결혼으로 관계를 맺으면서 또 다른 즐거움과 고통이 따르게 마련이다. 결혼의 결정에는 이런 관계에서 발생하는 책임도 포함되어 있다.

3. 사랑만 있으면 문제없다

흔히 경제적인 문제는 사랑만 있으면 문제가 되지 않고, 결혼만 하면 어떤 문제도 해결될 것이라고 생각한다. 그러나 결혼은 새로운 문제를 제기하는 삶이다. 우리는 배우자나 연인으로만 살 수 없다. 여전히 자식으로서, 사회 구성원으로 여러 가지 역할을 맡고 있다. 결혼은 이런 역할에 변화를 가져오지만, 기존의 역할들을 없애 주지 않는다. 오히려 결혼으로 인해 새로운 역할이 더 생기는 것이며, 그중에서도 태어나는 자녀에 대한 부모의 역할은 세상의 어떤 역할보다도 어려운 것이다.

4. 결혼하면 저절로 공통의 광장이 마련될 것이다

연애기간에는 잠시 만나 즐거운 대화를 하면서 보낼 수 있다. 하지만 결혼은 오랜 시간을 함께 보내야 한다. 실제 결혼생활을 하다 보면 남편은 남편대로 사회생활에 바쁘고, 부인은 부인대로 가사와 자녀 돌보기에 피곤해 대화할 시간이 부족하다. 그런 생활이 지속되면 서로 간에 오해도 늘고, 대화하는 것까지 피곤해지기 쉬우며, 점차 거리감을 느끼고 권태기에 빠져든다. 대화의 기회를 만들려는 서로의 노력과 의지가 있어야 한다.

9. 창의력과 대인관계

퍼스딕(Raymond Fosdick)은 "우리 세대가 당면한 가장 중요한 문제는 우리가 인간관계의 문제를 해결하는 데 있어서 불가결한 이해와 지혜를 키울 수 있느냐 하는 것이다. 많은 연구가 있어야겠다. 그러나 연구라고 하는 것은 거기에 아이디어가 첨가되지 않는 한 해결 방안을 가져다주지는 않는다"라고 말한 바 있다. 원자력 연구를 예로 들면, 만일 과학자들이 사실과 지금까지 알려진 기술에만 얽매어 맴돌았다면 우리는 오늘과 같은 진전을 보지 못했을 것이다. 원자의 정체를 알아내고 그에 관한 연구를 진전시킨 것은 새로운 기술을 생각해 냈고 셀 수 없이 많은 가설을 내세웠던 창의적 노력 때문이었던 것이다.[73]

창의적으로 문제해결하기(creative problem solving: CPS)는 우리가 일상생활에서 부딪히는 작은 일에서부터 고도의 기술을 요하는 일에까지 다양한 상황에서 사용할 수 있는 체계적인 문제해결방법이라 할 수 있다. 성공적인 삶을 위해 모든 사람들은 문제를 발견하고 해결할 줄 알아야 한다.

1) 창의성의 개념

오늘날의 모든 조직은 조직구성원의 창의적인 행위를 필요로 하고 있다. 창의성에 대한 관심이 날로 높아져 가는 것은 이것이 조직의 존속을 위해서 필요할 뿐만 아니라 성장의 기회를 제공할 수 있기 때문이다.[74] 그러나 우리 사회를 보면 구성원의 창의성 발휘와 관련하여 많은 문제점이 나타나고 있음을 알 수 있다. 즉, 변화에 대한 저항감이나 기존의 고정관념 때문에 직장에서 창의성이 제대로 발휘되지 않는 경우가 많다. 흔히 개인의 창의력을 전적으로 직관적이거나 천부적인 것으로 생각하고 있으며, 조직구성원 전체의 창의력을 개방하려 하지 않고 일부 전문가에게만 의존하려는 경향이 있다. 그러나 사실상 기업에 있어서 창의성 발휘란 최고관리층에서 일선 구성원에 이르기까지 조직 전체의 사람들이 인간본성의 발로로서 모두의 창의성을

---

73) Alex F. Osborn 저 · 신세호 외 공역, 창의력 개발을 위한 교육(서울: 교육과학사, 1999), p.22.

74) James R. Evans, *Creative Thinking* (Ohio: South-Western Publishing Co., 1991), pp.4-5.

발휘해야만 하는 것이다. 본래 창의성이라고 하면, 천재와 같은 사람이 무엇인가 새로운 것을 발견 또는 발명하는 것으로 여겨져 왔으나, 창의성이란 아주 가깝고 흔한 것으로부터 발생하는 것으로서 새롭고 좀 더 효율적인 문서분류체계를 고안한 비서, 새로운 도구를 고안한 공장노동자, 책꽂이를 만들기 위해서 단단한 원통형의 블록을 이용하는 학생 등 이들 모두의 행위는 창조적인 활동을 하고 있다고 말할 수 있는 것이다.75) 한마디로 창의성이란 지금까지와 다른 새로운 가치가 있는 만들어 내는 능력으로, "조직에 있어서 각자 업무의 참된 목적을 주체적으로 받아들이고, 그것을 달성하고자 독자적인 발상에 근거하여 혁신적으로 행동하는 것으로 정의할 수 있다.76)

2) 창의성 발현의 과정

창의성 개발이란 개인이 지닌 창의적 잠재력을 개발하고 창의성이 구현될 수 있는 조직분위기를 조성하는 것을 말한다. 이러한 창의성 개발이 이루어지는 과정은 몇 개의 단계로 이루어진다. 물론 이러한 단계들이 완전히 분리되거나 항상 이러한 절차로 이루어지는 것은 아니지만, 대개 다음과 같은 단계를 거친다고 볼 수 있다.77)

(1) 문제인지 및 발견단계

문제인지(perception) 및 발견단계는 생각해 볼 만한 문제가 존재한다는 사실을 인지하거나 발견하는 단계이다. 주로 창의적인 사람들은 타인이 보지 못하는 곳에서 문제를 발견하고, 당연시하는 문제에 대해 의문을 제기하는 경향이 있으며, 보다 넓은 시야를 가지고 편견이나 관습에 구애받지 않는다. 또한 오래된 아이디어나 대안보다는 새로운 아이디어나 대안을 찾아냄으로써 문제해결을 하고자 한다.

(2) 잠복단계

무의식적으로 일어나는 창의적인 과정의 신비스러운 단계가 바로 잠복단계(incubation)이다. 알 속에서 어린 새의 생명이 형성되듯이 혁신자의 마음속에는 수많은 자료들이

---

75) Jack Halloran & Douglas Benton, *Applied Human Relations: An Organizational and Skill Development Approach* (New Jersey: Prentice-Hall, 1998), p.409.

76) 日本生産性本部 創意性開發委員會, 「人間性と創意性の開發: やる氣を起こ内發的經營への道」 (東京: 日本生産性本部, 1991), p.16.

77) Andrew J. DuBrin, *Foundations of Organizational Behavior: An Applied Perspective* (New Jersey: Prentice-Hall, 1984), pp.200-201; Jack Halloran & D. Benton, *op.cit.*, pp.413-416.

유형화·분류·조합되어 하나의 의미 있는 전체로 발달된다. 이러한 잠복단계는 심지어 꿈에서조차 지속된다고 할 수 있는데, 즉 개인이 문제해결을 위한 적극적인 노력을 안 하더라도 무의식 속에서도 끊임없이 노력이 이루어지는 것이다.

(3) 영감단계

영감단계(inspiration)는 마치 끈기와 인내를 갖고 알을 품은 지 얼마 후 알이 쪼개지고 어린 새가 부화되듯이, 새로운 아이디어의 섬광이 머릿속에 떠오르는 단계로 영감 혹은 번뜩임(illumination)이라 한다. 영감이란 순간적이지만 사실 수시간, 수일 혹은 수년간 생각해 온 아이디어를 최고조로 나타내는 단계로서 잠복기를 통해서 형성되어 온 초능적인 긴장이 해소되는 순간이다.

(4) 확인단계

확인단계(verification)란 아이디어를 검증하는 단계로 새로운 아이디어를 계속적으로 시험하고 재평가하여, 실제적이고 현실적인 세계와 아이디어가 조화를 이루게 되는 단계이다. 혁신가들이 좀 더 실제적인 성격을 지닌 사람들과 매우 밀접하게 일을 해야만 하는 것이 바로 이 단계이다.

3) 창의성 제고를 위한 기본적 사고방식

창의적인 의사결정을 하기 위해서는 창의적인 사고방식이 필요하다. 풍부하게 사고하여야 창조할 수 있는 것이고, 사고가 풍부하다는 것은 많은 양의 아이디어를 생각해 낸다는 것을 의미한다. 미칼코(Michalko)는 풍부하게 생각하기 위해서는 자신이 'True-North Thinking'이라고 부르는 원칙을 지켜야 한다고 주장한다. 이를 구체적으로 설명하면 다음과 같다(Michalko, 1998).

(1) 신축성 있고 개방적인 자세

혼자서든 집단이든 아이디어가 생성될 때 이 아이디어를 판단하거나 평가하거나 비판하지 않는 것이 필요하다. 비판하고 쉽게 판단하는 것처럼 창의성을 말살시키는 것도 없다. 물론 인간만이 아이디어를 생각해 내기 위해서 노력하면서 동시에 이 아이디어가 실행되면 안 되는 이유를 생각해 낼 수 있다. 위험을 감수해야 하는 새로운 것을 창출하기보다 판단하는 것이 더 안전하다고 생각하기 때문에 사람들은 종종 아이디어를 창출하기보다는 이를 판단하는 데 더 노력을 집중한다. 이렇게 아이디어에 대한 신중한 판단 없이 성급한 판단과 거부 때문에 아이디어의 창출에 곤란을 겪게 되는 것이다.

(2) 가능성 사고와 실용성 사고

많은 아이디어를 창출하면서 판단을 보류하기 위해서는 사고를 가능성 사고와 실용성 사고로 분리하는 것이 필요하다. 가능성 사고는 어떤 종류의 아이디어도 판단하거나 평가하지 않고 아이디어를 있는 그대로 창출하는 것이다. 반면 실용성 사고란 많은 양의 아이디어를 창출한 후 가장 큰 가치를 가져다주는 아이디어를 찾기 위해 평가하는 것이다. 우선 가장 많은 가능성, 즉 아이디어를 창출한 후(가능성 사고), 가장 실용적이고 이익이 되는 한 가지 아이디어를 찾기 위한 작업(실용성 사고)의 순으로 진행하는 것이 필요하다.

(3) 아이디어의 발상량

아이디어의 발상량을 늘이기 위해서는 의식적인 노력이 요구된다. 일정한 할당량과 시간적 제약은 우리의 에너지를 집중하게 만들어 생각이 거침없이 흘러나오도록 한다. 할당량은 에너지를 집중시킴에 있어서 보다 효과적일 뿐만 아니라 대안을 창출해내는 보다 생산적인 방식이다. 아이디어의 할당량으로 인해 우리가 할 수 있는 이상으로 많은 대안을 만들어내게 된다. 창의적 사고는 일반적이고 관습적인 아이디어를 몰아내고 색다르고 상상력이 풍부한 사고를 창출할 수 있을 만큼 충분한 아이디어를 분출시키는 데 달려 있다. 그런데 일반적으로 처음의 아이디어보다는 나중의 아이디어가 더 나은 경우가 많다. 무엇인가 새로운 것을 창조하고 문제에 대한 창의적인 해결방안을 생각해내기를 원한다면 스스로 최초의 아이디어와 거리를 두는 것이 종종 요구된다. 한편 스스로에게 할당량을 부여할 때는 아이디어를 목록으로 작성해야 한다. 목록을 작성하는 것은 지속적으로 아이디어를 파악하고 사고의 속도를 높이고 집중하는 데 도움을 줄 것이며 대안을 신중하게 생각하는데 기여할 것이다.

(4) 아이디어의 정교화

일반적으로 사람들은 아이디어를 하나의 게슈탈트(Gestalt)로 보기 때문에 아무리 미세한 변화가 있다 해도 전체를 보는 방식에 영향을 미친다. 자신의 아이디어와 타인의 아이디어에 세부적인 사항, 깊이, 차원을 더하면서 이를 정교하게 다듬는 방법으로 아이디어를 계속 발전시켜야 한다. 이렇게 아이디어를 정교화 시키는 방법으로서 스캠퍼(SCAMPER)[78]이론이 있다.

미칼코(Michalko)는 창의력을 향상시키는 또 다른 습관으로 노트나, 파일, 컴퓨터에 기록할 것을 권유하고 있다. 기록은 종이에 쓰거나 컴퓨터 파일에 저장하기 때문에 아이디어를 오래 지속시킬 수 있을 뿐만 아니라 그 과정에서 다른 발상과 아이디어를 자극한다. 이러한 기록을 새로운 아이디어를 창출하는데 사용하는 단계는 다음과 같다.

첫째, 우연히 마주치게 되는 흥미로운 아이디어와 자료에서 읽게 된 아이디어 혹은 자신이 창출한 아이디어를 수집한다.

둘째, 아이디어를 노트, 컴퓨터, 혹은 카드에 주제별로 기록하고 다시 소주제별로 파일박스에 정리한다. 아이디어에 대한 더 자세한 정보가 필요할 경우 아이디어를 발견한 자료를 참조하고, 몇 가지 다른 영역의 아이디어를 참조한다.

셋째, 일단 방대한 아이디어가 정리됐으면 문제가 발생할 때마다 이것을 검토하고 가장 적합한 아이디어를 선택하여 새로운 통찰력과 돌파구를 마련한다.

이렇게 아이디어와 문제를 기록하고 활용하게 되면 이른바 마인드 포핑(mind popping)이라 부르는 현상이 나타난다. 이는 앞에서 살펴본 영감(inspiration)이나 '번뜩임'(illumination)과 유사한 현상이다. 즉, 마인드 포핑은 해결방안 혹은 아이디어가 어느 곳에서인지 모르게 일정 기간 잠복된 후 나타날 때 발생한다. 특정문제에 대해 생각하고 아이디어를 기록하는 것은 장기기억장치와 무의식 속으로 정보를 주입시키는 것이다. 그리고 무의식과 장기기억장치 속에 있는 정보는 어떠한 계기가 되면 이것이 새로운 모습으로 분출되는 것이다. 주기적으로 노트를 검토하는 것은 의식적이거나 무의식적으로 생각하고 있는 모든 정보를 활성화시키는 효과를 갖는다.

---

78) 스캠퍼는 Osborn이 제안한 동사 체크리스트를 보완하여 Bob Eberle이 고안하였다. 스캠퍼는 일련의 사고과정에 대한 약어로, 특정 대상이나 특정문제에서 출발해서 그것을 변형시키는 방법이다. 스캠퍼가 의미하는 내용은 다음과 같다. S(substitute): 무엇을 대체할 수 있나?, C(combine): 무엇을 결합할 수 있나?, A(adapt): 어떻게 하면 조건이나 목적에 맞도록 조절할 수 있다?, M(modify): 색, 모양 등을 어떻게 바꾸나? (magnify): 보다 크게, 강하게 만들 수 있을까? (minify): 보다 작게, 가볍게 만들 수 있나?, P(put to other uses): 다른 용도로 사용할 수는 없나?, E(eliminate): 무엇을 제거할 수 있을까?, R(reverse): 어떻게 하면 돌리거나 원래의 위치와 반대되는 곳에 놓을 수 있나? (rearrange): 어떻게 하면 형식, 순서, 구성을 바꿀 수 있나?

4) 창의적 사고 개발 기법

(1) 창의적 아이디어 증진을 위한 기법

창의적 사고증진을 위한 기법으로는 브레인스토밍(brainstorming), 브레인라이팅(brainwriting), 스캠퍼(SCAMPER), 형태학적 분석(morphological analysis), 괴상하게 생각하기(get crazy), 꿈꾸며 해결하기(the sleeping/dreaming on it), 마인드 맵핑(mind mapping), 스토리보드(story boards) 등 많은 방법들이 소개되고 있는데, 이 중 몇 가지만 소개하면 다음과 같다.[79]

① 브레인스토밍

브레인스토밍(brainstorming)이란 뇌(brain) 속에 폭풍을 일으키는 일(storming), 즉 자신의 무의식 속에 잠재해 있는 모든 아이디어를 일깨워 중요한 사고로 일구어 내는 방법이다. 이 브레인스토밍은 오스본(Allex F. Osborn)이라는 사람이 1941년 광고 관계의 아이디어를 내기 위해 고안한 집단적 사고의 전형적 기법이다. 브레인스토밍의 기본 전제는 사고의 양이 질을 결정한다는 것이며, 양으로 축적된 아이디어를 목록별로 정리하고, 발상시켜서 목적한 바를 얻는다는 것이다. 이를 좀 더 구체적으로 이해하기 위해 브레인스토밍의 절차와 그 실례를 살펴보기로 한다.

브레인스토밍은 다음과 같은 절차에 의해 이루어지는 것이 일반적이다.

첫째, 6~12명의 구성원으로 이루어지는 그룹을 선발한다. 이때 구성원의 수가 너무 많으면 많은 아이디어를 모두 수용하기 어렵게 되므로 13명 미만이 되도록 하는 것이 좋다. 둘째, 리더와 기록원을 선발한다. 셋째, 리더가 문제를 정의한다. 넷째, 그룹의 구성원들은 문제에 대한 해결안을 제시한다. 다섯째, 기록원은 아이디어가 나오는 즉시 차트에 기록한다. 여섯째, 아이디어가 충분히 나왔으면 잠시 휴식을 취한 뒤에 아이디어에 대한 평가를 한다.

이러한 절차에 의하여 브레인스토밍을 할 경우에는 지켜야 할 규칙이 있다.

첫째, 주어진 문제에 초점을 맞추어 생각을 전개해 나가되, 완벽한 생각을 이끌어 내려고 해서는 안 된다는 것이다. 다시 말해, 주어진 문제에 대한 생각을 머릿속에 떠

---

79) 여기에 대한 자세한 내용은 문정화 · 하종덕 공저, 또 하나의 교육 창의성(서울: 학지사, 1999), pp.173-189 참조바람.

오르는 대로 그냥 적어 내려가기만 하면 되는 것이다.

둘째, 브레인스토밍을 하는 과정에서는 자신이 적어 놓은 생각을 정교하게 다듬거나 순서에 맞게 조정하는 데 시간을 허비해서는 안 된다.

셋째, 브레인스토밍은 목표 지향적인 사고 활동이므로 브레인스토밍의 과정에서 자신의 생각이 문제의 핵심에서 벗어나지 않는지를 계속 점검해야 한다는 것이다.

이제 이와 같은 절차에 의해서 실제로 브레인스토밍을 한 예를 소개하기로 한다.[80]

브레인스토밍은 양(量)을 통해 질(質)을 확보하는 발상법이다. 곧 자신의 무의식 속에 잠재해 있는 모든 아이디어를 일깨워 그 중에 쓸 만한 것을 건져내는 사고법이라고 할 수 있는 것이다. 그러나 브레인스토밍에는 단점이 있는데, 그것은 지나치게 목표지향적인 사고 활동이어서 생각이 문제의 핵심을 벗어나서는 안 된다는 것이다. 이러한 문제의 대안으로 제시된 것이 마인드맵핑(mind mapping) 곧 생각그물 만들기 기법이다.

② 마인드 맵핑

1960년대 후반에 영국학습방법 연구회의 토니 부잔(Tony Buzan)이 고안한 마인드맵핑(mind mapping)은 두뇌활동이 주로 핵심개념들을 상호관련시키거나 통합하는 방식으로 이뤄진다는 연구 결과를 바탕으로 하는 시각적 사고기법이다.

마인드 맵핑(mind mapping)이란 '생각 그물' 만들기로서 마음속에 넘쳐흐르는 사고력과 상상력, 그리고 읽고, 생각하고, 분석하고 기억하는 모든 정보를 자기 자신만의 독특한 이미지와 핵심 단오, 색상 및 상징적 부호 등으로 자유롭게 펼쳐 보고, 독창적이고 종합적인 구조로 조직화해서 다양한 방식으로 표현한 것을 말한다. 즉, 마인드맵핑은 '종합적 두뇌 사고법'을 활용한 '21세기형 방사 사고(radiant thinking)' 과정을 통하여 창의적이고 혁신적인 사고 방법을 개발하고, 분석력과 종합력, 문제 해결력, 의사 결정력 등 자기 주도적 학습력을 길러 짧은 시간에 쉽고 재미있게, 능률적인 학습 효과를 고양할 수 있도록 고안된 학습 기법이다.

---

80) http://qic.skku.ac.kr에는 다양한 사례들이 소개되어 있다.

브레인스토밍: 사례 1

　조선시대 경상남도 통영 앞 바다에 왜구가 200여 척의 배를 끌고 나타나 침략의 기회를 엿보고 있었다. 통영수사는 긴급회의를 열고 브레인스토밍을 하였다. 죽기 살기로 결사항쟁하자는 의견, 항복하자는 의견, 도망가자는 의견 등 여러 의견이 나왔으나 모든 장수들이 결연한 전투의지를 보임으로써 결사항쟁하기로 결정하였다. 그러나 병력이 턱없이 부족한 통영으로서는 왜구를 당할 수가 없었고, 당시 통영의 백성들은 노약자와 여자들이 대다수로 도망갈 수도 없었으므로 항복하는 것이 그나마 피해를 최소화하는 방법이었다. 그러나 함께 죽기로 결심한 이상 싸워야 했다. 그런데 한 장수가 왜구들은 키가 작으므로 지금의 성벽을 약간 높이면 기어오르지 못할 것이라는 얘기를 했다. 그도 일리가 있는지라 급히 돌을 날라 성벽을 높이기 시작하였는데, 병력이 부족한 통영수사는 백성들을 동원할 수밖에 없었고, 뒷산에서 돌을 지고 성벽을 따라 나르는 일은 기다란 행렬을 이루어 새벽까지 계속되었다. 아침 동이 틀 때 전체 성벽의 반도 채 높이지 못해서 이제 죽음을 기다리고 있었는데, 이게 웬일인가? 왜구들이 모두 기수를 돌려 달아나고 있는 것이 아닌가? 왜구의 대장은 전날 새벽까지 호시탐탐 기회를 노리고 있다가 뒷산에서 성으로 계속되는 돌을 나르는 행렬을 지원군으로 착각하여 밤새 엄청난 병력이 성으로 들어온 것으로 판단하고 승산이 없다고 생각하여 함대를 철수시킨 것이었다.

브레인스토밍: 사례 2

　겨울에 항상 눈과 얼음으로 인하여 곤란을 겪고 있는 작은 마을이 있었다. 겨울 폭풍우 기간 얼음이 전력선에 형성되면서, 그 무게로 전력선이 끊어져 겨우내 암흑세계에서 살아야 하는 문제가 해마다 계속되었다. 마을의 지도자는 올해도 같은 문제가 발생하자 처음으로 문제 해결을 위한 브레인스토밍을 하기로 결정하였다.

　"눈을 전선에서 제거합시다. 그러나 어떻게 눈을 제거하지요?"
　"전신주를 흔들어요."
　"어떻게 흔들죠?"
　"전신주는 얼어붙어 흔들기 어렵고, 미끄러워 올라가기도 어렵죠. 하지만 원숭이들은 나무를 잘 타므로 전신주에 올라갈 수 있을게요."
　"하지만 추운 날씨에 어떻게 원숭이들을 전신주에 올라가게 하죠?"
　"각 전신주 꼭대기에 바나나를 갖다 놓도록 합시다. 그러면 원숭이가 전신주 꼭대기에 있는 바나나를 가지러 올라갈 겁니다."
　"그렇지만 누가 바나나를 전신주 꼭대기에 올려놓습니까?"
　"헬리콥터가 있다면, 전신주 꼭대기에 바나나를 내려놓을 수 있을 겁니다."
　"그러나 어디서 헬리콥터를 구할 수 있습니까?"
　"경찰은 헬리콥터를 한 대 갖고 있습니다. 그들에게 부탁하죠."
　문제는 해결되었다. 마을의 지도자는 경찰에게 헬리콥터를 요청하였고, 헬리콥터가 마을로 들어오며 하향하는 바람으로 인해 전선 위의 눈은 모두 제거되었다. 돌아가는 날개로부터 나오는 헬기의 바람은 전선에 있는 눈을 불어 없앨 수 있었던 것이다. 브레인스토밍의 엉뚱한 발상에 의한 의사결정이 실제 문제를 해결한 것이다.

출처: 정철현(2001). 『행정의사결정론』. 다산출판사. pp.422-424.

급격한 변화의 시대에 살고 있는 우리는 창의력, 직관, 독창력을 가지고 정보를 유용하게 사용하는 능력을 계발하여야 한다. 창의성은 감동과 초월성, 번뜩이는 통찰력을 바탕으로 하여 확산적이며 생산적인 과정을 통해 새롭고 유용한 아이디어를 산출하는 고도의 정신기능으로서 학습에 의해 크게 신장될 수 있다. 창의성 계발을 돕고 사고력을 증진시킬 수 있는 프로그램으로 마인드 맵을 활용해볼 가치가 충분히 있다. 또한 '어떻게 학습할 것인가(How to Learn)'를 중시하는 열린교육의 교육과정에 '학습하는 방법을 배우는 학습(Learning How to Learn)'으로서 마인드 맵의 활용이 아주 효율적이다.

마인드 맵: 사례 – 레오나르도 다 빈치처럼

1994년 11월 빌 게이츠는 레오나르도 다 빈치의 노트 열여덟 장을 3천 8만 달러에 샀다. 레오나르도 다 빈치는 아이디어가 떠오르거나, 관찰에 대한 소견을 그때그때 바로 기록하기 위해서 항상 노트를 갖고 다녔다고 한다.

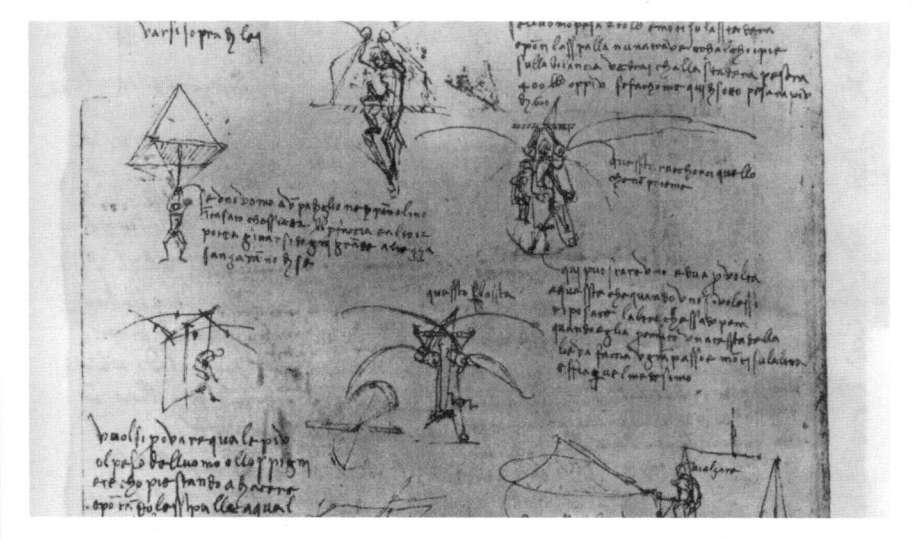

③ 괴상하게 생각하기

누구나 자신의 내면을 깊숙이 들여다보면 그 속에 뭔가 많은 것이 숨겨져 있음을 발견하게 된다. 자기 자신 또는 절친한 친구 몇 명만 아는, 일상적인 생활에서 절대 내색하지 않는 그런 특이한 사고방식 말이다.

괴상하게, 익살스럽게, 우스꽝스럽게 생각하고, 말하고, 행동함으로써 새로운 눈으로 문제를 바라볼 수 있다. 이러한 점에 착안함으로써 개발된 괴상하게 생각하기(get crazy)기법은 구체적으로 다음과 같이 실시한다.

먼저, 생각해 낼 수 있는 해결책들 중 가장 이상하고 우스꽝스러운 아이디어들을 적어본다. 그다음 이상한 아이디어들이 어떤 현실적인 해결책을 제시해 주는지 검토한다. 현실적인 해결책으로 발전되지 않는 아이디어도 있겠지만 최선을 다한다.

예컨대, 사람들이 당신 회사 제품을 더 많이 구입하도록 만들고 싶다면, 우선 이상한 사람이 되어 다음과 같이 우스꽝스러운 아이디어들을 생각해 내자.

- 이 제품을 사지 않으면 오랫동안 귀양을 보내버릴 거라고 사람들을 협박한다.
- 구매자에게 제품의 가격 1,000원당 백만 원을 지급해 준다.
- 사람들이 사면 마법의 힘으로 세 가지 소원을 들어주겠다고 약속한다.
- 사람들이 텔레비전을 켜면 우리 제품에 대한 광고가 나오는 장치를 부착한다.
- 사촌을 시켜 사람들을 일일이 방문하도록 한다.
- 제품을 지구상의 모든 집에 명절 선물로 보내고 대금을 청구한다.

이런 생각들은 그 자체로서는 너무나 우스꽝스럽다. 이 아이디어들을 자극제로 이용해 현실적인 해결책을 모색해 보자.

- 대량 주문 고객들에게 여행비를 보조해 준다.
- 10일간 매일 1,000원씩 벌도록 해 주는 소원 등의 '소원 목록'을 만들어 놓고 고객들이 추첨을 통해 한 가지씩 뽑도록 한다.
- 현찰로 구입하는 사람들에게 할인 혜택을 준다.
- 단체고객에게 할인 혜택을 준다.
- 명절을 주제로 한 신제품을 개발한다.

④ 꿈꾸며 해결하기

아주 간단하면서도 의외로 큰 효과를 볼 수 있는 꿈꾸며 해결하기(the sleeping/dreaming on it)를 이용하여 아이디어를 얻음으로써 많은 사람들이 창의적인 업적을 남겼다.

발명왕 에디슨(Edison)은 새로운 아이디어가 필요할 때 또는 문제가 뒤엉켜 실마리를 찾을 수 없을 때 잠시 잠자는 시간을 가져 보곤 했다. 어느 날 그는 의자에 눈을 감고 앉아 문제에 관해서 생각하다가 스르르 잠에 빠지게 되었다. 이때 손에 쥐고 있던 조약돌이 마룻바닥의 양철 그릇에 떨어졌고, 순간 그는 깜짝 놀람과 동시에 새로운 아이디어가 번쩍 떠올랐다고 한다.

또 작가 스티븐슨(Stevenson)도 소설을 위한 아이디어를 얻기 위해 종종 잠재의식을 활용했다. 그 유명한 『지킬 박사와 하이드』는 바로 그가 꿈속에서 본 인물을 토대로 쓴 작품이라고 한다.

⑤ 델파이기법

델파이 기법은 1948년 미국 랜드연구소의 연구진에 의하여 개발되어 공공부문이나 민간부문의 예측활동에 이용되어 왔다. 원래 이 기법은 군사전략문제에 적용되었지만 점차 다른 분야의 예측에도 확대하여 적용되고 있다. 현재 이 기법은 교육, 기술, 판매, 수송, 대중매체, 의료, 정보처리, 연구개발, 우주탐사, 주택, 예산편성, 생활수준 향상 등의 분야에 적용되고 있다.[81]

델파이 기법은 위원회나 전문가 토론, 또는 다른 형태의 집단토론에서 나타나는 여러 가지 왜곡된 의사전달의 원천을 제거하기 위하여 고안되었다. 즉, 소수인사에 의하여 토론과정이 지배되는 현상, 동료집단의 견해에 따라야 한다는 압력, 개성 차이와 참여자들 간의 갈등, 권위 있는 지위에 있는 사람들의 의견에 공공연하게 반대하는 데 따르는 어려움 등 여러 가지 문제를 피하기 위해 설계되었다. 이러한 문제점들을 해결하기 위해서 델파이기법의 적용에서는 다음과 같은 다섯 가지 기본원칙이 강조된다.

- 익명서(anoymity): 전문가와 참여자들은 익명성이 엄격하게 보장된 개인으로서 답변한다.
- 반복(iteration): 개개인의 판단은 집계하여 몇 회에 걸쳐 참가한 모든 전문가들에게 다시 알려주고, 이렇게 함으로써 사회학습의 기회를 제공하고 이전의 판단을 수정할 수 있도록 한다.
- 통제된 환류(controlled feedback): 질문지에 대한 응답을 요약수치로 나타내어 종합된 판단을 전문가와 참여자들에게 전달한다.
- 응답의 통계처리(statistical group response): 개인들의 응답을 요약하여 최빈수, 중위수 또는 평균 등 중앙경향값, 사분편차 등 산포도, 막대그림표, 도수다각형 등 도수분포의 형태로 제시된다.

---

81) 구체적 설명은 Sackman(1975)와 나기산 · 남궁근(1994:288-295) 참조.

• 전문가 합의(expert consensus): 예외는 있지만 이 기법의 주요 목표는 전문가들 사이의 합의가 도출될 수 있는 조건을 마련하여 합의된 의견을 찾아내는 것이다.

⑥ 지명반론자법(Devil's Advocate Method)

이 방법은 '악마의 주장법'이라고도 지칭하는데, 집단을 둘로 나누어 한 집단이 제시한 의견에 대하여 반론집단으로 지명된 집단의 반론을 듣고 토론을 벌여 원래의 안을 수정하고 보완하는 일련의 과정을 거친 후 최종 대안을 도출하는 방법이다.[82] 여기서 '악마의 주장법'이라고도 하는 이유는 원래 천주교 성인 추대심사에서 추천된 후보의 성인추대 불가이유를 주장하도록 공식적으로 역할을 부여받은 사람을 '악마'라고 부른 데서 기인한다.

이 방법에서 중요한 것은 반론자들이 고의적으로 본래 안의 단점과 약점들을 지적해야 한다는 것이다. 이런 과정을 거치면서 선택된 대안은 고려할 수 있는 다양한 상황에 대한 대응방안까지를 포함하고 약점을 보완하게 되므로 보다 효과가 뛰어나고 현실적용성이 높아진다고 평가할 수 있다.

5) 상상력(창의력)과 대인관계

"상상력은 세계를 지배한다"라고 디스레일리(Disraeli)는 말했다. 실로 상상력은 우리 생활 전반을 지배하고 있다. 상상력 없이는 아무리 좋은 황금률(the golden rule)이라도 작용을 하지 못할 것이다. 왜냐하면 만약 우리 자신이 정신적으로 남의 입장에 설 수 있는 상상력을 갖지 못한다면, 우리가 남들에 의해서 되어지기를 바라는 그 어떤 것에 대해, 우리가 직접 남들을 위해 할 수 없게 되기 때문이다. 그러나 약은 이기주의자들까지도 실은 상상력을 사용하여 대인관계를 지속하는 것이다.[83]

흔히 우리가 "말을 하기 전에 두 번 생각하라"는 말을 쓰는데 이 말뜻은 말하려는 바 내용에 대해 보다 깊이 생각하라는 것만을 의미하는 것은 아니다. 그것은 동시에 우리라 할 말이 상대방에게 어떻게 들릴 것인가에 대해서 미리 상상해 보라는 의미도 포함한다. 불행을 가져오게 하는 무례한 행동의 대부분은 우리가 이 행동의 결과에

---

82) 지명반론자는 반드시 집단일 필요는 없고 집단 내 2-3명 정도가 반론자의 역할을 담당해도 된다.

83) Alex F. Osborn 저·신세호 외 공역, 창의력 개발을 위한 교육(서울: 교육과학사, 1999), pp.428-439.

대해 생각할 때 우리의 상상력을 활용하지 못하는 데 연유된다.

최근 하버드 대학에서 사람들이 직장을 잃게 되는 원인에 관해 연구한 바 있다.[84] 이 조사에 의하면 해직(解職)을 당한 사람 중 직무수행 능력의 부족이라는 이유로 쫓겨난 사람은 전체의 34%에 지나지 않았고, 나머지 66%에 해당하는 사람은 대인관계의 실패로 인해 해고당하였다. 즉, 대인관계에서 실패했다는 것은 자신이 타인의 입장에 서서 생각해 보는 능력이 없었다는 뜻이며, 이는 곧 상상력을 사용할 줄 몰랐다는 데 기인하는 것이다. 우리는 상대방의 입장에 서서 생각해 보는 노력을 계속함으로써 스스로를 창의적 인간이 되게 할 수 있다. 그러나 이 황금률을 단순히 수동적으로 따르려는 대신 이것을 능동적으로 활발히 적용해 갈 때 우리는 보다 적극적으로 타인의 세계로 우리 자신을 끌고 갈 수 있는 것이다. 이것은 심리학에서 말하는 소위 감정이입(empathy), 즉 자신의 의식을 타인에게 상상적으로 투사하는 것을 뜻한다. 감정이입 상태에 들어가려면 우선 타인을 위해 무엇인가 해 주려는 생각을 하는 동시에 실제로 행하여야 한다는 것인데 이렇게 한다는 것은 상상력과 창의력을 활발히 움직이게 한다는 것을 의미한다. 이렇게 될 때 우리는 켈러(James Keller)가 말한 바와 같이 산(山)도 움직일 수 있고 세계를 움직일 수 있게 되는 것이다.

이 감정이입이 바로 미국 알코올중독자 방지회가 전개하는 운동의 비결이다. 이 기구는 이타주의로 유명해졌는데 의사, 종교인 및 기타 질병 구제자들이 알코올중독자를 정상적으로 회복시키는 비율이 단지 4%에 지나지 않을 때, 기구회원들은 상상력(감정이입)을 통해 많은 자기희생을 감내하면서 그들의 도움을 원하는 사람의 50%를 회복시킬 수 있었던 것이다.[85]

셰익스피어는 "상상력이야말로 인간을 만물의 영장으로 만들었다"라고 했다. 또 디스레일리는 "상상력이 세계를 지배한다"고 말했으며, 아인슈타인은 "상상력이란 지식보다 더 중요한 것이다"라고 말했다. 많은 사람들이 이상의 진술들에 대하여 수긍을 하지 않을지도 모른다. 그러나 "비통하게도 우리는 상상력의 영역을 등한시하고 있다"는 길포드(J. P. Guilford) 박사의 진술에 동의하지 않을 수 없다.

일반적으로 우리는 창의적 상상력이 누구에게나 잠재해 있다는 사실을 인식하지

---

84) 우리나라 직장인들에게 있어 직장생활에서 가장 많은 스트레스를 주는 원인을 상사와 부하 및 동료들간의 인간관계라고 보고하는 조사들이 최근 발표되어 인간관계의 중요성을 새삼 돌아보게 한다.

85) 몇 년 전 가톨릭에서 전개한 '내 탓이오' 운동과 같은 것이다. 잘되면 남 탓 조상 탓이요, 잘못되면 내 탓이오가 정답일 것이다.

못하고 지내왔으며, 우리 자신이 천부의 자질로 타고난 이 능력을 개발시키는 여러 가지 방법을 발견하는 데도 소홀히 하였으며, 또한 창의적 능력을 위축시키는 제반 요소들을 제거시키는 방법을 탐구하는 데도 별로 큰 진전을 보지 못하였다.

최근에 이르러서야 상상력이 어떠한 문제의 해결을 위해서도 관건적인 역할을 할 수 있다는 것을 인식하게 되었다. 그리고 과학적 연구의 발견으로 창의력은 훈련될 수 있다는 사실을 교육자들에게 확신시킨 것은 극히 최근의 일이었다. 그러므로 우리가 하려고 시도하기만 하면 누구나 더욱 창의적인 인간이 될 수 있다. 좀 더 창의적 인간이 되기 위하여 노력함으로써 우리는 좀 더 밝은 생활을 누릴 수 있으며 서로서로를 위하여 좀 더 나은 생활을 영위할 수 있을 것이다. 인간의 창조적 노력은 더욱 품질이 좋은 상품을 생산케 하며, 서로의 인간생활을 윤택하게 할 수 있고, 높은 생활 수준으로 향상시킬 수 있을 것이다. 인간의 창조적 노력은 더 나아가 세계의 항구적 평화를 초래할 여러 가지 방도를 제시할 수도 있을 것이다.

생각해 보기

1. 본인의 『인간관계』를 마인드맵으로 작성해 보시오.
2. 개인적 의사결정과 집단적 의사결정의 장단점을 논해보도록 하시오.
3. 지금 사랑하고 있는 사람을 생각하며 미래를 설계해 보시오.
4. 내 주위에 있는 소중한 사람 100명을 과일나무로 만들어서 그림을 그리시오.
5. 내일 무엇을 할 것인가를 마인드맵으로 그림을 그리시오.
6. 10년 후 나의 모습을 그림으로 그리시오.

달착륙사건

여러분은 우주선을 타고 달에 착륙하는 중이었다. 그런데 우주선이 고장 나 원래의 목표지점이 아닌 곳에 불시착을 하고 말았다. 현재 불시착한 지역은 햇빛이 비치지 않는 어두운 면이다. 착륙할 때 장비가 파괴되어 현재 당신이 달기지에 연락할 수 있는 수단은 없다. 원래 목표한 지점, 즉 달기지가 있는 곳까지 가려면 200km가량 걸어야 한다. 생존에 필요한 다음의 15개 품목을 중요한 순서대로 순위를 매기기 바란다. 이때 1단계로 혼자 순서를 매기고, 2단계로 조를 편성하여 집단의 순서를 매기시오. 그리고 이를 비교하여 개인과 집단 중 어느 쪽이 더 창의적이며 합리적인 의사결정을 했는지 토의하시오.

1. 성냥
2. 고형식량
3. 50m짜리 나일론로프
4. 낙하산
5. 태양전지가 든 휴대용히터
6. 45구경 권총
7. 탈수 무가당 우유
8. 산소탱크
9. 별자리도
10. 자동작동 구명정
11. 나침반
12. 물 20리터
13. 신호용 화염
14. 주사바늘이 포함된 구급약품세트
15. 태양전지 작동의 FM 송수신기

10. 성격과 인간관계

인간의 개별적 차이는 신장, 연령, 용모, 욕구, 능력, 지능, 소질, 흥미, 교육, 종교 등 매우 다양하다. 이러한 개인차는 크게 지능면, 신체면, 성격면, 사회면으로 구분할 수 있는데, 여기에서는 이들 중 성격에 관한 관점으로 한정해 살펴보고자 한다.

1) 성격의 의의

'성격(性格)'이란 말을 한자로 풀이하면 '성품 성(性)' 자와 '격식 격(格)' 자로 이루어 져 있다. 즉, 성격이란 내적인 성품이 외적으로 일정한 격식을 차리고 나타나는 것을 뜻한다. 이는 성격이 내적인 요소와 외적인 요소로 구성되어 있음을 보여 준다.

영어의 'personality'란 그리스어의 페르소나(persona)에서 유래된 것이다. 그리스어의 persona는 원래 그리스의 연극배우들이 쓰던 가면이나 화장한 얼굴을 일컫는 말이다. 성격은 이처럼 어떤 사람의 참모습이라기보다는 배우가 가면을 쓰고 무대에서 연극 하듯, 사람들이 사회활동을 하면서 나타나는 사회적 이미지라고 할 수 있다.[86] 성격 이란 "환경에 대한 개인의 적응을 특징짓는 비교적 일관성 있고 독특한 행동양식과 사고양식",[87] 또는 "대인적 상황(interpersonal situations)에 반응 또는 적응하는 일관성 있는 행동양태"라고 볼 수도 있다. 이와 같이 성격에 대해서는 다양한 정의가 있으며, 일반적으로 외부 환경과 관련하여 한 개인이 가진 자신의 독특한 방식으로 생각하고, 느끼고, 행동하는 경향의 전체적인 패턴(total pattern)을 말한다(Kagan & Havemann, 1976). 이러한 성격의 특성을 정리하면 다음과 같다.[88]

첫째, 성격이란 행동이나 환경에 대한 어떤 적응 방식이든 간에 개체가 보여 주는 어떤 경향성을 말하며, 그 경향성은 일정기간 안정적(stable)으로 나타나는 항상성(恒常性)을 지니는 것이라야 한다. 그렇다고 그 개체의 경향성이 언제까지나 고정되어 있다는 뜻은 아니며 성격은 발달하여 재구성되기도 한다. 하지만 그러한 변화가 완만히 일어나고 일정한 시간을 거쳐서 바뀌기 때문에 성격에는 어느 정도의 항상성이 인정된다. 둘째, 성격은 개인의 독특한(distinctive) 측면, 즉 사람들을 서로 구별해 주는 개인 간의 차이를 말한다. 셋째, 성격은 개인의 내적 구조이며, 이것은 직접 관찰할 수 없기 때문에 관찰 가능한 것(행동과 사고, 개인적 특징이나 환경에 대한 적응방식, 습관 또는 습관 체제 등)을 성격의 지표로 삼는다. 넷째, 성격은 개인이 환경에 적응하는 과정에서 나타나는 행동양식을 말하므로, 개인의 성격적 특징을 말할 때는 그 적응성이 중요한 관심사가 된다.[89]

성격은 크게 내적 요소와 외적 요소로 구성된다. 성격의 내적 요소란 선천적 심리 요소로서, 이는 사회적 문화적 조건에 의하여 주로 결정되는 외현적인 행동 요소와는 구분되는 개념이다. 내적 요소는 '공격적이다', '선하다' 등과 같은 선천적인 심리 특성을 강조하는 특성(character)과, 체질과 같이 생물학적·선천적으로 결정되는 심리 특성인 기질(temperament) 등으로 구분된다.[90]

먼저 특성(character)이란 말은 '성격'과 구분 없이 사용되기도 하지만, 주로 내적인 요소가 강조될 때 사용된다. 이 말은 원래 그리스의 '조각(charakter)'이란 말에서 유래

---

86) 김판석 외, 조직형태의 이해(서울: 대영문화사, 2002), p.86
87) 이수원 외, 심리학-인간의 이해(서울: 정민사, 1993), p.255.
88) 김판석 외, 상게서, pp.87-88.
89) 최정훈 외, 인간행동의 이해(서울: 법문사, 1993)
90) 영어의 'personality'와 'character'는 우리말로 모두 다 성격이라고 번역할 수 있지만, 본래 그것이 지니는 뜻은 각기 다르다. 즉 'personality'는 그 속에 가치 개념을 내포하지 않은 말이고, 'character'는 가치 개념(바람직하다, 바람직하지 못하다 또는 좋다, 나쁘다 등)을 내포하는 말이다. 그래서 앨포트(G. W. Allport)는 이 두 가지 개념의 차이에 대하여 'character'는 가치개념이 부여된 'personality'고, 'personality'는 가치 개념을 배제한 'character'라고 표현하였다(여광응 외, 교육심리학, 서울: 양서원, 1997).

되었는데, 이 말의 어원에서 느낄 수 있는 것처럼 특성은 성격이 선천적으로 조각되듯이 결정된다는 점을 강조한다.

이에 비해 '기질(temperament)'은 특성보다도 더 선천적이고 결정적이다. 기질은 '성격'과 '특성'의 기반이다. 사람들은 생리적 요소가 강한 기질에 따라 똑같은 상황이라도 정서적으로 반응하는 패턴이 다르다. 가령 서서 기다릴 때 어떤 사람은 쉽게 짜증내고 흥분하지만 어떤 사람은 '그러려니' 하고 느긋하게 기다린다. 그래서 기질은 자극에 대한 감정적인 반응이 강한가 약한가, 빠른가 느린가 하는 등의 경향을 말한다. 이러한 기질은 좀 더 유전적인 것에 기초를 둔 생리적 구조, 혹은 체질적인 기초와 관련된 말이다.

그리고 개성(individuality)은 개인의 고유한 심리적인 특성으로서 다른 사람과 구별되는 성격의 독자성에 중점을 둔 개념이다. 다시 말해서 개성이란 사람 됨됨이 중에서도 그 개인만의 특징을 나타내는 것으로, 이는 다른 사람과 구별 지어 주는 개인의 독특한 성질 정도를 가리키는 말이다. 이는 주로 후천적인 사회문화적 심리 요소에 초점을 두고 있다. 일반적으로 사람들은 사회생활을 하면서 나름대로 독특한 성격을 형성하고 비교적 일관된 행동패턴을 나타내는데, 외적 요소란 이처럼 사회문화적 환경 속에서 사람들이 가시적으로 나타내는 외현적인 성향 패턴을 일컫는다.[91]

2) 성격(personality)의 구성요소

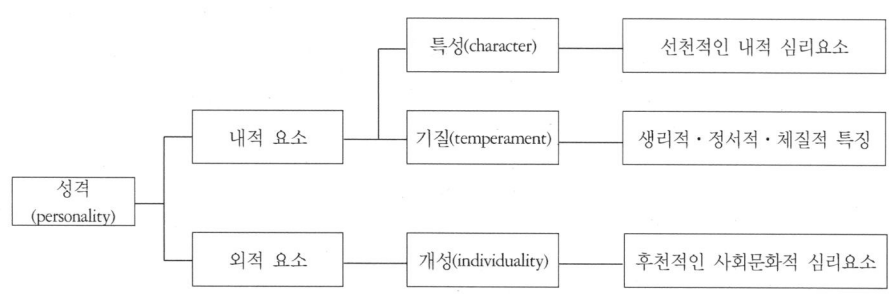

* 자료: 김판석 외, 조직행태의 이해(서울: 대영문화사, 2002), p.88.

〈그림 8〉 성격의 구성요소

---

91) 김판석 외, 전게서, pp.87-88.

3) 성격의 결정요인

초기 성격연구에 있어서는 개인의 성격이 유전의 결과냐, 아니면 환경의 결과이냐
가 주요 논쟁이 되었다. 즉, 태어날 때부터 정해지는가, 아니며 자신의 환경조건과의
상호작용의 결과인가 하는 것이다. 이들 두 가지의 상호결합의 결과이다. 또한 최근
에는 제3의 요인인 '상황'에 대한 관심이 고조되고 있다. 따라서 성인의 성격은 유전
과 환경의 결정체라고 간주되고 또 이와 더불어 상황적 조건도 고려되고 있다.[92] 사
회심리학자인 레윈(Kurt Lewin)에 의하면 행태(Behavior)는 사람(Person)과 상황(Situation)
의 함수, 즉 B=f(P, S)이다. 사람의 행동은 개인적 속성과 그가 처한 상황들의 상호작
용에 의하여 결정된다는 것이다. 성격을 결정짓는 공통적인 요인으로서는 유전적(생
리적) 요인과 환경적(사회적, 문화적) 요인을 들 수 있으며, 이 요인들은 상호역학적
작용을 한다. 그리고 최근에는 상황적 요인에 대한 관심이 급증하고 있는데, 일반적
으로 성격은 유전적 요인과 환경적 요인에 의해 형성되고 상황적 조건에 의해 수정된
다. 이 요인을 정리하면 다음 <그림 9>와같이 분류할 수 있다.[93]

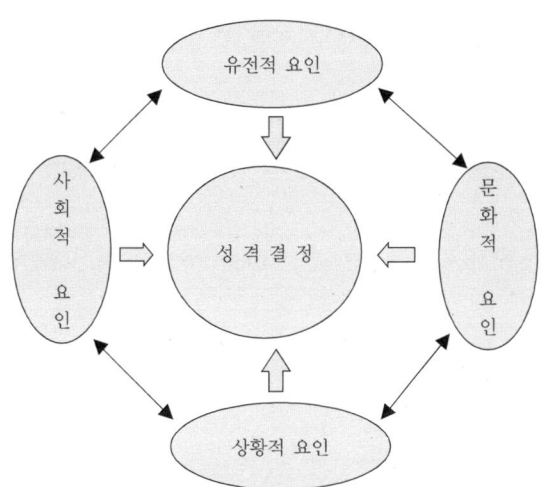

* 자료: 김판석 외, 조직행동의 이해(서울: 대영문화사, 2002), p.89. 재구성

〈그림 9〉 성격의 결정요인

---

92) Stephen P. Robbins, Organizational Behavior Concepts, Controversies, and Application, 2nd ed.(Englewood Cliffs, N.J.: Prentice-Hall, 1983), p.73

93) J. L. Gibson, j. M. Ivancevich & J. H. Donnelly, Organizations(Plano Texas: Business Publications, Inc., 1982), pp.56-57

(1) 유전적 요인

성격이 유전에 의해서만 결정되는가에 대하여는 환경적인 영향력을 완전히 통제하기 곤란하므로 단정하기 어렵지만, 유전적 요인에 더 지배될 것으로 보이는 몇 가지 특성을 제시해보면 다음과 같다.[94]

첫째, 유전적 소질로서 성격특성이 유전되는가에 대한 명확한 해답은 쌍둥이들을 태어날 때부터 분리하여 다른 환경에 양육함으로써 구할 수 있다. 성격 형성의 유전적 요인에 관한 비교연구에서 일란성 쌍생아의 경우 0.6 정도의 상관성을 나타났고, 이란성 쌍생아의 경우는 0.3 정도의 상관성을 나타내고 있어 어느 정도의 유전적 경향이 있음을 알 수 있다.

둘째, 신장, 얼굴모습, 피부색깔, 근육의 구성, 체력 및 오감 기능에 의한 감각적 특성 등이 성격특성을 직접적으로 결정짓지는 않는다. 유전론자들은 한 개인의 성격에 대한 설명을 크로모솜(chromosomes)이라는 염색체 내부에 위치한 유전인자(DNA)의 분자구조에 있다고 주장한다. 이러한 신체적 특성들은 타인들이 우리를 취급하는 양식, 타인으로부터 얻는 감정표현과 상호 작용 등에 영향을 끼쳐 간접적으로 성격을 형성시킨다.

셋째, 중추신경은 뇌와 척수에 있는 신경을 말하며, 자율신경을 통제하여 인간행동을 지배한다. 임상신경 연구의 뇌전위를 통한 뇌파장 검사에서 뇌파의 진폭이 큰 사람이 충동적인 성격을 보인다.

넷째, 자율신경은 정서 반응 및 스트레스 대처 방안과 밀접한 관계를 가지고 있으며, 교감신경이 긴장하기 쉬운 사람은 성격이 급하고 화를 잘 내며 일에 열중하지만, 쉽게 피로하며 신경질적 성격이 되기 쉽다.

다섯째, 내분비선에서 분비되는 호르몬들은 개체의 성장 및 분화, 신진대사, 생식활동 등과 관련되어 있으며 이들은 직·간접적으로 성격에 영향을 미치고 있다. 내분비선 가운데 중요한 것은 갑상선, 부갑상선, 뇌하수체선, 부신선, 생식선 등이다. 예를 들어 갑상선 호르몬의 분비가 적으면 병이 생기는데, 이 병의 특징은 정신지체, 사고작용의 둔하, 신체 성장의 장애 현상 등이 일어나며 피곤과 우울증(예를 들어, 갱년기로 인한 우울 증세) 등에 빠지게 된다.

---

94) 최승희·김수욱, 전게서, pp.275-278.

(2) 문화적 요인

　사람은 살고 있는 시대의 습관이나 가치관 등을 무의적으로 받아들이는 경향이 있다. 인간은 사회가 기대하는 역할을 학습하고 사회적 가치와 습관을 수용하는 경향이 높다. 또한 사회 내에서 개인이 처해 있는 역할에 따라 성격 특성이 달라진다. 사회가 요구하는 남자·여자로서의 성격형에 따라 개인의 성격도 영향을 받으며, 각자의 직업이나 지위에서 파생되는 형태에 따라 독특한 성격이 형성되기도 한다.

　또한 성격 형성은 문화권에 따라 차이가 난다. 서구에서는 기독교적 윤리가 지배하고, 동아시아에서는 유교적 윤리가 지배적이다. 따라서 기독교적 윤리를 존중하는 사회에서 자라난 사람과 유교적 윤리를 중시하는 사회에서 자라난 사람들 간에는 성격이나 행태에 차이가 있을 수 있다. 그러나 문화와 성격이 선형관계에 있다고 단정할 수는 없다. 왜냐하면 같은 서양문화권이라 하더라도 수많은 하위문화로 구성되어 있는 복잡한 사회이기 때문이다. 아울러 국가문화와 개인문화 간에는 차이가 많다. 또한 같은 국가 안에서도 지역에 따라 차이가 있을 수 있다.

　그리고 기후와 풍토 등의 자연적 환경도 민족의 성격 형성에 영향을 끼치고 있다. 예를 들어 한대와 온대, 열대 또는 습지대와 건조지대, 산악지대와 평야지대 및 해안지대 등의 독특한 생활양식에 따라 성격 형성이 다르게 이루어지고 있다.

(3) 사회적 요인

　사회적 요인 중에서 가장 중요한 환경은 가정환경, 교육환경, 사회·경제적 환경이다. 이러한 요인들은 인간이 사회화 과정(socialization)을 통하여 성격이 형성될 때 지대한 영향을 미친다.

　특히 어린이들과 청소년들의 성격 형성과 발달에 중요한 역할 미치는 세 가지 환경을 정리하면 다음과 같다.[95]

　첫째, 가정은 인생 최초의 교육장으로서 기본적인 생활양식과 행동양식을 익히는 곳이다. 특히 가족 간의 접촉에 의하여 사회성을 학습하게 되며, 그 속에서 사회화 과정을 경험하게 되는 것이다. 이러한 과정 속에서 개인의 독자성이나 자아 개념 등이 형성되어 한 개인의 인성이 발전되어 간다.

---

95) 김판석 외, 전게서, pp.92-93.

둘째, 교육기관에서 생활하는 고정에서 책임감, 협동심, 정의감, 준법정신, 그리고 지도성 등의 성격 특성이 길러지는데, 이것은 학급 구성원 간의 인간관계와 상호작용에서 비롯되는 것이다. 이런 점에서 볼 때 학급집단은 성격 형성에 중요한 의미를 지닌다.

셋째, 사회·경제적 환경도 성격 형성에 중요한 영향을 미치는 요인이다. 독특한 사회·문화적 특성과 전통을 가진 특정한 사회 속의 국민은 나름대로의 특이한 생활양식과 문화가 있다. 민족이나 국가에 따라 다른 민족성이나 국민성이 형성되는 것이고, 작게는 한 개인의 특성, 즉 개성과 성격 등이 형성되는 것이다.

(4) 상황적 요인

한 개인의 성격은 어느 정도 안정적이고 비교적 지속적이지만 상황에 따라 변하기도 한다. 상황마다 발생하는 상이한 요구는 한 개인의 성격 형성에도 상이한 측면을 드러나게 한다. 예를 들어 성장 과정에서 성취와 노력에 대한 욕구가 매우 큰 사람이 고도로 관료적인 작업 상황에 놓이게 될 경우 그 사람은 좌절감을 느끼고 공격적으로 변할 수도 있다. 그렇게 되면 다른 사람의 눈에는 과거와는 다르게 문제를 유발하는 비조직적인 사람처럼 비치게 될 수 있다. 또한 친화적인 사람으로 조정자적인 역할을 잘 수행하는 사람이 성과 중심의 경쟁조직에 배치되어 혼자서 모든 것을 해결하도록 요구받을 때 심한 자괴감을 가지고 느슨한 형태를 보일 수 있으며, 이 경우에 그 사람에 대한 성격묘사는 전혀 달라질 수도 있다. 또한 평소에 무사태평하고 무능력한 사람처럼 보이던 사람도 위기에 처했을 때는 적극적으로 위기를 대처하며 관리하는 형태를 보일 수도 있다. 따라서 성격 형성을 상황과 동떨어진 것으로 간주해서는 안 된다.[96]

---

96) 박운성, 현대조직행동론(서울: 박영사, 1994): 김판석 외, 전게서, pp.93-94.

11. 성격과 인간사회환경

성격 연구는 크게 두 종류로 나누어 볼 수 있는데, 하나는 성격을 단면적인 상태로 이해하려는 내용 연구들이고 또 다른 하나는 성격이 어떻게 형성되고 발달되는지에 관한 과정을 이해하려는 연구이다. 먼저 특성이론은 성격이 어떻게 형성되고, 발달하는가보다는 '현재 무슨 종류의 성격 유형이 있는지'에 초점을 둔다. 여기에는 유형론과 특질론이 대표적이다. 둘째, 과정이론은 성격이 '어떻게 형성되고, 어떻게 발달하고, 그러한 성격이 어떤 기능을 하는지'를 알고 이해하는 데 초점을 둔다. 과정이론에는 무의식과 어린 시절의 경험을 강조하는 정신분석, 개인과 환경의 상호작용을 강조하는 행태주의적 관점 그리고 개인의 주관적 경험과 자기실현을 강조하는 인본주의적 관점의 현상학적 이론 등이 있다.

1) 특성이론

사람들은 처음 만나는 사람의 성격을 신체적인 특성을 통해 대략적으로 말하곤 한다. 예를 들어 뚱뚱하면 유순하고, 마르면 예민하다든지, 그리고 키가 크면 싱겁고, 키가 작으면 다부지고 등등 막연한 생각을 동원하여 성격을 규명한다. 성격의 특징은 '사람마다 다르다'는 독특성에 있지만, 한편 사람들의 성격 간에는 공통점이 존재하고 있다. 특성이론은 바로 이러한 내용적 특성을 찾아내어 성격을 분류하는 것으로서 특성이란 사람들로 하여금 각각 서로 다르게 행동하고 사고하도록 하는 각 개인의 지속적 경향을 말한다.

(1) 유형론

성격을 유형별로 나누어 구별하려는 시도는 오랜 역사를 가지고 있다. 성격은 모든 개인에게 독특하지만 어떤 특징적인 성격을 중심으로 크게 묶어서 나눌 수 있다. 유형론이란 몇 개의 유형을 설정하여 성격의 다양성과 공통성을 좀 더 본질적인 측면에서 파악하여 현실에 나타나고 있는 다양한 인간을 분류하여 이해하려는 입장이다. 이 유형론은 과학성과 체계적인 통계분석의 결여로 인하여 비판을 받고 있으나 경험과 관찰을 기반으로 하여 나름대로의 의미는 있다고 할 수 있다. 유형론에 따른 성격의 특징은 다음과 같다.

① 히포크라테스(Hippocrates)의 기질설

기질설은 가장 고전적인 이론으로 기원전 400여 년경 의학의 아버지로 불리는 히포크라테스(Hippocrates)가 체액에 따른 기질과 그 특성을 제시한 것을 말한다. 그는 인체에는 혈액, 점액, 흑담즙, 황담즙의 4종류가 있다고 한다. 이러한 4가지 체액이 생물체 내에서 적당한 비율로 혼합되어 있으면 완전한 기질을 만들지만, 이 체액이 너무 많다든가, 적은 비율로 혼합되어 있으면 불완전한 기질이 된다고 한다. 이 체액의 비례적 결합에 따라 다혈질(sanguine: 확신적이고 낙관적 기질), 점액질(phlegmatic: 무관심하고 완만한 기질), 우울질(흑담즙질, melancholic: 의기소침한 기질), 그리고 담즙질(choleric: 공격적이고 민감한 기질)로 구분하였다. 히포크라테스(Hippocrates)는 다음 <표 5>와 같이 체액과 기질유형 및 그에 따른 특성을 제시하였다.[97]

② 크레치머(Kretchmer)의 체격유형론

독일의 정신의학자인 크레치머(E. Kretchmer, 1925)는 체격을 세장형, 비만형, 근육형 및 내분비 이상으로 인한 발육이상형으로 분류하여 정신병과의 관계를 발견하려고 노력하였다. 세장형은 몸집이 마르고 귀가 큰 체격으로 신경질적이며, 깔끔하고, 꼼꼼하다. 비만형은 둥글고, 땅딸하고, 사교적이며, 기분의 변동이 심하다. 근육형은 근육이 발달하고 정열적이며, 근육형은 18~25세에 신체가 성숙함에 따라 그 특징이 명료히 나타난다. 비만형은 조울성 기질이 많다. 또한 세장형과 근육질은 정신분열증이 많아 분열성 기질이라고도 한다.[98]

〈표 5〉 히포크라테스(Hippocrates)의 체액에 따른 기질형 및 특성

체 액	기질형	특 성	인간형
혈 액	다혈질	온정적, 사교적, 정서적 흥분이 빠르고 쾌활함, 반응은 빠르나 비지속적임, 가슴이 넓음	생활인
흑담즙	우울질	쉽게 우울해짐, 정서가 느림, 불쾌하고 조용함, 보수적임, 신경적 반응이 강함, 몸이 약함, 침울함	학자, 의사
황담즙	담즙질	쉽게 노함, 정서적 흥분이 빠르고 강함, 용감함, 반응이 빠르고 강하며 지속적임, 성급함, 몸이 가늘고 상체가 김, 화를 잘 냄	영웅호걸, 충신
점 액	점액질	냉담함, 정서가 느리고 약함, 유쾌함, 둔감하고 인내가 강함, 반응이 느리고 강함, 비만형이며 둔함, 게으르고 침착함	덕망가, 인격자

---

97) 최승희 · 김수욱, 전게서, pp.281-282.
98) 최승희 · 김수욱, 전게서, p.282.

<표 6> 체격유형과 기질적 특성

체 형	신체적 특성	기질 특성
세장형	호리호리하고 마름	분열질적임, 비사교적임, 과묵함, 생활력이 왕성함, 민감함
근육형	몸 전체가 골격·근육·피부 등이 잘 발달 되어 있으며 어깨가 넓고 균형 잡힘	전간질적임, 권리나 규율을 극도로 잘 지킴, 결백함, 대략 남자에게서 나타나고 18~25세경에 신체적 성숙과 더불어 특징이 그 나타남
비만형	신장은 중간 정도이고 앞배가 나왔으며 전체적으로 살이 쪄 보이는 인상	조울질적임, 사교적이고 친절함, 쾌활하면서도 우울할 때가 있음, 결단성이 부족함, 특히 30~40세 중에 이러한 특성이 현저히 나타남

이외에도 셀던(Sheldon, 1940)은 사람의 체형과 성격과의 관련성을 주장하였다. 신체 형태 유형과 기질 유형 사이에 일치점이 있는데, 특히 태생기의 배엽 발생 시에 신체 형을 결정짓는 기본적 양상이 있다. 인간을 내배엽형(endomorph: 키가 작고 살찐 비만 형으로 친절하고 침착한 성격), 중배엽형(mesomorph: 튼튼한 근육질의 표준형으로 정 력적이며 활동적인 성격), 외배엽형(ectomorph: 키가 크고 마른형으로 신경질적이며 비 사교적인 성격)의 세 가지 유형이 있다. 이러한 구분은 직관적인 의미는 가지고 있으 나, 최근에는 체형과 개인의 성격 간의 상관관계가 낮거나 거의 없다는 연구 결과도 있다. 그러나 한 가지 분명한 것은 인간의 외모가 자기 이미지에 영향을 미치고, 이는 우리의 성격발달에 대하여 영향을 미친다는 사실이다.

③ 이제마의 사상의학(四象醫學)

최근에 사상이론(四象理論)이 체질, 성격, 그리고 건강관리 등에 광범위하게 논의되 고 있다. 이는 조선후기에 실학사상의 영향으로 태동되어 1894년 동무 이제마(李濟馬) 선생에 의하여 창안된 사상의학(四象醫學)을 말한다.[99] 독특한 '사상구조론'을 바탕으 로 태양인(太陽人), 소양인(少陽人), 태음인(太陰人), 소음인(少陰人)의 네 가지 체질을 설 정하고 각 체질에 대한 생리, 병리, 진단, 치료와 약물에 이르기까지 서로 연계를 갖고 서 임상에 응용할 수 있는 방향을 제시한 이론이라 할 수 있다.

사상의학에서 말하는 태양인, 소양인, 태음인, 소음인의 체질별 특성을 살펴보면 다 음과 같다.

---

99) 사상의학에 관한 보다 자세한 정보는 http://www.sasang.com을 방문하면 된다.

태양인

　남들과 잘 소통하고 과단성과 진취성이 강하다. 반면에 계획성이 적고 대범하게 마음을 열어놓지 못하며, 남을 공격하기 좋아하고 후퇴를 모른다. 지나친 영웅심과 자존심이 강하여 일이 안 될 때에는 심한 분노를 발한다. 또한 머리가 명석하고 뛰어난 창의력이 있어 남이 생각하지 못하는 것을 연구한다.

　태양인은 그 수가 적어서 이제마 선생도 많은 연구를 하지 못하였다고 하였으며, 단지 자신의 경험을 통하여 두 가지 병증과 이에 대한 처방을 기록하였고 음식에 대해서도 몇 가지를 분류하였을 뿐이다. 그러나 태양인이 사회에 잘 적응하지 못하는 경향이 있어서 적자생존 법칙에도 약한 편이고 그대로 낙오하는 사람도 많다.

　예) 박정희 대통령, 나폴레옹, 히틀러, 삼국지의 조조 등이 전형적인 태양인의 풍모를 갖추고 있다.

소음인

　내성적으로 비교적 소심한 사람이 많다. 겉으로는 유연해도 속은 강하다. 작은 일에도 세심하고 과민성이 있어 늘 불안정한 마음을 갖는다. 자기 본위로만 생각하는 경향이 있다. 실리를 위해서는 수단과 방법을 가리지 않는다.

　머리가 총명하여 판단력이 빠르고 매우 조직적이며 사무적이다. 맡은 일은 빈틈없이 처리를 잘하고 윗사람에게 비위를 잘 맞추며 지나친 아첨도 한다. 자기가 한 일에 남이 손대는 것을 가장 싫어하고 남이 잘하는 일에는 질투가 심하다. 또한 지능이 발달되어 잘못 흐르게 되면 끔찍한 사건을 저지른다. 편사심이 많아 남을 오해하기 쉽고 한 번 꽁해진 마음은 좀처럼 풀리지 않으며 같은 말을 여러 번 되풀이한다. 경우에 따라서는 묵은 꼬투리를 끄집어내어 현재의 경우에 결부시키며, 타산적이므로 적은 손해도 보지 않으려 해 인색하고 불신하는 일이 많다. 자기보다 강한 자 앞에서는 잘 후퇴하나, 다른 기회를 엿보아 측면 공격을 잘한다.

　인색하고 짜다는 수전노 소리를 듣는 일도 많다. 살림살이는 소음인 여자가 제일 잘한다. 깔끔하고 착실하며 아기 잘 낳고 매사에 치밀하고 밖으로 나가지 않고, 그야말로 알뜰살뜰한 가정을 꾸민다. 그러나 모든 것이 지나치기 때문에 식구들과 조화를 잘 이루지 못하며, 또한 질투가 심하여 작은 일에도 마음을 끓이고 늘 불안정한 마음을 가지므로 신경성 질환이 가장 많다. 다른 체질에 비하여 소음인이 병이 많은 이유도 이에 있다.

소양인

　　비교적 성격이 급하고 덜렁대는 면이 많다. 항상 밖의 일을 좋아하고 가정이나 자신의 일은 경솔히 여긴다. 남의 일에는 희생을 아끼지 않고 그 일에 보람을 느끼므로 자기 일을 돌볼 겨를이 없다. 매우 판단력이 빠르나 계획성이 적으며 일이 안될 때에는 체념을 잘한다.

　　의분이 생길 때는 물불을 가리지 않고 행동으로 옮겨 몸에 칼이 들어와도 하고야 만다. 그러나 상대가 잘못을 뉘우칠 때에는 즉시 동정으로 변하고 얼마 후에는 그 일을 잊으며 또 재론하지 않는다. 혹 실수가 있으면 후회가 깊어서 애심으로 변하여 몸에 해를 입는다. 보기에는 경박하지만 다감하고 봉사정신이 강해서 사람들이 호감을 갖는다. 무슨 일을 만들거나 개척하는 데에는 장기가 있지만 계획과 마무리는 부족하다. 솔직담백하여 마음속에 있는 것은 다 털어놓고 조그마한 꾸밈새도 싫어한다.

　　그러므로 이해타산에 변절하지 않는다. 사상인 중에는 가장 욕심이 적고 성질이 급하여 오락은 좋아하나 소질이 없으며, 또한 색은 잘 밝히지만 호색가는 못된다.

태음인

　　겉으로는 점잖으나 속은 음흉하여 좀처럼 속마음을 드러내지 않는다. 마음이 넓을 때는 바다와 같고 고집스럽고 편협할 때는 바늘구멍같이 좁다. 뻔히 잘못된 일인 줄 알면서도 무모하게 밀고 나가려고 하는 우둔성이 있어 마치 소에 비유할 수 있다.

　　앉은 자리에서 뭉개고 뛰쳐나가려고 하지 않는다. 비록 묵묵히 있어도 속으로는 무궁무진한 설계를 그리고 이를 실천에 옮기게 되면 대성할 수 있다. 한 번 시작한 것은 끝까지 붙들고 늘어지는 지구력이 있어 성공하는 사람이 많다. 자기주장을 말할 때에는 남들이 좋아하거나 말거나 끝까지 소신을 피력하는 끈질긴 성격이며, 듣기에 조리가 없고 비논리적인 것 같으나 반드시 골자가 있다.

　　또한 남보다 생각하는 시간이 더디지만 한 번 발언을 시작했다 하면 무게 있고 폭넓은 내용의 웅변을 토한다. 그러므로 큰 기업체를 운영하는 사람 중에는 태음인이 가장 많다. 태음인 중에도 인자하고 명랑하고 너그러워서 모든 사람의 추앙을 받는 인격자도 많다.

실천해 보기

당신의 체질은 어떤 유형인가?

　　외모와 심성을 따져 보아 당신은 태양인, 소양인, 태음인, 소음인 중 어디에 속하는지 사상체질분류검사를 받아보자.

　　[사상체질 분류검사는 사상체질의학회(http://blog.naver.com/umturtle?Redirect=Log&logNo=8-0060979081) 등의 자료실을 이용하면 된다.]

　　① 외모에 의한 체질 분류 ② 심성에 의한 체질 분류

④ 칼 융(Carl G. Jung)의 분석심리학

칼 융(Carl G. Jung, 1875~1961)[100]은 분석심리학파 학자로서 리비도(libido)를 광범위한 정신적 에너지로 규정하였다. 그는 리비도(libido)가 외계의 객관적 세계를 지향하면 외향성, 유기체 내부로 지향하면 내향성이 된다고 주장한다. 외향적인(extrovert) 사람은 사교적이고, 발랄하고, 행동지향적이며, 집단규범 및 외부의 가치관에 강한 관심을 갖고 있다. 또한 감정이 자유스러우나 자기 내부의 감정에는 민감하지 못하며 타인에게 자신의 이야기나 고민을 말할 줄 모르며, 책임감이 약한 경향이 크며 사치와 허영심이 크다. 반대로 내향적인(introvert) 사람은 외향성의 사람과 달리 정신에너지가 자신의 내부로 향하고 있어 자신의 의견에 따라 행동하고, 주관적으로 사고하고, 융통성과 적응력이 약하며, 자폐증 및 편집증적인 성격을 나타내며, 감정의 억제가 심하며, 자기자신에 대하여 반성적인 경향을 보인다. 주관적인(subjective) 세계에 대한 집착이 강하다. 뿐만 아니라 자신의 내면적인 세계를 좋아하고, 사회적인 접촉이나 교제를 피하고, 고독을 즐기는 편이다. 대체로 대부분의 사람은 외향적인 면과 내향적인 면을 공유하고 있으며 어느 한쪽 극단에 치우친 경우는 극히 드물다. 결국 외향성·내향성의 문제는 주어진 환경에 대한 반응에서 개인의 에너지가 외부와 내부 중 어느 쪽을 더 지향하는지를 말하는 것이다. 겉으로 드러나는 성격적 특성은 내향적이지만 무의식적인 내부에는 외향적 특성을 갖고 있으며, 반대로 겉으로 드러나는 자아는 외향성이나 그의 무의식은 내향적일 수 있다. 이렇게 겉으로 드러나는 자아와 드러나지 않는 개인 무의식은 상호보완적으로 심리균형을 맞춘다.

---

100) 프로이트 심리학과 칼 융의 심리학의 차이는 다음과 같다. 첫째, 프로이트는 지나치게 병리적이고 결손적인 측면에서 인간을 설명한 반면, 칼 융은 정상적인 인간의 마음을 다루었다. 둘째, 프로이트는 생물학적인 리비도(libido)를 주장하면서 리비도의 개념을 오직 성적인 충동으로 보았지만 칼 융은 상징적이고 종교적인 원천과 같은 비생물적인 모든 정상적인 에너지를 포함하는 생명력으로 해석하였다. 셋째, 프로이트는 극단적인 인과론과 목적론을 주장하였지만, 칼 융은 비인간론적인 동시성 원리를 주장하였다. 넷째, 프로이트는 방어기제(defence mechanism)를 주장하였지만, 칼 융은 창조적 현실을 더욱 중요시하였다. 다섯째, 프로이트는 생물학적, 기계론적인 접근방법을 주장하였지만, 칼 융은 정신현상의 깊은 의미와 독창성을 중시하는 현상학적인 접근방법(phenomenological approach)을 주장하였다.

외 · 내향적 성향 질문지

나의 성격은 외향적인가? 내향적인가?

다음 각각의 문항이 자신을 얼마나 잘 나타내고 있는지 체크해 보자.

※ 채점방식: 각 문항에 대해 "매우 동의한다" = 3점, "어느 정도 동의한다" = 2점, "조금 동의한다" = 1점, "전혀 동의하지 않는다" = 0점

〈 A 〉

1. 나는 사소한 일에도 신경을 많이 쓰는 편이다.
2. 누가 나에게 말을 걸기 전에 내가 먼저 말을 걸지는 않는다.
3. 나는 이따금 결심을 빨리 하지 못하기 때문에 손해 보는 경우가 많다.
4. 사람들은 누구나 곤경에서 벗어나기 위해 거짓말을 할 수 있다.
5. 나는 어떤 일을 실패하면 두고두고 생각한다.
6. 나는 비교적 말이 없는 편이다.
7. 나는 기왕 일을 할 거면 꼼꼼하게 하는 편이다.
8. 나는 지나치게 깔끔을 떠는 편에 속한다.
9. 나는 나를 기분 나쁘게 한 사람을 쉽게 잊지 못하는 편이다.
10. 나는 수줍음을 많이 타서 많은 사람 앞에 나서길 싫어한다.
11. 나는 혼자 지내는 시간이 즐겁다.
12. 나는 내 주위 사람들이 잘되는 것을 보면 상대적으로 내가 실패한 것 같은 느낌을 받는다.
13. 나는 어떤 일을 시도하다가 잘 안 되면 금방 포기한다.
14. 나는 이성친구와 웃고 떠드는 것을 별로 좋아하지 않는다.
15. 나는 낯선 사람과 만나는 것을 매우 꺼리는 편이다.
16. 나는 밤낮 없이 같이 다닐 만한 친구들이 거의 없다.
17. 나는 연예인이 되고 싶은 마음을 조금도 갖고 있지 않다.
18. 나는 여럿이 모여서 얘기하는 데 잘 끼어들지 못한다.
19. 사람들은 이득이 된다면 옳지 않은 방법이라도 쓸 것이다.
20. 사람들이 정직하게 행동하는 건 다른 사람의 비난이 두렵기 때문이다.

다음 각각의 문항이 자신을 얼마나 잘 나타내고 있는지 체크해 보자.

※ 채점방식: 각 문항에 대해 "매우 동의한다" = 3점, "어느 정도 동의한다" = 2점, "조금 동의한다" = 1점, "전혀 동의하지 않는다" = 0점

〈B〉

1. 나는 어떤 일을 결심하는 게 그렇게 어렵지 않다.
2. 나는 연극을 좋아한다.
3. 나는 생각하고 사색하기보다는 활동하는 것을 더 좋아한다.
4. 나는 내가 말한 것이 틀리면 내 말을 정정할 수 있다.
5. 나는 이따금 뚜렷한 이유도 없이 기분이 좋아질 때가 있다.
6. 나는 감정이 즉시 얼굴에 나타나는 편이다.
7. 나는 기분이 잘 바뀌는 편이다.
8. 나는 재미있는 얘기를 들으면 남들에게 얘기해 주려고 잘 기억한다.
9. 나는 내 물건을 다른 사람에게 잘 준다.
10. 나는 나와 생각이 다른 사람들과도 잘 지내는 편이다.
11. 나는 다른 사람들을 잘 믿는다.
12. 나는 다른 사람의 일을 잘 돌봐 주는 편이다.
13. 나의 행동은 절도가 있고 명쾌한 편이다.
14. 나는 다른 사람들의 주목을 받는 게 좋다.
15. 나는 처음 보는 사람들에게도 말을 잘 거는 편이다.
16. 나는 남들이 나를 추켜올려 주면 기분이 좋다.
17. 나는 기회만 주어진다면 다른 사람들을 잘 이끌 수 있을 것이다.
18. 나는 다른 사람의 의견을 허심탄회하게 받아들이는 편이다.
19. 나는 다른 사람들을 쉽게 동정하는 편이다.
20. 나는 다소 낭비가 심한 편에 속한다.

* 자료: 최창호, 1997

※ **결과 해석**

  A 점수와 B 점수의 합을 계산한다.

  \<A>점수가 40점 이상이고 \<B>점수는 20점 이하일 때

  ▶ ▶ ▶ **내향적 성격**

  \<B>점수가 40점 이상이고 \<A>점수는 20점 이하일 때

  ▶ ▶ ▶ **외향적 성격**

  \<A>점수와 \<B>점수 모두 40점 이상일 때

  ▶ ▶ ▶ **양향적 성격**

  \<A>점수와 \<B>점수 모두 20점 이하일 때

  ▶ ▶ ▶ **무향적 성격**

⑤ MBTI

MBTI는 마이어스－브릭스 성격유형검사(Myers-Briggs Type Indicator)의 머리글자를 따서 만든 약자이다. MBTI는 Carl G. Jung의 성격유형론을 바탕으로 하여 1900년부터 1975년에 걸쳐 Catherine Briggs와 그녀의 딸 Isabel Briggs Myers 그리고 그녀의 손자인 Peter Myers가 연구 개발한 성격검사로서, 자기보고(self report)를 통해서 개인이 선천적으로 갖고 태어난 심리적 경향성을 파악해보는 검사이다. 브릭스(Briggs)는 자서전연구를 통하여 인간의 개인차를 연구하던 중 1920년에 융(Jung)의 심리유형론을 접한 뒤 20여 년 동안 주변 사람들을 체계적으로 관찰해 본 결과 융의 심리유형이론이 임상적으로 타당하다는 생각을 하였다. 이를 그녀의 딸 마이어스(I. Myers)가 지속적으로 연구한 끝에 각 개인의 성격유형을 보다 쉽게 파악해낼 수 있는 자기보고식 질문지 형태의 도구를 제작하게 되었다. 이 MBTI 성격검사는 융이 말하는 선천적으로 타고나는 개인의 심리경향을 발견하고, 그 경향에 따라 개인의 성격과 그 개인이 환경에 반응하는 태도가 다름을 이해함으로써 자신과 타인의 성격역동을 이해하는 데 아주 유용하게 사용되고 있는 도구이다. 즉, MBTI는 각자가 인정하는 반응에 대한 자기 보고를 통하여, 인식과 판단 과정에서 나타나는 사람들의 근본적인 선호성을 알아내고 각자의 선호성이 개별적으로 또는 복합적으로 어떻게 작용하는지 결과를 예측하여 실생활에서 도움을 얻으려는 데 목적이 있다. 하지만 16가지의 유형을 너무 맹신한다든지 그 사람을 그런 유형으로 고정시켜서 볼 필요는 없다.

94개 문항으로 구성된 MBTI는 인간의 4가지 선호경향을 나타내는 성격유형지표(Type Indicator)를 통해 각 개인이 선택으로 더 자주, 더 일관되게 사용하는 선호성을 파악할 수 있도록 한다. 외향성/내향성(EI), 감각/직관(SN), 사고/감정(TF), 판단/인식(JP)의 네 가지 성격유형지표로 구성되어 있는데, 간단히 설명하면 다음과 같다.[101]

가. 외향성－내향성(EI: Extraversion-Introversion)

개인이 에너지를 어디서 획득하고, 관심이 어느 쪽에 있는가에 따라 외향성(E)과 내향성(I)으로 나뉜다. 외향성인 사람의 심리 에너지는 주로 외부세계를 지향하고 외부세계에서 일어나는 것에 의해서 에너지를 얻게 된다. 이들은 세상을 이해하기 위해서

---

101) Isabel B. Myers and Mary H. McCaulley, Manual: A Guide to the Development and Use of the Myers Briggs Type Indicators(Palo Alto, Cal.: Consulting Psychologists Press, 1989), pp.15-16.

는 외부와의 접촉을 필요로 하고 먼저 행동으로 체험하려는 경향이 있다. 따라서 이들은 활달해 보이고 활동적으로 보인다. 반면에 내향성인 사람의 에너지는 주로 자기 내부세계를 지향하며 내면세계에서 일어나는 것에 의해 에너지를 얻게 된다. 이들은 주로 생각을 하는 업무를 할 때 더 많은 흥미와 편안함을 느낀다. 이들은 조용하고 신중해 보이며, 생각을 통해서 세상을 이해하려고 한다.

나. 감각-직관(SN: Sensing-Intuition)

정보를 수집하고 인식하는 방법에 따라 감각형(S)과 직관형(I)으로 구분된다. 감각형의 사람들은 내적·외적 세계에 대한 정보를 오관(五管)에 의존하여 받아들이는 경향이 있다. 이들은 상황의 실체를 잘 이해하고 실제적인 경험을 중시하므로 현실적이고 실용적인 특징을 지닌다. 대체로 현재를 있는 그대로 즐기고 순서에 입각해서 차근차근 업무를 수행해 나가는 근면 성실한 형이지만 구체적인 사실을 보기 위해 전체를 보지 못하는 경우도 있다. 반면에 직관형의 사람들은 사건과 사상(事象)의 전체와 의미를 파악하고 새로운 가능성을 추구한다. 이들은 상상력과 영감·육감에 더 큰 비중을 두기 때문에 현재에 머무르기보다 미래의 성취와 변화 그리고 일의 다양성을 즐긴다. 그러므로 전체를 보기 위해 구체성을 놓치는 경우가 많으며, 새로운 일이나 복잡한 일에 겁없이 뛰어드는 경향이 있다.

다. 사고-감정(TF: Thinking-Feeling)

판단을 내리고 의사결정을 하는 과정에서 논리적 결과에 의거하여 결정을 내리는지 개인적 가치에 근거하여 결정하는지에 따라 사고형(T)과 감정형(F)으로 나뉜다. 사고형의 사람들은 논리적인 결과를 예측하고 객관적인 판단기준에 근거하여 정보를 분석한 후 의사결정에 다다른다. 이런 사람들은 일관성과 타당성을 중시하며 원리원칙에 입각하여 결정을 내린다. 그러므로 무엇이 올바른가에 관심이 많으며 객관적인 기준을 중시하는 편이다. 감정형의 사람들은 논리적 기준보다는 자신의 주관적으로 어디에 가치를 느끼는가에 따라서 판단과 의사결정을 할 때가 많다. 그 결정이 자신과 남의 감정에 어떤 영향을 주는가를 중요시한다. 이들은 조화로운 인간관계를 좋아하고 동정심이 많으며 남을 인정할 줄 안다.

라. 판단-인식(JP: Judging-Perception)

외부세계에 대한 태도에 있어서 판단과정을 선호하는지 인식과정을 선호하는지에 따라 판단형(J)과 인식형(P)으로 구분된다. 이 지표는 외부세계를 받아들이거나 외부세계에 자기를 보여주는 과정에서 주로 나타나는 기능에 관한 것이다. 판단형의 사람들은 생활을 조절하고 통제하기를 원하며 계획을 세우고 질서 있게 살아가는 경향이 있다. 이들은 일을 결정하고 일에 종결을 짓고 구조화하고 조직하는 것을 선호한다. 계획에 따라서 일을 추진하며 정한 기간 내에 일을 마무리하는 편이다. 애매한 상황에도 잘 적응하고, 정해진 시간에 일을 마무리 짓지 못하는 경우가 많은데 그렇더라도 그때그때 자발성을 가지고 상황에 대처해 가는 편이다.

MBTI를 실시하면 각 지표에 점수가 나타나게 된다. 이 점수를 다른 성격진단점수의 점수와 혼돈해서는 안 된다. MBTI의 점수를 개인이 그 방향을 더 자주 빈번하게 사용하고 있으며 그 방향으로 선호(選好)가 드러난다는 의미이다. 이 4가지 선호지표가 역동적으로 결합하게 되면 16가지의 조합이 가능하게 되는데, 각 개인은 이 중 한 가지의 성격유형으로 구분된다.

> ### 사례 보기
>
> ## 공무원들의 성격유형: MBTI 성격조사를 중심으로
>
> 심리유형이론과 한국공무원의 의식구조를 MBTI 성격검사를 통해서 분석해 볼 수도 있다. 한국의 중간관리자급 공무원인 사무관 184명을 대상으로 MBTI 성격조사를 실시하여 그 공무원 집단의 여러 특성과 집단 역동에 대해 고찰해 본 결과를 보면, MBTI성격유형분포를 보면 ISTJ(32.1%), ESTJ(10.9%), ISTP(9.8%), INTJ(9.8%), INTP(7.1%) 순으로 나타났다. 그러므로 이 공무원 집단은 ISTJ적 성격이 강한 집단이라고 볼 수 있다. ISTJ 집단의 특징은 내부지향적이고, 현재 상태와 안정을 강조한다. 그리고 논리적 사고와 원칙에 의거하여 결정을 내리는 것을 선호하고, 사물을 분명히 정의하는 것을 선호하는 경향이 많다. 이 조직은 외부와 어느 정도 분리되어 있어서 독선적일 수 있으나, 기능적인 체계의 속성 때문에 안정성과 신뢰성이 있다. 보통 이러한 조직은 견고하고 체계적이고 안정적인 조직이지만, 커다란 변화에는 적응하지 못하고 흔들릴 가능성이 높다. 좀처럼 변화하지 않으며 변화를 꺼리고 새로운 상황에 들어가려고 하지 않으나, 한번 관련이 되면 중단하거나 단념하지 않는 일면도 있다. 조직 내부의 사람들이 자체의 문제점을 쉽게 발견하지 못하는 단점이 있다.
>
> * 자료: 안광일, 「MBTI이론에 따른 한국공무원의식구조의 진단·분석」, 『한국행정학보』, 28(1994 봄), pp.151-168.

ISTJ 내향성 감각형	ISFJ 내향성 감각형	INFJ 내향성 직관형	INTJ 내향성 직관형
세상의 소금형 한 번 시작한 일은 끝까지 해내는 사람들	임금 뒤편의 권력형 성실하고 온화하며 협조를 잘하는 사람들	예언자형 사람과 관련된 뛰어난 통찰력을 가지고 있는 사람들	과학자형 전체적인 부분을 조합하여 비전을 제시하는 사람들
ISTP 내향성 사고형	ISFP 내향성 감정형	INFP 내향성 감정형	INTP 내향성 사고형
백과사전형 논리적으로 뛰어난 상황적 응력을 가지고 있는 사람들	성인군자형 따뜻한 감성을 가지고 있는 겸손한 사람들	잔다르크형 이상적인 세상을 만들어 가는 사람들	아이디어 뱅크형 비평적인 관점을 가지고 있는 뛰어난 전략가들
ESTP 외향성 감각형	ESFP 외향성 감각형	ENFP 외향성 직관형	ENTP 외향성 직관형
수완 좋은 활동가형 친구, 운동, 음식 등 다양한 활동을 선호하는 사람들	사교적인 유형 분위기를 고조시키는 우호적인 사람들	스파크형 열정적으로 새로운 관계를 만드는 사람들	발명가형 풍부한 상상력을 가지고 새로운 것에 도전하는 사람들
ESTJ 외향성 사고형	ESFJ 외향성 감정형	ENFJ 외향성 감정형	ENTJ 외향성 사고형
사업가형 사무적, 실용적, 현실적으로 일을 많이 하는 사람들	친선 도모형 친절과 현실감을 바탕으로 타인에게 봉사하는 사람들	언변 능숙형 타인의 성정을 도모하고 협동하는 사람들	지도자형 비전을 가지고 사람들을 활력적으로 이끌어가는 사람들

* 자료: 한국심리검사연구소(KPTI)와 http://www.kpti.com/index.htm 재구성

MBTI의 네 가지 선호경향

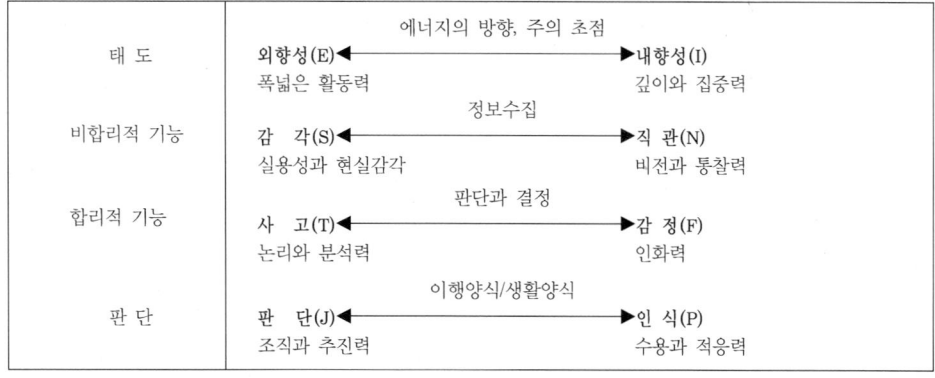

태 도	에너지의 방향, 주의 초점 외향성(E) ←→ 내향성(I) 폭넓은 활동력　　　　　　　　깊이와 집중력
비합리적 기능	정보수집 감 각(S) ←→ 직 관(N) 실용성과 현실감각　　　　　　비전과 통찰력
합리적 기능	판단과 결정 사 고(T) ←→ 감 정(F) 논리와 분석력　　　　　　　　인화력
판 단	이행양식/생활양식 판 단(J) ←→ 인 식(P) 조직과 추진력　　　　　　　　수용과 적응력

외향성 : 내향성	
외향성 (Extraversion)	내향성 (Introversion)
활동적	반영적
외부로	내부로
사교적	말수가 적은
사람과 더불어	개인적 공간
다 수	소 수
표현적	조용한
넓 이	깊 이

감각 : 직관	
감 각 (Sensing)	직 관 (Intuition)
세부적	패 턴
현 재	미 래
실리적	상상적
사실적	개혁적
차례로	임의대로
안내에 따라	예감에 따라
일관성	다양성
즐 김	바 람
노 력	영 감
유 지	변 화

사고 : 감정	
사 고 (Thinking)	감 정 (Feeling)
머 리	가 슴
객 관	주 관
정 의	조 화
초 연	관 심
비개인적(상황과 분리)	개인적(상황과 동일)
비 판	감 사
분 석	공 감
정확, 철저	설 득
원리원칙	가 치 들

판단 : 인식	
판 단 (Judgement)	인 식 (Perception)
조 직	유연성
체 계	흐름/유동
결정적	체 험
임의적	호기심
임의적	자발성
마무리	개방성
계 획	기다림
마 감	발 견
생산적	수용적

* 자료: 김계현, 『카운슬링의 실제』(서울: 학지사, 1997)

(2) 특질론

사람들은 타인의 성격을 기술하기 위해서 종종 내향적, 소심한, 또는 정직한 등의 형용사들을 종종 사용한다. 특질론에서도 사람들의 행동을 기술하거나 설명하기 위해서 특성을 사용한다. 그러나 과학적인 특질이론들에서는 사람들을 어떤 형으로 분류를 하는 대신 해당 특성차원들의 연속선상에서의 위치를 양적 접근을 한다. 왜냐하면 유형론은 이분법적이어서 지나치게 단순화된 기술방법이기 때문이다.

특질(trait)이란 한사람을 다른 사람과 비교적 영속적으로 구분해 주는 심리적 경향성을 말한다. 이는 성격을 기본단위이자 인간행동의 다양성(개인차)을 설명해 주는 중요한 요소이다. 특성은 선천적으로 획득될 수도 있고, 후천적으로 형성될 수도 있다.

사람들은 나름대로 독특한 특성을 가지고 있으며, 이러한 특성은 사회생활이나 대인관계를 영위할 때 사람들에게 공통적으로 나타나는 공통특성과 개인을 특징지우는 개별특성으로 구분된다. 이러한 공통특성과 개별특성을 찾아내어 성격을 분류하려는 이론이 바로 특질론이다. 특질론의 분류와 그에 따른 성격 특징은 다음과 같다.

① 앨포트(Gorden. W. Allport)의 특질론

특질의 개념적 기초를 세운 학자인 앨포트(Allport, 1897~1967)에 의하면, 성격은 개인 안에 존재하는 관찰가능한 실존물로 환경에 대한 개인 특유의 적응을 결정하는 개인내의 정신신체적 체계들의 역동적인 조직화의 결과이다. 성격을 구성하는 요소가 바로 특성이며, 이러한 성격특성은 습관보다 더 일반화되어 있고, 다양한 상황에서도 매우 일관성 있게 행동을 결정하며, 개인의 신경계의 구조에 포함되어 있다.[102] 인간의 특성은 개별특질과 공통특질로 나눌 수 있고, 이 특질이 인성구조의 단위인 동시에 동기유발의 기능을 갖는다. 개인적 성향은 형태 발생적 특질(morphogenic traits)로서 주특질(cardinal traits)과 중심특질(central characteristics), 이차 특질(secondary disposition)로 나누어진다.

첫째, 주특질(cardinal traits)은 개인의 행동 및 사고양식에 가장 광범위하게 영향을 주는 것이다. 이 특질은 개인이 가지고 있는 지배적인 동기이며 정열이다. 재산을 모으려는 것, 권력을 잡으려는 것, 매력적이 되려는 것 등이 여기에 해당된다. 둘째, 중심특질(central characteristics)은 비교적 주위 사람들에 의하여 명백하게 판별될 수 있는 특질이다. 이는 보통 추천서에서 자주 사용되는 '능력 있고 정직하고 부지런하며 최선을 다하는 사람'과 같은 것이 중심특질이다. 셋째, 이차 특질(secondary disposition)은 특수한 상황에만 나타나는 보편성과 일관성이 적은 특질이다. 한 개인이 좋아하는 옷 스타일, 자동차에 대한 취향, 어떤 유형의 영화를 좋아하는지 등이 이차 특질인데, 사실 그 사람에 대해 상당히 친숙해야만 그 사람의 이차적 특질을 분별할 수 있다. 예를 들어 학생 앞에서는 굉장히 권위적이고 무게 있는 교수가 집에서는 부인에게 '자기야~ 자기야~'를 연발하면서 뒤를 졸졸 따라다닌다거나, 밖에서는 너무 깔끔한 사람으로 알려진 사람이 가정에서는 세수도 안 하고, 지저분하고, 게으름을 피운다거나, 그리고 어떤 여성운동가가 밖에서는 여성의 평등과 권리를 주장하면서 실제로 집에서는 누구보다

---

102) 최승희 · 김수욱, 심리학(서울: 박영사, 2001), pp.289-290.

도 가부장적 제도에 철저하게 복종한다면 이러한 특질은 가족만이 알 수 있다.

② 카텔(R. B. Cattell)과 아이젠크(H. J. Eysenck)의 특질론

요인분석을 통해서 성격에서의 개인차를 설명하는 특성들을 찾아내고자 시도한 성격 심리학자들 중 카텔(R. B. Cattell)과 아이젠크(H. J. Eysenck)가 가장 유명하다. Cattell은 비슷한 특성 갖는 형용사들을 묶어 200개의 성격 특성을 찾아내고, 최종적으로 요인분석을 통해서 인간의 16가지 성격요인(16PF)을 선정했다. 16가지 주요 성격들은 다음과 같다.

Cattell은 외현적 행동을 결정하며 비교적 안정적인 근원 특성(source trait)과 안정적이지 않고 사람마다 독특한 표면 특성(surface trait)으로 구분하였다. 이론적 기반 없이 가능한 한 많은 검사들을 실시한 뒤 요인분석방법을 사용하여 특성들을 추출하는 방법을 선호하는데, 그가 추출해 낸 요인들은 성격의 진단과 같은 실제장면에서 유용하다는 평가를 받는다. 그가 제작한 16 PF검사는 자주 쓰이는 성격검사의 하나이다.[103]

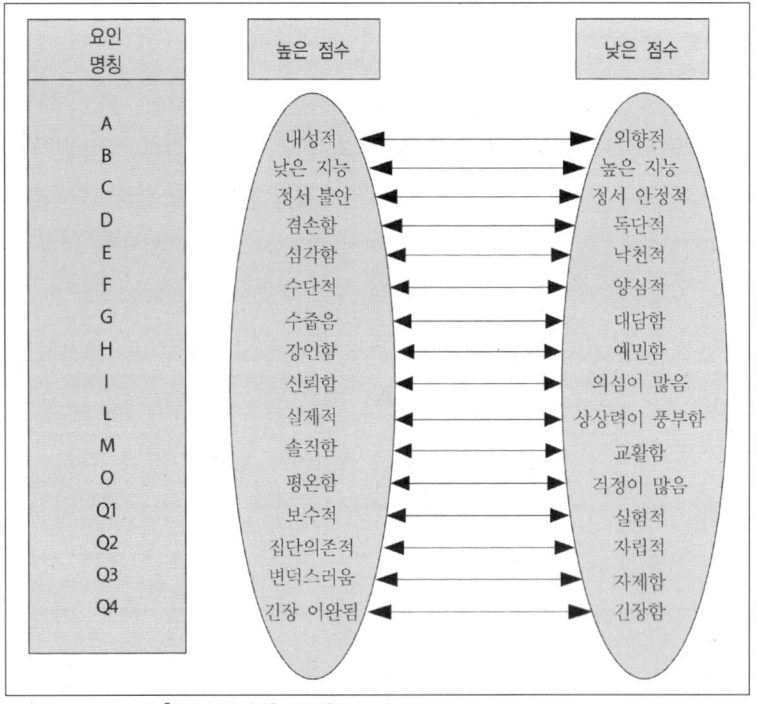

* 사료: 김혜숙 외, 『인간관계론』(서울: 양서원, 2000), p.81.

〈그림 10〉 Cattell(1965)의 16가지 성격요인

---

103) Cattell, R. B., The Scientific Analysis of Personality(Baltimore, Md: Penguin, 1965)

아이젠크(H. J. Eysenck)는 이론적 근거가 있는 가설로부터 출발하여 요인들을 추정하고 요인분석방법을 통하여 가설을 확인하며 이렇게 추출된 요인들의 생리적 기반을 탐색하는 연구를 계속하는 접근법을 택하고 있다. 그는 내향성-외향성, 안정성-불안전성(신경증적 경향), 정신병적 경향성으로 분류하였다.[104]

이와 같이 학자들마다 상이한 수와 내용의 성격특성들을 추출해 내는 현상은 요인분석 접근법에 대해서는 물론, 특질이론 자체에 대해서도 회의를 가져올 우려가 있다. 다행히 최근에 여러 연구들에서 몇 개의 특성차원들이 일관성 있게 확인됨에 따라 성격을 구성하는 특성차원들에 대한 결론에 접근하고 있는 듯한 조짐이 보인다. 이들은 5개의 특성차원들로 구성되어 있어 Big Five라는 애칭으로 불린다. 이들 5요인 성격(Big Five)에 속하는 특성차원들은 다음과 같다.

2) 과정이론

성격이 어떻게 형성되고 형성된 성격이 어떤 의미를 갖는지를 설명하는 이론이 성격발달 과정이론이며, 이에는 크게 정신분석이론, 행태주의 이론, 인본주의 이론이 있다.[105] 이 중에서 프로이트[106]의 정신분석학을 중심으로 살펴본다.

〈표 7〉 Big Five의 성격특성 차원들과 내용

특성차원	특성내용
외향성-내향성	수다스러운-조용한 활동적인-은둔하는 활발한-수줍은
신경증-안정성	걱정 많은-침착한 감정적인-비감정적인 불안정한-안정된
경험 개방성-경험 폐쇄성	독창적인-관습적인 독립적인-동조적인 예술적인-비예술적인
우호성-적대성	선량한-성마른 잘 돕는-비협조적인 관대한-비판적인
성실성-방종성	신중한-경솔한 부지런한-나태한 유식한-무식한

* 자료: 권석만 외, 『심리학개론』(서울: 박영사, 2000), p.250

---

104) Eysenck, H. J., A Model for Personality(Berlin, Federal Republic of Germany: Springer-Verlag, 1981)

(1) 프로이트(S. Freud)의 정신분석학

프로이트의 정신분석은 특히 인간의 무의식적 동기나 소망, 갈등을 다루기 때문에 심층심리학이라고도 하며, 인간의 심리적인 과정과 그 움직임을 다루기 때문에 역동 심리학이라고도 한다. 프로이트의 이론을 정리하면 다음과 같다.[107]

첫째, 프로이트는 인간의 정신 체계를 무의식과 전의식, 의식이라는 가설적인 삼층 구조로 분석하고, 그 중에서 인간을 지배하는 주된 의식 수준을 무의식이라고 보았다. 프로이트는 무의식 이외에도 조금만 노력하면 각성 수준으로 끌어올릴 수 있는 전의식, 항상 각성 수준에 있는 지각, 감각, 언어, 감정표현 등과 같은 의식수준으로 구분하고, 이들을 전체적으로 빙산에 비유하였다. 보는 바와 같이 의식은 빙산의 일각이며, 무의식은 수면 아래 잠겨 있는 빙산의 대부분이라고 보았다. 프로이트는 말년에 무의식적 동기 중에서 선천적인 것 이외에도 후천적으로 형성되는 것도 있음을 인정하였는데, 그것이 성격구조이다. 성격은 본능적인 원초아, 혹은 원본능(id, 이기적인 性的 공격력), 현실과의 접촉에 의하여 결정되는 자아(ego, 현실 중시), 사회적 규범이 관습에 의하여 내면화되어 행동을 규제하는 양심인 초자아(super ego, 이타적이고 도덕적인 양심)로 구성된다.

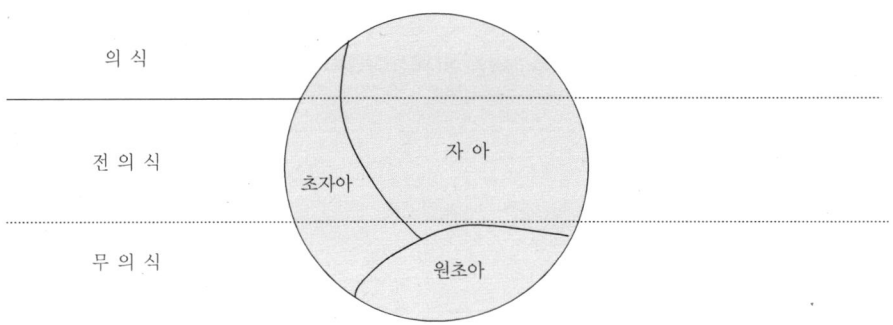

* 자료: 오세진 외, 『심리학개론』(서울: 학지사, 1995)

〈그림 11〉 성격구조와 의식수준

105) 김혜숙 외, 전게서, p.85.
106) 프로이트(Sigmund Freud, 1856~1939)는 오스트리아 정신과 의사이자 정신분석학의 창시자이다. 많은 임상 관찰을 통하여 무의식의 존재를 연구하였다. 이후에는 꿈·착각·해학과 같은 정상 심리에도 연구를 확대하여 심층심리학을 확립하였고 1905년엔 소아성욕론을 주장하였다. 그 이후 이론체계 정립에 주력하여 인간의 인격구조를 '원초아'(id), '자아'(ego), '초자아'(superego)의 셋으로 나누고 성충동인 리비도(libido)가 억압되어 잠재의식을 형성한다고 하였다. 저서로 『꿈의 해석』, 『성(性)이론에 관한 세 가지 평론』, 『정신분석입문』, 『자아와 이드』 등이 있다(김판석 외, 전게서, p.102).
107) 김판석 외, 전게서, pp.102-105.

둘째, 프로이트는 인간에게도 에너지의 모양과 형태는 변하지만 그 총량은 변하지 않는 에너지 보존의 법칙이 적용된다고 주장하면서 인간에게 있는 그런 에너지를 심리성욕적 에너지(psychosexual energy), 즉 리비도(libido)라고 불렀다. 이 리비도가 인간의 성자에 따라 신체의 어느 부위에 집중되느냐에 따라 인간의 성격 발달이 결정되고, 그 에너지가 얼마나 원만하게 해결되느냐에 따라 성격 특성이 결정된다. 심리－성욕의 발달은 리비도가 어린 시절 입에 집중되는 구강기(oral stage), 배설물의 보유와 배설에 집중되는 항문기(anal stage), 성기와 이성의 부모에 집중되는 남근기(phallic stage) 또는 오이디푸스기(oedipus stage)[108], 리비도가 잠복하는 잠복기(latent stage), 이성과의 사랑과 성관계로 향하는 생식기(genital stage)로 구분된다.

셋째, 사회에서 더불어 살아가기 위해서는 욕구대로 살 수는 없지만, 욕구대로 하고 싶은 충동을 받는 것은 사실이다. 이러한 과정에서 심리적으로 내적 갈등을 일으키게 된다. 자아(ego)가 원초아(id)와 초자아(superego)의 요구 사이에서 내적 갈등에 대한 억제를 상실할 때에 그 결과는 불안이다. 프로이트는 자아가 방어기제로 불안에 대항하여 자아를 보호한다고 보았다. 방어기제는 다양한 방법으로 불안을 감소시키거나 방향을 바꾸지만 항상 현실을 왜곡하고 있다.[109]

사회원리에 따라 이상적이고 완전한 가치를 지향하는 초자아는 원초아에서 분화되어 나와서 원초아를 사회화시킨 것으로 우리가 가끔 양심의 가책을 느끼는 것은 원초아의 충동이 표현될 때마다 이상적인 가치를 추구하는 초자아가 죄의식을 느끼게 하기 때문이다.

(2) 이 밖의 이론

심리학자들은 오래전부터 인간의 성격이 어떻게 발달되어 가는지에 대하여 많은 관심을 보여왔다. 아지리스의(C. Argyris)의 성숙－미성숙이론, 쉬히(G. Sheehy)의 성인기 5단계론[110], 프레스터스(Robert Presthus)의 이론, 그리고 다운즈(Downs)의 이론 등이

---

108) 프로이트는 그리스 신화에 나오는 오이디푸스의 슬픈 전설을 인용하여 오이디푸스 콤플렉스라고 명명하였다. 그리스의 수도 아테네에서 아폴로 신전이 있는 델파이(Delphi)지역으로 여행하다 보면 오이디푸스의 전설이 있는 지역을 지나게 된다. 오이디푸스는 친부모가 아닌 다른 타인의 손에 자라 장성한 후에는 이웃나라를 침공하여 스핑크스의 수수께끼(아침에는 네 발로 걷고, 점심에는 두 발로 걷고, 그리고 저녁에는 세 발로 걷는 동물은 무엇인가)를 풀고, 그 곳 왕을 전사시킨 후에 왕비와 결혼하게 된다. 나중에 그 왕과 왕비가 친부모라는 사실을 알고는 고뇌 속에 비극적인 일생을 산다는 전설이다.

109) 이재창 외, 1995

110) 쉬히의 이론은 에릭슨 연구의 확대판이라고 불리며, 성인은 다섯차례의 위기를 거쳐 발전한다고 보았다. 정체성 위기(18~20세), 시행(20대), 수확(30대), 정리(40대), 재생 또는 단념의 안정기(40대 후반)의 5단계로 이루어진다.

있는데, 이 중에서 프레스터스와 다운즈를 중심으로 살펴본다.

프레스터스(Presthus)는 대규모 관료조직에서 근무하는 직원들의 성격 유형에 관한 연구에서 사람이란 사회적 산물로서 그의 가치관과 행태는 특정 사회의 지배적인 가치체계에 의하여 주로 결정된다고 말한다. 그리고 대규모 조직은 사회체제의 축소판이라는 것을 전제하고 대규모 조직에 참여하는 사람들의 성격형을 상승형(upward mobiles), 무관심형(indifferents), 모호형(ambivalents)의 세 가지로 분류할 수 있다.

첫째, 상승형(upward mobiles)은 권위, 지위 및 집단 등이 부과하는 자극에 적극적으로 순응하여 조직의 규범을 준수하고 개인의 영달을 도모하는 성격형이다. 조직의 목적에 승복하고 조직의 정당성과 합리성에 대해 의심을 품지 않는다. 권력지향적이며 권위와 지위에 대해 민감한 반응을 보인다. 조직과 자기의 직무를 개인적 영전의 수단으로 생각하는 경우가 많으며 힘과 지배, 능률, 자기규제 등에 바탕을 두고 안전운행을 하려 한다. 자신감을 과시하려 한다. 흔히 조직의 최상계층까지 진출하게 된다. 이는 대규모 관료조직에서 잘 순응하는 유형이기 때문에 관료형이라고 할 수 있다.

둘째, 무관심형(indifferents)은 권위, 지위, 집단 등이 부과하는 자극에 대해 냉담하며 조직으로부터 심리적으로 소외되어 있으나 조직생활에 그럭저럭 어울리는 성격형이다. 조직구성원의 대다수는 무관심형에 해당한다. 무관심형은 조직을 좌절감을 안겨주는 장치라고 생각하며 조직의 규범이나 요청으로부터 소외된 입장을 취하지만 무사안일하게 어울림으로써 직업적 안정성을 향유하려 한다. 직무수행은 조직 외적 생황에서 누릴 수 있는 만족을 사기 위한 수단이라고 생각한다. 조직 내에서 권위와 지위, 신망 보수 등을 개선하려는 야망을 갖지 않는다. 야망이 없고 기대가 현실적이기 때문에 특별한 갈등 없이 조직생활에 순응한다. 셋째, 모호형(ambivalents)은 조직이 제공하는 성공과 권력 획득의 기회를 거부하지도 못하고 그것을 얻는 데 필요한 역할을 제대로 수행하지도 못하기 때문에 심한 갈등을 경험하고 있는 성격형이다. 대규모조직 내에서 모호형은 비극적 존재라고 할 수 있다. 모호형은 다른 사람들로부터 인정을 받으려는 욕망이 강하기 때문에 성공을 갈망하고 독창적인 생각을 실천하고자 하나 조직 내의 지배적인 가치와 규범에 적응하지 못한다. 내성적이고 지식과 기술에 집착하고 대개 전문가적 역할을 맡는다. 독립심이 강하고 창의적이며 합리적 기준을 존중하고 전통적 권위를 배격한다. 조직은 질서와 일관성을 유지하기 위해 구성원들의 행동을 규제하게 되는데 이것은 개인주의적이고 창의성과 자율성을 추구하는 모호형의 성향에 맞지 않기 때문에 갈등과 긴장을 조성한다. 조직 내의 지배적인 가치 체계에 저항하지만 그것을 극복하지 못하기 때문에 항상 갈등을 느낀다.

다음으로 다운즈(Downs)는 정부관료제 내의 관료들을 욕구(달성하려는 목적)의 유형에 따라 다섯 가지로 분류하였다. 첫째, 등반형(climbers)은 자신의 권력, 수입 그리고 신망을 가장 중요시하고 이를 신장시키기 위해 승진, 전출을 꾀하거나 현 직위의 권한과 수입 및 신망을 확대시키려 한다. 둘째, 보전형(conservers)은 편의와 안전을 가장 중요시한다. 등반형과는 달리 권력, 수입 및 신망을 극대화하려 하지 않고 이미 가지고 있는 권력, 수입 및 신망을 보전하려고만 한다. 셋째, 열중형(zealots)은 비교적 범위가 한정된 정책이나 사업의 성취에 집착하는 성격형이다. 열중형은 자기가 집착하는 정책을 성스러운 정책으로 보게 된다. 이들은 사업추진에 영향을 미치기 위함과 동시에 권력 그 자체가 좋아서 권력을 추구한다. 가장 낙천적이며 대단히 정력적이고 공격적이다. 넷째, 창도형(advocates)은 열중형이 추구하려는 것보다는 넓은 기능 또는 조직 전체에 충성을 바치려 한다. 창도형도 그들이 집착하는 기능 또는 조직에 관련된 정책에 영향을 미치기 위해 권력을 추구한다. 대체로 낙천적이고 정력적이지만 외향적이어서 고립적 투쟁은 하지 않는다. 다섯째, 경세가형(statesmen)은 사회 전체에 충성을 바치려 한다. 이들의 이타성은 매우 높은 수준의 것이다. 왜냐하면 공공복리라고 생각하는 바를 추구해 가려 하기 때문이다. 이들은 국가정책에 현저한 영향을 미치는 데 필요한 권력을 얻으려 한다. 이들의 정력 수준은 매우 다양하다.

한편 이들 외에도 인간과 조직행태에 영향을 주는 주요 성격유형을 추가적으로 정리하며 보면 다음과 같다.

첫째, 권위주의적(authoritarian) 성격을 들 수 있다. 이러한 사람들은 권력에 대해 지나친 관심을 가지며, 특정한 사람은 타인에 비해서 우월하기 때문에 이들이 타인들을 이끌어야 한다고 믿는다.

둘째, 관료적(bureaucratic) 성격이 있다. 이 성격을 가진 사람은 복종, 규율에의 순응과 공식적 관계를 지나치게 중요시하며, 규칙, 절차, 규제를 갖는 조직을 선호한다.

셋째, 마키아벨리즘(machiavellianism)[111]을 들 수 있는데, 이 성향을 가진 사람은 자

---

111) 마키아벨리(N. Machiavelli)는 16세기 이탈리아의 철학자로서 『군주론(The Prince)』에서 권력의 획득 및 유지와 관련된 일반적인 전략을 기술하고 있다. 예를 들어 그가 세운 원리 중에는 '겸손은 쓸모도 없을 뿐더러 오히려 해가 된다.' '사랑 받기보다는 두려움의 대상이 되는 것이 낫다.' '군주는 인기없는 조치를 시행할 때는 하부로 위임하고, 은전을 베풀 기회는 자기가 가져야 한다'등이 있다.

존과 자부심이 강하고 자신의 이익만을 위해 행동한다. 또 타산적이며, 권모술수에 능하다는 특징이 있다.

넷째, A형과 B형 행동차원(tape A & tape B)으로 구분하여 연구하는 성격유형도 있다. 이는 본래 개인의 건강과 관련하여 의학계에서 연구하다가 조직 행태 연구에 적용되기 시작하였다. A형 성격은 급하고 경쟁지향적이며, 성취욕구가 강한 반면, B형 성격은 상황에 과도하게 반응하거나 경쟁적이거나 공격적인 행동을 잘 취하지 않으며 안이한(easy-going) 성격을 지칭한다.[112]

다섯째, 통제의 위치가 어디에 있느냐고 믿는 정도에 따라 내재론자(internalizers)와 외재론자(externalizers)로 유형화하기도 한다. 내재론자는 자신의 운명을 스스로 통제할 수 있다고 믿는 능동적 성격이고, 이들은 통제의 위치가 자기 자신에게 있다고 믿고 있다. 외재론자는 자신의 삶이 외부의 요소에 의해서 결정된다고 믿는다. 자기는 운명의 예속자라고 생각하며, 자기의 운명과 삶의 결과는 외부의 여러 가지 요인에 의하여 결정되고 자기 자신은 아무런 힘이나 영향력이 있다고 믿으며 통제의 위치가 외부에 있다고 믿는 운명론적이고 체념주의적 사람이다.

---

112) Ragland, David R & Brand, Richard J., Tape A Behavior and Mortality from Coronary Heart Disease, *The New England Journal of Medicine*, January: 65-69

MBTI의 16가지 성격유형

 유 연 형

ISTJ

책임감 있는 사람 내성적·감각적·판단적 성격의 소유자

이 타입은 진지하고 책임감이 있으며 사회적인 문제에 민감하다. 또한 실용적이고 현실적이며 집중력이 뛰어나다. 매사에 빈틈이 없고 솜씨가 좋다. 무슨 일이든 질서 있고 믿을 만하게 처리하는 성실파다. 이 성격에 맞는 직업은 기술적인 성격의 일로 주의력과 논리력이 필요한 생산직이나 서비스 관련직이다. 독립적으로 많은 시간을 혼자 일할 수 있고 과제를 완성하는 데 집중력이 필요한 부문의 일이 적합하다.

회계감사원, 구매관리자, 최고정보책임자, 예산분석가, 엔지니어, 컴퓨터프로그래머, 지질학자, 의학자

IST

현실적인 사람 내성적·감각적·사고적·직감적 성격의 소유자

이 스타일은 현실적이며 대화보다 행동을 좋아한다. 분석적이고 호기심이 많아 관찰력이 예리하다. 현실주의자이기 때문에 적절한 시기에 필요한 자원을 잘 이용한다. 이들에게 부합되는 일은 기계적인 기술이나 도구를 능숙하게 사용해야 하는 것 등이다. 재미있고 활동적이며 근무지를 벗어나 외근할 기회가 자주 있어 독립적인 분야가 잘 어울린다.

증권분석가, 경영컨설턴트, 전자공학자, 소프트웨어개발자, 해양생물학자, 조달책임자

ISF

헌신적인 사람 내성적·감각적·감성적·판단적 성격의 소유자

이 성격은 충성심이 있고 헌신적이며 다정다감하다 자신들을 필요로 하는 상황을 좋아한다. 강한 직업윤리관을 갖고 있기 때문에 그들의 행동이 도움이 될 것으로 판단되면 주저 없이 과제를 떠맡는다. 적합한 일의 유형은 관찰력과 정확성이 요구되는 일로 드러나지 않는 곳에서 일을 해서 열정을 표현할 수 있고 헌신의 흔적이 남는 분야다.

인사관리자, 컴퓨터오퍼레이터, 신용컨설턴트, 소매점 소유주, 부동산중개인, 예술가, 인테리어장식가, 상품기획가

ISF

부드럽고 자상한 사람 내성적·감각적·감성적·직감적 성격의 소유자

이 성격은 부드럽고 자상하며 자신의 이상과 가치를 실현시키려고 애쓰는 감수성 있는 사람들이다. 말로서가 아니라 행동을 통해 그들의 열정을 표현한다. 인내심과 융통성이 있고 다른 사람과 잘 지내며 타인을 통제하려고 들지도 않는다. 이 성격에는 다른 사람에게 도움을 주는 섬세한 직업이 어울린다. 독립적이지만 다른 능력 있는 과다한 규칙이나 일정에 구애받지 않는 일이 좋다.

상품기획가, 조사분석가, 해양생물학자, 요리사, 인테리어/조경디자이너, 행사경영자

완 벽 형

INFJ

아이디어가 풍부한 사람 내성적·직관적·감성적·판단적 성격의 소유자

이 성격의 소유자는 아이디어에 묻혀 산다. 독립적이고 사색가이고 다감하고 원칙적이고 자아가 강하다. 회의적인 상황에서도 스스로의 생각을 믿는다. 현실에 대해 깊은 통찰력도 갖고 있다. 이 타입에는 창조적인 처리방식이 요구되고 다른 사람의 성장에 도움이 되는 일이 적성에 맞는다. 제품이나 서비스를 개발하는 일에서 자부심을 느낄 수 있고 본인의 가치관과도 조화를 이룬다.

직업상담사, 마케팅담당자, 기업내교육담당자, 편집자/디자이너(잡지), 통역사, 사회과학자

INF

이상주의자 내성적·직관적·감성적·직감적 성격의 소유자

이 성격의 소유자는 무엇보다 내적인 조화에 관심을 둔다. 민감하고 이상주의적이며 충성심이 있다. 좀처럼 감정표현을 강하게 하지 않고 조용하고 과묵하다. 그러나 일단 친해지면 따뜻하고 열정적으로 대한다. 이들에게는 내면의 가치와 조화를 이루고 비전을 표현할 수 있는 일이 적합하다. 융통성 있게 추진할 수 있고 독창성을 발휘할 수 있는 일도 좋아한다.

팀조직컨설턴트, 편집자, 디자인전문가, 언론인, 번역/통역사, 건축가, 연예인

INTJ

완벽주의자 내성적·직관적·사고적·판단적 성격의 소유자

이 유형은 완벽주의자로 자율에 대한 욕구와 자신의 능력에 대한 믿음이 강하다. 논리적이고 비판적이어서 자신과 타인에 대해 요구사항이 많다. 여러 성격유형 중에서도 가장 독립적이며 독단적으로 일을 처리하기를 좋아한다. 권위에 굴복하지 않지만 그들의 큰 목적에 부합된다고 생각되면 규칙을 수용한다. 창조적이고 혁신적인 일이 이들에게 적합한 종류의 일이다. 전문기술 기능 능력을 소지한 양심적이고 존경스러운 사람과 함께 일하기를 좋아한다.

경제학자, 국제금융인, 디자인전문가, 기업문제분석가, 정보시스템개발자, 네트워크통합전문가

INTP

문제해결사 내성적·직관적·사고적·직감적 성격의 소유자

이 유형은 이론적인 문제해결사다. 강한 지적 성격의 소유자이며 창조성이 번뜩인다. 외면적으로는 조용하고 초연하지만 내적으로는 문제분석에 몰두한다. 매사에 비판적이며 매우 독립적이기도 하다. 아이디어 개발분야나 창조적인 과정이 중요시되는 일, 그리고 독특하고 모험적인 접근방식이 요구되는 분야가 이들에게 적합하다.

시스템분석가, 전략기획가, 재무기획가, 기업재무담당변호사

 유 연 형

ESTP

걱정 없는 사람 외향적·감각적·사고적·직감적 성격의 소유자

이 성격의 사람은 걱정을 하지 않는다. 항상 행복하고 활동적이며 느긋하다. 또한 매우 즉흥적이어서 미래를 계획하기보다 현재를 즐긴다. 사물을 있는 그대로 받아들이기 때문에 마음이 열려 있고 상황을 잘 인내한다.

이들은 다른 사람과 많이 관계되고 모험과 재미가 넘치는 새로운 기회를 찾을 수 있는 일. 그리고 다른 사람의 기준보다는 자기 방식대로 처리할 수 있는 분야의 일이 어울린다.

경영컨설턴트, 재무기획자, 주식중개인, 예산분석가, 네트워크통합전문가, 기술자, 뉴스리포터, 토목/산업

ESTJ

일을 좋아하는 사람 외향적·감각적·사고적·판단적 성격의 소유자

복잡한 일처리에 능숙하고 때문에 일을 벌이는 것을 좋아하는 유형이다. 책임감 있고 양심적이며 과제에 충실하다. 체계적으로 세부적인 일을 계획하는 능력이 있고 효율적으로 목표를 달성한다. 이들에게는 사람을 조직화하고 시간과 지원을 효율적으로 이용하며 문제를 체계적으로 해결하는 일이 적합하다. 과제를 수행하는 동안 숙련된 기술을 사용하고 정해진 표준에 근거해 평가받는 분야의 일에서 만족을 느낀다.

은행가, 테이터베이스관리자, 경영컨설턴트, 컴퓨터시스템분석가, 보험대리인, 공장감독

ESFP

놀이를 즐기는 사람 외향적·감각적·감성적·직감적 성격의 소유자

이 성격은 놀기 좋아하고 활발하며 스스로의 즐거움이 타인의 즐거움이 되게 하는 타입이다. 어떤 환경에도 적응을 잘하고 동시에 여러 클럽에 가입하여 열성적으로 활동한다. 타인에게 자신의 생각을 강요하지 않는다.

이들은 고객과 직접 대하는 일을 즐기면 한꺼번에 여러 개의 프로젝트나 활동을 다루는 직업, 특히 미적인 감각이 필요한 분야가 어울린다.

홍보전문가, 노사관계중재인, 상품기획자, 관광오퍼레이터, 연예인, 사회사업가, 보험대리인/중개인

ESFJ

타인을 돕는 사람 외향적·감각적·감성적·판단적 성격의 소유자

이 성격의 소유자는 타인에게 도움을 주기를 좋아한다. 사람과의 관계에 많은 중요성을 부여하기 때문에 사람들에게 인기가 있고 타인을 즐겁게 해주기를 좋아한다. 양심적이고 결단력이 있으며 보통 자신의 의견을 강하게 제시하는 편이다. 이들은 타인과 교류가 많고 의사결정에 핵심적인 역할을 할 수 있으며 과업에 대한 기대가 분명한 분야의 일에서 만족을 느낀다. 정해진 기준에 의해 평가되는 종류의 일이 적합하다.

소매상, 인사컨설턴트, 부동산중개인, 마케팅관리자, 텔레마케터, 경리원, 번역/통역사

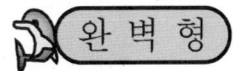 완 벽 형

ENFP

즉흥적인 사람 외향적 · 직관적 · 감성적 · 직감적 성격의 소유자

이들은 정열과 새로운 아이디어로 가득 차 있다. 낙천적이고 즉흥적이며 창조적이고 자신감이 넘친다. 어떤 상황에서도 가능성을 잘 포착한다. 영감을 중시하며 때때로 규범에 얽매이지 않고 새로운 방식으로 문제를 해결하기를 좋아한다. 다양한 프로젝트에 대해 다양한 그룹의 사람과 함께 일하면서 만족을 느끼며 짜인 방법보다는 자신의 방법대로 일을 한다.

인적자원관리자, 마케팅관리자, 광고평가책임자, 정치평론가, 뉴스해설가, 개발감독

ENFJ

대인관계를 즐기는 사람 외향적 · 직관적 · 감성적 · 판단적 성격의 소유자

사람을 무척 좋아하는 유형으로 스스로에 대해서 비판적이면서도 타인에 대해서는 그 사람의 감정을 소중하게 생각하기 때문에 결코 비판적이지 않다. 옳고 그른 것에 대해 정확하게 인식하고 사회에 잘 적응한다. 이들에게 적합한 분야는 따뜻한 대인관계를 유지하며 창조적인 사람으로 이루어진 팀의 일원으로 일할 수 있는 분야다. 다양하면서도 질서 있는 일이 어울린다.

판매관리자, 소기업경영자, 프로그램설계사, 광고평가책임자, 홍보전문가, 작가/언론인

ENT

호기심이 많은 사람 외향적 · 직관적 · 사고적 · 직감적 성격의 소유자

이 유형의 사람은 자극적인 일을 좋아한다. 말이 많은 편이고 영리하다. 많은 분야에 능숙하며 끊임없이 노력하여 스스로 실력을 증진시킨다. 이들은 타고난 기업가다. 호기심이 많고 적응력이 뛰어나며 재주가 많다. 이들의 직업적 만족은 창조적인 문제해결에 전념하는 데서 온다. 논리적인 절차를 밟고 표준대로 일한다. 다른 능력 있는 사람과 자주 교류해서 스스로의 힘을 기를 수 있는 일이 적합하다.

투자중개인, 산업디자인관리자, 투자은행가, 광고제작책임자, 국제마케팅담당자

ENTJ

지도력이 탁월한 사람 외향적 · 직관적 · 사고적 · 판단적 성격의 소유자

이 유형은 지도자로서 적격이며 결정을 잘 내린다. 모든 사물에서 가능성을 쉽게 찾아내고 타인에게 명령하는 것을 좋아한다. 재주가 많은 사색가이며 장기적인 계획을 세우는 데 뛰어나다. 하는 모든 일에 경쟁력을 갖게 하기 위해 결정을 잘 포착하고 문제를 개선하는 방법을 바로 알아낸다. 이들에게 적합한 일은 조직을 통제하고 완벽한 관리체계 하에서 계획적이고 효율적인 방법으로 목표에 도달하는 일이다.

시스템분석가, 전략기획자, 재무기획자, 기업재무담당변호사

MBTI(Myers-Briggs Type Indicator) 질문지

제1부

자신에게 자연스럽고 습관처럼 편안하게 느껴지고 자주 행동하는 경향과 가깝다고 생각되는 것을 선택하여 답안지에 표시하십시오.

1. 나는 대개
   A. 누구와도 잘 사귄다.   B. 조용하고 수줍어하는 편이다.

2. 내가 선생이라면 가르치고 싶은 과목은
   A. 사실을 강조하는 과목이다.   B. 이론이 들어있는 과목이다.

3. 내가 따르는 것은
   A. 나의 머리보다는 나의 마음이다.   B. 나의 마음보다는 나의 머리이다.

4. 하루 동안 어딘가 갈 때 나는
   A. 언제나 무엇을 하기를 계획하고 떠난다. B. 그냥 떠난다.

5. 여러 사람과 같이 있을 때
   A. 나는 섞여 대화한다.   B. 한 번에 한 사람과 대화한다.

6. 내가 더 잘 지내는 사람은 대개
   A. 상상력이 풍부한 사람들이다.   B. 현실적인 사람들이다.

7. 내게 더 좋은 칭찬은 나를
   A. 감정이 풍부한 사람이라고 할 때이다.
   B. 분별 있는 사람이라고 할 때이다.

8. 내가 좋아하는 것은
   A. 만날 약속이나 모임 등을 미리 짜는 것이다.
   B. 재미있게 보이는 것을 그때그때 자유스럽게 하는 것이다.

9. 여러 사람이 같이 있을 때 나는
   A. 사람들을 더 소개하는 편이다.   B. 사람들에게 더 소개되는 편이다.

10. 나는 스스로를
    A. 실제적인 사람이라고 생각한다.   B. 창의적인 사람이라고 생각한다.

11. 내가 더 중요하게 여기는 것은
    A. 논리보다 감정이다.   B. 감정보다 논리이다.

12. 내가 더 잘하는 것은
    A. 예기치 않은 일을 처리하고 할 일을 빨리 알아내는 것이다.

B. 신중히 계획한 일을 따르는 것이다.

13. A. 나는 소수의 사람들과 깊은 우정을 나누는 편이다.

    B. 나는 많은 사람들과 폭 넓게 사귀는 편이다.

14 내가 더 존경하는 사람들은

    A. 남에 눈에 띄지 않는 평범한 사람들이다.

    B. 독창적이고 개성이 강해서 남의 이목을 관개치 않는 사람들이다.」

15. 더 나쁜 결점이라고 생각하는 것은

    A. 몰인정한 것이다.   B. 이성을 따르지 않는 것이다.

16. 시간표대로 따르는 것은

    A. 마음에 든다.   B. 나를 속박한다.

17. 내 친구들 중에서 나는

    A. 모든 일을 나중에 알게 되는 한 사람이다.

    B. 모든 소식을 다 알고 있다.

18. 내가 친구를 사귀고 싶은 사람은

    A. 항상 새로운 아이디어를 내는 사람이다.

    B. 현실적인 사람이다.

19. A. 나는 언제나 친절한 사람 밑에서 일하고 싶다.

    B. 나는 언제나 공평한 사람 밑에서 일하고 싶다.

20. 주말에 꼭 해야 할 일들을 짜보는 것은

    A. 흥미를 끈다.   B. 흥미 없다.   C 우울하게 만든다.

21. A. 나는 해야 할 말은 거의 누구에게나 쉽게 이야기한다.

    B. 나는 특정한 사람이나 특정한 환경에서만 말을 많이 한다.

22. 가벼운 독서를 할 때 나는

    A. 색다르거나 독창적인 표현을 즐긴다.

    B. 의미하는 바를 정확히 표현하는 작가를 좋아한다.

23. 더 나쁜 결점이란 내가 생각하기에

    A. 온정을 너무 나타내는 것이다.   B. 온정이 충분치 못한 것이다.

(이 답은 두 개를 골라도 됩니다.)

24. 일상생활에서 나는

    A. 시간과 다투면서 일하는 비상사태를 즐기는 편이다.

    B. 몰려서 일하는 것을 싫어한다.

    C. 몰려서 일하지 않도록 늘 계획한다.

25. 처음 만난 사람들은 내가 좋아하는 것을
    A. 금방 말할 수 있다.　　　　B. 나를 잘 알게 된 후에야 잘 말할 수 있다.
26. 많은 사람들이 하는 일에 있어서 내게 더 마음에 드는 것은
    A. 기존 방식대로 하는 것이다.
    B. 내 나름대로의 방식을 고안하는 것이다.
27. 내가 더 조심하는 것은 사람들의
    A. 감정이다.　　　　　　　　　B. 권리이다.
28. 어떤 특정한 일을 할 때 나는
    A. 시작 전에 그 일을 면밀히 계획한다.　B. 일을 해 가면서 필요한 것을 찾는다.

제2부

두 개의 낱말이 있는 문항에서는 자신에게 더 가깝다고 생각되는 말을 선택하여 답
안지에 표시하십시오.

29. 나는 대개 내 감정을
    A. 자유롭게 표현한다.　　　　B. 혼자 간직한다.
30. 생활양식에 있어서 내가 좋아하는 것은
    A. 독창적인 것이다.　　　　　B. 전통적인 것이다.
31. A. 점잖다.　　　　　　　　　B. 과단성 있다.
32. 일정시간에 일정한 일을 하도록 잘 정해져 있을 때 나는
    A. 그대로 따르는 것은 유쾌하다.　B. 계획에 메이는 것은 좀 불쾌하다.
33. 나는 다른 사람보다 일에 관하여
    A. 더 열정적이라고 생각한다.　B. 더 흥분된다고 생각한다.
34. 다른 사람에게 칭찬이 되는 것은 그가
    A. 상상력이 있다고 말하는 것이다.　B. 상식이 있다고 말하는 것이다.
35. A. 생각　　　　　　　　　　　B. 감정
36. 나는 막바지에 가서 일하는 것을
    A. 좋아한다.　　　　　　　　B. 어렵고 신경질 난다.
37. 사교 모임에서, 나는
    A. 때때로 지루함을 느낀다.　B. 항상 즐겁게 지낸다.
38. 내가 더 풍요하게 생각하는 능력은
    A. 상황에서 가능성을 보는 것이다.　B. 사실에 적응하는 것이다.
39. A. 설득력 있다.　　　　　　　B. 감동시키다.

40. 매일 정해진 일을 갖는 것은
    A. 일을 하기에 편한 방법이다.　　　　　　B. 필요한 때에도 고통스럽다.

41. 새로운 유행이 시작할 때, 나는 대체로
    A. 먼저 시도해보는 사람들 중의 한 사람이다.
    B. 별로 관심이 없다.

42. 일을 처리하는데 있어서, 나는
    A. 잘 확립된 방법을 따르겠다.
    B. 잘못된 부분을 분석하고 해결되지 않은 문제를 풀려고 하겠다.

43. A. 분석하다.　　　　　　　　　　　　　B. 동정하다.

44. 적은 일을 하거나 사소한 것을 살 때, 나는 그것을
    A. 상당 동안 자주 잊는다.　　　　　　　B. 잊지 않도록 늘 메모한다.
    C. 메모 없이도 언제나 챙긴다.

45. 나는 남들에게
    A. 쉽게 알려진다.　　　　　　　　　　　B. 쉽사리 알려지지 않는다.

46. A. 사실　　　　　　　　　　　　　　　　B. 이념

47. A. 정의　　　　　　　　　　　　　　　　B. 자비

48. 내가 적응하기에 힘든 것은
    A. 틀에 박힌 절차다.　　　　　　　　　　B. 끊임없는 변화다.

49. 당황스런 경우에 처할 때, 나는
    A. 화제를 바꾼다.　　　　　　　　　　　B. 농담으로 돌린다.
    C. 며칠 후에 그때 말했어야 했었던 것을 회상해 본다.

50. A. 연민　　　　　　　　　　　　　　　　B. 통찰

51. A. 진술　　　　　　　　　　　　　　　　B. 개념

52. 일주일 내로 해야 할 일을 시작할 때, 나는
    A. 먼저 일의 목차와 순서를 정하는 데 시간을 보낸다.
    B. 곧바로 일을 시작한다.

53. 나와 친한 사람들은 나의 생각과 느낌을
    A. 거의 다 안다.　　　　　　　　　　　B. 내가 말할 경우에만 안다.

54. A. 이론　　　　　　　　　　　　　　　　B. 확실성

55. A. 이득　　　　　　　　　　　　　　　　B. 축복

56. 일을 할 때, 나는
    A. 여유 있게 끝내기 위하여 일찍 시작한다.
    B. 막바지에 최대 속력을 낸다.

57. 사교 모임에서 내가 좋아하는 것은
    A. 모임이 잘되도록 협조하는 것이다.   B. 남들이 즐기도록 하는 것이다.

58. A. 문자대로   B. 비유가 많은

59. A. 단호한   B. 헌신적인

60. 일요일 아침에 무엇을 할 예정이냐는 질문을 받으면, 나는
    A. 비교적 잘 대답할 수 있다.   B. 배나 더 많이 열거한다.
    C. 관망해야 한다.

61. A. 기운찬   B. 조용한

62. A. 상상력이 풍부한   B. 사실적

63. A. 굳은 마음   B. 따뜻한 마음

64. 하루일과 중 정해진 일을 하는 것은
    A. 편안하다.   B. 지겹다.

65. A. 말수가 적은   B. 말이 많은

66. A. 만들다   B. 창조하다

67. A. 화해자   B. 심판자

68. A. 계획적   B. 무계획적

69. A. 고요한   B. 활기에 넘친

70. A. 분별있는   B. 매료하는

71. A. 부드러운   B. 단단한

72. A. 체계적인   B. 즉흥적인

73. A. 말하다   B. (글씨를) 쓰다

74. A. 생산   B. 설계

75. A. 용서하다   B. 관대히 취급하다

76. A. 체계적   B. 자발적

77. A. 사교적   B. 고립된

78. A. 구체적   B. 추상적

79. A. 누구   B. 무엇

80. A. 충동   B. 절정

81. A. (사교상의)모임   B. 극장

82. A. 건축하다   B. 발명하다

83. A. 비판적인   B. 비판적이 아닌

84. A. 시간을 잘 지키는   B. 느릿한

85. A. 기반   B. 탑의 꼭대기

86. A. 세심한   B. 신임하는

87. A. 변화하는　　　　　　　B. 영속하는
88. A. 이론　　　　　　　　　B. 경험
89. A. 합의하다　　　　　　　B. 논의하다
90. A. 정돈된　　　　　　　　B. 태평스런
91. A. 기호　　　　　　　　　B. 상징
92. A. 빠른　　　　　　　　　B. 조심스런
93. A. 받아들이다　　　　　　B. 변경하다
94. A. 이미 알려진　　　　　　B. 안 알려진

◇ 성 정형화의 폐해 ◇

1. 남성

1) 일곱 가지 남성 콤플렉스

성 고정관념은 여성들에게만 불리한 결과를 가져오는 것은 아닌 듯하다. 여성과 마찬가지로 남성들도 정형화된 성 역할 속에서 어려움을 겪는다는 사실에 주의를 기울여야 한다는 인식이 최근 일고 있다.

한 예로, 여성을 위한 모임(1994)에서는 서울 및 도시를 중심으로 한 설문조사를 통하여 '남성다움의 덫'에 빠져 있는 남성들이 경험하고 있는 심리적 어려움을 조사하였는데, 그들의 결과를 토대로 다음과 같은 남성들의 대표적인 심리적 어려움이 소개되었다.

(1) 사내대장부 콤플렉스

남성은 대부분 대대로 유산처럼 물려받은 지배와 권위에 대한 환상으로 사내대장부가 되어야 한다는 강박감을 갖고 있으며, 다른 사람의 눈에 비치는 자신을 의식하면서 주변 사람들로부터 "역시 사나이야"라는 칭찬을 받고 싶어 한다. 타인보다 우월해야 한다는 강박 관념에 성공한 남자, 믿음직한 남자, 대범한 남자라는 인상을 심어주기 위해 자신의 욕망과 개성을 희생하거나 지나치게 과장하면서까지 턱없는 우월감을 갖거나 한없는 열등의식을 갖는데, 이를 사내대장부 콤플렉스라 부른다.

(2) 온달 콤플렉스

온달형 남성상은 여성의 능력이나 물질에 의존해서 살아가려거나 출세하려 한다는 점에서 기존의 사내대장부 남성상과 모순된다. 자의건 타의건 처가나 아내 덕을 보고자 하는 남성의 의존 심리가 온달 콤플렉스이다. 단순히 의존심뿐만 아니라 스스로 자신 정도면 능력 있고 복 많은 아내를 만나 출세할 수 있다는 우월감에 젖어들다가도 때로는 여성을 통해 성공을 꿈꾸는 자신이 사내대장부답지 못하다는 열등감이 생기기도 한다. 온달 장군처럼 아내 덕에 성공하기를 원하는 반면 남자답지 못한 바보 온달이라는 말을 들을까 봐 갈등하는 동안 온달 콤플렉스는 점점 깊어진다.

(3) 성 콤플렉스

남성과 여성에게 부과된 남성다움과 여성다움의 특성은 성관계에서도 그대로 적용되어 남성의 성은 적극적이고 공격적이고 능동적이지만, 여성의 성은 소극적이고 순종적이고 방어적이므로 남성이 성행위의 주도권을 갖고 이끌어야 한다고 여긴다. 성 콤플렉스는 그릇된 성규범과 성문화를 받아들여 성을 통해 남성다움을 과시하고 성적 욕구와 능력에 집착하는 심리, 혹은 자신의 성적 능력이 그러한 기준에 미치지 못하므로 위축되고 갈등하는 심리를 말한다.

(4) 지적 콤플렉스

남성은 지적이며 분석력이나 창의력이 여성보다 뛰어나다고 알려져 왔다. 현대에 와서 이러한 주장에는 많이 변화가 있어왔지만, 아직도 대부분의 지적 영역에서 남성은 자연스럽고 당연하게 우월한 위치를 지키고 있다. 남성은 여전히 여성보다 더 많은 지식을 지니며 여자가 감정적인 데 비해 남자는 지성적이라는 통념 또한 절대적이다. 이러한 가운데 집안에서 남편은 아내보다 더 놓은 학식과 더 많은 새로운 정보를 가진 사람이어야 한다. 직장이나 사회기관을 대표하고 고도의 기술이 필요한 직종이나 존경받는 자리를 주인처럼 차지한 사람은 언제나 남성이다. 그뿐 아니라 인류의 역사 가운데 거대한 문명을 창조하고 훌륭한 사상을 전해 준 이도 남성이라는 믿음은 아직도 변함이 없다. 이렇게 '지적인 남자가 남자답다'라는 명제는 남성에게 영원한 매력이자 숙제이고, 이들에게 지적 콤플렉스의 상태에 빠지게 한다.

(5) 외모 콤플렉스

남성에게도 외모 콤플렉스가 있을까? 외모에 대한 관심은 여성의 전유물이 아닐까? 우리는 흔히 남성과 외모는 별 상관이 없는 것으로 생각하며, '치장하는 남성'은 언제나 꼴불견 남성의 순위에 올라가는 명목이기도 하다. 그러나 모든 것이 상품화되는 현대 사회에서 남성도 예외일 수는 없으며, 그와 함께 수수하고 털털한 남성이 남성답게 여겨지던 시대는 지났다. 성공하는 비즈니스맨의 조건으로 적극성, 자신감, 육체적 엘리트를 꼽으며, 대통령 후보들의 외모 가꾸기 역시 낯설지 않은 일이 되었다. 이른바 영상 세대에게 외모는 능력을 나타내는 또 하나의 조건이 되고 있는 것이다. 이러한 가운데 남성들은 여성에게만 요구되던 외모에 대한 사회적 기대에 부흥하기 위해 많은 에너지를 쏟아야 하는 외모 콤플렉스를 느끼게 되는 것이다.

(6) 장남 콤플렉스

형제 가운데 맨 먼저 태어난 맏아들은 부계 가족의 계승자일 뿐 아니라 가부장제 사회가 지속되는 원동력이라는 점에서 그 의미가 크다. 그래서 장남인가 아닌가는 연애나 결혼을 할 때 상대 여성이나 처가의 큰 관심거리가 되기도 한다. 그런가 하면 장남을 결혼시키는 시어머니 입장에서도 맏며느리는 좀 특별하다. 장남에 대한 특별한 관심은 때로 한없는 신뢰와 기대로 나타나기도 하고 무겁고 힘겨운 부담을 안겨 주기도 한다. 가부장적인 가족제도에서 장남은 태어나면서부터 이미 집안의 후계자이자 예비 가장이기 때문이다. 가족에 매이지 않고 자신의 자질과 욕구대로 자율적인 삶을 찾아 나서든, 가족에 둘러싸여 힘겨운 장남 노릇을 하든, 장남은 '모든 면에서 장남 노릇을 잘해야 한다'거나 '장남 노릇을 잘 못한다'는 장남 콤플렉스에 빠지기 쉽다.

(7) 만능인 콤플렉스

오늘날 많은 여성이 이상적인 배우자로 넉넉한 수입이 보장된 부양자이자, 낭만적인 사랑을 나누는 친구이며, 함께 아이를 돌보고 종종 온 가족과 함께 여행이나 쇼핑을 즐기는 남성을 꼽는다. 또 여성들은 아내의 취미나 기호를 이해하고, 돈이 필요할 때는 언제든 척척 해결해 줄 수 있는 남자를 원한다. 이는 '진짜 남자라면 무엇이든지 잘할 수 있다'는 만능인에 대한 환상으로 이어져 되살아나고 있다. 남자는 대부분 세상에 나아가 능력을 발휘하여 자신의 이상을 실현하려는 뜻을 품는다. 직장에서, 가정에서, 술자리에서, 심지어 취미활동까지 어느 자리에서든 자신의 능력을 한껏 발휘하여 원숙하고 유능한 인물로 성공하고자 한다. 만능인은 현대 사회의 남성이 바라는 이상적인 남성상이 된 것이다. 이처럼 대다수 남성들을 사로잡고 있는 만능인에 대한 환상을 지니고 이에 갈등하는 '만능인 콤플렉스'를 갖게 된다.

2) '남자다워야 한다'는 부담

앞에서 정리한 콤플렉스 속에 담겨 있는 내용이지만 우리 사회에서의 '남성은 무엇보다도 능력이 있어야 하고 강해야 한다'는 관념은 이들을 부담스럽게 하는 요인이 된다. 즉, 우리사회에서 남성은 성공과 자신에 대해 높은 자부심이 있어야 하고, 명철하고 이성적인 판단을 할 수 있어야 하고, 직장과 가정의 모든 일을 잘해내는 슈퍼맨이어야 한다고 여겨지는 것이다.

다음은 한 설문조사를(교육부, 1999) 통해 드러난 고등학교 남학생의 불만사항이다.

"남자애가 잘못해서 매를 맞으면 울지도 못해요. 울면 왜 우느냐고 하면서 다시 때려요. 아파서 울고 싶어도 꾹 참아야 해요. 그런데 여자가 울면 화장실에 가서 씻고 오라고 해요. 남자를 강하게 만들려고 한다지만 그 이유를 모르겠어요."

3) 기대되는 성역할 변화로 인한 혼란

남성들에게 여전히 성공, 지적 능력, 독립심 등과 같은 전통적인 남성적 특성이 요구되긴 하지만, 현대사회에 들어서면서 우리 사회가 남성에게 기대하는 역할과 특성은 혼란스러울 정도로 변하고 있다. 물론 여성에게 기대되는 성역할에도 과거와 비교하면 큰 변화가 있어왔지만, 이러한 변화는 남성에게 더 커다랗게 느껴질 것이다.

신체적인 힘이나 공격성 혹은 낮은 정서성 등으로 대표되던 전통적인 남성의 역할은 더 이상 힘이 소용되지 않는 경제적 성취, 정서적 민감성 등의 현대적 역할 속에서 그 힘을 잃고 있기 때문이다(Pleck, 1981). 이런 상황 속에서 남성들은 아동기와 청년기를 통해 습득했던 전통적 성 역할과 성인기의 자신의 현실적 역할 사이에서 괴리를 발견하고, 이로 인해 성역할 긴장(gender-role strain)을 경험할 수 있다.

2. 여성

1) 일곱 가지 여성 콤플렉스

고정적인 성역할에서 여성에게 강조되는 바는 자신의 욕구를 포기 혹은 양보하고 타인(가족, 친구, 사회)을 위해 사는 것이다. 또한, 온순하고 비공격적인 여성들은 자신들의 감정을 솔직히 표현하는 기회를 갖지 못하게 된다. 여성들에게 주어진 이러한 역할들은 여성들에게 좌절감, 모호함, 자기 비하, 고립감 등의 부정적 감정을 경험하도록 이끈다.

이에 관한 구체적인 문제들에 대해 여성을 위한 모임(1992)은 그들의 책『일곱 가지 여성 콤플렉스』를 통해 아래와 같은 일곱 개의 콤플렉스를 소개한다.

(1) 착한 여자 콤플렉스

착한 여자 콤플렉스란 언제나 순종적이고 착하다는 주위의 평판을 듣기 위해 자신의 내면과 갈등하는 심리상태를 말한다. 이런 여성들은 사회에서 요구하는 순종적인 여성상에 자신을 맞추기 위해 끝없이 노력하면서 갈등을 겪는 경우가 많다.

(2) 신데렐라 콤플렉스

미국의 저널리스트 Colette Dowling은 여성들에게서 볼 수 있는 독특한 증후군을 '신데렐라 콤플렉스'라 부르고, 이를 '억압된 태도와 불안이 뒤얽혀 여성의 창의성과 의욕을 한껏 발휘하지 못하게 하는 일종의 미계발 상태로 묶어 두는 심리 상태'라고 정의하고 있다. 즉, 신데렐라 콤플렉스에 빠진 여성은 무엇인가를 하려고 하거나 해야 할 때 두려움이나 불안을 느낀 나머지 주저하며 포기하려는 상태에 이른다. 신데렐라 콤플렉스는 여성의 삶을 통제하는 보이지 않는 벽으로서 여성이 도전이나 경쟁을 기피하게 만든다. 또한 여성에게 어머니와 아내라는 '여성다운' 매력을 지키도록 하고 홀로 자립하여 살아가려는 독신 여성, 이혼녀 등을 비정상적이라고 규정하여 여성들 간의 분리를 조장하기도 한다.

(3) 성 콤플렉스

정숙하고 교양 있는 여자는 성적 쾌락을 즐겨서는 안 되며, 다만 출산의 수단이어야 한다는 사회 통념이 여성의 의식과 행동에 파고들어 갈등을 일으킨다. 이러한 갈등이 깊어지면 성적 부적응이 생기고 성적 표현이 어눌해지며, 심지어 성적 불만과 긴장, 강박관념과 자기 분열이라는 병리적 현상을 드러내기도 한다. 성 콤플렉스란 이러한 그릇된 성 규범을 무의식적으로 받아들여 성적 욕망과 성적 표현, 성에 대한 흥미를 억제하는 동안 갖게 되는 심리적 갈등을 말한다.

(4) 외모 콤플렉스

우리나라 속담에 "여자 나이 삼십이면 눈먼 새도 돌아보지 않고, 여자 나이 사십이며 장승도 돌아보지 않는다"는 말이 있다. 이 속담처럼 남자의 의미는 사회적 성취에 있고 여자의 의미는 아름다움에 있다는 생각이 역사 이래 남녀 관계를 지배해 왔다. 외모가 자신의 생애에 중대한 영향을 미친다고 생각하는 여성들은 대부분 더 예뻐지고 싶어 한다. 이것을 흔히 외모 콤플렉스라고 말하는데 외모에 대한 심리적 부담감이 열등감으로 표현되든, 우월감으로 나타나든 여성들의 의식과 생활에 중대한 작용을 한다. 특히 많은 시간과 돈을 투자해서 외모를 가꿔야 한다는 부담과 현대 사회에서 요구하는 실력 있고 성실한 사회인으로서 역할을 다해야 한다는 것 사이에서 여성은 갈등에 빠진다.

(5) 지적 콤플렉스

지적 능력을 갖고자 하는 욕구는 누구에게나 있다. 그러나 여자로 태어났다는 이유로 자라나는 과정에서 지적 능력을 발휘할 기회가 제한됨으로 해서 많은 여성은 자신의 지적 능력을 사회의 적재적소에서 발휘하기 어렵게 된다. 따라서 여성들은 심한 열등감을 느끼고 사회활동을 하는 데 적극성을 잃어버린다. 이와 같이 사회가 부여한 '여성은 남성에 비해 지적 능력에서 열등하다'는 것을 여성 스스로 내재화함으로써 나타나는 지적 열등감을 '지적 콤플렉스'라고 한다.

(6) 맏딸 콤플렉스

맏딸은 가부장적 가족 제도와 유교적 전통 속에서, 태어나면서부터 장남과는 다른 기대와 지원을 받으며 '살림 밑천'이라는 소리를 들으며 살아간다. 전통적으로 맏딸은 '딸'과 '맏이'라는 두 가지 역할을 해내야 했기 때문에 자유롭게 자아를 성취하며 살아가기 힘들다. 맏딸은 맏이이면서 딸이라는 이유로 아들인 장남만 한 대우를 받지 못한 채 부모의 갈등이나 가정 문제에 누구보다도 더 신경을 쓸 뿐만 아니라 가사도 도외시 할 수 없는 등 '살림 밑천'의 역할을 톡톡히 한다. 이렇게 한국 사회의 한 가정에서 태어나 성장하는 맏딸의 모습을 부각시켜 맏딸만이 느끼는 공통적인 갈등을 '맏딸 콤플렉스'라 한다.

(7) 슈퍼우먼 콤플렉스

최근에 산업화와 근대화 과정을 거치면서 전통적으로 집안에만 있던 여성이 직업을 갖고 사회로 나오는 추세가 두드러진다. 슈퍼우먼은 자신이 가지고 있는 능력에 관계없이 직장인, 주부, 어머니, 아내, 며느리라는 서로 상충되는 역할을 완벽하게 하려는 사람으로, 많은 여성들이 신체적 · 심리적으로 갈등하며 알게 모르게 슈퍼우먼 콤플렉스에 빠진다. 그래서 모든 것을 완벽하게 하지 못하면 심한 불안감, 초조감, 죄책감 등으로 고통을 받는다.

2) '여자다워야 한다'는 부담

비록 현대사회에 오면서 여성에게 요구되는 특성에 변화가 있어왔으나 우리사회는 여전히 여성에게 다소곳해야 한다, 타인을 잘 배려해야 한다, 부드러워야 한다는 등의 여성성을 기대한다.

청소년들을 대상으로 한 설문조사의 결과(교육부, 1999)를 보면 이러한 성정형화로 인한 부담감이 청소년들에게도 예외가 아님을 알 수 있다. 다음은 고등학교 여학생들이 호소하는 불만사항들이다.

"체육시간에 남학생들은 운동하는데, 여학생들은 체육복도 입지 않고 응원만 했어요. 참 황당하다고 생각했어요."

"체육시간에 남자들은 축구 등의 운동을 하라고 하면서, 여학생들한테는 고무줄넘기나 하라고 하는데요, 저는 솔직히 구기운동도 잘하거든요. 축구나 농구도 하고 싶은데 '너는 무용이나 해라' 하면 솔직히 기분 나빠요. 여자도 농구선수가 될 수 있는 데⋯⋯."

"청소시간에 우리가 하는 것이 마음에 들지 않으시면, '여자가 꼼꼼하게 하지 못하고⋯⋯' 하면서 대충하는 남학생에게는 아무 말씀도 하지 않아요. 여자도 털털하면 그럴 수 있지, 그게 성격 차이지 남녀 차이인가요?"

3) 높은 우울 경향

여성들이 성 고정관념의 틀 속에서 겪게 되는 어려움은 그들의 높은 우울 경향에서도 엿볼 수 있다. 연구들에 따르면 거의 모든 문화권에서 여성들은 남성들에 비해 높은 우울증을 보여(Kleitman, 1991; 박영남, 1994) 우울증에 대한 남녀 비율은 1:2에 달한다고 한다(Kleitman, 1991). 이에 대한 생물학적 원인이 불분명한 현실에서(Kleitman, 1991; 임정빈, 정혜정, 1997), 여성의 높은 우울증은 성역할 고정관념이 하나의 중요한 요인이 될 수 있다고 지적되고 있다. 어린 시절부터 받아온 강화의 부족, 타인과의 관계성에 대한 지나친 강조, 가정 지향적인 역할 강조 등이 그 원인이 될 수 있는 것이다.

특히, 가족의 주기 중 빈둥지(empty nest) 기간에 속하는 중년 여성들에서의 우울증("depression in middle-aged woman", Bart, 1971)은 그 심각성이 두드러지는데, 이는 이제까지 자신을 희생하며 가족을 위해 봉사해 온 여성이 자녀의 성장과 더불어 더 이상 자신을 필요로 하는 사람이 없다는 것을 인식함으로써 우울을 경험하게 됨을 보여준다.

4) 미적 추구에 대한 사회적 압력

이상의 어려움 외에도 남성에게와 달리 여성에게 강조되어 온 미(美)의 가치는 여성으로 하여금 지나친 육체적 미에 집착하도록 만든다. 여성의 미가 남성에게서의 지적 능력과 마찬가지로 사회적 지위 확보를 위한 중요한 기준으로 강조되는 사회 분위기 속에서, 여성은 생존 전략으로서의 자신의 미에 관심을 쏟게 되고, 이로 인해 원치 않았던 심리적, 육체적인 폐해들에 시달리게 된다(자세한 것은 김혜원·백화정, 1996 참조).

3. 성에 관한 남녀의 상이한 심리적 반응

남성과 달리 여성은 성욕에 관하여 양가적인 태도를 지니는 것으로 보인다. 즉, 남성들이 성에 관하여 긍정적인 태도만을 보이는 반면에 여성들은 이성에 대해 친밀감, 사랑 등의 긍정적 정서와 동시에 생리와 연합된 고통이나 불편, 주위 사람들로부터 들은 부정적 측면들, 임신 공포 등의 부정적 감정들을 지니는 것이다(Hyde & Rosenberg, 1980).

이외에도 Ramanna과 Reidman(1988, 임정빈 · 정혜정, 1997 재인용)은 남성과 여성이 성에 대해 보이는 다음 몇 가지의 상이한 심리적 반응들을 소개한다.

1) 성행동의 의미와 중요성에 대해

남성과 여성은 성행동에 대해 중요성을 달리 두고 있다. 남성은 여성에 비해 성교를 빈번히 하고 중요하게 여기는 것으로 알려져 있다. 구체적으로 남성은 성교나 자위의 방법을 통해 청년기 이전이나 청년기 동안 성적 활동을 시작하지만 여성의 성적 활동은 보다 늦게 시작되고 시작 이후에도 남성과 같이 지속적이지 않다. 남성은 여성에 비해 성교에 더 큰 의미를 둠으로써 성생활이 불가능할 경우의 좌절감이 여성들에 비해 훨씬 심한 것으로 보고되고 있다.

2) 성 행동에서의 주요 요인에 대해

남성과 여성은 성적 교류에서 중요성을 두는 부분에서도 서로 다르다. 예를 들어, 성교에서 남성이 가장 중요하다고 여기는 것은 육체적인 만족도인 반면, 여성의 경우는 육체적 만족도와 더불어 정서적 · 심리적 만족을 강조한다. 이러한 차이는 사회적으로 남성에게는 육체적 쾌락만을 위한 성교가 비교적 허용적이지만, 여성에게는 사랑을 전제로 한 성교만이 합리화될 수 있기 때문인 것으로 풀이된다. 또한 남성은 여성에 비해 성적흥분을 위한 시각적 자극을 중요시하고 이를 추구하며, 여성에 비해 전희(foreplay)는 중요시하지 않는다.

3) 성 행동에의 기여도와 만족도에 대해

남성과 여성은 성행동에서 자신들이 그 행위를 위해 기여하는 바가 다르다고 여긴다. 이는 구체적으로 성교의 예에서 잘 나타난다. 먼저 성교를 요구하는 정도에 있어서 남성이 여성에 비해 더 자주 성교를 요구하며 이러한 빈도의 차이는 남녀 간의 갈등을 일으키는 소지가 되기도 한다. 또한 성교 시 남성들은 여성이 자신에 비해 덜 흥분하고 덜 열정적이라고 여긴다. 이것은 여성에 비해 남성의 오르가슴이 보다 분명하게 관찰되고, 많은 경우 남성들이 보다 적극적으로 성교에 임하기 때문에 자신들이 더욱 많은 흥분을 느끼는 것으로 인식하게 되는 것이다. 반면, 성교 시 상대 여성이 자신에 비해 적은 만족을 느낀다는 인식은 남성들 자신의 '남성다운' 성적 능력에 문제가 있다는 좌절감으로 이어지기도 한다.

12. 대인기술

1) 대인기술의 의미와 특징

(1) 대인기술의 의미

인간관계를 성공적으로 이끌어갈 수 있는 능력으로서 자신의 권리, 요구, 만족 또는 의무를 효율적으로 수행하면서 동시에 타인의 유사한 권리, 요구, 만족, 의무를 훼손시킴 없이 타인과 자유롭고 개방적인 교환관계 속에서 자신과 타인의 권리 등을 생산적으로 공유하는 방식으로 타인과 의사소통할 수 있는 능력을 말한다.

(2) 대인기술의 특징(Michelson, 1983)
- 기본적으로 학습을 통하여 습득된다.
- 언어적 행동과 비언어적 행동으로 구성된다.
- 대인기술의 적절성과 효과는 행위자, 상대방 그리고 상황의 특성에 의하여 결정된다.
- 타인으로부터의 사회적 보상을 극대화한다.

2) 대인기술의 유형(예시는 설문조사 내용을 따름)

(1) 언어적 대인기술

언어적 대인기술은 원만한 인간관계 형성에 매우 중요한 역할 담당한다.

① 경청하기

표현되는 감정과 정서는 일부분이 생략되거나 왜곡되기도 한다. 상대방의 마음을 정확히 헤아리려면 경청을 해야 하는데, 경청은 언어적 표현뿐만 아니라 비언어적인 부분에도 주의를 기울여야 한다. 표현된 말보다는 담겨져 있는 메시지를 정확히 확인하는 적극적 경청이 요구된다.

ex) 설문조사 결과에서

나의 이야기를 잘 들어주는 사람 → 호감

　내 말을 안 듣고 딴 짓을 할 때 → 불쾌감

② 질문하기

　질문은 상대방에게 추가적인 정보를 요청하고 상대방의 태도, 감정, 의견을 확인하는 행동이다. 상대방과 그의 화제에 대한 관심과 호기심을 표현하는 것이기도 하며 때로는 의사소통과정을 통제하는 수단이기도 하다. 낯선 사람과 처음 만나는 상황에서는 상대방을 이해하기 위해 많은 질문을 하게 된다. 이때 질문은 상대방에 대한 관심과 호기심의 표현이지만 적절한 내용의 질문을 하는 것이 중요하다.

③ 반영하기와 공감하기

　반영하기는 상대방의 표현내용에 대한 사실적 또는 정서적 이해를 보여주는 대인기술을 말한다. 상대방의 표현내용에 대한 자신의 이해 정도를 전달하며 자신의 이해 내용이 정확한지를 확인하는 기능을 한다. 특히 상대방의 표현 내용에 대한 사실적인 이해를 넘어서 상대방의 주관적인 기분과 입장에 대한 정서적 이해는 반영하기의 중요한 요소인데, 이러한 정서적 이해를 특히 공감이라 한다. 공감하기는 상대방이 자신의 상황과 감정을 잘 이해하며 수용하고 있다는 느낌을 주게 된다.

　ex) 별 호응이 없거나 무뚝뚝한 반응을 보일 때 → 불쾌감

　　이야기가 잘 통할 때 → 호감

④ 자기 공개하기

　자기 공개하기는 대인관계에서 주변 사람들에게 일반적으로 알려져 있지 않는 자신의 개인적인 정보를 상대방에게 의도적으로 노출시키는 행위이다. 자기 공개하기는 상대방으로 하여금 경계심과 두려움을 완화하고 신뢰감을 증진하며 자기 공개를 촉진하는 효과를 지닌다.

　ex) 자신의 관심사만 이야기할 때(편향된 자기공개) → 불쾌감

⑤ 자기 주장하기

　자신의 개인적인 권리를 옹호하고 향상시키기 위해서 타인의 권리를 존중하면서

동시에 자신의 사고, 감정, 신념을 직접적이고 솔직하게 표현하는 행동을 의미한다.

  ex) 나에게 관심을 보일 때 → 호감

    솔직할 때 → 호감

    잘난 척할 때, 오버할 때(부적절한 자기주장) → 불쾌감

⑥ 유머, 농담하기

  유머는 인간관계 속에 내재하기 쉬운 긴장을 해소하여 편안함을 제공한다. 적절하게 재미있는 이야기를 통해 만남을 편안하게 유쾌하게 만드는 것은 중요한 대인기술이다. 그러나 성적인 내용이나 공격적인 유머는 역효과를 가져올 수 있으며 농담을 지나치게 자주 사용하는 것은 부정적인 영향을 미칠 수 있으므로 적절하게 하는 것이 중요하다.

  ex) 재미있게 대화를 이끌어 나갈 때 → 호감

    어색하지 않게 편하게 대화할 때 → 호감

    공격적인 유머를 하는 등 말을 험하게 할 때 → 불쾌감

    말이 없고 썰렁하거나 어색할 때 → 불쾌감

(2) 비언어적 대인기술

비언어적 행동을 통해 자신의 의사와 감정을 표현할 수도 있다.

① 표정 (눈썹과 입이 중요)

  표정은 인간이 감정을 표현하는 주된 비언어적 수단이다. 우리는 얼굴에 웃음을 지어 상대방에 대한 호의나 만족감을 표현하는 반면, 상대방에 대해서 분노나 불쾌감을 표현할 때는 얼굴을 찡그리거나 험한 인상을 짓는다. 표정을 잘 조절하는 것뿐 아니라 상대방의 표정을 잘 지각하는 것 역시 중요한 대인기술이다. 표정을 정확하게 잘 지각하는 것은 상대방의 감정과 의사를 정확하게 포착하는 것을 의미하기 때문이다.

  ex) 잘 웃어줄 때 → 호감

② 눈 마주침

눈은 우리의 감정을 표현하는 주요한 통로이다. 우리는 눈을 통해 자신의 마음을

전달하고 또 상대방의 마음을 읽는다. 눈 마주침은 상대에 대한 관심을 표현하고 여러 가지 감정을 표현하는 수단이다. 대인관계 상황에서 상대방과 적절한 눈빛을 주고 받는 일은 매우 중요하다. 눈을 통해 자신의 감정을 전달하고 또 상대방의 마음을 읽는 것은 매우 중요한 대인기술이다.

ex) 대화할 때 눈을 맞춰줄 때 → 호감

③ 몸 움직임

몸동작을 통해 의사를 표현하는 제스처는 신체언어의 주요한 범주이다. 몸동작은 언어적 의미전달을 돕는 주요한 보완적 수단이다. 인간관계에서 특히 중요한 몸동작은 인사행동이다. 몸의 자세 역시 상대방에 대한 태도를 표현하는 중요한 수단이다.

ex) 다른 행동을 할 때 → 불쾌감

④ 신체적 접촉

우리는 때로 신체적 접촉을 통해 상대방에 대한 감정과 태도를 표현한다. 원시적이자 직접적인 방법, 인생의 초기에 우리는 부모와 신체적 접촉을 통해 의사소통을 한다.

⑤ 공간활용

우리는 심리적으로 가까운 사람과는 물리적으로 가깝다. 친밀한 사람과 대화를 나눌 때는 서로 가깝게 앉는다. 그러나 낯선 사람과는 어느 정도의 거리를 유지한다. 이렇듯 사람은 공간행동을 통해서 의사소통을 한다.

상대방에 대한 물리적 거리, 대하는 방향, 그리고 만나는 장소 등과 같이 공간적 요인을 잘 활용하여 효과적인 의사소통을 하는 것도 중요한 대인기술의 하나이다.

3) 대인기술의 개선방법

인간관계는 상호작용이다. 상호작용은 구체적인 행동의 교환으로 이루어진다. 상대방에게 자신의 마음을 효과적으로 잘 드러내 전하는 대인기술이 중요하다. 흔히 상대방에게 호감과 애정을 지니고 있으면서도 표현방법이 미숙하여 그러한 마음을 전하지 못하는 사람이 많다. 대인기술의 증진을 위해 인간관계에서 중요한 몇 가지 대인기술을 중심으로 그 개선방법을 살펴보기로 한다.

(1) 자기소개

인간관계는 낯선 사람과의 첫 만남에서부터 출발한다. 첫 만남은 서로를 알리고 소개하는 자기소개에서부터 시작된다. 첫 만남에서의 자기소개는 첫인상을 형성하는 데 중요한 역할을 한다. 이러한 첫인상은 앞으로의 관계에 지대한 영향을 미치기 때문이다. 자기소개의 주요 목적은 자신을 잘 알리고 상대방의 호감을 갖도록 하는 것이다. 그래서 지속적이고 친밀한 인간관계가 이루어질 수 있는 발판을 마련하는 것이다.

첫 만남에서 자기를 소개할 때 유의해야 할 점을 살펴보기로 하자.

첫째, 자기소개는 만남의 목적과 대상을 생각해 보고 그에 알맞게 행해져야 한다. 만나는 대상과 목적에 따라 자기를 소개할 내용, 길이, 깊이, 방법 등을 조절해야 한다. 뿐만 아니라 만나는 대상의 성격과 취향에 따라서 자기소개를 조절할 필요가 있다. 따라서 만남이 예상되는 상황이라면 만날 대상에 대해 가능한 한 많은 사전지식을 갖는 것이 유익하다.

둘째, 자신의 특성을 잘 알릴 수 있는 자기소개를 한다. 자신의 이름, 외모, 신분, 성격, 관심사, 취미, 특기 등에 있어서 독특한 점을 잘 부각시킨다. 이러한 자기소개는 상대방의 기억에 오래 남아 추후의 인간관계를 촉진하는 요인이 될 수 있다. 뿐만 아니라 공통의 관심사나 취미는 지속적인 인간관계로 발전하는 실마리가 되기도 한다.

셋째, 첫 만남에서의 자기소개 역시 상호작용적이어야 한다. 특히 개인적 만남에서는 일방적이고 장황한 소개보다 상대방에게 자신을 소개할 기회를 주면서 좀 더 깊이 있고 상세한 자기소개를 교환하는 것이 바람직하다. 좀 더 깊은 수준의 자기공개를 할 때는 나도 자기공개의 수준을 심화시킬 필요가 있다. 그러나 첫 만남에서 지나치게 사적이고 깊이 있는 내용을 일방적으로 공개하는 것은 상대방에게 부담을 줄 수 있다. 깊은 수준의 자기공개는 상대방에게 암묵적으로 같은 수준의 자기공개를 요구하는 것으로 느껴져 부담스럽게 느껴질 수 있기 때문이다.

넷째, 자기소개는 언어적인 표현을 통해서 이루어질 뿐만 아니라 외모, 옷차림새, 자세, 몸짓 등의 비언어적 수단을 통해서 이루어진다는 점에 유의해야 한다. 만남의 목적과 대상에 따라 적절한 옷차림새를 하고 예의를 지키는 행동거지는 자기소개의 중요한 부분이다.

마지막으로, 자신의 특성을 잘 알릴 수 있는 자기소개방법을 깊이 생각하고 준비하는 것이 필요하다. 자신의 독특한 점을 잘 부각시킬 수 있는 재치 있는 자기소개방법을 개발할 필요가 있다. 자기소개를 반드시 재미있고 인상 깊게 해야 한다는 부담을 가질 필요는 없다. 그러나 다른 사람에게 자신을 잘 알리고 호감을 느낄 수 있도록 자신을 소개하는 방법에 대해서 지속적인 관심을 가지고 노력하는 자세가 필요하다.

(2) 대화의 기회포착

인간관계의 주요한 요소는 대화이다. 첫 만남 이후 서로에 대한 간략한 자기소개가 이루어지고 나면 '아는 사이'가 된다. 그러나 아는 사이에서는 아직 서로에 대한 깊은 이해나 친밀감이 발전하지 않는다. 첫 만남에서 적어도 상대방에 대한 거부감을 갖지 않는다면, 지속적인 만남이 이루어지게 된다. 인간관계를 발전시키기 위해서는 서로의 만남과 대화가 필요하다. 부적응적 인간관계를 나타내는 사람은 많은 사람을 소개받아도 깊은 관계로 발전시키지 못한다. 아는 사람과 만나 그저 스쳐 지나가는 일만으로는 인간관계가 발전하지 않는다. 아는 사이에서 친밀한 사이로 발전되기 위해서는 서로 대화를 나눌 기회를 포착하고 또 그런 기회를 포착하는 것이 필요하다.

이를 위해서는 첫째, 우연한 만남이라도 상대방에 대한 관심을 표현하는 것이 중요하다. 서로 바빠서 많은 이야기를 할 수 없을 때는, 훗날 좀 더 많은 이야기를 나눌 기회를 마련해 보자는 제안을 하고 헤어지는 것도 좋은 방법일 수 있다.

둘째, 상대방과의 우연한 만남에서 대화를 나눌 적절한 시기를 포착하는 것이 중요하다. 이를 위해서는 상대방의 현재 상황을 미리 알아보는 것이 필요하다. 지금 급히 어디를 가는 사람과 마주쳐 그를 붙잡고 장황하게 긴 이야기를 나누는 것은 상대방을 불편하게 하는 일이다. 따라서 상대방이 어디를 가고 있는 중이며 현재 무엇을 하고 있는 중이었는지를 알아보고 나서 상황에 따라 대화의 기회를 포착해야 한다.

셋째, 대화를 나눌 적절한 장소를 알아두는 것도 중요하다. 인간관계가 미숙한 사람은 만남의 장소에 대해서 무지하거나 무신경한 경우가 많다. 만나는 대상에 따라 적절한 분위기를 지닌 장소를 선택하는 것도 중요하다.

넷째, 편안한 대화를 위해서 자연스럽고 부담 없는 화제를 준비하는 것이 필요하다. 서로 부담 없이 공개할 수 있는 최근의 생활, 공통의 관심사, 학업이나 직업생활, 누구나 관심을 지니고 있는 사회적 이슈 등으로 화제를 자연스럽게 유도하는 것이 필요하다.

마지막으로, 친밀한 관계로 발전할 수 있는 대화의 기회를 차단하는 여러 가지 요인에 대한 자각이 필요하다.

인간관계에 대한 무관심, 여유 없이 바쁘게 사는 생활, 인간관계에서 지나치게 소극적이고 수동적인 태도, 타인에 대한 일반적 불신감과 비판적 태도 등은 새로운 사람과의 인간관계를 발전시키는 데에 장애요인이 될 수 있다. 인간관계의 폭을 넓히려는 사람은 새로 알게 된 사람과 좀더 깊고 친밀한 대화를 나눌 수 있는 기회를 만드는 것이 중요하다.

(3) 경청하기

인간관계는 서로의 생각과 감정을 교환하는 의사소통과정으로 이루어진다. 상대방의 말을 잘 경청하여 그의 생각과 감정을 잘 이해하는 것은 인간관계에서 매우 중요하다. 사람들의 대화를 잘 관찰해 보면, 상대방의 이야기를 잘 경청하기보다 자신의 이야기를 하는 데 더 열을 올린다. 깊은 수준의 대화는 상대방의 이야기를 진지하게 잘 경청하여 충분히 이해하고 그러한 이해의 바탕 위에서 나의 의견을 이야기하고 이때 상대방 역시 진지하게 잘 경청해 주는 의사소통이다.

상대방의 말을 잘 경청하기 위해서는 첫째, 상대방에 대한 존중적 관심이 있어야 한다. 상대방에 대한 진정한 관심과 호기심, 그리고 인격적 존중이 있다면 자연히 그의 말에 귀를 기울이게 된다.

둘째, 잘 경청하는 사람은 여러 가지 행동적 특징을 나타낸다 말하는 상대의 눈을 쳐다보며 중요한 부분에서는 눈동자가 커지고 고개를 끄덕이거나 상체를 말하는 상대방 쪽으로 기울이는 행동이 나타난다. 이러한 경청행동을 통해 상대방에게 자신이 진지하게 경청하고 있다는 점을 전달함으로써 상대방의 이야기를 촉진시킨다.

셋째, 보다 적극적인 경청에서는 경청자의 능동적 참여가 이루어진다. 적극적 경청은 모호한 부분에 대해서는 묻고 자신이 이해한 바를 확인하며 상대방의 말에 공감을 표현하는 등의 능동적인 교류 속에서 이루어지는 경청을 말한다.

넷째, 경청하는 일은 상대방에게 화제의 주도권을 맡기는 일이다. 상대방의 이야기가 지나치게 길거나 부적절하지 않는 한, 그가 이야기를 마무리할 때까지 잘 듣는 것이 필요하다.

마지막으로, 잘 경청하는 일은 상대방의 이야기를 수용적인 태도로 이해하는 것이기도 하다. 상대방의 입장과 상황을 고려하면서 듣는다면 이는 매우 성숙한 경청이라고 할 수 있다. 상대방의 이야기를 충분히 듣지도 않고 섣불리 이의를 제기하고 비판하는 행동은 미숙함의 표현일 수 있다.

(4) 공감하기

잘 경청하는 일을 넘어서서 보다 깊은 수준의 대화에서는 공감이 이루어진다. 공감은 인간관계를 심화시키는 가장 중요한 요소이기도 하다.

공감하기를 자세히 설명하면 첫째, 공감하기는 상대방의 말 속에 깔려있는 감정, 사고, 신념을 포착하는 일이다. 이를 위해서 상대방의 말을 외형적 의미로 이해하기보다는 말속에 담겨 있는 심층적 의미를 이해하도록 노력해야 한다.

둘째, 공감하기는 상대방의 말을 상대방의 관점과 입장에서 이해하려는 태도이다. 상대방의 관점과 입장에 서 보기 위해서는 그에 대한 많은 정보를 알고 이해하는 일이 선행되어야 함은 말할 것도 없다.

셋째, 공감하기는 이렇게 느껴진 바를 상대방에게 전달해주는 일이다. 상대방에게 그가 표현한 외형적 의미를 넘어서 내면적 의미까지 알고 이해하고 있다는 것을 전달해주는 것이다.

인간은 이해받고 싶어 하는 존재이다. 자신의 의견과 감정을 상대방이 깊이 헤아려 이해해 줄 때 우리는 충분히 이해받았다는 진한 감동을 느끼게 된다. 그렇게 공감적으로 나를 이해해주는 사람은 나에게 매우 의미 있는 존재가 되는 것이다. 인간은 아무리 고통스러워도 자신의 고통을 자신과 같이 느껴주고 알아주는 사람이 있다는 인식을 갖게 되면 고통을 극복하는 힘을 얻게 된다.

(5) 자기 표현하기

자기 표현하기는 자신의 내면적 상태를 다른 사람에게 잘 전달하는 일이다. 인간관계에서 어려움을 겪는 사람 중에는 자기 표현이 미숙한 사람이 많다. 이러한 사람들은 막상 상대방 앞에서는 무관심한 듯한 행동을 하거나 오히려 속마음과 상반된 행동을 하여 인간관계를 발전시키지 못한다.

인간관계는 서로에 대한 긍정적인 감정을 주고받으면서 발전하고 심화된다. 그런

데 상대방에 대한 긍정적 감정을 표현하는 일이 의외로 쉽지 않다. 그 이유는 여러 가지가 있다. 첫째, 상대방의 긍정적인 면이 보이지 않기 때문이다. 둘째, 설혹 상대방에 대한 긍정적인 점이 보완된다 해도 상대방을 겉치레로 칭찬하는 것 같아 쑥스럽고 아첨하는 것같이 느껴지기 때문이다. 셋째, 상대방에게 긍정적인 표현을 하는 것이 자신을 상대적으로 열등하고 비굴하게 보이게 한다는 생각 때문이다. 넷째, 상대방에 대한 호감과 애정의 표현을 상대방이 받아주지 않을 경우에 느끼게 될 무안함 때문이다. 이런 여러 가지 이유로 상대방에 대한 긍정적 감정을 표현하지 않게 되면 인간관계의 발전은 기대하기 어렵다.

인간관계의 발전과 심화를 위해서는 상대방에 대한 긍정적 감정을 잘 표현하는 일이 중요하다. 이를 위해서는 몇 가지 노력이 필요하다.

첫째, 상대방의 긍정적인 면을 보도록 노력하는 일이 중요하다. 둘째, 긍정적 감정을 상대방에게 표현하는 것은 자연스럽고 성숙한 행동이라는 생각을 갖는 것이 중요하다. 셋째, 상대방에 대한 긍정적인 감정을 자각하는 것이 필요하다. 마지막으로, 긍정적인 감정을 자연스럽게 절 표현하여 상대방에게 전달하는 것이 매우 중요하다.

긍정 감정을 표현하는 기술은 모든 대인기술이 그러하듯이 연습하고 노력하면 향상될 수 있다. 긍정 감정의 효율적 표현은 상대방이 수긍할 수 있는 호소력 있는 표현이다. 이를 위해서 첫째, 진실성이 느껴지도록 솔직하고 진지하게 표현되어야 한다. 둘째, 모호한 어휘보다는 명료하고 구체적인 어휘를 사용하는 것이 바람직하다. 셋째, 상대방에 대한 판단적 표현보다는 나의 느낌을 중심으로 표현하는 것이 효과적이다. 즉, 상대방으로 인해 나에게 오는 긍정적 감정을 표현해 주는 것이다. 넷째, 긍정 감정을 느낀 이유나 근거를 이야기해 주는 것도 표현의 신뢰도를 높인다.

긍정 감정은 흔히 언어적 표현을 통해 전달되지만 비언어적 표현에 의해서 보다 강력하게 전달될 수도 있다. 관심과 애정이 어린 눈빛, 표정, 미소, 자세, 행동, 공간적 거리 등 다양한 비언어적 표현방법을 잘 활용하는 것이 중요하다.

다음의 설문조사 결과를 통해 대인기술에 대해 알아보자.

사람들이 소개팅을 할 때에 상대방의 어떤 부분에서 호감 또는 불쾌감을 가지게 되는가? 또 그런 부분과 대인기술과의 관계는 어떠한가? 이런 물음에 답하기 위해서 설문조사를 실시하였다. msn메신저를 이용하여 20대 초반 남녀 500명에게 질문하였으며, 질문내용은 간단하게 '소개팅 시 호감 또는 불쾌감이 느껴지는 상대방의 태도는 무엇입니까?'로 하였다. 주관식 질문이라서 통계 내기가 어려울 듯하였으나, 의외로 많은 사람들이 비슷한 답변을 하였다.

통계를 낸 결과, 다음과 같은 항목들이 순위권을 차지하였다.

① 상대방에게서 호감을 느낄 때 – 남자
    1. 내 이야기를 잘 들어줄 때   126명 (25.2%)
    2. 잘 웃을 때   85명 (17%)
    3. 나와 공통의 관심사를 가질 때   68명 (13.6%)
    4. 자연스러운 분위기를 이끌어 줄 때   66명 (13.2%)
    5. 스타일이 좋거나 예쁜 여자일 때   59명 (11.8%)

② 상대방에게서 호감을 느낄 때 – 여자
    1. 배려 있거나 매너 있는 행동을 할 때   125명 (25%)
    2. 재미있게 대화를 이끌어 나갈 때   102명 (20.4%)
    3. 내 말에 귀 기울여 줄 때   74명 (14.8%)
    4. 이야기가 잘 통할 때(공통된 관심사를 가질 때)   65명 (13%)
    5. 어색하지 않고 편하게 해줄 때   48명 (9.6%)

③ 상대방에게서 불쾌감을 느낄 때 – 남자
    1. 다른 것에 관심을 보이거나 노골적으로 싫은 티를 낼 때 127명 (25.4%)
    2. 별 호응이 없거나 무뚝뚝한 태도를 보일 때   104명 (20.8%)
    3. 돈은 자연스럽게 남자 쪽이 내기를 바랄 때   55명 (11%)
    4. 내숭을 떨 때   47명 (9.4%)
    5. 잘난 척을 하거나 예쁜 척을 할 때   45명 (9%)

④ 상대방에게서 불쾌감을 느낄 때 – 여자
    1. 자기 잘난 척을 하거나 무시하는 등 거만한
       행동을 할 때   113명 (22.6%)
    2. 매너 없는 행동을 할 때   106명 (21.2%)
    3. 내 말을 안 듣고 딴 짓을 하는 등 내게 관심 없는
       행동을 할 때   92명 (18.4%)
    4. 말이 없고 썰렁한 듯 어색해할 때   68명 (13.6%)
    5. 오버할 때   19명 (3.8%)

설문조사 결과를 보면, 남자와 여자의 답변 내용이 미묘하게 차이가 나는 것을 알 수 있다. 이는 일반적으로 소개팅을 할 때 남자는 리드하는 역할을 하고, 여자는 수동적인 입장이라서 서로 기대하는 것이 달라서 그런 것이라고 분석하였다. 남녀의 차이는 우리의 연구주제가 아니기 때문에 이 정도에서 그치기로 하고, 조사 결과에 대해서 분석을 해보기로 한다.

1위부터 5위까지를 차지한 각 항목을 면밀히 살펴보면, 놀랍게도 모두 대인기술과 관련이 있다는 것을 쉽게 알 수 있다.

먼저 소개팅 시 호감을 느끼는 경우와 대인기술과의 관계를 알아보자. 남녀 공통으로 높은 비율을 차지한 '내 이야기를 잘 들어줄 때' 항목은 언어적 대인기술의 '경청하기'에 속한다. '잘 웃을 때'는 비언어적 대인기술의 '표정', '재미있게 이야기를 이끌어 나갈 때'는 언어적 대인기술의 '유머'와 관련이 있는 항목들이다. '이야기가 잘 통할 때'는 언어적 대인기술의 하나인 '공감대 형성'이 적절하게 이루어지는 경우이고, '어색하지 않고 편하게 해줄 때'는 상대방이 보상성을 잘 이용하고 있는 경우이다. 거의 모든 항목이 대인기술과 관련이 있는 것을 쉽게 알 수 있다.

그렇다면 소개팅 시 불쾌감을 느끼는 경우는 어떠한가? 항목들을 살펴보면 소개팅을 할 때에도 대인기술이 부족한 경우에 불쾌감을 느낀다는 것을 알 수 있다. '싫은 티를 내거나 자신에게 관심 없는 태도를 보일 때'는 '경청하기'의 부족과 부정적 감정 표현의 대표적 예이고, '호응이 없을 때'는 '공감하기'의 부족, '말이 없고 썰렁할 때'는 '유머'의 부족과 관련이 있다. 남자 쪽의 답변 중에 흥미로운 것이 바로 '돈은 자연스럽게 남자가 내길 바랄 때'인데, 이는 남자가 생각하기에 여자가 너무 '지나친 보상성'을 요구해서 불쾌감이 느껴지는 것으로 해석할 수 있다. 또한 '내숭을 떨거나 예쁜 척을 할 때'는 '자기 공개'의 부족과 관련이 있다고 할 수 있다.

결론적으로 설문조사 결과와 대인기술 사이에는 다음과 같은 관계가 있다.

• 대인기술이 효과적으로 사용되면 상대방에게 호감을 줄 수 있다
• 대인기술이 부족하거나 지나치면 상대방에게 불쾌감을 준다.
• 언어적 측면뿐만 아니라 비언어적 측면의 대인기술도 중요하다

앞에서 설명한 것처럼, 소개팅 역시 인간관계의 일부분이므로 상대방에게 호감을 주느냐 불쾌감을 주느냐에는 대인기술이 적잖게 관여하고 있다. 그렇다면 결국 우리의 연구 주제, 소개팅에서 좋은 표상을 심어주는 방법은 무엇인가? 연구결과를 토대

로 다음과 같이 몇 가지 방법을 요약해 보았다.

- 매너 있거나 배려 있는 행동을 한다.
- 적극적으로 대화에 참여하고 상대방의 이야기를 잘 들어 준다.
- 자기 위주의 이야기가 아닌 공통의 관심사에 대해 이야기하려고 애쓴다.
- 상대가 별로라도 싫은 티를 노골적으로 내지 않고 호감을 느낄 때는 적절히 표현해준다.
- 자주 미소를 보여준다.
- 대화할 때에는 부담스럽지 않을 정도로 눈을 마주쳐 준다.
- 적절한 유머로 편안한 분위기를 이끌어 나간다.
- 상대방을 무시하는 발언을 하거나 잘난 척을 하지 않는다.

물론 앞에 열거한 방법들이 받아들이기에 따라선 사람을 진심으로 대하기보다는 기술적인 면으로 대한다는 느낌을 받을 수 있다. 그러나 이러한 대인기술이 실제로 인간관계를 부드럽게 하는 역할을 한다는 것은 부정할 수 없을 것이다.

※ 앞의 내용을 이해하면서 다음 문제를 풀어 보자.

1. 다음 중 인간행동발달과 맞지 않는 것은?
   ① 정신역동 이론: 행동을 유발하는 역동적, 구조적, 생득적인 내적요인의 이해를 통해서 인간행동을 파악하는 이론
   ② 행동주의 이론: 인간의 행동이 환경에 의해서 좌우된다고 보고, 조작적 조건형상이나 관찰학습을 통해서 인간행동이 습득될 수 있는 이론
   ③ 인본주의 이론: 인간은 건전하고 자발적이며 자신의 행동에 대해 책임을 지고, 합리적이고 건설적인 방향으로 나가는 미래지향적 존재라고 보는 이론
   ④ 인지발달 이론: 인간이 환경과의 적응을 통해서 자발적으로 인지구조를 발달시켜 합리적인 사고를 갖게 된다고 보는 이론
   ⑤ 사회체계 이론: 인간이 자신의 잠재력을 최대한 발휘할 수 있는 환경이 조성되면 성격의 성숙을 포함한 자신의 성장과 발전을 기할 수 있다는 이론

2. 사회복지 실천에서 충족시켜주는 사회체계가 아닌 것은?
   ① 가족　　② 집단　　③ 조직　　④ 지역사회와 문화　　⑤ 교회

〈인간발달의 기초이론 관련 문제〉

3. 인간발달의 원리로 맞지 않는 것은?
 ① 연속성 과정　　　　　　　　　　② 분화와 통합의 과정
 ③ 일정한 순서에 따라 이루어짐　　④ 상호관련성
 ⑤ 개인은 다 똑같은 과정을 겪음

4. 인간발달의 단계가 아닌 것은?
 ① 영아기　　② 아동기　　③ 청소년기　　④ 노년기　　⑤ 배아기

〈태아기 관련 문제〉

5. 다음 중 산모가 태아에게 영향을 미치는 요인이 아닌 것은?
 ① 산모의 섭식은 태아에게 영향을 미친다.
 ② 알코올은 태아에게 태아알코올증후군을 가져온다.
 ③ 임산부의 연령은 임산부 자신과 태아에게 영향을 미친다.
 ④ 흡연은 저체중아 출산, 임신기간의 단축, 자연유산의 증가 등을 가져온다.
 ⑤ 임산부의 정서 심리 상태는 태내 발달에 영향을 미치지 않는다.

6. 태아기의 유전적 결함으로 발달장애가 아닌 것은?
 ① 클라인펠터증후군　　② 터너증후군　　③ 다운증후군　　④ 혈우병
 ⑤ 저체중아

〈영아기 관련 문제〉

7. 영아기의 신체발달과 인지발달의 특징이 아닌 것은?
 ① 신생아는 외부의 자극에 대하여 여러 가지 반사행동을 보인다.
 ② 영아기의 감각운동은 지능발달의 기초가 된다.
 ③ 영아가 어떤 대상이 시야에서 사라지거나 들리지 않아도 그것이 계속 존재한
　　다는 믿는 것은 대상영속성이다.
 ④ 영아기의 사회성발달은 성인의 성격 특성을 형성하는 기초가 된다.
 ⑤ 영아기는 생활에 필요한 기술을 혼자서 할 수 있게 된다.

8. 자폐증의 주요한 특징이 아닌 것은?
 ① 다른 사람들과의 정상적인 의사소통에 참여할 수 없다.

② 반복적인 행동을 한다.

③ 심각하게 지각이 왜곡되어 있다.

④ 집착이 강하다.

⑤ 주위의 일에 적극적이다.

〈유아기 관련 문제〉

9. 유아기(3~6세)의 특징이 아닌 것은?

① 신체가 전체적으로 잡혀가면서 배변훈련이 가능하다.

② 경험한 내용을 머릿속에 저장했다가 꺼내어 사용하는 인지과정이 가능하다.

③ 시간, 공간, 형태 등에 대한 지각이 발달됨에 따라 그에 따른 여러 가지 개념을 발달시켜나간다.

④ 사회화는 유아들이 자신이 속한 사회가 적절하다고 생각하는 신념, 가치, 행동 등을 획득해 가는 과정이다.

⑤ 수와 보존개념을 논리적으로 알 수 있다.

10. 유아기의 발달장애로 맞지 않는 것은?

① 언어장애는 유아기의 유전적, 심리적, 사회적 요인들로 인해서 정상적인 언어발달이 이루어지지 못한 상태를 말한다.

② 수면장애는 유아들이 수면공포와 악몽으로 인하여 빈번하면서도 지속적으로 수면에 방해를 받게 되는 것을 말한다.

③ 야뇨증은 유아기에 나타나는 보편적인 기능적 장애이다.

④ 5세 이후의 유아가 3개월 동안 일주일에 2번 이상 반복적으로 배뇨가 발생하면 야뇨증으로 보아야 한다.

⑤ 야뇨증은 유아기에 심각한 장애이기 때문에 배뇨를 한 유아를 처벌해서 가르쳐야 한다.

〈아동기 관련 문제〉

11. 아동기의 특징이 아닌 것은?

① 아동기란 7~12세 사이로 학교교육을 통하여 필요한 지식과 기술을 습득하게 되는 시기이다.

② 신체성장에는 성별로 차이가 있으며 개인차가 존재하며 지능이 높은 아동일수록 신체성장이 빠르다.

③ 아동기의 지각발달은 유아기와 달리 큰 변화는 없지만, 탐색전략, 논리적 조직화, 탈중심화 등 발달한다.

④ 언어 발달에 영향을 미치는 주요한 요인으로는 지능, 성별, 형제자매 수, 부모의 사회 경제적 지위 등이 있다.

⑤ 아동의 도덕성 발달에 부모의 도덕적 수준과 부모, 아동 간의 관계의 질과는 아무런 관련이 없다.

12. 아동기의 발달장애가 아닌 것은?
① 학교공포증　　② 행동장애　　③ 학습장애
④ 주의력결핍, 과잉행동장애　　⑤ 우울증

〈청소년기 관련 문제〉

13. 청소년기 자아정체감 발달 상태의 무엇에 대한 설명인가?
① 정체감 유실　　②정체감 성취　　③정체감 혼란　　④ 정체감상실
⑤ 정체감 유예

14. 정체감 성취에 대한 설명이 아닌 것은?
① 정체감 위기를 성공적으로 극복한다.
② 청소년 스스로 의사결정을 한다.
③ 직업, 이념, 가치 등에서 위기를 경험하고 대안의 탐색을 통하여 확고한 신념체계를 확립한다.
④ 확고한 개인적 정체성과 인성발달의 성숙한 면모를 보인다.
⑤ 정체감을 확립하고자 다양한 역할실험을 수행하고 있는 상태다.

〈장년기 관련 문제〉

15. 장년기의 특징이 아닌 것은?
① 가족 이외의 다른 사람들과 친밀한 관계를 형성하는 시기
② 개인적 성격의 성숙과 사회적으로도 성숙해지는 시기
③ 직업을 통해서 경제적으로 자립하고 자신의 인생을 개척해 나가면서 자아실현을 하는 시기
④ 일생에서 가장 활력이 넘치고 활동적인 시기
⑤ 남녀 모두 생리적 변화로 성적능력이 저하되는 시기

정체감 위기상태에 있으면서 자아정체감 형성을 위해 다양한 역할, 신념, 행동 등을 실험하고 있으나 의사결정을 하지 못한 상태

16. 장년기의 건강에 영향을 미치는 요소가 아닌 것은?
   ① 음주·흡연   ② 약물남용   ③ 스트레스   ④ 음식물·운동
   ⑤ 적절한 영양 공급

〈중년기 관련 문제〉

17. 중년기의 설명으로 맞지 않는 것은?
   ① 인생의 목표를 성취해 가는 인생의 절정기
   ② 침체성, 무력감, 불행, 지루함 등의 정서적 위기를 느끼는 시기
   ③ 부부간의 진정한 동반자로서 의식을 강화시키는 시기
   ④ 노부모의 부양
   ⑤ 자녀로부터의 완전한 독립

18. 갱년기 동안에 나타나는 갱년기 장애의 주요 증상이 아닌 것은?
   ① 발한·두통   ② 불면증   ③ 생리적 장애   ④ 우울증   ⑤ 노인성치매

〈노년기 관련 문제〉

19. 자신의 인생을 수용하고 과오, 실패, 실망 등을 성공, 기쁨, 보람 등과 함께 전체의 삶 속에 통합시키는 것이 주요 발달과제가 되는 시기는 언제인가?
   ① 청소년기   ② 청년기   ③ 장년기   ④ 중년기
   ⑤ 노년기

20. 노년기의 성격특성으로 맞지 않는 것은?
   ① 우울증 경향의 증가   ② 의존성의 증가   ③ 경직성의 증가
   ④ 생에 대한 회상의 증가   ⑤ 외향성과 능동성의 증가

◇ 인간의 발달 (1) ◇

인간의 발달은 연령이 증가할수록 환경 등, 외적인 변수들의 영향이 많을수록 개인차의 폭은 커지고 발달은 예측하기도 어려워진다. 발달은 점진적으로 분화 전체로 통합되어간다.

- **발달:** 유전과 환경의 상호작용에 의해 이루어지는 인간의 총체적인 변화에 초점을 둔다. 지적 신체적 심리적 사회적 측면 등 전인적인 측면에서의 변화를 의미한다.
- **성숙:** 훈련과 같은 외적 환경과 무관하게 일어나는 신경생리학적 생화학적 변화 내적 유전적 메커니즘에 의해 출현되는 신체적 심리적 변화를 의미한다.
- **학습:** 접적 간접적 경험의 산물 인간의 발달을 이끄는 환경적 요소들의 총체 후천적 변화의 과정이라고 할 수 있다.
- **성장:** 신체의 크기나 근육의 세기 등의 양적증가 유전인자에 설계된 대로 상승하다가 정점에 이르면 정지한다. 주로 신체적 생리적 발달의 양적 증가에 국한해서 사용 된다.
- **발달의 원리:** 일정한 순서와 방향성 연속적 과정 속도의 불규칙성 유전과 환경의 상호작용 개인차 분화와 통합의 과정 점성원리 결정적 시기 기초성 불가역성. 어릴 때 잘못 형성된 것은 나이 들어 고치기 어렵다.

인간의 삶은 모든 시기에 걸쳐 성장하고 발달한다.

성격은 각 개인을 독특한 존재로 규정하며 인간관계를 형성 유지하거나 사회생활을 도모하고 환경적 요구에 적응 할 수 있는 기반을 제공한다. 성격이 실재한다는 데 대한 합의는 이루어지고 있다. 성격의 정의는 학자들마다 다양한 정의를 제시하고 있으며 성격을 이해하는 것은 인간행동을 이해하는 기본이 된다.

발달이론을 통하여 이전 발달단계의 결과가 다음 단계에 미치는 영향을 파악할 수 있고 각 단계의 성공과 실패를 성명할 수 있다. 성격은 개인과 타인을 구분해주는 개인적 속성이며 상황이 바뀌고 시간이 지나도 비교적 일관되고 안정되어 있으며 구성요소를 기능하는 것이 아니라 전체적이고 통합적이며 조직적 특성을 지닌다.

1. 인본주의 성격이론

- 인본주의 = 실존주의 + 현상학
- 1950년대 심리학에서 인본주의 운동
- 행동주의적 접근에 대한 반발에서 시작
- 행동주의는 자연과학을 흉내, 인간을 측정가능하고 환경적 통제하에만 있는 존재로 본다.
- 인본주의는 측정가능하고 환경적 통제하에 있는 측면 + 인간경험의 전범위에 걸쳐 관심 가져야 한다.
- 정신분석에 대해서는 양가적 관계, 즉 인간 내면 세계 깊은 수준에서 탐색하려는 정신분석적 시도를 높이 평가한다. 하지만 이들은 성장과 자유 선택에 대한 인간의 역량을 너무 비관적으로 본다.

1) Rogers의 현상학적 성격이론

c't centered approach('Every person is to be prized')

medical approach 거부 → growth model

문제의 역사보다 '지금 여기(here & now)'를 강조

'self'를 중시. 인간행동은 무의식적 힘에 의해 야기된다기보다 자신이 세계를 어떻게 지각하느냐에 달렸다.

인간본성을 합목적적, 전진적, 건설적, 현실적으로 보고 신뢰한다.

개인의 존엄성과 가치, 자기결정권, 사회적 책임, 상호성 → 사회복지실천에 큰 영향을 주었다.

원조관계(따뜻하고 관심 가져주는 치료적 관계)에서 무조건적 긍정적 관심, 일관성, 진실성 강조)

(1) 주요개념

① 개인의 세계

체험의 세계. 개인의 반응은 체험의 현상적 장에 근거. 현재행동에 영향 미치는 것은 과거 경험에 대한 현재의 해석

② 자기(self)

자신의 자아상='현재의 나(actual self)' + '이상적 자기(ideal self)'

실존하는 자기와 바람직한 자기 간의 부조화. 최소한으로 하는 통합된 전체성 발달시키기

③ 자기실현

인간은 '완전히 기능하는 사람(a fully functioning person)'이 되기 위해 자신의 잠재력을 실현하는 일생에 걸친 과정, 즉 자기실현에 대한 경향(general actualizing tendency)이 있다. 자기실현의 목적은 진정으로 자기가 되는 것. 자기실현의 방향은 'the good life'를 향함

(2) 성격의 발달

외적인 조건들(esp. 대인적 요인)이 개인의 성장이 일어날지를 결정

① 무조건적 긍정적 관심

그 사람을 무조건 수용하는 것으로 특히 초기시절에 다른 사람들로부터 무조건적 긍정적 관심(regard)을 받게 되면 긍정적 자기관심(self-regard)을 발달시키게 된다. 자신의 현실경험과 일치하는 자신의 가치를 개발할 수 있게 된다. 따라서 긍정적인 self-regard는 묶여 있던 자기실현의 경향을 풀어주며 개인이 완전히 기능하는 인간이 되도록 한다.

반면 다른 사람이 그 개인에게 가치의 조건을 부과하면 그만큼 긍정적 self-regard 개발 기회 낮아진다. 평가의 소재(locus of evaluation)는 내부에 존재하지 않고 외부, 즉 다른 사람에게 있다. 다른 사람의 판단이 경험을 평가하는 기준이 된다.

② accurate empathy

ct의 세계를 비판단적으로 정화하게 인식하는 것

③ congruence

ct-치료자 간의 관계에 적용된다.

치료자 및 다른 사람들 간의 일치, 즉 다른 사람에 대한 한 사람의 진실성 상태가 일종의 일치라고 간주할 수 있다. 치료자는 ct와의 일치를 전달해줄 수 있도록 내적 경험에 대해 개방성을 보여주어야 한다.

2) Maslow의 인본주의적 성격이론

※ Rogers와 비교
• 공통점
- 지금 여기 및 인간의 전체에 관심
- 프로이트의 사상에 잠시 심취 & Adler에 의해 크게 영향받음
- 성격기능과 발달에서 자기실현의 중요성 강조

• 차이
- 자기실현 R: 여러 중심개념 중의 하나로 대부분의 사람들이 달성 가능.
        M: 모든 다른 개념보다 위로 극히 소수만 달성 가능
- 출신배경 R: 전통적 가정
        M: 학대, 유기된 아동. 편견의 산물로 자신을 간주
- 인간본성 R: 온정적, 인간의 기본적 선을 수용
        M: 억압된 분노. 인간본성의 암울하고 악의 측면 인정

(1) 전기

우크라이나의 키예프에서 미국으로 이주. 유태인. 첫째. 엄하고 차갑고 종교적인 어머니. 외모 complex. 아버지는 전혀 교류 없었음. 학교에서도 anti-semitism. 대학도 미리

포기, city college

(2) 주요개념

① 5가지 기본적 인간욕구
욕구의 단계이론: 하위욕구 충족되어야 높은 단계욕구 의식 or 동기화

- 생리적 욕구
- 안전에 대한 욕구
- 소속감과 애정에 대한 욕구
- 자존(self-esteem)의 욕구
- 자기실현의 욕구: 인지적 욕구와 심미적 욕구라는 특별한 욕구가 동반. 이들은 동기화된다기보다는 동기를 넘어서는 것(meta-motivation)

※ 결핍성과 성장의 욕구
- 결핍성의 욕구(Deficiency needs or D-needs): ①②③④
  - 사람들은 이 욕구 충족을 끊임없이 열망
  - 결핍은 사람들을 아프게 하거나 성장을 방해
  - 충족은 결핍질환을 치료
  - 꾸준한 공급은 이러한 질병을 예방
  - 건강한 사람은 결핍을 나타내지 않음
  - 가난한 사람들은 D-needs를 계속 경험할 가능성 높음
- 성장의 욕구(Growth needs, meta needs. G-needs): ⑤

② 인간의 본성은 타고 나는 것(not made)
외적 환경도 중요하지만 환경이 사람들을 인간이 되게 하거나 인간성을 형성하지는 못함. 모든 인간의 욕구와 가치를 'instinctoid'(instinct-like)라고 간주

③ 자기실현적 인간
우월한 성격. 자기실현은 가능하나 자기실현이 되기 위해서는 하위수준 모든 욕구

충족되어야 함(이인정, 최해경, pp.277－281 참조)

　④ 비판

　자기실현(self-actualization)은 이기적, self-absorption 특성 띤다. 많은 심리학자 거부(cf.
self-realization: 좀 더 active process)

2. 인지발달이론

1) Piaget

(1) 전기(1896～1980)

- 지적 발달이론을 독자적으로 수립('지적 성장이론')
- 10세, 백변종 참새에 관한 논문
- 고교 때, 연체동물에 관한 연구
- 21세, 자연과학분야 박사학위
- 23세, 아동심리분야에 대한 과학적 연구 통해 정신의 발달을 연구
- 1920년, 파리의 Binet 실험실에서 아동에 관해 연구:

　아동용 지능검사 만드는 일 → 틀린 답에 일관성 있는 오류 발견 → 아동들의 사고
는 성인의 사고와 다른 독특한 특성 지닌다고 생각 → 표준화된 검사 지양. 개방적
임상적 면담을 고안, 관찰

  - 1921년 이후, Rausseu 연구소에서 새로운 연구들
  - 1925년, Paget의 첫아이 Jacquline 출생 → 인지적 행동에 관한 일련의 중요한 연구들
    시작. 이후 부인과 함께 둘째, 셋째에 대해서도 세심히 관찰
  - 1940년대 초, 수학적·과학적 개념에 대한 아동의 이행에 초점
  - 1950년대 인식론의 철학적 문제들로 관심을 바꿈
  - 1960년대 이후, Piaget의 연구에 대한 관심 증대

(2) 이론의 개관

① 일반적인 발달시기
제1기 감각운동지능(감각운동기)　출생～2세
제2기 전조작적 사고(전조작기)　2～7세
제3기 구체적 조작기　7～11세
제4기 형식적 조작기　11세 이후

② 이론적 특성(주요개념)
아동들은 각 단계를 각기 다른 속도로 통고해간다. 단계와 나이는 중요하지 않다.
그러나 아동들은 각 단계를 불변적 순서, 즉 도일한 순서에 따라 거쳐나간다.

- 발달적 변화의 본질에 대한 견해
  - Piaget는 성숙론자도　학습이론가도 아님
  - Piaget는 각 단계가 유전적으로 결정되어 있는 것이 아니라 사고방식이 더 포
    괄적으로 되어가고 있는 것을 나타낸다고 생각. 아동들은 계속해서 환경을 탐
    색, 조정, 이해하고자 노력. 이 과정에서 환경을 다루기 위해 새롭기보다 정교
    한 구조들을 능동적으로 구성

- 유기체의 생물학적 경향성에서 아동의 활동 기술
  - 동화(assimilation): 흡수. 지적영역에서 대상이나 정보를 우리의 인지구조에 동화
  - 조절(accomodation): 어떤 대상이 현존구조에 맞지 않을 경우 조절하여 우리의
    구조를 변화
  - 조직화(organization): 우리의 생각을 이치에 맞는 체계로 조직화(이론 정립)

발달이란 내적 성숙이나 외적 교육에 의해 좌우되는 것이 아니라 아동의 능동적 행
동을 통하여 보다 분화되고 포괄적인 인지구조를 세워가는 능동적 구성과정이다.

(3) 발달단계

① 감각운동기(0~2세)

• 반사 활동기(the use of reflexes, 0~1개월)

    — 도식(schema or scheme)

    — 빨기 반사, 즉 모든 대상을 빨기 도식에 동화

    — 자신과 외부세계의 구분이 없음

• 1차 순환반응(1~4개월)

    — 유아의 관심이 외부의 대상보다는 자신의 신체에 쏠림

    — 유아가 우련히 새로운 경험을 하고 그것을 반복하려고 애쓸 때 나타남

    — 이전에 둘로 분리되어 있던 신체 조직이나 동작들을 조직화하는 것 포함, "통합"(eg. 엄지손가락 빨기)

• 2차 순환반응(4~10개월)

자신이 아닌 외부에서 흥미로운 사건들을 발견하고 이를 다시 반복하려할 때(eg. 유모차 인형 발로 차기)

• 2차 도식의 협응(coordination, 10~12개월)

좀 더 분화되며 결과를 얻기 위해 둘로 분리된 도식을 협응(eg. Laurent의 성냥갑 잡기)

• 3차 순환반응(12~18개월)

    — 3단계: 단일결과를 위해 단일행동 수행(eg. 인형 발로 차기)

    — 4단계: 두 가지 분리된 행동

    — 5단계: 다른 결과 관찰위해 다른 행동 시도(eg. 식탁 주먹으로 치기. 물에 손을 갖다 대고 여러 모양 실험)

    → 성인의 가르침 없어도 스스로 학습. 외부세계에 대한 선천적 호기심으로 자신들의 도식을 발달시킴

- 상징적 표상(사고의 시작, 18~24개월)
  - 행동하기 전에 상황에 대해 좀 더 내적으로 사고(eg. Lucienne. 성냥갑 속 사슬 꺼내기)
  - 지연된 모방이 가능(눈앞에 대상 없어도 모방)

② 전 조작기(2~7세)
- 논리보다는 지각에 더 의존
- 언어 사용. 언어능력이 발달 → 개념적 사고 가능
- 상징적 활동의 성장 '가상놀이'
- 초기의 상징은 주로 비언어적. 운동적
- 유아는 말하기 전 감각운동기 동안 논리적으로 일관된 행위체계를 발달. 그 이후에 나타나는 논리는 보다 내적으로 조직화된 행위일 뿐. 즉, 언어는 대단히 중요하지만 그 자체가 논리적 사고구조를 제공하는 것은 아님. 오히려 논리는 행위로부터 유래(다른 심리학자와 다른 견해)
- "직관적 추리(intuitive regulation)"의 단계. 과학적 추리
  - 연속적 양(액체)의 보존개념은 아직 형성되지 못함
  - 두 가지 직관적 차원을 고려하기 시작하나 두 차원을 동시에 추리하지는 못하며, 한 차원에서의 변화가 다른 차원에서의 변화와 상쇄된다는 것을 인식 못함 → 혼란 → '자기모순' 깨닫고 이 모순해결하려 보존개념의 단계로 나아감 - 물활론

③ 구체적 조작기(7~11세)
- 비논리적 사고에서 논리적 사고로 전환. 그러나 과거경험의 도움 없이 언어적 지식만으로 조작수행 불가
- 보존개념의 이해: 동일성, 보상성, 역조작의 사고 가능(이인정, p.259), 특정조작 수행 가능, 다양한 지적 과업수행
- 분류 가능(eg. 식물/ 동물), 서열화(길이, 크기, 무게……)
- 자아중심성이 극복되기 시작하면서 협동놀이가 가능해진다. 또래와의 상호작용을 통해 자아 중심성을 극복한다(eg. 사물을 보고나서 정확한 사진 고를 수 있다).

- 도덕 판단: 규칙은 절대적이라고 생각(도덕적 타율성)
- 꿈의 성질을 이해
- 물활론이 극복됨(스스로 움직이는 것에 한해서 생명을 부여)

④ 형식적 조작기(11세~)
- 추상적 사고(가설설정 혹은 상상적 추론가능)
  - 가설-연역적 인지구조: 문제해결 위한 모든 가능한 방법 생각 → 결과 가정
    → 가장 가능성 있는 것을 시도
  - 조합적 분석능력
  - 추상적 사고
- 학교 교육과정에 의존
- 새로운 종류의 자아 중심성, 즉 더 넓은 세계, 가능성의 세계. 이때 다시 자아 중심성이 나타남 → 실제 성인역할 수행 시 최종적 탈중심화
- 도덕적 자율성

(4) 이론적 쟁점과 시사점

① 단계 개념
- 단계 순서는 불변적이다. 그러나 어떤 사람들은 Piaget의 가장 높은 단계에 도달하지 못할 수도 있다.
- 단계는 성장과정이 질적으로 상이한 기간으로 나누어진다는 것을 의미(eg. 구체적 조작기의 사고와 형식적 조작기의 사고)
- Piaget의 단계는 사고의 일반적 패턴 나타냄
- 모든 문화에서 같은 순서로 진행. 저변에 있는 인지능력은 다른 문화에서도 동일

② 교육적 시사점
- 학습은 능동적 발견의 과정 → 진정한 학습은 교사에 의해서 주어지는 것이 아니라 아동자신으로부터 나오는 것 → 흥미와 문제제기 스스로 해결하도록 유도해야 함(자발적 학습)

- 아동의 수준에 맞는 교육
- 사회적 상호작용(esp. 또래 간) → 둘 이상의 관점을 고려하는 것을 배움 → 논리적 사고 시작
- 아동들은 성인과는 다르게 사고
- 대부분의 성인들이 일관성 있게 형식조차 사용하지 못한다는 것 발견

2) Erikson의 심리사회적 성격이론

※ Freud 이론과의 차이
- 인간행동과 기능의 기초로 원초아보다는 자아를 강조. 자아를 성격의 자율적 구조로 봄
- 가족상황 속에서 개인－부모관계뿐 아니라(가족이 위치한 역사적, 문화적 상황속의) 사회적 관계에 관심
- 삶의 심리사회적 위험 극복할 수 있는 인간능력에 관심
→ 개인의 자아를 강화 + ct를 둘러싼 환경적 조건을 향상시킴으로써 문제 해결이 가능하다는 관점: **사회복지의 핵심적 시각(psychosocial)**

(1) 전기

어린 시절의 가족적 성장배경과 청년기의 방황경험이 후의 이론 수립에 큰 도움. 고졸. 이후 Harvard의 professor of human development로 임명. humanist

(2) 주요개념

① 자아

자율적 기능을 하는 것으로 간주 → 성격은 부모, 형제자매, 다른 사회 구성원의 영향 + 지속적으로 사회와 관계되어 발달

② 자아정체감

- 내적 자아정체감: 시간이 경과하면서 자신을 이제까지의 자신과 같은 존재로 지

각, 수용

- 외적 자아정체감: 문화의 이상과 본질적 pattern을 인식하면서 이와 동일시(즉, 타자와 본질적 특성을 공유)

(3) 심리사회적 자아발달의 8단계

① 특성
- 일생에 걸친 성장을 논함(유아기 → 노년기)
- 인간은 생물학적, 혹은 환경적 영향에 전적으로 좌우되지 않음
- 개인의 성장에 문화가 기여, 즉 사회가 양육패턴 전수. 교육기회 제공. 성욕, 친밀, 일에 대한 가치와 태도를 전달
- 인간의 심리발달: 생물학적 성숙과정의 요구와 일상생활 중에 직면하는 사회의 요구 간의 상호작용에 의해 발달(단계의 시작은 생물학적 성숙에 의해, 단계를 이끄는 것은 사회의 요구 → 심리사회적 위기를 초래
- 성격 발달: 위기의 해결은 전적으로 개인에게 달려 있으며 성격은 이 위기가 어떻게 해결되었는가에 의해 결정
- 단계마다 갈등 존재. 연속선상의 양극단은 비현실적
- 중요한 것은 신체 부위가 아니라 그 양식. 성적인 부위마다 특유한 자아 양식 존재

② 발달단계
- 유아기(구강기): 기본적 신뢰 대 불신(0~1세) → 희망
- 기본양식: 구강양식 – 함입(incorporation), 입뿐 아니라 모든 다른 감각기관을 통해 '받아들이려는 경향'을 포함
- 신뢰뿐 아니라 불신 역시 성장에 필요. 인생의 일부이며 따라서 익숙해져야 함. 신뢰가 불신을 비율상 능가하기를 바람.
- ※ 신뢰: 모에 대한 기본적인 믿음. '자아력'(자아의 중심능력들 중 하나인 만족지연을 가능하게 해주기 때문). 궁극적 신뢰는 '부모의 자기 확신'에 의해 좌우

- 항문기(초기 아동기): 자율성 대 수치심과 회의(1~3세) → 의지력
  - 이 단계의 기본양식은 보유 혹은 배설(가지거나 버림) → 프로이트와 동일. 그러나 이러한 양식의 범위가 포괄적(물건을 굳게 잡기도, 버리기도 함). 자율성의 훈련(연습), 아동들이 자신에 대한 통제력 커져 마음대로 할 때 사회는 부모를 통해 이들이 올바로 행동하도록 가르침. '배변싸움', 자율성은 내부에서 생겨남(괄약근 통제, 혼자서기, 손을 사용 등등)
  - 수치심과 회의: 사회의 기대와 압력을 의식함으로써 생겨남(자율성과 대비) 만약 부모가 배변실수에 지나친 수치심 주거나 아동의 반항적 행동 묵살하거나 스스로 행동하려는 아동의 노력 묵살 → 아동들은 수치와 회의의 감정을 지속적으로 발달

- 남근기(유희기): 주도성 대 죄의식(3~6세 혹은 4~5세) → 목적
  - 주요양식은 관입(intrusion). 아동이 대범, 호기심 많아지고 경쟁적
  - 초자아 대신 양심이라는 용어 사용
  - 주도성도 관입과 같이 전진적 아동을 의미(목표 지향적, 경쟁적, 상상력이 풍부)
  - 에릭슨의 견해에서 보면 초자아를 형성하는 것은 행동의 사회화를 위해서 필요하다. 그러나 이 시기 아동의 대담한 주도성을 위축시킬 수 있다고 봄
  - 부모는 자신의 권리를 다소 완화, 아동들과 흥미 있는 계획에 동등한 자격으로 참여하여 이 과정을 도울 수 있음

- 잠복기(학령기): 근면성대 열등감(6~11세) → 능력
  - 자아성장의 가장 결정적 단계: 주요 인지적, 사회적 기술들을 숙달
  - 이 단계에서 지나치게 부적합함이나 열등감은 위험
    여러 요인이 열등감 초래(eg. 전 단계 과업 미수행 or 학교나 지역사회의 태도가 근면의 발달 저해)
  - 이 시기 교사의 중요성

- 사춘기(청소년기): 자아정체감 대 자아정체감 혼란(12~20세) → 성실성(fidelity)
  - 본능적 충동, 급격한 신체적 성장, 사회의 시선 등으로 정체감에 대한 혼란을 초래

- 따라서 "소속집단"에 동일시하려 하거나 서둘러 '자신, 자신의 이상, 자신의 적'을 고정화시킴
- 개인의 정체감은 여러 부분적 동일시의 합
- 성취를 통하여 긍정적, 지속적 정체감 발달시킴
- 때로 정체감 형성은 무의식적 과정. 참여가 어렵기 때문에 일종의 time out 시기인 '심리 사회적 유예기간(psychosocial moratorium)' 가지게 됨

- 성인 초기: 친밀 대 고립(20~24세) → 사랑
  - 이성에게 매혹되어 사랑에 빠지지만 이러한 애착은 대부분 자기정의를 위한 노력. 즉, 이성과의 상호작용에서 자신의 진정한 감정, 상호관점 등을 이야기함으로써 자신이 누구인지를 되찾으려 함
  - '자신이 누구인가' 하는 문제에 너무 몰두해 초기 과제(친밀감)를 획득하지 못함. 확고한 정체감 가진 사람만이 타인과의 상호관계에 몰두할 수 있음
  - 정체감 형성 전 결혼 or 결혼 통해 정체감 찾으려 할 때 실패 가능성 높음

- 성인기: 생산성 대 자기침체(25~65세) → 배려
  - 생산성: 자녀 낳고 기르기 + 작업을 통해 물건 만들고 이상을 세우는 것 포함
  - 생산성이 결핍될 때: 성격이 침체, 불모화 → "유사친밀"로 퇴행(자신이 혼자이고 외아들인 것처럼 스스로에 빠져듦)
  - 이 단계에서 더 이상의 발달 없는 이유
    자신의 아동기가 공허, 좌절 → 아동을 위해 무엇을 해줄 수 있을지 모름
    문화적 가치(미국의 경우 독립적 성취, 자신의 성공에만 관심. 다른 사람에 대해서는 무관심)

- 노년기: 자아통정(통합, 완성, 65세 이후) → 절망 vs. 지혜

인간행동과 사회환경 종합이론들

1. 학자 주체별 이론

1) 에릭슨 이론(단계이론)

- 왜 단계이론인가?
  - 시기마다 일반적 문제점 기술: 프로이트가 신체 부위에 특수하게 초점을 맞췄다면 에릭슨은 양식에 초점을 맞춤
  - 질적으로 다른 여러 가지 갈등에 대해 언급: 질적으로 다른 행동유형을 나타냄
  - 일정한 순서로 전개: 생물학적 성숙의 결과에 기초. 동시에 사회도 내적이고 성숙한 일련의 잠재력 개발 충족시키려 함(eg. 자율성 단계이동 → 부모가 배변훈련), 즉 연속적 위기들이 내적 성숙과 외적(사회적) 압력에 의해 발생
  - 문화적으로 보편적

- 앞 단계를 잘 통과했든 그렇지 않든 간에 모든 단계를 경험하게 하는 것이 좋다. 앞 단계의 성공이 나중단계의 성공에 영향. 어려운 일이 일어나면 이전단계로 퇴행할 가능성 높다. 그러나 발달의 추진력은 새로운 단계의 문제에 직면하게 한다.

2) Adler의 개인 심리학적 성격이론(individual psychology)

(1) 특징
인간을 전체적으로 봄. 다음과 같은 전제
① 인간은 통일된, 자아 일치된 유기체(통일된, 자아 일치된 성격구조 = '생활 식')

② 인간은 역동적으로 완성을 추구, 개인적으로 중요한 인생목표를 향해 전진

③ 인간은 창조적 힘. 자기 삶을 결정할 수 있음

④ 인간은 상호협동, 상호작용하는 사회적 관계 맺을 수 있는 선천적 능력

⑤ 자신에 대한 주관적 지각에 따라 행동이 달라진다.

→ 가족상담(가족 분위기, 가족 구성원의 생활양식, 가족 형태에 초점), 집단지도(열
등감은 집단 내에서 효과적으로 도전받고 극복될 수 있다. 사회적 정서적 문제
의 근원인 잘못된 생활양식은 집단경험 통해 변화 가능)의 유용한 지식기반 제공

(2) 전기

• 1870. 2. 7. 6남매 중 둘째로 비엔나 근처에서 출생

• 형에 대한 질투, 병약 등으로 열등감. 그러나 아버지의 격려와 자신의 노력으로
후에 좋은 학교성적 → 열등감, 보상추구, 출생서열, 사회적 관심 등의 개념

• 정신과 의사. 1902-11. Freud와 함께 활동. 그러나 분리

• 1911. 자유정신분석학회 창설 → 1912. 개인심리학회로 변경

(3) 주요개념

① 열등감과 보상

• 신체적 결함으로 인한 열등감 + 심리적, 사회적 열등감까지 포함

→ 연습, 훈련 통해 보상받으려는 노력으로 일부 사람들은 그 약점을 실제로 보상
받음

• 열등감은 긴장을 초래해 우월감을 향해 나아가는 자극제가 됨

② 우월을 향한 노력

• 인간의 기본적 동기. 선천적

• 긍정적(이타적), 부정적(이기적) 경향을 띨 수 있다.

③ 사회적 관심

• 인간은 성적 충동보다는 사회적 충동에 의해 동기화

• 우월의 목표: 개인적 우월 → 사회적 목표로 이동(사회적 관심도 개발이 필요)

④ 생활양식
• 자기 or 자아, 성격, 성격의 통일성, 개성, 문제들에 대처하는 방법, 삶에 공헌하려
  는 소망 → 모든 행동을 구체화시킴(4~5세경 기본적으로 결정됨)
• 다양한 근원에서의 열등(결핍)으로 잘못된 생활양식을 가지게 됨

⑤ 자아의 창조적 힘 → 사회적 관심 발달시킴. 생활양식이 개인의 창조적 행위

(4) 성격의 발달
생활양식을 왜곡하기 쉬운 상황 3가지
• inferior physical organs
• parental neglect — unwanted, hated child
• parental overindulgence — spoiled child

(5) 성격발달에 대한 가족의 영향
중요성의 순서대로 mother > father > birth order

(6) 성격의 유형
• 생활양식의 형태: 인생의 문제에 접근하고 해결하는 방법을 통해 알 수 있음
• 주요 3대 인생과업: 직업, 우정, 사랑과 결혼. 상호관련
• 생활양식 태도의 유형으로 성격을 유형화
  - 지배형: 활동수준 높고 사회적 관심 낮음(독선적, 공격적, 사회적 관심 거의 무)
  - 획득형: 활동수준 중간 사회적 관심 중간(기생적 방식으로 외부세계와 관계)
  - 회피형: 활동수준 낮고 사회적 관심 낮음(성공에 대한 욕구 < 실패에 대한 두
    려움)
  - 바람직한 형: 둘 다 높음

3) Jung의 분석심리학적 성격이론

(1) 성격구조
① 자아: 의식에 해당. 우리 자신에 대한 의식 및 외계에 대한 우리의 자각. 개성화 과정에서 생김. 의식이 증대 → 개성화도 증대
② Persona: 자아의 가면. 개인이 외부에 보이는 image.
③ 음영(shadow): 우리 자신이 용납하기 어려운 특질들과 감정들로 구성. 자아나 자아상과 반대되는 개념(eg. Dr. 지킬에 있어서의 하이드). 대부분 음영은 부정적임
④ Anima: 남자에게 억압된 여성(the woman within man)
   Animus: 여성 속의 남성(the man within woman)
⑤ 집단 무의식: 전 인류에 공통적인 집단 무의식이 정신의 심층에 존재. 생래적 에너지력과 원형으로 불리는 조직화 경향으로 구성. 직접적으로 원형을 알 수는 없지만 영웅 신화, 예술, 꿈 등에서 발견되는 원형적 image를 통해 원형에 대해 알 수 있음(eg. 천하대장군, 재생, 죽음, 마술사, 신, ……)
   ※ archetypes(원형) eg. UFO
⑥ 자기: 가장 중요한 원형은 자기의 원형. 중심성, 전체성, 의미에 대한 무의식적 갈망. 성격의 상반된 측면들을 균형 있고 조화롭게 만들려는 내적 충동(전 세계적으로 만다라의 그림에 표상되어 있음). 자아는 의식의 영역으로만 볼 수 있지만 자기는 모든 것을 보고 통합시킬 수 있음
⑦ 내향성과 외향성: 우리는 두 경향 모두 갖고 있지만 어느 한쪽은 무의식 속에 미개발 상태로 다른 쪽에 편향

(2) 성격의 발달
성격은 자아, 개인 무의식, 집단 무의식의 세 가지로 분리. 서로 교류
① 아동기(출생~사춘기)
② 청소년기와 성인기: 청소년기는 "정신적 탄생"의 시기(psychic birth)
③ 중년기: 에너지가 내부로 전환하는 시기
   - 35~40세 전후: 정신적 변화. 이 시기까지를 생의 전반기라고 명명

- 40~50대: '중년기 위기'를 경험. 자신의 무시되어 왔던 측면이 표출. 자신의 삶을 재평가하도록 촉구
- 남자는 여성적인 측면을, 여자는 남성적인 측면을 표출

④ 노년기

(3) 심리적 유형

① 자아의 태도: 외향성 vs. 내향성
② 자아의 기능: 사고형, 감정형, 감각형, 직관형

(4) 시사점

① Jung은 주로 성인이나 노인들을 대상으로 이들에게 효과적인 이론을 전개하였다.
② MBTI를 통한 상당히 독특한 단기치료적 효과를 융은 밝히고 있다.

4) Skinner의 행동주의 성격이론(학습이론)

행동이해에 대한 경험적 접근방법 강조. 환경의 중요성 강조. 엄격한 행동주의자

(1) 조작적 모델

① 행동주의자: 심리학이 애매한 정신상태(목표, 욕구, 목적 등)를 나타내는 용어를 써서는 안 되며 대신 명백한 외형적 행동의 연구에만 한정되어야 한다는 믿음
② 환경론자: 유기체가 유전적 자질을 갖고 태어나지만 이보다 환경이 어떻게 통제하는지 관심
③ 조작적 조건형성
  - 조작적 조건형성(operant conditioning): 자극(S1) → 반응(R) → 강화자극(SR) 최초 자극은 잘 알 수 없으나 단순히 반응을 방출 → 반응 뒤의 강화 자극에 의해 통제됨(cf. Pavlov 고전적 조건형성)
  - Skinner 상자: 전형적 학습곡선(반응강화 → 반응의 발생률 증가)

- 조작적 행동이 반응적 행동에 비해 인간생활에 훨씬 더 중요. 행동은 그 행동의 결과에 의해 결정(eg. 독서)

(2) 조건형성의 원리들

① 강화와 소거
- 강화 1차 강화물: 음식, 고통 제거
  강화 2차 강화물(조건 형성된 강화물): 성인의 미소. 칭찬 등
- 소거(eg. 아동의 투정, 떼쓰기)

② 강화의 즉각성

③ 변별자극
- 반응에 선행하는 자극은 그 반응에 상당한 통제력 가질 수 있음(eg. 비둘기)
- 반응적 조건 형성의 경우 주어진 자극이 반응을 자동적으로 유발하지만 조작적 조건 형성에서는 그 가능성을 높여줄 뿐임

④ 일반화
- 자극일반화
- 반응일반화

⑤ 행동 조성
- 점진적 접근법: 원하는 반응에 더 접근할 때마다 강화
- 넓은 범위에서 강화 → 정확한 행동강화로 점진적 접근

⑥ 행동연쇄(eg. 야구)

⑦ 강화계획(강화 schedule): 조작적 행동이 학습되고 유지되는 비율은 강화 schedule에 의해

- 연속적 강화: 반응횟수나 시간(duration)에 상관없이 유기체가 반응할 때마다 강화를 줌. 초기단계에서 어떤 행동 시작하고 강화시키기에 좋은 방법
- 간헐적 강화: 연속적으로 강화된 행동보다 간헐적 강화된 행동
  고정간격 schedule
  고정비율
  변화간격(가변간격)
  변화비율(가변비율)

⑧ 벌: 그 행동을 강화하려는 것이 아니라 제거하려는 것. 그러나 이는 일시적인 행동억제효과뿐. 벌은 부작용도 있기 때문에 벌보다는 소거가 효과적임. 소거와 정적강화를 동시에 쓰면 효과적임(cf. 부적강화: 혐오자극을 제거)

(3) 성격의 발달
① 인간의 성격과 행동형성에 환경의 역할 강조
② 성격의 발달은 조건화된 행동이 연속적으로 증가해 가는 것
  결국 성격은 이러한 행동패턴들의 집단 → 강화된 행동 → 습관 → 성격의 일부
③ 건전한 성격: 자극의 일반화와 변별능력이 적절하게 발달된 결과
④ Walden Two의 단계별 환경조작

5) Bandura의 사회학습이론(Social Cognitive Theory)

 행동이나 성격의 결정요인으로 사회적 요소를 중시. 대부분의 학습은 다른 사람의 행동을 관찰, 모방한 결과 일어난다.
 self-directedness는 Bandura의 핵심개념(고교시절 열악한 교육환경에서 study group 등 스스로 교육)

(1) 주요개념

① 모방(modeling)

다른 사람이 행동하는 것 보고 들으면서 그 행동을 따라하는 것. 다음의 경우 더 잘 모방

- 위대하다고 생각하는 사람
- 자기와 동성인 모델
- 돈, 명성, 높은 사회경제적 지위 등을 지닌 모델
- 벌을 받은 모델은 거의 모방하지 않음
- 연령이나 지위에서 자기와 비슷한 모델

② 인지

- 사회적 학습은 주로 인지적 활동
- 인간의 인지능력으로 장래계획하고 내적 표준에 의해 자신의 행동조정, 자기행동의 결과 예측 가능
- 결국 학습된 반응 수행의지는 인지적 통제하에 가능

③ 자기조정(self-regulation)

- 수행과정, 판단과정, 자기반응과정으로 구성
- 내적 표준이 자기조정체계의 토대
- 결국 인간행동은 외부환경의 보상 및 처벌 + 내적 표준에 의해 조정
→ 인간의 행동 및 인지간의 일관성 가능(cf. Skinner)

④ 자기강화와 자기효율성

- 자기강화: 자신이 통제할 수 있는 보상을 스스로에게 줌 → 자신의 행동유지나 변화. 이때 수행이나 성취와 관련된 표준에 의해 보상여부 결정
- 자기효율성: 내적 표준과 자기강화에 의해 형성(어떤 행동을 성공적으로 수행할 수 있다는 신념)

(2) 모델로부터의 학습과정

① 관찰학습

- 주의과정(attentional process): 모델에 주의 기울이지 않으면 모방할 수 없음. 주로 우리의 주의를 끄는 모델(eg. TV.)
- 보존과정(retention process): 모델의 행동을 상징적 형태로 기억
  - 심상을 형성(시각적 image)
  - 언어적 부호화
- 운동재생과정(motor reproduction process): 행동재생위해서는 필요한 운동기능 갖추어야 함
- 강화와 동기적 과정
  - 강화가 관찰학습에 필수적이지는 않지만 학습된 행동의 수행가능성을 높여줌으로써 행동결과를 정보로 제공하고 행동을 통제
  - 관찰학습은 능동적 과정. 동기 결합되면 복잡한 사회적 행동의 학습 및 수행이 원활함

② 대리적 강화

대리학습. 대리조건화

(3) 성격의 발달

① 무시행 학습(관찰학습): 습관의 대부분이 다른 사람을 관찰하거나 모방함으로써 배우는 것 → 사회학습의 경험이 성격을 형성

② 상징적 환경의 중요성(eg. TV)

③ 대부분의 행동은 자기강화에 의해 규제됨 → 내적 표준의 중요성

④ 자아개념-자기존중감에 기초하여 구성됨

⑤ 자기효율성이 성격 발달에 결정적 영향(eg. 고도의 자기효율성 가진 사람)

⑥ 스스로 효율성 낮다고 생각하는 사람

◇ 인간의 발달 (2) ◇

1. 인간발달을 보는 관점

1) (Newman & Newman) 인간발달의 기본전제

- 인간의 성장과 발달은 삶의 모든 기간에 걸쳐 일어난다.
- 인간의 삶은 시간에 따라 진행되면서 지속성과 변화를 경험한다. 따라서 이러한 지속성과 변화에 기여하는 과정을 파악하는 것이 인간발달의 이해에 중요하다.
- 인간을 전체로서 이해해야 한다(육체적·인지적·사회적·정서적 측면의 여러 기능간의 상호작용).
- 인간의 발달과 행동은 관련된 상황이나 인간관계의 맥락에서 분석되어야 한다.

2) 인간의 발달과정(생물학적 요소+환경적 요소의 상호작용)

- 생물학적 요소: 육체적 발달을 주도하는 요인으로 성숙(유전인자에 포함되어 있는 계획에 따라 전개되는 유기체의 형태, 조직, 복잡성, 통합성, 기능상의 변화)에 영향을 주며 성장과 노화가 진행된다.
- 환경적 요소: 인간의 환경에 존재한다. 삶의 각 단계에서 새로운 기회를 부여하고 새로운 책임을 요구하는 가족의 기대, 학교, 직장과 같은 사회문화적 요소들로 학습과 사회화의 과정에 의해 인간의 발달을 이끈다.

※ 에릭슨
　육체적 체계(생물학적 체계), 자아체계, 사회적 체계의 상호작용 결과로 이루어진 내적 경험이 인간발달 연구의 초점이 되어야 한다고 주장하며 개인과 사회적 환경 간의 지속적인 상호작용의 중요성을 강조했다.

2. 인간발달과 사회복지실천

1) 인간발달에 관한 연구에서 공통적으로 다루어지는 내용

- 태아기로부터 노년기에 이르기까지의 발달을 설명해주는 기제는 무엇이며, 그것은 생의 단계에서 얼마나 상이한가?
- 전 생애에 걸친 변화와 안정을 밑받침하는 요인들은?
- 인간발달에서 육체적·인지적·정서적·사회적 기능 간의 상호작용은 무엇인가 (건강·사고·감정·사회적 요인 간의 결합을 어떻게 설명할 수 있는가)?
- 인간발달에 미치는 사회적 관계의 영향에 대해 얼마나 설명할 수 있는가?

※ Zastrow & Kirst-Ashman
- 실천과정(초기, 문제와 상황에 대한 조사 및 평가, 개입에 대한 계획의 수립, 개입, 종결)에서 인간의 발달에 관한 지식은 문제에 대한 조사 및 평가과정과 관련
- 인간행동과 발달의 평가에서 강조되는 인간과 사회적 환경 간의 상호작용 측면
  - 인간의 보편적 발달, 정상적 발달과 문제가 있는 발달을 구분
  - 생의 특정한 시기에 공통적으로 맞게 되는 삶의 사건들(청년기의 결혼, 퇴직 등)
  - 소수집단의 특징이 개인의 행동과 발달에 미치는 영향

3. 발달단계와 발달과제

1) 발달단계

발달은 단계를 거친다.

2) 발달과제

- 인간의 환경에 대한 지배를 증가시키는 기술과 능력들로 구성. 신체적·인지적· 사회적·정서적 기술의 획득을 반영
- 발달과제는 특정한 사회에서 각 연령에 부합하는 정상적인 발달이 어떤 것인지 를 정의한다.

(1) 태아기, 유아기 및 학령 전기

① 태아기
가. 태아기의 유전적 요소에 의해 결정되는 개인적 특징
- 성장률
- 개인적 특징: 눈의 색, 키, 혈액형, 지능과 같은 신체적 특징이외 기질적 측면(사 회성, 활동적 성격)
- 비정상적 발달에 대한 유전적 요소: 다운증후군 등

나. 태아의 발달: 임신초기, 중기, 말기
특히 초기에는 약물복용의 영향을 받기 쉬움

다. 임산부가 태아에 미치는 영향
- 임신연령: 16세 이하나 35세 이후의 출산은 선천적 결함의 여지가 많음(eg. 다운 증후군, 35세 미만 1,500명 중 1명, 35세에는 300명 중 1명, 45세 이상에는 25명 중 1명)
- 임산부의 건강상태
- 약물복용, 약물중독
- 임산부의 정서적 상태

라. 사회복지실천의 관심대상이 되는 태아기의 문제
- 생물학적 문제: 연령, 유전적 질병, 약물사용이나 중독
- 심리적 문제: 계획하지 않은 임신에 대한 부정적 심리적 반응, 부모역할에 대한 부적합한 느낌. 지지적(사회적) 관계망의 중요성. 정보와 지지의 제공
- 사회적 문제: 재정적 문제. 주거 서비스 등

② 유아기(출생 시~약 2세)
매우 빠른 성장을 보인다. 2세 정도가 되면 기본적인 운동능력, 언어 및 개념 형성이 가능하게 되고, 이때 적절한 감각적 자극이나 책임 있는 보호가 지속적으로 심하게 결핍되면 발달이 저해될 수 있다.

가. 신체적 발달
- 반사적 운동반응: 빨기, 쥐기
- 운동발달의 단계(이인정, p.32)
- 발달 단계는 유아에 따라 순서나 시기 다를 수. 유아의 성숙 수준, 환경적 조건 등에 달림

나. 인지적 발달
- 경험을 조직하는 데 직관과 환경에서의 직접적인 탐색을 통해 개념 형성
- 원시적 수준의 인과관계도식을 사용. 도식 발달에는 다음의 6단계를 거침(피아제와 인헬더)
  - 반사(reflex): 생후에 나타나는 본능적인 반사활동의 단계. 반사적 반응에 의해 인과관계 연결
  - 최초의 습관(first habits): 태어난 지 2주 후부터 보이는 현상. 예를 들어 빨기반응을 통해 사물이 탐색되며, 이에 따라 자신의 반응을 변형시켜 나감.
  - 순환적 반응(circular reactions): 수단과 결과의 조정통합 가능하며, 자신의 행동을 예측되는 결과에 연결. 그러나 왜 특정 행동이 예측된 결과를 초래하는지는 이해하지 못함. 예를 들어 딸랑이를 흔들면서 소리를 들을 것을 기대함
  - 수단과 결과의 통합: 생후 8개월. 새로운 목적을 성취하기 위해 익숙한 행동

을 사용. 예를 들어 엄마를 놀래주기 위해 딸랑이 사용하지만 사실은 자신이 듣기 위해 사용

- 새로운 수단의 실험: 생후 11개월. 목적을 성취하기 위해 행위를 수정할 수 있음
- 통찰력: 생후 18개월. 정신세계 내에서 수단과 목적을 연결시킬 수 있음. 즉, 행동이나 물리적 조작을 실제로 수행해 보지 않고서도 마음속에서 행동의 결과를 예측, 대상영속성의 발달(이후의 복잡한 표현적 사고발달의 첫 단계)

다. 심리사회적 발달
• 사회적 애착의 확립
  - 사회적 애착: 타인과 특수하고 긍정적인 정서적 유대를 형성하는 과정. 유아는 자신을 돌봐주는 사람과 긍정적 정서적 관계를 확립해야. otherwise 불신의 형성
  - 사회적 애착의 발달(Newman & Newman, 1989)
    1단계(0～3개월)
    2단계(3～6개월)
    3단계(7～학령 전기)
    4단계(학령 전기 이후)
  - 낯선 사람에 대한 불안과 격리불안(separation anxiety): 생후 6개월에서 1년 정도. 격리 불안은 2세 정도가 되면 잠시 떨어지는 것 가능할 정도로 완화. 사회적 애착이 완전히 확립된 경우 유아는 엄마에 대한 영상을 간직, 자신에 대한 부모의 사람을 기억하여 부모와 떨어져 있는 동안 자신을 달랠 수 있음
• 정서적 분화
  - 2세까지 정서의 점진적인 분화
  - 생후 1mo.～6mo. 자신의 욕구가 충족되지 않을 대 분노, 신기한 것에 대한 호기심, 익숙한 얼굴에 대한 즐거움 나타냄
  - 6～12mo. 일의 전후관계 이해, 이에 다라 정서적 반응
  - 1～2년. 유아의 자의식의 발달로 불안, 자랑스러움, 수치심을 포함. 다른 사람의 감정에 반응.
  - 유아기의 발달과제들은 복잡하게 관련. 감각적, 운동적 성숙, 지능 등을 따로

떼어 논할 수 없다.

라. 사회복지 실천의 관심 대상이 되는 유아기의 문제

- 신체적·인지적 측면으로 인한 문제(선천적으로 불완전)
  - 신체적 측면: 선천성 질환이나 장애를 가진 경우 여러 가지 활동 수행에 어려움과 동시에 부모와의 상호작용에 제약이 있을 수 있다. 예를 들어 시각장애, 청각장애 등. 가족에게도 큰 혼란을 야기하며 이에 적응하는 것이 큰 과제
  - 인지적 측면: 정신지체가 대표적임. 주로 유년기를 포함하는 발달의 기간에 일어나며 명백한 평균 이하의 지적 기능과 더불어 적응행동에서 나타나는 결함
  - 장애아에 대해 모는 육아를 거부, 회피적 반응, 우울증 걸릴 확률이 높음. 부부의 유대에 긴장을 초래할 수 있으며 가족 내 다른 자녀들에게도 다양한 문제 일으킬 수 있음
  - 사회복지사: 적절한 서비스와 연계. 지지적 서비스 제공
- 사회적 측면
  - 유아기에 애착을 확립하지 못했을 경우 문제
  - 지속적, 책임 있는 보호가 결핍
    - ㉠ 반응이 없고 언어발달 지체, 위축, 주위에 무관심, 불안한 관계형성. 애착 대상으로부터 지속적으로 분리될 경우 심각한 심리적 손상 초래
    - ㉡ 이후의 아동기, 청소년기에서도 자부심, 인지적 발달, 사회적 적응 등에서 지장을 초래 — 탁아의 경우 탁아의 질이 중요한 요인

③ 학령 전기(2~4세)

- 매우 활동적. 자기주장과 지배에 대한 욕구. 개인으로서 자신을 의식하기 시작. 항, 고집, 자기주장이 생김. 규제를 배우게 해야 함
- 자기중심적 존재에서 자의식을 가진 인간으로 성장하도록 해야 함. 이 시기의 말경에는 자신에 대한 좀 더 현실적인 평가를 할 수 있게 됨. 따라서 '나 하고 싶은 대로'보다는 '나 스스로'에 더 관심을 가짐. 스스로 하는 것에 대해 긍정적 결과 나올 때 자율성이 성장됨

가. 신체적 발달

여러 형태의 운동에 접하게. 스포츠에 대한 관심

나. 인지적 발달

- 상상능력
  - 피아제의 전조작기(2~6세) 초기
  - 상징적으로 대상을 다룰 수 있게 해주는 다양한 기술 습득. 예를 들어 대상부재 시에도 모방할 수 있는 능력, 영상간직 능력, 상상놀이, 언어능력 등
  - 언어와 상상능력은 표현의 대조적 형태. 상상 속에서 아동은 개인적 의미를 갖는 상황이나 인물을 창출. 마음속에서 강하게 느끼나 언어로 표현하지 못하는 경우도 있음
  - 그림이나 놀이치료를 통해 아동의 내적 세계 이해 필요
- 언어의 발달
  - 1년: 구어를 모방하는 소리
  - 2년: 단어와 구절의 이해
  - 3년: 구어에 대한 이해 완성. 사고, 관찰, 욕구 전달 위해 언어사용. 그러나 여전히 제한된 발음능력
  - 4년: 광범위한 어휘습득. 기본적인 언어의 기초 확립

다. 심리사회적 발달

- 자기통제

  학령전기에서의 자기통제는 충동에 대한 통제와 환경에 대한 지배로 나타남
  - 충동의 통제

  자기통제(self-control): 상황을 평가하여 이전에 학습한 행동의 지침에 비교하는 인지적 능력이 필요. 충동의 강도를 감소 혹은 조정하는 능력도 요구됨

  이 시기에 충동을 조정, 통제하는 능력이 향상됨(충동의 만족의 지연)
  - why?

  ㉠ 초보적인 시간감각으로 미래에 대한 이해 가능 → 만족지연에 대한 좌절감을 덜 느끼게 됨. 유아기에 형성된 신뢰감이 이를 가능하게 함

ⓛ 좌절감이 발생할 때 이러한 감정을 다루는 기술을 배우게 되기 때문. 학령 전기의 인지적 능력이 좌절감을 다루는 데 가장 중요한 도구가 됨. 즉, 언어를 통해 표현, 동시에 상상놀이를 통해 현실에서 자신이 지배할 수 없는 상황을 지배하여 감정을 다스리도록 함
  - 환경의 지배
  아동이 자신에게 관련된 다양한 영역의 일상생활이나 활동에 대한 결정에 참여함으로써(ex. 자신이 입을 옷을 선택, 일상적 가사에 공헌 등) 자신감, 환경에 대한 지배감 향상

라. 사회복지실천의 관심대상이 되는 학령전기의 문제
• 아동학대(유아기부터 아동기에 걸쳐 일어남)와 방임
• 미국의 경우 protective service worker: 학대 또는 방임에 대한 평가. 부모와 아동의 욕구 조사. 직접적 서비스 제공. 적합한 기관과의 연결 등

(2) 아동기(4~12세)
이제부터 가족의 전적인 영향하에서 학교의 영향하로 바뀌어 간다.

① 아동기 전기(4~6세, 유치원)
가. 신체적 발달
사각형, 삼각형 그릴 수 있음. 작은 공을 똑바로 던지고 받을 수 있음

나. 인지적 발달
• 초기 수준의 도덕 발달
  - 학령 전기: 적합한 행동에 대한 요구가 외부세계에 존재
  - 아동기 전기: 부모로부터 습득된 가치가 아동의 사고에 통합. 적합한 행동에 대한 기준이 자아개념의 일부가 됨
  - 초기적 수준의 도덕발달에 대한 주요 이론들
  ㉠ 프로이트의 정신분석이론
  ㉡ 인지적 발달이론: 피아제와 콜버그

ⓒ 행동이론
- 초기적 수준의 도덕발달은 상과 벌에 대한 반응으로 성취. 그다음 도덕적 기준의 내면화. 즉, 스스로 상과 벌을 적용하기 시작. 도덕적 행동을 학습, 유지하는 강력한 동기가 됨
- 사회학습이론: 모방을 통해 도덕적 행동을 학습. 모델. 대리적 학습(부정적 행동의 결과 관찰 통해)

다. 심리사회적 발달
- 성역할에 대한 인식
  - 자신의 성과 그에 맞는 행동 및 사회적 관계에 관심(옷차림, 놀이, 직업에 대한 사회적 기대 의식). 이때 성역할 기준이 아동의 행동에 영향을 미치며, 이는 문화나 시대에 따라 차이
  - 부모 및 어른들의 성역할 기준을 이해하고 내면화(역할 기대, 조건적 보상 및 벌 등에 의해)
  - 아동기 전기는 엄격하고 고정적인 성역할 기준을 가짐
- 자아개념의 형성
  - 자아개념: 한 개인의 고유한 속성과 그 사람이 속한 세계의 속성, 및 개인과 환경간의 상호작용의 반영
  - Mead의 자아개념
  I: 프로이트의 원초아와 비슷. 개인의 통제되지 않은 욕구
  me: 프로이트의 초자아와 유사. 일반화된 타인(the generalized other), 즉 개인이 그 환경에 존재하는 사람들로부터 받아들여 내면화시킨 것을 의미. 다음의 세 요소로 구성
- ⊙ 자신에 대한 타인들의 태도를 파악
- ⓒ 다양한 활동이나 상황에 대한 타인들의 태도를 이해
- ⓒ 이와 같은 사고에 입각하여 자신의 행동을 수정, 조절
  이상의 요소를 모방, 놀이, 게임(아동기 후기에 가능. ex. 야구)을 통해 획득, 일반화된 타인의 개념을 형성하게 됨
  - 아동기 전기에는 사람들의 기대와 규범에 비추어 자신을 평가하고 자기비판이

나 좌절감을 경험할 수 있게 해야 함

- 자기평가는 다음에 의함

㉠ 자신에게 주어진 기대와 자기가 실제로 성취한 것의 비교

㉡ 타인들의 인정, 사랑, 지지의 표시

→ 아동의 자부심은 주요한 과제 수행에 성공했느냐에 따라, 또한 자신이 중요하게 여기는 사람들의 반응이 긍정적인지에 따라, 또한 환경간의 불일치(환경이 자신이나 가족의 주요 특징과 일치하는가? 아닐 경우 불안정과 불확실한 자아개념)의 정도에 의해 변화

→ 따라서 부모나 선생님과 같은 성인들이 아동의 능력에 대해 인정해주고 사랑받고 있다는 것을 확인시켜줄 필요가 있음

• 정서적 적응과 방어기제

- 학령 전기부터 아동 전기에 아동은 자신의 감정을 다루는 법을 배우게 됨. 충동과 사회적 요구 간의 균형 취할 줄 알게 됨. 자신의 감정을 적절하게 표현하는 방법도 배우게 됨

- 여러 가지 근원에서 비롯되는 불안과 공포심을 경험함. 이때 부모는 감정이입적 태도로 극복해나가도록 도와야 함

- 불안을 감소시키기 위해 자신의 감정을 감추거나 가장하는 여러 가지 방식 배우게 해야 함. 다양한 방어기제를 사용함

• 집단놀이

상상놀이에서 나아가 좀 더 조직적이고 현실적인 새로운 형태의 집단놀이에 관심(그러나 아직 팀 스포츠 단계는 아님). 술래잡기, 공받기와 같이 경쟁보다는 협동이나 상호작용을 통한 즐거움

라. 사회복지실천의 관심대상이 되는 아동기 전기의 문제

• 공격성. esp. in 남자 아동(생물학적 + 사회적 영향)

TV와 같은 대중매체의 영향. 이때 폭력적인 프로그램 시청 후 남자 어린이들에게서 공격성이 현저히 증가

② 아동기 후기(7~12세)

프로이트의 잠복기에 해당. 오이디푸스 콤플렉스를 해결하고 지적 측면에서 현저한 발달+심리사회적 측면에서도 균형 있게 발달(다양한 대인 간 사회적 기술의 습득)

가. 신체적 발달

11~12세경 girls가 boys보다 신체적 성숙 앞섬. 그 이후에는 반대

유치가 영구치로, 뇌의 크기가 8세경 성인의 90%로 성장. esp. 운동능력에서 왕성한 활동

나. 인지적 발달

- 피아제의 구체적 조작사고가 가능: 보존의 개념, 유목화의 개념적 기술(분류), 조합의 능력(보존의 능력 중에서 숫자에 대한 보존능력을 획득한 후 갖게 되는 개념적 기술. 이를 통해 사칙연산의 능력 가능)
- 분류, 인과관계 추론, 물리적 세계의 규칙과 대상 간의 관계를 지배하는 원리에 대한 통찰력. 다양한 학문적 영역에 접근할 수 있음
- 사고의 발달로 사회에 대한 인식도 변화: 자기중심적 사고에서 점차 탈피. 다음의 세 가지 인지적 요소가 사회적 사고의 성숙을 가능하게 함
  - 사회적 추론(타인의 감정, 사고, 의도에 대해 유추, 가정할 수 있는 능력)
  - 사회적 관계에 대한 이해(공정, 충성, 권위에 대한 존중, 합법성 등 사회적 관계에 연관된 개념 습득)
  - 사회적 통제에 대한 지식(사회적 규칙이나 인습)

다. 심리사회적 발달

- 학교의 영향
  학교의 가족과 구별되는 구조적 특성은 아동의 여러 가지 측면의 발달에 기여함
  - 아동의 사회화
  사회적 강화(성적, 칭찬, 비난, 처벌 등)와 사회적 비교를 통해 아동을 사회화
  특히 소수집단에 속하는 경우(인종이나 사회적 계층과 같은 사회적 정체감, 능력이나 업적 등) 아동의 자부심에 부정적 영향

- 사회적 규범의 학습

학교는 가정과 직장 간의 전환적 기관으로 둘을 연결하는 역할, 즉 자주성, 성취, 획일성과 같은 규범을 학습

이때 사회적 규범은 학교의 교과과정 + 다른 사회적 규범에 의해 훌륭한 시민의 양성을 추구

㉠ 보편주의: 교사가 아동을 획일적 기준을 적용(공평한 대우)

㉡ 교사와 학생 간의 관계의 특수성(한시적, 즉 매 해 바뀜)

㉢ 자주성: 자신의 일을 스스로 처리, 자신의 행동에 대한 책임 수용

㉣ 성취: 평가를 통해

- 친구관계의 경험

가족관계와의 차별성(선택, 동등). 친구와의 상호작용을 통해 ㉠ 다양한 생활방식이 존재하며 ㉡ 또래집단의 사회적 규범과 압력의 영향 ㉢ 동성의 친구와 친밀한 관계경험

- 팀 스포츠의 경험

  - 신체적 조정, 통합 능력, 규율 인지를 통해 스포츠 가능

  - 스포츠를 통해 ㉠ 집단의 목표를 개인적 목표보다 상위에 두고 ㉡ 분업의 원리를 배우게 되며 ㉢ 경쟁의 여러 측면을 배움(패배의 비참함 등)

  - 인지적·사회적 발달에 기여, 팀에 대한 소속감을 통해 자신의 역할을 상대적 개념화 가능, 규칙, 전략, 역할의 분배, 상황에 대한 판단이 요구되므로 아동의 발달을 촉진시킬 수 있음

- 학습장애

정상적 수준의 지능을 가진 아동이 학업성취가 현저히 낮을 때를 지칭

  - 언어문제

시각과 인식에 관련된 문제로 사물을 있는 그대로 보고 파악하지 못함. 공간적 관계의 이해 결여. 자신이 본 것을 동작으로 전환하는 데 장애. 따라서 스포츠에서 부정확하고 서투르며 글씨 쓰거나 그림 그리는 능력 떨어짐

  - 운동장애: fine motor의 장애로 글씨가 엉망, 걷기, 뛰기 등 신체적 활동 부진

  - 과잉행동: 주의력 결핍

  - 자신의 장애에 대한 여러 가지 부정적 반응: 과제에 실패할까 봐 두려워함. 후

퇴와 회피, 무력감, 낮은 자부심, 열등감
- 증상의 범주로 구분하기보다는 장점과 결점을 중심으로 기술하여 취약한 부분을 극복하도록 원조

(3) 청소년기(12~22세)

- 구분
  - 12~18세, 청소년 전기: 급속한 신체적, 인지적 변화
  - 18~22세, 청소년 후기: 자아정체감 확립. 성인이 되기 위한 준비
- 주변인, 중간인
- 주요 발달이론들
  - Freud: 생식기
    성적 에너지 강해지면서 오이디푸스 콤프렉스 재등장. 그러나 이성의 등장으로 청소년기 말기에는 부모와 좀 더 자주적 관계 수립
  - Anna Freud: 오이디푸스적 감정 재경험
    가족과의 긴장상태 극복 위해 가족으로부터 회피, 일시적 부모 경멸과같이 대처. 또는 금욕주의적 행동을 통해 스스로 해결책을 찾도록 도와주어야 함
  - Erikson: 충동적 에너지 증가 + 새로운 사회적 갈등과 요구 대두 → 혼란, 당황 자신의 정체감 확립이 주요과제(집단정체감 → 개인적 정체감 확립 노력 '심리 사회적 유예기'

① 청소년 전기(12~18세)
가. 신체적 발달

나. 인지적 발달
추상적 사고, 인과관계 추론(형식적 조작사고), 연역적 사고, 자신의 사고에 대한 비판적 검토
- 청소년기의 개념수준
- 자아중심적 사고의 감소

- 다양한 역할에서 부과되는 요구간의 양립 or 갈등. 균형, 조정 필요
- 또래집단의 참여
- 교과과정(중·고) → 논리적 사고, 상상능력의 증대

다. 심리사회적 발달
• 또래집단
  - 아동기와는 다른 차원에서 조직적이며 구성원이 이질적임
  - 또래집단 선택에는 사회경제적 계층, 부모로부터 물려받은 가치관, 거주 지역,
    학교의 특성, 특수한 능력, 재질, 성격 등이 영향
  - 성인 집단활동의 전초적 경험
• 이성관계
  - 성적인 성숙과 사회적 기대의 결과
  - 청소년 전기에는 동성의 친구가 중요 but 이성에 대한 관심은 증가
  - 이성과의 관계를 통해 성인으로서의 성역할, 성적 행동에 대한 기본적 태도 형성
• 정서적 발달
  - 주요과제: 자신의 감정에 보다 관대해지는 것

라. 사회복지실천의 관심 대상이 되는 청소년 전기의 문제
• 청소년 비행
  - 청소년 전기에 시작. 후에 비행과 범죄의 경력으로 이어짐
  - 청소년 범죄뿐 아니라 무단결석, 가출, 음주, 유흥업소 출입 등
  - 청소년 → 성인 전기로의 전환을 원조
    eg. 가족 상담소, 청소년 기관, 비행청소년 지도, 교정 사회복지사 등
  - 청소년 비행에 대한 다양한 원인론
  ㉠ 하위계층의 가치
  ㉡ 기회의 불평등
  ㉢ Hirschi, 1969
  ㉣ 정신분석이론
  ㉤ 인지, 도덕발달이론

- 거식증(anorexia nervosa) or 폭식증(bullimia)
  - 부정적인 신체 이미지
- 실천
  - 비행 청소년 상담, 교육, 직업알선, 주거시설마련, 보건의료서비스, 가족 상담, 성교육 등. eg. 분노조절 프로그램(anger management program)

② 청소년 후기(18~22세)
가. 신체적 발달

나. 인지적 발달: 10대 후반에 정점

다. 심리사회적 발달
- 부모로부터 독립
- 신체적 통합능력, 인지적 성숙, 개인적 가치관의 내면화, 사회적 측면(또래집단 참여)의 여러 조건에서 독립가능한 시기
- 청소년의 자율성 획득에 가족, 특히 부모의 역할 중요
  만약 부모가 너무 제한적이거나 관용적일 경우, 부모로부터 자신의 가치세계 분화 능력 저해
- 성역할에 대한 정체감(gender identity)
  성적 정체감이 확고해지는 과정(sexual socialization)
  - based on ㉠ 동성친구와의 경험(아동기)
           ㉡ 청소년 초기의 신체적 변화 → 정체감에 통합
           ㉢ 호르몬의 변화 → 성적 충동, 생식능력
           ㉣사회적 기대
- 직업에 대한 준비
  -개인적 능력, 관심, 자신에 대한 부모의 기대가 주요 결정요인
  -성역할에 대한 정체감 → 직업에 대한 자신의 능력 평가에 영향
  -상황적 요인, 가치 등

- 자아정체감 확립
  - 자아정체감 지닌 사람은 개별성, 통합성, 지속성 경험
  - 아동기 동일시의 경험에서 시작

라. 사회복지 실천
- 정체감 유실(identity foreclosure): 자신의 정체감에 대해 미숙한 결정. 따라서 위기의 경험이 없는 정체감 유실은 문제
- 부정적 정체감 형성
- 정체감 혼란(역할 혼란). eg. gender identity disorder

(4) 청년기(25~35세)
- 지금까지의 준비의 시기를 실현하고 구체화하는 시기
- 신체적 · 지적 측면에서 정점
- 직업, 결혼이 가장 큰 변화
- 청년기 이후의 발달은 주로 사회적 · 문화적 요인에 의해 주도
- 성인기 발달에 대한 연구들
  - Grant study
  - Levinson
  - Gould

① 신체적 발달: 신체적 건강의 정점
② 인지적 변화
③ 심리사회적 발달

가. 결혼
- 통계자료
- 추세: 독신 증가. 출산연령 증가, 자녀 수 감소(1.4명), 자녀양육기간 감소
- 결혼을 위한 준비(조건): ㉠ 자아정체감의 성취, ㉡ 적령기에 대한 반응이 다름
- 결혼상대자의 선택과 결정과정

- 관련된 상호작용의 관계망에서 선택
- 관계가 심화(유사성 발견, 조화적 관계 중요)
- 역할 조화와 공감의 발견 → 관계의 지속
- 자신을 더 드러내 보임 → 위기극복 → 편안함, 공감 형성
• 결혼에 대한 적응: 결혼 후 2~4년 이혼율 가장 높음

나. 자녀의 출산과 양육

• 부모로의 역할변화에 대한 준비
• 육아와 관련된 교육
• 부부간 역할, 책임에 대한 재정의 합의

다. 직업의 세계

• 직업이 주는 의미의 차이
  - 남: 자아정체감의 중심부분으로 느낌
  - 여: 때에 따라 직업을 결혼, 어머니에 대한 대체물로 간주하기도 함
• 직업선택의 시기와 직업의 특성을 잘 파악(자신과 맞는지 파악)
  - 전문적 기술
  - 권위적 관계
  - 직업에 존재하는 고유한 요구나 위험(eg. 심리적 stress 많은 직업은 burn out 가능성 높음)
  - 동료와의 인간관계(규범적 or 협동적)

라. 사회복지실천

부부상담(marriage counseling), 이혼, 이혼 자녀(이혼가정의 문제해결, 적응), 부부간 가족치료, 상담, 집단 프로그램, 기업복지 프로그램

(5) 장년기(35~60세)

• 인생에서의 전환기
Jung은 장년기부터 외부세계보다는 내면세계에 초점

• 이론들

- Levinson 3 발달과제

    ㉠ 과거에 대한 재평가(죽음에 대한 의식, 남은 시간 활용)

    ㉡ 인생의 남은 부분을 새로운 시기로 시작(기존의 부정적 요소 수정, 새로운 요
    소 갖추기 위한 선택)

    ㉢ 개별화

- Gould. 장년기에 극복해야 할 5가지 비합리적 가정

- Peck. 장년기 발달상의 4가지 이슈

    ㉠ 지혜 vs. 육체적 힘

    ㉡ 대인관계의 사회화 vs. 성적 대상화

    ㉢ 정서적 융통성 vs. 정서적 빈곤

    ㉣ 지적 융통성 vs. 지적 엄격성

    ※ ㉠과 ㉡의 경우 사회복지사는 판단해서는 안 되며 오히려 서로 다른 유형의
    적응을 선택하는 사람들의 상이한 욕구 충족시킬 수 있는 다양한 서비스를
    제공해야 한다.

① 신체적 변화

• 여성: PMS(post-menstrual syndrome). 불안, 우울, 자신감 저하, 성취감 상실 등의 정
서적 문제 경험할 수 있음

• 남성: mid-life crisis. 여성의 PMS와 유사한 현상. 불안, 우울, 집중력 감소, 피로, 수
면장애, 초조, 자신감 상실 등 경험 가능. 심한 경우 자살시도의 위험까지

② 인지적 변화

결정성 지능(언어적 추론, 공간개념 등)은 장년기에도 증가하나 유동성 지능(신경,
생리학적 능력에 입각한 운동속도, 기억, 새로운 정보처리능력 등)은 감소

③ 심리사회적 발달

가. 부부관계유지

• 효과적인 대화체계개발

- 개인적 성장 + 부부로서의 성정에 헌신
- 갈등을 창의적으로 활용

나. 가정의 운영
- 가족 성원들의 욕구와 능력을 평가
- 의사결정(재정, 주거, 교육, 일상적 활동, 여가, 사교, 자녀양육)
- 시간을 조직화
- 목표를 세움(미래)
- 다른 사회적 체계(확대가족, 직업관련, 종교, 교육 등)와의 관계 확립
  가족이 과도한 외부요구에 시달리지 않도록 함

다. 자녀양육
- 자녀가 학령 전기 → 독립할 때까지 장년기
- 학령 전기: 부모는 규칙을 세우고 이에 순응하도록 훈련
- 초등학교, 중학교: 주로 교육자로서의 역할
- 청소년기: 통제와 관용의 적절한 조화
- 자녀독립: empty nest 부모역할, 의무감소 → 부부관계 변화

라. 직업관리
- 대인관계 기술
- 자신의 직업에 존재하는 권력의 구조를 확인, 그 구조 내에서 자신의 위치 확립
  (지위, 책임의 증가)
- 직업의 요구, 업무 → 지적 융통성 발달에 큰 영향

④ 사회복지실천
가. 직업에서 발생하는 문제:
- 실직 → 실업보험, 재정지원 상담, 재취업정보 제공, 직업훈련, 지지체계의 활용
- 직업 stress → 미국의 경우 Employee Assistance Program에서 직장인의 1/3 이상이
  혜택. eg. burn-out 높은 직업의 경우 stress management program

나. 가족관련 문제: 부모건강악화(간병, 역할전도)

• 주간보호, 단기보호, 가정봉사원 서비스 연결, 휴식 서비스 등

(6) 노년기

전기(60~75세) the younger old, 후기(75세 이후) the older old

• 3가지 이슈(Peck)
  - 자아분화 vs. 직업역할 몰두(은퇴)
  - 신체초월 vs. 신체몰두
  - 자아초월 vs. 자아몰두
• 사회적 활동의 감소에 대한 이론
  - 분리이론: 노인의 사회적 후퇴는 본질적이고 발달적 속성(사회와 노인이 서로 후퇴) → 따라서 자연스러운 현상
  - 활동이론: 생물학적, 건강상 변화 제외하면 장년기와 동일한 심리, 사회적 욕구가진 사람들 → 사회가 노인으로부터 후퇴

※ 그렇다면 성공적 노화란?

• 분리이론: 주위사람들로부터의 증가된 심리적 거리, 감소된 사회적 상호작용을 특징으로 하는 심리적 균형에 도달한 사람
• 활동이론: 장년기 활동 그대로 유지하고 그 활동 그만둘 수밖에 없으면 이에 대한 대체활동을 찾는 것이 성공적 노화

① 노년기 전기

가. 신체적 변화

• 질병(만성질환)의 증가. 노인의 70%가 한 가지 이상의 만성질환
• 의학적 기술발달의 역설적 현상(수명 연장-만성질환 증가)

나. 인지적 변화

• 지적 능력의 쇠퇴(상반된 견해)
• 기억: 단기간의 기억이 장기간 기억보다 더 심하게 쇠퇴 → 치매

- Skinner. 환경 때문에 지적 능력 저하 → 타인들과 언어적 상호작용하는 규칙적 기회, 기억감퇴 막기 위한 책, 논문개요 작성, idea 떠오르면 즉시 행동에 옮길 것 등 제안

다. 심리사회적 발달
- 역할변화에 대한 적응
  - 조부모 역할: 여러 가지 유형
    - 조상의 지혜와 문화적 유산을 전해 줌. 노인의 심리적 만족에 손자녀 중요
  - 미망인 역할: 배우자 상실 → 슬픔, 우울, 극심한 혼란, 경제적 곤란(esp. 여자 노인)
  - 퇴직자 역할
- 자신의 삶에 대한 수용
  - 과거의 삶을 ㉠ 극도의 우울로(실패, 위기, 질병 등), ㉡ 지나친 자신감으로(실패를 의미하는 어떠한 흔적도 인정하지 않음) 반응할 수 있다.
    - → 실망이나 위기의 영역을 자신의 성취에 균형을 취하여 수용
    - → 자부심
- 죽음에 대한 태도
  - 자신의 죽음, 가족, 친지, 친구의 죽음에 대응
  - 죽음에 대한 두려움은 자연스러운 현상
  - 사랑하는 사람의 죽음에 따른 상실의 애도

라. 사회복지 실천
- 사회적 역할의 축소에 따른 자부심의 저하 → 역할변화 준비하는 program(eg. 회고 집단)
- 고독과 소외 → 가족부양부담을 감소시키고 사회부담을 증가시켜야 함
- 은퇴로 인한 소득 감소 → 연금제도(1999년 이후)

② 노년기 후기
가. 신체적 변화
ADL의 감소. 75세 이후 가속화, 85세 이후 급증(우리나라 75세 이후 1/4 이상이 와

상노인, 10%는 전혀 외출 못함)

나. 인지적 변화
정보처리속도는 감소, 추론 능력 등은 유지

다. 심리사회적 발달
• 부정적 삶의 사건들: 쇠약한 건강상태에 부정적 삶의 사건으로 인한 stress의 영향이 더 큼(eg. 건강 상실, 빈곤, 배우자·친지의 사망, 만성질환으로 인한 비영의 증가 등)
• 사회적 지지: 자신이 관심과 보호받고 있으며 가치 있는 존재로 평가받고 대화와 상호작용의 관계망에 속한다고 믿게 함
    − 의미 있는 관계지속 → 고립을 막아 줌
    − 친근한 사람들의 존재 → 정보, 조언 등의 도구적 지지 제공
    − stress buffer의 역할 → 격려, 정서적 지지, 가족의 지지, 도구적 지지가 증가하는 경향

라. 사회복지실천
• 장기적 보호(LTC): 의료적, 사회적 서비스를 포괄적, 지속적으로 제공
• 노인을 위한 서비스
    − 수발가족을 위한 서비스: 휴식서비스, 교육프로그램 등
    − 의료비, 간병, 의료시설의 문제
    − 재가복지, 시설복지 등

◇ 인간과 사회환경의 관계를 조명하는 이론적 견해들 ◇

1960년대 말. 일반체계이론(general systems theory)과 생태학(ecology) 이론이 사회과학에 등장, 도입되어 인간과 환경간의 상호작용성, 전체성을 통합적으로 포착할 수 있게 되었다.

1. 일반체계이론

1) 1937. Ludwig Von Bertalanffy에 의해 개발

기존의 물리학에서의 폐쇄체계에 대해 개방체계의 우월성을 주장. 인간을 폐쇄체계로 보면 유전자, 신체적 특징, 과거의 경험 등이 인간의 행동을 결정한다고 보게 되지만 개방체계의 개념으로 보면 외부와의 끊임없는 에너지와 자원의 교환에 의해 안정된 상태를 유지하는 동시에 변화와 발전이 가능한 존재로서 인간을 보게 된다.

2) '체계', '총체성', '상호연관성', '상호성' 등의 주요개념 도입

체계는 상호작용하는 요소들의 총체, 구성요소들의 역동적 상호연관성. 전체로서의 체계는 부분들의 합이 아니라 부분 간의 상호작용에 의해 체계 자체의 독특한 성격을 갖게 한다. 또한 한 부분의 변화나 긴장은 전체 체계에 파급적 효과를 가진다(상호성).

3) 다양한 개념 도입

- 경계
- 위계

- 엔트로피
- 동일결과성(equifinality)
- 다원적 결과성(multifinality)
→ 이상의 일반체계이론은 1956년 Lutz에 의해 사회복지 실천 분야에 처음 도입된 이후 1960년대 말 여러 학자들에 의해 적용되었다(eg. Pincus & Minahan: 변화매개체제, ct 체계, 표적 체계, 행동 체계, 전문가 체계, 문제인식 체계).

4) 일반체계이론이 사회복지실천에서 갖는 장점

- 전통적 의료모델의 단선적 관점의 한계 극복 → 모든 요소를 폭넓게 사정, 평가할 수 있는 관점 제공. 문제현상을 순환적 상호교류의 개념으로 파악
- 인간과 환경을 하나의 총체적 체계로 파악
- ct의 문제를 개인의 병리현상이 아닌 체계 간의 긴장, 갈등에 의한 체계적 속성임을 강조
- 체계의 목적 지향적 의지개념 중시 → 사회복지실천의 기본가치 지지

5) 일반체계이론이 사회복지실천에서 갖는 한계

- 지나치게 추상적이며 난해
- 변화를 체계의 본질적 성격으로 전제하여 변화에 저항하는 것을 병리의 근원으로 봄 → 사회복지실천에서는 변화뿐 아니라 유지도 중요
- 사회복지실천의 장이 되는 체계 간 공유 영역(interface)에 충분한 설명이 없음

2. 생태학적 관점

- Bronfenbrenner. 생태학적 접근으로 인간발달을 설명
- 3가지 기본전제

- 발달하는 개인은 환경을 재구성하는 존재인 역동적 실체로 간주(not 수동적)
- 개인-환경 간의 상호작용은 상호호혜성의 특징
- 생태학적 환경에는 개인이 직접 참여하는 장면뿐 아니라 참여하는 장면들 간의 상호연결과 개인이 속해 있지 않은 외부환경으로부터 오는 영향까지 포함

1) 생태학의 기본개념

(1) 인간-환경간의 상호교류에 관한 것
- 적응(adaptiveness): 인간이 환경에 대한 적응수준을 유지하고 높이고자 사용하는 지속적, 변화지향적, 인지적, 감각-지각적, 행동적 과정
- 호혜성
- 상호관련성
- 적합성(a goodness of fit): 개인의 적응적 욕구와 환경의 속성 간의 조화를 이루는 정도
- stress: 개인과 환경 간의 상호교류에서의 불균형이 야기하는 현상. 개인, 환경, 문화적 차이에 따라 어떤 사람들은 생활문제를 스트레스 요인으로 경험하는 반면 다른 사람은 같은 문제를 도전으로 경험
- 대처(coping): 생활스트레스에 의해 발생되는 욕구를 해결해 나가기 위해 고안된 새롭고 특별한 행동들. 성공적 대처는 인간-환경의 질과 적응 수준을 향상시킴. 동기, 자기 동경과 정신적 안정의 정도, 문제해결능력, 자율성과 같은 인성변수들에 의해 매개

(2) 인간의 특별한 속성에 관한 것
정체감, 유능성(개인이 환경과 효과적으로 상호작용할 수 있는 능력), 자율성, 관련성(relatedness: 사회화, 관계형성)

(3) 환경
- 층: 사회적 환경, 물리적 환경

- 조직, 구성물(texture): 시간과 공간

※ 거주환경(habitat): 물리적·사회적 환경이 거주환경을 구성한다.

　　적소(niche): 특정의 집단이 지역공동체의 사회적 구조에서 차지하는 사회적 지위 혹은 직접적 환경을 일컫는다.

2) 생태학적 환경의 상호교류

(1) 소속체계
- 가족이나 학급, 친구들과 같이 개인에게 직접적인 영향을 미치는 환경
- 성장과 함께 소속체계가 변화

(2) 중간체계
- 소속체계 간의 연결망에 해당, 즉 중간체계는 소속체계들로 구성된 체계
- 발달하는 개인이 적극적으로 참여하는 둘 이상의 소속체계 간의 상호작용으로 이루어진다. 따라서 새로운 환경으로 이동할 때마다 형성되거나 확대됨(아동의 경우: 가족, 이웃, 학급, 또래집단 간의 관계, 성인의 경우: 가족, 직장, 종교단체 간의 관계)
- 특히 취약계층에게는 중간체계의 원활한 연결이 특히 중요(eg. 편부모 가정 아동의 소외-중간체계 간의 상호연결이 파괴되었음을 나타냄)

(3) 외부체계
- 개인이 직접 참여하지는 않으나 그 개인에게 영향을 미치는 환경요소
- 어린 아동의 경우: 부모의 직장, 형제가 속한 학급, 부모의 친구들, 교육청 등
- 외부체계는 소속체계와 중간체계의 질에 상당한 영향을 미치게 됨
- 거대체계
  - 개인이 속한 문화나 하위문화
  - 개인에게 간접적 영향을 미치는 교육적, 사회적, 법적, 종교적 체계
  - 거대체계는 소속체계, 중간체계, 외부체계라는 환경에 포괄적으로 영향

- 성장해갈수록 소속체계보다 외부체계, 거대체계가 점점 더 중요한 영향을 미침

3) 사회복지실천에 대한 생태학의 기여와 한계

- 환경에 대한 역동적 이론과 인간-환경관계에 대한 도구적 지식 제공. 즉, 환경의 여러 요소득과 끊임없이 상호교류하는 인간의 적응적이고 진화적 견해 제공
- 왜 에너지가 전달되며 한 체계나 여러 체계의 변화가 다른 체계에 영향을 미치는 지는 설명하지 못함. 단지 체계간의 적응 강조

3. 생태체계적 관점

1) 생태학 + 일반체계이론 → 일반체계이론의 한계 극복

- 일반체계이론에서 충분한 설명이 없었던 체계 간의 공유영역에 대해 적응, 상호 교류라는 개념으로 그 중요성 강조
- 일반체계이론에서는 체계의 변화속성만 강조, 그러나 생태체계이론은 변화와 체계의 유지기능을 동등하게 중시
- 실제 생활 속에 살아가는 인간의 문제에 관심 → 이론에 인간적 관심과 실천적 경향을 부여 → 체계의 건전성 평가의 도구역할(eg. 적응적 적합성)

2) 사회복지실천에 주는 유용성

- 과거의 어느 실천모델보다 넓은 관점과 관심영역 포괄 → 문제에 대한 총체적 이해 가능하게 함
- 어느 크기의 사회체계에도 적용(대상이 개인, 가족, 집단 등 다양)
- 사정(assessment)의 도구로 직접적 유용성
- 문제를 전체 체계의 총체성 속에서 이해 → 개입 시에도 전체관련체계에 개입하

여 체계적 변화 유도

4. 사회체계적 관점(사회체계 접근법)

- 모든 조직수준과 인간결사체의 형태에 체계이론의 관점을 적용
- 사회체계는 Martin & O'Connor가 지적한 5가지 체계의 속성을 지님
  - 항구성(사회는 일정기간에 걸쳐 존재)
  - 조직화(서로 관계)
  - 공간성
  - 경계
  - 상호인과성

※ Buckley 체계의 정의

어느 정도의 안정성 가지고 인과관계 속에 직접, 혹은 간접적으로 관련되어 있는 구성요소들의 복합체를 말한다.

그러나 이는 직선적인 인간관계라기보다 복합적이고 다양한 방향의 인과관계, 즉 인간행동은 하나의 holon이 결정하는 것이 아니라 오히려 여러 다른 규모의 holon들의 상호작용 및 상호인과관계에 의해 결정

1) 기본가정

- 사회체계적 관점: 체계는 변화하지만 변화과정이 기능적이며 자동적으로 회복하는 경향(항상성)
- Greene. 사회체계적 관점의 기본가정(이인정 최해경, pp.372-373)

2) 주요개념

(1) 경계(boundary): 체계와 외부환경을 구별해주는 테두리
- 개념적, 임의적인 것으로 구성원들의 경계를 유지하는 활동을 통해서 드러남
- 객관적 기준(행정지역, 인종 etc.) or 인위적 기준(낙인 등)에 의해 결정
- 경계의 기능
  - 체계의 정체성을 규정
  - 주위환경과의 내적, 외적 교환을 통해

(2) 개방체계와 폐쇄체계
- 개방체계
  - 체계 내 정보와 자원의 자유로운 교환. 체계 밖으로도 자유롭게 에너지의 통과 허용
  - 반투과성(경계가 느슨) → 에너지, 정보, 자원을 다른 체계와 교환
  - 사회체계가 성장, 발달하려면 → 상호작용하려는 다른 체계들로부터의 투입에 어느 정도 개방적이어야 함
- 폐쇄체계
  - 시간의 경과에 따라 모든 요소 유사 → 조직과 효과적 기능의 상실(entropy 속성이 나타남)
    - cf. 에너지의 특징: entropy, synergy

(3) 대상체계, 상위체계, 하위체계
- 대상체계(subject system): 분석의 대상이 되는 특정한 사회체계
- 하위체계: 부부체계, 부모자녀체계, 형제체계 등
- 상위체계: eg. 그 가족이 속해있는 지역사회

(4) 의사소통과 feedback
- 의사소통: 체계목표의 달성을 위한 에너지의 이전
- 체계 간 or 체계-환경 간 상호작용: 언어적, 비언어적 의사소통을 통해

• feedback: 정보투입에 대한 반응. feedback으로 조정되는 사회체계는 맹목적으로 내적 기제에 따르지 않고 목적지향적으로 됨
  - 부정적
  - 긍정적
• 기능적 의사소통 + 효과적 feedback의 중요성

(5) 투입, 전환, 산출
• 투입
  - 과업 관련 투입
  - 유지 관련 투입
• 전환
  - 구조: 체계의 투입이 산출되는 과정에서 나타나는 일종의 순서(역할, 공식적 행정적 준비, 가치, 시간, 예산, 공간, 다른 체계와의 유대 등이 포함)
  - 상호작용: 실제행동 그 자체(수평적 상호작용 / 수직적 상호작용)
• 산출
  - 과업 산출: 과업관련투입이 처리된 결과. eg. ct의 문제가 종결된 결과
  - 유지 산출: ct가 사회복지기관과 접촉함으로써 습득한 대인관계에 대한 지식과 기술
  - 소모 산출: eg. 사회복지사의 소진(burn-out)

(6) 균형, 항상성, 안정상태
• 균형: 외부로부터 새로운 에너지의 투입 없이 현상을 유지하려는 체계의 속성. 폐쇄체계는 수평적 상호작용만 → 내부균형
• 항상성·안정상태: 개방체계를 전제로 함(개방성의 면에서 균형 < 항상성 < 안정상태)

(7) 긴장
체계가 환경과 상호작용할 때 그 자체가 진화하는 데 있어 자연스러운 속성. 개방체계의 경우 더 많을 수 있음. 긴장의 결과로 성장.

3) 사회체계의 역동성

(1) Parsons 사회체계는 2축을 중심으로 구조적 분화
- 수직적 축: 체계의 외적, 내적 차원
- 수평적 축: 도구-환성 측면

(2) 안정유지 위해 해결해야 할 4 기능상의 문제
- 목적달성
- 통합
- 적응
- 형태 유지

(3) 역동적 평형

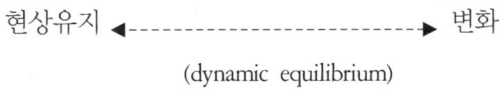

현상유지 ◄- - - - - - - - - - - - - - - - - - - ► 변화

(dynamic equilibrium)

2. 가족체계에 대한 이해

1) 사회환경으로서의 가족체계

(1) 체계로서 가족의 특징
① 가족 구성원은 가족 내에서 상호의존 상태에 있는 다양한 위치를 갖는다. 따라서 가족 내 한 구성원의 역할, 지위, 위치, 행동 변화는 다른 구성원의 행동 변화 초래
② 가족/외부체계 간 경계의 두께는 엄격성과 침투성의 정도에 따라 다양
③ 시간이 지나면서 반복되는 상호작용 pattern 보이는 적응과 균형 추구하는 단위
④ 개인적 욕구와 요구 및 외부체계의 요구를 동시에 충족시켜야 하는 과업 수행단

위(사회화)

(2) 한국가족의 전통적 특성

① 부계중심-부계영속성: 가장, 장남 우대

② 가족 > 개인

③ 가족 내 부녀자 지위 낮음

④ 부자관계 > 부부관계

⑤ 가장이 존재

(3) 현대 한국가족의 구조상 변화와 의미

한국가족의 구조상 변화는 대가족제도에 의한 자녀와 가족 간에 유대관계에 변화를 말한다.

(4) 가족의 기능

① Murdock: 자녀출산, 사회화, 경제적 협조, 성적 욕구충족 + 정서적 기능(Stark)

② 한국: 성 및 애정의 기능, 자녀출산과 양육, 경제, 교육, 보호, 휴식 및 오락, 종교

③ 핵심기능: 자녀출산, 사회화, 정서적 기능

(5) 한국 가족기능의 변화

① 생산기능 감소, 소비기능 증가

② 출산 및 성행위의 규제기능 감소

③ 자녀양육, 사회화의 기능은 더욱 증가(교육부담)

④ 가족의 정서적 유대기능, 여가기능은 증가

⑤ 가족의 사회보장기능의 위기(고령화 등) → 정책적 배려 필요

2) 가족형태의 다양화와 그 의미

(1) 가족의 형태

① 핵가족

② 확대가족, 수정가족

③ 노인가족

④ 편부모 가족

⑤ 재혼가족

(2) 가족형태변화의 의미

① 60~70년대 가족에 대한 풍경과 현재가족의 모습간의 변화, 차이

② 가족의 성격과 "전형적"인 가족문제의 성격이 최근 수십 년간 변화

• 가족구조의 변화

• 가족문제: 과거 양부모, 남성중심의 핵가족이 가진 가족문제와 상이하게 다른 문제들. eg. 이혼, 재혼, 양부모(blended family)

3) 가족체계의 역동성

(1) 사회체계론적 관점

① 가족 내 구조의 변화 → 구성원들의 위치, 역할, 기능변화 → 개개인의 행동 변화

② Minuchin, 가족체계 내 경계선의 침투성 정도가 구성원의 성격과 행동에 큰 영향

• 개인의 문제는 가족체계에 큰 원인

• 가족 내 하위체계간 경계선의 기능으로 가족원의 문제를 진단

　　- 유리된 경계(disengaged boundary)

　　- 함몰된 경계(enmeshed boundary)

(2) 사회복지실천에서 가족을 보는 관점

① the family system as an entity itself

② the individual making up the family system

③ the impacts of the social, political and economic environment

• 사회복지사: 처음에는 개인의 문제처럼 보이는 ct를 만나지만 가족의 관점에서 바라볼 필요가 있다. 즉, 문제는 그 개인에게만 속해있다기보다는 전 가족에게 있는 경우가 많다. eg. 24세 된 알코올중독 남편/ 87세 노인 여성 뇌졸중으로 인한 장애 등

4) 가족문제에 대한 분석(사정, assessment)의 여러 차원

① 가족의 의사소통(communication): 언어적, 비언어적
② 가족의 구조(체계, 가족의 규범, 가족의 역할, 체계 내 힘의 균형, 세대 간의 측면들)
③ 가족의 생애주기에 대한 적응
④ 관련 사회 환경의 영향

3. 집단에 대한 이해

1) 사회환경으로서의 집단

(1) 사회체계적 관점에서 본 집단의 특성
① 집단의 크기는 제한
② 집단 내 구성원 간 최소한의 역할 분화. 정의된 역할보다는 전인격적으로 상호
   작용 이루어짐 → 집단목적이 not 명시적, but 묵시적
③ 집단구성원은 공통된 집단 정체성 가짐
④ 집단은 구성원에게 사회화, 사회통제 기능을 수행
⑤ 집단 구성원간 관계 및 상호작용은 구성원의 내적, 자연적 상태를 토대로 이루
   어짐. 따라서 이성적 요소<정서적 요소에 의해 행동유발

(2) 집단의 개념
① 3인 이상. 구성원
② 소속감
③ 공통의 목적이나 관심사
④ 정서적 결속, 상호의존적, 상호작용
⑤ 성원의 기능, 역할 규제하는 규범 있어야 함

2) 집단의 유형(분류)

(1) 집단의 목적과 활동에 따라

① 수단적 집단: 집단 목표달성 or 과업성취를 주목적

  표현적 집단: 성원들의 상호작용을 통한 정서적 만족을 주목적

② 치료집단 vs. 과업집단

가. 치료집단

구성원의 교육, 성장, 행동변화, 사회화에 대한 욕구를 충족시키기 위해 구성

- 교육집단(educational gr.)
- 성장집단(growth gr.)
- 치유집단(remedial gr.)
- 사회화 집단(socialization gr.)

나. 과업집단

조직과 기관의 조직문제에 대한 해결책 모색. 새로운 idea 개발, 의사결정 등에 주로
활용. 과업성취를 위해 구성

- 1차 목적: 조직적 욕구해결 → eg. 위원회, 행정집단, 협의체

  성원의 욕구충족 → eg. 팀, 치료회의, 사회행동집단

2) 집단의 구성동기에 따라

① 자연발생적 집단(natural gr.): 또래, 갱집단
② 의도적으로 형성된 집단(formed gr.): 특정목적을 위해, 역할에 의해 구조화. 지위
  에 의해 층화(치료집단, 과업집단)

3) 기타 집단의 분류

(1) 인간잠재력 집단

① 제한된 시간대에 따라 "집중적인 집단경험"을 통해 성원들의 목적 달성

    eg. 훈련집단(T-gr.), 감각인식집단(encounter gr.), 감수성 훈련집단 등

② 고도의 감정, 인간상호 간의 승인을 토대로 구성

③ 집단지도자는 집중적인 집단경험의 복합성을 잘 다룰 수 있어야 함

(2) 치료집단

① 내적 심리상태에 갈등을 가진 사람들을 위해 구성된 집단

② 개방적, 장기적

③ 사회화, 의사소통이 강조. 집단지도자의 leadership이 중요

(3) 자조집단

① 인간의 관심에 중점. 공통된 쟁점에 대해 개인이나 환경에 바람직한 변화를 초래하기 위해 뜻을 같이하는 사람들로 구성

② 경우에 따라 전문원조가가 집단소집이나 후원. 그러나 항상 전문적 지도 필요한 것은 아님. 참여자가 다른 집단 성원들과 공통된 개인의 문제에 관심 갖거나 자원 제공하거나 외부환경에 다 같이 영향 끼치도록 협력

③ Katz & Bender 자조집단 분류

• 개인적 성장이나 자기충족에 일차적 초점 둔 집단(소위 '치료적' 집단)

• 사회적 변호에 일차적 초점(eg. 복지권 주장하는 집단)

• 생활의 대표적 유형 창조하려는 집단(eg. 여성해방, 동성연애자 집단)

• '버림받은 자의 안식처' or '밑바닥 인생' 집단

4) 집단의 기본요소와 역동성

(1) 집단의 기본요소

① 집단

② 집단성원
과업활동과 사회정서적 활동 간의 균형(역동적 평형)을 유지해야 함
가. 집단과업역할
목표성취에 관련된 문제(사회적 측면). eg. 주도자(initiator-contributor), 정보탐구자
(information-seeker), 정보제공자, 여론탐구자, 조정자, 활력제공자, 비평가－평가자

나. 집단형성 및 유지역할(사회정서적 역할)
집단 응집력을 바탕으로 하는 정체성에 관련된 문제(심리적 측면), 즉 집단 의사소
통의 사회적 or 관계적 차원. eg. 지지자－격려자, 조화자－긴장감소자, 타협자, 추종
자, 감정 표현자, 인도자(gatekeeper), 감정표현자, 추종자

다. 자기중심적 역할
집단에의 기여보다 개인적 욕구충족에 관련된 문제(집단 무기능적 역할). 이는 때
로 집단의 성공 방해할 수도 있음. eg. 방해자, 공격자, 무관심자, 지배자, 고백자, 광대 등

③ 집단지도전문가
가. 전문적 역할
전문적 권위를 잘 발휘하는 것이 중요. 구성원들과의 관계에서 수용, 감정이입, 객
관성 등의 태도

나. 구체적 목적
• 개인, 집단, 하위집단 및 외부사람으로서 관계가 있는 사람 등에 대한 후원(지지)
  eg. 현실적 재보증

- 집단 구성원의 의사소통방법의 효율과 집단 구성원의 현실인식의 정밀성, 정확성의 향상
- 능력 향상의 성취
- 환경적 자원의 활용

다. 역할

enabler. change agent. mediator or resource person.

④ program

계획된 모든 활동, 관계, 상호작용, 경험 등을 의미한다. 집단지도전문가의 실제적 활동내용은 대부분 program을 어떻게 조직, 전개하느냐로 구성된다.

(2) 집단의 역동성 (Northen)

① 사회적 상호작용(역동적인 힘의 작용)
- 주로 의사소통에 의해(언어적, 비언어적) → 개방된 의사소통체계 중요
- 구성원들이 자신들의 문제와 집단의 문제에 대처, 해결할 기회증진

② 목적
구성원들의 소망과 욕구가 사회적 상호작용을 통해 집단목적으로 발전하지만 경우에 따라 개인의 목적과 집단의 명시적 목적 간 갈등

③ 집단 감정은 의사소통을 통해 감정의 긍정적, 부정적 표현 전달
긍정적 유대와 부정적 감정의 양가감정 존재. 긍정적 유대가 항상 긍정적 반응 얻는 것은 아님(왜냐하면 친근감 원하지 않을 수도 있기 때문)

④ 집단의 관계구조
지위와 역할이 분화되면서 하위집단이 형성.
※ 지위: 집단 내 위계 질서상 다른 구성원들에 대한 그 구성원의 위치

역할: 지위를 근거로 역할 결정. 제도적 역할 외 개인적 역할도 포함

하위집단: 때로는 집단의 효율성과 응집력에 방해. but 보통은 개인적 발달과 집단 발달에 기여

⑤ 집단규범

집단이 기대하는 행동의 기준. 집단가치에 대한 집단 구성원들의 동일시에서 시작. 가치에 대한 구성원들의 합의. 집단체계의 목표달성에 기여하거나 장애

⑥ 긴장

갈등은 집단단계에서 건설적 힘. 상호작용에 대한 자극의 토대. 때로 갈등이 파괴적일 수 있음

⑦ 응집력

- 응집력이 증가 → 구성원에게 미치는 영향력 증가
- 때로 강한 응집력 → 부정적 결과 초래(집단에 대한 강한 동일시로 개성 상실. 집단의 부정적 측면 간과)

4. 사회환경과 조직

1) 사회환경으로서의 조직체계

(1) 조직의 정의

① Parsons

특정목표를 추구하기 위한 사회적 단위 or 집단. eg. 회사, 군대, 학교, 병원, 교회, 교도소(but not 부족, 계급, 인종집단, 친목집단, 가족)

가. 조직의 3특성

- 분업, 권력, 의사소통의 책임
- 조직의 협동노력을 통제해서 목표로 지향시키는 권력의 집중
- 구성원의 교체

나. Miller

조직은 여러 목표. 목표추구 위해 상호작용하는 하위체계들로 구성된 체계(권력: 한 체계가 다른 체계들로부터 추종을 끌어내는 능력)

공식적 조직은 특종 목적 성취하고 내적인 긴장의 처리와 환경에 대한 적응 등 조직의 운영상 야기되는 문제를 해결하기 위해 구성

(2) 현대사회와 조직
현대사회는 공식적 조직과 비공식적 조직이 타원화 되어 있다.

(3) 사회체계로서의 조직

① Gouldner
조직체는 하나의 체계로서 유기적 속성

- 구조적 변화는 조직의 평형상태에 대한 위협에 누적적, 비계획적, 적응적 반응의 결과
- 조직체 욕구 중 목표달성이 가장 중요.
- 조직 구분
  - 합리적 모형(폐쇄체계): 조직은 목표실현위한 합리적 도구
  - 자연적 체계(개방체계): 목표달성 + 조직유지 → 역동적 평형

(4) 조직의 구조
① 공식적 구조: 과업과 책임규정, 규제.
② 비공식적 구조: 구성원들의 성격, 개인적 목적, 동기, 태도 신념 등에 의해 형성. 조직생활의 stress 요인에 대한 대응기제→하위문화를 창출. 구성원들의 심리사

회적 지원제공(원초집단과 유사)

(5) 조직의 유형

① Parsons: 조직의 사회발전에 대한 공헌에 따라
- 생산조직
- 정치조직
- 통합조직
- 잠재적 형태유지조직

② Etzioni: 복종을 기준으로 i) 강제적 ii) 자발적 iii) 공리적 조직
　　　　　종제를 기준으로 i) 강압적 ii) 보상적 iii) 규범적 조직

③ 전면적 통제시설(비투과적) vs. 투과성 조직
가. 전면적 통제시설
수용된 개인들을 사회화 or 재사회화 목적. eg. 정신병원, 교도소, 양로원, 고아원, 기숙사
- 시설 수용이 강제적
- 수면, 옥내활동, recreation 및 작업에서의 개별활동 허용 안 됨
- 일반사회의 기본적 생활형태와 양립 어려움
- 수용자와 직원 간 근본적 차이
- 수용 전 가지던 고유문화와 단절
- 수용자는 새로운 질서 위해 재조직
- 은어와 같은 독특한 문화조성

나. 투과성 조직
eg. 자원봉사협회
- 조직 구성원 자발적
- 업무, 자유시간 활동, 사적인 가정활동 간 구분

• 경계유지구조 약함

• 외부체계와 상호작용 활발 → 복합적 역할구조

• 전체 사회체계문화와 크게 다르지 않음

(6) 조직 내 인간행동

① 조직의 목표, 구조, 기능에 따라 구성원의 행동에 상이한 영향

② 조직은 게마인샤프트(사람들을 결속), 게젤샤프트(공식적 조직에 지배적) 속성
   모두 가짐. 그러나 조직체 내 갈등은 불가피

③ 개인이 조직에 적응하는 양상 (Presthus)

• 상승형: 충성심, 긍정적, 만족(주로 상위직) → '관료적 성격'(Etzioni), '관료병
  리'(Thompson) 가족과 교육제도의 사회화에 의해서라고 주장

• 무관심형: 조직이 좌절감 제공하는 체계라고 간주. 소외감. 충성심 없음

• 모호형: 주로 참모직에. 조직에 의한 통제와 조정의 필요성 인정 안함

④ 소진(burnout): 해소되지 않은 긴장으로 인한 쇠약한 심리상태

일에 대한 만족 → 에너지 고갈 → 만성적. 직장, 가정에서의 기능 저하 → 문제에
압도. 탈진이 생활지배 → 전혀 일이 기능발휘 못함. 생활이 심각하게 쇠퇴

5. 시험문제 예제 (1)

※ 해답은 기록 안 했으니, 직접 자료를 찾아서 기록하시기 바랍니다.

<문제 1-1>

1. 다음 중 정신분석이론의 기본 가정이 되는 개념은?
   ① 유전자   ② 사회적 압력   ③ 중요한 타인   ④ 무의식

2. 정신분석학에서 말하는 정신 주관체에 대한 설명이 바르게 되어 있는 것은?
   ① 원초아-자아와 초자아를 중재한다.
   ② 자아-현실 원칙을 따른다.
   ③ 초자아-원초적이고 본능적인 속성이다.
   ④ 초자아-태어나면서부터 가지고 있는 것이다.

3. 프로이트의 이론에서 초자아가 형성되는 시기는 언제인가?
   ① 생식기   ② 남근기   ③ 항문기   ④ 구강기

4. 프로이트 이론과 비교할 때 아들러의 이론이 갖는 차이점은 무엇인가?
   ① 성격형성에 있어 유전적 요인을 강조하였다.
   ② 인본주의 심리학자이다.
   ③ 인간 정신의 자율성을 인정한다.
   ④ 정신보다는 외부 환경의 분석에 전념하였다.

5. 융은 '조상 대대로의 경험의 침전물로서, 집단성원들의 마음속에 보편적·선험적으로 자리 잡고 있는 것'을 무엇이라 하였는가?
   ① 아니무스   ② 페르소나   ③ 집단무의식   ④ 아니마

6. 행동주의의 주요 연구 방법은 무엇인가?
   ① 자유연상법   ② 실험과 관찰
   ③ 상담   ④ 최면

7. 다음 중 행동주의자의 견해로 옳은 것은?
　　① 인간의 학습은 선천적·유전적 작용에 의한 것이다.
　　② 인간은 자유의지를 가지고 스스로 행동하는 존재이다.
　　③ 어떠한 종류의 인간이든 학습에 의해서 만들어질 수 있다.
　　④ 인간은 인지적 부조화를 해결하고자 하는 근본적인 욕구를 가진다.

8. 벌과 구별되는 강화에 대한 설명 중 옳은 것은?
　　① 강화는 바람직한 행동의 빈도를 감소시키는 데 사용된다.
　　② 숙제 면제는 긍정적 강화에 해당한다.
　　③ 교통위반 시 부과되는 벌금은 부정적 강화에 해당한다.
　　④ 긍정적 강화가 부정적 강화보다 바람직하다.

9. 스키너 이론의 내용에 해당하는 것은?
　　① 인간행동의 주된 동인은 성적 욕구이다.
　　② 인간의 성격구조는 변화하지 않는다.
　　③ 인간행동은 예측과 통제가 가능하다.
　　④ 이상 행동의 주요 원인은 유전적 결함이다.

10. 다음 중 사회적 학습 이론의 전제로 옳은 것은?
　　① 인간은 기계적 존재이며 빈 상자와 같다.
　　② 인간은 자신의 고유한 잠재력을 실현하고자 한다.
　　③ 외적 자극은 학습에 직접적으로 영향을 미친다.
　　④ 외적 자극은 인지와 조절에 의해 매개되어 영향을 미친다.

11. 반두라의 사회적 학습이론에 의해 가장 쉽게 설명 가능한 현상은?
　　① 원인 모를 두통에 시달린다.　　② 텔레비전을 보고 흉내를 낸다.
　　③ 유전질환이 발병하였다.　　④ 종교적 고행을 수행한다.

12. 인본주의 심리학에서는 인간을 어떤 존재라고 전제하는가?
　　① 내적 자극보다 외적 자극에 의해서 영향받는 존재이다.
　　② 자신에 대한 타인의 반응을 거울삼아 형성되는 존재이다.
　　③ 본능적 욕망을 현실에 맞게 충족시키기 위해 노력하는 존재이다.
　　④ 자신의 잠재능력을 실현하려는 동기를 기본적으로 가진 존재이다.

13. 로저스는 인간행동의 결정적인 원인을 무엇이라고 설명하였는가?
    ① 개인의 주관적 현실　　　　② 외부의 압력
    ③ 성충동　　　　　　　　　　④ 유전

14. 다음 중 비지시적 상담의 상황으로 볼 수 있는 것은?
    ① 너를 질책하는 건 아니지만 사실 학생은 담배를 피우면 안 된다.
    ② 그런 상황이라면 네가 충분히 그렇게 느낄 수 있을 거라 생각한다.
    ③ 그 친구와의 관계가 그렇게 틀어졌다면 한번 편지를 써보는 것이 어떨까?
    ④ 이 기간에 계획대로 공부를 규칙적으로 한다면 성적을 올릴 수 있어.

15. 매슬로의 욕구단계를 바르게 설명하고 있는 것은?
    ① 욕구의 단계는 문화에 따라 다르게 나타난다.
    ② 상위 단계의 욕구를 먼저 충족하고자 한다.
    ③ 생리적 욕구는 다른 욕구보다 우선한다.
    ④ 안전욕구를 넘어선 욕구들은 채우지 않아도 불만이 없다.

16. 다음에서 암환자의 스트레스 강도를 높이는 경우는?
    ① 새로운 치료법에 대해 새로운 정보를 얻는다.
    ② 나를 위로해주고 챙겨주는 가족들이 있다.
    ③ 병원에 나보다 심한 말기 암환자들이 많이 있다.
    ④ 이번 수술을 끝내도 병이 나을지 안 나을지 알 수 없다.

17. 스트레스에 반응하는 인간의 생리적 기능 수준이 가장 최고조에 이를 때는?
    ① 예상단계　　　　② 경고단계　　　③ 저항단계　　　④ 탈진단계

18. 다음 중 재앙증후군의 가장 일반적인 증상은?
    ① 미래에 대한 예상능력이 저하된다.
    ② 횡설수설하는 사고장애의 증상을 보인다.
    ③ 불안이나 강박과 같은 심리 상태가 나타난다.
    ④ 자신이 방금 경험한 일을 기억하지 못한다.

19. 비합리적인 신념체제를 변화시켜서 스트레스에 대처할 수 있도록 하는 기법은?
    ① 스트레스 면역　　② 사회적 지지　　③ 생체 피드백　　④ 신체적 이완

20. 방어기제에 대한 설명으로 옳은 것은?
    ① 객관적인 상황을 변화시켜 욕구를 해소하는 방법이다.
    ② 의식하지 못하거나 의도하지 않는 상태에서 작동된다.
    ③ 정신질환의 증상 중 하나로 전문가의 치료가 필요하다.
    ④ 문제와 직접 직면하여 극복하는 방법이다.

21. '동에서 뺨 맞고 서에서 화풀이한다'는 속담에서 볼 수 있는 방어기제는?
    ① 투사   ② 망상   ③ 억압   ④ 전위

22. 다음 중 상황에 직접 대처하는 적응 방법은?
    ① 합리화   ② 타협   ③ 투사   ④ 반동형성

23. 인간관계의 부적응을 심화시키는 현대사회의 특징적 요인은?
    ① 모두 단일한 목표를 추구한다.
    ② 사람들의 관심 영역이 축소되었다.
    ③ 참여자들 사이에 신분 차가 존재한다.
    ④ 이해 관련자의 수가 증가하였다.

24. 다음 중 동반자관계가 바르게 짝지어진 것은?
    ① 작업적 동반자: 남편과 아내의 관계
    ② 낭만적 동반자: 서로 사랑하는 애인
    ③ 사교적 동반자: 일을 함께하는 동료
    ④ 직업적 동반자: 어린 시절 뛰놀던 죽마고우

25. 다음 중 인간관계 피상형에 대한 설명은?
    ① 혼자 있을 때 편안함을 느낀다.
    ② 사적인 정보를 공유하는 것을 회피한다.
    ③ 대인관계 기술이 부족한 경우 형성된다.
    ④ 상대를 구속하려는 욕구가 강하다.

26. 다음 중 인간관계의 부적응을 유발할 수 있는 요인은?
    ① 취향의 유사함   ② 정확한 타아개념
    ③ 풍부한 욕구충족 경험   ④ 비현실적인 기대

27. 다음 중 올포트(G. Allport)의 자아실현인의 모습으로 적절한 것은?

① 원대한 목표를 가지고 일관성 있게 자기노력을 기울인다.

② 집단을 위해 언제든 스스로를 희생할 마음을 가진다.

③ 가끔은 혼란과 좌절, 불만 상태에서 자학하는 것을 즐긴다.

④ 사람들이 인정하든 인정하지 않든 자신은 누구보다도 잘났다고 생각한다.

28. 매슬로(A. Maslow)가 전제하는 인간관과 가장 가까운 것은?

① 인간은 세속적 욕구의 제거를 통해 만물의 도를 깨닫는 존재이다.

② 인간은 자신의 잠재력을 실현시켜 자아완성을 추구하는 존재이다.

③ 인간은 생존을 위해 환경을 최적화시킬 수 있는 능력을 가진 존재이다.

④ 인간은 무의식 속에 존재하는 강력한 욕망들을 현실에 맞게 충족시키는 존재이다.

29. 프로이트가 말하는 정신적으로 건강한 사람이란?

① 원초아와 초자아를 원활하게 조정하는 자아를 가진 사람

② 종교적 각성을 통해 원초적 본능의 구속에서 벗어난 사람

③ '행동하는 나'와 '내면의 나'가 다른 사람

④ 보조기능의 저항을 자기 개발의 기회로 삼는 사람

30. 건강한 성격에 대한 융의 설명으로 옳은 것은?

① 주기능이 보조기능을 효과적으로 억압하고 있다.

② 사고, 감정, 감각, 직관이 균형을 이루고 있다.

③ 자연과 인류에 대한 희생정신을 갖고 있다.

④ 높은 도덕적 판단 기준을 갖고 실천한다.

31. 부모의 양육태도가 과보호적인 경우에 나타날 수 있는 자녀의 성격은?

① 예의가 바르고 책임감이 강하다.

② 심한 욕구불만과 함께 불량행동을 반복한다.

③ 부모에 의존하고 집단생활에 적응하지 못한다.

④ 타인과의 관계에서 공격적·지배적인 경향을 보인다.

32. 문화적 요인이 성격 결정에 가장 큰 영향을 미친다는 주장의 근거는?

① 다른 요인들은 과학기술의 발달로 통제가 가능하기 때문이다.

② 다른 요인들은 문화적 요인의 영향 속에서 작용하기 때문이다.

③ 문화는 개인과는 별개의 것으로, 영원하기 때문이다.

④ 모든 인간은 주어진 환경을 동일하게 인식하기 때문이다.

33. 지각을 자주 하는 행동을 고치기 위한 부정적 강화의 예에 해당하는 것은?

① 지각을 하지 않는 날에는 사탕을 준다.

② 지각을 하지 않는 날에는 청소를 빼준다.

③ 지각을 하는 날에는 진지하게 상담을 한다.

④ 지각을 하는 날에는 오히려 칭찬을 해준다.

34. 집단 내 다른 사람들의 행동과 비교하여 극단적인 행동을 보일 때 부적응 행동으로 판별하는 것은 어느 준거에 의한 것인가?

① 통계적 기준으로부터의 일탈　　② 사회적 규범으로부터의 일탈

③ 행동의 역효과　　④ 개인적인 고통

35. 인지적 모형에서 부적응 행동을 개선시키는 방법은?

① 부정적인 사고를 수정한다.　　② 적절한 행동을 학습시킨다.

③ 약물치료를 실시한다.　　④ 억압된 무의식을 의식화한다.

36. 다음 중 부적응 행동을 치료하는 정신분석학적 방법은?

① 부정적이고 왜곡된 생각을 바꾸게 한다.

② 신체적 질병을 치료하듯이 약물을 복용케 한다.

③ 잘못된 학습 때문이므로 새로운 행동을 학습시킨다.

④ 무의식의 내용을 의식수준으로 끌어올려 각성하도록 한다.

37. 알코올중독자에게 술을 주는 동시에 약을 주어 메스껍고 구토를 일으키도록 하는 치료기법은?

① 홍수법　　② 혐오적 조건화

③ 체계적 둔감화　　④ 충격적 조건화

38. 다음 부적응 행동에 대한 진단이 바르게 이루어진 것은?

(가) 지킬 박사와 하이드처럼 다중 성격을 지닌다.

(나) 살찌는 것에 대한 공포감으로 폭식과 거식을 반복한다.

(다) 강도에게 칼을 찔린 후 과거경험에 시달린다.

	(가)	(나)	(다)
①	해리성 장애	섭식장애	불안장애
②	기분장애	불안장애	신체형 장애
③	정신분열증	신체형 장애	불안장애
④	불안장애	해리성 장애	기분장애

39. 학습 부진 문제의 대처 방법으로 거리가 가장 먼 것은?
　　① 학습 동기 자극　　　　　　② 부모의 적절한 관심
　　③ 정기적인 지능검사　　　　　④ 적절한 교수 방법 사용

40. 아동의 학교공포증은 대부분 무엇 때문에 야기되는가?
　　① 회피불안　　　② 격리불안　　　③ 광장공포　　　④ 폐쇄공포

41. ADHD 아동이 보이는 행동 특성은?
　　① 다른 사람에게 무관심하다.　　　② 부모에게 지나치게 의존적이다.
　　③ 친구나 형제를 괴롭힌다.　　　　④ 혼자 있고 싶어한다.

42. 다음 중 청소년기의 발달과업이 아닌 것은?
　　① 정서적 성숙　　　　　　　② 수직적 대인관계 형성
　　③ 정체성 형성　　　　　　　④ 독립성과 애착의 조화

43. 미성년자의 반사회적 행동을 지칭하는 개념은?
　　① 주의력결핍 장애　　　　　② 과잉활동장애
　　③ 품행장애　　　　　　　　④ 뚜렛장애

44. 반항성 장애를 갖고 있는 청소년이 보이는 행동 특성은?
　　① 자학 행위　　　　　　　　② 부모에 대한 불복종
　　③ 친구와의 패싸움　　　　　④ 성적 비행

45. 성년기를 결정하는 사회적 기준은?
　　① 성적 성숙이 이루어지는 시기　　② 역할 정체감이 확립되는 시기
　　③ 자아정체감이 확립되는 시기　　④ 부모로부터 독립하는 시기

46. 자아정체감이 확고한 사람의 공통적인 특징은?
   ① 태도나 가치가 통합되어 있다.　　　② 경제적 생활 능력을 갖고 있다.
   ③ 이성문제에 대하여 고민하지 않는다. ④ 인간관계의 범위가 넓다.

47. 다음 중 의존성 성격장애의 발생 배경에 대한 설명으로 적절한 것은?
   ① 유전적 요인의 비중이 크다.
   ② 기분, 행동, 정서 등에 일관성이 없다.
   ③ 신체적 및 성적 학대로 인한 것이다.
   ④ 성장 과정에서 과잉보호를 받은 경험이 있다.

48. 경계선 성격장애의 가장 핵심적인 문제로 볼 수 있는 것은?
   ① 반사회적 이기심　　　　　　　　② 과도한 스트레스
   ③ 타인의 고통에 대한 무감각　　　④ 자아정체성의 혼란과 불안정성

49. 우울증의 원인에 대한 인지이론의 설명은?
   ① 사랑하던 대상의 상실　　　　　② 내분비계통의 이상
   ③ 생활사건의 왜곡된 해석　　　　④ 긍정적 강화의 약화

50. 집단과정을 통해 약물남용자의 사고방식과 행동의 변화를 도모하는 치료법은?
   ① 메타돈 유지요법　　　　　　　　② 영양요법
   ③ 치료공동체 방법　　　　　　　　④ 혐오요법

<문제 1-2>

1. 프로이트의 정신분석이론에서는 "의식"의 수면 위로 "전혀" 나타나지 <u>않는</u> 것은 어느 것이라고 하였는가?
   ① 초자아　　　　② 자아　　　　③ 원초아　　　　④ 내면화된 도덕

2. 정신분석학에서 말하는 정신 주관체의 기능에 대한 설명이 바르게 되어 있는 것은?
   ① 원초아: 도덕원칙을 따른다.　　② 자아: 원초아와 초자아를 중재한다.
   ③ 초자아: 쾌락원칙을 따른다.　　④ 초자아: 현실원칙을 따른다.

3. 오이디푸스 콤플렉스는 어느 단계에서 나타나는가?
   ① 항문기　　　② 잠복기　　　③ 구강기　　　④ 남근기

4. 다음 중 아들러의 주장과 일치하는 것은?
　　① 인간은 원초아, 자아, 초자아의 역동에 의해 행동하는 존재이다.
　　② 인간은 자극과 반응이 연합된 기계적인 존재이다.
　　③ 개인의 행동에는 현상에 대한 주관적 지각이 반영된다.
　　④ 유아기의 욕구충족 방식에 따라 성격이 결정된다.

5. 융은 '조상 대대로의 경험 침전물로서, 집단성원들의 마음속에 보편적·선험적
　으로 자리 잡고 있는 것'을 무엇이라 하였는가?
　　① 유전자　　　　　② 페르소나　　　③ 집단무의식　　④ 그림자

6. 인간행동에 대한 행동주의에서의 설명이 바르게 되어 있는 것은?
　　① 인간을 능동적이고 창조적인 존재로 여긴다.
　　② 인간을 동물과 다른 독특한 존재로 구분한다.
　　③ 인간의 정신적 내면이 행동을 이끌어낸다고 본다.
　　④ 인간을 자극에 기계적으로 반응하는 존재로 본다.

7. 어린 아이에게 곰인형을 줄 때 마다 큰 소리를 내어 놀라게 했더니 아이가 곰인
　형을 두려워하게 되었다. 이 때 조건 자극에 해당하는 요소는 무엇인가?
　　① 연구자　　　　　② 아이　　　　　③ 큰 소리　　　④ 곰인형

8. 보상을 이용하여 특정 반응 행동방식을 형성하는 것을 무엇이라고 하는가?
　　① 조작적 조건화　　② 자유연상　　　③ 고전적 조건화　　④ 내면화

9. 다음 중 사회적 학습이론이 전제하고 있는 것을 바르게 나타내고 있는 것은?
　　① 인간은 기계적 존재이며 빈 상자와 같다.
　　② 인간은 자신의 고유한 잠재력을 실현하고자 한다.
　　③ 외적 자극은 무의식적으로 학습에 영향을 미친다.
　　④ 외적 자극은 인지와 조절에 의해 매개되어 영향을 미친다.

10. 반두라의 사회적 학습이론과 관련이 깊은 것은?
　　① 억압과 고착　　② 자아실현　　　③ 영적 각성　　　④ 모델 관찰

11. 다음의 행동이론들 중 인간본성에 대한 신뢰를 가장 크게 인정하고 있는 이론은?
　　① 정신분석이론　　② 행동주의 이론　　③ 인본주의 이론　　④ 사회적 학습이론

12. 인본주의 심리학에서는 인간을 어떤 존재라고 전제하는가?
    ① 내적 자극보다 외적 자극에 의해서 영향받는 존재이다.
    ② 자신에 대한 타인의 반응을 거울삼아 형성되는 존재이다.
    ③본능적 욕망을 기계적으로 충족시키기 위해 노력하는 존재이다.
    ④자신의 잠재능력을 실현하려는 동기를 기본적으로 가진 존재이다.

13. 다음 중 현상학적 성격이론에서 강조하는 '주관적 현실'이란 무엇을 말하는가?
    ① 개인의 무의식   ② 개인이 받는 보상
    ③ 개인의 지각과 의식   ④ 개인의 욕구

14. 로저스는 인간행동의 궁극적인 동기를 무엇이라고 설명하였는가?
    ① 성충동   ② 자아실현   ③ 경험에 의한 학습   ④ 모방

15. 인간중심 접근법에서 상담자가 갖추어야 할 자질은?
    ① 내담자의 행동에 대해 도덕적인 판단을 내려주어야 한다.
    ② 의식 이면에 은폐된 성충동을 파악할 수 있어야 한다.
    ③ 내담자의 모든 행위와 말을 있는 그대로 수용해야 한다.
    ④ 효과적인 강화 스케줄을 계획하여 제공해주어야 한다.

16. 다음 중 성장 욕구에 대한 설명은?
    ① 유기체의 결핍 상태를 해결하고자 하는 욕구이다.
    ② 잠재능력을 실현하고자 하는 욕구이다.
    ③ 외적인 조건에 의해 자연적으로 충족되는 욕구이다.
    ④ 비교적 하위 단계의 욕구들이 이에 속한다.

17. 다음 보기에서 암환자의 스트레스 강도를 높이는 경우는?
    ① 새로운 치료법에 대해 새로운 정보를 얻는다.
    ② 나를 위로해주고 챙겨주는 가족들이 있다.
    ③ 병원에 나보다 심한 말기 암환자들이 많이 있다.
    ④ 이번 수술을 끝내도 병이 나을지 안 나을지 알 수 없다.

18. 스트레스인(因)에 당면했을 때 다음 중 스트레스 강도를 높이는 상황은 어느 경우인가?
    ① 사회적 지원이 많은 경우   ② 예측가능성이 높은 경우

③ 통제가능성이 높은 경우   ④ 대응기술이 낮은 경우

19. 스트레스인(凶)에 반응하는 인간의 생리적 기능 수준이 가장 최고조에 이르는
    단계를 어느 단계라고 일컫는가?
    ① 예상단계   ② 경고단계   ③ 저항단계   ④ 탈진단계

20. 스트레스 면역훈련이란 어떤 방법으로 생리적 반응을 조절하는 방법인가?
    ① 비합리적 신념체계를 변화시켜   ② 사회적 지지를 불러일으켜
    ③ 생체피드백을 이용하여   ④ 명상을 통해

21. 자아방어기제의 순기능을 바르게 설명한 것은?
    ① 좌절되었던 욕구를 해소할 수 있도록 해준다.
    ② 자신감과 자아존중감을 증진시켜 준다.
    ③ 심리적 평형상태를 유지하여 자아를 보호해 준다.
    ④ 위기 극복 능력과 의지를 신장시킨다.

22. 사회적으로 차마 용납될 수 없고 인정받을 수 없는 자신의 행동과 생각을 마치
    다른 사람의 것인 양 생각하고 남을 탓하는 방어기제는?
    ① 전위   ② 억압   ③ 망상   ④ 투사

23. 내세울 만한 것이 별로 없는 사람이 자신의 조상이나 출신학교의 자랑거리를
    장황하게 늘어놓아 자신의 열등감을 극복하는 방어기제는?
    ① 퇴행   ② 동일시   ③ 억압   ④ 승화

24. 다음 중 2차적 인간관계의 특징에 해당하는 것은?
    ① 혈연, 지연 등에 의해 형성된다.
    ② 가입과 탈퇴가 자유롭지 못하다.
    ③ 관계 대상을 선택하는 것이 자유롭다.
    ④ 의무나 책임의 부과가 암시적으로 이루어진다.

25. 교환적 인간관계에 대한 설명은?
    ① 관계를 유지하는데 이득과 손해의 균형이 중요하다.
    ② 상대를 행복하게 해주고픈 책임을 느낀다.
    ③ 호혜성의 원칙을 초월하는 관계이다.

④ 관계를 맺고 유지하는 것 자체가 목적이 된다.

26. 다음 중 인간관계 미숙형과는 다른 회피형에 대한 설명은?
    ① 혼자 있을 때 편안함을 느낀다.
    ② 상대를 구속하려는 욕구가 강하다.
    ③ 대인관계 기술이 부족한 경우에 형성된다.
    ④ 사적인 정보를 공유하는 것을 회피한다.

27. 프로이트가 말하는 '건강한 사람'이란 어떠한 사람인가?
    ① 자아가 제대로 기능하는 사람
    ② 원초아가 자아나 초자아보다 강한 사람
    ③ 초자아가 자아나 원초아보다 강한 사람
    ④ 방어기제를 사용하지 않는 사람

28. 건강한 성격에 대한 융의 설명으로 옳지 않은 것은?
    ① 주기능이 보조기능을 효과적으로 억압하고 있다.
    ② 사고, 감정, 감각, 직관이 균형을 이루고 있다.
    ③ '행동하는 나'와 '내면의 나'가 다르다는 사실을 인정한다.
    ④ 보조기능의 저항을 자기 개발의 기회로 삼는다.

29. 다음 중 올포트(G. Allport)의 성숙한 인간의 모습에 해당하는 것은?
    ① 통일된 인생철학을 갖는다.
    ② 집단을 위해 언제든 스스로를 희생할 마음을 가진다.
    ③ 가끔은 혼란과 좌절, 불만 상태에서 자학하는 것을 즐긴다.
    ④ 사람들의 인정과 관계없이 항상 자기의 주관대로 산다.

30. 다음 중 사회 구성원들의 행위유형을 제공해 주고, 한계도 정해주는 데 가장 큰 영향을 미치는 요인은 무엇인가?
    ① 생물학적 요인   ② 자연환경
    ③ 개인 고유의 체험   ④ 문화적 요인

31. 동일시의 4개 원리가 잘못 설명되어 있는 것은?
    ① 동일시 대상과의 유사성을 기초로 해서 일어난다.
    ② 선망을 기초로 해서 일어난다.

③ 사람과 사물을 통제할 수 있는 힘을 갖지 않은 사람이 대상이 된다.

④ 강자로부터 받는 위협을 중화하려는 필요에서 일어난다.

32. 다음 중 자기도 모르는 사이에 무의식적으로 이루어지는 정도가 가장 강한 사회화 원리는 어느 것인가?

① 모형화   ② 자기화   ③ 관찰학습   ④ 동일시

33. 다음 중 정신분석학적 입장에서의 치료법은?

① 혐오적 조건화   ② 노출치료   ③ 선택적 처벌   ④ 저항의 분석과 해석

34. '극소수의 사람들이 하는 행동은 비정상행동'이라고 진단하는 것은 부적응 행동의 어느 기준을 적용한 것인가?

① 행동의 역기능성   ② 규범적 기준으로부터의 일탈

③ 개인적 고통   ④ 통계적 기준으로부터의 일탈

35. 행동주의 입장에서 사용하는 치료법이 <u>아닌</u> 것은?

① 홍수법   ② 혐오적 조건화   ③ 전기충격치료   ④ 체계적 둔감화

36. 부적응 행동을 개선시키기 위한 인지적 모형에서는 '사건이나 행동의 원인을 어디에 돌리는가'에 관한 사고를 무엇이라 일컫는가?

① 신념   ② 기대   ③ 귀인   ④ 평가

37. 우울증은 다음의 어느 장애에 속하는가?

① 신체형 장애   ② 해리성 장애   ③ 불안장애   ④ 기분장애

38. 지능발달의 정도는 정상인데 읽기, 쓰기 등에서 최소한의 학업 성취 수준을 달성하지 못하는 것을 무엇이라고 하는가?

① 학습 부진   ② 학습 공포   ③ 학습 기피   ④ 학습 지진

39. 아동의 학교공포증은 대부분 무엇 때문에 야기되는가?

① 회피불안   ② 분리불안   ③ 광장공포   ④ 고소공포

40. ADHD는 어떤 장애인가?

① 자폐성 장애   ② 주의력 결핍 및 과잉행동장애

③ 품행장애   ④ 반항성 장애

41. 반항성 장애를 갖고 있는 청소년이 보이는 행동 특성은?
   ① 지속적인 거짓말   ② 부모에 대한 불복종
   ③ 친구와의 관계 단절   ④ 등교 거부

42. 집단 따돌림에 대한 해결책으로 적절하지 않은 것은?
   ① 공감이나 감정이입 연습을 한다.
   ② 개인의 개성이 존중되는 교실 분위기를 조성한다.
   ③ 가정과 사회의 협조가 같이 이루어져야 한다.
   ④ 가해하는 학생만 지도대상으로 삼아야 한다.

43. 집단 따돌림에 대한 설명으로 옳은 것은?
   ① 언어적 가해 행위도 포함된다.
   ② 가해자는 주로 상급생이다.
   ③ 원인이 가해자에게 전적으로 귀인된다.
   ④ 보통 일대일의 관계에서 발생한다.

44. 자아정체감이 확고한 사람의 특징과 거리가 가장 먼 것은?
   ① 태도나 가치가 통합되어 있다.
   ② 자신을 독특하고 특별하다고 인식한다.
   ③ 시간이 경과해도 자신은 동일한 사람이라고 인식한다.
   ④ 인간관계의 범위가 넓다.

45. 청년기에 갖는 부모에 대한 양가감정은 어떤 것인가?
   ① 독립에 대한 갈망과 분리에 대한 불안감
   ② 인정에 대한 갈망과 거절에 대한 불안감
   ③ 보호를 받고자 하는 갈망과 부양의 의무감
   ④ 부모에 대한 효도 의무감과 자기 자녀에 대한 애정 부담

46. 경계선 성격장애의 가장 핵심적인 문제로 볼 수 있는 것은?
   ① 반사회적 이기심   ② 과도한 스트레스
   ③ 타인의 고통에 대한 무감각   ④ 자아정체성의 혼란과 불안정성

47. 에릭슨은 "성인기"의 주요한 발달과업을 무엇으로 규정하고 있는가?
    ① 친밀감의 발달　　　　　　② 기본적 신뢰의 발달
    ③ 자율성 확립　　　　　　　④ 통합성의 발달

48. 중년기에 나타나는 성역할 변화는?
    ① 기존의 성역할이 보다 강화된다.　② 남성성과 여성성이 통합된다.
    ③ 변화가 나타나지 않는다.　　　　④ 가정 내 성역할을 엄격하게 구분한다.

49. 중독성은 있으나 내성은 없는 대용약물을 제공하는 약물남용 치료법은?
    ① 역할극　　　　　　　　　② 행동수정요법
    ③ 메타돈 유지요법　　　　　④ 혐오요법

50. 물질의존 진행단계로 바른 것은?
    ① 강박적 행동 − 시험적 사용 − 도구적 사용 − 습관적 사용
    ② 시험적 사용 − 도구적 사용 − 습관적 사용 − 강박적 행동
    ③ 시험적 사용 − 도구적 사용 − 강박적 행동 − 습관적 사용
    ④ 시험적 사용 − 습관적 사용 − 강박적 행동 − 도구적 사용

6. 성격의 주요 이론들

1) 정신분석이론

　　프로이트는 심리장애 환자들을 치료한 임상경험을 토대로 성격의 구조와 형성과정, 그리고 심리적 부적응의 원인과 그 치료방법에 대하여 종합적인 이론을 제시하여 심리학 및 정신의학에 큰 영향을 끼쳤다. 그의 정신분석이론은 인간의 행동을 바라보는 데 있어서 기존의 사고방식과는 다른 독창적이고 새로운 시각을 담고 있어, 이에 대한 비판도 있었으나, 그 영향력은 심리학과 정신의학을 넘어 문학, 미술 등의 예술 분야나 인문사회과학 전반에 걸쳐 깊이 자리 잡고 있으며, 초자아, 자아, 리비도 등 그 이론의 주요개념들은 거의 일상용어화되었다.

(1) 기본가정

프로이트의 정신분석이론의 핵심이 되는 두 가지 기본개념은 무의식적 동기와 정신결정론이다. 프로이트는 우리가 의식하고 있는 것은 우리의 정신생활의 극히 일부에 불과하며, 의식의 밑에 깔려 있는 거대한 무의식의 세계가 우리의 생각과 행동에 영향을 미치고 있다고 생각하였다. 무의식의 영역은 우리의 욕구나 충동들이 담겨 있는 깊은 저장고로, 본인은 그 존재를 전혀 의식하지 못하지만, 이 본능의 충동들은 끊임없이 밖으로 표출하려는 성향이 있다. 우리가 의식하지 못하는 정신세계가 있으리라는 가정을 프로이트가 처음 제시한 것은 아니지만, 무의식의 개념을 발전시켜 인간의 행동을 이해하는 데 적용시킨 것은 프로이트의 독특한 공헌이다.

프로이트는 또한 우리의 모든 행동, 느낌, 생각들에는 의미와 목적이 있으며, 일견 우연처럼 보이는 것도 실상은 우리 내면의 생각, 소망, 갈등의 표현이라고 보았다. 예를 들어 실언을 한다든가, 약속을 잊는다든가 하는 사소한 일까지도 그 의미를 분석해보면 무의식의 소망과 연결되어 있다는 것이다. 이와 같은 견해를 정신결정론이라고 하며, 무의식의 존재와 함께 정신분석이론의 기본 가정이 된다.

프로이트는 인간행동의 근원이 무의식적 본능에 있다고 보았다. 그는 본능을 삶의 본능(life Instinct)과 죽음의 본능(death instinct)으로 나누고, 배고픔, 목마름, 자기보존, 성본능 등 개인 및 종(種)의 생존에 관련되는 본능들은 모두 삶의 본능에 포함시켰다. 정신분석이론에서는 삶의 본능 중 특히 성(性) 본능이 성격의 발달에 가장 중요한 요인으로 꼽히고 있다. 또한 프로이트는 자살, 전쟁과 같은 인간의 파괴적인 성향을 설명하는 개념으로 죽음의 본능을 상정하였으나, 현대 정신분석학자들은 이에 대하여서는 큰 비중을 두고 있지 않다.

(2) 성격의 구조

프로이트는 성격을 서로 기능이 다른 세 가지 요소로 구성되어 있다고 보고 그 세 가지 구성요소를 각각 원초아(Id), 자아(Ego), 초자아(Superego)로 명명하였다.

원초아는 성격의 가장 기본이 되는 바탕으로 성욕, 공격적 충동 등 인간의 가장 기본적인 본능적 충동들로 구성되어 있다. 이러한 본능적 충동들이 일어나면, 원초아는 이를 즉각적으로 충족시키려고 한다. 현실적인 제한이나 미래의 결과에 관계하지 않고 즉각적인 본능 충족을 추구한다는 점에서 원초아는 '쾌락의 원칙'을 따른다고 할 수 있다.

원초아가 본능의 욕구를 충족시키는 방법은 반사작용과 같이 본능의 충동이 일으킨 긴장상태를 즉각적으로 해소시키는 것과, 1차 과정사고에 의한 소원 충족의 두 가지가 있다. 예컨대 배가 고플 때, 음식을 취하여 즉각적으로 이를 충족시키거나, 혹은 이것이 여의치 않을 때는 음식의 심상을 불러일으킴으로써 긴장을 감소시키려 한다는 것이다. 꿈은 1차과정사고의 좋은 예라고 할 수 있다.

원초아가 지닌 가장 큰 한계점은 이 같은 1차과정적 적응양식이 유기체의 욕구를 충족시켜 주지 못한다는 점이다. 따라서 성격의 두 번째 요소인 자아(ego)가 이로부터 분화되어 생긴다.

자아(ego)는 성격의 조직적, 합리적, 현실지향적인 체계로 "집행자"의 역할을 한다. 원초아와 같이 본능의 충족을 목표로 하되, 자아는 현실의 요구와 맥락을 고려하여 적당한 대상과 방법이 발견될 때까지 욕구충족을 지연하기도 하고 경우에 따라서는 억제하도록 하기도 한다. 따라서 자아는 현실원리에 따라서 작용한다고 할 수 있다. 또한 이러한 욕구 억제 및 만족 지연을 결정하는 데 자아는 현실적, 논리적인 사고와 계획을 하게 된다. 이를 원초아의 1차과정과 대비하여 2차과정이라고 부른다.

성격의 세 번째 구조인 초자아(superego)는 사회의 가치가 내면화된 것으로 사회적인 가치에 위배되는 행동을 했을 때 외부로부터의 처벌에 앞서 소위 '양심의 가책'을 느끼는 것, 바람직한 행동을 했을 때 자긍심과 만족을 느끼는 것은 바로 초자아의 기능에 의한 것이다. 초자아는 우리로 하여금 본능의 충동을 누르고, 자아로 하여금 효율성보다는 도덕성과 완벽함을 추구하도록 압력을 가한다. 자아가 원초아의 욕구충족을 지연시키거나 억제하는 역할을 하는 것도 초자아의 처벌을 피하기 위해서이다.

프로이트가 설정하는 성격의 3요소는 이와 같이 작용하는 양식이 서로 다르고 서로 상반되는 목표를 추구하도록 되어 있어 사람은 끊임없는 갈등을 경험할 수밖에 없다. 원초아가 상징하는 본능의 욕구, 자아가 대표하는 현실적 여건, 그리고 초자아가 상징하는 이상 및 가치는 어느 한 가지도 버릴 수 없는 중요한 것으로 프로이트에게 있어서 잘 적응된 성격이란 성격의 세 요소 간의 갈등을 잘 조정하여 환경에 효과적으로 적응하는 것이 그 핵심이 된다.

(3) 성격의 발달

프로이트는 성장과정에서 삶의 에너지인 리비도(libido)가 집중되는 부위가 변화한다고 주장하고, 리비도가 집중되는 신체 부위에 따라 성격의 발달단계를 구강기, 항문기, 남근기, 잠복기, 생식기로 나누고 있다.

신생아에게 있어서 생존에 가장 밀접한 부위는 입, 입술, 혀 등 구강이 된다. 이때 리비도는 구강영역에 주로 몰려 있으며 긴장감소와 쾌락을 경험하는 것 또한 구강영역이 중심이 되므로, Freud는 생후 첫 단계를 구강기로 보았다.

구강기에는 주로 다른 사람에게 의존하여 자신의 욕구를 충족시켰으나 아동이 성장함에 따라, 현실의 요구들에 부딪치게 되어, 점차 자아가 원초아로부터 분화되게 된다. 이때 부딪치게 되는 중요한 과업은 배변훈련으로, 대소변을 적절한 시기에 적절한 방법으로 배설하는 것을 학습하는 과정에서, 자신의 욕구를 조절할 수 있는 능력을 얻고 이에 대한 만족감을 느낄 수 있게 된다. 또한 배설과정을 일종의 수단으로, 즉 부모의 환심을 사기 위해서는 적절한 때와 장소에서 배설을 하고, 반대로 부적절한 때와 장소에서 배변을 함으로써, 부모를 화나게 하거나 괴롭히는 등 부모를 자기 뜻대로 조종하는 방법도 배우게 된다. 이 두 번째 단계를 항문기라고 부른다.

4세경에 이르면 성기 영역이 성적 쾌감과 흥미의 대상이 된다. 자신의 신체에 관심을 갖고, 남자와 여자의 신체적 구조에서의 차이를 깨닫게 되면서 자신과 가장 친밀한 관계에 있는 부모가 강한 사랑과 애착의 대상이 된다. 남아의 경우 어머니에 대한 성적 관심과 함께 아버지를 경쟁자로 인식하게 되고, 이로 인하여 아버지의 보복에 대한 두려움과 내적인 갈등을 경험하게 된다. 프로이트가 oedipus complex라고 명명한 이 복합적 갈등은, 아동이 아버지와 동일시함으로써 어머니를 '대리소유'하는 것으로 해결된다. 남근기에 일어나는 동일시 과정은 oedipus complex를 해결할 뿐만 아니라, 아버지의 가치관, 목표, 습관 등까지 모두 함께 받아들임으로써 초자아가 더욱더 발달하고, 성역할의 학습을 촉진시키는 성격의 발달과정에서 아주 중요한 계기가 된다.

남근기를 지나면 12~13세의 청소년기까지 잠시 성적인 에너지가 억제되거나 의식 밑에 가라앉는 잠재기(latency period)를 갖게 된다. 그러나 청소년기에 이르러 2차 성징의 출현 등 신체적 변화가 생기면서 성적인 본능이 다시 활발히 나타나고, 성숙한 성인의 모습으로 이성을 사랑하게 된다. 이와 같이 구강기의 빨기, 삼키기 등으로 시작되는 성본능은 성인기의 성숙함에서 절정에 이르고, 아동기의 자기도취, 자기성애, 즉각적 쾌락의 추구가 타인에 대한 사랑, 일, 책임감 등으로 바뀌게 된다.

프로이트는 이상의 심리성적 발달단계를 거쳐서 성격의 기본 골격이 형성되는 것으로 보았다. 특히 5∼6세 이전의 초기단계 즉 구강기, 항문기, 남근기는 성격의 형성에 결정적인 영향을 미치는 것으로, 이때의 경험은 지속적으로 그 흔적이 남는 것으로 보았다. 즉, 각 단계의 특징적인 욕구들이 지나치게 많이 좌절되었다든지, 혹은 지나친 정도로 충족되었을 경우 그 단계에 고착되어, 그 단계 특유의 성격적 특징을 보이게 된다는 것이다. 예컨대 구강기에 고착된 사람의 경우는 의존적이고 흡연 음주 등의 구강을 통한 만족을 추구하게 되고, 항문기에 고착된 사람은 인색하고, 꼼꼼하고 철저한 성격을 갖기 쉽다고 하였다.

(4) 불안

정신분석이론에서 불안의 개념은 핵심적 역할을 한다. 불안이란 위험이 가까이 있다는 신호를 자아가 느끼는 것이라고 정의할 수 있다. 프로이트는 불안을 그 위협의 근원에 따라 현실불안, 신경증적 불안, 그리고 도덕적 불안으로 나누고 있다.

현실불안은 문자 그대로 현실세계에서의 위협에 대한 반응이다. 신경증적 불안은 본능의 충동이 의식 속으로 뚫고 들어옴으로 하여 느껴지는 불안이다. 우리가 성적 혹은 공격적 충동을 그대로 표현하였을 때, 현실에서 어떤 처벌이나 제재를 받은 경험으로 인하여, 이러한 충동이 지각되기만 하여도 불안감을 느끼게 되는 것이다. 도덕적 불안은 원초아의 충동이 부도덕한 방식으로 충족을 얻으려고 할 때, 죄책감이나 수치심을 통한 초자아의 처벌위험을 느껴 불안해지는 것이다.

현실불안은 현실문제에 적절히 대처함으로써 다루어질 수 있으나, 신경증적 불안이나 도덕적 불안은 성격내부의 구조로부터의 불안이므로, 쉽게 사라지지 않는다. 자아는 이러한 불안을 다스리기 위한 목적으로, 자신의 경험을 왜곡하거나 위장하는 여러 가지 방어기제를 사용한다. 고통스럽거나 불쾌한 경험을 의식 밑으로 밀어 넣는 억압(repression), 자신의 용납할 수 없는 생각이나 행동들을 다른 사람에 귀속시키는 투사(projection), 본능적 충동의 대상을 덜 위협적인 대상으로 바꾸는 전위(displacement), 자존심을 보호하기 위하여 실패에 대한 합리적인 설명을 찾는 합리화(rationalization) 등은 방어기제의 예이다. 승화 역시 본능의 충동을 사회적으로 인정받는 정당한 방법을 통하여 표현한다는 점에서 방어기제와 유사한 맥락에서 볼 수 있다. 그러나 방어기제가 건전한 활동에 사용될 수 있는 에너지를 현실을 왜곡하거나 도피하는 비생산적인 심리과정에 돌리는 데 반하여 승화에서는 건설적인 활동으로 전환된다는 점에서 훨씬 바람직하다고 볼 수 있다.

(5) 프로이트이론의 계승 및 발전

프로이트의 정신분석이론은 성격연구에 중요한 공헌을 하였다. 즉 우리가 의식하지 못하는 내면의 갈등이나 소망이 우리의 행동에 영향을 끼칠 수 있음을 지적함으로써 성격연구에 새로운 차원을 더하였고, 성격을 서로 이질적인 세 요인이 역동적으로 상호작용하는 구조로 파악한 점도 새로운 면모라고 하겠다. 또한 성격의 발달단계에 대한 고찰, 그리고 불안과 방어기제에 대한 통찰 또한 인간에 대한 우리의 이해를 넓혀주었다.

그러나 프로이트이론은 성격의 발달과정을 설명하는 데 있어서 성본능 등 본능적인 측면에 지나치게 비중을 두어, 상대적으로 사회환경적 요인에 대한 인식이 부족하다는 점이 지적되고 있다. 이에 따라 프로이트의 뒤를 이은 다른 정신분석가들은 우월성의 추구, 기본적 불안의 해소 등 성(性) 이외의 다른 요인이 성격의 역동에 기본적인 에너지를 제공한다고 주장하는 등 본능적인 동기보다는 사회문화적인 동기를 더욱 강조하게 되었다. 또한 원초아와 초자아의 압력을 중재하는 자아의 기능을 점차 더욱 강조하게 되어 자아심리학의 탄생을 보게 되었다.

정신분석이론의 약점으로 흔히 거론되는 것은 그 이론적 구성개념들이 대부분 구체적으로 기술되어 있지 않아 조작적 정의를 하기가 어렵고, 따라서 체계적으로 그 이론적 타당성을 검증하는 것이 거의 불가능하다는 점이다.

2) 현상학적 접근: Rogers의 자기이론

(1) 기본개념

현상학적 접근의 가장 두드러진 특징은 주관적 경험을 강조한다는 점이다. 모든 행동은 그 순간에 개인이 체험하는 모든 것, 즉 현상적 장에 의해서 결정되므로, 개인의 행동을 이해하고 예측하려면 무엇보다도 그 사람의 눈으로 세상을 바라볼 필요가 있다는 것이다.

Carl Rogers의 자기이론은 현상학적 관점에서 성격을 이해하려고 한 대표적인 예이다. Rogers는 개인이 주관적으로 경험하고 있는 현실은 각기 모두 다르므로, 개인의 주관적 해석을 떠나서 객관적 현실을 이야기하는 것은 무의미한 것으로 보았다.

Rogers는 상담경험을 통하여 자기(self)가 심리적 적응에 아주 중요한 역할을 함을 발견하게 되었다. Rogers의 자기이론에서의 '자기'란 그가 자신에게 속한다고 보는 모든 것 – 신체적 특징, 능력, 불안감, 포부 등으로 그가 살아가면서 겪는 여러 가지 경험을 통하여 서서히 '자기'라는 것을 인식하게 된다는 것이다. 이와 같이 형성된 자기는 개인의 주관적인 경험에 영향을 미치고 각자의 체험과 기억들을 걸러내는 기능을 한다.

Rogers이론의 또 다른 중요한 특징은 인간은 자신을 유지하고 향상시켜 주는 방향으로 자기자신이 지닌 모든 능력을 개발하려는 강한 성향이 있음을 가정하는 것이다. 이와 같이 인간을 자기실현과 성장을 추구하는 낙관적인 존재로 보는 Rogers의 견해는 본능의 욕구를 다스리기 위하여 끊임없이 갈등을 겪는 것으로 묘사된 프로이트의 인간상과 좋은 대조를 이룬다.

(2) 성격의 발달

Rogers는 사람은 누구나 부모를 비롯한 중요한 타인들로부터 사랑받고 인정받고 싶은 긍정적 존중에의 강한 욕구를 지니고 있다고 보았다. 어린이들은 성장하면서 긍정적 존중은 그냥 얻어지는 것이 아니라 특정한 조건을 충족시켰을 때 주어진다는 것을 깨닫게 된다. 예컨대, 공부를 잘했을 때 칭찬과 인정을 받게 되면, 이러한 경험을 통하여 긍정적 존중의 조건이 공부를 잘하는 것임을 알게 된다.

긍정적 존중의 조건을 깨닫고, 이에 따라 행동하려고 하는 것은 사회화하는 데 아주 중요한 역할을 하는 것이 사실이지만, 때에 따라 역기능도 생각할 수 있다. 즉, 긍정적 존중을 얻고자 하는 욕구로 인하여, 그 조건들에 지나치게 집착하게 되면, 우리의 성장과 자아실현의 잠재력은 그만큼 감소될 것이다.

Rogers는 기본적으로 누구나 다 무조건적인 사랑과 무조건적인 존중을 받는 경험이 필요하다고 주장한다. 만약 이러이러한 사람이 되어야만, 이러이러한 행동을 해야만 사랑받고 존중받을 수 있다는 생각을 하게 된다면, 그것은 조건적인 것으로 자신의 욕구나 경험을 왜곡하고 제한하는 결과를 가져와 자기 안에 내재되어 있는 가능성을 실현하는 데에서 멀어질 수 있다는 것이다. 여기서 무조건적 존중이란 어떤 행동이라도 그대로 수용한다는 의미가 아니라 인간으로서의 가치와 존중이 다른 어떤 것보다 우선적으로 인정되어야 한다는 것을 뜻한다.

(3) 적응의 본질

Rogers는 사람은 자기가 느끼고 있는 현상적 자기와 경험 사이에 일관성을 유지하려는 성향이 있다고 주장한다. 따라서 자기구조와 일관되는 경험은 쉽게 받아들이게 되나, 자기구조 혹은 자신이 지니고 있는 가치의 조건들과 어긋나는 경험은 심리적으로 위협을 주게 되므로 이를 자기체험의 일부로 받아들이지 않거나 혹은 그 의미를 왜곡하게 된다. 이와 같이 자기구조가 경험을 억압하거나 왜곡하는 것은 단기적으로 심리적 안정감을 유지시키는 긍정적 기능을 할 수 있으나, 장기적으로는 자신에게 일어나는 여러 가지 일들을 있는 그대로 경험하지 못하게 되어, 체험의 폭과 깊이를 제한해 현실에 적극적으로 대처하는 데 도리어 방해가 된다.

Rogers는 자신의 잠재력을 모두 발휘하고, 자기가 부딪치는 여러 가지의 체험에 대하여 마음이 열려 있으며, 순간순간을 충실히 살 수 있는 사람, 남들보다는 자기 자신에 의지할 수 있으며, 자신이 있는 그대로 살 수 있다는 자유로움을 느끼는 사람을 '완전하게 기능하는' 적응적인 사람의 이상형으로 보았다. 이러한 상태는 자기와 체험사이의 불일치를 최소화하고, 자신의 경험을 있는 그대로 받아들일 수 있는 능력에 달려 있고, 궁극적으로는 타인에 의해서 부과된 가치의 조건으로부터 얼마나 자유로워질 수 있는가에 달려있다는 것이다.

Rogers는 무조건적 긍정적 존중(unconditional positive regard)이 이러한 능력을 발달시키는 데 핵심적인 역할을 하는 것으로 보고 심리적 적응의 문제로 괴로움을 겪는 사람을 치료하는 데 치료자와 내담자와의 관계에서 무조건적 긍정적 존중이 매우 중요한 역할을 한다고 하였다.

즉, 자기구조에 대한 위협이 전혀 없는 무조건적 긍정적 존중이 보장되는 상황에서 자기구조와 일치하지 않는 체험들을 지각, 검토하여 이런 체험들을 모두 수용할 수 있도록 자기구조를 수정하는 것이 곧 심리치료의 핵심이라고 보았다.

Rogers의 자기이론은 내담자중심 심리치료의 기초가 되었다는 점에서 상담 및 심리치료 분야에 공헌한 바가 크다.

3) 행동주의적 견해

(1) 기본개념

앞서 살펴본 정신분석이론이나 Rogers의 자기이론의 관점에서는 사람의 행동이나 생각이 내면의 요인에 의해서 결정된다고 가정하였다. 물론 이들 이론에서도 상황에 따라서 사람의 행동이 달라질 수 있음을 인정하고 있으나, 역시 주요한 관심사는 상황보다는 내면의 성격이라고 할 수 있다.

행동주의적 입장에서는 이와는 달리 겉으로 나타나고 객관적으로 관찰될 수 있는 행동과 행동의 학습에 영향을 주는 조건들에 더 큰 관심을 기울인다. 이러한 관점에서 볼 때 행동주의적 관점에서는 여러 상황에서 행동에 일관성을 부여하는 개인의 내적 특성이라는 성격개념의 중요성을 받아들이지 않는다고 할 수 있다.

행동주의적 전통의 핵심인 학습이론에서는 사람의 행동은 모두 같은 원리를 통해서 설명할 수 있다고 가정한다. 고전적 조건화와 조작적 조건화 같은 실험실에서 발견된 학습의 과정들은 우리가 성격의 표현이라고 생각하는 좀 더 복잡한 여러 가지 행동들을 설명하는 데도 똑같이 적용될 수 있다고 본다. 예를 들어 자신의 목표를 성취하기 위해서는 남의 권리를 침해하는 것도 주저하지 않는 이기적 행동성향은 과거에 그러한 행동을 했을 때 자신이 원하는 바를 얻을 수 있었던 경험이 반복된 결과라고 볼 수 있다. 반대로 남의 사정을 먼저 생각하는 사려 깊은 성격은 그러한 행동이 칭찬받고 높이 평가되는 환경에서 형성된 것으로 해석된다.

행동주의적 입장에서 성격은 과거 경험에 의해서 학습된 행동성향으로 파악하고 있다는 점에서 과거경험의 중요성을 부인하지는 않는다. 그러나 정신분석이론에서는 어린 시절의 경험에 의해 형성된 성격은 지속적인 영향을 갖는 것으로 보는 것과는 달리, 행동주의 입장에서는 상황이 바뀌어 다른 행동이 강화를 받게 된다면, 과거와는 전혀 다른 새로운 행동성향이 나타날 수도 있다고 본다. 얌전하고 착실한 행동이 늘 칭찬받는 환경에서는 그러한 행동을 많이 보이던 사람도, 그 환경을 떠나 대범하고 활발한 행동이 높이 평가되는 환경에 처하게 되면, 새로운 행동성향을 많이 나타낼 수 있다는 것이다.

행동주의 입장에서 주장하는 대로 환경의 변화에 따라 행동이 바뀐다면 사람들에게서 일관성 있는 행동성향을 보기 어려울 것이다. 실제로 사람들의 행동이 얼마나 일관성 있는가 하는 것에 관해서는 심리학자들 간에 큰 논쟁이 있어 왔다. 그 결과, 종전에 성격심리학자들이 가정했던 것같이 사람들의 행동에 높은 일관성이 있는 것은 아니라는 것이 밝혀졌다. 그러나 대개의 경우 가정 등 우리에게 중요한 환경이 크게 변화하지 않고 유지되는 경우가 많고, 또한 설혹 환경이 갑자기 다른 행동을 강화하기 시작하여도, 오랫동안 강화받아 왔던 행동이 쉽게 소거되지는 않을 수 있어, 동일한 행동성향이 오랫동안 지속되는 듯한 인상을 줄 수 있다.

행동이 환경적 요인에 의하여 결정된다고 보는 것은 곧 환경적 조건을 통하여 행동을 통제할 수 있다는 것과 통한다. 이는 곧 부적응적인 행동을 바람직한 방향으로 바꾸고자 하는 경우 큰 힘이 될 수 있는 중요한 점이 된다.

(2) 행동주의적 견해의 평가

행동주의적 접근에서는 학습의 원리를 통하여 성격이라는 현상을 설명하는데 새로운 시각을 제공해 주었고, 특히 이전에 간과되었던 상황적 변인에 대한 관심을 새롭게 했으며, 아울러 환경의 조건을 바꿈으로써 행동을 바꿀 수 있는 길을 제시했다는 점에서 큰 공헌을 하였다. 학습이론에 근거를 둔 행동치료의 기법들은 여러 가지 부적응적 행동을 수정하는 데 효과적으로 활용되고 있다. 그러나 학습의 단순한 개념을 통해서 사람의 복잡한 심리과정을 설명하는 데에는 역시 무리한 점이 있음을 지적하는 사람들이 있었다. 인간은 생각하고, 계획하고, 상상하는 존재로, 이러한 인지적 측면을 빼놓고서는 행동을 이해하는 데 한계가 있다고 볼 수 있다. 또한 인간행동의 학습은 주로 사회적 상황에서 이루어지므로 학습의 사회적 맥락 또한 중요하다고 하겠다. 미국의 심리학자 Rotter, Bandura, Mischel 등은 이러한 사회학습이론의 관점에서 주변의 상황을 해석하고, 자기 자신의 능력을 평가하며, 행동목표를 달성하기 위한 구체적인 방법을 선택하고, 그 수행결과를 평가하는 자기통제체계 등의 인지적 변인들을 행동을 결정하는 중요한 개인 내적 변인들로 제시하고 있다.

4) 부적응 행동을 설명하는 제 이론

대학입학에 실패하여 낙담하는 청소년들, 점점 어려워지는 취업에 직면하여 스트레스를 받는 젊은이들, 자식들을 어느 정도 다 기른 후 자신의 정체감을 잃어버려 우울에 빠지는 중년부인들, 승진의 압박감과 격무에 시달리는 직장인들, 이제는 가정과 사회에서 모두 버림받았다고 생각하는 노인들…… 이들은 우리가 주변에서 쉽게 만날 수 있는 우리의 이웃들이며, 바로 우리 자신의 모습이기도 하다. 또한 어린 시절의 부정적이고 충격적인 경험으로 인해 성인이 되어서도 거기에서 벗어나지 못하고 정신적인 고통에 시달리는 사람들, 온갖 비합리적인 신념과 기대들로 인해 스스로 파놓은 함정에서 헤어 나오지 못하는 사람들, 적대감과 반항심으로 가정과 학교에서 제대로 적응하지 못하고 비행에 빠져드는 청소년들, 스스로 아무리 자제하려 해도 쉽게 끊을 수 없어 결국은 심각한 약물이나 알코올중독에 빠져드는 사람들 등등 이러한 사람들 모두가 바로 상담과 심리치료가 절실히 필요한 사람들이라 하겠다.

점차 사회가 발전하고 복잡해질수록 사람들과의 관계는 소원해지기 쉽고 메말라지기 쉽다. 이러한 사회에서 더욱 절실히 요구되는 것은 인간관계의 회복이며, 우리 사회는 여러 가지 신경증과 정신적인 장애로 고통을 받고 있는 사람들에게 보다 따뜻한 관심을 쏟아야 한다. 그리고 무엇보다도 중요한 것은 사회의 따뜻한 배려와 함께, 보다 전문적인 상담과 심리 치료가 이들에게 베풀어지는 기회가 확대되어야 할 것이다.

심리적인 문제를 효과적으로 개선시키는 데 도움이 되는 대표적인 모형에는 어떠한 것들이 있으며, 각각의 과정과 기법은 어떻게 다른가?

(1) 생물의학적 모형

인간행동을 연구하는 한 가지 방법은 행동을 신체 내부, 특히 뇌와 신경계통에서 일어나는 사건과 연관시켜 보는 것이다. 신경생물학적 접근방법은 행동과 정신활동에 내재해 있는 신경생물학적 과정을 분석하는 데 중점을 두고 있다. 인간의 뇌세포는 약 120억 개에 달하며 매우 복잡하게 상호 연합되어 있다. 인간이 사고하고 활동하는 데서 비롯되는 모든 심리학적 사건들은 이러한 뇌의 활동과 각 신체부위와 연결되어 있는 신경계통의 활동으로 설명될 수 있다. 예를 들면, 학습에 관한 연구를 할 때

신경생물학적 입장에서는 새로운 과제를 학습한 결과 신경계통에 어떠한 변화가 일어났는가에 관심이 있다.

최근의 연구들은 뇌의 활동과 행동, 경험 간에 밀접한 관계가 있다는 것을 증명하고 있다. 뇌의 어떤 특정한 부위에 약한 전기자극을 가함으로써 공포, 분노와 같은 정서반응을 유발시킬 수 있었다. 뇌의 특정부위에 전기자극을 가해 기쁨과 고통, 과거의 일을 회상시킬 수 있다는 사실은 이와 같은 접근방식이 우울증 등의 치료에 이용될 수 있음을 시사하고 있다.

이 모형은 이상행동을 하나의 질병의 과정으로 본 개념으로 신경해부학, 신경생리학, 생화학, 내분비학, 약리학 등의 연구에 힘입어 이상행동의 생물학적 원인을 밝히고 그에 따른 치료법을 연구해 오고 있다.

19세기에 대뇌손상이 사고장애와 괴상한 행동을 일으킬 수 있다는 사실을 발견하였다. 그리하여 세균의 침입이나 개인 내·외적 환경으로 뇌의 조직이 손상되거나 침해되어 이상행동을 일으킨다는 것을 알게 되었다. 진행성 마비나 뇌의 퇴화로 인한 각종 질환, 뇌종양이나 급성뇌막염, 사고 후 뇌손상, 알코올과 같은 화학물질의 장기섭취로 인한 뇌조직 손상의 질병 과정에서 정신병과 유사한 증상이 나타나기도 한다는 것이 이를 지지하고 있다.

또한 유전적 소인이나 유전자의 이상이 이상행동을 유발시키고 있다고 하였는데, 지능지체나 일부의 성격장애가 이 같은 원인을 잘 반영하고 있다.

그러나 이 접근방법은 우리의 행동에 내재해 있는 신경생물학적 메커니즘을 규명해 봄으로써 인간행동을 이해하려는 입장이다. 그러나 현재까지의 신경생물학적 이론으로서는 그러한 신경생물학적 메커니즘을 규명한다는 것이 어려운 실정이다. 그것은 뇌 자체가 매우 복잡하고, 또한 인간의 뇌를 연구대상으로 하기에는 많은 문제점이 있을 뿐 아니라 신경기능에 관한 우리의 지식 또한 아직 크게 부족한 상태이기 때문이다. 따라서 신경생물학적 입장만으로는 우리의 행동을 적절히 설명하기 힘들며 다른 여러 가지 접근방법이 필요한 것이다.

(2) 정신분석학적 모형

프로이트가 자신의 임상경험을 토대로 막든 정신분석에서는 유아기, 아동기 때의 심리성적 갈등이 인간의 성격 형성에 매우 중요한 역할을 한다고 보았다. 심한 불안을 피하기 위해서는 현실세계에서 감당 못할 갈등을 무의식의 세계로 밀어 넣기 위하여 방어기제를 사용하며, 정신적 장애는 이 무의식의 세계에 원인이 있고, 인간의 정신장애의 증상은 방어기제의 직접적 결과라고 보았다. 정신적 장애가 이런 과정으로 일어난다고 볼 때, 프로이트는 다음의 두 가지 목표를 성취할 수만 있다면 정신치료가 성공한다고 하였다. 즉, ① 무의식의 세계에 있는 심리적 갈등을 의식의 세계로 이끌어 올려, ② 드러난 갈등을 직접 타결하고 부딪치면 문제를 해결할 수 있다고 보았다.

즉, 정신분석치료의 목적은 내담자로 하여금 보다 성숙한 방식으로 자신의 갈등을 이해하고 이를 다뤄나감으로써 정신 내적인 갈등을 해소할 수 있도록 도와주는 것이다.

정신분석의 과정에서는 어떠한 위협이나 비난을 받을 위험이 없는 안전한 분위기 속에서 과거에 내담자가 효과적으로 대처할 수 없었던 장면에 직면할 수 있게 하고, 그것과 관련되어 억압되어 있는 감정이나 충동들을 자유롭게 표현할 수 있게 도와줌으로써 갈등이 되었던 무의식의 내용을 의식수준으로 올려 각성시키고자 한다. 이와 같이 무의식의 내용을 의식화하여 내담자로 하여금 자신의 행동에 대한 동기를 각성하고 통찰하게 하여 의식 수준에서 행동할 수 있게 돕는 것이다.

정신분석학 모형에서의 치료원칙은 억압된 내용을 의식화시켜 자신의 진정한 욕구와 동기가 무엇인가를 이해하도록 하며 갈등에 대한 현실적인 해결을 하게 하는 것으로, 증상의 호전뿐 아니라 피분석자의 기본성격과 방어양식을 개조하거나 크게 수정하는 것이다. 이와 같은 목적을 달성하기 위하여 정신분석학자들은 성욕과 공격성에 대한 어린 시절의 경험, 억압된 기억 등을 주로 다룬다. 치료기법은 꿈의 분석과 자유연상기법이 대표적이다. 이를 중심으로 한 치료과정은 다음과 같다.

- 자유연상: 자유연상은 내담자에게 맨 처음 머리에 떠오르는 것을 말하게 하고, 그다음엔 자기 마음을 아주 자유스럽게 하고 아무것도 염두에 두거나 두려워하지 말고 연관되어 생각나는 것을 말하게 한다. 그런 것은 사소하다거나 유치하다거나, 불필요하다거나 하는 의식적인 검열과정 없이 자연스럽게 흘러나오도록 한다. 그렇게 하는 과정에서 자기도 모르게 감춰졌던 일이나 갈등의 원인이 드러나게 된다.

- 저항의 분석과 해석: 상담시간에 늦게 오거나 어떤 생각이나 감정을 회상할 수 없거나 표현하기를 주저하는 것 등등이 일종의 저항현상으로서, 이는 내담자가 불안으로부터 자아를 방어하려는 경향 때문에 생긴다. 이러한 현상이 나타날 때

상담자는 내담자가 저항하고 있다는 사실에 대해 알려줄 필요가 있다.

- 꿈의 분석과 해석: 무의식의 자료를 캐내는 수단으로는 자유연상 외에 꿈의 분석도 중요시된다. 프로이트는 꿈을 무의식적 욕구의 표현이라고 보았기 때문에 아주 중요시하였다. 꿈의 내용은 보통 상징적이거나 왜곡되어 있으나 대개는 환자의 문제를 아주 잘 나타내준다. 그래서 환자가 꿈을 꾸었을 때는 그것을 잘 기억해내도록 하여 치료에 활용한다. 해석과정을 통해 꿈속에 나타난 의미의 가능성이나 꿈에서 보인 상징적 표상이나 증상의 상징적 의미, 그 밖의 환자의 상태를 깨닫도록 해준다.

- 전이의 분석과 해석: 내담자가 중요한 인물에게 느꼈던 감정을 상담자에 대하여 갖게 되는 것을 전이라고 하는데, 이는 긍정적인 것일 수도 있고 부정적인 것일 수도 있다. 즉, 내담자는 상담자에게 아주 밀접하고 강한 애착심을 느끼거나 아니면 적대적인 감정을 갖기도 한다. 이와 같은 반응을 분석하고 해석함으로써 내담자의 문제를 이해하고 갈등을 풀어나가도록 도움을 줄 수 있기 때문에 정신분석에서 전이는 매우 중요하게 다뤄진다. 또한 전이는 내담자와 다른 사람과의 인간관계의 표본이 되는 것이므로 전이를 잘 다뤄줌으로써 내담자가 다른 사람과의 인간관계를 잘 정립해 나갈 수 있도록 도와줘야 한다.

(3) 행동주의적 모형

사회적 학습이론가들은 행동의 환경적 또는 상황적 결정요인의 중요성을 강조한다. 개인이 환경에 대응하면서 배운 행동 패턴에 초점을 두고, 타인의 효과(타인이 제공하는 보수와 처벌)는 행동에 중요한 영향을 준다고 보았다. 행동주의 모형에서는 이상행동을 성장과정에서의 잘못된 학습의 결과로 설명하고 있다. 즉, 이상행동은 어린 시절 부적절한 학습과 강화로 인해 만족스러운 방식으로 타인과 관계를 맺는 것을 결코 배우지 못했거나 비효과적이고 부적응적인 습관들을 지니게 된 결과라고 했다. 이 모형의 시초는 고전적 조건반사로 파블로프(Pavlov)는 동물연구를 통하여 모든 동물의 행동을 반사와 반응으로 설명하였고 본능을 전적으로 무시하였다. 그는 조건형성과정은 평생 계속되며 강화의 유무에 따라 많은 조건반사가 새로이 형성되고 사라진다고 주장하였다. 이 같은 연구결과 파블로프는 사람의 성격발달은 어릴 때의 훈련에 의해 좌우된다고 하였다.

이 같은 파블로프의 개념을 Watson, Hull, Skinner가 이상행동의 치료에 적용했다. Skinner가 주장한 조작적 학습은 실험자가 바라는 행동을 했을 때 동물에게 보상을 준다는 것이 고전적 조건형성과 다른 점이다. 즉, 원하는 반응을 보이면 욕구를 감소시켜 줄 수 있는 먹이를 상으로 주거나 고통을 차단시켜 주는 보상을 주며, 원하는 행동을 하지 못할 때는 이 같은 보상을 주지 않는다. 이 방법은 행동치료에 많이 이용된다.

행동주의에서는 잘못된 행동, 부적응적인 행동은 직접 치료될 수 있다고 본다. 무의식적 욕구나 갈등을 가정하지 않는다. 행동을 변화시키려면 환경을 변화시켜서 부적응적 행동이 더 이상 강화되지 않게 하거나 새로운 행동을 학습시킴으로써 모든 이상행동을 치료할 수 있다고 하였다. 이 모형에서 이용하는 치료기법에는 다음과 같은 것들이 있다.

- 체계적 둔감화(systematic desensitization): 이 방법은 사람이란 동시에 느긋하면서 불안할 수 없다는 원리에 입각한 것이다. 내담자는 그가 두려워하는 대상이나 상황에 서열이 있게 마련이다. 즉, 예를 들면 뱀을 두려워하는 사람이 있다고 하자. 그는 뱀 이야기만 들어도 기분이 나쁘고, 다음으로는 뱀 그림을 보는 일, 실물을 멀리서 보는 일, 점점 가까이 가는 일, 드디어 뱀을 만지게 되는 일에 이르기까지 그 혐오와 두려움의 정도가 점점 증가할 것이다. 체계적 둔감법에서는 내담자를 처음에 아주 평안하고 이완된 상태로 있게 한다. 이렇게 되기 위해서는 몇 차례 치료기간이 경과되어야 한다. 그리고 최면이나 약물이 필요할 때에는 사용할 수도 있다. 내담자는 가능한 한 긴장을 풀고 힘을 빼고 조용하게 있는다. 이런 상태에 들어가면 내담자는 두려움의 서열에서 제일 약한 상황을 상상한다. 이때 불안감이 되살아나면 이것을 잊어버리고 다시 평온한 상태로 되돌아가도록 노력한다. 결국 불안했던 상황에 들어가면서도 긴장을 하지 않을 수 있게 된다. 이것이 가능해지고 나면 다음 단계의 상상을 한다. 그렇게 해서 서서히 공포의 단계가 높은 쪽으로 상상을 옮겨가노라면, 일반화 과정의 원리에 의하며 실생활에서 공포의 상황에 부딪쳐도 크게 불안감을 느끼지 않게 된다.
- 모델링(modeling): 행동치료에서 채택하는 또 하나의 방법은 모델링 또는 모방(imitation)이다. 어떤 대상에 대하여 특히 무서워하는 사람에게 그가 불안해하는 그런 상황에 처해 있는 다른 사람이 거기에 두려움 없이 대처해 나가는 것을 보여주고 그대로 따라하도록 시켜서, 이것이 별로 두려워할 것이 못되는구나 하는

것을 깨닫고, 행동을 새롭게 조성해 나가도록 하는 방법이다.

- 혐오치료(aversive therapy): 행동치료에서는 때때로 부정적인 강화, 처벌, 혐오조성 등을 이용하여 부적응적 행동을 치료하기도 한다. 예를 들면, 내담자에게 버려야 할 행동이 있을 경우에, 그 내담자가 그 행동을 하기만 하면 벌을 가한다. 이것은 근본적으로 둔감법과 반대되는 것이다. 알코올중독자의 경우에 실제로 술을 마시는 행위에서부터 술병 쪽으로 가는 일, 술 생각만을 하는 일 등을 생각해 보자. 조건형성의 과정에서, 술잔에 손을 대기만 해도 강한 전기쇼크를 준다든가 하면 혐오를 일으키는 전기쇼크가 음주벽과 연관이 된다. 그다음엔 술집에 들어가는 일, 술을 사는 일, 나아가서는 술 생각만 해도 이 쇼크와 연관이 지어진다. 결국 술 생각만 하면 불쾌한 경험, 즉 전기쇼크가 떠오르기 때문에 술 마시는 것과 관련된 생각이나 행동을 기피하게 되어 마침내 치료가 된다. 행동치료자는 공포를 없게 해주는 일도 하지만 이와 같은 방법으로 공포감을 조성하여 치료하기도 한다.
- 긍정적 강화(positive reinforcement): 긍정적 강화를 이용한 조건형성 기법은 어떤 특정행동을 학습하게 하기 위하여 흔히 사용되는 방법으로서, 언제나 내담자가 바람직한 행동을 했을 때에는 그것을 칭찬해주고 보상해 주는 것이다. 보상은 단순한 말로 할 수도 있고, 먹을 것, 금전, 기타 그때그때 적절한 방법을 쓸 수가 있다. 학습의 장에서 Skinner가 비둘기를 훈련시켰듯이, 이 방법을 인간에게 적용한다는 것이다. 실어증에 걸린 어린이에게 이 방법을 써서 처음에는 무슨 소리만 내어도 칭찬해주고, 말 같은 소리를 내면 또 상을 주고 다음에는 낱말, 그리고 문장이 이루어지도록 강화해 준다. Sherman(1963)은 이 방법이 매우 심한 실어증 장애환자에게 효험이 많다고 보고한 바 있다.
- 노출치료(exposure therapy): 내담자가 무서워하거나 위험을 느끼는 장면에 내담자를 실제로 노출시켜 보는 방법으로서, 내담자가 상상 속에서 생각했던 만큼 실제로 두렵지 않음을 직접 경험하게 하여 내담자의 잘못된 인지를 교정하도록 하는 치료방법이다. 여기에는 상상 속에서의 노출과 실제노출(in vivo exposure), 그리고 점진적인 노출과 갑작스럽고 집중적인 노출(flooding)기법이 포함된다.

(4) 인지주의적 모형

인지란 자신이나 주변에서 일어나는 일을 지각하고 거기에 의미를 부여하는 과정으로 신념과 신념체계, 생각 및 이미지 등을 포함한다. 또한 인지과정은 환경과 자기에 관한 정보를 평가하고 조직하는 방식, 대처행동이나 문제해결을 위해서 정보를 처리하는 방식, 그리고 미래의 사건을 예측하고 평가하는 방식을 포함한다. 이렇게 볼 때, 결국 우리가 일상생활 속에서 일어나는 일을 평가하는 것이나 자신에 대해 어떤 개념을 갖게 되는 것 또는 세상사가 돌아가는 것에 대한 견해를 형성하게 되는 것이 인지과정이라 볼 수 있다. 인지주의적 입장은 한 개인의 행동이 대개는 그 개인의 인지에 의해 결정된다는 이론적인 근거에 기초를 두고 있다. 인지주의 모형에서는 각 개인이 가진 역기능적인 생각과 비합리적인 신념체계가 이상행동을 유발시키는 원인이라고 보았다. 이렇게 볼 때 치료란 자기검토를 통해서 개인이 가진 역기능적인 신념과 가정들을 찾아내어 그것을 현실적으로 검증하고 수정하도록 하는 것이다. 즉, 역기능적인 사고와 비합리적인 신념을 제거하고 대인관계와 자기 내적인 상태에서 적응적이고 기능적인 사고를 하도록 돕고 있다.

Beck에 따르면 정서적인 장애의 원인은 개인이 현실을 해석할 때 자기평가와 기대되는 행동성과에 대해 부정적으로 바라보도록 하는 비합리적인 사고(자기, 세계, 미래에 대한 부정적인 견해)의 결과라고 했다. "나는 쓸모없다", "나는 뚱뚱하고 못생겨 친구들에게 어떤 호감도 줄 수 없다", "세상은 있는 자에게만 호의적이다", "산다는 것은 부담과 고통의 연속이다", "앞으로 살아봤자 변할 것은 아무것도 없다", "내가 하는 일은 결과가 뻔하다" 등의 진술로 나타난다. 인지적 모형에서는 개인을 '치료'한다기보다는 자신이 하고 있는 행동이 얼마나 건설적인지, 타인에게 이로울 것인지, 자신의 목표달성에 도움이 되는지를 스스로 평가하도록 요구하면서 자신의 삶과 일을 처리하는 데 좀 더 나은 방법들을 개발하도록 도움을 주는 것이라고 할 수 있다.

여기에서는 부적응 행동자의 인지적 변화를 주요 목표로 하며, 거의 모든 심각한 정서적 문제들이 마술적인 비합리적 사고로부터 직접적으로 연유된다고 주장한다. 그리고 그러한 신념들을 논리적이고 합리적인 사고에 의해 단호하게 논박함으로써 제거시키거나 최소화시킬 수 있고 궁극적으로 재발되지 않을 것이라고 주장한다.

그래서 내담자의 과거사를 듣고 정서에 공감하고 지지해주는 것에 그리 많은 시간을 할애하지 않는다. 대신 내담자가 현재 경험하고 있는 것에 초점을 두며, 능동적－지시적－설득적－철학적인 방법을 사용하여 비합리적인 생각을 논리적으로 분석하고 이를 합리적 신념으로 대치시키려 노력한다.

그러기 위해서는 우선 '반드시 ……이어야 한다'(should, ought, must)와 같은 비합리적 신념을 내담자 스스로 갖고 있다는 것을 내담자로 하여금 깨닫게 하고, 이와 같은 자기파괴적 문장을 지금까지 스스로 계속 반복하고 있기 때문에 정서적 혼란에서 벗어나지 못하고 있음을 알려준다. 그리고 상담자는 여러 기법을 사용하여 비합리적 신념을 바꾸도록 도와주며, 궁극적으로 융통성 있고 합리적인 인생관을 갖도록 도와준다.

(5) 인간중심적 모형

Rogers에 의해서 창시된 이론으로 인간이란 합리적이고 건설적이고 진취적이며 모든 인간은 자유의지와 자기실현 욕구를 지니고 있다는 전제에서 시작된 것이다. 또한 현상적 장(場)의 중요성을 강조했는데, 이는 개인의 행동을 과거에서 비롯되는 결과로서가 아니라 현재의 지각의 산물로 설명하고 있다. 어떤 사람의 행동의 의미를 완전히 이해하기 위해서는 그 사람이 자극을 어떻게 체험하고 있는가를 알아야만 한다는 것이다. 즉, 개인의 현실지각을 이해하면 그의 행동을 설명할 수 있다는 것으로 인간은 그 당시 자신이 취할 수 있는 최선의 방식으로 움직인다는 것이다.

이 모형에 의하면 이상행동은 그 개인이 너무도 황량하고 공포와 위협으로 점철된 삶을 살아온 까닭에 눈앞에 놓여 있는 선택들을 현명한 행동인지 자기파괴적인 행동인지 모르는 상태라는 것이다. 그러나 이런 경우에도 내적 잠재력은 밖으로 나타나려 하고, 표현될 수 있는 적절한 조건이 갖추어지기만을 기다린다. 인간이란 현상적 자기와 체험 사이의 일관성을 유지하려고 노력한다. 자기와 체험 사이에 불일치가 있는 한 적응이란 있을 수 없다. 이때 인간은 방어적이며 자아개념과 차이가 나는 경험을 부인하거나 왜곡시키려고 한다.

인간중심적 모형에서는 치료자가 무엇을 하지 않느냐 하는 것이 무엇을 하느냐 만큼 중요하다고 보았다. 어떤 충고도 정보도 주지 않고 질문을 하거나 해석을 하거나 비평을 하는 것도 피하도록 되어 있다. 치료자의 주임무는 내담자의 감정들을 인지하고 명료화해줌으로써 내담자가 자신의 왜곡된 경험, 느낌, 자아개념, 타인에 대한 지각, 주변 환경에 대한 지각 등을 발견하고 이를 변화시키는 것이다. 치료란 수동적인 성격을 능란하게 만드는 것이 아니라 그 사람 속에 이미 존재하는 잠재 능력을 발휘하게 하여 자아개념과 자기경험 간의 차이를 인정하게 하고, 그것을 표현하며, 자기 자신과 합치시켜 최상의 심리적 적응을 이룰 수 있게 하는 것이라고 보았다.

내담자중심 치료는 성장에 대한 '만일-그러면(if-then)' 접근으로 기술될 수 있다. 즉, 성장을 위한 적절한 조건이 확립되면, 내담자는 개인적인 통찰을 믿고 문제해결을 향해 한 걸음 더 나아갈 것이라는 것을 기본전제로 한다. 치료는 다음과 같은 방향으로 그 과정이 진행된다.

- 내담자는 자신의 감정을 점차 자유롭게 표현하며, 비자기(non-self)보다는 자기와 관련된 감정들을 자유롭게 표현하게 된다.
- 내담자가 표현하는 감정들은 점점 더 그의 자기개념과 경험 간의 불일치에 관련된다.
- 상담자가 지속적으로 무조건적이고 긍정적인 관심을 보일 때, 내담자는 그와 같은 불일치의 두려움을 자각상태에서 경험하게 된다.
- 내담자는 과거에는 부정해 왔거나 왜곡해 왔던 감정들을 자각상태에서 충분히 경험하게 된다.
- 내담자의 자기개념은 그 이전에는 지각되지 못하였거나 왜곡된 형태로 지각된 경험들을 포함하도록 재조직된다.
- 자기구조의 재조직을 통하여 내담자의 자기개념은 그의 경험과 더욱 일치하게 된다. 즉, 자기구조에는 이전에 너무 두려워서 자각하기를 거부하였던 경험들이 포함된다.
- 내담자는 무조건적인 자기존중감을 느끼고, 자신을 평가의 주체(locus of evaluation)로서 경험하게 된다.

내담자중심 상담은 기법을 강조하는 것에서 내담자의 신념, 태도, 치료적 관계를 강조하는 것으로 전환을 가져왔다. 여기서는 기법 그 자체는 관계를 비개인적으로 만드는 것에 불과하다고 보며, 상담자가 말하고 행동하는 것보다 치료적 관계를 더 중시한다. 내담자중심 상담에서 기법은 내담자에 대한 수용, 존중, 이해를 표현하고 전달하며, 내담자와 함께 생각하고 느끼고 탐색할 내적 준거체계를 발달시키려는 시도라 할 수 있다.

내담자중심 상담에서 강조하고 있는 것으로 '지금-여기(here and now)'가 있다. 즉, 어떤 개인의 과거에 있었던 일이 현재 어려움의 원인이라는 것은 중요하지 않다. 그것보다는 현재 내담자가 어떻게 기능하느냐가 중요하다. 그러므로 치료에서는 내담자의 현재 감정에 초점을 맞추고, 내담자로 하여금 그런 감정을 언어적으로 표현하도록 돕는다.

또한 내담자중심 상담에서는 관계에서 지적인 요소보다는 정서적인 요소에 초점을 둔다. 내담자가 특정 상황에 대해 이야기를 하고 특정 상황의 형식적인 내용을 강조해서 말한다 할지라도 상담자는 내담자가 자신과 타인, 그리고 그의 환경 내에서 일어나는 일에 대해 느끼는 감정에 주목하도록 돕고, 내담자가 표현하는 감정을 가능한 한 정확하게 반영해 주는 것이 필요하다. 그럼으로써 내담자는 자신의 감정을 분명하게 경험하고 통찰을 갖게 되며, 새로운 행동목표와 방식을 발달시키게 된다.

(6) 현실요법적 모형

현실요법적 모형은 Glasser에 의해 창시되었다. 현실요법에서는 우리가 취하는 행동은 기본적 욕구충족을 위하여 우리 내부의 정신구조 안에서 생성되며 의식적 행동이든 무의식적 행동이든 우리 스스로가 선택한 것이라고 본다. 인간을 움직이게 하는 기본적인 욕구에는 소속과 사랑에 대한 욕구, 힘과 인정을 얻으려는 욕구, 즐거움에 대한 욕구, 자유에 대한 욕구가 있는데, 이 중 사람들마다 자신이 우위에 두는 욕구들이 있고 이 욕구들이 현실적인 방법으로 충족되어 자기가 지니고 있는 자아상과 부합될 때 성공적인 정체감을 경험하고, 그렇지 못할 때 정체감 형성에 실패한다고 하였다.

현실요법적 모형에서 이상행동은 내담자가 자신의 기본적인 어떤 욕구를 충족하기 위하여 비건설적인 방향의 선택을 했다는 것을 의미한다. 이 같은 선택으로 심리적 갈등과 불행을 경험함에도 불구하고 이것이 반복되는 이유는 개인이 무의식적으로 습관화된 반응양식을 답습하고 있기 때문이고, 자신의 선택이 비효과적이라는 것을 인정하는 것은 자존심이 허락하지 않기 때문에 자기책임의 회피로 타인을 비난하며 책임을 전가하는 것이다. 그러므로 치료에서는 "당신의 행동은 당신이 바라는 것을 얻게 해주는 데에 도움이 됩니까, 해가 됩니까?"와 같은 가치판단적 질문을 사용하여 개인이 불행한 방향의 결과를 초래하는 행동을 선택하는 것이 본인이 참으로 원하는 바를 결코 가져다 줄 수 없다는 것과 더 좋은 선택의 길이 있다는 것을 깨닫게 하는 것이다. 즉, 상담자는 내담자가 자신의 욕구를 현실적인 방법으로 자신이나 타인에게 피해를 주지 않고 충족시키도록 도와줌으로써 성공적인 정체감을 획득하도록 하여 자신의 세계와 자신을 효과적으로 통제할 수 있도록 도와준다.

현실치료에서는 건설적인 논쟁이나 지적인 토의를 사용하기도 한다. 내담자의 신념에 대해 상담자가 질문을 하고, 상담자의 신념을 내담자와 함께 얘기하고, 두 사람 사이에 발견되는 신념의 불일치 점을 논쟁하거나 토론한다.

또한 현실치료에서는 내담자가 자신의 행동에 대해 책임을 지게하고 변명을 막기 위해 맞닥뜨림 방법도 사용하며, 균형 있고 긍정적인 자아와 건전한 생활을 위해 유머도 자주 사용한다.

(7) 사회문화적 모형

위에서 기술한 모형들은 이상행동을 개인의 수준에서 이해하려는 이론이라고 할 수 있다. 이에 반해 사회문화적 모형은 개인과 가족을 넘어서서 개인이 살고 있는 사회문화적 환경에 초점을 두는 것이다. 사회환경이 그 사회에서 생활하는 과정에서 독특한 심리장애를 유발시키고 있다. 안정된 지지체계 속에서 생활하는 사람은 신체적으로나 정신적으로 더 건강한 반면, 빈약한 지지체계 속에서 생활하는 사람들이 정신장애에 걸릴 확률이 높다는 것은 농촌과 도시, 특히 도시빈민지역의 역학조사를 통해 밝혀지고 있다. 점차 문명화와 기계화의 과정에서 과거에는 대부분의 일을 사람의 손으로 해냄으로써 많은 인력이 요구되었던 것과 달리, 모든 것이 기계화되면서 인간의 소외와 고립이 가중되고 있고 여기에 인구가 폭발적으로 증가하면서 사회적 경쟁이 더욱 심해지고 있다. 한 연구에 의하면 이 같은 좌절과 실패의 경험으로 현재의 청소년들이 한 세대 이전의 청소년들에 비해 10배나 더 우울증을 호소한다고 보고되고 있다. 또한 최근 IMF 상황하에서 많은 실직과 이로 인한 경제적 어려움, 가정파탄으로 보험료를 타기 위해 사기를 치거나 각종 잔악한 범죄가 급증하고 있는 환경 역시 사람들의 정신건강에 심각한 영향을 미치고 있다. 사회문화적 모형에서는 무질서하고 혼란한 사회환경이 사람들에게 이상행동이 나타나게 만든다고 하였고, 치료를 위해서는 사회가 정화되고 건강해져야 한다는 것을 강조하고 있다.

7. 시험문제 예제 (2)

<문제 2-1>

1. 행동주의에 대한 비판으로 적절한 것은?
   ① 환경 지배적 인간형을 상정하고 있다.
   ② 인간의 인지적 기능을 지나치게 강조하고 있다.
   ③ 인간행동에 대한 이해를 동물실험의 결과에만 의존한다.
   ④ 인간행동이 다양하고 복잡한 인간관계를 통하여서만 형성된다고 본다.

2. 다음 중 사회적 학습이론이 전제하고 있는 것을 바르게 나타내고 있는 것은?
   ① 인간은 기계적 존재이며 빈 상자와 같다.
   ② 인간은 자신의 고유한 잠재력을 실현하고자 한다.
   ③ 외적 자극은 무의식적으로 학습에 영향을 미친다.
   ④ 외적 자극은 인지와 조절에 의해 매개되어 영향을 미친다.

3. 사회적 학습 이론의 입장에 해당하지 않는 것은?
   ① 다양한 인간관계가 인간행동에 미치는 영향을 고려한다.
   ② 동물실험을 통해 인간의 행동을 이해하고자 한다.
   ③ 인간은 주어진 환경을 변화시킬 수 있는 적극적인 존재이다.
   ④ 학습은 대리경험을 통해서도 이루어질 수 있다.

4. 다음 중 사회적 학습 이론의 전제로 옳은 것은?
   ① 인간은 기계적 존재이며 빈 상자와 같다.
   ② 인간은 자신의 고유한 잠재력을 실현하고자 한다.
   ③ 외적 자극은 학습에 직접적으로 영향을 미친다.
   ④ 외적 자극은 인지와 조절에 의해 매개되어 영향을 미친다.

5. 반두라는 학습을 어떻게 설명하였는가?
   ① 학습은 타인의 행동을 관찰, 모방한 결과로 일어난다.
   ② 학습은 인지 구조의 양적, 질적 성장이다.
   ③ 학습은 무의식에 대한 통제력이 강화되었음을 의미한다.
   ④ 학습은 생물학적 성숙에 의해 통제된다.

6. 다음 중 반두라의 성격발달 기제에 해당하지 않는 것은?
　① 관찰학습　　　② 대리강화　　　③ 자기조절　　　④ 자기실현

7. 반두라의 사회적 학습이론과 관련이 깊은 것은?
　① 억압과 고착　　② 자아실현　　③ 영적 각성　　④ 모델 관찰

8. 다음 중 사회적 학습이론에 따른 진술은?
　① S-R 관계로 나타낼 수 있다.
　② 외적 자극의 대리 경험은 불가능하다.
　③ 주로 인간 외적인 특성이 행동에 영향을 미친다.
　④ 외적 자극과 유기체는 상호작용적인 관계를 이룬다.

9. 반두라의 사회적 학습이론에 의해 가장 쉽게 설명 가능한 현상은?
　① 원인 모를 두통에 시달린다.　　② 텔레비전을 보고 흉내를 낸다.
　③ 유전질환이 발병하였다.　　④ 종교적 고행을 수행한다.

10. 반두라는 관찰학습이 일어나는 순서를 어떻게 설명하였는가?
　① 주의과정 – 파지과정 – 재현과정 – 동기과정
　② 주의과정 – 재현과정 – 동기과정 – 파지과정
　③ 동기과정 – 재현과정 – 파지과정 – 주의과정
　④ 파지과정 – 주의과정 – 동기과정 – 재현과정

11. 관찰학습 과정 중 파지과정에서는 어떤 일이 이루어지는가?
　① 대상의 행동에 집중하고 지각한다.
　② 모방대상의 행동이 구체적인 행동으로 나타난다.
　③ 관찰한 행동이 부호화되어 기억 장치에 저장된다.
　④ 습득된 행동이 실제상황에서 재현되도록 동기화된다.

12. 반두라가 행동을 형성하는 기제로 제시하지 않은 것은?
　① 관찰학습　　　② 자기효능　　　③ 리비도　　　④ 대리강화

13. 다음의 행동이론들 중 인간의 인지적 측면을 가장 크게 인정하고 있는 이론은?
　① 정신분석이론　　　　② 고전적 조건화이론
　③ 조작적 조건화이론　　　④ 사회적 학습이론

<문제 2-2>

1. 인본주의 심리학에서는 인간을 어떤 존재라고 전제하는가?
   ① 내적 자극보다 외적 자극에 의해서 영향 받는 존재이다.
   ② 자신에 대한 타인의 반응을 거울삼아 형성되는 존재이다.
   ③ 본능적 욕망을 현실에 맞게 충족시키기 위해 노력하는 존재이다.
   ④ 자신의 잠재능력을 실현하려는 동기를 기본적으로 가진 존재이다.

2. 다음의 행동이론들 중 인간본성에 대한 신뢰를 가장 크게 인정하고 있는 이론은?
   ① 정신분석 이론   ② 행동주의 이론   ③ 인본주의 이론   ④ 사회적 학습이론

3. 다음 중 현상학적 성격이론의 특징이 바르게 서술된 것은?
   ① 내담자에 대한 지시적 상담을 강조한다.
   ② 치료자 중심의 심리치료방법을 사용한다.
   ③ 개인의 고유하고 주관적인 경험을 중요시한다.
   ④ 자아와 체험이 서로 분리되는 것을 목표로 삼는다.

4. 다음 중 현상학적 성격이론에서 강조하는 '주관적 현실'이란 무엇을 말하는가?
   ① 개인의 무의식   ② 개인이 받는 보상
   ③ 개인의 지각과 의식   ④ 개인의 욕구

5. 로저스는 인간행동의 궁극적인 동기를 무엇이라고 설명하였는가?
   ① 성충동   ② 자아실현   ③ 경험에 의한 학습   ④ 모방

6. 로저스는 인간행동의 결정적인 원인을 무엇이라고 설명하였는가?
   ① 개인의 주관적 현실   ② 외부의 압력
   ③ 성충동   ④ 유전

7. 인본주의 성격이론에서 인간의 궁극적인 목적으로 설명하는 '유기체를 유지, 향상시키는 인간의 모든 잠재능력을 최대한 개발하는 것'을 무엇이라고 하는가?
   ① 자아실현   ② 초자아 형성   ③ 인격성숙   ④ 행동발달

8. 로저스의 '자아'에 관한 설명이 바르게 되어 있는 것은?
   ① 객관적으로 인정된 특성이 자아 개념이다.

② 불안에서 벗어나기 위해 승화, 긍정 등의 방어기제를 취한다.

③ 이상적 자아와 실제 자아 사이의 불일치가 부적응을 불러온다.

④ 무조건적이고 긍정적인 존중은 성격발달에 부정적인 영향을 미친다.

9. 로저스의 인본주의 이론에서는 부적응 행동의 원인을 무엇이라고 설명하는가?
① 호르몬의 과다 분비 또는 결핍　　② 부적응 행동의 학습
③ 욕망의 억압에 따른 고착　　　　④ 이상적 자아와 실제적 자아의 불일치

10. 다음 중 로저스의 인간관은?
① 자극에 대해 반응하는 기계와 같다.
② 인간의 본성은 동물과 크게 다르지 않다.
③ 유아기의 경험이 한 개인의 인성을 좌우한다.
④ 선천적으로 잠재능력 개발 욕구를 가지고 있다.

11. 인본주의 성격이론에서 볼 때 건강한 성격 발달에 있어 최우선적인 요건은?
① 초자아의 형성　　　　　　　　② 무조건적인 긍정적 관심
③ 적절한 강화　　　　　　　　　④ 이성부모와의 동일시

12. 인본주의 성격이론에서는 정신병리와 이상행동의 원인은 무엇이라고 설명하는가?
① 자극과 반응의 이상 결합　　　② 어린 시절의 학대 경험
③ 자기(self)의 방어능력 상실　　④ 생물학적 유전

13. 내담자중심 상담에서 '무조건적, 긍정적 존중'이 의미하는 바는 무엇인가?
① 내담자의 모든 행위에 대해 옳다고 격려해 주어야 한다.
② 내담자의 행위나 감정을 공감하고 인정해야 한다.
③ 내담자의 요구 사항을 모두 충족시켜 주어야 한다.
④ 내담자의 행위에 대해 도덕적 평가를 해 주어야 한다.

14. 인간중심 접근법에서 상담자가 갖추어야 할 자질은?
① 내담자의 행동에 대해 도덕적인 판단을 내려주어야 한다.
② 의식 이면에 은폐된 성충동을 파악할 수 있어야 한다.
③ 내담자의 모든 행위와 말을 있는 그대로 수용해야 한다.
④ 효과적인 강화 스케줄을 계획하여 제공해주어야 한다.

15. 내담자중심 치료를 실시하는 상담자의 자세로 바람직하지 않은 것은?
    ① 문제의 원인을 찾아서 해결책을 처방해 준다.
    ② 내담자의 경험과 감정을 공감하고자 노력한다.
    ③ 상담자의 느낌을 진솔하게 전달하고자 한다.
    ④ 무리한 대화를 시도하기보다는 신뢰 형성을 우선한다.

16. 로저스의 심리치료 접근법에 대한 설명은?
    ① 자유연상, 꿈의 해석과 같은 방법을 사용한다.
    ② 약물 처방을 위주로 하는 치료법이다.
    ③ 허용적이고 수용적인 상담 분위기를 강조한다.
    ④ 내담자에게 새로운 행동 양식을 학습시키고자 한다.

17. 로저스의 '충분히 기능 하는 사람'이 갖는 특징이 아닌 것은?
    ① 엄격한 도덕적 이상을 가지고 있다. ② 현재의 경험에 충실하고자 한다.
    ③ 스스로의 유기체적 경험을 신뢰한다. ④ 제약이나 금기에 좌우되지 않는다.

18. 인본주의 심리학에서는 인간을 어떤 존재라고 전제하는가?
    ① 내적 자극보다 외적 자극에 의해서 영향받는 존재이다.
    ② 자신에 대한 타인의 반응을 거울삼아 형성되는 존재이다.
    ③ 본능적 욕망을 기계적으로 충족시키기 위해 노력하는 존재이다.
    ④ 자신의 잠재능력을 실현하려는 동기를 기본적으로 가진 존재이다.

19. 매슬로의 욕구단계를 바르게 설명하고 있는 것은?
    ① 욕구의 단계는 문화에 따라 다르게 나타난다.
    ② 상위 단계의 욕구를 먼저 충족하고자 한다.
    ③ 생리적 욕구는 다른 욕구보다 우선한다.
    ④ 안전 욕구를 넘어선 욕구들은 채우지 않아도 불만이 없다.

20. 매슬로는 인간의 내적 본성을 어떻게 설명하였는가?
    ① 인간의 내적 본성은 악하므로 교정되어야 한다.
    ② 인간의 내적 본성은 자극에 대한 반응의 분화로 형성된다.
    ③ 인간의 내적 본성은 드러내고 장려해야 한다.
    ④ 인간의 내적 본성은 취약하여 완전히 소멸되기도 한다.

21. 자신의 잠재력을 최대한 발현하고자 하는 것과 관련이 깊은 욕구는?
    ① 생리적 욕구   ② 안전에 대한 욕구
    ③ 소속감과 사랑에 대한 욕구   ④ 자아실현의 욕구

22. 다음 중 비지시적 상담의 상황으로 볼 수 있는 것은?
    ① 너를 질책하는 건 아니지만 사실 학생은 담배를 피우면 안 된다.
    ② 그런 상황이라면 네가 충분히 그렇게 느낄 수 있을 거라 생각한다.
    ③ 그 친구와의 관계가 그렇게 틀어졌다면 한번 편지를 써보는 것이 어떨까?
    ④ 이 기간에 계획대로 공부를 규칙적으로 한다면 성적을 올릴 수 있어.

23. 매슬로의 욕구단계이론에 대한 설명이 바르게 된 것은?
    ① 자아실현의 욕구는 결핍욕구에 속한다.
    ② 상위에 있는 욕구일수록 우선순위가 높다.
    ③ 성장욕구가 좌절되면 '메타(열정 박약) 병리'에 빠지게 된다.
    ④ 하위의 욕구들은 상위의 욕구가 충족되어야 나타난다.

24. 충족하면 보람과 완성감을 갖게 되는 욕구는?
    ① 생리적 욕구   ② 안전에 대한 욕구
    ③ 소속감과 사랑에 대한 욕구   ④ 자아실현의 욕구

25. 성장욕구에 대한 설명은?
    ① 자기 자신보다는 외부로부터 충족된다.
    ② 후천적인 학습에 의해 만들어지는 욕구이다.
    ③ 결핍욕구보다 우선적으로 충족되어야 한다.
    ④ 충족이 좌절되면 개인의 잠재력 발현이 저해된다.

26. 다음 중 성장 욕구에 대한 설명은?
    ① 유기체의 결핍 상태를 해결하고자 하는 욕구이다.
    ② 잠재능력을 실현하고자 하는 욕구이다.
    ③ 외적인 조건에 의해 자연적으로 충족되는 욕구이다.
    ④ 비교적 하위 단계의 욕구들이 이에 속한다.

27. 다음 중 성장 욕구에 대한 설명은?
    ① 유기체의 결핍 상태를 충족하고자 하는 욕구이다.

② 인간성 자체에 생득적으로 내재하는 욕구이다.

③ 외적인 조건에 의해 자연적으로 충족되는 욕구이다.

④ 비교적 하위 단계의 욕구들이 이에 속한다.

28. 다음 중 매슬로의 '자아실현인'에 가장 가까운 사람은?

① 전통을 중시하며, 인습에 따라 행동하는 사람

② 주위 사람들의 애정이나 지지에 집착하는 사람

③ 많은 사람들과 폭넓은 인간관계를 맺고 있는 사람

④ 강렬한 환희, 경이, 경외를 체험하는 사람

29. 인본주의에서 강조하는 심리치료의 방법은?

① 전이의 분석과 해석　　　② 체계적 둔감화

③ 전기충격치료　　　④ 인간관계를 통한 치료

30. 매슬로가 주장하는 인본주의 성격이론의 입장과 <u>다른</u> 것은?

① 인간의 내적 본성은 선하다.

② 각 개인을 통합된 전체로 간주해야 한다.

③ 유전은 성격발달에 영향을 미치지 못한다.

④ 인간의 창조성은 선천적인 본성이다.

<문제 2-3>

1. 스트레스의 요인에 대한 설명이 바르게 된 것은?

① 정서적 압박감보다 신체적 압박감의 비중이 더 크다.

② 욕구 좌절은 목표추구활동이 성취된 후에 느끼는 허무감이다.

③ 갈등은 동기화된 행동이 충족될 때의 주관적인 경험이다.

④ 고립은 신체적 고립, 정서적 고립, 사회·직업적 고립을 모두 포함한다.

2. 스트레스 유발요인 범주가 다른 하나는?

① 외딴 산중에 고립되었다.　　　② 수능시험을 앞두고 있다.

③ 정년을 맞이하였다.　　　④ 배우자와 사별하였다.

3. 수능시험을 앞두고 있는 학생이 겪는 스트레스의 유발요인은?

　　① 고립　　　　　② 욕구좌절　　　　　③ 욕구갈등　　　　　④ 압박감

4. 다음 보기에서 암환자의 스트레스 강도를 높이는 경우는?

　　① 새로운 치료법에 대해 새로운 정보를 얻는다.

　　② 나를 위로해주고 챙겨주는 가족들이 있다.

　　③ 병원에 나보다 심한 말기 암환자들이 많이 있다.

　　④ 이번 수술을 끝내도 병이 나을지 안 나을지 알 수 없다.

5. 스트레스인(凶)에 당면했을 때 다음 중 스트레스 강도를 높이는 상황은 어느 경우인가?

　　① 사회적 지원이 많은 경우　　　　　② 예측가능성이 높은 경우

　　③ 통제가능성이 높은 경우　　　　　④ 대응기술이 낮은 경우

6. 친한 친구의 교통사고 현장을 목격한 후 "밤에 잠이 오지 않는다, 위가 항상 쓰리고 소화가 잘 안 된다, 긴장한 느낌이 오랫동안 지속된다 등"의 증상을 보인다면, 일반적응증후군의 어떤 단계에 있다고 할 수 있는가?

　　① 저항단계　　　　　② 경고단계　　　　③ 탈진단계　　　　④ 쇼크단계

7. 스트레스인(凶)에 반응하는 인간의 생리적 기능 수준이 가장 최고조에 이르는 단계를 어느 단계라고 일컫는가?

　　① 예상단계　　　　　② 경고단계　　　　③ 저항단계　　　　④ 탈진단계

8. 스트레스 대한 생리적 반응에 대한 설명이 아닌 것은?

　　① 주로 부교감 신경계의 변화가 수반된다.

　　② 경고단계, 저항단계, 탈진단계를 거친다.

　　③ 질병에 대한 신체의 대항력이 저하된다.

　　④ 스트레스가 지속되면 저항력이 고갈되기도 한다.

9. 전혀 준비되지 않은 예측 불가능한 불의의 상황에서 보이는 일시적인 정서적 혼란을 무엇이라 하는가?

　　① 재앙증후군　　　② 다운증후군　　　③ 피터팬 증후군　　　④ 윌리엄스 증후군

10. 예측 불가능한 상황에서 나타나는 정서적 혼란은 어떤 심리적 반응인가? (2006
    년 기말, 205쪽)
    ① 무력감   ② 우울감   ③ 재앙증후군   ④ 암시증후군

11. 다음 중 재앙증후군의 가장 일반적인 증상은?
    ① 미래에 대한 예상능력이 저하된다.
    ② 횡설수설하는 사고장애의 증상을 보인다.
    ③ 불안이나 강박과 같은 심리 상태가 나타난다.
    ④ 자신이 방금 경험한 일을 기억하지 못한다.

12. 재앙증후군의 단계 중 회복 단계에 해당되는 것은?
    ① 불안이나 강박과 같은 심리 상태가 나타난다.
    ② 방향감각을 상실하거나 허공만을 응시한다.
    ③ 외부 자극에 대한 반응이 일시적으로 정지한다.
    ④ 외부의 지시나 명령을 수동적으로 따른다.

13. 비합리적인 신념체제를 변화시켜서 스트레스에 대처할 수 있도록 하는 기법은?
    ① 스트레스 면역   ② 사회적 지지   ③ 생체 피드백   ④ 신체적 이완

14. 스트레스 면역훈련이란 어떤 방법으로 생리적 반응을 조절하는 방법인가?
    ① 비합리적 신념체계를 변화시켜   ② 사회적 지지를 불러일으켜
    ③ 생체피드백을 이용하여   ④ 명상을 통해

<문제 2-4>

1. 자아방어기제의 순기능을 바르게 설명한 것은?
    ① 좌절되었던 욕구를 해소할 수 있도록 해준다.
    ② 자신감과 자아존중감을 증진시켜 준다.
    ③ 심리적 평형상태를 유지하여 자아를 보호해 준다.
    ④ 위기 극복 능력과 의지를 신장시킨다.

2. 다음 중 직접적 적응에 대한 설명이 바르게 된 것은?
    ① 언제나 동조적인 행동을 보이며 자제한다.
    ② 사회적 규범을 맹목적으로 받아들이는 것이다.

③ 문제를 해결하거나 후퇴하거나 타협하는 방법이 있다.

④ 어려움이 닥칠 경우 법적 기준에 입각하여 해결한다.

3. 다음 중 상황에 직접 대처하는 적응 방법은?

① 합리화　　　　② 타협　　　　③ 투사　　　　④ 반동형성

4. 방어기제에 대한 설명으로 옳은 것은?

① 객관적인 상황을 변화시켜 욕구를 해소하는 방법이다.

② 의식하지 못하거나 의도하지 않는 상태에서 작동된다.

③ 정신질환의 증상 중 하나로 전문가의 치료가 필요하다.

④ 문제와 직접 직면하여 극복하는 방법이다.

5. 자아가 내적·외적 현실에 대한 인식을 조정함으로써 불안으로부터 스스로를 보호하려는 대처 방법을 무엇이라고 하는가?

① 둔감화　　　　② 자기충족　　　　③ 자아실현　　　　④ 방어기제

6. 자아방어기제에 대한 다음 설명 중 잘못되어 있는 것은?

① 자아가 불안에 대처할 때 작용하는 심리적 메커니즘을 말한다.

② 충동의 요구에 비현실적 방식으로 대처할 때 주로 사용된다.

③ 일반적으로 자아가 강할 때 방어기제를 사용한다.

④ 주위 환경의 요구에 비현실적 방식으로 대처할 때 주로 사용된다.

7. 정서적 긴장이나 욕구를 사회적으로 용납 가능한 방식으로 대체하여 표출하는 방어기제는?

① 퇴행　　　　② 동일시　　　　③ 억압　　　　④ 승화

8. 사회적으로 차마 용납될 수 없고 인정받을 수 없는 자신의 행동과 생각을 마치 다른 사람의 것인 양 생각하고 남을 탓하는 방어기제는?

① 전위　　　　② 억압　　　　③ 망상　　　　④ 투사

9. 어느 야구선수가 3진 아웃을 당하고서 그 원인을 심판의 판정이 잘못이나 배트의 불량 때문이라고 생각하는 것은 어느 유형의 자아방어기제인가?

① 투사　　　　② 투입　　　　③ 역전　　　　④ 격리

10. '동에서 뺨 맞고 서에서 화풀이한다'는 속담에서 볼 수 있는 방어기제는?

　　① 투사　　　　② 망상　　　　③ 억압　　　　④ 전위

11. 다음 중 전위의 방어기제가 사용된 경우는?

　　① 어머니에게 꾸중을 들은 아이가 동생에게 화풀이를 하는 것

　　② 키 작은 여성이 키 큰 남성에게 호감을 느끼는 것

　　③ 치과의사와의 약속을 잊어버리는 것

　　④ 불치병 진단을 받은 여성이 그 결과를 불신하는 것

12. 남자 청소년이 관심이 지극히 많은 여성에게 접근할 수 없을 때 '여성은 필요 없는 존재'라고 주장하는 것은 어떤 유형의 방어기제인가?

　　① 반동형성　　　② 퇴행　　　　③ 투사　　　　④ 승화

13. 용납될 수 없는 욕망과 본능을 사회적으로 바람직한 행동으로 표출하는 가장 성숙한 형태의 방어기제는 무엇인가?

　　① 역전　　　　　② 투입　　　　③ 승화　　　　④ 반동 형성

14. 용납할 수 없는 충동을 무의식으로 추방하여 불안과 죄의식으로부터 자아를 보호하는 자아방어기제의 방식은 다음 중 어느 것인가?

　　① 퇴행　　　　　② 승화　　　　③ 반동 형성　　④ 억압

15. 내세울 만한 것이 별로 없는 사람이 자신의 조상이나 출신학교의 자랑거리를 장황하게 늘어놓아 자신의 열등감을 극복하는 방어기제는?

　　① 퇴행　　　　　② 동일시　　　③ 억압　　　　④ 승화

16. 다음 중 '동일시'의 기제에 해당하는 것은?

　　① 우리 학교는 장관들을 숱하게 배출한 명문이라고.

　　② 순간이동을 할 수 있다면 지각할 일이 없으니 좋겠다.

　　③ 어렸을 적, 한강에서 수영하던 그 시절이 그리울 뿐이야.

　　④ 난 절대로 암에 걸리지 않았어. 당신이 진찰을 잘못한 거야.

17. 방어기제를 사용할 때의 장점이 <u>아닌</u> 것은?

　　① 정신적인 균형을 유지한다.

　　② 습관화되면 적응이 수월해진다.

③ 정서적 상처로부터 안정을 찾는다.

④ 좌절감을 완화하며 불안을 해소한다.

<문제 2-5>

1. 인간관계의 부적응을 심화시키는 현대사회의 특징적 요인은?
   ① 모두 단일한 목표를 추구한다.   ② 사람들의 관심 영역이 축소되었다.
   ③ 참여자들 사이에 신분 차가 존재한다.④ 이해 관련자의 수가 증가하였다.

2. 이차적 인간관계에 대한 설명이 바르게 된 것은?
   ① 의무가 명시적으로 규정된다.   ② 가입과 탈퇴가 자유롭지 못하다.
   ③ 본인의 선택이나 기호와 무관하다.   ④ 한 번 맺은 관계는 평생 동안 지속된다.

3. 다음 중 2차적 인간관계의 특징에 해당하는 것은?
   ① 혈연, 지연 등에 의해 형성된다.
   ② 가입과 탈퇴가 자유롭지 못하다.
   ③ 관계 대상을 선택하는 것이 자유롭다.
   ④ 의무나 책임의 부과가 암시적으로 이루어진다.

4. 교환적 인간관계에 대한 설명은?
   ① 관계를 유지하는 데 이득과 손해의 균형이 중요하다.
   ② 상대를 행복하게 해주고픈 책임을 느낀다.
   ③ 호혜성의 원칙을 초월하는 관계이다.
   ④ 관계를 맺고 유지하는 것 자체가 목적이 된다.

5. 다음 중 동반자관계가 바르게 짝지어진 것은?
   ① 작업적 동반자: 남편과 아내의 관계
   ② 낭만적 동반자: 서로 사랑하는 애인
   ③ 사교적 동반자: 일을 함께하는 동료
   ④ 직업적 동반자: 어린 시절 뛰놀던 죽마고우

6. 사교적 동반자와 비교할 때 작업적 동반자가 갖는 특정은?
   ① 주로 이성 간에 성립한다.   ② 애정 중심적 관계이다.
   ③ 공통의 목표를 지향한다.   ④ 동년배인 경우가 많다.

7. 다음 중 인간관계 미숙형과는 다른 회피형에 대한 설명은?
   ① 혼자 있을 때 편안함을 느낀다.
   ② 상대를 구속하려는 욕구가 강하다.
   ③ 대인관계 기술이 부족한 경우에 형성된다.
   ④ 사적인 정보를 공유하는 것을 회피한다.

8. 바람둥이라고 불리는 사람들은 어느 부적응적 인간관계의 유형에 속하는가?
   ① 인간관계 회피형   ② 인간관계 미숙형
   ③ 인간관계 유희형   ④ 인간관계 탐닉형

9. 다음 중 인간관계 피상형에 대한 설명은?
   ① 혼자 있을 때 편안함을 느낀다.
   ② 사적인 정보를 공유하는 것을 회피한다.
   ③ 대인관계 기술이 부족한 경우 형성된다.
   ④ 상대를 구속하려는 욕구가 강하다.

10. A와 B의 부적응 인간관계 유형을 순서대로 바르게 나타내고 있는 것은?
    A: 친구는 많지만 진심으로 대하는 친구는 없어. 내 속마음을 얘기하는 것이
       부담스럽거든. 적당한 선을 넘어서까지 가까워지는 관계는 원하지 않아.
    B: 잠시라도 혼자 있는 것은 불안해서 견딜 수가 없어. 혼자 살기에는 이 세상
       은 너무 괴롭고 힘든 곳이야. 그래서 나와 늘 함께 있어 줄 사람을 원해.
    ① 인간관계 미숙형, 인간관계 실리형   ② 인간관계 피상형, 인간관계 탐닉형
    ③ 인간관계 회피형, 인간관계 미숙형   ④ 인간관계 소외형, 인간관계 지배형

11. 성공적인 인간관계를 위한 가장 바람직한 자세는?
    ① 상대의 첫인상을 중시한다.   ② 나의 개성을 최대한 배제한다.
    ③ 타인에 대해 우월감을 갖는다.   ④ 욕구충족을 풍부하게 경험한다.

12. 다음 중 인간관계의 부적응을 유발할 수 있는 요인은?
    ① 취향의 유사함   ② 정확한 타아개념
    ③ 풍부한 욕구충족 경험   ④ 비현실적인 기대

<문제 2-6>

1. 다음 학자가 주장하는 '바람직한 성격상'이 바르게 연결된 것은?
   ① 프로이트-자아실현인   ② 융-조화를 이룬 자아
   ③ 올포트-성숙된 인간   ④ 매슬로-정신기능이 조화를 이룬 인간

2. 프로이트가 말하는 '건강한 자아'란 어떠한 자아인가?
   ① 쾌락과 편안함을 추구하는 자아
   ② 본능적 욕구를 완전히 통제하는 자아
   ③ 원초아와 초자아의 조화를 이루는 자아
   ④ 외부적 현실을 전혀 고려하지 않는 자아

3. 프로이트가 말하는 '건강한 사람'이란 어떠한 사람인가?
   ① 자아가 제대로 기능하는 사람
   ② 원초아가 자아나 초자아보다 강한 사람
   ③ 초자아가 자아나 원초아보다 강한 사람
   ④ 방어기제를 사용하지 않는 사람

4. 프로이트가 말하는 정신적으로 건강한 사람이란?
   ① 원초아와 초자아를 원활하게 조정하는 자아를 가진 사람
   ② 종교적 각성을 통해 원초적 본능의 구속에서 벗어난 사람
   ③ 자연과 인류에 대한 희생정신을 갖고 있는 사람
   ④ 높은 도덕적 판단 기준을 갖고 실천하는 사람

5. 프로이트가 말하는 정신적으로 건강한 사람이란?
   ① 원초아와 초자아를 원활하게 조정하는 자아를 가진 사람
   ② 종교적 각성을 통해 원초적 본능의 구속에서 벗어난 사람
   ③ '행동하는 나'와 '내면의 나'가 다른 사람
   ④ 보조기능의 저항을 자기 개발의 기회로 삼는 사람

6. 건강한 성격에 대한 융의 설명으로 옳지 않은 것은?
   ① 주기능이 보조기능을 효과적으로 억압하고 있다.
   ② 사고, 감정, 감각, 직관이 균형을 이루고 있다.
   ③ '행동하는 나'와 '내면의 나'가 다르다는 사실을 인정한다.

④ 보조기능의 저항을 자기 개발의 기회로 삼는다.

7. 융이 정의한 '건강한 성격'에 대한 설명이 바르게 되어 있는 것은?
　① 사고, 감정의 기능이 감각, 직관의 기능을 통제하여야 한다.
　② 주기능이 강하게 나타나 보조기능을 소멸시켜야 한다.
　③ 보조적인 잠재기능들을 끌어내어 살려야 한다.
　④ '내면의 나'를 파괴시켜야 한다.

8. 건강한 성격에 대한 융의 설명으로 옳은 것은?
　① 주기능이 보조기능을 효과적으로 억압하고 있다.
　② 사고, 감정, 감각, 직관이 균형을 이루고 있다.
　③ 자연과 인류에 대한 희생정신을 갖고 있다.
　④ 높은 도덕적 판단 기준을 갖고 실천한다.

9. 다음 중 올포트의 성숙한 인간의 모습에 해당하는 것은?
　① 통일된 인생철학을 갖는다.
　② 집단을 위해 언제든 스스로를 희생할 마음을 가진다.
　③ 가끔은 혼란과 좌절, 불만 상태에서 자학하는 것을 즐긴다.
　④ 사람들의 인정과 관계없이 항상 자기의 주관대로 산다.

10. 다음 중 올포트의 자아실현인의 모습으로 적절한 것은?
　① 원대한 목표를 가지고 일관성 있게 자기노력을 기울인다.
　② 집단을 위해 언제든 스스로를 희생할 마음을 가진다.
　③ 가끔은 혼란과 좌절, 불만 상태에서 자학하는 것을 즐긴다.
　④ 사람들이 인정하든, 인정하지 않든 자신은 누구보다도 잘났다고 생각한다.

11. 매슬로가 전제하는 인간관과 가장 가까운 것은?
　① 인간은 세속적 욕구의 제거를 통해 만물의 도를 깨닫는 존재이다.
　② 인간은 자신의 잠재력을 실현시켜 자아완성을 추구하는 존재이다.
　③ 인간은 생존을 위해 환경을 최적화시킬 수 있는 능력을 가진 존재이다.
　④ 인간은 무의식 속에 존재하는 강력한 욕망들을 현실에 맞게 충족시키는 존재이다.

12. 매슬로는 사람들이 잠재력을 실현시키지 <u>못하는</u> 이유가 무엇이라고 하였는가?
    ① 용기와 인내심이 발달하지 않아서
    ② 자신의 잠재력에 대해 모르고 있기 때문에
    ③ 이타적이고 가족적인 사회환경에 안주하기 때문에
    ④ 종교적 신앙의 한계 내에서만 자유를 행사하기 때문에

13. 매슬로가 주장하는 바람직한 아동 양육법은?
    ① 적절한 통제 내에서의 자유를 허용한다.
    ② 원초적 욕구를 최대한 충족시켜준다.
    ③ 성격은 부모의 유전에 의해 결정되는 것이다.
    ④ 치밀한 자극 프로그램을 설계하여 시행한다.

<문제 2-7>

1. 성격을 결정하는 요인에 대한 설명이 바르게 된 것은?
    ① 자연환경은 성격 형성에 직접적으로 관여한다.
    ② 개인 고유의 생활사는 성격유형을 표준화시킨다.
    ③ 문화는 가장 중요한 성격 결정 요인이다.
    ④ 정신적인 능력은 생물학적 요인에 영향을 받지 않는다.

2. 다음 중 사회 구성원들의 행위유형을 제공해 주고, 한계도 정해주는 데 가장 큰 영향을 미치는 요인은 무엇인가?
    ① 생물학적 요인   ② 자연환경
    ③ 개인 고유의 체험   ④ 문화적 요인

3. 문화적 요인이 성격 결정에 가장 큰 영향을 미친다는 주장의 근거는?
    ① 다른 요인들은 과학기술의 발달로 통제가 가능하기 때문이다.
    ② 다른 요인들은 문화적 요인의 영향 속에서 작용하기 때문이다.
    ③ 문화는 개인과는 별개의 것으로, 영원하기 때문이다.
    ④ 모든 인간은 주어진 환경을 동일하게 인식하기 때문이다.

4. 부모의 양육태도가 과보호적인 경우에 나타날 수 있는 자녀의 성격은?
    ① 예의가 바르고 책임감이 강하다.
    ② 심한 욕구불만과 함께 불량행동을 반복한다.

③ 부모에 의존하고 집단생활에 적응하지 못한다.

④ 타인과의 관계에서 공격적·지배적인 경향을 보인다.

5. 인지발달이 미흡한 미성숙자에게 효과적인 사회화의 기제는?

① 강화   ② 체험   ③ 토론   ④ 동화와 조절

6. 지각을 자주 하는 행동을 고치기 위한 부정적 강화의 예에 해당하는 것은?

① 지각을 하지 않는 날에는 사탕을 준다.

② 지각을 하지 않는 날에는 청소를 빼준다.

③ 지각을 하는 날에는 진지하게 상담을 한다.

④ 지각을 하는 날에는 오히려 칭찬을 해준다.

7. 특정 반응을 감소시키는 방법에 속하는 것은?

① 사탕주기   ② 청소면제   ③ 칭찬   ④ 격리

8. 다음 중 동일시가 일어나기 쉬운 대상은?

① 평소 혐오하던 특징을 가진 사람   ② 자신보다 유약한 사람

③ 자신과 유사한 사람   ④ 연하의 이성

9. 다음 중 자기도 모르는 사이에 무의식적으로 이루어지는 정도가 가장 강한 사회화 원리는 어느 것인가?

① 모형화   ② 자기화   ③ 관찰학습   ④ 동일시

10. 다음 중 동일시의 원리에 대한 설명이 바르게 된 것은?

① 대상과의 차이점을 기초로 해서 일어난다.

②생활에 필요한, 훌륭한 것을 지닌 대상을 선망함으로써 일어난다.

③ 의식적으로 느끼는 만족이나 불만에 의해 행동을 습득하는 과정이다

④ 사물과 사람에 대한 통제력이 약한 사람일수록 쉽게 동일시의 대상이 된다.

11. 동일시의 4개 원리가 잘못 설명되어 있는 것은?

① 동일시 대상과의 유사성을 기초로 해서 일어난다.

② 선망을 기초로 해서 일어난다.

③ 사람과 사물을 통제할 수 있는 힘을 갖지 않은 사람이 대상이 된다.

④ 강자로부터 받는 위협을 중화하려는 필요에서 일어난다.

<문제 2-8> (부적응 행동의 개념 및 유형)

1. 특출하게 뛰어나거나 남다르게 이타적이거나 지극히 용감하거나 아주 행복한 사람이 부적응 행동자로 분류될 수 있는 부적응 판정의 기준은?
   ① 행동의 역기능성　　　　　　② 사회적 기준으로부터의 일탈
   ③ 개인적 고통　　　　　　　　④ 통계적 기준으로부터의 일탈

2. '극소수의 사람들이 하는 행동은 비정상행동'이라고 진단하는 것은 부적응 행동의 어느 기준을 적용한 것인가?
   ① 행동의 역기능성　　　　　　② 규범적 기준으로부터의 일탈
   ③ 개인적 고통　　　　　　　　④ 통계적 기준으로부터의 일탈

3. 집단 내 다른 사람들의 행동과 비교하여 극단적인 행동을 보일 때 부적응 행동으로 판별하는 것은 어느 준거에 의한 것인가?
   ① 통계적 기준으로부터의 일탈　　② 사회적 규범으로부터의 일탈
   ③ 행동의 역효과　　　　　　　　④ 개인적인 고통

4. 대부분의 사람들과는 다르게 하는 행동을 이상행동이라고 판단하는 것은 어느 기준에 의한 판단인가?
   ① 통계적 기준　　② 주관적 기준　　③ 전문적 기준　　④ 규범적 기준

5. 대인관계나 일상적인 일에 지장을 주는 심리나 행동을 이상행동으로 규정하는 것은 이상행동의 기준을 무엇으로 한 것인가?
   ① 부적응　　　　　　　　　② 통계적 기준으로부터의 일탈
   ③ 사회적으로 합의한 법　　④ 인습성

6. 우울증이나 불안장애와 같은 행동을 대인관계나 일상적인 업무수행에 지장을 준다고 하여 이상행동으로 규정하는 것은 그 기준을 어디에 두고 하는 평가인가?
   ① 비인습성　　② 부적응　　③ 통제력의 결핍　　④ 예측불가능성

7. 각 모형에서 설명하는 부적응 행동의 원인이 바르게 연결된 것은?
   ① 행동주의적 모형-부적절한 학습　　② 심리역동적 모형-왜곡된 의식과정
   ③ 생리학적 모형-불안　　　　　　　④ 인지적 모형-유전적 결함

8. 이상행동을 설명하는 모델에서 말하는 주요 치료법으로 적절한 것은?
   ① 생리학적 모델-약물　　　　② 심리역동적 모델-전기충격치료
   ③ 행동주의적 모델-부정적 사고의 교정④ 인지적 모델-정화와 전이

9. 이상행동을 세균감염, 유전 생화학적 이상, 뇌의 역기능 등으로 설명하는 접근방
   법은 어느 모델인가?
   ① 생리학적 모델　　　　　　② 심리역동적 모델
   ③ 행동주의적 모델　　　　　④ 인지적 모델

10. 다음 중 생리학적 모델의 입장에서 심리적 장애를 설명한 것은?
    ① 유년기의 갈등과 불안이 정신 장애의 주요 원인이다.
    ② 가족 중에 정신분열증 환자가 있으면 발병률이 높다.
    ③ 환경을 변화시키는 것을 통해서 심리적 문제를 해결할 수 있다.
    ④ 왜곡된 사고를 교정하는 것이 치료의 핵심이다.

11. 심리역동적 모델에서 설명하는 부적응 행동의 원인은?
    ① 불안　　　　　　　　　　② 바이러스 감염
    ③ 부적절한 학습과 강화　　　④ 도파민 과다

12. 심리역동적 모형에서 사용하는 부적응 행동의 치료법은?
    ① 꿈의 분석과 해석　　　　　② 선택적 처벌
    ③ 전기충격치료　　　　　　　④ 체계적 둔감화

13. 심리역동적(정신분석적) 모델에 따르면 불안의 주요 요인은 무엇인가?
    ① 비합리적인 신념　　　　　② 신체의 생화학적 불균형
    ③ 잘못된 행동의 학습　　　　④ 원초아, 자아, 초자아 간의 갈등

14. 다음 중 부적응 행동을 치료하는 정신분석학적 방법은?
    ① 부정적이고 왜곡된 생각을 바꾸게 한다.
    ② 신체적 질병을 치료하듯이 약물을 복용케 한다.
    ③ 잘못된 학습 때문이므로 새로운 행동을 학습시킨다.
    ④ 무의식의 내용을 의식수준으로 끌어올려 각성하도록 한다.

15. 억압되어 있던 유년기 갈등과 감정을 찾아내어 발산시켜 줌으로써 심리적 장애를 해결하는 것을 무엇이라고 하는가?
　　① 정화　　　　② 전이　　　　③ 홍수법　　　④ 체계적 둔감화

16. <외상적 사건의 재구성 → 감정토로 → 긴장·불안 발산>의 정화방법에 의하여 이상행동을 치료하는 것은 어느 접근방법의 모델인가?
　　① 생리학적 모델　　　　　　　② 심리역동적 모델
　　③ 행동주의적 모델　　　　　　④ 인지적 모델

17. 다음 중 정신분석학적 입장에서의 치료법은?
　　① 혐오적 조건화　　　　　　　② 노출치료
　　③ 선택적 처벌　　　　　　　　④ 저항의 분석과 해석

18. 행동주의 입장에서 사용하는 치료법이 <u>아닌</u> 것은?
　　① 홍수법　　　　② 혐오적 조건화　③ 전기충격치료　④ 체계적 둔감화

19. 다음 중 홍수법에 관한 설명이 바르게 된 것은?
　　① 인지이론에 입각한 치료기법이다.
　　② 표적행동을 선택해서 그 행동이 일어날 때에 긍정적 강화를 해 준다.
　　③ 처음에는 즐거웠던 자극에 불쾌한 반응을 주어 마침내 싫어하게 만든다.
　　④ 여러 시간 동안 두려워하는 상황에 노출시켜 고통이 일어나지 않는 것을 확인하게 한다.

20. 알코올중독자에게 술을 주는 동시에 약을 주어 메스껍고 구토를 일으키도록 하는 치료기법은?
　　① 홍수법　　② 혐오적 조건화　　③ 체계적 둔감화　　④ 충격적 조건화

21. 거미 공포증을 가진 사람의 손 위에 거미를 올려놓아 아무 일도 일어나지 않음을 보여줌으로써 이상행동을 치료하는 것은 어떤 방법을 적용한 것인가?
　　① 체계적 둔감화　　　② 전이　　　③ 홍수법　　　④ 선택적 처벌

22. 아래 글에서 설명하고 있는 공포증 치료법은 무엇인가?
　　폐쇄공포증 환자로 하여금 밀폐된 장소에 몇 시간 있게 하면서 고통스러운 사건이 일어나지 않는다는 것을 알게 하면 공포증이 완화된다.

① 체계적 둔감화　　② 방어기제　　③ 홍수법　　④ 반응제지

23. 다음 중 이론적 배경이 같은 것끼리 짝지어진 이상행동 치료법은?
　　① 최면, 체계적 둔감화　　　　　② 정화, 전기충격 치료
　　③ 전이, 모델링　　　　　　　　④ 모델링, 체계적 둔감화

24. 심리장애를 일으키지 않을 만큼의 약한 관련 자극부터 점점 정도를 높여 일반 자극에도 장애를 일으키지 않도록 하는 심리장애 치료법은 어떤 방법인가?
　　① 홍수법　　② 모델링　　③ 충격요법　　④ 체계적 둔감법

25. 인지적 모형에서 부적응 행동을 개선시키는 방법은?
　　① 부정적인 사고를 수정한다.　　② 적절한 행동을 학습시킨다.
　　③ 약물치료를 실시한다.　　　　④ 억압된 무의식을 의식화한다.

26. 다음 중 이상행동의 원인을 인지적 모델에서 설명한 것은?
　　① 체내의 생화학적 균형이 무너져서 발생한다.
　　② 불량한 주변 환경에 의해 학습되어 나타난다.
　　③ 유년기의 갈등이 억제된 결과이다.
　　④ 왜곡되고 부정적인 사고로 인해 나타난다.

27. 학습 장애를 보이는 아이에게 일정 분량의 단어 퍼즐을 풀면 원하는 비디오를 볼 수 있도록 해주었다. 다음 중 어떤 치료법을 적용한 것인가?
　　① 홍수법　　② 선택적 긍정적 강화　　③ 체계적 둔감화　　④ 정화

28. 세상의 모든 불행한 사건들에 대한 책임이 자신에게만 있는 것처럼 받아들임으로써 소극적 태도를 보이게 된다고 우울증의 원인을 설명하는 이론은?
　　① 심리역동적 모델　　　　　　② 인지적 모델
　　③ 행동주의 모델　　　　　　　④ 생리화학적 모델

29. 인지적 모델의 이상 행동 치료법으로 적절하지 않은 것은?
　　① 내부적 귀인을 외부적 귀인으로 교정한다.
　　② 꿈의 분석을 통해 억압된 감정을 찾아낸다.
　　③ 치료자가 환자의 부정적 생각을 비판한다.
　　④ 긍정적인 자기 평가를 하도록 유도한다.

30. 인지적 모델에서의 우울증 원인을 바르게 설명하고 있는 것은?
　　① 미래에 대한 긍정적인 기대를 가짐으로써
　　② 자신에게 일어난 사건을 긍정적으로 평가함으로써
　　③ 잘못된 행동의 책임을 자신에게 귀인함으로써
　　④ 어떤 현상에 대하여 합리적인 신념을 가짐으로써

31. 부적응 행동을 개선시키기 위한 인지적 모형에서는 '사건이나 행동의 원인을 어디에 돌리는가'에 관한 사고를 무엇이라 일컫는가?
　　① 신념　　　　　　② 기대　　　　　③ 귀인　　　　　④ 평가

32. 천재지변, 교통사고, 폭행처럼 파국적인 사건을 경험한 후에 지속적으로 두려움, 분노, 불안, 죄의식 등을 경험하는 장애는? (2002년 기말, 292쪽)
　　① 사회공포증　　② 후외상성 장애　　③ 신체형 장애　　④ 강박장애

33. 삼풍백화점 붕괴 사건 당시 지하에 10일 넘게 매몰되어 있었던 사람이 구출된 후에도 경험하는 불면, 악몽, 신경과민 등의 심리적 장애는 어떤 장애인가?
　　① 공포증　　　　　　　　　　② 공황장애
　　③ 후외상성 장애　　　　　　　④ 일반화된 불안장애

34. 이상행동 중에서 스스로 통제할 수 없는 반복적 사고에 의해 고통을 받으며 전혀 무의미한 행동을 반복하는 장애는?
　　① 강박장애　　② 신체화 장애　　③ 전환장애　　④ 심인성 고통장애

35. 정신분열증의 가장 대표적인 증상은?
　　① 우유부단　　② 슬픈 감정의 지속　　③ 피로감　　④ 망상

36. DSM-Ⅳ에 대한 설명이 잘못된 것은?
　　① 심리장애를 진단하는 기준을 제시하고 있다.
　　② 미국 정신의학협회가 제정한 정신장애 진단 및 통계편람 제4판이다.
　　③ 심리장애를 17가지 범주로 구분하고 있다.
　　④ 크게 언어검사, 수리검사, 공간지각검사, 동작성 검사로 구성되어 있다.

37. 우울증은 다음의 어느 장애에 속하는가?
　　① 신체형 장애　　② 해리성 장애　　③ 불안장애　　④ 기분장애

38. 다음 부적응 행동에 대한 진단이 바르게 이루어진 것은?

  영화 <이보다 좋을 순 없다>의 남자 주인공은 식당에선 늘 앉던 자리만 고집
  하고 식기는 직접 가지고 다니는 것을 사용한다. 신체적 접촉을 불결하게 생각
  하며 아무리 급한 일이 있어도 보도블록의 금을 밟지 못한다.

  (가) 지킬박사와 하이드처럼 다중 성격을 지닌다.
  (나) 살찌는 것에 대한 공포감으로 폭식과 거식을 반복한다.
  (다) 강도에게 칼을 찔린 후 과거경험에 시달린다.

	(가)	(나)	(다)
①	해리성 장애	섭식장애	불안장애
②	기분장애	불안장애	신체형장애
③	정신분열증	신체형장애	불안장애
④	불안장애	해리성장애	기분장애

39. 정신분열증의 발병과 관련한 진술로 옳지 <u>않은</u> 것은?
  ① 가족 내의 비정상적인 대화체계가 유발할 수 있다.
  ② 신경전도물질인 도파민이 관련되어 있다.
  ③ 유전적 요인이 관련되어 있을 수 있다.
  ④ 하위계층보다 상위계층에서 발병률이 높다.

40. 정신분열증의 특징인 망상은 어느 측면의 이상증상인가?
  ① 사고   ② 감각   ③ 정서   ④ 운동

41. 갑작스럽게 호흡곤란, 심한 현기증, 전율, 흉통, 맥박증가 등의 증상을 보이면서
  두려움을 크게 느끼는 심리장애는?
  ① 후외상성 장애   ② 공포증
  ③ 공황장애   ④ 일반화된 불안장애

42. 다음 중 '우울증'의 증상은?
  ① 기분이 상승하며 말이 많아진다.
  ② 자부심이 많아지고 과대망상적으로 된다.
  ③ 의욕마비의 증상을 보인다.
  ④ 과잉행동과 광란적 행동을 보인다.

43. 다음 중 우울증을 막아주는 데 도움이 되는 요소가 <u>아닌</u> 것은?
    ① 배우자 또는 친구와 친밀한 관계 유지 　　② 종교적인 믿음을 가짐
    ③ 집 밖에서의 일에 전념 　　④ 많은 자녀를 양육

44. 타인에 대하여 지속적인 불신, 의심, 경계, 냉소를 보이는 장애는 어떤 장애인가?
    ① 자폐성 장애 　　② 편집성 성격장애
    ③ 과잉행동장애 　　④ 분리불안장애

45. 지킬박사와 하이드처럼 다중 성격을 지닌 사람은 어떤 부적응 행동 유형에 해
    당하는가?
    ① 해리성 장애 　　② 기분장애 　　③ 신체형 장애 　　④ 정신분열증

46. 시험 때 마다 복통에 시달리는 학생은 어떤 장애를 경험하고 있다고 할 수 있는가?
    ① 신체형 장애 　　② 강박장애
    ③ 대인관계적 장애 　　④ 범불안장애

47. 상해나 심한 사고로 인한 신체적 혹은 심리적 충격을 경험한 후에 지속적으로
    공포, 분노, 불안 등의 고통을 반복하는 심리장애는?
    ① 강박장애 　　② 공황장애 　　③ 후외상성장애 　　④ 신체화 장애

48. 다음의 이상행동 양태를 보이는 이 남자는 어떤 유형의 성격장애에 가장 가깝
    다고 할 수 있는가?
    ① 회피적 성격장애 　　② 경계선적 성격장애
    ③ 의존적 성격장애 　　④ 강박적 성격장애

49. 다음 중 정동장애(기분장애)에 대한 설명이 <u>잘못</u>되어 있는 것은?
    ① 기분장애로도 정의한다.
    ② 대표적인 정동장애는 우울증이다.
    ③ 정서와 동기에서 나타나는 장애이다.
    ④ 정지와 동작이 불규칙적으로 나타나는 장애이다.

50. 전환장애, 신체화 장애, 심인성 고통장애의 공통점은?
    ① 신체적 이상증상을 보이지만 생리의학적 조건으로 충분히 설명되지 않는 장
    애이다.

② 신체의학적 조건 때문에 심리적 고통을 겪는 장애이다.

③ 신체의학적 조건 때문에 신체적 고통을 겪는 장애이다.

④ 신체적 이상증상을 보이지 않지만 심리적 불안이 항상 있는 장애이다.

51. 대인관계, 정서, 자기지각 등에서 어떤 일관성을 유지하지 못하고 혼란, 불안정, 변덕을 보이는 장애는 어떤 성격장애인가?

① 분열성 성격장애　　　　　　② 분열형 성격장애

③ 반사회적 성격장애　　　　　④ 경계선적 성격장애

52. "어느 여고생은 친구가 여러 번 약속을 어기는 것이 못마땅하였지만 친구가 자기를 떠날 것을 걱정하여 울음을 터트리면서도 한 번도 항의를 못하였다." 이 여고생의 심리장애는 어느 것으로 진단할 수 있는가?

① 강박적 성격장애　　　　　　② 의존적 성격장애

③ 히스테리성 성격장애　　　　④ 회피적 성격장애

<문제 2-9> (아동기의 사회환경과 부적응 행동 문제들)

1. 아동기 또래나 친구에 대한 설명이 바르게 된 것은?

① 친구로서 부모를 선택한다.

② 친구는 모델이나 강화자, 준거로서의 역할을 한다.

③ 항상 계획적이고 의도적으로 친구를 선택한다.

④ 또래집단은 아동의 자아발달에 거의 영향을 미치지 않는다.

2. 아동기 불안장애와 그에 대한 설명이 바르게 연결된 것은?

① 회피불안장애: 밤에 혼자 자는 것을 두려워한다.

② 범불안장애: 가족들에게 지나치게 의존한다.

③ 격리불안장애: 새로운 사람과의 접촉을 두려워하고 피한다.

④ 과잉불안장애: 막연한 대상에 대한 걱정과 공포가 지나치다.

3. 아동의 학교공포증은 대부분 무엇 때문에 야기되는가?

① 회피불안　　　② 분리불안　　　③ 광장공포　　　④ 고소공포

4. 지능발달의 정도는 정상인데 읽기, 쓰기 등에서 최소한의 학업 성취 수준을 달성하지 못하는 것을 무엇이라고 하는가?
　① 학습 부진　　② 학습 공포　　③ 학습 기피　　④ 학습 지진

5. 학습 부진 문제의 대처 방법으로 거리가 가장 먼 것은?
　① 학습 동기 자극　　　　　② 부모의 적절한 관심
　③ 정기적인 지능검사　　　　④ 적절한 교수 방법 사용

6. 학습 차단을 유발하는 가장 큰 요인은?
　① 낮은 지능　　　　　　　② 일탈 학생과의 교제
　③ 음란물 탐닉　　　　　　④ 부모의 과도한 기대

7. ADHD와 정상 아동의 과잉활동은 어떤 점에서 구별되는가?
　① 발생연령　　② 지속시간　　③ 활동 반경　　④ 활동시작 시간

8. ADHD는 어떤 장애인가?
　① 자폐성 장애　　　　　　② 주의력결핍 및 과잉행동장애
　③ 품행장애　　　　　　　④ 반항성 장애

9. 과잉활동장애 아동이 보이는 행동 특성은?
　① 다른 사람에게 무관심하다.　　② 부모에게 지나치게 의존적이다.
　③ 친구나 형제를 괴롭힌다.　　　④ 혼자 있고 싶어 한다.

<문제 2-10> (청소년기의 사회환경과 부적응 행동 문제들)

1. 다음 중 청소년의 발달과업이 아닌 것은?
　① 독립성과 애착을 성공적으로 조화시킨다.
　② 정체성을 형성하고 미래의 인생을 설계한다.
　③ 정서적으로 성숙되어 적절한 감정을 표출한다.
　④ 학교 경험을 통해 기초적인 생활습관을 습득한다.

2. 다음 중 청소년기의 발달과업이 아닌 것은?
　① 정서적 성숙　　　　　　② 수직적 대인관계 형성
　③ 정체성 형성　　　　　　④ 독립성과 애착의 조화

3. 다음 특징은 어느 성격장애에서 나타나는가?
   타인의 권리와 안녕을 개의치 않고, 사회규칙과 관습을 무시하며, 법에 저촉되는 행동을 보인다.
   ① 편집성 성격장애　　　　　　　② 분열성 성격장애
   ③ 분열형 성격장애　　　　　　　④ 반사회적 성격장애

4. 품행장애에 대한 설명으로 적절한 것은?
   ① 18세 이상 성인에게 나타나는 성격장애이다.
   ② 반사회적 행동이 상당기간 지속되는 경우이다.
   ③ 약자에 대해서는 공격적 행동을 하지 않는다.
   ④ 다른 정신과적 질환이 원인이 되어 나타난다.

5. 미성년자의 반사회적 행동을 지칭하는 개념은?
   ① 주의력결핍 장애　　② 과잉활동장애　　③ 품행장애　　④ 뚜렛장애

6. 비행이나 범죄와 관련성이 높기 때문에 사회복지실천에서 특히 관심을 갖는 성격장애는?
   ① 히스테리성 성격장애　　　　　② 반사회적 성격장애
   ③ 회피적 성격장애　　　　　　　④ 강박적 성격장애

7. 다음 중 반항성 장애에서는 찾아볼 수 없는 품행장애만의 고유한 특성이라고 할 수 있는 것은?
   ① 신체적인 공격을 자주 한다.
   ② 어른에게 적대적인 행동을 한다.
   ③ 자신의 실수를 남의 탓으로 돌린다.
   ④ 반사회적인 행동이 적어도 6개월 이상 지속된다.

8. 반항성 장애를 갖고 있는 청소년이 보이는 행동 특성은?
   ① 지속적인 거짓말　　　　　　　② 부모에 대한 불복종
   ③ 친구와의 관계 단절　　　　　　④ 등교 거부

9. 반항성 장애를 갖고 있는 청소년이 보이는 행동 특성은?
   ① 자학 행위   ② 부모에 대한 불복종
   ③ 친구와의 관계 단절   ④ 급격한 체중 변화

10. 반항성 장애를 갖고 있는 청소년이 보이는 행동 특성은?
   ① 자학 행위   ② 부모에 대한 불복종
   ③ 친구와의 패싸움   ④ 성적 비행

11. 성인과 달리 청소년들이 따돌림으로 인한 상처와 충격을 크게 받는 이유는 무엇인가?
   ① 혼자서 해결해야 하기 때문에
   ② 경제적 여력이 없어서
   ③ 방어기제가 제대로 형성되어 있지 않기 때문에
   ④ 다중 성격을 지니고 있기 때문에

12. 집단 따돌림에 대한 설명으로 옳은 것은?
   ① 언어적 가해 행위도 포함된다.
   ② 가해자는 주로 상급생이다.
   ③ 원인이 가해자에게 전적으로 귀인된다.
   ④ 보통 일대일의 관계에서 발생한다.

13. 집단 따돌림에 대한 해결책으로 적절하지 <u>않은</u> 것은?
   ① 공감이나 감정이입 연습을 한다.
   ② 개인의 개성이 존중되는 교실 분위기를 조성한다.
   ③ 가정과 사회의 협조가 같이 이루어져야 한다.
   ④ 가해하는 학생만 지도대상으로 삼아야 한다.

<문제 2-11> (성년기의 사회환경과 부적응 행동 문제들)

1. 성년기를 결정하는 사회적 기준은?
   ① 성적 성숙이 이루어지는 시기   ② 역할정체감이 확립되는 시기
   ③ 자아정체감이 확립되는 시기   ④ 부모로부터 독립하는 시기

2. 다음 중 확고한 자아정체감을 지닌 사람의 특징은?
　　① 하는 일에서 성취수준이 높다.　　　② 이성문제에 대하여 고민하지 않는다.
　　③ 욕구, 태도, 행동에 일관성이 있다.　　④ 자신의 개성을 드러내지 않는다.

3. 자아정체감이 확고한 사람의 특징과 거리가 가장 먼 것은?
　　① 태도나 가치가 통합되어 있다.
　　② 자신을 독특하고 특별하다고 인식한다.
　　③ 시간이 경과해도 자신은 동일한 사람이라고 인식한다.
　　④ 인간관계의 범위가 넓다.

4. 청년기에 갖는 부모에 대한 양가감정은 어떤 것인가?
　　① 독립에 대한 갈망과 분리에 대한 불안감
　　② 인정에 대한 갈망과 거절에 대한 불안감
　　③ 보호를 받고자 하는 갈망과 부양의 의무감
　　④ 부모에 대한 효도 의무감과 자기 자녀에 대한 애정 부담

5. 자아정체감이 확고한 사람의 공통적인 특징은?
　　① 태도나 가치가 통합되어 있다.　　　② 경제적 생활 능력을 갖고 있다.
　　③ 가치관의 변화가 자주 일어난다.　　④ 인간관계의 범위가 넓다.

6. 에릭슨은 '성인기'의 주요한 발달과업을 무엇으로 규정하고 있는가?
　　① 친밀감의 발달　　　　　　　　　② 기본적 신뢰의 발달
　　③ 자율성 확립　　　　　　　　　　④ 통합성의 발달

7. 매사에 "나는 어떻게 하면 좋은가?"하면서 다른 사람의 지도를 구하는 장애는 어
　 떤 성격장애인가?
　　① 의존성 성격장애　　　　　　　　② 회피성 성격장애
　　③ 자기애적 성격장애　　　　　　　④ 강박적 성격장애

8. 자녀의 의존적 성격장애를 유발하기 쉬운 부모의 양육 태도는?
　　① 과잉보호　　　　　　　　　　　② 방임
　　③ 비일관적인 태도　　　　　　　　④ 전제적 태도

9. 다음 중 의존성 성격장애의 발생 배경에 대한 설명으로 적절한 것은?
   ① 유전적 요인의 비중이 크다.
   ② 기분, 행동, 정서 등에 일관성이 없다.
   ③ 신체적 및 성적 학대로 인한 것이다.
   ④ 성장 과정에서 과잉보호를 받은 경험이 있다.

10. 경계선 성격장애의 가장 핵심적인 문제로 볼 수 있는 것은?
    ① 반사회적 이기심   ② 과도한 스트레스
    ③ 타인의 고통에 대한 무감각   ④ 자아정체성의 혼란과 불안정성

11. 경계선 성격장애를 유발하는 현대사회의 특징은?
    ① 불확실성과 예측불가능성   ② 과학기술에 대안 의존도 증가
    ③ 잦은 개인 사생활 침해   ④ 집단주의의 팽배

12. 경계선 성격장애의 요인이 적절하게 설명된 것은?
    ① 자아정체성이 지나치게 확고할 경우에 발생한다.
    ② 전제적인 분위기의 가정에서 발생할 확률이 높다.
    ③ 과잉보호를 받은 경험이 있는 아동에게서 나타날 수 있다.
    ④ 신체적 학대나 성적 학대를 받은 아동에게서 잘 나타난다.

<문제 2-12> 중년기의 사회환경과 부적응 행동 문제들

1. 중년기에 나타나는 성역할 변화는?
   ① 기존의 성역할이 보다 강화된다.   ② 남성성과 여성성이 통합된다.
   ③ 변화가 나타나지 않는다.   ④ 가정 내 성역할을 엄격하게 구분한다.

2. 인지적 모델에서 말하는 우울증의 원인은?
   ① 자기 자신에게 전이된 분노
   ② 현재의 경험을 부정적으로 해석하는 사고방식
   ③ 사랑과 인정을 받고 싶은 욕구의 좌절
   ④ 과도하게 높은 목표 설정에서 오는 자아의 무력감

3. 생활사건을 왜곡되게 해석하기 때문에 우울증이 유발된다고 보는 입장에서는 어떤 치료법을 사용하는가?
   ① 인지적 오류나 역기능적 신념을 수정한다.
   ② 초자아를 조정하거나 자아를 강화한다.
   ③ 내적으로 억압된 분노를 인지하게 한다.
   ④ 증세에 적합한 약물을 처방한다.

4. 우울증의 원인에 대한 인지이론의 설명은?
   ① 사랑하던 대상의 상실   ② 내분비계통의 이상
   ③ 생활사건의 왜곡된 해석   ④ 긍정적 강화의 약화

5. 우울증의 원인에 대한 인지이론적 입장이 바르게 설명된 것은?
   ① 유전적인 요인, 뇌 구조의 기능적 손상, 생체리듬의 이상이 주된 원인이다.
   ② 긍정적인 강화를 받지 못했거나 우울한 행동이 잘못 강화되었기 때문이다.
   ③ 억압되어 무의식화된 분노감으로 인해 죄책감을 가지게 되어 우울증에 빠진다.
   ④ 사건들을 부정적으로 과장하고 왜곡하여 부적절한 신념체계를 갖게 될 경우에 나타난다.

6. 다음 중 물질남용과는 달리 물질의존으로 진단하는 기준으로만 되어 있는 것은?
   ① 내성, 금단현상   ② 장기손상, 금단현상
   ③ 내성, 역할수행 곤란   ④ 반복사용, 역할수행 곤란

7. 물질의존 진행단계로 바른 것은?
   ① 강박적 행동 - 시험적 사용 - 도구적 사용 - 습관적 사용
   ② 시험적 사용 - 도구적 사용 - 습관적 사용 - 강박적 행동
   ③ 시험적 사용 - 도구적 사용 - 강박적 행동 - 습관적 사용
   ④ 시험적 사용 - 습관적 사용 - 강박적 행동 - 도구적 사용

8. 물질(약물) "남용"은 물질을 사용함으로써 어느 수준의 문제를 가져오는 장애를 말하는가?
   ① 사회적 역할, 직무의 수행에 문제가 있는 수준
   ② 신체적 장기에 손상이 초래되는 수준
   ③ 내성이나 금단현상이 발생하는 수준
   ④ 법정 한도를 초과하는 물질 사용 수준

9. 정신분석학에서는 물질(약물)에 의존하는 사람의 성격적 결함을 무엇으로 규정하는가?
   ① 구강기 고착성격　　　　　　　② 항문기 고착성격
   ③ 성기기 고착성격　　　　　　　④ 잠재기 고착성격

10. 다음 중 약물 남용으로 몰아가는 요인(push factor)이 <u>아닌</u> 것은?
    ① 빈민지역의 문화　　　　　　　② 불우한 가정환경
    ③ 약물이 주는 행복감　　　　　　④ 정신적 압박을 주는 학교제도

11. 집단과정을 통하여 약물남용자의 사고방식과 행동의 변화를 도모하는 치료법은?
    ① 메타돈유지법　　② 영양법　　③ 치료공동체법　　④ 혐오요법

12. 중독성은 있으나 내성은 없는 대용약물을 제공하는 약물남용 치료법은?
    ① 역할극　　　　　　　　　　　② 행동수정요법
    ③ 메타돈 유지요법　　　　　　　④ 혐오요법

8. 인간행동의 역학적 관계

1) 인간행동

(1) 인간행동 이해의 필요성
① 개인들의 인간관계를 자연스럽고 편안하게 유지시키는 자원이 될 수 있다.
   - 갈등을 해소시킨다.

② 인간관계를 보다 효율적이며 질적으로 발전시킬 수 있다.
   - 행동의 배경과 의도를 이해함으로써 오해 없이 발전적인 방향으로 관계를 끌어갈 수 있다.
   - 상대방의 행동을 예측할 수 있고 상대의 기대를 충족시켜줄 수 있다.

③ 집단 성원의 만족도와 자발적인 참여를 증진시키고 집단의 목표달성과 총 효율성을 극대화시킬 수 있다.

  ※ 총 효율성: 눈앞의 이익이 아니라 보다 넓은 시각에서 이익을 도모하는 것

④ 인간과 인간행동에 대한 보다 정확한 정보를 바탕으로 국가 정책의 효율성과 사회정의 및 국민 복지를 도모할 수 있다.

  ※ 인간관계는 받은 이익과 그에 대한 보상이 반복적으로 이루어짐으로써 상호작용이 계속된다.
  – 호혜의 의무: 받은 이익에 대해 보답하려는 의무
  – 공정교환: 받은 이익과 그에 대한 보상의 수준을 가능한 한 비슷하게 하려는 것

(2) 생태계 일원으로서의 인간

생태계 일원으로서의 인간존재에 대한 이해: 인간의 욕망은 무한하나 동물과는 달리 지적 능력을 가지고 있어서 목적과 수단의 관계를 파악하는 능력이 뛰어나다.

(3) 인간행동의 의미와 유사 개념들

① 인간행동이란?

행동이란 유기체 내외에서 일어나는 자극에 대해 일어나는 반응, 다른 유기체의 반응을 촉발하기 위해 행하는 자극이다. 즉, 겉으로 드러난 것(신체적 작용)뿐만 아니라 내적 작용(심리적 작용)도 행동을 볼 수 있으며 다른 유기체의 반응을 촉발하기 위한 것도 행동에 포함시킨다.

② 행위

행동(behavior)은 자극에 대해 일어나는 반응이고 행위(action)는 어떤 목적이나 의도를 갖고 이루어지는 활동이라고 구분하기도 한다. 이러한 구분은 자극-반응의 틀에서 인간의 행동을 연구하는 행동주의 연구에서 유래한 것이다. 그러나 오늘날에는 행동과학의 영향으로 행동을 행위까지 포함하는 개념으로 보고 있다.

- 다른 동물과 다른 인간행동의 특징
  - 사회의 문화가 행동에 반영되어 있다.
  - 학습에 의해서 행동이 형성된다.
  - 인간의 행동은 개인의 선택에 의해 형성된다. 즉 개인의 인지와 의지가 작용한다.
  - 개성이 있다.

③ 동기

욕구가 어떤 목표를 가지고 있을 때 이를 동기라 한다. 심리적 작용이므로 행동과 밀접한 개념이다.

④ 학습 활동

심리와 행동의 변화

⑤ 발달

⑥ 성격

- 심리의 작용 방식이 일정하게 이루어질 때 성격이라 한다.
- 상당히 지속적이고 개인차가 있고 변화한다.
- 성격이란 경험에 의해서 알 수 있는 것이 아니라 가설적으로 구성한 개념이다.

⑦ 규범과 도덕성, 시민성 등

인간행동이라기보다는 인간행동을 유발하는 요인으로 볼 수 있다.

- 도덕성: 도덕에 따르려고 하는 의지나 성향
- 시민성: 자발적으로 참여하려는 의지나 성향

(4) 인간의 행동적 특성

① 동물과 유사한 행동 성향도 있고 다른 성향도 있다.

② 동물과 유사한 행동 성향

　　위험 기피, 자식을 양육하는 것, 자식과의 유대 관계, 가족 간 우애 등

③ 다른 동물과 다른 인간만의 행동 성향
- 상징과 의미를 창조하고 학습하는 행동 → 의사소통, 문화 창조가 가능
- 자기성찰과 비판적 분석: 자기를 객관화하여 살펴볼 수 있는 능력과 자신의 목적 및 목표 달성을 위해 적합한 수단을 모색하고 분석할 수 있는 능력
- 지식과 기술의 창조와 세련화, 과학적 활용
- 제도와 관습의 창조와 유지

(5) 인간행동의 예측과 통제에 대한 관심과 적용
① 통제란 인간행동이 특정한 방향으로 일어나도록 특정한 반응을 억제하거나 촉발시키기 위해 벌이는 활동이다. 예측이란 인간행동이 어떻게 전개될 것인가 예상해 보는 것이다.
② 예측을 위해서는 인간행동에 대한 연구가 필요하다. 그리고 예측이 가능해지면 통제도 가능해진다.
③ 인간행동의 예측과 통제는 매우 중요한 학문적 관심 대상이다. 왜냐하면 인간행동의 예측과 통제를 통해 갈등을 감소시키고 집단 목표 달성을 효율적으로 도모할 수 있기 때문이다.
④ 예측과 통제는 가족 내의 화목도모, 정책의 효율성 달성, 선거 전략 수립, 기업의 경영 전략 수립 등에 유용하게 쓰인다.
⑤ 제한된 자원의 효율적 배분을 위해서는 인간행동에 대한 지식이 필요하다.

(6) 인간행동을 연구하는 학문
모든 사회과학은 인간행동에 대해 관심을 기울인다.
- 정치학: 권력과 관련된 인간행동을 연구
- 경제학: 생산과 소비와 관련된 인간행동을 연구
- 윤리학: 어떻게 행동해야 해야 하는가를 연구
- 사회복지학: 삶의 질을 높이는 방안에 대해 연구
- 교육학: 인간 심리가 어떻게 변화하고 발달하는가에 대해 연구
- 사회학: 인간행동이 집단 속에서 어떻게 이루어지는가를 연구
- 심리학: 인간의 심리적 특성, 변화의 원리 등을 다룸

• 행동이 왜 변화하는가보다는 어떻게 변화하는가를 밝히려고 함

(7) 인간행동을 연구하는 방법

① 직관적인 방법

• 직관이란 직감으로, 한눈에 꿰뚫어보는 것을 말한다. 직관적 방법은 인간의 이러한 통찰력을 바탕으로 하여 인간행동의 과정을 설명하려 한다.

• 직관적 방법은 여전히 유효하다. 가설설정, 경험적 방법의 오류 발견, 전체의 조망, 새로운 시각의 제시 등에 유용하다.

② 자연과학적 방법

유용한 법칙을 도출하기 위해 도입되었다. 실험이나 관찰을 통해 인간행동의 현상을 수리적으로 파악하는 방법이다.

※ 자연과학적 방법의 한계
- 인간행동은 가치관의 영향을 받으므로 예측이 어렵다.
- 인간의 행동은 수치화하기 어렵다.
- 동일한 행동을 하는 경우에도 의미나 의도가 다를 수 있다.
- 인간의 행동은 개인차가 크다.

③ 실증주의적 과학관과 해석학적 과학관

• 실증주의적 과학관(자연과학주의): 자연과학처럼 인간행동을 연구하여 법칙을 도출하고 그 법칙을 통해 인간행동을 예측, 통제 하려함

• 해석학적 과학관: 관찰을 기본으로 하되 인간행동을 수치화 하려 하지 않고 의미 파악을 통해 이해하려 함

④ 과학적 방법의 특성

• 엄격성과 경험적 증거성: 관찰한 바에 바탕을 두고 연구해야 한다.

• 논리성과 체계성: 주장에 모순이 없고 타인이 수긍할 수 있는 체계를 갖추어야 한다.

• 비판 허용성과 수정 가능성

(8) 인간행동이론

① 유전론과 환경론(천성론과 육성론)

인간행동을 형성하는 것은 무엇인가?

인간행동이 어떻게 형성되는가에 대해 천성론은 태어날 때 타고난다고 보고, 육성론은 교육이나 환경에 의해 결정된다고 본다.

가. 유전론

• 행동성향은 태어날 때부터 결정된다.

• 관련 연구와 주장: 가계연구, 체질론, 범죄자 신체 특징 연구, 성별에 따라 성격특성이 차이가 난다는 주장, 혈액형별에 따른 성격 분류

• 반박: 환경의 영향이 더 크다.

예) 범죄자 가계는 유전에 의해 형성되는 것이 아니라 해당 가계가 처한 사회환경이나 가정환경이 불리하기 때문에 만들어지는 것이다. 남녀의 행동차이는 사회화와 교육에 의해 형성된다.

나. 환경론

• 환경의 차이에 의해서 행동이 다르게 나타난다.

다. 현재의 동향

• 유전적 요소와 환경적 요소가 함께 영향을 미친다. 유전적 요소는 인간행동의 가능성인 동시에 한계다. 유전적 소인으로 인해 어떠한 행동을 할 수 있지만 그 행동이 어떤 유형으로 나타나는가는 문화, 환경에 의해 달라질 수 있다.

② 결정론과 자율론

환경의 영향이 어떠한가에 대해 결정론은 환경이 인간행동을 좌지우지한다고 보고 자율론은 환경은 부분적으로 영향을 미칠 뿐 개인의 의지에 의해 행동이 결정된다고 본다.

가. 결정론

• 인간행동이 외부의 자극에 의해 기계적으로 결정된다. 즉, 외부 영향력에 의해 좌

우된다.

- 행동주의 심리학자: 인간행동은 외적 자극(강화 요인)에 의해 결정된다.

예) 스키너: 선한 행동을 강화하는 조건을 제공하면 유토피아도 이룩할 수 있다.

나. 자율론

- 인간행동은 외부 환경보다는 그에 대응하는 인간의 주관적 판단과 선택에 의해 결정된다.
- 결정론에 대한 반론: 인간은 단순히 자극에 반응만 하는 존재가 아니다. 외부 자극을 평가하고 분석하여 반응양식을 선택하여 행동한다.

③ 일반적 특성론과 특수적 반응론

인간의 행동 특성은 일반적 특성인가? 특수적 반응인가?

가. 일반적 특성론

- 인간의 행동은 상황과 상관없이 일관되게 나타난다.
- 학습, 내면화, 성격검사, 심리검사 등은 '한번 형성된 행동은 일관되게 나타난다.' 라는 일반적 특성론에 기반하고 있다.

나. 특수적 반응론

- 인간의 행동은 상황에 따라 다르게 나타난다.
- 일반적 특성론에 대한 비판: 전쟁과 같은 특수한 상황에서는 특이한 행동이 나타난다.
- 하트숀과 메이의 연구: 정직이라는 행동은 상황적인 특성을 나타낸다.
- 밀그램과 로스의 연구: 인간행동은 권위의 영향력에 약하다.

인간은 상이한 상황에서도 동일한 원칙하에 행동하려고 노력한다. 그러나 동일한 상황이라 할지라도 어떤 의미를 부여하는가에 따라 행동이 다르게 나타날 수 있다.

(9) 인간행동과 사회환경의 관계

- 유전적 요인은 인간발달의 한계를 설정하고 사회환경은 인간발달의 내용을 결정한다. 인간만의 유전적 요인이 동일하기 때문에 인간발달에서 공통성이 나타나고 사회문화가 다르기 때문에 각 민족마다 서로 다른 행동 유형이 나타난다.
- 사회환경이란 무엇인가? 인간 외부에 존재하는 자극이나 여건, 상황이다. 사회환경은 자연환경을 제외한 외적 자극이나 여건, 상황이라 할 수 있다.
- 사회환경의 영향력을 보여주는 사례들
  - 늑대소년의 사례: 사회환경이 인간의 사회화에 큰 영향을 미친다. 초기 사회화가 중요하다.
  - 포로수용소에서 인간은 특수한 행동 양식을 보여준다.

① 사회환경에 따른 인간행동의 차이

② 인간행동에 영향을 미치는 사회환경

- 가정에서의 양육 방식은 초기 사회화에 큰 영향을 미친다.
- 브론펜 브레너의 자녀 양육 방식 분류: 억압적 사회화 방식과 참여적 사회화 방식. 자녀 양육 방식이 도덕적 행동에 미치는 영향(55쪽 표)
  - 방임형(아동의 요구를 무조건적으로 수용) → 자기만족의 도덕원리 형성
  - 권위형(아동의 요구를 무시) → 인습 및 권위의 도덕원리
  - 설득형(아동의 요구를 존중) → 정의와 자율의 도덕원리

◇ 인간의 발달 (3) ◇

1. 인간발달의 의미와 단계구분

1) 인간발달의 의미

- 과거에는 인간의 발달이 성인 이전까지 이루어지고 그 이후에는 변화를 보이지 않는다고 보았으나 오늘날에는 인간이 일생동안 변화, 발달한다고 본다.
- 자연적 변화는 성장, 의도적인 변화는 발달이라고 구분하기도 하나 성장도 환경의 영향을 받지 않고 일어날 순 없으므로 혼용하여 사용한다.
- 발달심리학: 인간행동의 거의 대부분은 거의 조기에 형성된다.
- 생애발달론: 인간발달이 전 생애에 걸쳐 일어난다.
- 정신분석학적 시각: 인간의 성격은 유아기와 아동기에 걸친 욕구 충족에 의해 결정된다.

2) 인간의 발달 측면

- 신체적 발달: 유아기와 청년기 사이에 거의 이루어짐, 유전의 영향을 크게 받음, 영양, 보건과 같은 환경의 영향도 큼
- 사회적 발달: 노년기까지 꾸준히 이루어짐
- 정서적 발달: 청소년기, 청년기에 큰 영향을 받음
- 인지적 발달: 암기력은 성인기까지 발달하다 이후에는 쇠퇴하나 이해력은 성인기 노년기에도 계속 높아짐

3) 인간발달의 단계구분

(1) 프로이트의 인간발달

- 인간발달은 초기(5세 무렵까지)에 생물학적 욕구를 어떤 방식으로 충족시키느냐에 따라 성격(행동 방식)이 결정된다.
- 인간발달에는 질적으로 서로 다른 단계가 존재한다.
- 욕구 충족에 관련된 신체 부분이 연령에 따라 달라진다.
- 남근기까지 거치면서 성격 형성이 완료된다.
- 욕구 충족 방식에 따라 형성되는 성격이 달라진다.

(2) 피아제의 발달론: 인지능력 발달 중심

① 인지능력 발달의 4단계

감각운동기 – 전조작기 – 구체적 조작기 – 형식적 조작기

- 감각운동기: 감각을 통해 지각하고 운동 반응을 보이는 시기
- 전조작기: 직관적이고 직감적인 인식을 하는 시기
- 구체적 조작기: 눈으로 보고 만질 수 있는 현상에서 두 개 이상의 대상이 어떤 관계에 있는가를 파악할 수 있는 시기
- 형식적 조작기: 눈에 보이지 않는 관념을 대상으로 사고를 할 수 있는 시기

② 인간행동을 결정하는 것은 인지

(3) 에릭슨의 심리사회적 발달이론

인간발달은 전 생애에 걸쳐 이루어진다. 각 발달 단계에는 거치게 되는 위기가 있다. 프로이트는 생물학적 욕구 충족과 관련한 위기를 강조한 것에 반하여 에릭슨은 사회적 요구에 의해서 긴장과 위기가 초래된다고 설명하였다. 이 긴장과 위기를 원만하게 수습하면 바람직한 성격이 형성된다.

- 발달의 8단계
  - 제1단계: 신뢰감 대 불신감(영아기, 0~1세)
  - 제2단계: 자율성 대 의혹(유아기, 2~3세)
  - 제3단계: 주도성 대 죄책감(유치기, 3~6세)
  - 제4단계: 근면성 대 열등감(아동기, 6~11세)
  - 제5단계: 정체감 대 정체감 혼미(청소년기, 11~18세)
  - 제6단계: 친밀성 대 고립감(청년기, 18~30세)
  - 제7단계: 생산성 대 침체감(장년기, 30~65세)
  - 제8단계: 통합성 대 절망(노년기, 65세 이상)

(4) 헤비거스트의 발달과업 이론
- 인간에게는 연령에 따라 수행해야 하는 발달과업이 있다.
- 발달과업은 문화에 따라 다르다.
- 청소년기의 주요 발달과업은 자아정체감 형성이다.

2. 인간발달 단계

1) 태아기와 영유아기

(1) 태아기의 발달 특성
- 태아는 신부의 심리상태, 영양상태, 감정상태 등으로부터 큰 영향을 받는다.
- 약물복용이나 심리적 불안과 같은 환경적 요인에 의해 유산이나 조기 출산이 일어나기도 한다.
- 태아의 발달 문제는 사회복지의 측면에서도 매우 중요하다.

(2) 영유아기의 발달(출생부터 2세까지)
- 영아기: 출생 후 4주까지, 유아기: 5주 무렵부터 2세까지
- 변화의 속도가 매우 빠르고 이후의 발달에 큰 영향을 미치는 시기이다.

① 영아기
- 출생 직후의 반사 작용: 빨기 반사, 삼키기 반사, 잡기 반사, 발바닥 반사 등
- 감각기관은 생후 1주일이 지나서야 어느 정도 자리를 잡음
- 운동기능: 미분화 전체 운동 상태에서 점차 부분 분화가 되어 유기적인 반응을 보이게 됨

② 유아기
- 제1의 성장 급등기
- 인성적 기초 및 성격적 기초가 확립되는 시기
  - 욕구 충족 방식이나 타인과 살아가는 방식, 외부 자극에 반응하는 방식, 정서를 표출하는 방식 등이 대강 형성
  - 기본적 습관의 형성
  - 정서적 유대감, 의사소통 능력, 생활 습관 형성
- 인지적 능력의 발달: 일과 사물을 분류하고 대응하는 방식의 기초가 형성
  - 지향 반응: 어떤 자극에 대해 신경을 쓰는 반응
  - 대상 응시 반응: 자극이 주어지는 대상을 구분하여 응시하는 기능
  - 대상 영속성: 대상이 눈앞에 존재하다가 보이지 않게 되더라도 해당 대상이 계속 존재하고 있다는 사실을 인식하는 성향
  - 삼차원적 지각이 가능해짐
- 이상의 발달은 부모의 양육태도에서 큰 영향을 받음

2) 학령 전기와 아동기

(1) 학령 전기(학교에 다니는 연령 전기, 2~4세까지)
① 개괄
- 정신분석학에서 말하는 무의식이 형성되는 시기
- 욕구충족방식과 인간관계기술, 기본적인 기능과 능력이 발달
- 신체생리적 발달 활발, 욕구가 다양화되고 강해짐

- 자기주장, 성취욕 강화
- 부모와의 관계가 가까워질 수도 있지만 갈등과 긴장이 나타나기도 함

② 인지적 발달
- 시간, 공간, 사물, 사건 등의 특징과 차이를 파악하여 구별하고 구분하는 지각 능력 발달
- 상징 활용 능력 발달: 상징을 사용하여 자기를 표현하고 대상과 사건을 묘사
- 놀이에 대한 관념 정착, 놀이 속에서 자신의 역할 이해

③ 정서적 발달-자신의 욕구나 충동을 조절하고 통제

④ 사회성 발달
- 대인관계 능력 발달: 타인과의 관계를 증진시킬 수 있는 능력 발달
- 기본적인 습관 형성
- 행동을 평가하고 규제하는 도덕성 발달
- 사회적 역할 학습

⑤ 학령 전기 발달이 교육에 시사하는 점
- 아동의 요구나 필요를 무조건 충족시키거나 강제로 억제하는 것은 좋지 않다.
- 일과 사물을 객관적으로 살펴보고 자기자신과의 관계를 균형 있게 파악할 수 있도록 조건을 형성해 주어야 한다.

(2) 학령기(5~12세까지)
① 초등학교에 다니는 시기
학교 환경의 특수성(만나는 사람 수의 증가, 다양한 인물과 접촉, 집단생활에 필요한 규범이 요구됨, 정교하게 짜인 계획에 따른 학습)으로 인해 긴장과 불안이 유발되기도 하나 오늘날에는 학교 입학이전에 유치원이나 학원을 많이 접하므로 과거처럼 충격이 크지는 않음

② 문자에 대한 이해 발달

③ 집중력 향상: 경우에 따라서는 성인의 수준에 다다르기도

④ 상상력 증가, 모험심 강화

⑤ 피아제의 구체적 조작기

이 시기 아동은 일과 사물의 양과 크기의 변동 상태를 이해(보존의 개념 형성)하기도 하고 새로운 결합과 분리도 할 수 있으며 일정한 기준에 따라 유목화하거나 서열화할 수 있다. 양의 보존이나 양의 불변과 같은 관념을 가지고 눈에 보이는(경험할 수 있는) 대상의 변화를 파악할 수 있는 능력을 가진다.

- 구체적 조작: 경험할 수 있는 대상의 외형적 변화가 있다하더라도 그 양과 같은 것들이 변하지 않았음을 파악하는 능력
- 조합 능력: 어떠한 결과가 되기 위해서 어떤 요인들이 작용해야 하는가를 고려할 때 두 가지 이상의 요인을 결합할 수 있는 능력

⑥ 일과 사물을 자기중심으로 이해하다가 점차 상대의 존재를 인정하고 그 요구에 맞춰서 행동한다든가, 공정성·규칙·합법성·규칙의 변경 가능성 등을 알게 되는 시기이다. 즉 상대성을 습득하는 시기이다.

⑦ 학교라는 특수 기관에서의 생활 경험을 겪으면서 사회성 발달의 폭이나 질에 큰 변화가 나타난다. 상대방의 입장을 고려하여 행동하는 능력이 발달한다.

⑧ 해비거스트의 발달과업

3) 청소년기

(1) 청소년 전기(중·고등학교 시기, 13~18세)
- 사춘기: 신체생리적 측면의 큰 변화를 가리키는 말
- 질풍노도(폭풍노도)의 시기: 정서적인 면에서의 불안정한 특성을 가리키는 말

① 신체적 발달
- 2차 성징 급등기에 해당
- 급속한 성장과 생식능력의 발달
- 2차 성징(생식기 외의 성 특징)의 표출: 체형과 음성의 변화, 생리 시작

② 심리적 변화
- 막연한 불안감, 고독감, 근심, 열등감, 죄의식, 대인관계의 어려움, 욕구 조절의 어려움 등을 경험하는 시기
- 이러한 심리적 혼란으로 인하여 이유 없는 반항, 집착, 과민반응 등이 나타나기도 함
- 심리적 불안의 원인
  - 독립의 욕구가 강해지고 생물학적 성숙이 이루어지고 있음에 반해 심리적으로는 미숙하고 사회적 기대로부터 부담을 느끼기도 하기 때문이다. 즉 신체 발달, 정서 발달, 인지 발달, 사회적 발달 간에 불균형이 나타나기 때문이다.
  - 자아의식이 불안정하기 때문이다.
- 자아의식을 긍정적으로 정착시키기 위한 노력이 중요한데 이를 위해서는 자기를 객관화하여 볼 수 있는 자기성찰 능력이 필요하다. 이와 함께 적절한 대응방식도 길러야 한다.
- 형식적 조작기: 관념적 사고, 추상적 사고의 발달, 가설을 수립하여 검증 추론한다거나, 개념 간 관계를 맺는 능력이 발달

③ 사회적 발달
- 또래집단과의 관계가 밀접해짐

- 또래 관계 속에서 자기를 발견하려고 노력
- 이성관계 발달
- 진로 직업적 발달이 이루어짐
- 독립된 주체로서의 발달이 이루어짐

④ 청소년 전기와 관련된 중요 복지 과제
- 자아의식과 자기성찰력의 발달
- 건강한 청소년 문화의 발전
- 자아존중감 형성

(2) 청소년 후기(청년기, 대학생 시절)
- 신체기관의 발달, 인지 발달, 정서 발달 등은 성인과 거의 비슷한 정도로 완성되었으나 사회적 지위는 미성년 위치에 있는 과도기적 시기

4) 장년기와 노년기

- 신체적 성장과 발달 및 인지나 정서의 발달이 정지
- 사회적 지위나 경제적 자립도는 점차 높아지는 시기
- 심리적으로 안정된 시기

(1) 장년 전기(25~40대 초반)
- 신체 성장이나 발달이 정지된 상태
- 활동에너지는 왕성하고 사회적 활동이 급등하는 시기
- 인지능력: 귀납적 추론, 언어능력 향상
- 사회적 측면: 결혼, 직업 선택과 유지
- 복지 차원에서의 관심 문제: 성공적인 결혼, 이혼과 재혼에 따른 문제, 자녀 양육 문제, 직업 전환 과정에서 일어나는 실업 사태 등

(2) 장년 후기(중년기, 40대 중반~60대)

- 가정, 직업, 사회적 지위 등에서 안정되고 시간적 여유가 생김
- 신체적 기능은 점차 저하
- 인지적 기능에 대한 견해
    - 신체적 기능 저하와 함께 인지적 기능도 저하된다.
    - 인지적 기능은 저하되지 않고 특정한 인지적 기능은 증가한다. 즉, 기억력, 정보처리능력 등은 감퇴하지만 언어추리능력, 통찰력 등은 오히려 증가한다.
- 중년의 위기 현상
    청년기에 대한 향수와 노령화에 대한 두려움, 신체적 기능과 정서적 기능 등이 저하되는 현상에 대해 저항감을 많이 느끼면 나타난다. 중년의 위기란 나이 듦에 대해 불안감을 갖고 적응하지 못하는 현상이다.

(3) 노년기

- 장년기 이후(60대 이후에서 사망까지)
- 신체적·생리적 기능이 급격하게 저하
- 인지적 측면에서의 기능 저하가 급격하게 진행, 특히 기억력, 정보처리능력 등이 많이 떨어짐
- 사회적 측면: 사회적 기능 약화
- 사회적 역할의 변화에 대한 입장에 대해서는 의견이 다양
- 애칠레이의 퇴직단계 구분: 점진적으로 사회적 역할을 축소해야 한다는 입장에서 제시
    - 자신과 직업을 분리시키는 단계: 직업관련 사고방식과 행동을 객관화해 보아야 함
    - 퇴직 직후의 허니문 단계: 직업에서 하지 못했던 일에 전념
    - 새로운 일상에 정착하는 단계
    - 휴식과 긴장완화 단계
    - 꿈에서 깨어나는 단계
    - 2차적 방향설정 단계
    - 일상화의 단계

(4) 죽음의 문제

죽음을 대하는 자세에는 차이가 난다. 노욕이 심하거나 좋은 환경에서 살았던 노인, 종교가 없는 노인, 자아정체감이 덜 확립된 노인은 그렇지 않은 사람보다 죽음에 대해 두려워하고 부정적이다.

◇ 인간행동 발달 ◇

1. 심리역동이론

1) 프로이트의 정신분석이론

(1) 개괄
- 인간의 행동은 의식에 의해 합리적으로 이루어지는 것이 아니라 비합리적인 무의식의 힘에 의해서 이루어진다. 인간은 합리적인 존재가 아니라 비합리적인 존재이다.
- 자유연상법 사용: 머릿속에서 떠오르는 모든 것을 논리, 문법, 체면 등을 무시한 채 마음대로 이야기하도록 하는 방법이다. 인간은 일상에서 여러 가지 생각을 억압하고 있으므로 무의식을 알 수 없다. 그런데 무의식이 인간의 행동을 좌우하므로 무의식을 파악하기 위하여 이와 같은 방법이 필요하다.
- 무의식의 형성 과정: 억압되고 충족되지 못한 욕구들이 침전되어서 무의식화된다.
- 인간의 욕구 중 가장 대표적인 것은 성적 욕구(리비도)와 공격적 욕구(타나토스)인데 이 욕구들의 자유로운 충족은 사회적으로 금지되므로 억압된다.

(2) 프로이트 이론의 두 가지 가정
① 정신결정론
행동을 결정하는 무의식이나 성격은 남근기까지의 욕구충족 방식 여하에 따라 결정된다.

② 무의식적 동기
인간의 행동은 무의식적인 동기에 의해서 유발된다.
- 정신은 이드, 에고, 슈퍼에고의 세 가지 주관체로 이루어져 있는데, 행동은 이들 주관체 간의 힘겨루기에 의해 결정된다.

- 행동의 원동력인 무의식은 억압된 사고나 감정, 소망, 추동(본능적 욕구), 사고 등으로 구성된다.
- 무의식은 언어화되지 않고 논리도 없다.
- 무의식의 존재 증거: 최면 상태, 꿈, 실언 등을 통해서 표출된다.

(3) 성격의 구조
성격은 이드, 에고, 슈퍼에고의 역동적인 관계로 이루어진다.

① 이드(원초아)
- 원초적이고 학습되지 않은 힘
- inborn drive의 약자
- 태어날 때부터 가지고 있는 추동
- 성적 본능과 공격적인 본능 두 가지가 있음
- 즐거움의 원칙에 따라 움직이게 함

② 에고(자아)
가능성의 원칙, 현실의 원칙에 따라 행동하도록 함

③ 수퍼에고(초자아)
- 양심
- 사회의 문화나 규범 등이 동일시 과정을 통해서 내면화되어 형성된 것
- 사회적 원리에 따라 행동하도록 함(사회적 원리: 타인을 배려하여 행동하는 것)

이드는 태어날 때부터 가지고 있는 것이고 자아는 그 뒤에 발달, 수퍼에고는 마지막으로 형성된다. **결정적인 집행자는 에고이다.** 에고는 이드의 충동과 수퍼에고의 평가와 압력을 받으면서 적당한 타협점을 찾아서 행동하도록 하는 주관체이다.

(4) 성격의 심리학적 발달단계

① 프로이트의 성격 발달 이론

성적 욕구를 어떻게 충족시키느냐에 따라 성격이 형성된다고 보므로 심리성적 발달 이론이라고 한다. 단계마다 욕구 충족이 좌절되거나 과잉되지 않으면서 적절하게 이루어져야만 원만하고 건강한 성격이 형성된다.

가. 구강기: 성적 욕구를 입술이나 혀 등을 통해서 느낀다.
- 욕구가 마음대로 충족되도록 하는 경우: 구강 수동적인 성격 형성(낙천적, 타인에 의존적인 성격, 과도한 의타심, 잘 속는 성격)
- 욕구 충족이 억압되는 경우: 구강 공격적(가학적) 성격(논쟁적, 비꼬기 잘하고 타인을 이용하려는 성격)

나. 항문기: 항문을 통해서 쾌감을 느끼는 시기
- 배변 훈련에 따라 성격이 달라짐
- 억압적인 배변 훈련: 고착된 항문기 강박 성격 형성
- 배변 훈련이 적절하게 이루어지는 경우: 자율성 형성

다. 남근기: 성기를 통해 쾌감을 느끼는 시기
- 이성의 부모에게 성적 관심을 갖게 된다. 남아의 경우 어머니에게 성적 관심을 갖는 한편 아버지에 대한 연적감, 열등감을 느끼면서 아버지를 존경하게 되면서 애증교차감정을 갖게 된다. 열등감 때문에 아버지에 대한 동일시가 일어나고 동일시에 의해 초자아가 형성된다.
- 여아는 어머니에 대한 동일시가 일어나면서 초자아가 형성된다.

라. 잠복기

마. 성기기

2) 아들러의 정신분석이론

(1) 정신분석 이론의 수정
- 프로이트 이론에 대한 비판: 에릭슨, 융, 아들러
  - 결정론적 시각 비판, 수정
  - 리비도에 대한 강조를 부정하거나 수정

(2) 아들러의 이론적 전제
인간은 통일되고 자아 일치된 성격구조를 가지고 있다. 아들러는 성격구조란 말 대신 생활방식(생활양식)이란 용어를 사용한다. 생활양식이란 하나로 통일되고 자아 일치된 것이다. 이는 인간의 정신구조가 이드, 에고, 슈퍼에고 등으로 나뉘어 있다고 본 프로이트의 주장에 대해 반대되는 입장이다.

개인은 창조적인 힘을 가지고 자기의 삶을 결정할 수 있다. 프로이트는 인간의 행동이 무의식에 의해 지배된다고 보았다. 이에 반해 아들러는 인간이 기계적인 존재도 아니고 결정론적인 존재도 아니라고 보았다.

자신의 중요한 목표를 향해서 전진한다. 즉 인간은 창조적이고, 의식적이고, 의지적이고 합리적인 존재다.

인간은 자신에 대한 지각에 따라 행동한다.

인간의 행동은 전 생애에 걸쳐 변화가 가능하다.

완전, 완성, 우월 추구, 자기실현의 본능적 욕구를 가지고 있다. 본능적 욕구를 가지고 있다는 것에 있어서는 프로이트와 동일하지만 그 내용에 있어서는 다르다.

인간은 협동적인 관계 능력을 본능적으로 가지고 있다. 욕구라 하지 않고 '능력'이라고 지칭한 것은 이것이 개발되어야 한다고 본 것이다. 사회에 대한 관심은 본능적인 것이다.

(3) 인간 본성에 관한 기본 가정
- 자유론: 인간의 행동은 객관적인 요인에 의해 결정되는 것이 아니다. 인간은 창조적인 힘을 갖고 있다.

- 합리성: 인간은 합리적인 존재이다. 인간은 목표를 추구하는 존재이다.
- 주관성: 인간의 행동에는 대상에 대한 본인의 지각이 반영되어 있다. 모든 개인은 자기 자신이 설계한 세계 속에서 살고 있다. 즉, 자기자신이 목표를 설정하고 행동과정을 정한다. 인간의 행동은 개인의 신념에 의해서 규제되고 동기화된다.

이상을 보면, 아들러의 성격이론이 정신분석이론의 범주에 속할 수 있는가 하는 의문이 생긴다. 그러나 우월추구욕과 같은 본능적 욕구를 강조한다든가, 인간이 선천적으로 사회에 대한 관심을 갖고 있다고 보는 것 등 본능을 강조한다는 점에서 정신분석이론에 속한다고 볼 수 있다.

(4) 주요 개념
① 열등감과 보상
- 열등감: 자신의 약점이나 자신의 약한 상태에 대한 지각으로 심리적이고 사회적인 것
- 보상: 열등한 부분을 보완하거나 개선하거나 다른 것으로 대치하는 것. 보상은 과소 보상이 될 수도 있고 과잉보상이 될 수도 있는데 과소보상의 경우엔 자존심의 상처를 입게 되어 비관주의에 빠지게 되고 과잉보상을 하는 경우엔 망상에 빠지거나 왕자병, 공주병을 갖게 됨

② 우월추구욕
열등감을 보상하려는 욕구, 환경을 통제하는 권력이나 힘을 획득하려는 노력으로 표현됨

③ 사회적 관심
사회에 대한 관심, 협동심, 동료의식, 연대의식으로 표현된다. 선천적인 능력에 해당되나 개발되지 않으면 발휘되지 않는다. 개발을 위해서는 가족관계나 아동기의 경험이 중요하다.

④ 생활양식

성격이나 자아, 개성 등과 유사한 개념. 긍정적인 양식과 부정적인 양식이 있다. 열등을 어떠한 방식에 따라 보상하느냐에 따라, 우월 추구 과정 또는 개인적 목표의 추구 과정에 따라 생활양식에 따라 달라진다. 생활양식은 4~5세경에 결정되나 생애에 걸쳐 변화 가능하다.

(5) 성격의 발달에 영향을 미치는 요인

- 아동의 병약과 허약 체질: 열등감을 갖게 하는 원인으로 작용한다. 이 열등을 보상하는 것 그리고 사회적 관심을 개발하는 것은 양육자의 노력에 달려 있다.
- 사랑의 과잉: 사랑의 과잉이 일어나면 부적응 성격이 형성된다. 과잉된 사랑을 받은 아이들은 자기중심적 성격, 독재자적 성격 등의 성향을 보인다.
- 양육자로부터의 거부: 양육자에게서 거부된 아동은 타인에 대해 불신하고 도전적인 성향을 보이거나 문제를 과대평가하는 반면 자기 자신은 과소평가하는 경향을 보인다.
- 출생순위
- 초기기억
- 적응의 본질로서의 거리: 거리란 실패를 회피하기 위한 거리이다. 실패를 하게 되면 열등감을 갖게 되므로 실패를 하지 않기 위해서 어떤 문제와 거리를 두는 심리적 전략을 사용하게 된다. 이 때 이 거리가 성격 형성에 관련된다.

3) 융의 분석 심리학

(1) 분석심리학자 융
① 프로이트와의 차이점
- 프로이트의 과도한 성적 해석에 대해 의문 제기
- 프로이트의 모든 행동이 유아기의 경험에 의해 결정된다는 결정론적 주장에 대해 거부
- 융은 집단 무의식 강조

② 프로이트와의 공통점

인간의 정신구조와 정신역동에 관심

(2) 융 이론의 방법론적 전제와 특징

융의 분석심리학은 정신적 현실에 대해 주관적 방법을 사용한다.

정신적 현실이란 주체의 정신적 체험을 의미한다. 사회적 상황이나 사회적 경험, 미술, 종교, 철학 등에 대해 개인이 어떻게 의식하고 있고 어떤 의미를 내면적으로 가지고 있는지를 분석함으로써 개인의 심리적 사실을 발견할 수 있다. 분석의 대상인 정신적 현실은 나도 직접적으로 깨닫지 못하지만 내면 깊숙한 곳에서 모든 것을 통제한다.

(3) 주요 개념

① 정신: 퍼스낼리티 전체를 이루고 있는 대상에 대한 의미나 가치

② 리비도: 모든 형태의 생명력(프로이트의 경우, 성적인 추동을 지칭)

③ 무의식: 프로이트에 있어서 개인적인 무의식은 억압된 사고나 감정으로 구성되어 있는 것이었다. 융은 개인적인 무의식만 있는 것이 아니라 집단 무의식의 존재를 주장한다. 집단 무의식은 조상 대대로 이어받은 경험의 침전물

④ 원형: 집단 무의식 내에 깊숙하게 묻혀 있는 심상을 말한다. 조상 대대로 물려받은 무의식적 열망, 심상, 이미지 등을 원형이라고 하는데 이 원형의 작용에 의해 무의식이 활동을 하고 의식적인 행동으로 표출

⑤ 아니마: 남성에게서 발견되는 여성적인 면

• 아니무스: 여성에게서 발견되는 남성적인 면

• 40세 전후가 되면 여성성과 남성성이 역전된다. 즉, 남성은 40세를 전후로 해서 여성성이 강해지고 여성은 남성성이 강해진다. 프로이트는 성격이 결정론적으로 변하지 않는다고 보았으나 융은 변화된다고 보았다.

• 그림자: 인간에게 있는 어둡고 사악하고 동물적인 측면으로 프로이트의 이드와 유사한 개념이다. 그림자는 별개로 존재하는 것이 아니라 인간의 긍정적인 측면의 반대 측면으로 마치 그림자처럼 존재한다.

• 페르소나: 겉으로 드러난 우리의 모습. 마치 가면처럼 인간 내면의 본질적인 면이

아니라 다른 사람에게 보여주기 위한 자신이다. 진정한 자신을 은폐하기 위한 것이나, 페르소나가 있어야 타인과의 사회생활이 가능하다는 긍정적인 측면도 있다.

• 대극과 보상

− 대극: 각종 본능과 원형들이 억압받을 때 다른 방향으로 나타나도록 하는 작용

− 보상: 다른 방식과 내용으로 대치되는 것

(4) 융의 심리적 유형(성격 유형 구분)

• 성격의 유형을 8가지로 구분

• 성격의 구분 기준: 자아의 태도, 자아의 기능

• 자아의 태도: 마음의 에너지가 자신의 내부로 향하는가! 외부로 향하는가!

• 자아의 기능: 선호하는 자기결정과 선호하는 지각

  − 선호하는 자기결정: 사고/ 감정

  − 선호하는 지각, 인식: 직관/ 감각

• 이를 토대로 MBTI 성격 유형 개발: 선호하는 생활방식(계획/융통성)을 추가하여 16가지로 분류

2. 행동주의 이론의 발달

1) 개괄

• 행동주의: 행동과학주의, 학습이론

• 행동과학주의: 관찰과 실험을 통해서 변인간의 관계를 밝히려고 하는 입장으로 행동의 법칙을 만들고 그 법칙에 따라 결과를 예측하며, 바람직한 결과가 나오도록 조건을 통제해야 한다고 주장

• 학습이론: 행동이란 선천적으로 타고나는 것이 아니라 후천적으로 학습된다고 보는 입장

• 행동주의 이론은 인간의 행동이 객관적인 환경에 의해 형성된다고 보는 점에서

정신분석학적 이론과는 차이가 난다.

- 동물 실험을 통해 인간 학습의 원리를 발견하고자 노력한다. 즉, 인간도 동물의 일종으로 본다.
- 학습을 자극에 대한 연합으로 본다. 특정 자극에 대해 특정 반응이 연결이 되는 것을 학습이라고 한다. 이에 따르면 인간은 특정 자극에 대해 특정 반응을 보이는 기계적 존재이다.

2) 파블로프와 왓슨의 실험

- 파블로프의 실험: 조건 자극을 무조건 자극과 결합하여 반복하면 조건 자극에 대해 반응하게 된다. 즉, 학습이 일어난다.
- 고전적 조건화란 이처럼 조건 자극에 대해 새로이 조건 반응을 보이게 되는 것을 학습이라고 하는 것이다. 즉, 새로운 행동을 하게 되는 것은 결국은 조건화되어 일어나는 것이다.
- 왓슨의 흰쥐 실험: 불안이란 정서 역시 선천적이거나 무의식에서 만들어지는 것이 아니라 학습에 의해 형성되는 것이다.
- 일상의 사례: 어린이가 경험을 통해 골목을 무서워하게 되는 것

3) 고전적 조건화의 방법론적 특징

- 조건 자극이 무조건 자극과 결부되어 조건 반응을 나타내게 된다.
- 행동주의 연구의 목적: 인간행동의 예측과 통제

4) 기본 개념

- 고전적 조건화: 무조건 자극과 조건 자극이 결부되어 자주 반복되면 무조건 자극에서 나타나는 반응이 조건 자극만에 의해서도 나타나게 되는 것
- 일차 신호체계: 파블로프의 종소리와 같은 신호
- 이차 신호체계: 인간에게서만 나타나는 신호체계로 상징에 의해서 표현되는 신호

- 일반화: 비슷한 자극에 대해서 전부 반응하는 것, 변별: 구별과 유사한 의미, 한정된 자극에만 반응하는 것
- 소거: 학습된 행동이 없어지는 것, 탈조건화: 조건화된 반응을 체계적인 절차를 이용하여 없애는 것, 체계적 둔감화는 탈조건화를 적용한 예로 볼 수 있음

5) 돌라드와 밀러의 추동심리학

(1) 추동심리학의 특징
- 습관을 자극과 반응의 안정된 연결로 본다.
- 인간의 행동은 자극에 의해 기계적으로 일어나지만 그 과정에서 내적 상태가 개입된다고 본다. 내적 상태를 고려한다는 점에서 고전적 조건화와 다르다. 한편 무의식이라든지 고통을 회피하려고 하는 내적인 추동을 고려한다는 점에서 정신분석학적인 개념을 도입하고 있다.
- 추동: 내적인 자극, 내적인 충동

(2) 행동을 일으키는 기본요인 네 가지
- 추동: 추동 심리학에서 특히 강조하는 개념으로 내적인 자극을 의미한다.
- 단서: 외부의 신호, 자극과 같은 것
- 반응: 행동
- 보상: 안전이나 불안 해소, 포만감 등

(3) 성격의 발달
성격의 발달은 곧 습관의 형성이다. 습관은 자극이나 단서가 반응과 안정되게 연합된 것이다. 습관은 유아기 때부터 다양한 학습과정을 통해 형성되며 습관을 형성하는 과정이 곧 성격의 발달과정이다.

(4) 적응의 본질

갈등이 일어났을 때 어떤 방향으로 적응하는가?

- 긍정적인 목표에 접근하려는 경향은 목표에 가까워질수록 강해진다.
- 부정적인 목표에 접근하려는 경향은 목표에 가까워질수록 강해진다.
- 긍정적 목표에 대한 접근하려는 경향보다 부정적 목표를 회피하려는 경향이 강하다.
- 추동이 강해지면 목표에 접근하거나 회피하려는 경향이 강해진다.
- 두 개의 반응이 경쟁하는 경우에는 강한 쪽이 이긴다.

(5) 신경증, 부적응 행동, 심리 장애도 학습에 의해 이루어진 결과다

6) 스키너의 행동주의 학습이론 – 조작적 조건화

(1) 조작적 조건화(강화이론)의 방법론적 특징
- 행동주의를 최고도로 발전시킨 이론이다.
- 인간행동이 내적인 충동보다 외적인 자극에 의해 일어난다고 본다.
- 인간의 모든 행동을 학습시킬 수 있다고 보기 때문에 급진적 행동주의로 불린다.
- 인간의 어떤 행동도 보상에 의해 형성시킬 수 있다고 본다.
- 인간을 기계적인 존재로 본다.
- 인간의 모든 행동은 법칙적으로 결정되므로 예측가능하고 통제될 수 있다고 본다.
- 인간의 인지적 기능을 전혀 고려하지 않는다.
- 무의식, 정서상태 등을 고려하지 않으며 오로지 외적 자극만 가지고 인간행동을 설명한다.
- 유전적 특성을 고려하지 않는다.

(2) 행동과학주의 추구

행동과학주의란 행동을 관찰하고, 그 관찰 결과를 양으로 표시하고, 반복적인 실험을 수행하고, 변인들 간의 관계를 밝혀내어 법칙을 발견한다. 또 이 법칙을 이용하여

행동을 통제하려고 하는 학문적 접근방법

(3) 주요 개념

① 강화: 보상. 어떤 행동이 발생할 수 있는 확률을 증가시키는 모든 자극들

② 조작행동: 조작적 조건화를 통하여 습득된 행동

③ 반응행동: 자극에 대응하여 나타난 행동

④ 일차적 강화물: 유기체의 필요를 충족시키는 것. 물이나 음식물 등

⑤ 이차적 강화물: 학습된 강화물

  • 어떤 것을 통해 일차적 강화물을 얻을 수 있을 때 그것을 이차적 강화물이라 함

  • 돈, 인정, 칭찬 등

⑥ 변별자극: 특정 자극에 대해 어떤 반응을 보였을 때 강화를 얻는지 알려주는 역할을 하는 것

⑦ 반응률: 어떤 행동을 일으킬 수 있는 가능성

⑧ 강화 스케줄: 행동의 반응 가능성을 증가시키고 유지시키기 위한 계획적 방법

  • 연속적인 강화 방식: 행동습득이 비교적 쉬우나 소거도 쉽다.

  • 간헐적인 강화 방식: 행동습득이 비교적 늦게 이루어지지만 소거도 늦게 일어난다.

(4) 성격

성격은 습관이고, 습관은 보상과 환경에 의해 습득된다.

(5) 부적응 행동의 수정

부적응 행동은 강화에 의해 일어나므로 강화조건이 어디가 잘못되었는지 진단하여 행동수정을 할 수 있다.

3. 사회적 학습이론의 특징

• 행동주의 이론에 대한 사회적 학습이론의 비판

  − 인간의 인지적 기능(지각, 인식, 평가, 판단 등)을 무시해도 되는가?

- 인간행동을 이해하기 위해 동물 실험의 결과에 의존하는 것이 옳은가?
- 인간행동은 복잡하고 다양한 인간관계를 통해 형성되고 변화된다는 것을 지나치게 경시하고 있다.
- 인간과 환경의 관계를 자극－반응 또는 강화－반응이라는 단순한 관계로 도식화하고 있다.

- 사회적 학습이론의 주장 ★
  - 인간의 행동 형성과 변화 과정에는 인지적 기능(지각, 인식, 파지, 평가)이 존재하고 작용한다.
  - 인간은 칭찬이나 물질적 보상과 같은 외적인 자극을 인지하고 평가하여 강화요인으로 받아들이기도 하고 받아들이지 않기도 한다.

    외적인 자극은 받아들여질 때만 행동에 영향을 미치는 요인이 된다.
  - 유기체가 직접 경험하지 않고도 보고 듣는 것을 통해 학습할 수 있다(대리경험, 관찰학습).

1) 로터의 사회적 학습이론

(1) 로터의 방법론적 특징 ★
- 인간행동을 설명할 때 인간의 인지기능도 고려해야 한다.
- 인간의 행동은 현실에 대한 개인적인 해석에 따라 선택된 것이다.
- 인간의 행동은 보상에 의해 결정되는 것이 아니라 인간의 사고, 예측 등과 같은 인지적 기능에 의해 선택된다.

(2) 주요 개념

① 행동의 잠재 강도
행동으로 이루어질 잠재적 가능성. 이 가능성은 외적 자극이나 보상이 아니라 상황에 따라 달라진다.

② 기대와 강화가치 ★
• 기대: 목표를 성취할 가능성에 대한 기대
• 강화 가치: 강화에 대한 선호도

③ 인간행동의 예언 공식

특정 행동이 일어날 가능성은 해당 행동에 이어서 강화물이 뒤따를 것이라는 기대와 그 강화물이 지니는 가치에 의해 결정된다.

즉, 행동이 일어날 가능성은 강화물이 주어질 것이라는 기대와 강화물의 중요성에 의해 결정된다. 기대나 가치는 개인에 의해 판단되는 주관적인 것으로 인지기능이 작용한다.

(3) 사회적 학습이론과 치료
• 치료는 다른 사고 또는 다른 행동을 배우게 하는 학습의 과정이다.
• 환자가 가진 어려움은 문제를 해결하고자 하는 노력으로 보아야 한다. 즉, 환자가 어려움을 갖고 있다는 것은 부정적인 것이 아니라 문제를 해결하고자 하는 긍정적 과정으로 보아야 한다.
• 환자의 부적절한 행동은 **과거의 학습 결과**이다.

2) 반두라의 사회적 학습이론

(1) 학습

관찰하여 모방한 결과로 새로운 행동이 일어난다. 인간의 행동은 강화와 기대에 의해 결정된다. 그러나 직접적인 강화가 없더라도 행동은 학습될 수 있다. 다른 사람이 보상을 받는 것을 관찰하는 것만으로도 학습이 이루어진다. 뿐만 아니라 내적 만족에 의해서도 학습은 이루어진다.

(2) 중요 개념과 이론
① 관찰학습 현상 ★
• 모방은 학습 모델의 특성에 따라 달라진다. 유사하거나 정서적 유대가 높은 사람

을 모방할 가능성이 높다.

- 자존심이나 자신감이 낮은 사람이 모방의 경향성이 높다.
- 정적인 강화 정도에 따라 모방의 정도는 달라진다.

② 관찰학습 과정 ★

- 주의과정: 모델에 대해 주목하는 과정. 모델의 특성, 정의적 유인가, 관찰자의 특성, 교제(접촉빈도, 접촉강도)의 유형 등에 따라 주목 여부 및 그 정도가 달라짐
- 파지과정: 상징적 부호화를 하고, 인지를 조직하여 기억하는 과정
- 재현과정(시현과정): 모방대상 행동이 구체적 행동으로 나타나는 시연 과정
- 동기과정: 습득된 행동들이 실제 상황에서 재현되도록 하는 심리적, 실제적 동기가 형성되는 경우

③ 행동의 기제

가. 자기 조절

외적인 환경을 분석하고 판단해서 대응방식을 결정하는 것. 내적 표준, 즉 성격에 의해 자기 조절방식이 결정된다. 내적 표준을 발달시키고 변화시키는 것이 성격발달이고 행동수정이다.

나. 자기 효능

어떤 행동을 할 수 있는지 없는지에 대한 자신감. 자기 효능감을 결정하는 네 가지 요인

- 성취경험
- 대리경험
- 잘해낼 수 있다는 얼마나 자주 들었는가의 정도
- 정서적 각성

(3) 성격발달이란

성격은 내적인 표준이므로, 내적인 표준이 변화하거나 발달함에 따라 성격이 발달한다. 방어기제를 사용하는 것은 내적인 표준을 수정하지 않는 것이므로 방어기제를

사용하는 것은 성격 수정의 기회를 잃어버리게 하고 결과적으로 부적응 행동을 지속하게 된다.

4. 인본주의 이론

- 인본주의 성격이론의 인간관
  - 인지능력 면에서 인간은 동물과 다르다.
  - 인간 욕구는 동물과 다르다. 인간은 생리적 욕구뿐만 아니라 안전, 애정, 자기실현 등의 욕구를 가지고 있다.
  - 인간은 자기를 의식하고 자기를 만들어 가는 존재이다.
  - 인간은 자신의 잠재력을 실현하려고 하는 존재이다.

1) 로저스의 현상학적 성격 이론

(1) 현상
- 현상은 눈에 보이는 것이 아니라 대상에 대한 현재의 의식, 지각, 인식, 판단, 평가 등의 의식이다.
- 현상은 현재 의식, 곧 대상에 부과하는 의미이다. 대상에 부과하는 의미란 주관적인 현실이다.
- 대상에 대한 현재의 의식을 이해해야 행동을 이해할 수 있다.
- 행동을 유발하는 것은 현재의 의식이다.
- 현재의 의식이란 <지금, 여기에서의> 주체가 체험하는 의식이다. 곧, 대상이나 환경, 자극, 자기 자신에 대해 어떻게 지각하고 인식하고 이해하고 있는가하는 내용을 말한다.
- 의식이 변화하면 행동이 변화한다.

(2) 자아개념

- 내가 나를 어떻게 인식하고 있는가와 관련된 개념이다.
- 나에 대한 존재인식(나는 누구인가)과 기능인식(나는 무엇을 할 수 있는가)이 있다. 존재인식과 기능인식은 중요한 타자와의 상호작용 속에서 형성된다. 또한 기본적인 욕구충족의 경험에 의해서 자아 개념이 결정된다.
- 이상적인 자아와 현실적인 자아가 일치하지 않는 경우에는 부적응이 일어날 수 있다.
- 자아개념의 발달이 곧 성격의 발달이다. 긍정적인 대우를 받으면 긍정적으로 자기를 인식하게 되고 긍정적인 자아개념이 발달하며 따라서 건강한 성격이 형성된다. 즉, 무조건적인 긍정적 관심이 건강한 성격의 최우선적인 조건이다. 이것이 내담자중심의 상담이 필요한 이유이다.

※ 완전하게 기능을 하는 사람

(3) 비지시적 상담과 내담자 중심의 상담이 필요한 이유

긍정적 관심이 긍정적 자아를 형성하므로 내담자에 대한 긍정적인 이해가 필요하기 때문이다. 또 인간은 자기를 스스로 만들어가는 존재이기 때문에 지시보다는 비지시적인 상담이 효과적이다.

2) 매슬로의 인본주의 성격이론

(1) 욕구단계이론

- 욕구의 단계
  - 생리적 욕구
  - 안전에 대한 욕구
  - 소속감과 사랑에 대한 욕구
  - 자아존중의 욕구
  - 자아실현의 욕구

인간의 행동은 욕구를 충족하기 위해서 일어난다. 인간은 수동적이거나 기계적인 존재가 아니라 생동적이고 미래지향적인 존재이다. 또한 인간은 조화와 균형을 추구하는 존재이다.

(2) 인본주의 심리

① 심리치료
- 인간관계를 통한 치료
- 통찰에 의한 치료

인본주의 심리학이란 정신분석학과 행동주의 심리학에 대항하여 활력 있는 이론적 대안을 세우고자 매슬로를 중심으로 결속된 심리학자들에 의해 탄생되었다.

인본주의 심리학은 다른 심리학과는 달리 단일의 체계화된 이론이 아니다. 그것은 하나의 운동이라고 말할 수 있다. 매슬로가 이름붙인 소위 "제3세력의 심리학"이라고 불리는 인본주의는 인간의 본성은 생물학적인 것이 아니라 사회적·문화적인 데 있다고 주장하는 신프로이트학파, 인간은 환경과의 상호작용에서 그 행동을 규정하고 이해할 수 있다는 형태주의나 장(場)이론, 개인의 특수성을 해석하려는 지각주의, 현상학, 그리고 실존주의 심리학의 이념을 모두 망라한 것이라고 할 수 있다.

이러한 운동의 지지자들 간에는 여러 다른 견해가 있지만 인간본성에 대한 그들의 공통적 관점이 로저스의 "인간은 단순히 기계적인 특성을 가진 존재가 아니며, 무의식적 욕망의 포로도 아니다. 인간은 자신을 창조하는 과정 중에 있으며 생의 의미를 창조하며 주관적 자유를 실천해 가는 존재이다"라는 말에 잘 나타나 있다.

첫째, 인본주의 심리학은 일차적으로 행동주의적 접근에 대한 반발로 시작되었다. 행동주의심리학자들의 접근에서는, 심리학이 객관적인 행동을 측정하고 그 행동이 외부환경에 있는 관찰 가능한 자극들에 의해 어떻게 통제되는가를 연구하여 합리적이고 과학적인 학문이 되어야 한다고 주장한다. 따라서 그들은 사고, 감정, 의지 등과 같은 내적 세계는 과학적으로 증명될 수 없는 부분이라고 주장한다.

그러나 인본주의자들은 행동주의가 그 장점이 어떻든 간에, 인간의 본질에 대한 극히 일방적인 모습만을 제시하고 있다고 논박했다. 그들은 인간은 겉으로 드러나는 반응들로만 구성되어 있지 않으며, 또한 전적으로 외부 환경에 의해 지배당하는 존재도 아니라고 주장한다. 인간은 성장하고, 생각하고, 느끼고, 꿈꾸고, 자신을 창조하며 사는 존재라고 본다. 그들은 행동주의자들이 자연과학을 흉내 낸 나머지 인간을 로봇으로 만들어 인간에 대한 존엄성을 무시하고 있다고 비난했다. 그렇다고 인본주의자들이 과학적 탐구에 전적으로 반대하는 것은 아니다. 그들은 심리학이 측정가능하고 환경적으로 통제 가능한 측면뿐만 아니라 인간경험의 전 범위에 걸쳐 관심을 가져야 한다고 주장했다.

둘째, 인본주의 심리학은 정신분석학에 대해서는 양가적이다. 많은 인본주의자들이 인간의 내면세계를 가장 깊은 수준까지 탐색하려는 정신분석적 시도를 높이 평가하지만, 정신분석학자들이 인간의 창의성이나 자유선택에 대한 역량을 비관적으로 보는 데 대해 못마땅하게 생각한다. 정신분석학자들은 인간을 충동적인 본능과 갈등을 지닌 존재로 묘사했다. 이와 같은 황량한 인간본성에 대한 시각은 프로이트가 심리장애자를 연구한 때부터 나타난 것이며, 이 개념은 아직까지도 인간의 행동이 무의식 속에 있는 비합리적인 힘에 의해 지배된다고 보고 있다.

그러나 인본주의자들은 인간을 지금까지 인식되어온 것보다 훨씬 더 자유롭고 긍정적인 존재로 평가한다. 인본주의 심리학은 정신분석적 인간관에서 볼 수 있는 음울한 비관론과 절망에, 그리고 행동주의에서 볼 수 있는 인간을 로봇시 하는 생각에 반대한다. 인본주의자들은 인간에 대해 보다 희망적이고 낙관적이다. 그들은 어떤 인간도 자신의 내부에 건전하고 창조적인 성장을 위한 가능성을 가지고 있다고 믿는다. 이러한 가능성을 인식하지 못하는 것은 부모의 훈육, 교육 그리고 다른 사회적 압력의 속박적이고 왜곡적인 영향력 때문이며, 만일 개인이 그 자신의 생에 대한 책임을 기꺼이 수용한다면 이러한 유해한 요소들은 극복될 것이라고 말한다.

② 인본주의 심리학의 철학적 근거

인본주의심리학자들은 자신들이 실존주의심리학자라고 자처하고 있다. 인본주의자들은 인간의 본성은 본질적으로 선하고, 조건만 주어진다면 생산적이고 건전한 방향으로 자신들의 창조성을 발휘하여 계속 성장하는 선천적인 본능을 지니고 태어난다고 믿고 있다. 그러나 동시에 그들은 오늘날과 같이 관료주의적이고 비인간적인 사회에서는 자신의 가치를 실현하기가 매우 어렵다는 사실 또한 인정한다. 인본주의자들이 이처럼 인간을 낙관적이고 가능성의 존재로 묘사하는 데에는 실존주의 서양철학사상이 깊이 뿌리박고 있다.

• 자유와 책임

실존철학은 인간을 한 개인으로서 그리고 인간실존이라는 특수한 문제를 안고 있는 존재로 간주한다. 인간은 문자 그대로 그 자신의 실존과 궁극적인 비실존(죽음)을 고통스럽게 인식하면서 이 세상의 존재로 살아간다. 자신이 태어나고 싶지 않았다고 할 때 그 자체는 틀림없는 사실이지만, 태어나고 싶었건 혹은 태어나고 싶지 않았건 간에 그는 이 세상에 존재하고 있는 것이며, 더 나아가 하나의 인간으로 엄연히 존재하고 있는 것이다. 이러한 인간에게는 자신의 삶에 있어서 자유의 길이 열려져 있다. 즉 자신의 본질을 자신이 형성해가야 하는 자유의 길이다.

인간의 실존은 '던져진 존재'이다. 이 '내던져짐(특정 시대의 특정 관계 속에서의 탄생)'은 자기의 의지도 자유도 아니었다. 그러나 던져진 그 순간부터 인간은 그의 터전인 이 세계 안에서 자신을 던질 수 있는 자유가 주어진 것이다. 다시 말하면, 인간은 자신의 세계를 어떻게 창조하느냐를 자신이 결정해야 할 운명을 가지고 태어났다. 그는 자신에게 던져진 운명을 성실히 수행해 나아가야 한다.

실존주의자들은 한 인간의 생애는 무의식적 욕망의 포로(정신분석학자들의 견해)도 아니며, 기계와 같은 환경의 산물(행동주의자들의 입장)도 아닌 자신의 운명을 자신들이 창조해 간다고 믿는다. 즉, 인간은 실존의 사실로부터 본질을 창조해 간다고 믿고 있다. 실존주의자들은 인간실존에는 결과가 반드시 어떤 원인에서 비롯된다고 하는 인과관계를 거부한다. 이와 같이 인간의 행동에는 인과적인 관계가 없기 때문에 개인은 스스로 자신의 실존에는 자유로운 선택의 길이 열려져 있는 것이다. 그러나 "나는 자유롭다"라는 것은 "나는 나의 실존에 대해 전적으로 책임이 있다"는 것을 동시에 의미한다. 다시 말하면, 인간은 자신의 실존을 어떤 타고난 운명이나 환경에 의존하지 않고 자신의 의지와 힘으로 창조해 가는 자유가 주어졌지만 동시에 그 선택에 대한 책임이라는 무거운 짐을 지고 있는 것이다.

그렇다고 인간이 자신의 생을 자유롭게 무엇이나 되고자 하는 대로 조절할 수 있다거나, 선택의 자유가 주어졌기 때문에 자기의 생각대로 행동할 수 있다는 의미는 아니다. 또 선택의 자유가 주어졌기 때문에 모두 현명한 선택을 할 수 있다는 것도 아니다. 이같이 실존주의자들은 인간의 실존에 대해 제한성을 인정한다.

인간실존에 대한 실존주의자들의 관심은 인간이 참된(순수하고 정직한) 삶을 살 수 있느냐의 여부이다. 실존철학은 인간이 자신의 실존에 책임을 갖고 있으며, 이 실존의 책임이야말로 인간이 도덕적 존재로 향하는 길이며, 책임 없는 행동에 대해 제재를 가하는 것이라고 부단히 강조한다. 인본주의자들은 각 개인이 자신의 행동과 경험의 주요 결정자임을 강조한다. 인본주의 심리학은 자신에게 허용된 여러 가능성 가운데 자유롭게 선택하는 책임 있는 인간을 그 기본모델로 삼는다.

• 됨(becoming)

인본주의 심리학이 실존주의로부터 추출한 가장 중요한 개념은 아마도 됨(becoming)이라는 개념일 것이다. 실존은 결코 정지된 것이 아니다. 그것은 항상 새로운 것으로 되어 가는 과정 중에 있고, 지금의 자신을 계속적으로 초월하는 과정에 있다. 초월이란 개념은 인간이 저속한 본성과 고상한 본성을 모두 갖고 있어서 그가 참된 인간이 되려고 한다면 그의 저속함에서 벗어나야만 한다는 뜻을 내포하고 있다. 됨의 목표는 현존재의 모든 가능성을 완전히 실현하는 것이다. 현재 대학생은 철이 없었던 소년시절과는 다르다. 그리고 그는 4년 후 사회에 공헌하는 사회인으로 지금과는 또 다를 것이다. 따라서 자신 속에 내포되어 있는 자신의 잠재력을 확실히 인식하는 사람은 자신의 자유를 실현해갈 수 있고, 자신의 참되고 진실된 삶을 살 수가 있다.

반대로 됨을 거부하는 사람은 자신의 인간존재의 가능성을 부정하는 사람이다. 인본주의적 입장에서 볼 때 이것은 인간의 실현가능성에 대한 왜곡이며 비극인 것이다. 왜냐하면 매슬로는 인간의 최상 목표를 자아실현의 경지에 두고 있으며, 자아실현의 경지는 성장의 과정, 즉 프로이트의 개념에서의 승화처럼 초월에 두고 있기 때문이다.

인본주의자들은 됨에 대해 높은 가치를 부여하고 있지만, 의미 있고 자아실현적인 삶의 추구가 그렇게 쉬운 것은 아니라고 본다. 그럼에도 불구하고 자유로운 인간으로서 가져야 할 책임은 그가 할 수 있는 한의 세상내 존재로서의 모든 가능성을 실현시키는 것이다. 됨의 거부는 자신을 어둡고 폐쇄된 방에 가두어 놓는 것과 같다. 됨의 거부는 공포증, 강박증, 망상, 기타 신경증적 심리장애의 증상들이다.

더 나아가 실존주의에서는 자신의 실존을 다른 사람의 세계에 관련지움으로써 상호 성장하여 가는 경험을 하게 된다고 본다. 즉 인간으로의 됨과 세상 사람으로의 됨은 항상 연관되어 있다. 그것들은 항상 함께 되는 것이다. 이것은 인간이 세상 안에 존재하기 때문에 불가피하고 필연적인 것이다. 그는 세상을 통해 그의 실존의 가능성을 드러내고 또한 세상은 그 안에 살고 있는 사람에 의해 드러내어진다. 어느 한쪽의 성장이 방해되면 다른 쪽도 성장이 방해될 것이다.

③ 인본주의 성격이론에 대한 평가

매슬로는 성격문제에 있어서 선결문제는 훌륭한 개인으로 형성되도록 돕는 일이며, 훌륭한 개인이란 자신에 대한 신뢰를 바탕으로 자신의 삶에 대한 자유의식과 창조성을 가지고 실존적으로 살아가는 삶, 그리고 자신의 발전과 삶에 대해 책임지는 한 인간으로서 궁극적으로는 자아실현하는 인간이라고 보았다. 이런 생각은 다른 인본주의심리학자 및 교육자들에게도 공감을 얻고 있다.

성격이론에서 인본주의자들의 공헌은 인간의 성격을 이해하기 위해 동물이나 병적 인간을 모델로 하는 것과는 달리 정상적인 인간 자체를 모델로 했다는 점이다. 그리고 그들은 인간은 기계적인 존재도 아니고 무의식의 충동에 이끌려만 다니는 존재도 아니기 때문에, 유일하면서도 통합된 전체로서 연구되어져야 한다고 주장한다. 이 같은 차원에서 연구된 인간은 선하며, 미래를 향한 자유의지를 가지고 자신을 창조해가는 긍정적인 존재인 것이다.

그러나 인본주의 성격이론에 대한 비판의 소리도 높다. 이 이론에 대한 많은 성격심리학자들의 공통적인 비판은 인본주의자들의 주장이 검증될 수 없을 뿐만 아니라 관찰될 수 없는 사례를 예언하고 있기 때문이라고 한다. 다시 말하면, 인본주의심리학은 인지적 및 정서적 현상, 즉 내재적 행동을 실험적으로 검증하는 방법을 소홀히했다고 볼 수 있다. 인본주의심리학자들은 인간의 가치, 권위, 자유 등과 같은 개념을 인본주의의 목적으로 제시하는 데 강조점을 두었을 뿐 그 목적을 실현하기 위한 수단을 무시했다는 평을 받고 있다.

인본주의자들의 견해에 의하면, 인간이 어떤 문제에 봉착했을 때 그 문제를 해결하는 방법은 전문가들과 상담을 통해 가능하며, 그러한 상담의 결과로 과거의 경험에 대한 통찰과 자기이해가 나타나게 된다고 믿고 있다. 사실 이런 방법은 많은 내담자에게 도움을 주고 있다. 그럼에도 불구하고 이런 방법은 종종 언어적 통찰 그 이상의 변화를 면하지 못하고 있는 경우 또한 많다. 요점은 언어통찰은 일어났다 할지라도 행동은 아직 변화되지 않은 채 남아 있을 수 있다는 것이다. 다시 설명하면, 어떤 바람직한 가치가 실제생활에 있어서 의미 있는 행동의 변화로 일어나지 않는다면, 그런 가치는 별 의미가 없다는 것이다. 예컨대, 만일 음주운전, 범죄행위 등에 대한 문제해

결책이 통찰에만 머물러 있어 언어적 차원에서만 추진될 뿐 행동적 수단으로서의 사
회적 기술이 사용되어지지 않는다면 인간의 권위와 개인적 자유가 증진될 수 있겠는
가? 인본주의 심리학은 외침을 넘어서 행동적 실천 프로그램이 있어야 한다는 것이다.

◇ 적응행동과 성격 ◇

1. 스트레스와 적응

1) 스트레스

(1) 스트레스의 뜻(p.196)
변화를 필요로 하는 상황에 쉽게 적응할 수 없어서 신체와 심리가 압박을 받고 불안을 느끼는 상태

(2) 스트레스가 유발되는 상황
- 복잡한 인간관계, 만족스러운 인간관계 유지의 어려움
- 힘든 업무와 일: 취업 준비, 취업을 위한 경쟁, 취업 결정, 직장 내에서의 승진과 책임
- 힘든 선택: 선택의 자유가 증가하면서 결정의 곤란을 보다 많이 느끼게 됨
- 냉혹함: 사회가 개개인의 사사로운 입장이나 형편을 배려하지 않음

(3) 스트레스를 유발하는 요인
① 고립: 신체적 고립, 정서적 고립, 사회·직업적 고립(실직) 등을 모두 포함

② 욕구 좌절: 목표 추구 활동을 저지하는 요인
- 물리적 요인(시간, 거리 등),
- 신체적 요인(신체적 능력, 키, 신체적 기능, 용모 등),
- 사회적 요인(경제적 부, 지위),
- 심리적 요인(욕구의 강도, 욕구의 종류)

③ 욕구갈등

④ 압박감: 인구문제, 차별, 범죄

⑤ 상황적 요인들
이상의 객관적 요인들 외에 상황적 요인들도 중요하다.
• 객관적 요인들을 어떻게 인지하는가가 스트레스에 영향을 미친다. 만일 욕구갈등
  으로 인식하지 않으면 해당 사태가 스트레스 유발 원인이 되지 못하는 것이다.
• 인지적 평가, 대응 기술, 해석 등이 스트레스 유발 여부, 스트레스 정도 등에 영향
  을 미친다.
• 또한 사회적 변인들, 즉 스트레스 발생의 예측 가능성, 통제 가능성, 사회적 지원
  등도 요인이 된다.
• 자신감, 대응 방법도 스트레스에 영향을 준다.

(4) 스트레스에 대한 반응
생리적 반응과 심리적 반응이 있으며 보통 심리적 반응이 선행한다.

① 생리적 반응
• 일반적응증후군: 스트레스 원인에 대하여 신체의 자원을 동원하여 대항하려는
  변화
  – 경고단계: 생리적 기능 수준이 감소하였다가 다시 활발해진다.
  – 저항단계: 생리적 기능이 최고조. 저항단계 상황에서 또 다른 스트레스원인에
    의해 압도를 당하게 되면 신체적 기능이 감당하기 벅차져서 저항력이 약해진
    다거나 질병을 유발할 수 있다.
  – 탈진단계: 스트레스원인에 대해 저항할 수 있는 모든 자원을 소진한 상태

② 심리적 반응
• 재앙증후군: 예측 불가능한 상황에서 나타나는 정서적 혼란
  – 쇼크단계: 어안이 벙벙하고 무감각한 단계
  – 암시단계: 주어진 지시나 명령에 수동적으로 따르는 단계
  – 회복단계: 자기 통제가 가능하나 불안, 강박, 불면 등이 아직 나타남

- 무력감: 재앙증후군에서 회복단계로 이행하지 못하는 상황에서 나타나는 심리생리적으로 탈진한 상태에서 보이는 심리
- 우울감: 회복단계로 이행하지 못하고, 무력감을 보이며, 심리적으로 침울함을 보이는 상태

(5) 스트레스 예방책
- 스트레스를 주는 상황에 대해 긍정적으로 지각하고 수용한다. 그러기 위해서 상황에 대해 새로운 의미를 부여하고 자신의 생각을 바꾸는 전략을 구사할 수 있다.
- 명상: 특정한 자극에 집중시키는 방법
- 점진적 이완법: 신체의 모든 근육을 이완시켜 스트레스에 대한 지각수준을 낮추는 방법
- 생체 피드백: 전자 감응 장치로부터 피드백을 받아서 생리적 반응을 통제하는 방법
- 운동: 규칙적 운동이 생리적 반응을 둔감하게 하고 스트레스 정도를 낮춤
- 사회적 지지
- 스트레스 면역: 비합리적인 신념체제를 변화시키는 방법

2) 적응

(1) 적응의 의미
순응은 사회환경이 주는 자극을 그대로 수용하여 따라가는 것을 의미하는 반면 적응은 사회환경과 자아의 조화를 꾀하는 활동이다.

(2) 직접적 적응

① 문제에 직면하여 적응하는 방법
- 문제와 직접 대면하여 대처해 나가는 방법
- 현실과 타협하여 자기 자신의 태도와 목표를 수정하는 방법(가장 흔한 방법)
- 기존의 목표를 완전히 철회하는 방법

② 바람직한 적응에 대한 시각

• 사회적 규범에 따라 사는 것? 이것은 순응을 의미한다.
• 도덕적 기준에 입각하여 어려움이나 모호함을 해결하며 사는 것
• 동조와 비동조, 자기통제와 자발성간의 균형을 유지하는 것

(3) 방어적 적응

① 개괄

욕구불만 상태가 장기간 지속되면 불안과 긴장, 갈등을 느끼게 된다. 이를 해소하기 위해 목표와 직면하여 여러 가지 해결책을 강구하게 된다. 그러나 이마저 불가능할 때는 자아를 보호하기 위해 다른 방어수단을 이용하게 된다. 이것이 자아 방어기제이다.

② 방어적 적응의 특징

• 방어적 적응은 심리적 억압이나 저지된 욕구를 해당 문제와는 관련이 없는 다른 방향으로 해소한다.
  방어적 적응은 다른 대상에서 저지된 욕구를 해소하고자 한다.
• 객관적 조건은 전혀 변화시키지 않으면서 조건을 지각하는 방식만을 변화시켜서 적응하는 방식이다.
• 무의식적이고 자동적으로 생각하는 방식을 변화시키는 것이다.

(4) 방어기제의 유형

① 기만형

자기감정이나 태도를 바꾸어서 불안이나 긴장에 대한 자신의 인식을 바꾸는 방식이다.

• 합리화: 인정할 수 없는 실제 상황을 그럴듯한 이유를 들어서 회피하는 방식
  – 신포도 기제: 자신의 실패나 약점을 감추기 위해 무의식중에 다른 이유를 들어 변명하는 것

- 달콤한 레몬 기제: 어려운 상황을 맞이했을 때 실제로는 자신이 바라는 상황이라고 생각하는 것
- 망상: 전혀 근거도 없는 허구의 신념을 갖게 되는 것
• 투사: 자신의 용납될 수 없는 생각이나 욕구를 다른 사람에게 던져버리는 것. 즉, 다른 사람이 해당 생각이나 욕구를 가지고 있다고 비난하는 것
  - 전위: 본능적인 욕구를 해소할 수 없을 때 전혀 관계가 없는 대상을 통해서 긴장을 완화시키는 기제
    특수한 형태로 자기 자신에게 방향전환을 할 수 있는데, 타인에 대한 적대감을 자신에게 돌릴 때는 우울증과 자기멸시를 유발할 수 있음
  - 억압: 사회적으로 인정될 수 없는 욕망이나 생각을 의식에 떠오르지 못하도록 하는 것

② 대체형: 자기와 목표 사이에 장애가 있을 때 다른 목표를 세워서 불안을 해소하는 방식
  지각을 왜곡시키는 합리화 기제들에 비하여 더 큰 도덕적 가치를 가짐
• 보상: 실패를 했을 때 대리적이고 2차적인 목표를 취하는 것
  - 대상(대체보상): 처음 설정한 목표에서 실패했을 때 그것을 포기하고 다른 일에 착수하는 것
  - 대리보상: 다른 사람을 통해서 보상을 얻는 방법
• 반동형성: 완전히 반대되는 감정이나 행동으로 대체하여 표현하는 것
• 승화: 정서적 긴장, 원초적 욕구를 용납될 수 있는 방식으로 대체하여 성취하는 방식

③ 회피형
위협적인 상황에서 자신을 벗어나게 하는 심리적 도피 기술
• 공상(환상): 현실에서는 충족되지 않은 욕구를 비현실 세계에서 충족하고자 하는 것
• 퇴행: 생의 초기에 만족했던 행동양식에 의지함으로써 위협적인 상황에서 벗어나는 것
• 거부: 고통스러운 상황이나 위협적인 정보를 아예 부정하는 것

- 동일시: 외부대행자의 성취를 통해서 만족에 접근하려는 과정

  예) 조상이나 출신 지역, 출시 모교 등을 자랑함으로써 자부심을 느끼는 것

(5) 방어기제의 사용

방어기제를 사용하는 것 자체가 이상행동은 아니다.

방어기제 사용은 불안을 해소하고 정신 균형을 유지하며 생활의 안정을 지켜주기 때문이다. 그러나 방어기제 사용이 지나치거나 습관화된다면 불건전하다.

4) 적응의 지도

- 욕구가 저지되었을 때 인내심을 갖도록 지도해야 한다.
- 방임이나 과잉보호는 정신 건강을 저해한다.
- 부모의 지나친 기대, 기계적인 학교생활 등은 좋지 않다.
- 자녀의 개인적인 특성을 고려하여 지도해야 한다.

2. 적응적 인간관계

1) 인간관계에서의 적응

인간이 삶을 영위하는 과정에서 행복과 만족을 보장하는 요소이다.

2) 인간관계의 중요성

인간의 삶은 인간관계 속에서 펼쳐지기 때문에 인간관계는 매우 중요하다. 우리가 타인과 어떤 관계를 형성하는 가는 심리적인 적응에 매우 큰 영향을 미친다. 삶의 문제는 적응의 문제이고, 적응의 문제는 곧 인간관계의 문제라 할 수 있다. 현대 사회는 대단히 복잡하고 다원적이어서 개인의 목표추구가 쉽지 않으므로 적응하기가 싶지

않다. 현대 사회에서 심리적 갈등이나 고통은 인간관계에서 유발되므로 인간관계는 매우 중요하다.

3) 인간관계의 분류

(1) 일차적 인간관계와 이차적 인간관계
인간관계의 형성, 유지의 요인을 기준으로 구분

① 일차적 인간관계
- 혈연, 지연, 학연과 같은 자연적 요인에 의해서 인간관계가 형성되고 유지된다.
- 특성: 본인의 선택이나 의사와 상관없이 운명적으로 맺어지는 인간관계(학연의 경우 모든 학연이 일차적 인간관계에 속하는 것은 아님). 가입과 탈퇴가 자유롭지 못함. 인간관계에서의 의무나 강제가 암시적으로 주어지기 때문에 구성원에 따라 의무나 강제의 내용이 서로 다르게 인식될 수 있으므로 갈등이 생길 수 있으며 이로 인해 적응의 문제가 생길 수 있다.

② 이차적 인간관계
- 본인의 의사나 의도에 따라서 맺어진 인간관계
- 특성: 직업적 이해관계, 개인적 매력 등에 의해 형성되고 유지된다. 의무나 역할 수행이 명시적으로 규정되어 있다. 공식적인 요소가 사적인 요소보다 우선 시 되기 때문에 이 두 요소가 적절하게 조화를 이루지 못할 경우 갈등이 유발될 수 있다. 또한 처음에 참여할 때 가졌던 의도 등이 변질되어 갈등이 일어날 수도 있다.

(2) 수직적 인간관계와 수평적 인간관계
구성원 간의 나이, 촌수, 학번, 계급, 지위 등이 동등한가, 동등하지 않은가가 기준
- 수평적 인간관계: 동등한 사람간의 인간관계
- 수직적 인간관계: 동등하지 않은 사람간의 인간관계
- 수평적 인간관계에서 차등을 요구하거나 수직적 인간관계에서 동등을 유지하는 경우 갈등이 유발되고, 적응의 문제가 발생하게 된다.

(3) 우호적 인간관계와 적대적 인간관계: 우호성 여부가 기준

(4) 애정중심적 인간관계와 업무중심적 인간관계(감정중심적 인간관계와 사무중
    심적인 인간관계)
① 애정중심적 인간관계: 긍정적 감정(사랑, 우정, 인정)을 주고받는 관계
② 업무중심적 인간관계: 일이나 작업을 위한 인간관계. 이득이나 성과가 중요한
    목적

(5) 공유적 인간관계

① 공유적 인간관계
• 관계를 맺고 있는 사람들이 상대의 행복과 불행에 대해 각별한 관심을 갖고 책임
  을 느끼는 인간관계
• 감정이나 목표를 함께 하는 인간관계
• 상대방의 감정이나 목표달성을 공유하지 않으면 갈등이 발생
• 호혜성 원칙이 무시되는 관계이므로 호혜성을 주장하고 추구할 때 갈등이 발생
  (방송강의 내용을 수정함)

② 교환적 인간관계: 거래적인 인간관계
• 호혜성의 원칙과 형평의 원칙이 중요시됨
• 형평의 원칙이 제대로 지켜지지 않는 경우 적응의 문제 발생

4) 적응적 관계와 부적응적 관계의 구분

(1) 적응적 동반자 관계

① 가족적 동반자
  가족애를 나눌 수 있는 혈연적 동반자뿐만 아니라 혈연이 없더라도 가족과 같은 가
족애를 나눌 수 있는 동반자도 포함된다.

② 낭만적 동반자

애정 상대와의 관계를 말한다. 이성을 대상으로 동반자 관계를 맺게 된다.

③ 사교적 동반자

낭만적 동반자와 달리 애정 중심이 아니고 이성만을 대상으로 하는 것이 아니라 친밀함과 신뢰를 바탕으로 긍정적인 감정을 교류하는 친구 관계이다.

④ 작업적 동반자

일을 함께하는 동료와의 관계이다 즉, 직장 동료, 학우, 이념을 실현하기 위해 함께 활동하는 동지들과 맺는 관계이다. 사교적 동반자와 중복될 수 있으나 작업적 동반자는 공통의 목표를 지향하는 목표지향성을 가지는 것에 반해 사교적 동반자는 함께 달성해야 할 특정의 목표를 지니지 않는다. 이상의 인간관계에서 친밀함(감정교류, 협력)을 나누고 효율적인 관계(목표달성의 측면)를 맺게 되면 우리는 적응하게 되고 만족감과 행복을 느끼게 되는 것이다.

(2) 부적응적 인간관계

① 인간관계 회피형(인간관계 고립형)
• 관계를 맺으려 하지 않음
• 인간관계를 경시하는 유형과 인간관계를 불안해하고 두려워하는 유형이 있음
• 혼자 있을 때 편안함을 느끼고 혼자 하는 일에 몰두함

② 인간관계 피상형
• 피상적으로 인간관계를 맺는 유형
• 자신의 속마음을 털어 놓을 만한 상대가 없음
• 다른 사람과 깊이 있는 관계를 맺는 것에서 유발되는 구속에 대해 불편함과 두려움을 느끼는 경우가 많음
• 감정적인 유대를 맺지 못하고 실리만을 추구하는 인간관계를 맺는 실리형
• 목표추구 활동을 함께 하지 못하고 쾌락이나 즐거움 획득에만 치중하는 유희형

③ 인간관계 미숙형

• 관계를 맺고 싶은 욕구는 강하나 대인관계 기술이나 사교술이 미숙하여 인간관계가 원활하지 못하는 경우

• 다른 사람들로부터 소외되어 있는 소외형과 다른 사람들과 대립하는 반목형이 있음

• 사교술이 미숙하다는 것은 상대의 마음을 잘 읽지 못하고 적절하게 대응하지 못하다는 것을 의미

④ 인간관계 탐닉형

• 관계를 맺는 것 자체를 즐기는 유형

• 타인에게 의지하는 것을 즐기는 의존형과 다른 사람을 지배하는 것을 즐기는 지배형이 있음

5) 적응적 인간관계 형성의 조건 ★

• 상대에 대해 정확한 타아 개념을 가져야 한다. 첫인상, 고정관념, 사회적 평가 등에 좌우되어 다른 사람에 대한 개념을 갖게 된다면 정확한 타아개념을 가질 수 없다.

• 다양한 능력과 인간관계 기술을 가져야 한다.

• 욕구 충족의 경험을 풍부하게 해야 한다. 만족의 경험이 많았던 사람이 상대를 보다 잘 판단한다.

• 자기 존중감이 있어야 한다. 자기 존중감을 가진 사람은 타인에게 의존하거나 타인을 지배하려 하지 않는다.

• 효과적인 의사소통 능력이 필요하다.

• 타인에 대해 현실적인 요구를 해야 한다.

• 상대의 자율성과 개성을 존중하는 태도가 필요하다.

3. 건강한 성격(적응하는 성격)의 특징

적응과 부적응의 문제는 인간관계의 문제인 동시에 행동과 성격의 문제이다. 따라서 적응하는 사람의 성격적 특성이나 부적응하는 사람의 성격적 특성들을 이해하면 성격의 변화를 도모하여 적응할 수 있도록 도울 수 있다. 또한 행동의 문제이므로 행동 수정의 방법을 통해 부적응을 해결할 수 있다.

1) 조화를 이룬 성격

(1) 조화를 이룬 자아(프로이트)
- 원초아와 초자아의 조화를 이루는 자아가 건강한 자아이다.
- 원초아는 태어날 때부터 가지고 있는 나라고 할 수 있다(id). 생리적 충동이나 본능 등이 원초아를 구성한다. 이러한 원초아는 쾌락과 편안함을 추구하는 성향이다. 초자아는 자라는 과정에서 획득하는 윤리, 이상, 금기 등이 내면화되어 형성된 것으로 양심이라고 하기도 한다.
- 원초아와 초자아는 갈등과 경쟁 관계에 있는데 이 양자를 중재하는 것이 자아이다. 자아가 원초아와 초자아의 균형을 잘 이루었을 때 건강한 성격이라 할 수 있다. 자아는 인격의 활동이나 통제, 지각 등을 구성하는 경향성으로 사리판단의 주체이다. 자아는 현실의 원칙, 가능성의 원칙에 입각하여 판단한다. 자아는 외부 현실에서 오는 장애를 고려해가면서 원초아의 요구를 만족시키려 한다.
- 프로이트에 따르면 건강한 사람은 자아가 제대로 기능하는 사람이다. 욕구와 규범을 조절하고 균형을 이루는 사람이다. 따라서 건강한 사람은 사랑할 수 있는 능력(본능적 욕구)과 생산적 능력(사회적 요구)을 모두 가진 사람이다.

(2) 정신 기능이 조화를 이룬 성격 (융) ★
- 정신 기능은 사고, 감정, 감각, 직관의 네 가지가 있다. 이 기능은 인식을 하거나 판단을 할 때 어떠한 정신 작용을 하는가에 따라 나눈 것이다. 사고는 인과관계, 선후관계, 다른 요인과의 관계를 따져서 판단하고 인식하는 것이다. 감정은 희노

애락의 감정에 근거하여 인식하고 판단하는 것이다. 감각은 오감을 통하여 인식, 판단하는 것이다. 직관은 통찰력에 의해 인식하고 판단하는 것이다.

- 이러한 기능들이 조화와 균형을 이룰 때 건강한 성격이라고 할 수 있다. 이 기능 중 특정 기능이 강하게 나타나면 이것이 주기능이 되고, 두 번째로 강한 것은 보조기능, 나머지는 무의식화된다. 주기능과 보조기능 등은 변화하기도 한다. 이런 때 정신적인 혼란을 겪을 수도 있으나 잘 조절하면 새로운 성격유형으로 재탄생할 수도 있다.
- 건강한 사람은 사회생활을 위해 '행동하는 나'와 '내면의 나'가 서로 다른 것을 알고 인정한다.
- 건강한 사람을 갖기 위해서는 무의식 속에 있는 기능들을 끌어내어 살려야 한다. 억압된 무의식을 끌어내는 방법은 사고, 감정, 감각, 직관의 능력을 조화와 균형을 이룰 수 있도록 발달시키는 것이다.

첫째, 일할 때도 열심히 하고 놀 때도 열심히 해야 한다. 즉 사고기능과 함께 감정이나 직관적인 능력도 신장시켜야 한다.

둘째, 자주 자연과 만나는 노력을 해야 한다.

셋째, 다른 사람과의 모임을 끊이지 않는다.

넷째, 나 자신만을 위해 투자하는 시간을 가져야 한다. 이외에도 규칙적인 생활, 실생활에서 목표를 세우는 것, 마음속의 응어리를 푸는 것 등이 도움이 된다.

2) 자아실현인(올포트, 매슬로)

(1) 올포트의 '성숙한 인간'이 가지는 일곱 가지 경향성

첫째, 자아의식을 확대해 간다.

둘째, 다른 사람들과 따뜻한 관계를 유지한다.

셋째, 정서적으로 안정성을 갖는다. 욕구 불만이나 충동들을 잘 다스려서 보다 건설적인 방향으로 대처한다.

넷째, 현실을 있는 그대로 지각한다.

다섯째, 과업 지향적으로 행동한다.

여섯째, 자기를 객관적으로 이해하려고 노력한다.

일곱째, 통일된 인생철학을 갖는다.

(2) 매슬로의 '자아실현의 인간'

인간은 누구나 자아실현 욕구를 가지고 있다. 그 욕구를 충족한 인간이 자아실현의 인간이고 건강한 성격의 소유자이다. 자아실현의 욕구는 잠재된 욕구이다. 잠재된 욕구, 개발되지 못한 욕구나 기능을 실현시키는 사람이 건강한 성격의 소유자이다. 잠재된 욕구란 인지적 욕구 및 심미적 욕구, 사회적 욕구, 동반자적 관계를 유지하려는 인간적인 잠재 욕구 등 여러 가지 측면이 있다.

- 자아를 실현한 사람들은 몇 가지 특징이 있다.
  - 현실을 올바르게 지각하고 있다.
  - 자기와 다른 사람을 있는 그대로 인식하고 수용한다.
  - 자발성이 있다.
  - 일에 몰두한다.
  - 독립에의 욕구가 강한 사람이다.
  - 감상에 신선함을 가진다.
  - 신비한 경험을 가지고 있다.
  - 인류공동체 의식을 가진다.
  - 대인관계의 폭보다 깊이를 중요시한다.
  - 창조성을 지닌다.
- 사람들이 잠재력을 실현시키지 못하는 이유는 개인이 자신의 잠재력에 대해 모르고 있기 때문이고 다른 한편으로는 이기적이고 관료적인 사회환경 탓이다.
- 건강한 성격을 기르기 위한 아동양육 방법은 주어진 한계 안에서 자유를 행사하도록 적절한 자유와 통제를 가하는 것이다.

◇ 부적응 행동과 성격 ◇

1. 성격 형성과 사회환경

- 성격: 한 개인을 다른 사람과 구별지어주는 특징
- 성격은 지속적이고 일관된 행동 양식
- 사회환경은 성격 형성 요인 중 하나

1) 성격을 결정하는 요인

- 생물학적 요인
- 자연환경적 요인
- 개인의 생활사
- 문화적 요인

(1) 생물학적 요인

- 체질적 특성, 정신적 능력, 신체적 구조, 지능, 신체적 결함 유무와 같은 유전적이고 선천적인 요인을 의미한다. 예) 신체적 결함에 의한 열등감
- 가장 분명한 요인이나 가장 중요한 요인은 아니다.
- 신장, 체중 등에 대한 사회적 의미는 문화에 의해 결정된다. 즉, 동일한 생물학적 특징이 우월감을 느끼게 하는가, 열등감을 느끼게 하는가는 문화가 결정하는 것이다.
- 생물학적 요인이 성격형성에 영향을 미치는 것은 사실이다. 그러나 생물학적 요인이 성격을 곧바로 결정하지는 않는다. 문화의 작용에 의해 생물학적 요인이 갖는 의미가 결정되는 것이다.

(2) 자연환경적 요인

• 지형적 특성, 기후적 특성, 음식물 등

• 의식주의 문제는 자연환경적 요인의 영향을 받는다. 의식주 문제 해결이 쉬울 경
  우엔 사람들이 열심히 노력하지 않아도 될 것이다. 반면 의식주의 해결이 어려울
  경우엔 노력을 많이 해야 할 것이므로 보다 창의적이고 근면할 것이라고 짐작할
  수 있다.

• 자연 환경이 인간의 성격을 결정한다고 하는 환경결정론적 시각은 일반화하기
  힘들다. 그럼에도 불구하고 특정 사회의 성원이 섭취하는 음식물에 의해 성격이
  영향을 받는다는 연구 결과가 있다.

• 특정 환경변수가 특정 유형의 성격을 형성시킨다고들 하지만, 환경 변수가 직접
  적으로 성격을 형성시키는 것이 아니라 다른 요인과의 상호작용을 통해 영향을
  미친다.

(3) 개인고유의 생활사

• 욕구 충족 방식, 관심, 희로애락의 경험, 목표 성취의 경험 등

(4) 문화적 요인(가장 중요한 결정 요인)

• 문화는 올바른 행동은 무엇이고, 정상적인 행동은 무엇인지 그 유형과 환경을 제
  시한다. 그러므로 문화는 개인행동의 지침서 역할을 한다.

• 문화는 성격에 있어서 가장 중요한 결정 요인이다. 왜냐하면 다른 요인은 문화의
  영향을 받아가면서, 문화 속에서 성격 형성에 작용하기 때문이다.

2) 사회환경

가정, 학교, 지역사회, 조직체 등

(1) 가정환경이 미치는 영향

① 가정환경의 내용
- 의식주의 만족과 불만족, 부모 및 기타 가족과의 관계, 욕구 충족 방식 등
- 특히 어린 시절의 양육 방법, 수유 방법, 배변 훈련 등은 성격 형성에 큰 영향을 미친다.

② 가정의 문화적 상태
- 아이는 부모나 다른 성인 가족들을 모방함으로써 특정한 행동 양식을 배우게 된다. 이 때 성인들의 생활 방식은 가정의 문화를 표현한다고 할 수 있다. 따라서 가정의 문화적 상태는 성격 형성에 영향을 미치게 된다.
- 문화적 상태를 보다 세분화하자면, 부모의 교육 정도, 형제의 교육 정도, 교양 수준, 가정의 분위기, 가정의 질서 등이 있다.

③ 경제적 상태
가정이 부유하다면 어린 시절의 욕구 충족에 별 어려움이 없었을 것이므로 의욕이나 노력이 감퇴될 수 있다.

가정이 가난한 경우엔 욕구 충족 좌절 경험에 의해 체념이나 포기가 일어날 수 있다. 그러나 가정의 경제 상태가 개인의 성격에 일률적인 영향을 미치는 것은 아니다.

④ 부모의 양육태도
- 민주적 가정: 가정 운영이 합리적, 타협적, 개인적이다. 민주적 가정에서 자란 아이는 활동적, 경쟁적, 진취적인 반면, 비협조적인 경향도 나타난다.
- 전제적 가정: 행동을 엄격하게 제한하고 통제한다. 이러한 가정에서 자란 아이는 예의가 바르고 책임감이 강한 반면, 반항적이고 공격적인 성향을 갖는다.
- 과보호 가정: 가정을 운영할 때 이성이 부족하고 맹목적이다.
- 거부적 가정
- ※ 유념해야 할 점은 특정 가정의 양육 방식이 특정 성격 유형을 반드시 결정하는 것은 아니라는 점이다.

※ 이상과 같은 관계는 통계적인 관계일 뿐이다.

(2) 학교의 영향

공식적인 학교생활도 영향을 미치지만, 또래와의 관계나 교사와의 관계에서의 비공식적인 관계도 영향을 미친다.

(3) 문화의 영향

문화는 사회가 기대하는 행동양식, 사회의 가치와 규범이다. 문화가 가장 큰 결정력을 갖고 있기는 하지만, 개인의 성격이 전적으로 문화에 의해 형성된다고 보기는 어렵다. 왜냐하면 공통의 문화에 속해 있다 할지라도 개인에 따라 인식하는 내용이나 부여하는 의미가 다를 수도 있기 때문이다.

3) 사회적 환경이 성격 형성에 작용하는 기제

(1) 강화에 의한 사회화(보상을 통한 학습)
강화(행동의 발생 비율을 증가시키는 자극)
- 정적인 강화: 쾌락을 줄 수 있는 보상을 하는 것
- 부적인 강화: 혐오 자극을 철회하는 것 cf) 벌: 행동의 발생 비율을 감소시키는 자극

(2) 동일시를 통한 사회화

① 동일시
다른 사람의 행동을 자기도 모르는 사이에 모방하여 행동하는 것

② 동일시의 네 가지 원리
- 대상과의 유사성을 기초로 동일시가 일어난다.
- 생활에 필요한, 훌륭한 것을 지닌 대상을 선망함으로써 일어난다.
- 사람이나 사물을 쉽게 통제할 수 있는 힘을 가진 사람을 동일시한다.
- 강자로부터의 위협을 중화하려는 필요에 의해 동일시가 일어난다.

2. 부적응 행동의 개념 및 유형

1) 부적응 행동의 정의(이상행동, 이상심리, 심리장애 등)

부적응 행동은 적응하고 있지 못한 행동일 뿐이다.

이상행동은 행동장애, 정신장애, 정신적 질병, 정서장애, 정신질환, 정신지체 등을 포함하는 용어로 사용되어 그 의미가 대단히 넓으나, 일반적으로는 자기 자신이나 타인의 건강, 성장 그리고 행복한 삶을 저해하는 빗나간 행동, 즉 정상행동 이외의 행동이라고 정의한다.

그러나 이러한 정의도 판단을 하는 사람이 가지고 있는 기준에 따라 다르기 때문에 특정한 사람의 행동이나 정서적 반응이 정상에서 벗어났다고 말하기 위해서는 어느 판단기준을 사용했는지 알아야만 한다.

(1) 통계적 기준으로부터의 일탈(deviation from the average)

평균을 준거로 하여 평균에서 멀리 떨어져 있는 행동을 이상행동으로 정의하는 경우이다. 즉, 우리 사회에서 대부분 사람들의 행동과 차이가 나는 특별한 행동을 하는 경우 이를 이상행동으로 간주한다. 대부분의 사람들은 중간범위의 키에 속하지만 소수의 사람들은 비정상적으로 아주 크거나 아주 작다. 이러한 경우에서처럼 통계적 빈도를 기초로 하여 이상행동을 규정하는 방법이다. 이 준거에 비추어볼 때에 '**이상행동'은 통계적으로 아주 드물거나 정상으로부터 일탈되어 있는 행동**이다.

- 한계: 희생적인 사람, 능력이 특출한 사람, 지극히 용감한 사람도 부적응 행동으로 분류될 수 있다.

(2) 사회적 기준으로부터의 일탈(deviation from the social norm)

모든 사회는 허용되는 행동에 대한 어떤 표준과 기준을 갖고 있다. 이러한 기준으로부터 두드러지게 일탈된 행동은 이상행동으로 간주된다. 여기에서는 그가 소속된 **사회에서 보편적으로 통용되는 규범에서 벗어나는 것이 이상행동을 판단하는 중요한 준거가 된다.**

- 한계: 사회적 규범은 역사성을 지니므로 시대나 사회에 따라 기준이 달라진다.

(3) 행동의 부적응성(maladaptiveness)

이상행동을 사회적으로 적절하게 행동할 능력이 없어서 그 행동의 결과가 자신이나 사회에 부적응을 일으키는 것으로 정의한다. 즉, 행동의 역효과를 평가 기준으로 삼는 것이다.

적절한 행동을 할 능력이 없는 무능력이라 함은 **기질적 결함**(예: 뇌손상), **기능적 결함**(예: 지식, 기술, 동기의 결여) 혹은 이 둘의 조합에 의한 것일 수도 있다. 이 정의에서 "적절하게"란 말이 매우 중요한데 그 이유는 이상행동이라 칭하는 것은 필연적으로 사회·문화적으로 결정되는 것이기 때문이다.

(4) 개인적인 고통(subjective discomfort)

주관적으로 느끼는 불편함을 기준으로 삼는 것이다.

개인의 외적 행동보다는 개인이 주관적으로 느끼는 고통의 견지에서 이상행동을 따지는 것이다. 전부는 아니지만 이상행동자라고 진단된 대개의 사람들은 심한 괴로움을 갖는다. 그들은 불안하고, 우울하고 또한 초조하며 불면증과, 식욕부진, 많은 통증과 두통으로 괴로워한다. 어떤 경우에는 개인적 고통이 그 사람이 가진 이상행동의 유일한 징후일 수도 있다. 즉, 이러한 고통은 일반 관찰자들에게 정상으로 보이지만 당사자에게는 이상행동의 징후가 된다.

- 한계: 어느 정도의 불편을 기준으로 해야 할지 모호하다. 개인적인 불편이 없더라도 부적응 행동으로 분류될 수 있는 행동도 있다.

이상의 네 가지 준거는 어떤 부적응 행동을 확정할 수 있는 기준은 아니며 진단의 근거로 쓰일 뿐이다.

2) 부적응 행동의 모형

(1) 생리학적 모형(의학적 모형, 질병모형)

생리학적 모형은 의학적 모형 또는 질병모형이라고도 한다. 이는 부적응 행동을 신체적 역기능으로 설명하고자 하며 일종의 질병으로 간주한다. 역사적으로 보면, 이 기준에 의한 부적응 행동의 연구는 **의학의 영역**에 속해 있었으나 그 이상이 생리적 결함 때문에 오는 것인지 아닌지를 구별한다는 차원에서 생리적 모형이라는 말을 사용하게 되었다.

생물학적 모형은 부적응 행동의 원인을 세균, 유전적 요인, 생화학적 이상, 뇌의 역기능 등 네 가지에서 찾는다.

첫째, 세균에서 부적응 행동의 원인을 찾는 것은 16세기에 유행하던 심리적 장애가 매독균에 의해서 일어난다는 것을 입증함으로써 성립되었고, 이러한 장애에 대한 치료는 신체적 질병에 대한 치료, 즉 약물의 투여에 의해 치료하였다.

둘째, 생물학적 모형은 원시시대에서나 현대에서 정신분열증 환자는 같은 증상을 보인다는 사실에 입각하여 심리적 장애가 유전적으로 전해지는 질병이라고 설명한다.

셋째, 정신분열증에 대한 가설 중의 하나는 이 증상이 체내의 불균형한 생화학적 요인에 의해 일어난다는 것인데(도파민 가설), 뇌에 도파민이 과다하게 존재함으로써 정신분열증의 증상이 유발된다고 설명한다.

넷째, 생물학적 모형은 부적응 행동이 뇌의 특정한 영역의 역기능에 의해서 초래된다고 본다.

이상과 같이 생물학적 모형은 부적응 행동의 원인에 대한 네 가지 설명방식에 입각해서 부적응 행동의 치료를 신체적 질병의 치료와 같은 방식으로 추구해야 한다고 본다.

- 부적응 행동의 원인: 신체의 어느 부분이 제대로 작동하지 못해서 나타남. 예) 세균감염, 유전 요인, 생화학적 물질, 뇌의 역기능 등
- 치료법: 화학적 치료나 약품에 의한 치료. 예) 약품 투여, 전기 충격 치료(ECT)

(2) 심리역동적 모형(정신역동모형, 정신분석모형)

정신역동모형, 정신분석모형이라고도 하며 **프로이트와 그의 추종자들이 발전시킨 모형이다. 부적응 행동이란 무의식적인 내적 갈등의 상징적 표현**이다. 즉, 성인의 부

적응 행동은 어린 시절의 성장과정에서 결정된 무의식의 표현이라는 것인데, 여자에게 폭력적으로 행동하는 남자는 어린 시절에 자기에게 사랑을 베풀지 않았던 어머니에 대한 분노를 무의식적으로 표현하고 있는 것일 수 있다는 것이다.

정신분석적 모형에서는 부적응 행동의 주 요인을 불안으로 간주한다. 불안이란 어떤 크나큰 위험이 닥쳐오리라는 생각에 압도당해서 마음이 초긴장 상태(갈등)가 되는 것을 말하는데, 사람이 갈등에 의해 압도당했을 때 자신이 무기력하고 그것과 대처할 능력이 없다고 느끼게 되면 불안이 일어난다는 것이다.

치료방법은 무의식 속에 억압되어 있는 이드(Id)의 갈등이나 외상을 의식화하여 자아가 원만하게 기능하도록 돕는 것이다. 즉, 사고와 행동의 변화를 시도하며, 현재의 관계에서 유년기의 갈등을 검토하고 무의식에 억제된 것을 의식하도록 추구하여, 자유연상과 꿈의 내용을 통해 **환자 스스로 갈등의 원인을 이해하고 갈등에 대한 해결을 찾도록 유도하는 것이다.** 또한, 전이, 합리화, 반동형성 등의 방어기제를 분석하여 개인의 의식 및 무의식을 이해하고 치료한다.

- 부적응 행동의 원인: 인간 내면에는 서로 상이한 힘들이 존재하고 있어 이 힘들이 서로 상호작용하고 있다. 이 힘들 간의 갈등이 잘 해결되지 않을 때 유발되는 불안이 문제를 야기한다.
- 치료법: 행동 자체를 치료하기보다는 행동 저변에 깔린 갈등이 해소되어야 한다. 특히 초기 아동기에 형성된 무의식화 된 갈등을 해결하는 것이 문제 해결의 첩경이다. 유년기의 욕구 갈등을 검토하고 무의식에 억압된 갈등을 의식하도록 하며, 충족 방안을 모색하도록 한다. 예) 자유연상법, 꿈의 분석, 전이의 분석 등 무의식의 내용을 의식화하는 방법

(3) 행동주의적 모형

행동주의적 모형은 환경론에 속하는 것으로, 파블로프(Pavlov)의 연구에 기반을 두고 있다. 이 견해에 의하면, 부적응 행동은 그것이 병적이든 정상이든 간에 **다른 행동과 마찬가지로 학습의 결과로 얻어진 것**이라는 것이다.

즉, **두려움, 불안, 불감증, 우울증 등의 행동들은 모두 학습에 의해 이루어졌으며, 따라서 이러한 행동들은 성장과정에서 주변 환경의 영향으로 인하며 바람직하지 않는 행동이 습득된 것**으로 보고 그 행동을 약물사용이나 정신분석 없이 학습원리에 의

해서 수정될 수 있다고 주장한다.

이러한 **행동주의적 모형에는** 고전적 조건형성과 조작적 조건형성의 기본적 학습과정이 관련된다.

고전적 조건형성은 자극과 반응 사이의 연계와 관련된 인간의 모든 감정은 중립적 대상(neutral object)과 무조건 반응이 같이 일어난 결과로 학습된다는 것으로, 중립적 대상과 무조건 반응의 동시적 경험이 몇 번 반복되면 중립적 대상은 그 중립성을 잃고 조건자극이 되는 것이다.

고전적 조건형성이론에 입각한 부적응 행동의 치료적 기법은 홍수법(flooding)과 **체계적 둔감화**(systematic desensitization) 등이 있다.

- **홍수법**: 환자를 여러 시간 동안 두려워하는 상황(조건 자극)에 머물면서 처음에 경험했던 고통스러운 사건(무조건 자극)이 일어나지 않는 것을 스스로 확인하게 함으로써 공포증이 사라지도록 하는 기법
- **체계적 둔감화**: 환자로 하여금 불안, 공포 등 병적인 행동을 일으키는 자극을 약한 장면에서부터 심한 장면에까지 체계적으로 접하게 함으로써 공포증이 사라지도록 하는 기법

조작적 조건형성이론은 학습에서 반복의 중요성과 행동결과의 역할을 강조한다. 즉, 최초의 자극은 알 수 없으나 특정한 반응을 가져오게 되고, 이 반응은 반응 뒤에 주어지는 강화자극에 의하여 통제된다는 것이다. **조작적 조건형성이론에 입각한 부적응 행동의 치료적 기법**은 선택적 긍정적 강화와 선택적 처벌 등이 있다.

- **선택적 긍정적 강화**: 치료자가 증가시키기를 원하는 표적행동을 선택해서 그 행동이 일어날 때에 긍정적 강화를 체계적으로 해줌으로써 그 행동을 증가시키는 방법
- **선택적 처벌**: 클라이언트의 문제행동을 표적행동으로 선택하여 이 행동이 일어날 때마다 그 사람이 싫어하는 사건을 적용함으로써 그 행동이 일어날 확률을 감소시키는 방법
- **부적응 행동의 원인**: 성장과정에서 잘못된 행동을 학습했기 때문
- **치료법**: 환경을 변화시켜서 부적응 행동이 더 이상 보상받지 않게 하거나, 새로운 행동을 학습시키는 보상을 제공한다. 예) 혐오적 조건화, 홍수법, 체계적 둔감화, 모델링, 조작적 조건화 이론에 근거한 선택적 긍정적 강화와 선택적 처벌

(4) 인지적 모형(인본주의적 모형)

인본주의심리학은 인간은 본래 선하고 자아실현의 능력을 지니고 태어난다고 믿는다. 그리고 잘못된 인식과정을 부적응 행동의 원인으로 간주하며, 이러한 왜곡된 인식을 바꿈으로써 부적응 행동이 치유될 수 있다고 보는 입장이다. **인본주의 모형에서는 인간은 다른 유기체와는 다르다고 가정하고 있다.**

- 인지를 갖고 있다는 점(인지론)
- 생리적 욕구나 안전의 욕구뿐만 아니라 자존의 욕구나 자기실현욕구를 갖고 있다고 하는 점(매슬로),
- 자기를 의식하고 자기를 만들어 가는 존재라는 점(실존철학),
- 자기에 대한 의식을 가지고 통합을 지향하는 존재라는 점(로저스)
- 인본주의적 모형은 정신적 계기(지각, 인식, 해석, 인지방식, 의식, 기대, 믿음, 기억 등)가 행동을 일으킨다는 점

따라서 이러한 정신적 계기가 변화되면 행동의 변화가 뒤따르게 되는데, 인지적 모형에서는 심리적 장애의 원인을 잘못된 사고에서 찾는다. 예를 들면 어떤 사람이 우울증이라고 할 때 그 원인을 그의 신념이나 사고에서 살핀다. 아마도 그 환자는 자신의 삶에서 일어나는 사건에 대해 자기가 전혀 통제력이 없다고 생각하기 때문에 수동적으로 되고 결국은 우울증에 빠지게 되었을지도 모른다. 그러므로 인지적 치료자는 심리적 문제를 가진 사람에게 절망적 감정을 일으킨 부정적 사고를 찾아내어 그것과 대조되는 과거의 긍정적 증거들을 직시하게 함으로써 그 부정적 사고를 바꾸도록 이끌어가야 한다.

인본주의 모형에서는 이상이란 무한한 가능성의 회피나 무책임으로 본다. 따라서 **이 모형에서의 치료는 자신의 문제를 자신이 직시하고, 모든 일을 자신이 선택하며, 책임이 있다는 점을 강조하고 자신의 인생에 대한 의미를 찾는 것이다.**

- 부적응 행동의 원인: 개인의 생각, 믿음, 기대에 문제가 있기 때문. 예)우울증은 모든 책임이 자신에게 있다고 생각하기 때문에 나타난다.
- 치료법: 사고의 내용을 바꾼다. 사고의 내용에는 크게 기대, 평가, 귀인, 신념이 있다.
  - 기대란 앞으로 어떤 사건이 일어날 것이라고 하는 예측을 말한다. 부정적인 예측을 하게 되면 부적응 행동이 나타나게 되므로 부정적 예측을 바꿔서 부적

응 행동을 치료할 수 있다.

- 평가는 사건이나 행동에 대한 판단이다. 부정적인 평가는 개인을 위축시키고 불안하게 하므로 사건이나 행동을 긍정적으로 평가하도록 한다.
- 귀인은 원인 귀착을 의미한다. 귀인을 적절하게 하도록 유도하도록 한다.
- 신념은 과학적인 증거가 없는 사실에 대한 믿음을 말한다. 자신의 신념이 완전하다고 생각하는 사람은 좌절감을 느끼기 쉽다.

※ 인지적 모형에서는 치료를 하기보다는 인지 내용이나 인지 양식을 개선시키는 것을 중요시한다.

3) 부적응 행동의 분류 및 진단

부적응 행동을 평가하고 진단하여 분류하는 입장은 다양하게 있을 수 있다. 정신의학적 분류방식이 있는가 하면 행동주의적 분류방식도 있고 정신역동적 분류방식도 있다. 현재 정신건강 분야에서는 정신의학적 분류모형이 폭넓게 받아들여지고 있다. 현재 통용되고 있는 부적응 행동 진단체계는 정신의학분야에서뿐만 아니라 이상심리학을 비롯하여 사람의 부적응 행동에 관심을 둔 모든 분야에서 받아들여지고 있다.

이런 진단체계 중 널리 사용되고 있는 것 중 하나가 미국정신의학계에서 독자적으로 제작하여 1994년에 4번째 개정판을 내놓은 **부적응 행동의 진단 및 통계편람** (DSM-Ⅳ: Diagnostic And Statistic Manual of Mental Disorders-4th ed.)이다.

DSM-Ⅳ에서는 부적응 행동을 개념화하는 데 있어서 증상과 증후를 위주로 부적응 행동의 특성들을 정의하였다. 따라서 원인에 따른 분류나 어떤 특정한 이론에 치우치는 것을 피하였다. DSM-Ⅳ에서는 부적응 행동을 크게 17가지로 구분하고 있다. 이를 간단히 살펴보면 다음과 같다.

(1) 유아기, 아동기, 청소년기의 발달장애

이 광범위한 범주 속에는 대개 유아기, 아동기, 청소년기에 나타나는 지적, 정서적, 신체적 발달장애들이 포함된다. 예) 정신지체, 학습장애, 의사소통장애, 분리불안장애, 주의력결핍/파괴적 행동장애, 유아자폐증 등이 있다.

(2) 섬망(譫妄), 치매, 그리고 기억상실장애 및 기타 인지장애

섬망의 경우 의식이 흐려지고 주의가 저하되며 사고가 일관성 없이 이루어진다. 치매는 정신능력의 퇴화, 특히 기억의 퇴화가 두드러진 것으로 알츠하이머병, 물질남용, 다른 여러 의학적 조건, 뇌졸중 등과 관련된다.

(3) 다른 곳에 분류되지 않는 일반 의학적 상태로 인한 부적응 행동

다른 어떤 것에 의해 유발된 긴장형 장애라든가 불안정형·망상형·공격형·무감동형 등의 성격을 말한다.

(4) 물질 관련 장애

여러 종류의 물질들(알코올, 암페타민, 카페인, 코카인, 환각제, 흡입제, 니코틴) 등을 복용한 결과 사회적 또는 직업적 기능을 손상시킬 정도로 행동이 변화된 장애이다. 물질 관련 장애 환자는 물질 복용을 통제하거나 중단시킬 수 없으며 물질 사용을 중단하면 금단증상을 나타내게 된다.

(5) 정신분열증과 기타 정신증적 장애

정신분열장애 환자들은 자신의 몸을 돌보고 사회적 관계를 형성하거나 직업수행에서 퇴화되어 있다. 이들은 언어표현 및 의사소통능력이 손상되어 있어, 대화 시 한 주제로부터 관련성이 적거나 전혀 없는 다른 주제로 금방 옮겨가기도 한다. 자기 것이 아닌 생각이 머릿속에 있다고 믿는 것 같은 망상(delusion)을 갖고 있는 경우도 많다.

특히 자기 몸 밖에서 소리가 들려오는 환각으로 괴로움을 당한다. 이런 환자들의 정서는 무디고 단조롭고 부적절하다. 또한 외부세계 및 타인과의 접촉이 단절되기도 한다.

편집장애 환자들의 가장 뚜렷한 증상은 자신이 박해받고 있다고 믿는 망상이다. 편집장애진단은 정당한 이유가 없는 극도의 질투에도 적용된다. 예를 들어 합당한 이유 없이 배우자가 부정하다고 믿는 경우가 여기에 해당된다. DSM-Ⅳ에서는 편집장애와 망상형 정신분열증을 구별한다. 즉, 보다 심각한 장애인 정신분열증에서는 망상이 기괴하고 단편화되어 있으며 환각으로 인한 장애도 더 크다.

(6) 기분장애

주요 우울장애 환자는 슬픔이 깊고 낙담해 있으며 체중과 활기가 감소하고 자살에 대한 생각과 죄책감을 드러내기 쉽다. 이와 반대로 조증 환자는 유쾌한 기분을 보이며 평상시보다 활동적이고 주의가 산만하고 자존감이 팽배해 있다. 조증과 우울증을 번갈아 경험하는 경우는 조울증 또는 **양극성 장애**라고 진단 내린다.

(7) 불안장애

어떤 유형의 불안을 핵심장애로 갖고 있는 경우로서 여기에는 공포증, 공황장애, 범 불안장애, 강박장애, 외상 후 스트레스장애, 급성 스트레스장애 등이 포함된다.

- 공포증 환자는 어떤 대상이나 상황을 너무 무서워해, 그 무서움이 합당한 이유가 없고 불합리하다는 것을 스스로 알고 있지만 그 대상을 회피하게 된다.
- 공황장애 환자는 갑작스럽게 강력한 불안을 호소하며, 이 불안이 너무 심한 나머지 몸을 떨고, 어지러움을 느끼며 호흡 곤란을 겪을 수도 있다.
- 범 불안장애는 불안이 전반적이고 지속적이다. 이들은 안절부절 못하며 목에 무엇이 걸린 것 같고 심장이 두근거리기도 한다.
- 강박장애 환자는 끊임없는 강박관념이나 강박행동을 보인다. 강박관념은 머릿속에 자주 떠오르는 사고나 심상을 지칭하는 것으로, 이런 관념들이 환자의 통제를 벗어나서 환자의 의식을 지배한다. 강박행동은 겉으로 볼 때 엄습하는 공포상황을 머릿속에서 떨쳐버리려는 목적이 있지만, 통상적으로 불가능한 이 목표를 향해 판에 박힌 상투적 행위를 수행하려 한다. 강박행동에 저항하려고 하면 너무 긴장되기 때문에 대개는 강박행동을 하게 되고 만다.
- 외상 후 스트레스장애는 통상적인 인간의 경험 영역을 벗어나는 외상적 사건의 후유증으로 인해 겪게 되는 불안과 무감각 증세를 지칭하는 진단명이다. 이 장애를 갖고 있는 사람들은 낮에는 고통스러운 과거경험에 시달리고 밤에는 악몽을 꾼다. 이들은 주의를 집중하기 어려우며 다른 사람 및 일상적인 일로부터 유리되어 있다는 느낌을 갖는다. 급성스트레스장애는 외상 후 스트레스장애와 유사하지만 증상이 그렇게 오래 지속되지는 않는다.

(8) 신체형 장애

이들의 신체 증상들은 신체적·원인이 알려져 있지 않으며 심리적 원인을 갖고 있는 것 같다. 신체화 장애 또는 Briquet증후군을 갖고 있는 사람들은 여러 가지 신체증상 때문에 오랫동안 의사를 찾아다니거나 약을 복용한 병력이 있다.

심신전환장애 환자는 마비, 무감각, 또는 눈이 안 보이는 것 같은 운동·감각기능 의 상실을 보고한다.

동통(疼痛)장애 환자들은 심한 만성적 통증으로 고생한다. 건강염려증은 사소한 신 체감각 저하를 중병으로 잘못 해석하는 장애이다.

(9) 허위성 장애

환자역할을 하려는 심리적 욕구 때문에, 신체적 혹은 심리적 증상을 의도적으로 만 들어내고 불편을 호소하는 경우에 해당된다.

(10) 해리성(解離性) 장애

심리적 해리는 심인성 건망증, 심인성 둔주(遁走), 그리고 중다성격, 이인성(異人性) 에서처럼 기억과 정체감에 영향을 주는 갑작스러운 의식상의 변화를 말한다.

- 해리성 기억상실을 보이는 사람들은 자기의 과거를 전부 잊어버리거나 특정한 기간 동안의 기억을 선택적으로 망각한다.
- 해리성 둔주환자는 갑작스럽게 새로운 장소로 옮겨가서 새로운 삶을 시작해 자 신이 과거에 누구였는지를 잊어버리는 경우이다.
- 해리성 정체감장애(중다성격장애) 환자는 두 개 이상의 성격을 갖고 있는데, 이 별개의 성격들이 한 번에 하나씩 의식을 지배한다.
- 이인성 장애는 심한 자기소외 또는 비현실감을 느끼는 경우이다.

(11) 성적 장애 및 성정체감 장애

성적 장애에는 세 하위 범주가 있다.

첫째, 변태성욕의 경우는 성적 만족을 노출증, 관음증, 성적 가학증 및 피학증 등 통상적이지 않는 형태로서 얻는다.

둘째, 성기능장애를 보이는 사람들은 보통의 성적 반응패턴을 갖지 못한다. 즉, 발기 상태를 유지할 수 없고, 조루, 오르가슴이 억제되는 것 등이 문제이다.

셋째, 성정체감 장애환자들은 자신의 해부학적 성에 대해 불편하고 부적합하다는 느낌을 갖고 있으며, 자신을 다른 성을 가진 사람으로 생각하기도 한다.

(12) 섭식장애

신경성 식욕부진증(거식증) 환자들은 흔히 살찌는 것에 대한 강렬한 공포 때문에 먹는 것을 회피하고 살이 빠진다. 신경성 폭식증의 경우, 폭식과 더불어 이를 보상하려는 자기유도적 구토 등을 빈번하게 보인다.

(13) 수면장애

여기에는 두 가지 종류가 있는데 먼저 불면증은 수면 량과 수면의 질, 혹은 수면시간에서 문제가 있다. 수면 관련 장애에는 수면 중 악몽을 꾸거나 걸어 다니는 것 등이 포함된다.

(14) 충동조절장애

간헐적 폭발성 장애나 병적 도벽, 방화, 도박 또는 주된 생활스트레스 이후에 정서적, 혹은 행동적 증상이 생기어 적응에 어려움을 겪는 장애이다. 행동이 부적절하고 통제되지 않는 경우에 해당된다.

예를 들어, 간헐적 폭발성 장애에서는 타인을 해치거나 기물을 파손하는 공격행동 삽화를 보인다. 병적 도벽 환자는 물건을 반복해 훔치지만 그것을 사용할 목적으로 그러는 것이 아니다. 병적 방화 환자는 불 지르는 데서 쾌감을 느낀다. 병적 도박의 경우 도박에 사로잡혀 있으며 그것을 중단하지 못하고 문제를 회피하는 수단으로 도박을 택한다.

(15) 성격장애

성격장애는 '융통성 없고 부적응적인' 행동패턴으로 정의된다. 이 장애에는 10가지 종류가 있다.

- 분열성 성격장애: 고독하고, 친구가 거의 없으며 칭찬 및 비난에 대해 무관심하다.
- 자기애성 성격장애: 자신이 대단히 중요한 인물이라고 과장된 생각을 하며 큰 성

공을 꿈꾸고 끊임없이 타인이 자기에게 주의를 기울여 주기를 요구하며 남을 착취하려는 경향을 보인다.

• 반사회적 성격장애: 15세 이전에 무단결석, 가출, 비행 및 싸우기 좋아하는 성격을 보이고, 성인이 된 후에는 직장생활을 유지하지 못하거나 배우자나 부모로서의 책임을 다하지 못하고 미래에 대한 계획을 세우지 못하며 법을 지키는 데 무관심하다. 이들은 죄책감이나 수치심을 느끼지 못한다.

(16) 임상적 관심의 대상이 될 수 있는 기타 상태

여기에는 신체적 상태에 영향을 주는 심리적 요인들, 약물이 유발한 운동장애, 학업문제, 반사회적 행동, 꾀병, 부부문제, 관계문제(형제나 배우자 및 주위사람), 직업문제, 신체적 학대나 성학대 등이 포함된다.

3. 단계별 사회환경과 부적응 행동

1) 아동기의 사회환경과 부적응 행동

• 초등학교 시기, 학령기
• 학교 경험을 통해 기초적인 생활습관을 습득하고 집단의 규범과 지식을 익히게 됨
• **또래들과의 만남을 통해 집단생활의 원리를 익힘**

(1) 아동기의 사회환경

① 아동기의 학교생활

• 사회환경의 중대한 변화가 일어남: 가정에서만 생활하던 아이들이 학교라고 하는 사회환경에서 생활하게 된다.
• 프로이트의 잠재기에 해당: 성적인 욕망이 겉으로 드러나지 않고 내면화되어 있는 시기로 성적인 욕망을 추구하려고 하지는 않으나 정신적인 면에서 현저한 발달이 이루어진다.

- 부모로부터의 일방적인 의존관계에서 탈피하여 사회환경에 진입하는 시기
- 지적인 능력이 향상되는 시기: 초등학교 고학년이 되면 형식적 조작 사고가 가능
- 교우관계의 확대
- 독립된 인격체로서의 자신을 발견하게 됨
- 자신의 가치관, 행동 기준 등이 형성
- 정신생활의 기초 형성
  - 인지적 기술 학습
  - 사회적 관계 성립
  - 자기중심성에서 탈피하여 객관성 획득
  - 여러 가지 규범에 대해 이해 가능

② 아동기의 또래관계
- 또래집단에의 수용여부는 아동의 자아발달에 매우 중요한 영향을 미침
- 도당시기: 집단 속에서의 생활에 몰두
- 또래를 통해 자기 자신을 인식하게 됨, 즉 또래집단은 거울과 같은 역할
- 집단생활의 교육적 의의: 집단생활을 통해 수평적인 관계(평등한 관계) 속에서 규범을 준수한다거나 욕구를 자제하는 것과 같은 기본적인 사회생활의 기술들을 습득하게 된다. 또한 집단생활을 통해 자신의 역할을 알게 되고 지도력 등을 배우며 동료의식을 획득
- 친구를 선택하는 조건: 동질성, 빈번한 접촉, 동일한 흥미나 요구. 초등학교 저학년 시기에는 친구가 되는 조건이 외부적이고 우연적인 이유(집이 가깝다거나 옆자리에 앉았다거나 하는 등)가 중요시되나 고학년이 되면 성격, 희망, 목적, 취미 등과 같은 내면적, 인격적 기준으로 친구를 사귀게 된다.
- 친구의 역할: 모델, 강화자, 표준(준거로서의 역할)
- 집단 속에서 아동은 능력(학업 능력, 운동 능력, 언어 표현 능력 등), 환경(가정환경, 거주환경 등), 용모, 행동 특성들에 따라 사회적 지위와 역할을 담당하게 됨
- 인기 있는 아동은 적응하는 아동, 관심 밖의 아동은 부적응 아동
- 아동기에 부적응 아동으로 존재하게 되면 매우 큰 영향을 미친다. 이러한 아동은 고독감, 낮은 자아 존중감, 우울증 등 여러 가지 정서적 문제를 겪을 가능성이 높다.

(2) 아동기의 부적응 행동

아동기는 정규 학교 교육이 시작되는 시기로, 질서와 계획이 강조되며 통제 및 의도적인 사회화가 실시된다. 아동은 이러한 학교사회 속에서 여러 가지 발달과업을 수행해야 한다. 또래들과 잘 어울린다거나 어른들의 요구에 적절히 반응하는 것, 기초적인 학습 능력을 갖추는 것 등이 아동기의 발달과업이다.

① 불안장애와 등교 거부

• 불안장애

아동기의 불안에는 격리불안장애, 회피불안장애, 과잉불안장애가 있다.

- 격리불안장애: 다른 사람과 떨어지는 것에 불안을 느끼는 장애, 심적인 두려움뿐만 아니라 복통, 두통 등의 신체적인 증상이 나타남
- 회피불안장애: 새로운 사람과의 접촉이나 만남을 두려워하고 피하는 장애
- 과잉불안장애: 특정 사람이나 환경에 대해서가 아니라 모든 것에 공포와 걱정을 느끼는 장애

• 등교 거부

불안장애에 의해 비롯될 수도 있고 다른 요인에 의해 비롯될 수도 있다. 등교 거부의 형태는 다음과 같다.

- 무단결석(일명 중간 치기): 학교에 가는 척하고 다른 곳으로 빠지는 것
- 사람과의 접촉을 피하고 학교에 가거나 사람을 만나는 것을 싫어하는 경우(회피불안장애)
- 학습의 부담감으로 인해 등교를 거부하는 경우(가정잔류)
- 학교공포증: 부모로부터의 격리를 무서워하는 상태/ 격리불안장애의 일례로 볼 수 있으며 부모와 자녀가 서로 지나치게 애착관계를 맺고 있을 때 유발됨

가능한 한 학교에 보내는 것이 좋으나 등교 거부 치료를 위해서는 무턱대고 학교에 보내기보다는 학교를 사전 견학한다든지, 운동장에서 놀이를 해 보는 것 등 점진적인 접근법을 쓸 수 있다.

② 학습장애

학업 성적이 낮은 경우에는 학교에서 인기를 얻지 못하고 고립되며, 열등감을 갖게 되는 등 나쁜 결과를 초래하게 되므로, 학습은 초등학교 때 중요한 발달과업이 된다. 나쁜 학업 성적은 자아개념의 발달에 부정적인 영향을 미친다. 학업 성적이 좋지 않으면 학업 자아 개념이 부정적으로 나타나게 되며, 결과적으로 자아정체성이 제대로 형성되지 않으며 성격에 이상이 초래된다.

가. 학습부진과 학습지진

• 학습부진: 지능발달은 정상이나 읽기, 쓰기, 셈하기에서 최소한의 학업 성취 수준을 달성하지 못하는 경우. 1/3 정도는 정서장애인 우울증이 원인, 1/3은 주의력 결핍이나 과잉 활동 장애, 나머지 1/3은 사회환경적 요인

• 학습지진: 자능이 대체로 70~90 사이로 지능발달이 제대로 이루어지지 않은 경우. 지능 개발이 가능하므로 지능 개발을 통해 학습지진을 해결할 수 있음

※ 학습지진과 학습부진은 선천적 장애라기보다는 치료가 가능한 문제이다.

나. 학습장애

정신기능이나 감각기능 등이 정상이고 심리장애나 문화적 결손이 없음에도 불구하고 학습능력이 크게 떨어져서 읽기, 쓰기, 셈하기 등 기초 기능이 낮은 상태

다) 학습차단: 특정한 인물, 내용, 장소 등에 대한 편향 감정으로 인해 학습 곤란이 나타나는 상태

• 학습장애의 증상과 특성
 - 읽기, 쓰기, 셈하기 등의 수준이 기대에 비해 현저히 뒤떨어진다.
 - 읽기장애를 가진 아동은 글자나 단어를 말소리와 연결시키지 못하거나, 철자를 뒤집어 읽는다든지 하는 어려움을 보인다.
 - 시각이나 청각 장애에 의해 읽기 장애가 나타는 경우엔 난독증이라 하고 뇌손상으로 읽기장애가 나타난 경우엔 실독증이라 한다.
 - 쓰기 장애는 철자장애를 말한다.
 - 셈하기 장애는 계산에 곤란을 겪는 장애를 말한다.

- 학습 장애의 원인과 치료

  정보처리기능상의 문제나 애로로 인해 학습 곤란이 일어났을 경우에는 전통적인 언어 치료 방법을 사용할 수 있다.

  그 외에도 숙달감과 자기효능감을 느낄 수 있도록 하는 것, 주의력 집중 훈련, 행동주의 방법(보상, 강화요법) 등이 있다.

③ 주의력 결핍 및 과잉활동장애(ADHD)

7세 이전에 발생

가. 증상

- 주의집중 기능에 큰 장애가 있고, 명령에 순종하지 않고, 충동을 통제할 수 없으며, 다른 사람과 잘 어울리지 못하는 등의 증상이 나타남
- 단순히 활발하고 호기심 많은 것을 ADHD로 진단하지 않도록 각별히 주의해야 함

나. 발생원인

- 생물학적 원인
  - 유전적 요인: 반사회적 부모를 가진 자녀가 ADHD를 가질 확률이 높음
  - 환경적 독성 물질: 납중독, 니코틴 중독 등으로 인한 발병
- 심리학적 원인

  본인의 ADHD 소질, 부모의 권위적인 양육 방식, 부모나 형제의 행동을 모방하는 것 등

다. 치료

- 행동학습 원리에 따른 치료: 보상을 이용하여 행동수정 프로그램 운영
- 약물치료: 각성제 처방의 경우 단기적으로 진정 효과, 주의력 집중 효과는 있으나 아동의 학습 능력 향상을 오히려 저해할 수 있음

2) 청소년기의 사회환경과 부적응 행동

- 중·고등학교 시기
- 과도기, 경계인, 주변인(아동도 아니고 성인도 아닌 중간 단계의 시기)
- 신체적·성적 발달이 뚜렷한 시기
- 정서적으로 불안하고, 부모로부터의 독립 추구
- 기존 가치관을 재구성하는 시기

(1) 청소년기의 사회환경

① 발달과업과 사회환경
가. 사회적 발달과업
- 정서적 성숙: 희로애락의 분화와 정서의 조절 능력 심화, 적절한 정서 표출
- 수평적인 대인 관계 형성
- 정체성 형성: 인생관을 형성하는 발달과업
- 독립성과 애착의 조화

나. 청소년 시기에 자신의 독립성을 외부로 드러내기 위한 방법
- 자기 스스로 의사 결정을 내리는 행동
- 부모나 교사의 지시나 의도를 의도적으로 거역하고 거부함
- 자신의 미래에 대해 스스로 결정하려 함, 미래의 직업을 탐색하고 준비

② 청소년기의 부정적인 사회환경
- 발달과업 달성을 저해하는 환경이 많다.
- 청소년들이 갈등과 문제를 순조롭게 해결하지 못하여 욕구불만에 처하는 경우가 많다. 이 경우 청소년들은 감정에 입각해 판단을 내리거나 비행을 저지르기 쉽다.
- 가정의 불안정성: 부모의 전제적인 교육, 일관성 없는 양육 방식, 과잉보호, 무관심, 대화의 부재, 지나친 기대 등

- 만연하는 상업주의: 사리판단이 부족한 청소년들을 이용하거나 유혹하여 돈벌이를 함
- 물질적 가치 숭상: 자신이 가진 물질적인 수단의 부족에 대해 열등감을 갖게 되거나 진지성이 낮아지고 피상적인 사고를 하게 됨
- 정보의 홍수: 판단의 어려움을 유발

(2) 청소년기의 부적응 행동

① 품행장애

- 품행장애의 의미: 미성년자의 반사회적 성격장애
- 불손한 행동과 함께 미성년자의 반사회적 행동이 포함된다. 타인의 권리를 침해하는 행동이나 사회적 규율을 위반하는 행동을 할 뿐만 아니라 거기에 대해서 무감각하고 양심의 가책을 느끼지 못함
- 여러 가지 형태로 공격성을 표출. 공격적, 반사회적 행동을 하거나, 어른에게도 반항적이고 적대적인 행동을 하고 불복종적인 행동을 함
- 품행장애라고 진단을 하기 위한 기준(325쪽 참고)
- 품행장애를 가진 사람은 타인과 사회적인 애착관계를 맺지 못한다. 열등감이 있고 이기적이며, 문제가 있으면 항상 남을 탓한다.

cf) 반항성 장애

- 부모, 교사, 이웃 어른들 등 권위 인물에 대해 반복되는 거부적, 도전적, 불복종적인 행동을 6개월 이상 지속할 때
- 품행장애와 유사하나 신체적 공격성을 가지고 있지 않은 장애
- 대부분의 청소년들이 갖고 있는 문제나 장기적으로 나타났을 때 반항성 장애
- 반항성 장애를 가지고 있는 개인은 자신의 행동을 불합리한 환경에 대한 정당한 반응이라 주장한다. 예를 들어 반항성 장애아들은 자신의 반항적이고 거부적인 언행은 독립에 대한 주장이라 여기고 정당하다고 생각한다. 반항성 장애는 독립과 애착의 부조화로 인해 나타난다고 볼 수도 있다.

- 품행장애의 원인
  - 생리적 원인
  유전적인 요인(일란성 쌍생아의 반사회적 행동의 일치율이 높다거나 부모가 반
  사회적인 성격장애를 가지고 있을 때 아동이 품행장애를 보인다는 연구가 있다),
  신경심리적 요인

  - 심리적 원인
  양심과 도덕성 발달의 실패(정신분석학: 초자아의 실패), 조작적 조건 형성에 의
  한 공격성 행동의 학습(행동주의: 모델링), 인지 과정의 왜곡(인지주의), 가족 생
  활 환경(아동과 부모의 강한 애정적 유대의 문제, 아동에게 강한 도덕적 기대를
  거는 것, 일관성 있는 처벌의 결핍, 심리적 처벌이 아니라 신체적 처벌을 자주 하
  는 것), 사회·경제적 수준(낮은 사회경제적 수준으로 인한 욕구불만, 부모의 실
  직이나 교육 시설의 부족, 교육 기회의 부족 등)

- 치료방법
  공정한 소득 분배, 빈곤 계층에 대한 직업 교육, 부모의 양육 기술 개선, 정적인 강
  화 사용, 분노 조절 기술을 가르치고 도덕적 사고 요령을 교육하는 것

② 집단 따돌림
- 집단 따돌림의 의미: 특정인을 그가 속한 집단에서 소외시키는 것, 인격적으로 무
  시하고 음해하는 언어적, 신체적 일체의 행위
- 학교를 중심으로 또래집단에서 나타난다.
- 또래는 준거집단의 역할을 하고 정서적인 기반으로서의 역할을 하므로 따돌림은
  인격의 형성에 큰 영향을 미친다.
- 집단 따돌림이 크게 문제시되는 이유
  - 청소년들은 따돌림으로 인한 상처와 충격에 대해 심리적 방어기제가 제대로
    형성되어 있지 않으므로 매우 충격이 크다.
  - 우리나라 청소년들은 집단주의적 가치관에서 자랐기 때문에 소외되는 것에서
    큰 충격을 받는다.

- 주요한 사회적 지지망 상실
- 개인의 인권 침해
- 바람직한 청소년 문화 형성 저해
- 도덕성 발달과 가치관 형성에 부정적 영향
- 집단 괴롭힘과 밀접한 연관

• 유발요인
특이한 용모나 행동, 또래에 비해 뒤떨어진 능력 등

• 해결 방안
타인의 개성 존중, 타인의 장점 찾기 노력 등

3) 성년기의 사회환경과 부적응 행동

(1) 성년기의 사회환경

① 성년기(청년기 + 성인기)
• 청년기: 청소년기와 구분이 되면서 사회적으로는 성인의 역할을 하도록 기대되는 시기, 주로 20대
• 성인기: 가정을 가지고 있으며 직업 생활에 정착, 주로 30대

② 성년기의 특징
• 인간의 내적 성장이 활발한 시기
• 빠르게 변화하고 극심한 경쟁이 일어나고 있는 사회환경 속에서 미래에 대한 불안이나 독립에 대한 두려움과 같은 부적응 행동이 나타날 수 있음
• 20대를 청년기로 구분하는 이유: 사회 통념상 대학생이나 직장 초년생들이 청소년과는 구분되고 사회적으로도 성인으로서 대우하고 역할을 기대하기 때문

③ 청년기의 발달과업
- 사회적으로 책임 있는 행동을 수행하는 것
- 남성 또는 여성으로서 자기성에 적합한 성역할을 습득하는 것: 종래에는 남성과 여성이 각각 남성성과 여성성을 별개로 습득할 것을 기대했다. 그러나 최근에는 양성성이 강조되면서 남성과 여성 모두가 양성성을 습득할 것을 기대한다.
- 부모나 다른 성인으로부터 경제적, 정서적 독립: 경제적인 것뿐만 아니라 정서적인 것도 포함된다. 청소년기에는 부모로부터 분리하여 주로 동년배 집단에 결합하는 경향을 보인다. 청년기에는 동년배로부터도 독립하여 개별성을 획득하는 것이 요구된다.
- 시민생활에 필요한 지적 소양 구비
- 직업선택과 그에 대한 준비
- 자아정체감 확립: 이 과업은 청소년기에도 언급되나 청소년기에 자아정체감이 완성되는 것은 매우 어려운 일이다. 자아정체감이란 인생관이라고 할 수 있으며, 자신이 살아온 과거와 미래를 조망하면서 통일된 인생철학을 확립하는 과제이기 때문에 청년기에 이러한 과제가 완성될 것으로 기대하는 것이 더욱 적절하다.
- 청년기에 자아정체감 형성이 요구되는 이유: 급격한 신체적 변화와 성적 성숙의 단계이고, 과도기로서 신체적으로는 이미 성인으로 성장했지만 경제적·정서적으로 여전히 부모에게 의존하고 있어 자신의 위치와 역할을 고민하지 않을 수 없기 때문이며, 선택과 결정의 시기로 진학문제, 직업선택, 이성문제, 교우관계 등 스스로의 선택이 요구되는 상황에 직면하게 되고, 현저한 성장을 보이는 인지능력 때문이다.
- 확고한 자아정체감을 형성한 사람의 특징
  - 개별성: 고유성, 자기 자신이 독특하고 특별하다는 인식
  - 총체성: 일관성, 욕구, 태도, 동기, 행동 양식들이 전체적으로 통합되어 모순 없이 일관되고 의식되는 경향
  - 계속성: 시간이 경과해도 동일한 사람이라고 인식하고 동일한 사람이려고 노력하는 것
- 부모로부터 분리, 독립하여 자율성 형성: 청년기 자녀의 독립에 대해 부모가 어떤 태도를 보이는가가 매우 중요하다. 자녀가 분리 독립하려 할 때, 부모가 자녀에

대해 기존에 부과하던 금지나 제한을 줄이는 것이 자녀의 독립에 더 효과적이다. 가족의 의사결정에 자녀가 참여하도록 하거나, 자녀를 독립된 개인으로 인정하는 부모의 태도가 필요하다.

④ 성년기의 발달 과업
• 직장을 선택하고 유지하는 것
• 안정적인 결혼생활
• 부모 역할 하기, 자녀 양육하기
• 가정 꾸리기
• 책임 있는 시민 역할 하기
  이상과 같은 과업들은 타인에 대한 친밀감을 발달하도록 하는 과업이라 할 수 있다.
• 에릭슨의 6단계 친밀감 발달: 만약 친밀감을 발달시키지 못하면 고립감을 형성하게 된다. 친밀감이라 하는 것은 성적인 친밀감뿐만 아니라 사회적인 친밀감을 포함하는 것이다. 친밀감의 발달은 타인과 개방적, 지지적, 조화로운 관계를 형성하는 능력을 말한다. 이러한 친밀감을 성취하기 위해서는 감정이입 능력, 자기 통제 능력(자제력), 타인의 장단점을 수용하는 능력 등이 필요하다.
• 자아정체감의 안정: 자아정체감이 안정된 성인의 특징(341쪽 하단 참조)

⑤ 성년기의 정체성 장애
  성년기 부적응 행동의 대표적인 예. 정체성이 확립되지 않아서 직업, 성, 교우관계, 인생 목적 등에 대해 갈피를 잡지 못하고 불안해하며, 일관성 없는 행동을 나타내는 것. 예) 의존성 장애, 경계선적 장애, 자기애적 정체성 장애, 히스테리성 정체성 장애 등

가. 의존성 성격장애
  병적인 상태에 이른 이상 성격. 사람은 누구나 독립과 의존의 경향이 모두 있다. 그러나 의존성 성격장애자는 독립과 의존의 두 축이 심각하게 깨져서 다른 사람의 도움과 보살핌에 의지하려고만 하는 경향을 보인다. 스스로 어떤 결정도 내리지 못하고 다른 사람의 위로나 보살핌을 갈구하며, 자기자신에 대한 확신이 부족하다.

- 임상적 특징
  - 유순함과 무력감, 지지와 인정에 대한 추구, 자기비하적
  - 자기 책임이나 자기통제를 다른 사람에게 의탁: 사소한 결정에서도 타인의 지도나 조언을 구함
  - 자세나 목소리에서 자신감의 결여
  - 사회적인 기술(타인지각, 공감, 자기표현, 자기주장 등) 부족
  - 타인의 요구만 좇아 행동
  - 다른 사람에게 복종적
  - 대부분의 활동에 대해 흥미나 동기가 저하
  - 자신의 세계를 축소시키고 통찰력과 비판력이 없음
  - 겉으로는 낙관주의적이나 삶의 기쁨이 부족하고 의존 대상이 없는 경우 비관하거나 낙담함

- 원인
  - 성장과정에서의 과잉보호

※ 부모가 과잉보호하게 되는 이유

부모의 성격 자체가 신경증을 내포하고 있을 때, 부모가 무의식적으로 자녀에게 죄책감을 느끼는 경우에 반동형성으로 인해, 자녀가 공격심과 적개심을 감추기 위해 반대로 의존하는 모습을 보이는 경우, 다른 형제가 유난히 공격적이거나 유능하거나 말썽쟁이인 경우

  - 경쟁력 부족을 반복적으로 경험하면서 자기 비하나 사회적 수치감이 형성되어 이것이 의존성 성격장애의 원인이 될 수도 있다. 남성보다 여성에게서 더 많이 나타나는데 이는 사회적 분위기가 여성에게 보다 수동적이고 의존적인 행동을 하도록 강화하기 때문이다.

- 치료 방법
  - 치료 목표를 독립보다는 자율에 두는 것이 효과적
  - 중요한 타인들로부터 점점 독립적이 되도록 치료단계를 나누어 실시하는 것이 효과적

- 자기 신뢰감, 자기 효능감을 증진시키는 것이 효과적
- 대처기술(문제 해결력, 자기 결정력, 객관적인 상황 판단력 등) 다양화
- 자기주장 훈련: 자율성 강화를 위한 소크라테스식 문답법, '나'를 주어로 사용한 자기주장 훈련 등

나. 경계선 성격장애

정체성 장애의 일종, '경계선'의 의미: 신경증과 정신 분열사이의 경계선이라는 의미, 증상이 불분명하여 치료가 어렵다는 의미, 또는 불안정한 성격구조 등등의 의미가 논의되고 있으나 합의가 이루어지지는 않고 있다.

- 임상적 특징

경계선적 성격장애를 앓고 있는 사람은 기분, 행동, 태도, 정서에서 일관성이 없고 변경이 심하다. 이러한 사람들은 매우 충동적이어서 경우에 따라서는 자살을 저지를 수도 있다. 이러한 비일관성, 불안정성, 변덕 등은 자아정체성이 확립이 되어 있지 않기 때문에 나타난다고 볼 수 있다.

- 원인

아동기의 외상 경험(중요한 타인으로부터의 정서 철회, 무시, 신체적 학대, 언어적 학대 등의 충격적 사건의 경험)/ 부모의 일관성 없는 양육 방식/ 불확실성의 사회

- 치료 방법
  - 지지적인 치료: 내담자가 가지고 있는 기존의 방어기제를 강화하고 스트레스로 작용하는 환경적 요인을 제거하거나 감소시키는 것
  - 재구성적 치료: 내담자의 성격을 근본적으로 재구성하는 치료법

4) 중년기의 사회환경과 부적응 행동

- 신체적인 나이로 볼 때 40세 전후부터 사회적 은퇴가 이루어지는 60세 전후
- 사회적인 나이로 보았을 때는 첫 번째 자녀가 사춘기를 시작할 때부터 막내 자녀가 결혼을 할 때까지, 또는 본인이 직업생활에서 은퇴할 때까지

- 가족 주기로 볼 때는 막내자녀가 초등학교에 들어가는 시기부터 본인 자신이 직업생활에서 은퇴하는 시기

(1) 중년기의 특징
- 샌드위치 세대, 빈 둥지 세대, 상실감의 시기, 제2의 사춘기, 정체성 위기의 시기
- 한편에선 전성기라고도 볼 수 있으나 또 한편에선 쇠퇴기: 업무 수행의 측면에서 보면 완숙도가 최고도에 이르므로 전성기의 시기이나 체력적인 측면에서는 쇠퇴기의 시작
- 삶의 의미와 자신의 실체에 대해 되돌아보면서 의문을 갖고 삶의 무의미, 공허감, 고독, 무기력감을 갖게 되는 시기, 정서적 혼란과 방황을 겪는 시기
- 갈등과 불균형을 해결하려고 하는 성장지향적 발달이 가능한 시기: 이전에는 가족, 직장, 이웃과 더불어 함께한다거나 뒷받침해야 한다는 생각이 강했으나 중년기는 독자적 발달이 가능한 시기
- 심리적으로 불안한 전환기: 가족과의 혼연일체에서 개별화로 나아가는 전환기
- 남성성과 여성성이 통합되어 성역할이 보다 융통성 있게 변화: 남녀가 양성성을 보다 많이 보일수록 중년기의 적응력이 높아진다.
- 에릭슨
  - 중년기는 생산성 대 침체의 위기와 갈등이 일어나는 시기
  - 생산성이란 자녀양육, 직업, 사회발전 등에 몰두하고 관심을 갖는 등 긍정적인 노력에 몰두할 수 있는 성향이다. 그리하여 직업적 성취, 사회봉사, 자녀 양육 등에 몰두할 수 있는 시기이다. 그러나 침체에 빠진다면 부부갈등, 이혼, 자녀와의 갈등, 노부모 부양의 부담 등의 문제를 갖게 된다.

(2) 중년기에 나타나는 부적응 행동
- 우울증
- 약물 관련 부적응 행동

① 우울증
우울증이란 우울한 기분이 장기간 지속되는 상태를 말한다. 우울한 기분이란 슬픈

감정과 함께 불쾌감과 고통스러운 정서가 곁들여진 것이다. 즉, 우울이란 슬픔과 함께 더불어 삶에 대한 동기, 욕구 등이 극도로 저하된 상태이다. 행동적인 측면에서도 침체, 위축된다.

가. 증상
• 인지적 측면
  - 자신이 무능하고 열등하고 무가치하다고 생각하여 자기비하적 사고를 함
  - 타인들이 모두 비정하고 나에 대해 적대적이고 냉혹하다고 생각
  - 허무하다는 생각
  - 모든 일에 죄책감을 느낌
  - 피해망상적인 사고
  - 기억력 저하, 주의집중 감퇴

• 행동적 측면
  - 해야 할 일을 미루거나 하지 않음
  - 활력과 생기 저하
  - 다른 사람과 함께 하는 활동에 참여하길 꺼림
  - 자학적인 행동

• 신체생리적인 측면
  식욕저하, 체중 감소, 소화불량, 두통

나. 원인
• 정신분석학적 입장
  사랑하던 대상을 상실한 결과로 나타난다. 사랑하던 대상을 상실하게 되면 슬픔과 함께 떠나간 대상에 대한 분노를 느끼게 된다. 이러한 분노의 감정이 억압되어 무의식화되고, 이렇게 무의식화된 감정이 자기자신에게 향하여 스스로를 비난하고 책망하여 죄책감을 느끼게 해서 우울증이 나타난다.

- 행동주의적 입장

  긍정적인 강화를 받지 못한다든지 우울한 행동을 했을 때 잘못 강화가 되었다든지 해서 나타난다.

- 인지이론

  인간은 능동적으로 의미를 구성하는 존재이다. 그러므로 잘못된 의미를 구성하여 우울한 기분을 갖게 된다. 일상에서 일어나는 생활사건들을 부정적이고 비관적인 의미로 과장하고 왜곡하기 때문에 부적절한 사고 내용을 갖고 부적절한 신념체계를 갖게 되어 우울증이 나타난다.

- 생물학적 이론

  유전적인 요인, 뇌 구조의 기능적 손상, 생체 리듬의 이상 등으로 인해 우울증이 나타난다.

다. 치료방법

- 심리적 치료
  - 인지 치료: 부정적 사고나 인지적 오류를 시정하는 치료법
  - 정신역동적 치료: 자존감 향상, 초자아 조정, 중요한 타인에 대해 무의식적으로 느끼고 있었던 분노의 감정을 자각하게 한 다음 이 분노의 감정을 수용하고 해소하도록 하는 것
  - 행동 치료: 긍정적인 강화의 비율을 증가시킴. 예) 자기생활 관찰기법, 계획적인 활동기법, 점진적 과제기법
  - 인본주의적 치료: 내담자의 체험과 생각을 수용적으로 이해하고 내담자가 느끼는 우울감과 좌절감을 공감하려 하는 것

- 물리적 치료

  약물치료, 전기충격치료

② 물질 관련 장애

가. 물질 남용과 의존의 준거

• 관련 물질의 종류: 알코올, 흥분제, 환각제, 흡입제, 니코틴 등

• 물질 남용과 물질 의존의 구분

과거에는 약물 중독과 약물 남용을 구분하였으나 요즘에는 중독이라는 개념에 물질 남용과 물질 의존을 모두 포함시킨다.

과거에는 신체적 금단 증상과 내성을 기준으로 하여 남용과 의존을 구분하였으나 오늘날에는 물질의존의 진단기준 7가지 기준 중 세 가지가 해당되면 물질의존으로 진단한다.

– 내성이 생긴다.

– 물질사용을 감소하거나 중단했을 때 금단증상이 생긴다.

– 의도한 것보다 더 오랫동안 더 많은 물질을 사용한다.

– 물질을 과다하게 사용하는 것을 알고 그것을 감소시키려는 노력을 하지만 성공하지 못한다.

– 물질을 얻거나 그 효과로부터 회복하는 데 많은 시간을 보낸다.

– 약물에 의한 심리적 혹은 신체적 문제가 생기거나 악화되는데도 불구하고 물질사용을 계속한다.

– 물질사용 때문에 많은 사회활동들을 못하게 되거나 줄어든다.

물질 남용은 과거에는 물질을 비의학적 목적으로 사용하는 것을 가리켰으나 오늘날에는 다음 기준 중 한 가지만 해당되어도 물질 남용으로 진단한다.

반복적인 물질사용으로 인해 자신의 주된 의무를 완수하지 못한다.

약물효과로 인해 기계작동이나 운전 같은 신체적 위험에 노출된다.

무질서한 행동문제나 교통위반 같은 법적인 문제를 보인다.

배우자와 싸우는 것과 같은 사회적 문제 혹은 대인관계문제가 지속되고 반복되는데도 불구하고 계속 물질을 사용한다.

• 물질의존으로 진행되는 과정

호기심에서 시험적으로 또는 사교 목적에서 사용하는 단계

→ 도구적 사용 단계(자기감정을 조작하기 위해 의도적으로 사용하는 단계)

→ 습관적인 사용 단계

→ 강박적인 행동 단계

나. 물질중독(남용+의존)의 임상적 특징

공격적 행동, 정서불안, 기억력 감퇴, 판단력 저하, 부적응적 행동, 부적응적 심리

다. 요인

성격적 요인, 심리학적 요인, 유전적인 요인, 사회학적인 요인

몰아가는 push 요인과 끄는 pull 요인

라. 치료법

• 공급 측면에서의 노력

• 사용 측면에서의 노력: 의학적 치료모델, 사회적 치료모델, 심리적 치료모델

※ 중복접근법: 다양한 치료모델을 복합적으로 사용하는 것

◇ 인간행동 이해 ◇

1. 인간행동 이해의 필요성

- 개인들의 인간관계를 자연스럽고 편안하게 유지시키는 자원이 될 수 있다.
- 갈등을 해소시킨다.
- 인간관계를 보다 효율적이며 질적으로 발전시킬 수 있다.
- 행동의 배경과 의도를 이해함으로써 오해 없이 발전적인 방향으로 관계를 끌어갈 수 있다. 상대방의 행동을 예측할 수 있고 상대의 기대를 충족시켜줄 수 있다.
- 집단 성원의 만족도와 자발적인 참여를 증진시키고 집단의 목표달성과 총효율성을 극대화시킬 수 있다.
※ 총효율성: 눈앞의 이익이 아니라 보다 넓은 시각에서 이익을 도모하는 것
- 인간과 인간행동에 대한 보다 정확한 정보를 바탕으로 국가 정책의 효율성과 사회정의 및 국민 복지를 도모할 수 있다.
※ 인간관계는 받은 이익과 그에 대한 보상이 반복적으로 이루어짐으로써 상호작용이 계속된다.
- 호혜의 의무: 받은 이익에 대해 보답하려는 의무
- 공정교환: 받은 이익과 그에 대한 보상의 수준을 가능한 한 비슷하게 하려는 것
※ 생태계 일원으로서의 인간 존재에 대한 이해: 인간의 욕망은 무한하나 동물과는 달리 지적 능력을 가지고 있어서 목적과 수단의 관계를 파악하는 능력이 뛰어나다.

2. 인간행동과 유사한 개념

1) 인간행동이란?

행동이란 유기체 내외에서 일어나는 자극에 대해 일어나는 반응, 다른 유기체의 반

응을 촉발하기 위해 행하는 자극이다. 즉, 겉으로 드러난 것(신체적 작용)뿐만 아니라 내적 작용(심리적 작용)도 행동을 볼 수 있으며 다른 유기체의 반응을 촉발하기 위한 것도 행동에 포함시킨다.

2) 행위

행동(behavior)은 자극에 대해 일어나는 반응이고 행위(action)는 어떤 목적이나 의도를 갖고 이루어지는 활동이라고 구분하기도 한다. 이러한 구분은 자극－반응의 틀에서 인간의 행동을 연구하는 행동주의 연구에서 유래한 것이다. 그러나 오늘날에는 행동과학의 영향으로 행동을 행위까지 포함하는 개념으로 보고 있다.

* 다른 동물과 다른 인간행동의 특징
- 사회의 문화가 행동에 반영되어 있다.
- 학습에 의해서 행동이 형성된다.
- 인간의 행동은 개인의 선택에 의해 형성된다. 즉 개인의 인지와 의지가 작용한다.
- 개성이 있다.

3) 동기

욕구가 어떤 목표를 가지고 있을 때 이를 동기라 한다. 심리적 작용이므로 행동과 밀접한 개념이다.

4) 학습 활동

심리와 행동의 변화

5) 발달

심리활동에 의한 발달

6) 성격

심리의 작용 방식이 일정하게 이루어질 때 성격이라 한다. 상당히 지속적이고 개인차가 있으며 변화한다. 성격이란 경험에 의해서 알 수 있는 것이 아니라 가설적으로 구성한 개념이다.

7) 규범과 도덕성, 시민성 등

인간행동이라기보다는 인간행동을 유발하는 요인으로 볼 수 있다.
• 도덕성: 도덕에 따르려는 의지나 성향
• 시민성: 자발적으로 참여하려는 의지나 성향

3. 인간의 행동적 특성

• 동물과 유사한 행동 성향도 있고 다른 성향도 있다.
• 동물과 유사한 행동 성향: 위험 기피, 자식을 양육하는 것, 자식과의 유대 관계, 가족 간 우애 등
• 다른 동물과 다른 인간만의 행동 성향
  − 상징과 의미를 창조하고 학습하는 행동 → 의사소통, 문화 창조가 가능
  − 자기성찰과 비판적 분석: 자기를 객관화하여 살펴볼 수 있는 능력과 자신의 목적 및 목표 달성을 위해 적합한 수단을 모색하고 분석할 수 있는 능력
  − 지식과 기술의 창조와 세련화, 과학적 활용
  − 제도와 관습의 창조와 유지

9. 시험문제 예제 (3)

1. 인간행동을 이해함으로써 얻을 수 있는 이점으로 적당치 못한 것은?
   ① 개인들의 인간관계를 자연스럽고 편안하게 유지시키는 자원이 될 수 있다.
   ② 인간관계를 효율적이며 질적으로 발전시키는 정보로서 기능할 수 있다.
   ③ 집단성원의 자발적인 참여를 이끌어 내는 데 어려움이 있다.
   ④ 국가정책이나 개혁의 효율성을 증대시킬 수 있다.

2. 다음 중 지금 당장에 나타나는 효율성, 자기 주변에서만 나타나는 효율성과 대비되는 개념은?
   ① 총효율성   ② 가치효율성   ③ 실질효율성   ④ 초효율성

3. 블라우가 지절한 호혜의무, 공정교환 등과 같은 사회 심리적인 기제가 바탕을 이루는 것은?
   ① 집단성원의 만족도   ② 사회정의와 공동체의 복지증진
   ③ 지적인 호기심 충족   ④ 지식의 축적

4. 받은 이익에 보답하려는 욕구가 사회적 상호작용의 발생기제 구실을 한다고 주장한 학자는?
   ① 베크   ② 콩트   ③ 마르크스   ④ 블라우

5. 콩트나 마르크스에 뿌리를 두고 있는 학문관은?
   ① 자연주의 학문관   ② 인간주의 학문관
   ③ 개방주의 학문관   ④ 개혁주의 학문관

6. 다음 중 과학주의 학문관에 속하는 인물은?
   ① 콩트   ② 베버   ③ 블라우   ④ 미드

7. 인간들이 자연을 정복하거나 마음대로 활용할 수 있는 존재로 여기게 된 시기는?
   ① 농업발달 이후   ② 수렵·어로시대 이후
   ③ 산업혁명 이후   ④ 1960년대 이후

8. 인간 우월주의적 사고방식을 공고히 하는 절차와 과업으로 작용한 것은?
   ① 과학과 기술   ② 도덕성과 규범   ③ 인간의 욕구   ④ 정치와 권력

9. 다음 중 인간 우월주의적 사고와 관련이 적은 항은?
　　① 과학과 기술　　② 생산과 경영　　③ 도덕성과 규범　　④ 종교와 교육

10. 다음 중 인간을 생태계 내의 한 존재로서 이해하며, 자연과의 조화를 통하여 인간의 생존과 발전을 도모하는 것은?
　　① 인간 우월주의　　② 환경위험주의　　③ 문명중심주의　　④ 생태중심주의

11. 오늘날 생태계 파괴의 결과로 나타나는 상황을 위험사회라고 주장한 학자는?
　　① 미드　　　　　② 베크　　　　　③ 융　　　　　④ 고다드

12. 인간행동의 의미와 관련된 설명으로 바르지 못한 것은?
　　① 사전적 의미의 행동이란 '유기체의 내적인 혹은 외적인 자극에 대하여 보이는 반응 또는 다른 유기체의 반응을 촉발하기 위한 자극'이다.
　　② 인간의 행동은 같은 자극에 대한 반응방식은 모두 동일하게 나타난다.
　　③ 인간행동은 여러 학문의 개념과 이론을 비교하여 이해할 때만 분명하게 이해할 수 있다.
　　④ 인간의 행동은 인간에 의하여 창조되고 학습을 통하여 전승된다.

13. 다음 인간행동 중 일반적인 성향을 나타내는 행동은?
　　① 역할　　　　　② 도덕성　　　　③ 동기　　　　　④ 사고력

14. 다음 중 인간행동에 포함되지 않는 것은?
　　① 일반적 성향의 행동　　　　　② 충동적 행동
　　③ 사회적 행동　　　　　　　　④ 시민적 행동

15. 다음 중 심리적 행동에 속하는 인간의 행동은?
　　① 학습　　　　　② 역량　　　　　③ 역할　　　　　④ 사회참여

16. 다음 중 사회적 행동이 아닌 것은?
　　① 규범　　　　　②도덕성　　　　③ 시민성　　　　④ 집합행동

17. 다음 중 시민적 행동으로만 연결된 것은?
　　① 사회참여-규범　　　　　② 역량-동기
　　③ 집합행동-학습　　　　　④ 시민성-사회참여

18. 다음 중 정신과 동의어로 사용되는 개념은 무엇인가?
　① 도덕성　　　　② 동기　　　　③ 마음　　　　④ 역량

19. 다음과 같은 특징을 지닌 개인적 특성은?
　① 자아　　　　② 역할　　　　③ 동기　　　　④ 도덕

20. 인간의 마음에 구체성을 갖게 하는 것은? (p.if)
　① 역할　　　　② 동기　　　　③ 자아　　　　④ 학습

21. 동기에 대한설명으로 적당치 못한 것은?
　① 동기는 어느 구체적인 행동 발생의 원인이나 자극원에만 국한된 것이다.
　② 인간의 특정한 목적을 향하여 특정한 행동을 취하도록 유도하는 정신적 성향이다.
　③ 동기는 보다 역동적이고 목표지향적인 개념이다.
　④ 동기는 생리적 동기. 학습된 동기, 본유적 동기로 나뉜다.

22. 다음 중 본유적 동기에 속하는 것은?
　① 성 동기　　　② 권력동기　　　③ 유친동기　　　④ 접촉동기

23. 학습에서 가장 중요한 것은 무엇인가?
　① 발달　　　　② 경험　　　　③ 동기　　　　④ 성격

24. 다음 중 행위학습은?
　① 사회참여　　　　　　　② 사물의 존재 지각
　③ 가치판단　　　　　　　④ 구성관계 이해

25. 인간의 신체와 신경구조, 행동, 그리고 이 행동의 특성이 일정한 방향으로 변화되고 유형화되는 과정을 무엇이라 하는가?
　① 동기　　　　② 학습　　　　③ 발달　　　　④ 성격

26. 성격에 대한 설명으로 틀린 것은?
　① 성격의 개념은 인간의 행동을 지칭하는 심리학적 개념 중 가장 전형적인 개념이다.
　② 성격의 개념에는 마음이나 동기, 학습의 의미는 포함되지 않는다.

③ 성격의 개념은 매우 다의적이다.

④ 성격은 개인에게 비교적 일관성 있게 나타나는 특유한 행동과 사고양식의 총체이다.

27. 젤리와 지글러(L. Hjelle & D. Ziegler)가 제시한 성격의 공통점으로 바르지 않은 것은?

① 한 개인의 보다 기본적이고 지속적인 그 어떤 것이다.

② 반드시 학습을 전제로 한다.

③ 어떤 가설적인 구조나 조직체로 이해된다.

④ 다양한 내적, 외적 영향력에 따라 변한다.

28. 행동에 대한 사회적 기대와 실천행동의 규칙을 가리키는 것은?

① 학습　　　　② 시민성　　　　③ 성격　　　　④ 규범

29. 다음 중 규범에 대한 설명은?

① 문화적으로 설정된 선과 악의 기준이다.

② 개인의 특유한 행동과 사고양식의 총체이다.

③ 가장 중요한 것은 경험이다.

④ 연령의 변화에 따라 반드시 거쳐야 하는 과업이 있다.

30. 행위자가 참여방식을 선택할 때 따라야 할 준거와 원리에 따르는 것을 가리키는 말은?

① 규범　　　　② 시민성　　　　③ 도덕성　　　　④ 권력

31. 우리나라에서 인간의 존엄성, 인격 존중, 공익과 질서, 신뢰와 관용 등을 강조함으로써 중시되어 왔던 인간행동은 무엇인가?

① 도덕성　　　　② 사고력　　　　③ 역할　　　　④ 시민성

32. 다음 중 인간다움이라고 구분지어 말할 수 있는 인간만의 행동 특성이 아닌 것은?

① 상징과 의미를 창조하고 학습할 수 있다.

② 자녀양육 및 모성애나 형제애를 발견할 수 있다.

③ 자기성찰을 할 수 있다.

④ 제도와 관습을 창조하고 유지할 수 있다.

33. 다음 중 문화를 이루는 핵심적 요소는 무엇인가?
    ① 비판적 분석   ② 제도와 관습   ③ 의미와 상징   ④ 지식과 기술

34. 개인과 집단의 새로운 시도와 대안 탐색이 가능하게 되며, 개인의 발전은 물론 공동체가 안락한 희망의 공동체로 발전할 수 있게 하는 것은?
    ① 상징과 의미의 창조   ② 자기성찰과 비판적 분석
    ③ 기술과 지식의 창조   ④ 제도와 관습의 창조

35. 자신의 행동과 사고의 흐름까지도 객관화하여 고찰할 수 있고 객체 및 자신의 행동과 사고의 성향을 조절하기 위해 선택적으로 개입할 수 있는 성향은?
    ① 상징과 의미의 창조   ② 비판적 분석
    ③ 지식의 다각적인 활용   ④ 자기성찰

36. 기상 예측을 통하여 일기에 대비한 하루 계획을 세울 수도 있게 되고 경제성장이 환경파괴로 이어지고 그 결과가 민간의 생존 위협으로 되돌아 올 수 있음을 알게 하는 인간만이 가진 행동의 특성은 다음 중 무엇인가?
    ① 지식과 기술의 창조 및 다각적 활용 ② 상징과 의미의 창조와 학습능력
    ③ 자기성찰과 비판적 분석   ④ 제도와 관습의 창조·유지

37. 다음 중 독점과 갈등과 같은 공동체 유지에 장애가 되는 요소들이 억제되거나 해소될 수 있도록 하는 것은 무엇인가?
    ① 제도   ② 관습   ③ 지식   ④ 비판적 분석

10. 시험문제 예제 (4)

1. 회사나 단체에서 이루어지는 역할분담이나 고과평가, 사원복지제도 등이 바탕을 두고 있는 것은?
    ① 도덕성과 규범   ② 인간의 욕구와 이해관계
    ③ 행동의 예측과 통제   ④ 비판과 수정

2. 다른 사람의 의사와 행동을 통제하거나 바꾸는 힘을 가리키는 것은?
    ① 법률   ② 정책   ③ 논리   ④ 권력

3. 정치에서 예측과 통제를 유효 적절하게 이용하는 수단은?
   ① 선거   ② 종교   ③ 홍보   ④ 사회봉사

4. 구성원의 행동을 예측하고 통제하는 사회적 장치는?
   ① 대중매체   ② 법률   ③ 소비   ④ 학문

5. 새로운 상품을 생산하는 경우 소비행동에 대한 예측에 해당하는 것은?
   ① 생산과정   ② 상품광고   ③ 근무환경   ④ 시장조사

6. 인간행동의 예측과 통제에 관한 지식을 축적하는 사회과학에 속하지 않는 것은?
   ① 정치학   ② 문학   ③ 심리학   ④ 사회학

7. 권력이라는 인간행동이 어떻게 해서 형성되고 유지되며 변동되는가를 연구하는
   것은?
   ① 정치학   ② 윤리학   ③ 경제학   ④ 심리학

8. 인간의 생산과 소비와 관련된 행동을 연구하는 학문은?
   ① 윤리학   ② 교육학   ③ 정치학   ④ 경제학

9. 인간의 삶의 질을 향상시키는 인간적인 대응방식을 연구하는 학문은?
   ① 교육학   ② 윤리학   ③ 사회복지학   ④ 경영학

10. 다음 중 인간의 사회적 행동을 예측하고 통제하는데 관심을 두는 것은?
    ① 교육학   ② 경영학   ③ 윤리학   ④ 사회학

11. 인간의 행동을 예측하고 통제하는 문제에 가장 많은 관심을 가지는 학문은?
    ① 심리학   ② 교육학   ③ 윤리학   ④ 사회복지학

12. 인간의 행동을 연구하는 방법 중 가장 오래된 연구방법은?
    ① 객관적 방법   ② 직관적 방법
    ③ 자연과학적 방법   ④ 논리적 방법

13. 실험이나 조사, 관찰 등을 통하여 인간의 행동에 관한 지식을 얻으려는 방법은?
    ① 객관적 방법   ② 직관적 방법

③ 자연과학적 방법   ④ 논리적 방법

14. 연구방법이 일반적으로 과학적인 방법이라고 인정받기 위한 조건에 속하지 않는 것은?
    ① 엄격성   ② 논리성   ③ 복잡성   ④ 비판 허용성

15. 진술된 지식들이 상호 유기적이면서 전체적으로 짜임새가 있고 통일성을 보여야 한다는 특징은?
    ① 체계성   ② 엄격성   ③ 경험적 근거성   ④ 논리성

11. 시험문제 예제 (5)

1. 인간의 행동은 타고난다고 주장하는 이론은?
    ① 환경론   ② 결정론   ③ 유전론   ④ 자율론

2. 인간의 신체유형을 근육질이며 활동적인 유형, 마른 신체유형, 살찐 신체유형으로 구분하여 범죄자들의 신체적인 특성에 관해 연구한 학자는?
    ① 셸던   ② 고다드   ③ 미드   ④ 돌라드

3. 다음 중 뉴기니 지방의 부족 연구로 남성성이나 여성성이 유전적인 것이 아니라 문화적인 것이라는 인식을 확산시킨 학자는?
    ① 고다드   ② 반두라   ③ 스키너   ④ 미드

4. 인간의 행동적 특성이 문화나 환경에 의해 형성된다는 이론은 무엇인가?
    ① 유전론   ② 환경론   ③ 결정론   ④ 자율론

5. 다음 중 인간행동에 관한 오늘날의 일반적인 견해는?
    ① 유전과 환경의 상호작용을 통하여 인간의 행동을 형성한다.
    ② 유전적인 요인이 인간의 행동을 형성한다.
    ③ 환경적인 요인이 인간의 행동을 결정한다.
    ④ 유전이나 환경적인 요인은 인간의 행동에 전혀 영향을 미치지 않는다.

6. 인간의 행동이 외적 조건에 의해 형성되거나 변화될 수 있다는 이론은?
   ① 유전론   ② 자율론   ③ 환경론   ④ 결정론

7. 결정론과 관련이 없는 학자는?
   ① 돌라드   ② 반두라   ③ 밀러   ④ 스키너

8. 결정론에서는 반사적 반응을 일으키는 외적 자극을 무엇이라 하는가?
   ① 부적 요인   ② 일탈 요인   ③ 강화 요인   ④ 반사 요인

9. 지렛대를 누르면 먹이가 떨어지도록 고안한 실험 상자를 이용해 인간의 행동을
   해석한 학자는?
   ① 반두라   ② 로저스   ③미드   ④ 스키너

10. 다음 중 자율론의 견해로 적당치 못한 것은?
    ① 강화요인에 의해 결정된다.   ② 반응방식을 다각도로 분석한다.
    ③ 외적 자극을 평가한다.   ④ 반응양식을 선택하여 반응을 보인다.

11. 다음 중 자율적 속성을 강조하는 학자가 아닌 사람은?
    ① 미드   ② 매키논   ③ 로저스   ④ 반두라

12. 다음 중 로저스가 특히 관심을 두는 주안점이 아닌 것은?
    ① 의지적 지향성   ② 삶의 주관성
    ③ 선택의 타율성   ④ 건전한 선택능력

13. 인간을 'I'라고 하고 주체적 자아를 지닌 존재로 파악한 학자는?
    ① 미드   ② 반두라   ③ 매키논   ④ 호프만

14. 자율론에서는 인간만이 가지고 있는 주체적 반응기제를 통틀어 무엇이라고 하
    는가?
    ① 상황성   ② 일관성   ③ 전제성   ④ 주관성

15. 다음 중 일반적 특성론과 관련이 있는 학자는?
    ① 돌라드   ② 매키논   ③ 스키너   ④ 애시

16. 특수적 반응론과 관련이 없는 내용은?

　① 정신분석학자와 인지발달론자들에 의해 지지되고 있다.

　② 하트손과 메이의 연구에서 발견된다.

　③ 인간의 행동은 상황과 조건에 따라 달라질 수 있다.

　④ 애시는 자신과 다른 견해를 가진 집단 속에서도 자신의 판단을 계속 유지하는지 실험하였다.

12. 시험문제 예제 (6)

1. 다음 중 인간의 행동을 형성하고 발현하는 데 영향을 미치는 외적인 자극과 상황 및 여건을 무엇이라고 하는가?

　① 사회자극　　　② 전체자극　　　③ 외부환경　　　④ 사회환경

2. 안나 이야기나 늑대소년이야기를 통해 우리가 알 수 있는 점은 무엇인가?

　① 사회환경은 인간행동의 형성에 영향을 미치지 못한다.

　② 초기 사회화의 실패는 언어습득, 정서발달에 장애를 보인다.

　③ 어린 시절의 환경만이 일생의 인간행동을 결정한다.

　④ 인간과의 관계가 차단되면 인간은 당연히 폭력적으로 변하게 된다.

3. 인간의 행동이 사회환경에 따라 차이가 있다는 사실을 보여주는 예로 적당치 못한 것은?

　① 에스키모의 행동

　② 최첨단 도시의 시민들의 삶

　③ 우간다 동북부의 카리모 종족의 생활

　④ 울창한 삼림지대의 동남아 지역의 부족들의 행동

4. 현대인들에게서 발견되는 사회환경에 따라 나타나는 인간행동 차이의 예로 적당치 못한 것은?

　① 포로수용소　　　② 감옥　　　③ 학교　　　④ 군대

5. 인간의 행동을 형성하는 데 결정적으로 영향을 미치는 사회환경은?

　① 직장　　　② 가정과 학교　　　③ 종교단체　　　④ 대중매체

6. 정상적인 집안의 어린이 집단과 고아원 어린이 집단으로 나누어 아동기의 정서적인 교류 내지 유대의 중요성을 연구한 학자는?
   ① 스피츠　　　　② 돈부시　　　　③ 브라츠　　　　④ 서더랜드

7. 학교에서의 학생들의 행동을 형성하는데 관련된 요소가 아닌 것은?
   ① 학교의 공식적·비공식적 교육과정　　② 학생의 주관적 능력과 태도
   ③ 학교의 물리적·사회문화적 환경　　④ 학부모의 물질적 원조 여부

8. 우리나라 초등학생들이 가장 많이 경험하는 유형은?
   ① 체벌형　　　　② 방임형　　　　③ 권위형　　　　④ 설득형

9. 방임형에서 형성될 수 있는 도덕적 행동은 무엇인가?
   ① 공정성 우선의 도덕　　　　② 인습 및 권위 원리의 도덕
   ③ 자기만족 원리의 도덕　　　　④ 정의와 자율 원리의 도덕

10. 설득형의 요구 및 의사 대응 방식으로 적당치 못한 것은?
    ① 관례 답습적 대응　　　　② 합리성·타당성 중시
    ③ 자율적 억제 종용　　　　④ 개체 간 합의 존중

11. 한 인간이 생애 동안 접촉하는 횟수가 가장 많은 사회환경은?
    ① 직장　　　　② 대중매체　　　　③ 가족　　　　④ 동료집단

12. 동료집단의 영향을 극명하게 드러내 주는 일탈행동의 차별적 교제론을 주장한 학자는?
    ① 클라크　　　　② 서더랜드　　　　③ 베텔하임　　　　④ 할로

13. 오늘날 가장 영향력이 큰 사회환경은 무엇인가?
    ① 가족　　　　② 직장　　　　③ 대중매체　　　　④ 종교단체

13. 시험문제 예제 (7)

<문제 7-1>

1. 다음 중 인간발달의 원리를 잘못 설명하고 있는 것은?
   ① 축적적으로 이루어진다.
   ② 덜 분화된 상태에서 더 분화된 상태로 이루어진다.
   ③ 복잡한 유기체에서 단순한 유기체에로 이루어진다.
   ④ 낮은 능력단계에서 높은 능력단계로 이루어진다.

2. 인간발달에 관한 정의로 옳지 않은 설명은?
   ① 시간에 따라 일어나는 신체구조, 사고, 행동의 변화를 가리킨다.
   ② 변화는 점진적으로 진행되며 축적되지 않는다.
   ③ 그 결과로 신체에 착장. 복잡한 활동수행 능력의 증가를 가져온다.
   ④ 발달은 덜 분화된 상태에서 더 분화된 상태로 진행해 나가는 과정이다.

3. 뉴먼 부부가 제시한 인간발달에 관한 기본전제가 아닌 것은?
   ① 인간의 성장과 발달은 삶의 일정 시기에 걸쳐 일어난다.
   ② 인간의 삶이란 시간에 따라 진행되면서 지속성과 변화를 보인다.
   ③ 인간을 전체로서 이해해야 한다.
   ④ 인간의 발달과 행동은 그에 관련된 상황이나 인간관계의 맥락에서 분석되어
      야 한다.

4. 인간발달에서 초기의 생물학적 욕구충족 방식이 성인기의 성격형성에 결정적 역
   할을 한다고 주장한 학자는?
   ① 융   ② 반두라   ③ 피아제   ④ 프로이트

5. 프로이트의 발달단계 중 3~5세에 해당하는 단계는?
   ① 구강기   ② 남근기   ③ 항문기   ④ 잠복기

6. 피아제가 설명하는 인지발달의 단계는?
   ① 감각운동기 – 전조작기 – 구체적 조작기 – 형식적 조작기
   ② 전조작기 – 형식적 조작기 – 구체적 조작기 – 감각운동기

③ 감각운동기 - 전조작기 - 형식적 조작기 - 구체적 조작기

④ 전조작기 - 구체적 조작기 - 형식적 조작기 - 감각운동기

7. 에릭슨이 분류한 인간발달단계에 대한 설명으로 틀린 것은?

① 인간발달을 심리 사회학적인 측면에서 연구하였다.

② 청소년기까지의 발달만 연구하였다.

③ 각각의 파정에는 반드시 거치게 되는 도전과위 기 가 있다.

④ 인생 전체의 과정을 총 8단계로 구분하였다.

8. 다음 중 발달과업에 대한 설명으로 적절하지 못한 것은?

① 발달과업은 사회와 시대에 따라 다양하다.

② 특정 발달과업을 익히는 데 결정적인 시기가 존재한다.

③ 발달과업을 건너뛰어도 이후 발달에는 지장이 없다.

④ 한 개인에게 기대되는 발달과업은 연령에 따라 다르다.

9. 특정한 사회에서 각 연령에 부합하는 정상적인 발달인가의 여부는 다음 중 주로 무엇을 기준으로 평가하는가?

① 발달과업의 수행능력   ② 활동범위의 정도

③ 습득한 어휘의 수준   ④ 이타적 행동의 수준

10. 다음 중 태내 환경에 따라 신체기관의 발달 결함이 나타날 수도 있으며 유산이나 조기출산도 가능해 지는 시기는?

① 수정기   ② 발생기   ③ 배아기   ④ 착상기

11. 다음 중 태아기의 유전적 요소가 결정되는 개인적 특징이 아닌 것은?

① 신체적 특징   ② 성장률   ③ 비정상적 발달   ④ 저체중

12. 일란성 쌍생아를 전혀 다른 환경에서 길렀을 때에도 성장의 속도가 비슷하다면 그것은 어떤 요인의 영향이 크기 때문인가?

① 유전적 요인   ② 환경적 구조   ③ 환경적 기능   ④ 관계적 요인

13. 환경적 요소 중 태아의 발달에 결정적으로 영향을 미치는 것은?

① 심리적 안정감   ② 생활습관   ③ 물의 상태   ④ 약물복용

14. 임신부의 건강상태와 태아와의 관계에 대한 설명으로 옳지 않은 것은?
    ① 임신 전의 영양상태도 중요하다.
    ② 임신기간의 영양섭취는 태아의 발달에 매우 중요하다.
    ③ 태아에게 영양 공급을 위해 평상시보다 영양을 더 섭취할 필요는 없다.
    ④ 불충분한 영양섭취는 미숙아의 출생과 출생 후 아이가 질병에 걸리거나 사
       망할 가능성을 증가시킨다.

15. 다음 중 영아기에 대한 설명이 아닌 것은?
    ① 출생 후부터 4주간까지의 시기이다.
    ② 매우 빨리 성장한다는 것이 이 시기의 특징이다.
    ③ 기능적으로 미분화된 상태로 갑작스럽게 달라진 성장 환경에 적응해야 하는
       시기이다.
    ④ 태어난 지 1년 이내에 몸무게가 2배 정도로 증가한다.

16. 다음 중 영유아기 신체적 발달의 특징으로 옳은 것은?
    ① 갓 태어났을 때의 평균 몸무게는 3.3kg, 키는 41cm 정도이다.
    ② 여자 아이가 남자 아이보다 좀 더 무겁고 키도 더 크다.
    ③ 여자아이들이 남자아이들보다 신경체계와 골격이 더 성숙해 있다.
    ④ 태어난 후 몇 달 정도는 운동체계가 감각체계보다 더 높은 수준에서 기능한다.

17. 신생아가 빛을 느끼는 시기는?
    ① 생후 1주일 후   ② 생후 2주일 후   ③ 생후 3주일 후   ④ 생후 4주일 후

18. 제1폭발적 성장기 또는 결정적으로 중요한 시기라고 불리는 때는?
    ① 영아기   ② 유아기   ③ 학령 전기   ④ 아동기

19. 유아기 운동발달 단계가 옳게 짝지어진 것은?
    ① 2개월: 몸을 뒤집기   ② 6개월: 혼자서 앉기
    ③ 3개월: 붙잡고 서기   ④ 9개월: 혼자서 걷기

20. 인간으로서 살아가는 기본적인 습관이 형성되는 시기는?
    ① 영아기   ② 유아기   ③ 아동기   ④ 청소년기

21. 유아기의 아동이 어떤 존재가 시야에서 사라져도 그 존재가 없어지지 않는다는 것을 알게 되는 특성을 무엇이라고 하는가?
    ① 대상영속성의 획득　　　　　　② 물활놀이
    ③ 애착　　　　　　　　　　　　④ 자아 중심성

22. 다음과 같은 특징을 보이는 시기는?
    대상응시, 대상영속성, 3차원 깊이 지각
    ① 아동기　　　　② 태아기　　　　③ 영아기　　　　④ 유아기

23. 생후 1~6개월 동안 유아가 보여주는 정서적 분화과정에 들지 않는 것은?
    ① 욕구가 충족되지 않을 때 분노　　② 신기한 것에 대한 호기심
    ③ 익숙한 얼굴에 즐거움　　　　　④ 수치심

24. 사회복지 차원에서 볼 때 유아기의 가장 중요한 과제는 무엇인가?
    ① 유아가 만족할 수 있는 환경 조성
    ② 자아의식의 발달
    ③ 체험활동
    ④ 부모나 양육자의 교육과 양육 조건의 조성

25. 유아기에서 발달한 기본적인 기능과 능력을 세련화하고 욕구충족 방식과 인간 관계 기술도 익혀야 하는 시기는?
    ① 영아기　　② 유아기　　③ 학령 전기　　④ 청소년 전기

26. 다음 중 학령 전기 아동의 일반적인 특징이 아닌 것은?
    ① 대략 두 살에서 네 살까지의 시기이다.
    ② 매우 활동적이다.
    ③ 자기주장과 고집이 나타난다.
    ④ 유아기보다 급속한 성장이 이루어진다.

27. 학령 전기의 인지적 발달에 대한설명으로 바르지 못한 것은?
    ① 대상이 눈앞에 보이지 않으면 그 존재와 기능을 알지 못한다.
    ② 주변의 사물을 정확하게 구별하는 능력이 신장된다.
    ③ 공간적으로 가깝고 멀며, 크고 작은 것을 구분할 수 있다.
    ④ 과거에 일어났던 사건을 상상 속에서 묘사할 수 있다.

28. 학령 전기의 언어발달과정에 대한 설명으로 옳지 않은 것은?
    ① 1년: 구어를 모방하는 소리를 내기 시작한다.
    ② 2년: 단어와 구절을 이해하기 시작한다.
    ③ 3년: 언어의 기초가 확립된다.
    ④ 4년: 대부분의 기초적인 문법규칙을 요하는 문장을 구사할 수 있다.

29. 학령 전기 아동이 욕구나 충동을 조절하고 자기통제를 하는 수준까지 정서적으
    로 발달하게 되는 이유로 적당치 못한 것은?
    ① 아동이 시간적인 미래를 어느 정도 상상할 수 있게 되었기 때문이다.
    ② 욕구가 언젠가는 충족될 수 있을 것이라는 기대가 발달되었기 때문이다.
    ③ 욕구나 충동을 조절하는 능력이 최고조에 이르러 완성되었기 때문이다.
    ④ 보모나 양육자에 대한 신뢰가 어느 정도 쌓였기 때문이다.

30. 다음 중 타인의 특정한 요구에 순응할 수 있고, 상황에 맞추어 행동을 조절하거
    나 지연시킬 수 있으며, 외부에 의해 꼭 지시 받지 않더라도 사회적으로 받아들
    여지는 방식으로 행동할 수 있는 능력 등을 포함하는 것은?
    ① 자기통제   ② 자기반응   ③ 욕구충족   ④ 지배감

31. 생후부터 학령 전기까지 다음 3가지 발달이 바른 순서로 되어 있는 것은?
    ① 쥐기 반사 – 대상영속성의 습득 – 자기통제
    ② 대상영속성의 습득 – 쥐기 반사 – 자기통제
    ③ 쥐기 반사 – 자기통제 – 대상영속성의 습득
    ④ 대상영속성의 습득 – 쥐기 반사 – 자기통제

32. 학령기의 특징으로 옳은 것은?
    ① 이전 단계들보다 급속한 신체적 성숙이 일어난다.
    ② 출생 시보다 체중은 5배, 신장은 2배에 달하는 성장이 일어난다.
    ③ 신체적 발달이 점진적이고 지속적이다.
    ④ 작은 공을 똑바로 던질 수 있게 된다.

33. 학령기의 신체적 발달 특징에 대한 설명으로 옳지 않은 것은?
    ① 11~12세 경에 남자 어린이들의 신체적 성숙이 여자 어린이들보다 앞선다.
    ② 유치가 영구치로 바뀌게 된다.
    ③ 뇌의 발달이 촉진되어 8세에 그 크기가 성인의 90%에 달하게 된다.

④ 운동능력에서 왕성한 활동을 보인다.

34. 학령기와 특히 관계가 릴은 환경은 무엇인가?
    ① 회사   ② 가정   ③ 대중매체   ④ 학교

35. 학령기 사고단계에서 획득하는 개념적 능력이 아닌 것은?
    ① 보존의 개념   ② 유목화의 개념   ③ 조합의 개념   ④ 가설의 개념

36. 학령기의 인지발달 수준이 아닌 것은?
    ① 형태가 변하더라도 질량이나 부피가 변화하지 않는다는 것을 이해한다.
    ② 물건들을 여러 기준에 따라 유목화 할 수 있다.
    ③ 변수가 미칠 영향에 대해 가설을 세워 사고할 수 있다.
    ④ 더하기, 빼기, 곱하기, 나누기 등 수를 다루고 조작할 수 있다.

37. 학령기에는 피아제의 발달단계 분류 중 어디에 해당되는가?
    ① 감각운동기   ② 전조작기   ③ 구체적 조작기   ④ 형식적 조작기

38. 학교가 기정과 구별되는 구조적 특징으로 볼 수 없는 것은?
    ① 구성원들의 연령분포가 다양하다.
    ② 1년을 단위로 선생님과 관계를 확립한다.
    ③ 학생들과 혈연관계가 없는 성인에 의해 통제 된 다.
    ④ 학교와 가정은 다 같이 성인과 어린이로 구성되지만, 구성비율이 달라서 학
       교의 아동 수가 훨씬 많다.

39. 학교가 제공하는 사회적 규범으로 드리벤이 제시한 것이 아닌 것은?
    ① 성취   ② 자주성
    ③ 다원주의   ④ 교사와 학생 간의 특수성

40. 학령기 아동이 반드시 거쳐야 하는 발달과업이 아닌 것은?
    ① 동년배 아이들과의 어울리기 학습   ② 부모나 양육자와 관계 유지 및 개선
    ③ 양심, 도덕, 가치기준의 발달   ④ 개인적 독립의 성취

41. 사춘기 또는 폭풍노도의 시기라고도 불리며 성장의 속도가 급격해지며 2차 성
    징이 나타나는 시기를 무엇이라 하는가?
    ① 아동기   ② 청소년 전기   ③ 청소년 후기   ④ 장년기

42. 청소년 전기의 신체적 발달에서 가장 두드러진 특징은?
   ① 생식능력의 발달　　　　　　② 생리적인 기능 저하
   ③ 근육질의 발달　　　　　　　④ 운동신경의 퇴화

43. 청소년기 전기의 급속한 신체변화가 미치는 심리적 영향이 아닌 것은?
   ① 청소년들로 하여금 자신을 더욱 성인에 가깝게 느끼도록 해 준다.
   ② 성역할에 대한 이질화를 강화한다.
   ③ 성적 성숙에 따라 일어나는 현상들은 청소년들로 하여금 양면적인 감정으로
      반응하게 한다.
   ④ 급속한 신체변화에 관심이 집중되어 청소년들은 자기도취적 상태에 빠지는
      경향이 있다.

44. 청소년기의 신체적 발달에 대한 설명으로 옳은 것은?
   ① 소녀의 이른 성장 급등은 자아상에 대체로 부정적인 영향을 미친다.
   ② 소년은 키와 근육의 발달이 동시에 일어나 조화로운 체형 이 형성 된다.
   ③ 여자보다 남자의 성장 급등기가 빠르게 시작된다.
   ④ 동성 간에는 신체성숙 속도 차이가 없다.

45. 정체감 확립과 성적 성숙을 특징으로 한 시기는?
   ① 학령 전기　　　　② 아동기　　　　③ 청소년기　　　　④ 청년기

46. 청소년기에 질풍노도의 정서가 나타나게 된 원인을 에릭슨(E. Erikson)은 무엇으
   로 설명하는가?
   ① 오이디푸스적 감정의 재경험　　② 새로운 사회적 요구와 갈등의 직면
   ③ 신체적 성장의 급등　　　　　　④ 높은 수준의 인지발달

47. 에릭슨에 따르면 청소년기의 가장 중요한 과제는 무엇인가?
   ① 원만한 교우 관계　② 지혜의 습득　③ 정체감 확립　④ 학업 성취

48. 청소년 전기의 자아의식을 정적으로 정착하도록 하는 능력으로 가장 중요한 것은?
   ① 자기성찰력　　　② 무의식　　　③ 영웅심리　　　④ 자아존중

49. 다음 중 청소년기는 인지발달 단계에서 어느 단계인가?
   ① 전조작기　　② 구체적 조작기　　③ 형식적 조작기　　④ 감각운동기

50. 청소년기에 출연하는 새로운 개념적 기술과 관련이 없는 것은 어느 것인가?
    ① 두 범주 이상의 변수를 실제로 조작하지 않은 채 정신적으로 다룰 수 있게
       된다.
    ② 사건이나 관계가 미래에 변화한다는 것을 사고에 고려해 넣을 수 있다.
    ③ 일어날 수 있는 사건들의 연속에 관해 가설을 세울 수 있다.
    ④ 자신의 행동결과를 예측할 수 없다.

51. 청소년 전기(중 고등학교 시기)심리사회적 발달의 특징을 바르게 나타내고 있
    는 것은?
    ① 또래집단의 인정을 받고자 하는 욕구가 강하다.
    ② 성역할에 대한 정체감을 완성한다.
    ③ 부모로부터 독립을 이룬다.
    ④ 긍정적 자아상을 확립한다.

52. 다음 중 청소년 전기 또래집단의 특성이 아닌 것은?
    ① 보다 비조직적이며, 그 구성원들은 동질적이다.
    ② 청소년이 특정 또래집단을 선택하는 것은 사회경제적 계층, 가치관, 거주지
       역 등 여러 요인에 의하여 결정된다.
    ③ 또래집단의 경험을 통해 청소년들은 집단의조직과 조직 내 자신의 위치를
       평가하는 기술을 배우게 된다.
    ④ 청소년 전기의 소년들은 또래집단의 인정을 받고자 하는 욕구가 매우 강하다.

53. 신체적 성적 성장은 완성되나 사회적으로는 미성년적인 위치에 있는 시기는?
    ① 청소년 전기   ② 아동기   ③ 청소년 후기   ④ 장년 전기

54. 다음 중 청소년 후기의 신체적 발달 특징이 아닌 것은?
    ① 신체적 성숙은 청소년기 후기와 청년기 초기에 완성 된다.
    ② 신체적으로 활기, 힘, 건강이 최고 수준을 보인다.
    ③ 시각, 청각은 20세 전후에 가장 예민하다.
    ④ 제2차 성징의 출현을 보인다.

55. 신체적 · 지적 능력에서 발달이 절정에 이르는 시기는?
    ① 청소년 전기(12~22세)   ② 청소년 후기(22~35세)
    ③ 장년기(35~60세)   ④ 노년기(60~75세)

56. 청년기 심리사회적 발달과 관계없는 것은?
    ① 결혼   ② 자녀의 출산과 양육   ③ 직업의 세계   ④ 자아개념

57. 청년기에 대한 기술로 옳지 않은 것은?
    ① 청년기는 신체적, 지적 측면에서 가장 정점에 있는 시기라고 할 수 있다.
    ② 심리사회적 측면에서 다른 사람을 사랑하고 보살피는 능력이 심화되는 시기
       이다.
    ③ 청년기에 경험하는 가장 큰 변화는 직업을 갖고 결혼을 하는 것이다.
    ④ 청년기 이후의 발달은 신체적 기능이나 인지적 능력의 획득에 의해 일어난다.

58. 청소년 후기의 심리사회적 발달 특징으로 보기 어려운 것은?
    ① 집단놀이   ② 부모로부터의 독립
    ③ 직업에 대한 준비   ④ 자아정체감 확립

59. 피쿠나스가 제시한 성장의 기준과 성숙의 특성으로 바르지 못한 설명은?
    ① 가족과 또래집단을 준거로 하면서 상호 의존관계를 형성한다.
    ② 자신의 긴장과 충동 및 감정을 행동으로 연결시키지 않는다.
    ③ 모든 연령층의 사람들과 효과적인 관계를 유지하는 방법을 배운다.
    ④ 여러 가지 대안과 자신의 행위의 결과를 가치 있게 여긴다.

60. 신체생리적인 발달은 멈추지만 활동 에너지는 왕성하고 사회적인 활동이 증가
    하여 매우 안정감을 유지하는 시기는?
    ① 청소년 전기   ② 장년 전기   ③ 노년기   ④ 학령기

61. 웩슬러 성인지능검사에서 베일리는 동작성 검사 점수가 몇 세부터 하강하는 것
    으로 보고하였는가?
    ① 20세   ② 23세   ③ 26세   ④ 30세

62. 장년 전기에 나타나는 가장 결정적인 특징은?
    ① 자아정체감   ② 성적 혼란   ③ 퇴직   ④ 결혼

63. 사회복지 실천의 관심대상이 되는 장년 전기의 문제는?
    ① 이혼   ② 자아정체감 형성
    ③ 학습장애   ④ 원만한 인간관계

64. 다음 중 장년기(40~60세)의 특성이 아닌 것은?
    ① 경제적으로 안정이 이루어진다.
    ② 외부세계에 관심의 초점을 맞추게 된다.
    ③ 지적으로 성숙한 단계에 접어든다.
    ④ 전환기로서의 의미를 갖는다.

65. 다음 중 장년기(40~60세)에 들어 증가하는 인지적 능력은?
    ① 언어적 추리능력   ② 단기기억능력   ③ 지각 속도   ④ 사고의 민첩성

66. 장년 후기의 신체적 변화 대한 설명으로 옳지 않는 것은?
    ① 장년기의 성인들은 이전보다 육체적인 일을 하는 능력이 약화된다.
    ② 기억력이나 새로운 정보처리 능력이 증가한다.
    ③ 40대 초반에 신진대사의 저하가 일어나면 체중이 늘기 시작한다.
    ④ 여자는 갱년기를 경험하게 된다.

67. 다음 중 중년의 위기에 대한 설명으로 잘못된 것은?
    ① 여성은 폐경과 더불어 신체적으로 홍조 현상이 나타난다.
    ② 많은 여성들이 자신의 과거를 재평가하며 우울증에 빠지기도 한다.
    ③ 남자들은 중년의 위기를 경험하기도 한다.
    ④ 장년기의 모든 남자들이 위기를 경험한다.

68. 장년기의 부부관계 유형 중 가장 이상적인 형태는?
    ① 약화된 관계   ② 전체적인 관계
    ③ 절대적인 관계   ④ 수동적·무감동 관계

69. 노년기 전기의 신체적 변화에 대한 설명으로 옳지 않은 것은?
    ① 노년기에 피부의 건조화, 탄력의 감소 주름살 등이 더욱 심해진다.
    ② 근육이 위축되어 근육의 강도와 운동력이 감소한다.
    ③ 노인들의 사망의 주요 원인은 사고가 가장 크다.
    ④ 질병의 가능성은 노년기에 급격히 증가한다.

70. 다음 중 노년기의 사회·심리적 내용과 관계가 먼 것은?
    ① 직장에서는 은퇴를 맞이하게 된다.   ② 죽음에 대한 준비가 필요하다.
    ③ 각종 사회적 의사결정에서 제외된다. ④ 자녀양육의 부담을 안게 된다.

71. 퇴직자의 역할에 대한 적응 단계 중 그동안 하고 싶었으나 못한 모든 일을 하고자 하면서 행복을 느끼는 단계는?
　　① 허니문 단계　　　　　　　　　② 휴식과 긴장 완화의 단계
　　③ 꿈에서 깨어나는 단계　　　　　④ 2차적인 방향을 설정하는 단계

72. 이 단계가 성공을 거두면 여생이 편할 수 있지만, 그렇지 않으면 불안정하게 될 수도 있는 단계는 어느 단계인가?
　　① 허니문 단계　　　　　　　　　② 퇴직 직전 단계
　　③ 꿈에서 깨어나는 단계　　　　　④ 새로운 일상이 정착되는 단계

<문제 7-2>

1. 프로이트는 인간의 성격은 원초아, 자아, 초자아라는 세 구조의 에너지 보유량에 따라 결정된다고 하였다. 그에 대한 설명으로 옳지 않은 것은?
　　① 원초아가 에너지를 장악하는 사람은 충동적이기 쉽다.
　　② 초자아가 에너지를 장악하는 사람은 이상적, 도덕적 측면이 강하다.
　　③ 자아의 붕괴는 전신장애를 일으킨다.
　　④ 자아가 너무 약하면 늘 욕구불만 상태에 있게 되므로 좌절감을 느끼기 쉽다.

2. 프로이트의 심리성적 발달단계에 포함하지 않는 것은?
　　① 전조작기　　　　② 구강기　　　　③ 항문기　　　　④ 남근기

3. 방어가 정상적인지 혹은 병리적인지에 관한 논의에서 안나 프로이트가 고려해야 할 네 가지 요소로 제시한 것이 아닌 것은?
　　① 합리성　　　　② 방어의 강도　　　　③ 균형　　　　④ 철회의 가능성

4. 외부의 대상을 내면의 자아체계로 받아들이는 것을 뜻하는 방어기제는?
　　① 퇴행　　　　② 격리　　　　③ 반동형성　　　　④ 투입

5. 방어기제의 위계서열을 결정짓는 중요한 기준은?
　　① 현실성　　　　　　　　　　　② 병리정도
　　③ 현장검증의 정도　　　　　　　④ 철회 가능성

6. 에릭슨의 자아개념에 대한 설명으로 맞는 것은?
    ① 자아가 원초아와 초자아의 세력 중간에 있다고 보았다.
    ② 성격은 주로 본능이나 부모의 영향을 받는 것으로 생각했다.
    ③ 성격이 아동기 초기에 거의 형성된다고 믿었다.
    ④ 자아가 자율적인 기능을 하는 것으로 간주했다.

7. 에릭슨이 구분한 사회심리적 발달단계가 갓 단계의 문제가 잘못 연결된 것은?
    ① 유아기-기본적인 신뢰감 대 불신감 ② 유희기-자율성 대 수치심
    ③ 학령기-근면성 대 열등감   ④ 성인기-생산성 대 침체

8. 개인적 정체감과 더불어 사랑, 친교를 맺는 능력이 발달하는 단계는?
    ① 학령기   ② 청소년기   ③ 성인 초기   ④ 성인기

9. 아들러가 자아, 성격, 개성, 삶에 공헌하려는 소망 등으로 정의한 것은?
    ① 보상   ② 우월을 향한 노력
    ③ 생활양식   ④ 사회적 관심

10. 융의 주요개념 중 특수한 종류의 감정으로 이루어진 무의식 속의 관념 덩어리
    란 무엇을 가리키는가?
    ① 정신   ② 리비도   ③ 콤플렉스   ④ 자기

11. 스키너 이론의 주요개념 중 구체적 자극에 의해 유발되는 구체적 행동을 일컫
    는 것은?
    ① 반응적 행동   ② 조작적 행동   ③ 변별 자극   ④ 행동 형성

12. 인간이 환경적 자극에 수동적으로 반응하여 형성되는 행동인 반응적 행동을 설
    명하는 개념은?
    ① 고전적 조건화   ② 조작적 조건화   ③ 강화 스케줄   ④ 자기강화

13. 반두라의 사회학습이론이 성격발달에 있어 특별히 강조하는 것은?
    ① 상징적 환경   ② 경험   ③ 직접적 훈련   ④ 자기강화

14. 피아제의 인지발달 단계의 특징에 대한 설명으로 옳지 않은 것은?
    ① 단계별 성취 연령은 반드시 들어맞지는 않는다.

② 모든 아동은 단계를 순서대로 통과하여 발달하지 않을 수 없다.

③ 과도기에는 두 단계의 인지적 특징이 함께 나타날 수 있다.

④ 형식적 조작기에 도달한 아동도 때로는 낮은 단계의 사고를 한다.

15. 구체적 조작기의 중요한 발달과업은 무엇인가?

① 대상의 획득   ② 상징의 획득   ③ 현실의 획득   ④ 사고의 획득

<문제 7-2의 정답>

1. ④   2. ①   3. ①   4. ④   5. ③   6. ④   7. ②

8. ③   9. ③   10. ③   11. ①   12. ①   13. ①   14. ②   15. ③

14. 시험문제 예제 (8)

<문제 8-1>

1. 뉴먼(Newman)이 제시한 인간발달에 관한 기본전제가 아닌 것은?

① 인간의 상장과 발달은 삶의 일정 시기에 걸쳐 일어난다.

② 인간의 삶이란 시간에 따라 진행되면서 지속성과 변화를 보인다.

③ 인간을 전체로서 이해해야 한다.

④ 인간의 발달과 행동은 그에 관련된 상황이나 인간관계의 맥락에서 분석되어야 한다.

2. 다음 중 인간발달과정의 환경적 요소로 옳게 짝 지워진 것은?

① 성숙, 성장   ② 학습, 노화   ③ 학습, 사회화   ④ 사회화, 성숙

3. 에릭슨이 인간발달의 주요 체계로서 제시한 세 가지 체계에 들지 않는 것은?

① 육체적 체계   ② 자아 체계   ③ 사회적 체계   ④ 심리적 체계

4. 다음 중 태아기의 유전적 요소가 결정되는 개인적 특징이 아닌 것은?

① 신체적 특징   ② 성장률   ③ 비정상적 발달   ④ 저체중

5. 다음 중 유아기에 대한 설명이 아닌 것은?
   ① 출생 시부터 대략 2세까지의 시기이다.
   ② 매우 빨리 성장한다는 것이 이 시기의 특징이다.
   ③ 2세가 되면 기본적인 운동능력, 언어 및 개념 형성을 볼 수 있다.
   ④ 태어난 지 1년 이내에 몸무게가 2배 정도로 증가한다.

6. 학령전기 아동의 일반적인 특징이 아닌 것은?
   ① 대략 두 살에서 네 살까지의 시기이다.
   ② 매우 활동적이다.
   ③ 자기주장과 고집이 나타난다.
   ④ 유아기보다 급속한 성장이 이루어진다.

7. 프로이트 정신분석이론에 대한 설명으로 옳지 않은 것은?
   ① 프로이트는 인간을 특정한 육체적, 정신적 능력과 한정된 에너지를 소유한 유기체로 보았다.
   ② 아동기에는 원초아(id)가 지배적이다.
   ③ 원초아는 공격적, 성적 욕구와 충동의 혼합체이다.
   ④ 아동이 성장하면서 자아(ego)가 원초아로부터 분화된다.

8. 아동기 전기 집단놀이에 대한 설명으로 옳지 않은 것은?
   ① 집단놀이는 학령전기의 상상놀이와 아동기 후기의 팀 스포츠 사이의 과도기적 놀이 형태이다.
   ② 술래잡기·공받기와 같은 놀이가 그 예이다.
   ③ 경쟁에서이기는 것에서 즐거움을 얻을 수 있는 유형의 놀이다.
   ④ 집단놀이는 보통 여러 차례 반복되어서 놀이에 참가한 성원이면 누구에게나 이길 수 있는 기회가 돌아가도록 되어 있는 것이 보통이다.

9. 학교가 가족과 구별되는 구조적 특징으로 볼 수 없는 것은?
   ① 구성원들의 연령분포가 다양하다.
   ② 1년을 단위로 선생님과 관계를 확립한다.
   ③ 아동의 통제와 교육에 대한 책임이 그들과 친족관계에 있지 않은 성인에게 주어진다.
   ④ 학교와 가족은 다 같이 성인과 어린이로 구성되지만, 구성비율이 달라서 학교의 아동 수가 훨씬 많다.

10. 정체감 확립과 성적 성숙을 특징으로 한 시기는?
　　① 학령 전기　　　　② 아동기　　　　③ 청소년기　　　　④ 청년기

11. 청소년기 친구관계에 영향을 미치는 것이 아닌 것은?
　　① 가치, 성격, 태도 등의 유사성　　　② 이해, 수용, 신뢰, 공유 등의 호혜성
　　③ 사귀어온 기간과 같은 구조적 요인　　④ 상대의 사회적 계층과 풍요성

12. 청소년기 후기의 심리 사회적 발달 특징으로 보기 어려운 것은?
　　① 집단놀이　　　　　　　　　　② 부모로부터 독립
　　③ 직업에 대한 준비　　　　　　　④ 자아정체감 확립

13. 버만과 터크의 조사에서 이혼한 사람들의 스트레스 대응 전략 중 그들의 삶의
　　만족에 기여도가 큰 것으로 나타난 것이 아닌 것은?
　　① 사회적 활동
　　② 자립적 태도
　　③ 가족에 관련된 활동
　　④ 이혼에 관련된 감정을 표현하고 털어놓는 것

14. 장년기에 성취해야 하 발달과제로 레빈슨이 제시한 내용이 아닌 것은?
　　① 자신의 과거에 대한 재평가　　　　　　　　　② 지도자의 발견
　　③ 인생의 남은 부분을 새로운 시기로서 시작하는 것　　④ 개별화

15. 장년기 인지적 능력의 변화 특징에 대해잘못 설명한 것은?
　　① 단기적 기억능력이 약화되기 시작한다.
　　② 반응시간이 느려지고 문제를 파악하고 해결하는 데 필요한 시간도 길어진다.
　　③ 결정적 지능은 증가한다.
　　④ 장기적 기억능력이 감소한다.

16. 효과적인 가정운영을 위해 필요한 행정적 기술이 아닌 것은?
　　① 가족성원들의 욕구와 능력을 통제하는 것　　② 결정을 내리는 것
　　③ 시간을 조직화하는 것　　　　　　　　　④ 목표를 세우는 것

17. 장년기에 개인적인 성취와 사회적 통합을 위한 가장 중요한 과제는?
　　① 자신의 직업을 관리하는 것　　　② 자녀를 양육하는 것

③ 건강한 가정환경을 창출하는 것   ④ 결혼생활에서 활기를 유지하는 것

18. 팩이 제시한 노년기 발달에 관련된 이슈로 보기 어려운 것은?
    ① 자아분화 대 직업 역할에 대한 몰두 ② 신체초월 대 신체 몰두
    ③ 자아초월 대 자아 몰두   ④ 정서적 융통성 대 정서적 빈곤

19. 사회복지실천의 관심대상이 되는 노년기 전기의 문제가 아닌 것은?
    ① 사회적 역할 축소에 따른 자부심의 저하   ② 자아 정체감의 혼란
    ③ 고독과 소외   ④ 은퇴로 인한 소득 감소

20. 노년기 후기의 심리 사회적 발달에 큰 영향을 줄 수 있는 것은?
    ① 부정적인 삶의 사건들과 사호적지지 ② 역할 변화에 대한 적응
    ③ 자신의 삶에 대한 수용   ④ 죽음에 대한 태도

20. 이상행동과 관련된 사회복지사의 역할이 아닌 것은?
    ① 이상행동에 대해 진단한다.   ② 의뢰의 역할을 한다.
    ③ 치료를 담당한다.   ④ 클라이언트만을 대상으로 활동한다.

21. 이상행동 정의 시 '고통'에 대한 설명으로 옳은 것은?
    ① 이상행동을 정의할 수 있는 필요조건이다.
    ② 이상행동을 정의할 수 있는 충분조건이다.
    ③ 그 자체로 이상행동을 정의할 수 있는 필요조건이나 충분조건은 되지 못한다.
    ④ 이상행동을 정의하는 근본적인 요소이다.

22. 이상행동 정의 시 고려할 요소 중 사고장애의 기준을 될 수 있는 것은?
    ① 비합리성과 불가해성   ② 부적응
    ③ 통제력의 결핍   ④ 비인습성

23. 이상행동을 설명하는 네 가지 이론적 모델에 들지 않는 것은?
    ① 생리학적 모델   ② 심리역동적 모델
    ③ 행동주의적 모델   ④ 성격이론 모델

24. 심리역동적 치료에서 퍼스낼리티의 변화를 가져오는 방법은?
    ① 정화   ② 전이   ③ 평형화   ④ 고전적 조건형성

25. 인지적 모델로서 부정적인 사건을 당한 사람이 운이 없다고 느꼈을 때 그 귀인의 원인이 아닌 것은?
　　① 체념적　　　　② 외부적　　　　③ 일시적　　　　④ 부분적

26. 평가 방법을 세 가지로 구분 할 수 있다. 다음 중 해당하지 않은 것은?
　　① 면접　　　　② 진단　　　　③ 검사　　　　④ 관찰

27. 투사적 검사의 예에 해당하는 것은?
　　① 로샤 잉크반점 검사　　　　② MMPI
　　③ DIS　　　　　　　　　　④ SCID

28. 다음 중 지능검사에 해당하는 것은?
　　① WAIS　　　　② MMPI　　　　③ DIS　　　　④ SCID

29. 행동이론에 입각한 공포증의 치료법이 아닌 것은?
　　① 체계적 둔감화　　② 자유연상　　③ 모델링　　④ 홍수법

30. 다음 중 신체형 장애가 아닌 것은?
　　① 전환 장애　　② 강박형 장애　　③ 신체화 장애　　④ 심인성 고통장애

31. 프로이트는 우울증의 원인을 무엇으로 보았는가?
　　① 자신에게로 돌려진 분노　　　　② 유전적 요인
　　③ 아동기의 실패　　　　　　　　④ 왜곡된 사고

32. 정신분열증으로 진단되기 위한 특징적 증상이 아닌 것은?
　　① 망상　　　　② 환각　　　　③ 부적 증상　　　　④ 불면

33. 정신분열증 원인에 대한 설명으로 옳지 않은 것은?
　　① 정신분열증은 유전적 요인과는 무관하다.
　　② 도파민의 활동과 관련이 있다.
　　③ 모자관계가 중요한 요인이 된다.
　　④ 사회적으로 하위계층에서 더 많이 발생한다.

34. 반사회적 성격장애의 요인으로 보기 어려운 것은?

  ① 학습능력의 결여   ② 유전적 요인   ③ 생리적 요인   ④ 가족적 요인

35. 물질관련 장애의 원인에 대한 설명으로 옳지 않은 사람은?

  ① 정신분석적 설명에 의하면 구강기에의 고착이 물질에 의존하게 만들며 물질
   사용자들은 이러한 성격적 결함을 가지고 있다.
  ② 청소년기의 반사회적 성격과 그 이후의 물질사용간의 관계가 입증되었다.
  ③ 물질관련 장애를 일으키는 모든 물질에는 의존하게 만드는 속성이 존재한다.
  ④ 물질의존에는 유전적 영향은 없다.

<문제 8-1의 정답>

1. ①	2. ③	3. ④	4. ④	5. ④	6. ④	7. ②
8. ③	9. ①	10. ③	11. ④	12. ①	13. ④	14. ②
15. ④	16. ①	17. ④	18. ②	19. ①	20. ④	21. ③
22. ①	23. ④	24. ②	25. ①	26. ②	27. ①	28. ①
29. ②	30. ②	31. ①	32. ④	33. ①	34. ③	35. ④

<문제 8-2>

1. 다음 중 태아기의 유전적 요소가 결정되는 개인적인 특징이 아닌 것은?

  ① 신체적 특징   ② 성장률   ③ 비정상적 발달   ④ 저체중

2. 불필요한 염색체의 존재로 인해 심각한 신체적 정신적 발달지체를 보이는 것은?

  ① 다운증후군   ② 안면기형   ③ 시각장애   ④ 청각장애

3. 임신 초기에 대한 설명으로 옳지 않은 것은?

  ① 모체의 영양상태나 약물 복용에 가장 영향을 받기 쉽다.
  ② 모체로부터 분리되어도 생존이 가능하다.
  ③ 생식기관이 분화된다.
  ④ 심장과 소화기, 얼굴의 형상이 형성된다.

4. 임신 말기에 대한 설명으로 옳은 것은?

  ① 손가락, 발가락 등이 형성된다.   ② 생식기관이 분화된다.

③ 태아의 발달이 완성된다.　　　　　④ 피부, 지문 등이 형성된다.

5. 임산부의 임신연령이 태아에게 미치는 영향으로 옳지 않은 것은?
　　① 이상적인 임신의 시기는 15~30세이다.
　　② 35세 이상의 출산은 선천적 결함의 여지가 많다.
　　③ 4세 이상의 임산부에게서 다운증후군 아기가 태어날 확률이 매우 높다.
　　④ 임신연령에 의해 임신부는 태아의 건강에 영향을 미칠 수 있다.

6. 임산부의 건강상태와 태아와의 관계에 대한 설명으로 옳지 않은 것은?
　　① 임신 전의 영양상태도 중요하다.
　　② 임신기간 중의 영양섭취는 태아의 발달에 매우 중요하다.
　　③ 태아에게 영양공급을 위해 평상시보다 영양을 더 섭취할 필요는 없다.
　　④ 불충분한 영양섭취는 미숙아의 출생과 출생 후 아이가 질병에 걸리거나 사망
　　　할 가능성을 증가시킨다.

7. 다음 중 유아기에 대란 설명이 아닌 것은?
　　① 출생 시부터 대략 2세까지의 시기이다.
　　② 매우 빨리 성장한다는 것이 이 시기의 특징이다.
　　③ 2세가 되면 기본적인 운동능력, 언어 및 개념 형성을 볼 수 있다.
　　④ 태어난 지 1년 이내에 몸무게가 2배 정도로 증가한다.

8. 유아기 신체적 발달의 특징으로 옳은 것은?
　　① 갓 태어났을 때의 평균 몸무게는 3.3kg, 키는 41cm정도이다.
　　② 여자아이가 남자아이보다 좀 더 무겁고 키도 더 크다.
　　③ 여자아이들이 남자아이들보다 신경체계와 골격이 성숙해 있다.
　　④ 태어난 후 몇 달 정도는 운동체계가 감각체계보다 더 높은 수준에서 기능한다.

9. 유아기 운동발달 단계가 옳게 짝지어진 것은?
　　① 2개월: 몸을 뒤집기　　　　② 6개월: 혼자서 앉기
　　③ 3개월: 붙잡고 서기　　　　④ 9개월: 혼자 걷기

10. 아이가 대상연속성을 습득하는 시기는?
　　① 태아기　　　② 유아기　　　③ 학령 전기　　　④ 아동 전기

11. 유아가 목적을 성취하기 위해 수정할 줄 알게 되는 것은 보통 몇 개월 정도인가?
　① 생후 4개월　　② 생후 8개월　　③ 생후 11개월　　④ 생후 18개월

12. 마음속에서 어떤 행동의 결과를 예측할 수 있는 통찰력이 생기는 시기는?
　① 생후 8개월　　② 생후 11개월　　③ 생후 18개월　　④ 생후 24개월

13. 사회적 애착의 발달 단계에 대한 설명으로 옳지 않은 것은?
　① 출생 후 3개월: 유아는 자신을 돌봐주는 사람의 독특한 형상을 알게 된다.
　② 3~6개월: 익숙한 대상에서 더 많이 반응을 보인다.
　③ 7개월~학령 전기: 잠들 때 재워달라고 하거나 책을 읽어달라고 한다.
　④ 학령 전기 이후: 애착하는 대상과 가까이 있고 싶은 욕구 충족을 위해 대상
　　에게 영향을 줄 수 있는 여러 가지 행동을 한다.

14. 생후 1~6개월 동안 유아가 보여주는 정서적 분화과정에 들지 않는 것은?
　① 욕구가 충족되지 않을 때 분노　　② 신기한 것에 대한 호기심
　③ 익숙한 얼굴에 즐거움　　　　　　④ 수치심

15. 사회복지실천의 관심이 되는 유아기의 문제로 들 수 있는 것은?
　① 선천적으로 불완전한 신체적 인지적 기능으로 인한 문제와 사회적 애착 확
　　립에서의 지장
　② 아동학대와 유기문제
　③ 임산부의 연령이 매우 많거나 적은 것과 계획하지 않는 임신에 대한 부정적
　　인 심리적 반응
　④ 공격성과 학습장애

16. 학령 전기 아동의 일반적인 특징이 아닌 것은?
　① 대략 두 살에서 네 살까지의 시기이다.
　② 매우 활동적이다.
　③ 자기주장과 고집이 나타난다.
　④ 유아기보다 급속한 성장이 이루어진다.

17. 학령 전기의 언어발달과정에 대한 설명으로 옳지 않은 것은?
　① 1년: 구어를 모방하는 소리를 내기 시작한다.
　② 3년: 언어의 기초가 확립된다.

③ 2년: 단어와 구절을 이해하기 시작한다.

④ 4년: 대부분의 기초적인 문법규칙을 요하는 문장을 구사할 수 있다.

18. 아동이 자기 통제를 할 수 있게 되는 시기는?

① 유아기   ② 학령 전기   ③ 아동 후기   ④ 아동 전기

19. 사회복지 실천의 관심 대상이 되는 학령 전기의 문제는?

① 선천적으로 불완전한 신체적 인지적 기능으로 인한 문제

② 사회적 애착의 확립에서의 지장

③ 아동학대와 프로텍티브 서비스

④ 공격성과 학습장애

20. 아동기 전기의 발달 내용과 관계없는 것은?

① 5세가 되면 체중은 출생 시의 2배 신장은 1.5배에 달하게 된다.

② 5세가 되면 삼각형과 사각형을 그릴 수 있게 된다.

③ 작은 공을 똑바로 던지고 받을 수 있게 된다.

④ 6세 여아의 평균 신장은 114.7cm이다.

21. 프로이트의 정신분석이론에 대한 설명으로 옳지 않은 것은?

① 프로이트는 인간을 특정한 육체적 정신적 능력과 한정된 에너지를 소유한 유기체로 보았다.

② 아동기에는 원초아(id)가 지배적이다.

③ 원초아는 공격적 성적 욕구와 충동의 혼합체이다.

④ 아동이 성장하면서 자아(ego)가 원초아로부터 분화된다.

22. 아동기 전기의 심리사회적 발달 내용과 관계없는 것은?

① 성역할에 대한 인식   ② 자아개념의 형성

③ 정서적 적응과 방어기제   ④ 상상놀이

23. 아동기 전기의 집단놀이에 대한 설명으로 옳지 않은 것은?

① 집단놀이는 학령전기의 상상놀이와 아동기 후기의 팀 스포츠 사이의 과도기적 놀이형태이다.

② 술래잡기, 공받기와 같은 놀이가 그 예이다.

③ 경쟁에서 이기는 것에서 즐거움을 얻을 수 있는 유형의 놀이이다.

④ 집단놀이는 보통 여러 차례 반복되어서 놀이에 참가 한 구성원이면 누구에게나 이길 수 있는 기회가 돌아가도록 되어있는 것이 보통이다.

24. 다음 중 사회복지실천의 관심 대상이 되는 아동기전기의 문제로 지적되는 것은?
    ① 아동의 공격성　　　　　　　② 학습장애
    ③ 아동학대와 유기　　　　　　④ 사회적 애착형성의 지장

25. 아동 후기의 특징으로 옳은 것은?
    ① 이전 단계들보다 급속한 신체적 성숙이 일어난다.
    ② 출생 시보다 체중은 5배 신장은 2배에 달하는 성장이 일어난다.
    ③ 아동기 후기의 신체적 발달은 점진적이고 지속적이다.
    ④ 작은 공을 똑바로 던질 수 있게 된다.

26. 아동 후기의 신체적 발달 특징에 대한 설명으로 옳지 않은 것은?
    ① 11~12세경에 남자 어린이들의 신체적 성숙이 여자 어린이들보다 앞선다.
    ② 유치가 영구치로 바뀌게 된다.
    ③ 뇌의 발달이 촉진되어 8세에 그 크기가 성인의 90%에 달하게 된다.
    ④ 운동능력에서 왕성한 활동을 보인다.

27. 성장통을 겪게 되는 시기는?
    ① 태아기　　② 학령 전기　　③ 아동 전기　　④ 아동 후기

28. 구체적 조작사고 단계에서 아동이 성취하는 개념적 능력이 아닌 것은?
    ① 보존의 개념　② 유목화의 개념　③ 조합의 능력　④ 대상영속성의 개념

29. 실존의 개념을 획득한 어린이가 적용할 수 있게 되는 논리가 아닌 것은?
    ① 동일성의 원리　　② 보상성의 원리　③ 역조작의 원리　④ 유목화의 원리

30. 아동기 후기의 인지적 발달 특징에 대한 설명으로 옳지 않은 것은?
    ① 아동기 후기의 어린이는 인지적으로 성숙하며 자신을 둘러싼 세계에 대한 사고와 이해가 변화한다.
    ② 분류와 인간관계의 추론을 할 수 있다.
    ③ 사회적 사고에서 자기중심적인 요소가 많다.
    ④ 책을 읽는 능력이 크게 향상되어 정보와 상상력의 확대를 가져온다.

31. 아동의 사회적 사고의 성숙을 이끄는 인지적 요소가 아닌 것은?
   ① 학교의 영향   ② 사회적 추론
   ③ 사회적 관계에 대한 이해   ④ 사회적 통제에 관한 지식

32. 아동기 후기 심리사회적 발달에 영향을 주는 것이 아닌 것은?
   ① 학교의 영향   ② 집단놀이
   ③ 친구관계의 경험   ④ 팀 스포츠의 경험

33. 학교가 가족과 구별되는 구조적 특징으로 볼 수 없는 것은 ?
   ① 구성원들의 연령 분포가 다양하다.
   ② 1년을 단위로 선생님과 관계를 확립한다.
   ③ 아동의 통제와 교육에 대한 책임이 그들과 친족관계에 있지 않은 성인에게
      주어진다.
   ④ 학교와 가족은 다 같이 성인과 어린이로 구성되지만 구성비율이 달라서 학
      교의 아동 수가 훨씬 많다.

34. 학교가 제공하는 사회적 규범으로 드리벤이 제시한 것이 아닌 것은?
   ① 성취   ② 자주성
   ③ 획일주의   ④ 교사와 학생 간의 특수성

35. 아동이 팀 스포츠에 참여함으로써 배우는 것은?
   ① 삶에 관련된 여러 측면에는 다양한 방식이 있다는 것을 알게 된다.
   ② 아동에게 행동의 지침을 제공한다.
   ③ 동성친구와의 친밀한 관계를 경험한다.
   ④ 분업의 원리를 배운다.

36. 사회복지 실천의 관심대상이 되는 아동기 후기의 문제는?
   ① 학습장애   ② 프로텍티브 서비스
   ③ 성역할에 대한 인식   ④ 아동의 공격성

37. 정체감 확립과 성적 성숙을 특징으로 한 시기는?
   ① 학령 전기   ② 아동기   ③ 청소년기   ④ 청년기

38. 주변인 중간인으로 불리는 시기는?
    ① 장년기　　　　　② 아동기　　　　　③ 학령 전기　　　　　④ 청소년기

39. 청소년 전기의 신체적 발달 특징이 아닌 것은?
    ① 신장과 체중이 급격히 늘어난다.
    ② 여자는 남자보다 신체적 변화가 늦게 시작된다.
    ③ 생식기간의 성숙과 제2차 성징의 출현을 보인다.
    ④ 소화기 폐, 심장과 같은 내부의 기관도 급속히 성장한다.

40. 청소년 전기의 급속한 신체변화가 미치는 심리적 영향이 아닌 것은?
    ① 청소년들로 하여금 자신을 더욱 성인에 가깝게 느끼도록 해준다.
    ② 성역할에 대한 이질화를 강화한다.
    ③ 성적 성숙에 따라 일어나는 현상들은 청소년들로 하여금 양면적인 감정으로
      반응하게 한다.
    ④ 급속한 신체변화에 관심이 집중되어 청소년들은 자기도취적 상태에 빠지는
      경향이 있다.

41. 청소년 전기의 심리사회적 발달과 관계없는 것은?
    ① 또래집단　　　　　　　　　② 이성관계
    ③ 변화가 심한 감정상태　　　　④ 팀 스포츠

42. 청소년기 또래집단의 특성이 아닌 것은?
    ① 또래집단의 특징은 보다 비조직적이며 그 구성원들은 동질적이라는 것이다.
    ② 청소년이 특정 또래집단을 선택하는 것은 사회경제적 계층, 가치관, 거주지
      역 등 여러 요인에 의하여 결정된다고 한다.
    ③ 또래집단의 경험을 통해 청소년들은 집단의 조직과 조직 내 자신의 위치를
      평가하는 기술을 배우게 된다.
    ④ 청소년 전기의 소년들은 또래집단의 인정을 받고자 하는 욕구가 매우 강하다.

43. 청소년기 친구관계에 영향을 미치는 것이 아닌 것은?
    ① 가치, 성격, 태도 등의 유사성
    ② 이해, 수용, 신뢰, 공유 등의 호혜성
    ③ 사귀어온 기간과 같은 구조적 요인
    ④ 상대의 사회적 계층과 풍요성

44. 청소년 전기의 정서적 발달 특징으로 옳지 않은 것은?
    ① 이 시기의 주요과제는 자신의 감정에 따라 행동하는 것이다.
    ② 청소년 전기는 감정이 격하고 기복이 심하다.
    ③ 다양한 감정 중에서 강한 수치심, 죄의식, 분노 등은 문제가 될 수 있다.
    ④ 강력하고 변화가 심한 감정상태가 청소년 전기의 특징이다.

45. 사회복지실천의 관심대상이 되는 청소년기 전기의 문제는?
    ① 학습장애   ② 아동학대와 유기
    ③ 청소년 비행   ④ 자아정체감의 혼란

46. 히르시는 비행청소년들이 네 측면에서 사회와 유대를 형성하고 유지하는 데 실패했다고 주장한다. 네 측면에 들지 않는 것은?
    ① 애착   ② 전념   ③ 참여   ④ 신뢰

47. 청소년 비행을 유년기의 불행한 경험에서 초래된 성격장애의 증상으로 보는 이론은?
    ① 정신분석이론   ② 행동이론   ③ 모방이론   ④ 인지발달이론

48. 청소년 후기의 신체적 발달 특징이 아닌 것은?
    ① 신체적 성숙은 청소년기 후기와 청년기 초기에 완성된다.
    ② 신체적으로 활기, 힘, 건강이 최고의 수준을 보인다.
    ③ 시각, 청각은 20세 전후에 가장 예민하다.
    ④ 제2차 성징의 출현을 보인다.

49. 다음 10대 후반에 가장 뛰어난 능력을 보이는 것이 아닌 것은?
    ① 암기   ② 수행속도   ③ 창의성   ④ 지능검사

50. 청소년기 후기의 심리사회적 발달 특징으로 보기 어려운 것은?
    ① 집단놀이   ② 부모로부터의 독립
    ③ 직업에 대한 준비   ④ 자아정체감 확립

51. 청소년기 성적 사회화의 구성요소로 볼 수 없는 것은?
    ① 좋아하는 성적 대상의 선택   ② 성적 정체감
    ③ 적절한 성인의 성역할 습득   ④ 성행위에 대한 경험

52. 확고한 정체감을 지닌 사람이 경험하는 특성이 아닌 것은?
    ① 개별성   ② 통합성   ③ 유목성   ④ 지속성

53. 마르시아의 자아정체감의 범주에 의하면 정체감 위기를 겪고 있는 상태는 무엇인가?
    ① 정체감 성취   ② 유예   ③ 정체감 유실   ④ 정체감 혼란

54. 먼로에 의하면 청소년들을 유예상태에 머물면서 역할에 대한 실험과 그 결과로 정체감 형성을 하도록 인도하는 기관은 무엇인가?
    ① 가정   ② 사회복지 기관 ③ 고등학교   ④ 대학

55. 사회복지실천의 관심대상이 되는 청소년기 후기의 문제는?
    ① 학습장애   ② 자아정체감 형성
    ③ 청소년 비행   ④ 프로텍티브 서비스

56. 빈칸에 알맞은 것은?
    (   ) 전의 모든 시기는 준비하는 시기이고, (   ) 이후의 시기는 준비해 온 것을 실현하고 구체화하는 시기이다.
    ① 아동기   ② 청소년기   ③ 청년기   ④ 장년기

57. 청년기의 특징에 대해 잘못 설명한 것은?
    ① 다른 사람을 사랑하고 보살피는 능력이 심화되는 시기이다.
    ② 청년기에 경험하는 가장 큰 변화는 직업을 갖고 결혼을 하는 것이다.
    ③ 타인과의 상호관계에 집중할 수 있다
    ④ 청년기 이후의 발달은 신체적 기능이나 인지적 능력의 획득에 의해 일어난다.

58. 청년기에 성취해야할 발달과제로 레빈슨이 제시한 내용이 아닌 것은?
    ① 꿈과 희망을 명확하게 정의해야 한다.
    ② 영향력을 발휘하고 자신감을 갖게 해 주는 지도자를 발견해야 한다.
    ③ 직업을 선택하고 나아가 경력을 쌓고 발전시켜 나가야 한다.
    ④ 자신의 과거에 대한 재평가를 이루어야 한다.

59. 청년기의 신체적 발달 특징으로 옳은 것은?
    ① 청년기는 신체적 건강이 정점에 있는 시기라고 할 수 있다.

② 최적의 건강상태는 노년기에 건강이 쇠퇴하기 시작 할 때까지 지속된다.

③ 육체적인 힘은 30~35세 사이에 최고조에 이른다.

④ 대부분의 신체적 능력은 청년기 이후에는 쇠퇴한다.

60. 웩슬러 성인지능 검사에서 베일리는 동작성 검사 점수가 몇 세부터 하강하는 것으로 보고하였는가?

① 20세   ② 30세   ③ 26세   ④ 30세

61. 지능 변화에 관한 종단적 연구에 의한 지능의 유형 중 결정성 지능에 해당되는 것은?

① 인지적 융통성   ② 언어적 이해력

③ 시각 운동적 융통성   ④ 시각화

62. 청년기 심리사회적 발달과 관계없는 것은?

① 결혼   ② 자녀의 출산과 양육

③ 직업의 세계   ④ 자아개념

63. 만혼으로 나타나는 사회적 현상으로 보기 어려운 것은?

① 이혼율이 높아지는 것   ② 아이를 갖는 연령이 늦어지는 것

③ 소수의 자녀를 갖는 것   ④ 자녀 양육기간이 짧아지는 것

64. 결혼 생활의 만족에 기여하는 요인으로 보기 어려운 것은?

① 부모의 행복한 결혼 생활   ② 1년 이상의 교제기간

③ 적절한 대화기술   ④ 배우자에 대한 우월감

65. 첫 자녀를 가진 후 적응을 순조롭게 하기 위한 조건으로 보기 어려운 것은?

① 부모로의 역할 변화에 대한 준비   ② 육아에 관련된 교육

③ 부부간의 역할과 책임에 대한 재정의   ④ 결혼만족도에 대한 낮은 기대치

66. 직업 선택 시 고려해야 할 요소가 아닌 것은?

① 전문적 기술   ② 노후대책

③ 권위적 관계   ④ 동료들과의 인간관계

67. 사회복지실천의 관심대상이 되는 청년기의 문제는?
    ① 이혼   ② 자아정체감 형성   ③ 학습장애   ④ 원만한 인간관계

68. 버만과 터크의 조사에서 이혼한 사람들의 스트레스 대응전략 중 그들의 삶의
    만족에 기여도가 큰 것으로 나타난 것이 아닌 것은?
    ① 사회적 활동
    ② 자립적 태도
    ③ 가족에 관련된 활동
    ④ 이혼에 관련된 감정을 표현하고 털어놓는 것

69. 장년기에 대한 설명으로 옳지 않은 것은?
    ① 다른 어떤 시기보다 경제적으로 안정되어 있다.
    ② 삶의 다양한 영역에서 경험을 통해 지혜를 터득한 상태이다.
    ③ 직장에서 높은 지위와 책임을 갖는다.
    ④ 신체적 능력과 건강이 정점에 이르는 시기이다

70. 소위 전환의 시기라 불리는 시기는?
    ① 학령 전기   ② 청소년기   ③ 장년기   ④ 청년기

71. 장년기가 전환의 시기라는 것을 가장 먼저 지적한 사람은?
    ① 융   ② 프로이트   ③ 굴드   ④ 레빈슨

72. 장년기에 성취해야 할 발달과제로 레빈슨이 제시한 내용이 아닌 것은?
    ① 자신의 과거에 대한 재평가   ② 지도자의 발견
    ③ 인생의 남은 부분을 새로운 시기로서 시작하는 것   ④ 개별화

73. 굴드가 장년기에 벗어나야 할 비합리적 가정으로 제시한 것이 아닌 것은?
    ① 안전이 영원히 지속될 거라는 가정
    ② 자신과 자기가 사랑하는 사람들에게 죽음이 일어나지 않을 거라는 가정
    ③ 배우자 없이 사는 것이 가능하다는 가정
    ④ 가족 밖에서는 어떠한 삶이나 변화도 존재할 수 없다는 가정

74. 장년기의 신체적 변화에 대한 설명으로 옳지 않은 것은?
    ① 장년기의 성인들은 이전보다 육체적인 일을 하는 능력이 약화된다.

② 장년기에는 에너지의 급속한 투입을 요하는 일에서 더 능력을 발휘할 수 있다.

③ 40대 초반에 신진대사의 저하가 일어나면 체중이 늘기 시작한다.

④ 여자는 갱년기를 경험하게 된다.

75. 남자들에게 폐경기와 사한 현상으로 나타나는 것은?

① 갱년기   ② 중년의 위기   ③ 조울증   ④ 전환의 시기

76. 장년기 인지적 능력의 변화 특징에 대해 잘못 설명한 것은?

① 단기적 기억능력이 약화되기 시작한다.

② 반응시간이 느려지고 문제를 파악하고 해결하는 데 필요한 시간도 길어진다.

③ 결정성 지능은 증가한다.

④ 장기적 기억능력이 감소한다.

77. 부부관계에 영향을 주는 요소가 아닌 것은?

① 부부의 성숙   ② 가족구성의 변화

③ 자녀의 연령   ④ 가족의 위기나 사건의 발생과 같은 요소

78. 건강한 결혼 관계 유지를 위한 조건으로 보기 어려운 것은?

① 부부는 각자의 개인적인 성장과 부부로서의 성장에 헌신하여야 한다.

② 효과적인 대화체계를 개발해야 한다.

③ 매개가 될 수 있는 제3의 중재자를 두어야 한다.

④ 갈등을 창의적으로 활용해야 한다.

79. 효과적인 가정운영을 위해 필요한 행정적 기술이 아닌 것은?

① 가족성원들의 욕구와 능력을 통제하는 것   ② 결정을 내리는 것

③ 시간을 조직화 하는 것   ④ 목표를 세우는 것

80. 개인의 발달과 적응에 영향을 미치는 직업의 측면으로 볼 수 없는 것은?

① 대인관계 기술

② 직업 구조 내에서 자신의 위치를 확립하는 것

③ 직업에 따라 필요로 하는 기술

④ 직업 스트레스

81. 장년기의 성인들이 결정을 내려야 하는 구체적인 가정 운영상의 영역이 아닌 것은?

① 재정   ② 주거   ③ 일상적 활동   ④ 직업선택

82. 장년기에 개인적인 성취와 사회적 통합을 위한 가장 중요한 과제는?

① 자신의 직업을 관리하는 것   ② 자녀를 양육하는 것
③ 건강한 가정환경을 창출하는 것   ④ 결혼생활에서 활기를 유지하는 것

83. 사회복지실천의 관심대상이 되는 장년기의 문제로 보기 어려운 것은?

① 실직   ② 직업 스트레스   ③ 청소년·비행   ④ 부모의 간병

84. 노년기 사회적 활동 감소에 대한 이론 중 분리이론의 내용으로 옳은 것은?

① 노인의 사회적 후퇴를 본질적이고 발달적인 속성으로 본다.
② 노인의 사회적 후퇴를 사회의 요구에 반응하는 것으로 본다.
③ 노인의 사회적 상호작용의 감소를 사회가 노인으로부터 후퇴하기 때문에 일어나는 것으로 본다.
④ 사회적 활동에 계속 참여하고 싶어 하는 노인의 소망에 상반되게 진행되는 것으로 간주한다.

85. 펙이 제시한 노년기 발달에 관련된 이슈로 보기 어려운 것은?

① 자아분화 대 직업역할에 대한 몰두   ② 신체초월 대 신체몰두
③ 자아 초월 대 자아 몰두   ④ 정서적 융통성 대 정서적 빈곤

86. 노년기 전기의 신체적 변화에 대한 설명으로 옳지 않은 것은?

① 노년기에 피부의 건조화, 탄력의 감소, 주름살 등이 더욱 심해진다.
② 근육이 위축되어 근육의 강도와 운동능력이 감소한다.
③ 노인들의 사망의 주요 원인은 사고가 가장 크다.
④ 질병의 가능성은 노년기에 급격히 증가한다.

87. 노년기 전기의 인지적 변화에 대한 설명으로 옳지 않은 것은?

① 노인들은 느리며, 자극이 무엇인지 확인하는 데도 오래 걸린다.
② 노년기에는 장기간에 걸친 기억이 단기간의 기억보다 더욱 심하게 쇠퇴한다.
③ 새로 습득한 정보를 더듬어 내는 데 어려움을 겪지만 반면에 오래 기억한다.
④ 자기중심적이고 원시적인 방식으로 문제를 해결하는 경향이 있다.

88. 노년기의 인지적 능력의 쇠퇴를 막기 위한 개입으로 스키너가 제시한 내용이
    아닌 것은?
    ① 타인들과 언어적 상호작용을 촉진하는 규칙적인 기회를 가질 것
    ② 기억이 감퇴하는 것을 막기 위해 책이나 논문의 개요를 작성해 둘 것
    ③ 아이디어가 떠올랐을 때 즉시 행동에 옮길 것
    ④ 역할 변화에 대한 적응에 힘 쓸 것

89. 노년기 전기의 심리사회적 발달 내용과 관계가 없는 것은?
    ① 역할 변화에 대한 적응   ② 자신의 삶에 대한 수용
    ③ 자녀의 양육   ④ 죽음에 대한 태도

90. 조부모 역할 수행양식 중 우리 시대가 가장 보편적인 유형은 ?
    ① 공식적 유형   ② 즐거움을 추구하는 유형
    ③ 대리부모의 역할을 하는 조부모   ④ 원거리형

91. 퇴직자의 역할에 대한 적응 단계 중 그동안 하고 싶었으나 못한 모든 일을 하고
    자 하면서 행복을 느끼는 단계는?
    ① 허니문의 단계   ② 휴식과 긴장완화의 단계
    ③ 꿈에서 깨어나는 단계   ④ 새로운 방향을 설정하는 단계

92. 사회복지실천의 관심대상이 되는 노년기 전기의 문제가 아닌 것은?
    ① 사회적 역할 축소에 따른 자부심의 저하   ② 자아 정체감의 혼란
    ③ 고독과 소외   ④ 은퇴로 인한 소득 감소

93. 노년기 후기의 신체적. 인지적 변화에 대한 설명 중 옳지 않은 것은?
    ① 주요한 신체적·정신적 능력의 감퇴가 일어나기 쉬우며 이것은 타인에 대한
      의존도를 증가시킨다.
    ② 노인들은 흔히 만성질환을 가지고 있으며 이것이 활동을 저해할 가능성이
      있고 지구력도 감소한다.
    ③ 교육수준이 낮고 비활동적일수록 노인의 인지적 능력은 높은 것으로 알려져
      있다.
    ④ 노인의 인지적 능력은 훈련에 의해 향상될 수 있다.

94. 노년기 후기의 심리사회적 발달에 큰 영향을 줄 수 있는 것은?
    ① 부정적인 삶의 사건들과 사회적지지 ② 역할변화에 대한 적응
    ③ 자신의 삶에 대한 수용   ④ 죽음에 대한 태도

95. 사회적 지지의 역할에 대해 잘못 설명한 것은?
    ① 의미 있는 관계를 지속시켜 줌으로써 고립을 막아 준다.
    ② 실제적인 일상생활에 도움이 된다.
    ③ 건강에 미치는 스트레스의 부정적 영향을 완화해 준다.
    ④ 경제적 지원을 통해 노인들의 생활을 윤택하게 해 준다

96. 노년기 후기의 사회적 지지에 대한 설명으로 옳지 않은 것은?
    ① 노년기 후기에는 사회적 지지가 증가한다.
    ② 사회적 지지의 근원에서 가족의 지지가 증가한다.
    ③ 사회적 지지의 유형에서 도구적 지지가 증가하는 경향이 있다.
    ④ 노년기 후기에 증가하는 신체적 건강악화나 기능손상에 대한 수발은 간병,
      가사 등을 전적으로 담당하는 도구적 지지이다.

97. 사회복지 실천의 관심대상이 되는 노년기 후기의 문제는?
    ① 사회적 역할 축소에 따른 자부심의 저하
    ② 기능 손상과 만성질환의 위협
    ③ 자아정체감의 혼란
    ④ 은퇴로 인한 소득감소

98. 자유연상법으로 무의식의 세계를 연구하여 성격이론을 수립한 사람은?
    ① 지그문트 프로이트   ② 안나 프로이트
    ③ 스키너   ④ 에릭슨

99. 방어기제에 대한 설명으로 옳지 않은 것은?
    ① 방어기제는 불안을 감소시킨다.
    ② 방어기제는 긍정적인 사회적 결과를 가져오기도 한다.
    ③ 대부분 한 번에 한 가지 이상의 방어기제가 사용된다.
    ④ 정상인들은 방어기제를 사용할 기회가 없다.

100. 에릭슨의 심리 사회학적 성격이론이 프로이트의 이론과 구별되는 점이 아닌 것은?
    ① 인간의 행동과 기능의 기초로 자아보다 원초아를 강조하였다.
    ② 자아를 성격의 자율적 구조로 간주하였다.
    ③ 가족 상황 속에서 개인과 그 부모의 관계뿐 아니라 그 가족이 위치한 역사적, 문화적 상황 속의 사회적 관계에 관심을 기울였다.
    ④ 삶의 심리사회적 위험을 극복할 수 있는 인간능력에 관심을 기울였다.

101. 융 이론에서의 주요개념 중 퍼스낼리티 전체를 가리키는 것은?
    ① 정신   ② 리비도   ③ 콤플렉스   ④ 자기

102. 스키너 이론의 주요개념중 구체적 자극에 의해 유발되는 구체적 행을 일컫는 것은?
    ① 반응적 행동   ② 조작적 행동   ③ 변별 자극   ④ 행동 형성

103. 반두라의 사회학습 이론에 대한 설명으로 옳지 않은 것은?
    ① 반두라에 의하면 복잡한 행동의 패턴은 분화적으로 강화에 의해서 서서히 학습되는 것이 아니고 오히려 전체적으로 학습된다.
    ② 외부자극이 대부분의 인간행동을 통제한다는 가정을 제기하였다.
    ③ 강화의 효과가 행동과 그 결과 간의 관계에 대한 인간의 의식에 의해 좌우된다고 주장한다.
    ④ 관찰학습, 대리학습을 강조한다.

104. 피아제의 인지발달의 네 단계가 아닌 것은?
    ① 감각운동기   ② 학령 전기   ③ 구체적 조작기   ④ 형식적 조작기

105. 피아제의 인지발달 단계의 특징에 대한 설명으로 옳지 않은 것은?
    ① 단계별 성취 연령은 반드시 들어맞지는 않는다.
    ② 모든 아동은 단계를 순서대로 통과하여 발달하지 않을 수 있다.
    ③ 과도기에는 두 단계의 인지적 특징이 함께 나타날 수 있다.
    ④ 형식적 조작기에 도달한 아동도 때로는 낮은 단계의 사고를 한다.

<문제 8-2의 정답>

1. ④	2. ①	3. ②	4. ③	5. ①	6. ③	7. ④	8. ③	9. ②
10. ②	11. ③	12. ③	13. ③	14. ④	15. ①	16. ④	17. ②	18. ②
19. ③	20. ①	21. ②	22. ③	23. ③	24. ①	25. ③	26. ①	27. ④
28. ④	29. ④	30. ③	31. ④	32. ②	33. ①	34. ③	35. ④	36. ①
37. ③	38. ④	39. ②	40. ②	41. ④	42. ①	43. ④	44. ①	45. ③
46. ④	47. ①	48. ④	49. ④	50. ①	51. ④	52. ④	53. ②	54. ④
55. ②	56. ③	57. ④	58. ④	59. ①	60. ③	61. ②	62. ④	63. ①
64. ④	65. ④	66. ②	67. ①	68. ④	69. ④	70. ③	71. ①	72. ④
73. ③	74. ②	75. ②	76. ④	77. ③	78. ③	79. ①	80. ④	81. ④
82. ①	83. ③	84. ①	85. ④	86. ③	87. ①	88. ③	89. ③	90. ①
91. ①	92. ②	93. ③	94. ①	95. ③	96. ②	97. ①	98. ④	99. ③
100.	101. ①	102. ①	103. ②	104. ②	105. ②			

<문제 8-3> (인본주의적 성격이론 관련 문제)

1. 로저스는 인간의 궁극적인 동기를 무엇이라 하였는가?
   ① 개인의 세계   ② 자기실현   ③ 욕구 충족   ④ 내적 본성의 재현

2. 매슬로의 인본주의적 성격이론의 기본전제에 속하지 않는 것은?
   ① 개인은 통합된 전체로 간주되어야 한다.
   ② 인간의 본성은 본질적으로 선하다.
   ③ 인간의 악하고 파괴적인 요소는 유전적 요소에서 비롯된다.
   ④ 창조성이 인간의 잠재적 본성이다.

3. 이상행동과 관련된 사회복지사의 역할이 아닌 것은?
   ① 이상행동에 대해 진단한다.   ② 의뢰의 역할을 한다.
   ③ 치료를 담당한다.   ④ 클라이언트만을 대상으로 활동한다.

4. 로젠한과 셀리그만이 이상행동 결정시 고려할 요소로 제시한 것이 아닌 것은?
   ① 고통   ② 폭력성   ③ 부적응   ④ 비인습성

5. 이상행동 정의 시 고통에 대한 설명으로 옳은 것은?
   ① 이상행동을 정의 할 수 있는 필요조건이다.
   ② 이상행동을 정의 할 수 있는 충분조건이다.
   ③ 그 자체로 이상행동을 정의 할 수 있는 필요조건이나 충분조건은 되지 못한다.
   ④ 이상행동을 정의하는 근본적인 요소이다.

6. 이상행동 정의 시 고려할 요소 중 행동이 그 사람으로 하여금 특정한 목적의 성
   취를 얼마나 가능하도록 해 주는가에 관련된 것은?
   ① 고통   ② 부적응
   ③ 비합리성과 불가해성   ④ 비인습성

7. 이상행동 정의 시 고려할 요소 중 사고장애의 기준이 될 수 있는 것은?
   ① 비합리성과 불가해성   ② 부적응
   ③ 통제의 결핍   ④ 비인습성

8. 이상행동을 설명하는 네 가지 이론적 모델에 들지 않는 것은?
   ① 생리학적 모델   ② 심리역동적 모델
   ③ 행동주의적 모델   ④ 성격이론 모델

9. 다음 중 이상행동에 대한 생리학적 모델에 대한 설명으로 맞는 것은?
   ① 이상행동을 신체적 역기능으로 설명하고자 한다.
   ② 이상행동을 경험에 의해 학습된 것으로 본다.
   ③ 불안을 이상행동의 주요인으로 간주한다.
   ④ 잘못된 인식과정을 이상행동의 원인으로 간주한다.

10. 생리학적 모델에서 이상행동의 원인으로 보는 것이 아닌 것은?
    ① 세균   ② 불안   ③ 유전적 요인   ④ 뇌의 역기능

11. 다음 중 생리학적 모델에 입각한 치료방법은?
    ① 단기적 심리치료   ② 실존적 치료   ③ 전기충격치료   ④ 홍수법

12. 불안을 이상행동의 주요인으로 보는 이론적 모델은?
    ① 생리학적 모델   ② 심리역동적 모델
    ③ 인지적 모델   ④ 행동주의적 모델

13. 다음 중 심리역동적 치료와 관계있는 것은?
    ① 정화　　　② 전기충격　　　③ 약물치료　　　④ 체계적 둔감법

14. 심리역동적 치료에 퍼스낼리티의 변화를 가져오는 방법은?
    ① 정화　　　② 전이　　　③ 평형화　　　④ 고전적 조건형성

15. 이상행동을 환경에 관계시킨 모델은?
    ① 성격이론 모델　　　　　　② 생리학적 모델
    ③ 행동주의적 모델　　　　　④ 심리역동적 모델

16. 이상행동에 관한 행동이론의 설명으로 옳지 않은 것은?
    ① 이상행동을 포함한 모든 행동이 과거의 경험으로부터 학습되었다고 본다.
    ② 실험에 의해 환경의 어느 부분이 이상행동을 일으켰는지 알 수 있다.
    ③ 환경적 요인이 변화되면 그 사람은 이전의 부정적 행동을 버리고 새롭고 적
       응적인 습관을 획득하게 될 것이다.
    ④ 이상행동의 주요 원인은 잘못된 인식과정이다.

17. 고전적 조건형성이론에 입각한 이상행동의 치료적 기법은?
    ① 전기충격요법　　② 홍수법　　③ 강화와 벌　　④ 단기 심리치료법

18. 공포증 환자를 여러 시간 두려워하는 상황에 머물면서 고통스러운 사건이 일어
    나지 않는 것을 확인하게 하는 치료법은?
    ① 홍수법　　② 체계적 둔감화　　③ 충격요법　　④ 실존적 치료

19. 조작적 조건형성이론에 입각한 치료기법으로 문제행동이 일어날 때마다 그 사
    람이 싫어하는 사건을 적용함으로써 문제 행동이 일어날 확률을 감소시키는 방
    법은?
    ① 선택적 긍정적 강화　　　　② 부정적 처벌
    ③ 부정적 강화　　　　　　　　④ 선택적 처벌

20. 심리적 장애의 원인을 잘못된 사고에서 찾는 이론모델은?
    ① 생리학적 모델　　　　　　② 심리역동적 모델
    ③ 행동주의적 모델　　　　　④ 인지적 모델

21. 인지적 모델에게 다루는 사고의 유형이 아닌 것은?
  ① 기대   ② 강화   ③ 귀인   ④ 신념

22. 인지적 모델에서 다루는 사고유형 중 사건이나 행동의 원인을 어디에 돌리는가
  에 관한 사고는?
  ① 기대   ② 평가   ③ 귀인   ④ 신념

23. 인지적 모델에서 부정적인 사건을 당한 사람이 운이 없다고 느꼈을 때 그 귀인
  의 원인이 아닌 것은?
  ① 체념적   ② 외부적   ③ 일시적   ④ 부분적

24. 인지적 모델에 의하면 자기 존중도가 낮은 사람이 실패했을 때 그 원인을 돌리
  게 되는 유형에 해당되지 않는 것은?
  ① 내부적   ② 일시적   ③ 지속적   ④ 전반적

25. 인지적 치료자가 흔히 잘못된 귀인을 바꾸기 위해 사용하는 것은?
  ① 과제   ② 비판과 통제   ③ 공격   ④ 체계적 둔감화

26. 임상적 면접에 대한 설명으로 옳지 않은 것은?
  ① 면접은 클라이언트를 만나서 대화를 나누어 보기 전에는 그 사람에 대해 알
     수 없다는 전제에 입각한 것이다.
  ② 면접에서는 태도, 행동 억양 등으로부터 정보를 확보한다.
  ③ 성공적인 면접이 되기 위해서는 클라이언트와 면접자간에 좋은 관계가 형성
     되어야 한다.
  ④ 면접에는 목록식 검사와 투사적 검사의 두 종류가 있다.

27. 평가를 위해 쓰이는 도구가 갖추어야 할 조건은?
  ① 신뢰도와 타당도   ② 신뢰도와 예측가능성
  ③ 타당도와 불변성   ④ 예측가능성과 불변성

28. 평가 방법을 세 가지로 구분 할 수 있다. 다음 중 해당하지 않는 것은?
  ① 면접   ② 진단   ③ 검사   ④ 관찰

29. 비구조적 면접의 특징이 아닌 것은?
    ① 전혀 조작적이지 않은 대화로 이루어진다.
    ② 신뢰도와 타당도는 높으나 강도가 낮다.
    ③ 융통성이 있다.
    ④ 어떤 면접도 서로 같은 결과를 내지 않는다.

30. 구조적 면접의 특징으로 옳은 것은?
    ① 신뢰도와 타당도는 높다.
    ② 신뢰도는 높으나 타당도는 높다.
    ③ 융통성이 있다.
    ④ 전혀 조직적이지 않고 대화로 이루어진다.

31. 다음 중 구조적 면접은?
    ① NIMH   ② DSM-IV   ③ MMP   ④ DIS

32. 목록식 심리검사의 특징으로 옳은 것은?
    ① 융통성이 있다.
    ② 매우 구조화되어 있으며 신뢰도가 아주 높다.
    ③ 많은 기술을 요하는 복잡한 과정이다.
    ④ 신뢰도와 타당도는 낮다

33. 다음 중 목록식 심리검사에 해당되는 것은?
    ① DIS   ② SCID
    ③ MMP   ④ 로샤 잉크반응 검사

34. 투사적 검사의 예에 해당하는 것은?
    ① 로샤 잉크반응 검사   ② MMPI   ③ DI   ④ SCID

35. 검사 방법 중 정신지체에 대한 진단에서 핵심적인 역할을 하여 신뢰도와 타당도가 가장 높은 검사는?
    ① 투사적 검사   ② 목록식 심리검사   ③ 지능검사   ④ 관찰

36. 다음 중 지능검사에 해당하는 것은?
    ① WAIS   ② MMP   ③ DIS   ④ SCID

37. 클라이언트의 행동이나 심리상태에 따라 특정한 심리적 장애로 범주화하는 것을 무엇이라고 하는가?
① 평가 ② 관찰 ③ 진단 ④ 투사

38. 진단의 유용성에 대한 설명으로 옳지 않은 것은?
① 많은 증세를 간략한 전문적 용어로 포괄 할 수 있다.
② 정확한 진단은 효과적인 치료방법을 제시하는 역할을 한다.
③ 문제의 원인에 대한 통찰력을 갖게 해 준다.
④ 정확한 진단을 통해 클라이언트와 치료자 간에 좋은 관계를 형성할 수 있다.

39. 이상행동의 진단에서 가장 널리 사용되는 것은?
① DIS ② DSM-IV ③ MMPI ④ SCID

40. 다음 중 공포장애의 일종은?
① 후외상성 장애 ② 공황장애 ③ 강박장애 ④ 전환장애

41. 행동이론에 입각한 공포증의 치료방법이 아닌 것은?
① 체계적 둔감화 ② 자유연상 ③ 모델링 ④ 홍수법

42. 체계적 둔감화의 세 과정에 속하지 않는 것은?
① 긴장완화 ② 공포의 대상에 대한 순서결정
③ 역조건 형성 ④ 모델링

43. 후외상성 장애의 원인으로 보기 어려운 것은?
① 천지지변 ② 공포증 ③ 스트레스 ④ 성폭행

44. 갑자기 강렬한 불안에 사로잡히는 것으로 호흡곤란과 아찔한 현기증을 나타내는 장애는?
① 후외상성 장애 ② 공포증
③ 일반화된 불안장애 ④ 공황장애

45. 스스로 통제할 수 없는 반복적 사고에 의해 고통을 겪으며 무의미한 행동을 반복하는 이상행동은?
① 강박장애 ② 신체형장애

③ 불안장애   ④ 공황장애

46. 정신분석이론에서 강박장애와 관련된 방어기제는?
   ① 전이와 대체   ② 투사와 억압
   ③ 퇴행과 반동형상   ④ 취소와 부정

47. 행동이론적 접근에서 강박장애에 대해 취하는 세 단계가 아닌 것은?
   ① 체계적인 둔감화   ② 모델링   ③ 홍수법   ④ 반응제지

48. 다음 중 신체형 장애가 아닌 것은?
   ① 전환장애   ② 강박형장애   ③ 신체화 장애   ④ 심인성 공통장애

49. 두통, 피로, 메스꺼움, 구토, 알레르기 등의 증상으로 치료를 받아왔으나 육체적
   인 원인이 아닌 경우 이 이상행동을 구분한다면?
   ① 신체화 장애   ② 심인성 공통장애
   ③ 전환장애   ④ 강박장애

50. 전환장애 진단 시 고려할 요소에 대한 설명으로 옳지 않은 것은?
   ① 신체적 기능의 상실이나 변화가 있다.
   ② 증상이 신체적 조건에 의해 설명되지 않는다.
   ③ 환자가 자신의 기능 상실에 대해 불안해한다.
   ④ 증상이 환자의 자유의지에 의해 통제되지 않는다.

51. 심리적 사건에 의해 실제적인 생리학적 변화가 일어나고 그 결과로 질병이 발
   병하는 것은?
   ① 신체화 장애   ② 정신생리학적 장애
   ③ 강박장애   ④ 심인성 고통장애

52. 정신생리학적 장애의 대표적인 질병이 아닌 것은?
   ① 위궤양   ② 고혈압   ③ 천식   ④ 두통

53. 단극적 우울증의 증세가 아닌 것은?
   ① 슬픔은 우울증의 가장 특징적인 정서적 증세이다.
   ② 만족과 흥미가 상실된다.

③ 자기 존중감이 너무 높다.

④ 미래에 대한 절망적 기대를 보인다.

54. 우울증에 관련된 요인들에 대한 설명 중 옳지 않은 것은?

① 현대의 문명화된 사회에 살수록 우울증에 걸릴 확률이 높다.

② 남자가 여자보다 우울증에 걸릴 확률이 놓다.

③ 우울증은 연령에 따라 상이한 증상으로 나타난다.

④ 우울증을 가진 사람들은 어린 시절에 상실에 관한 경험이 더 많다

55. 우울증을 막아주는 데 도움이 되는 요소가 아닌 것은?

① 배우자와의 친밀한 관계

② 집 밖에서 자신의 일을 갖는 것

③ 의존적인 상태에 있는 자녀의 수가 많은 것

④ 종교적 믿음

56. 프로이트는 우울증의 원인을 무엇으로 보았는가?

① 자신에게로 돌려진 분노　　　　② 유전적 요인

③ 아동기의 실패　　　　　　　　④ 왜곡된 사고

57. 베크가 제시한 우울증을 가진 사람의 다섯 가지 논리적 오류에 속하지 않는 것은?

① 독단적인 추론　　② 선택적 추상화　　③ 과도한 일반화　　④ 집단화

58. 우울증에 대한 인지적 치료 접근이라고 보기 어려운 것은?

① 환자의 현재 사고보다는 아동기의 경험에 초점을 둔다.

② 우울증의 원인이 되는 왜곡된 사고와 논리적 오류를 확인해 내고 설득을 통해 그것을 바로잡는다.

③ 잘못된 귀인양식을 바꾸고자 시도한다.

④ 흔히 행동적 기법도 함께 사용한다.

59. 양극적 우울증의 특징이 아닌 것은?

① 조증의 상태가 존재한다.

② 육체적으로 가장 현저한 증상은 불면이다.

③ 남자보다 여자의 비율이 높다.

④ 대개 20~30세에 시작된다.

60. 정신분열증으로 진단되기 위한 특징적 증상이 아닌 것은?

① 망상　　　　② 환각　　　　③ 부적증상　　　　④ 불면

61. 다음 중 정신분열증 증상이 아닌 것은?

① 환자의 이야기가 조리와 일관서이 결여되어 있다.

② 자기를 매우 부정적인 시각으로 본다.

③ 망상에 빠져 있다.

④ 부적절한 감정상태를 보인다.

62. 도파민의 활동상 문제로 발생하는 정신분열증의 유형은?

① 편집형 정신분열증　　　　② 혼란형 정신분열증

③ 정적 증상　　　　④ 부정증상

63. 정신분열증의 원인에 대한 설명으로 옳지 않은 것은?

① 정신분열증은 유전적 요인과는 무관하다.

② 도파민의 활동과 관련이 있다.

③ 모자관계가 중요한 요인이 된다.

④ 사회적으로 하위계층에서 더 많이 발생한다.

64. 정신분열증에 대한 치료방법으로 옳지 않은 것은?

① 진정제의 사용　　　　② 조작적 조건형성과 사회적 학습

③ 가족치료　　　　④ 체계적 둔감화

65. 기이하고 괴이한 증상이 특징인 성격장애에 들지 않는 것은?

① 정신분열형 성격장애　　　　② 정신분열성 성격장애

③ 편집성 성격장애　　　　④ 히스테리성 성격장애

66. 타인에 대한 지속적인 불신과 의심이 특징인 성격장애는?

① 정신분열성 성격장애　　　　② 편집성 성격장애

③ 경계선적 성격장애　　　　④ 반사회적 성격장애

67. 정신분열성 성격장애의 가장 큰 문제로 여겨지는 것은?

① 사고, 인지, 대화, 행동에서 오랫동안 지속된 기이함

② 사회적 관계를 형성하는 능력의 결핍

③ 타인에 대한 지속적인 불신과 의심
④ 비행이나 범죄와의 관련성

68. 반사회적 성격장애의 요인으로 보기 어려운 것은?
　　① 학습능력의 결여　　② 유전적 요인　　③ 생리적 요인　　④ 가족적 요인

69. 현실이나 상상에서 유기나 방임을 피하고자 하는 필사적인 노력, 정체성 혼란,
　　반복적인 자살행동 등의 증상을 보이는 성격장애는?
　　① 경계선적 성격장애　　　　　　② 히스테리성 성격장애
　　③ 회피적 성격장애　　　　　　　④ 강박적 성격장애

70. 다음 중 불안 두려움이 특징인 성격장애는?
　　① 회피적 성격장애　　　　　　　② 히스테리성 성격장애
　　③ 경계선적 성격장애　　　　　　④ 편집성 성격장애

71. 물질남용으로 진단되기 위한 기준이 아닌 것은?
　　① 반복적인 사용으로 직업학교 가정에서 주된 임무를 완수하지 못한다.
　　② 신체적으로 위험한 상채에서 물질을 사용한다.
　　③ 물질로 법적인 문제를 일으킨다.
　　④ 금단증상을 보인다.

72. 물질 관련 장애의 원인에 대한 설명으로 옳지 않은 사항은?
　　① 정신분석적 설명에 의하면 구강기에의 고착이 물질에 의존하게 만들며 물질
　　　 사용자들은 이러한 성격적 결함을 가지고 있다.
　　② 청소년기의 반사회적 성격과 그 이후의 물질사용간의 관계가 입증되었다.
　　③ 물질관련 장애를 일으키는 모든 물질에는 의존하게 만드는 속성이 존재한다.
　　④ 물질의존에는 유전적 영향은 없다.

73. 의존성을 유발하는 물질의 공통속성으로 솔로몬이 제시한 내용이 아닌 것은?
　　① 반사회적 행동을 가져온다.
　　② 처음 사용했을 때 유쾌한 상태를 가져온다.
　　③ 내성이 존재한다.
　　④ 금단현상이 존재한다.

74. 흥분제에 대한 설명이 아닌 것은?
    ① 에너지가 증가하고 자신감을 일으키는 효과를 가져온다.
    ② 편집증적 증상이 일어난다.
    ③ 마리화나 LSD 등이 예이다.
    ④ 술이나 진정제보다 중독이 짧은 기간에 이루어진다.

75. 사회체계적 관점의 기본 가정으로 맞지 않는 것은?
    ① 사회체계는 한 단위 혹은 전체를 이루는 상호 관련된 성원들로 이루어진다.
    ② 모든 체계는 다른 더 큰 체계의 하위체계이다.
    ③ 사회체계는 적응적 혹은 목표지향적이다.
    ④ 체계의 환경은 그 체계의 경계선 안으로 규정되는 것이다.

76. 다음 중 생태학적 접근으로 인간발달을 설명한 사람은?
    ① 에릭슨   ② 피아제   ③ 브론펜 브레너   ④ 융

77. 체계로서의 가족의 특징으로 옳지 않은 것은?
    ① 가족구성원은 가족 내에서 상호의존 상태에 있는 다양한 위치를 가진다.
    ② 가족과 가족 외부체계를 구분하는 경계의 두께는 그 엄격함과 침투성의 정
       도에 따라 다양하다.
    ③ 가족은 시간이 지나면서 반복되는 상호작용 패턴을 나타내는 적응과 균형을
       추구하는 단위이다.
    ④ 가족은 부계의 초시간적 제도이다.

78. 퇴니스가 사회적 관계의 기본유형으로 제시한 것은?
    ① 원초집단과 이차집단   ② 게마인샤프와 게젤샤프트
    ③ 자연적 집단과 형성된 집단   ④ 자조집단

79. 파슨스의 조직에 대한 설명으로 옳지 않은 것은?
    ① 특정한 목표를 추구하기 위한 사회적 단위이다.
    ② 회사, 군대, 교도소 등이 그 예이다.
    ③ 부족, 계급, 가족 등이 조직에 포함된다.
    ④ 구성원이 교체 가능하다.

80. 다음 중 투과성 조직의 특징으로 맞는 것은?

　① 수용자와 직원 간에 근본적인 차이가 있다.

　② 조직구성원 자격이 자발적이다.

　③ 다른 사회적 조직의 구성원이 되는 데 제약을 받는다.

　④ 구성원들에게 접근하는 것이 용이하다.

81. 체제로서 지역공동체의 특징으로 보기 어려운 것은?

　① 물리적 또는 지리적 장소에 근거한 사회적 조직형태이다.

　② 공통된 지역에 살거나 동일시된 사람들에 초점이 두어진다.

　③ 최상의 목적은 개인의 사회화이다.

　④ 상호의존은 공통된 욕구, 공통된 문제, 성장과 발전을 위한 기회가 있다는
　　것을 전제로 한다

82. 우리나라 도시공동체에 대한 설명으로 옳지 않은 것은?

　① 급격한 도시인구 증가는 도시 경제체계의 불균형으로 도시빈곤이라는 심각
　　한 사회문제를 야기시켰다.

　② 1980년대 후반이후 계층 간의 거주지 분리현상이 심화되었다.

　③ 거주지 분리로 사회적 평등이 이루어졌다.

　④ 거주지 분리로 보다 쾌적하고 능률적인 도시환경이 이루어졌다.

<문제 8-5의 정답>

1. ②	2. ③	3. ④	4. ②	5. ③	6. ②	7. ①	8. ④	9. ①
10. ②	11. ③	12. ②	13. ①	14. ②	15. ③	16. ④	17. ②	18. ①
19. ④	20. ④	21. ②	22. ③	23. ②	24. ②	25. ①	26. ④	27. ①
28. ②	29. ③	30. ①	31. ④	32. ②	33. ③	34. ①	35. ③	36. ①
37. ③	38. ④	39. ②	40. ①	41. ②	42. ②	43. ③	44. ④	45. ①
46. ①	47. ①	48. ②	49. ①	50. ③	51. ②	52. ④	53. ③	54. ②
55. ③	56. ①	57. ④	58. ①	59. ③	60. ④	61. ②	62. ③	63. ①
64. ④	65. ④	66. ②	67. ②	68. ③	69. ①	70. ①	71 ④	72. ④
73. ①	74. ③	75. ④	76. ③	77. ④	78. ②	79. ③	80. ②	81. ③
82. ③								

15. 시험문제 예제 (9)

<문제 9-1>

1. "전체는 개개 구성원의 합(合)보다 크다"라는 중심 명제를 기본으로 인간과 사회와의 관계를 설명하는 관점은 어느 것인가?
   ① 사회명목론적 관점　　　　　② 사회실재론적 관점
   ③ 심리학적 관점　　　　　　　④ 상호작용론적 관점
   (해설) 정답 4번

2. 인간과 사회의 관계에서 사회의 실체성(實体性)이 크게 부각되는 관점은 무엇인가?
   ① 사회실체론　　　　　　　　② 사회명목록
   ③ 상호작용론　　　　　　　　④ 사회실재론
   (해설) 정답 4번

3. 사회에는 한 사람 한 사람의 개인적 속성으로 환원되지 않는 집단심, 또는 애국심과 같은 독특한 속성이 있다고 보는 견해를 무엇이라고 하는가?
   ① 사회실재론　　　　　　　　② 사회명목론
   ③ 상호작용론　　　　　　　　④ 사회적 사실
   (해설) 정답 1번

4. 다음 중 사회실재론을 <u>가장</u> 설득력 있게 주장한 사람은 누구인가?
   ① 블루머(H. Blumer)　　　　② 프로이트(S. Freud)
   ③ 뒤르켕(E. Durkheim)　　　④ 호만스(G. Homans)
   (해설) 정답 3번

5. 사회를 "하나의 실체로서 인간 개개인의 밖에 존재한다"고 보는 학자는 누구인가?
   ① 마르크스(K. Marx)　　　　② 콩트(A. Comte)
   ③ 뒤르켕(E. Durkheim)　　　④ 스펜서(H. Spencer)
   (해설) 정답 3번

6. 사회란 개인의 밖에서 개인을 향해 무시 못할 영향력을 행사한다는 말은 무엇을 뜻하는 것인가?
   ① 사회의 외재성　　　　　　　② 사회의 구속성

③ 사회의 외재성과 구속성　　　　④ 사회의 실체성
(해설) 정답 3번

7. 뒤르켐은 집단결속력과 자살과의 관계를 연구했다. 그에 의하면 다음 중 이기적
   자살이 <u>가장</u> 많이 나타나는 집단은 어느 집단인가?
   ① 유대교 집단　　　　　　　　② 가톨릭 집단
   ③ 개신교 집단　　　　　　　　④ 대종교 집단
   (해설) 정답 3번

8. 인간을 마치 그가 속한 집단 또는 사회 안에 갇혀서 사회가 요구하는 대로 행동
   하는 꼭두각시처럼 보는 관점을 무엇이라고 하는가?
   ① 구조결정론적 관점　　　　　② 심리학적 환원론
   ③ 사회명목론적 관점　　　　　④ 출현적 속성
   (해설) 정답 1번

9. 인간을 그가 속한 집단 또는 사회 안에 갇힌 수인(囚人)으로 보는 시각을 무엇이
   라고 하는가?
   ① 사회명목론　　　　　　　　② 구조결정론
   ③ 심리학적 환원론　　　　　　④ 구조주의
   (해설) 정답 2번
   ① 사회명목론: 사회는 이름뿐이며 실재는 개개인의 사람이라고 보는 입장. 전
   체는 개개 구성원의 합 이외의 아무것도 아니다. ③ 심리학적 환원론: 사회란
   개인들의 합에 불과하기 때문에 개인의 심리적 특성, 이를테면 동기, 태도, 인
   식, 인지 등을 파악하게 되면 사회의 특성을 파악할 수 있다는 주장. ④ 구조주
   의: 겉으로 드러나는 인간행위는 보이지 않는 인간심성의 기본구조의 영향을
   받는다고 보는 입장

10. 인간을 그가 속한 집단 또는 사회 안에 갇혀 있는 존재로 보는 시각은 어떤 관
    점인가?
    ① 구조결정론적 시각　　　　　② 능동적 시각
    ③ 심리학적 환원론적 시각　　　④ 사회명목론적 시각
    (해설) 정답 1번

11. 한 사람, 한 사람, 각 개인이 모두 착하면 그 집단과 사회는 자동적으로 착해질 것이라고 보는 관점은 어떤 이론인가?

① 사회구성체론　　　　　　② 사회명목론

③ 상호작용론　　　　　　　④ 집단심이론

(해설) 정답 2번

12. 우리는 흔히 경상도 사람은 '무뚝뚝하다'느니 충청도 사람은 '느리다'느니 하는 말을 한다. 이와 같은 지역특성을 나타내는 말을 일컫는 용어를 다음 중에서 찾는다면 어떤 용어가 <u>가장</u> 적합한가?

① 사회적 사실　　　　　　　② 구조악

③ 인간의 의지적 속성　　　　④ 출현적 속성

(해설) 정답 4번

13. 월드컵 때 서울의 시청 앞과 광화문 네거리를 중심으로 전국에서 열광했던 축구에 대한 관심과 애국심을 나타낼 수 있는 사회학적 용어로 <u>가장 적합한</u> 단어는 무엇인가?

① 축구 사랑　　② 사회성　　③ 출현적 속성　　④ 사회화

(해설) 정답은 3번

출현적 속성(出現的 屬性: emergent or aggregate property): 집단에서 출현되는 개인의 특질에서 볼 수 없는 그 어떤 특성을 가리키는 말. 예) 민족혼, 집단심, 애국심 등

14. 다음은 사회에 구조악(構造惡)이 사라지지 않는 현상에 대해 논하는 글이다. 각 관점을 비교적 맞게 설명했다고 생각되는 글은 어느 것인가?

① 사회명목론적 관점에서 볼 때는 인간 개개인이 악(惡)하기 때문이라고 추론할 수 있다.

② 사회명목론에서 주장하는 출현적 속성이 구조악으로 나타나는 현상으로 설명할 수 있다.

③ 성공적인 사회화의 결과이다.

④ 구조결정론적 관점에서 볼 때 인간이 사회악을 개선하려는 의지가 없기 때문이라고 설명할 수 있다.

(해설) 정답 1번

② 사회명목론은 개인의 특질에서 볼 수 없는 그 어떤 특성이 집단에서 출현된다고 보는 이른바 '출현적 속성'의 존재를 인정하지 않는다. 이것은 사회실

재론의 입장이다. ③ 성공적인 사회화의 결과로서 사회의 구조악(構造惡)이 사라지지 않는다는 것은 전혀 말이 되지 않는다. ④ "인간이 사회악을 개선하려는 의지가 없다"고 보는 것은 사회명목론적인 관점이다. 구조결정론적 관점이란 인간을 그가 속한 집단 또는 사회 안에 갇혀 있는 사람, 곧 수인(囚人)으로 보는 시각을 말한다. 여기에서는 인간을 타율적으로 움직이는 수동적 존재, 즉 꼭두각시로 축소하는 오류를 범한다.

① 개개인이 선하면 그 사회 전체도 곧 선하다고 보는 것이 사회명목론의 입장이므로 이 진술은 맞는 것이 된다. 물론 이러한 진술이 타당하게 받아들여진다는 뜻은 결코 아니다. 다만 사회명목론적인 관점에서 보면 그렇다는 것이다.

15. 개인의 심리적 특성을 정확하게 이해한다면 사회의 특성도 파악할 수 있다고 보는 주장을 무엇이라고 하는가?
① 인지 추적이론　　　　　　　② 추체험이론
③ 심리학적 환원론　　　　　　④ 구조결정론
(해설) 정답 3번

16. 개인의 동기, 태도와 같은 심리적 특성을 과학적 객관적으로 정확하게 파악하면 그것에 근거하여 사회구조와 사회제도의 기제(메커니즘)를 이해할 수 있다고 보는 관점을 무엇이라고 하는가?
① 심리학적 환원론　② 사회적 사실　③ 이해적 방법　④ 동기구조 접근법
(해설) 정답 1번

17. 우리가 많이 들어온 유교의 가르침 중에 '수신제가치국평천하(修身齊家治國平天下)'라는 말이 있다. 나라가 평안해지려면 먼저 개인이 몸과 마음을 바르게 갖도록 해야 한다는 가르침이다. 이 관점은 다음 중 어느 것에 속하는가?
① 사회실재론　　② 사회명목론　　③ 합의론　　④ 갈등론
(해설) 정답 2번

18. '수신제가치국평천하'라는 동양 성현의 가르침은 다음 중 어떤 관점에 속한다고 볼 수 있는가?
① 성선설　　　② 성악설　　　③ 사회명목론　　　④ 사회실재론
(해설) 정답 3번

19. "개인 속에 사회가 들어가 있고, 사회 속에서 인간이 비로소 제 구실을 해 낼 수 있다"고 보는 관점은 어느 것인가?
   ① 상호작용론   ② 합의론   ③ 사회실재론   ④ 심리학적 환원론
   (해설) 정답 1번

20. 개인 속에 사회가 있고, 사회 속에서 인간이 제 구실을 할 수 있다고 보는 이론은 무엇인가?
   ① 사회실체론   ② 사회명목론
   ③ 출현적 속성이론   ④ 상호작용론
   (해설) 정답 4번

21. 사회는 인간에 의해서 변동하는 동시에 인간은 사회를 떠나서는 살 수 없다는 관점을 가장 잘 나타내는 이론적 관점은 무엇인가?
   ① 사회실재론   ② 사회명목론   ③ 상호작용론   ④ 사회변동론
   (해설) 정답 3번

22. "개인 속에 내재하는 사회"라는 말의 뜻은 무엇인가?
   ① 사회규범의 내면화를 말한다.
   ② 인간은 동물과 달리 자신이 살고 있는 사회에 대한 독특한 문제의식을 가지고 있다는 뜻이다.
   ③ 개인이 역사변동의 주체라는 뜻이다.
   ④ 사회는 개인의 주머니 속에 들어있는 것이나 마찬가지라는 뜻을 은유적으로 표현한 말이다.
   (해설) 정답 1번

23. 인간이 양심(良心)의 가책을 느끼는 이유를 가장 잘 설명한 글은 어느 것인가?
   ① 인간에게는 생물학적인 자아(Id)가 잘 발달했기 때문이다.
   ② 사회는 인간을 떠나 스스로 존재할 수 없기 때문이다.
   ③ 개인 속에 사회가 내재하기 때문이다.
   ④ 사회의 규범 때문이다.
   (해설) 정답 3번

24. 프로이트(S. Freud)의 견해에 따르면 내면화된 사회는 다음 중 무엇인가?
   ① 자아   ② 초자아   ③ I   ④ Me

(해설) 정답 2번

25. 다음 중 공통점이 <u>가장 적은</u> 개념은?
　　① 개인 속에 내재하는 사회　　　　② 양심
　　③ 초자아(Super-ego)　　　　　　④ 자아(self)
　　(해설) 정답 4번
　　상호작용론에서 말하는 '개인 속에 내재하는 사회'는 상식적으로는 '양심'이라
　　고 표현할 수 있고, 프로이트가 말한 '초자아(Super-ego)', 미드가 말한 '자기와의
　　내적 대화', 혹은 쿨리가 말한 '거울 보는 자아'와 상통한다.

26. 사회는 개인이 (　　)을 수행함으로써 유지될 수 있다. 사람이 일정하게 행동하
　　도록 요구받는 것은 그 지위에 붙어 있는 (　　) 때문이다.
　　위 문장에서 (　　) 속에 공통으로 들어가는 말은?
　　① 기능　　　　② 역할　　　　③ 귀속의식　　　　④ 천부적 재능
　　(해설) 정답 2번

27. 사회화 이론의 기본적인 시각은 어느 것에 <u>가장</u> 가까울까?
　　① 사회 실재론적 견해　　　　　② 사회 명목론적 견해
　　③ 심리학적 견해　　　　　　　④ 사회 생물학적 견해
　　(해설) 정답 1번
　　사회화는 한 동물적 존재인 인간이 태어나서 타인과의 상호작용을 통해서 그
　　사회의 가치와 규범, 도덕, 신념 등을 내면화함으로써 그 사회가 바라는 인간다
　　운 인간으로 성장하는 과정을 말한다. 한 개인이 인간답게 성장하기 위해서는
　　한 개인의 외부에 이미 사회의 가치와 규범 등이 존재하고 있어야 한다. 따라서
　　사회화 이론은 개인들 외부에 그 개인에게 영향을 미치는 사회의 존재를 인정
　　한다는 점에서 사회실재론에 가깝다고 할 수 있다.

<문제 9-2> (사회학과 열린 사회: 사회학적 시각을 중심으로)

1. 다음 중 사회학이 발전할 수 <u>없는</u> 사회는 어떤 사회인가?
　　① 전근대사회　　　　　　　　② 혼란한 사회
　　③ 실증주의적 사회　　　　　　④ 열린사회
　　(해설) 정답 1번
사회학은 사회에서 일어나는 제반 현상을 연구하는 학문인 동시에 또한 특정 사회

의 역사·사회적인 환경의 영향을 받는다. 사회학은 모든 가능성과 모든 상상력을 발휘하여 여러 측면에서 사회를 바라보고, 진단하고, 분석하려고 하는 학문이기 때문에 스탈린 시대의 소련 체제와 같은 닫힌 체제에서는 발달할 수가 없는 학문이다.

2. 사회학은 시민사회의 발달과 함께 성장해 온 학문이다. 다음 중 사회학이 발달할 수 있는 사회체제는 어느 것인가?
  ① 군국주의 사회체제　　　　　　② 공산주의 사회체제
  ③ 자유주의 사회체제　　　　　　④ 파시즘 체제
  (해설) 정답 3번

3. 다음 집단의 사람들 중에서 공식적 상황판단 또는 공식적 상황규정을 그대로 수용하기를 <u>가장</u> 주저하는 사람들은 누구일까?
  ① 법학자들　　② 정치적 지배자　　③ 심리학자들　　④ 사회학자들
  (해설) 정답 4번

4. 다음 중 관련이 <u>가장 먼</u> 것을 하나 고르시오.
  ① 내면화(internalization)
  ② 철학자 니체(Nietzsche)가 말한 불신의 기예
  ③ 버거가 말한 폭로하려는 동기 (debunking motif)
  ④ 베버가 말한 각성(disenchantment)
  (해설) 정답 1번
  사회학의 특성: ① 사회학은 사회에서 공식적으로 규정한 상황을 무조건적으로 수용하지 않는다. ② 사회학은 사회의 공식적인 상황규정들을 일단 불신하고 본다. ③ 따라서 사회학은 폭로하려는 동기를 가지고 있다. ④ 사회학은 사회현상을 분석한 결과 예기치 못한 현상이 발생했을 때는 새로운 설명을 부여하는 기능을 갖는다. ⑤ 사회학은 절대적인 것을 부정한다. 이러한 각성 위에서 사회학은 이데올로기, 가치규범, 진리, 관습, 그리고 종교까지 상대화시키려는 욕구가 있다.

5. 다음 중 사회학의 연구영역과 위상을 <u>잘못</u> 설명한 글은 어느 것인가?
  ① 사회학은 질서와 진보의 문제를 동시에 다루는 학문이다.
  ② 사회학은 연자부 학문이다.
  ③ 사회학은 N+1의 학문이다.
  ④ 사회학은 인간과 사회관계의 상호작용의 형식을 연구하는 학문이다.

(해설) 정답 2번

6. 다음은 사회학의 성격을 설명하는 글이다. <u>틀리게 설명한</u> 글은 어느 것인가?
① 사회학은 닫힌 사회에서는 발전하기 어려운 학문이다.
② 사회학은 공식적인 상황규정을 거부하는 성향을 가졌다.
③ 사회학은 폭로하려는 동기(debunking motif)를 가진 학문이다.
④ 사회학은 이면적 기능보다는 외피적 기능에 더욱 관심을 갖는다.
(해설) 정답 4번

7. 근대 이후 인간 이성(합리성)의 발달은 모든 절대적인 가치를 상대화시키려고 한다. 이런 현상을 베버(M. Weber)는 무엇이라고 표현했나?
① 근대성(modernity)　　　　　　② 각성(disenchantment)
③ 합리성(rationalization)　　　　④ 폭로(debunking)
(해설) 정답 2번

8. '사회학은 연자부 학문'이라는 비난에 대한 대응으로 사회학은 인간 상호작용과 사회관계의 기본 유형과 그 형식을 다루는 학문이라고 규정한 학자는 누구인가?
① 콩트(A. Comte)　　　　　　② 짐멜(G. Simmel)
③ 베버(M. Weber)　　　　　　④ 소로킨(P. A. Sorokin)
(해설) 정답 2번

9. 사회학은 정치가 경제를 견제하는 갈등관계인가, 아니면 경제와 정치가 서로 협동 또는 유착관계인가 등과 같은 상호작용의 형식을 연구하는 학문이라고 주장한 사람은 누구인가?
① 뒤르켕(E. Durkheim)　　　　② 콩트(A. Comte)
③ 짐멜(G. Simmel)　　　　　　④ 코저(L. Coser)
(해설) 정답 3번

10. 연구 대상의 중복성 때문에 한때 '연자부 학문' 또는 '쓰레기를 처리하는 학문'이라는 비아냥을 듣기도 했던 사회과학은 무엇인가?
① 행정학　　　　② 경영학　　　　③ 사회학　　　　④ 인류학
(해설) 정답 3번

11. 인간의 ( )는(은) 자극에 따라 나타나는 반응을 객관적으로 관찰할 수 있는 합
    리적인 측면이 있다. 위의 (   ) 안에 들어가는 말로 적합한 것은 무엇인가?
    ① 행위   ② 행동   ③ 태도   ④ 심리
    (해설) 정답 2번

12. 애완동물 길들이기는 자극과 반응이라는 이론을 적용하는 것이다. 인간에게도
    똑같은 이론이 적용 가능한 분야는 무엇인가?
    ① 행동 수정   ② 행위 교정   ③ 민족혼 고양   ④ 투표 행위
    (해설) 정답 1번

13. 다음 설명문에서 틀린 것은 어느 것인가?
    ① 경제학은 인간이 합리적으로 사고하고 선택한다고 전제한다.
    ② 과거와 비교할 때 과학기술은 엄청나게 발달했으나 인간성에 대한 지식은
       답보 상태에 머물러 있다.
    ③ 뒤르켐(E. Durkheim)은 인간의 자율성을 강조하는 학자이다.
    ④ 사회명목론적인 관점에서 볼 때 군중심리는 설명하기 어렵다.
    (해설) 정답 3번

<문제 9-3> (사회학의 연구방법)

1. 사회과학에서 통제된(과학적) 관찰을 통하여 인과관계를 발견하는 것이 어려운
   이유를 설명하는 것 중에서 가장 적합한 설명은 어느 것인가?
   ① 과학적 관찰은 실험실에서나 할 수 있는 방법이기 때문이다.
   ② 사회과학에서는 과학적 관찰법을 절대로 사용하지 못하도록 규제했기 때문
      이다.
   ③ 실험집단과 통제집단이 애초부터 동질적이었다는 것을 주장하는 일이 쉽지
      않기 때문이다.
   ④ 사회과학에는 최상위 명제로서의 공리가 없기 때문이다.
   (해설) 정답 3번

2. 선옥이가 극장에 가면 복순이는 선옥이와 함께 극장에 갈 때도 있고 안 갈 때도
   있다. 그러나 복순이는 선옥이가 극장에 가지 않으면 혼자서는 절대로 극장에 가
   지 않는다. 선옥이가 극장에 가는 것은 복순이가 극장에 가는 것과 어떤 관계인가?
   ① 필요조건   ② 충분조건   ③ 필요충분조건   ④ 친구관계

(해설) 정답 1번

3. 유진이가 스터디 모임에 가면 현구도 스터디에 함께 간다. 그러나 유진이가 스터디 모임에 가지 않으면, 현구는 절대로 혼자 스터디에 가는 일이 없다. 유진이가 스터디에 가는 것은 현구가 가는 것과 어떤 관계인가?
  ① 필요조건   ② 충분조건   ③ 필요충분조건   ④ 애인관계
  (해설) 정답 3번

4. 경제가 호황(好況)이면 소비도 증가한다. 그러나 경제가 불황(不況)이면 소비도 감소한다고 한다. 이때 경기와 소비 정도와는 논리적으로 어떤 관계인가?
  ① 필요조건   ② 충분조건   ③ 필요충분조건   ④ 연역적 관계
  (해설) 정답 3번

5. 대학의 기여입학제도는 불평등의 대물림을 조장한다고 비판하는 목소리가 높다. 대학에서 기여입학제도를 광범위하게 시행하면 불평등이 대물림될 가능성이 높다. 그러나 대학에서 기여입학제도를 택하지 않아도 불평등은 대물림될 수 있다. 물론 대물림이 개선될 수도 있을 것이다. 기여입학제도와 불평등의 대물림 관계를 논리적으로 설명한다면 가장 가까운 논리적 관계는 어떤 관계인가?
  ① 기여입학제는 불평등의 대물림에 기여조건이 될 수 있다.
  ② 기여입학제와 불평등의 대물림 관계는 필요충분조건이다.
  ③ 기여입학제는 불평등의 대물림에 필요조건이 된다.
  ④ 기여입학제는 불평등의 대물림에 충분조건이다.
  (해설) 정답 1번

6. 다음은 논리적 도출에 대한 글이다. 맞는 글은 어느 것인가?
  ① 하위 명제는 상위 명제로부터 논리적으로 끌어낼 수 있다.
  ② 명제들 간의 인과관계를 밝히는 것이 논리적 도출이다.
  ③ 하위명제로부터 공리가 도출된다.
  ④ 증명할 수 없는 공리를 증명 가능한 명제로 도출해 내는 것을 논리적 도출이라고 한다.
  (해설) 정답 1번
  명제(命題, propositions): 객관적으로 진위(眞僞, 참과 거짓)가 증명될 수 있는 변수들 사이의 관계를 나타내는 문장
  공리(公理, axiom): 그 진실성이 너무나 확실하고 자명하여 증명할 필요가 없을

정도의 명제. 예) 모든 사람은 죽는다.

논리적 도출(derivation): 상위 명제로부터 하위 명제를 논리적으로 끌어내는 것

7. 호만스(G. Homans)의 '성공명제', '자극명제' 등은 다음 어느 것에 속하는가?
   ① 이론적 설명   ② 역할의 규범
   ③ 사회의 규범   ④ 개인의 행위에 관한 명제
   (해설) 정답 4번

   호만스의 방법론: 호만스(G. H. Homans)는 사회학에서 가장 기본적인 명제는 개
   인의 행위에 관한 명제라고 주장한다. 예컨대, 어떤 행위를 보상할수록 그 행위
   는 반복된다는 명제로서 [성공명제(success proposition)]를, 과거에 어떤 특정한 자
   극이 행위의 보상을 주었다면 지금의 자극이 과거의 그것과 비슷할수록 과거의
   행위와 비슷한 행위가 일어날 가능성이 크다는 명제로서 '자극명제(stimulus
   proposition)'를 제시하였다(그 외에도 가치명제, 박탈 및 만족의 명제, 좌절과 공
   격의 명제 등이 있다).

8. 다음 중 인간의 사회적 행위를 설명하기 위해서 호만스(G. Homans)가 제시하는
   명제가 <u>아닌</u> 명제는 무엇인가?
   ① 성공명제   ② 자극명제
   ③ 좌절과 공격의 명제   ④ 상황명제
   (해설) 정답 4번

9. 다음은 '행위'의 예를 든 것이다. 어느 것인가?
   ① 물개 쇼에서 조련사들의 호루라기에 맞추어 귀여운 동작을 하는 물개들의 행
      동·행위
   ② 아프가니스탄에서 성공적인 테러 계획을 세우는 오사마 빈 라덴의 행동·행위
   ③ 잘한다고 손뼉 쳐주는 엄마 아빠 곁에서 재롱부리는 꼬마의 예쁜 행동·행위
   ④ 스키너 상자에서 연구에 동원된 비둘기의 먹이 쪼아 먹는 행동·행위
   (해설) 정답 2번

   인간의 움직임을 호만스(G. H. Homans)가 제시한 성공명제나 자극명제 등으로
   설명하는 것은 불충분하다. 인간의 움직임에는 객관적으로 관찰가능한 행동
   (behavior)뿐 아니라 상징적 동작인 행위(action)를 담고 있기 때문이다. 특히 인간
   들 사이 상호행위(interaction)는 매우 사회적인 것이다.

10. 영수는 가죽 재킷을 사달라고 4일째 단식투쟁이다. 어머니는 영수 앞에 매번 새로 지어 김이 모락모락 나는 밥을 갖다 놓는다. 사회학적 용어로 영수의 단식투쟁은 다음 어느 것에 속하는가?

① 행동   ② 행위   ③ 고집   ④ 투정

(해설) 정답 2번

인간의 움직임을 호만스(G. H. Homans)가 제시한 성공명제나 자극명제 등으로 설명하는 것은 불충분하다. 인간의 움직임에는 객관적으로 관찰가능한 행동(behavior)뿐 아니라 상징적 동작인 행위(action)를 담고 있기 때문이다. 특히 인간들 사이 상호행위(interaction)는 매우 사회적인 것이다. 베버(M. Weber)는 사회행위를 사회학의 연구주제로 보면서 인간행위가 본질적으로 사회적 성격을 갖게 됨을 강조했다.

11. 빈민을 연구하는 연구자가 빈민촌에 직접 들어가 그들과 기쁨과 슬픔을 함께 나누면서 빈민의 행위와 삶을 이해하고 해석하는 연구방법을 무엇이라고 하는가?

① 현상학적 방법   ② 과학적 관찰   ③ 통계적 방법   ④ 추체험

(해설) 정답 4번

추체험(追體驗)의 연구방법: 인간의 행위 또는 상호행위 속에 담겨있는 주관적 뜻, 목적의식, 도덕적 결단, 사회규범적 가치 등을 충분히 해석하고 이해하는 것이 단순한 과학적 관찰 못지않게 중요하다. 이때 연구자가 초연한 듯한 자리를 고집하지 않고, 피연구자의 자리에 서서 피연구자의 체험을 경험하려 하는 것을 추체험의 연구방법이라 한다.

12. 추체험(追體驗)의 연구방법을 맞게 설명한 글은 어느 것인가?

① 체험의 추상성을 폭로하는 방법이다.

② 증명할 필요가 없을 정도로 확실한 명제일지라도 다시 체험적 명제로 바꾸어야 한다는 연구방법이다.

③ 3단 논법적 논리적 도출의 한 방법이다.

④ 연구자가 피연구자의 자리에 서서 피연구자의 체험을 경험하려는 연구방법이다.

(해설) 정답 4번

13. 한국방송통신대학교 재학생들의 학습의 어려움을 연구하기 위해서 가장 확실한 방법은 연구자가 한국방송통신대학교에 자신이 직접 신입생으로 입학해서 수학하는 방법일 것이다. 이와 같은 연구방법을 무엇이라고 하는가?
    ① 논리적 도출　　　　　　　　② 인과 관계
    ③ 추체험 연구방법　　　　　　④ 해석적 방법
    (해설) 정답 3번
    연구자가 피연구자의 자리에 서서 피연구자의 체험을 경험하는 것을 추체험(追體驗)연구방법이라고 한다.

<문제 9-4> (사회를 이해하기 위한 이론적 기초)

1. 콩트의 사상과 이론의 주류를 이루고 있는 생각은 무엇인가?
    ① 국부(國富)　　② 질서　　③ 행복추구　　④ 노동분화
    (해설) 정답 2번

2. 콩트(A. Comte)의 학문세계에서 <u>가장 핵심적인</u> 주제는 무엇이었는가?
    ① 질서와 진보의 문제
    ② 인류의 인지발달 과정에 대한 생각
    ③ 사회유기체적 접근
    ④ 질서 유지의 문제
    (해설) 정답 1번

3. 인류의 역사발전을 질서와 진보의 관점에서 찾아보려고 했던 학자는 누구인가?
    ① 스펜서(H. Spencer)　　　　② 마르크스(K. Marx)
    ③ 파슨스(T. Parsons)　　　　④ 콩트(A. Comte)
    (해설) 정답 4번

4. 사회학은 현존하는 사회의 질서와 발전하는 사회변동을 동시에 연구해야 한다고 주장한 사람은 누구인가?
    ① 스펜서　　　　② 콩트　　　　③ 파슨스　　　　④ 마르크스
    (해설) 정답 2번

5. 콩트(A. Comte)에 의하면 질서와 진보는 어떤 관계인가?
    ① 질서는 진보의 목적이다.

② 진보는 질서의 필연적인 목적이다.

③ 진보는 질서의 조건이다.

④ 진보와 질서는 둘 다 조건인 동시에 목적이다.

(해설) 정답 2번

질서는 보수적 성향을 나타내는 반면, 진보는 변혁적 성향을 추구한다. 콩트는 이처럼 상반되는 질서와 진보를 통합하여 "질서는 언제나 진보의 조건이고 진보는 질서의 필연적인 목적이 되어야 한다"고 주장하였다.

6. 사회를 설명하는 데 있어 부분보다 전체를 강조하고 질서를 강조하는 접근은 어느 것인가?

① 갈등론적 접근　　　　　　　　② 사회유기체적 접근

③ 사회명목론적 접근　　　　　　④ 이해적 접근

(해설) 정답 2번

7. 다음 중 관계가 가장 먼 것 하나를 고르시오.

① 사회구조　　　　　　　　　　② 사회변동

③ 진보의 문제　　　　　　　　　④ 인체의 생리현상에 비유됨

(해설) 정답 1번

사회유기체적 접근: 사회를 설명함에 있어 생물유기체에서 일어나는 현상들과 유사한 개념으로 접근하는 방법론. 생물 유기체가 생명을 유지하고 성장하는 것처럼 사회도 사회의 여러 부분들이 서로 조화와 균형을 이루면서 상호유기적인 관계를 맺으며 발전한다는 접근. 사회정학과 사회동학을 구별하는 문제이다.

8. 콩트(A. Comte)가 분류한 사회정학의 연구대상은 무엇인가?

① 질서와 진보의 문제를 동시에 연구한다.

② 현존하는 사회의 사회구조를 연구·분석한다.

③ 이상사회를 향한 방향을 제시한다.

④ 보다 나은 사회를 실현할 수 있도록 현존하는 사회의 문제를 구체적으로 해결하는 방법을 모색한다.

(해설) 정답 2번

9. 콩트(A. Comte)의 이론에서 본다면 다음 네 항목 중 다른 세 항목과 공통점이 가장 적은 것은 어느 것인가?

① 현존하는 사회구조를 분석한다.　　② 동태적인 측면이 있다.

③ 인체의 생리현상에 비유된다.　　　④ 사회발전 방향을 제시한다.
(해설) 정답 1번

10. 인간이 자신의 운명을 초자연적인 힘에 크게 의존했던 지적 발달단계에 살았던
　　사람들의 사회단위를 콩트는 무엇이라고 보았는가?
　　① 초자연적 세계　　　　② 전 인류　　　　③ 가족　　　　④ 국가
　　(해설) 정답 3번

11. 우리 사회에서는 결혼을 할 때 궁합을 보고 이사할 때도 '손 없는 날'을 잡아
　　이사를 간다. 이러한 우리의 사고(思考)를 콩트(A. Comte)가 보는 인류의 지적 발
　　전단계에 비추어 보면 어느 단계에 속하는가?
　　① 제1단계　　　　② 제2단계　　　　③ 제3단계　　　　④ 제4단계
　　(해설) 정답 1번

12. 콩트(A. Comte)는 "인류의 지적 발달단계에 따라 사회의 기본단위도 함께 변한
　　다"고 보았다. 형이상학적 단계의 사회의 기본 단위는 무엇이라고 보았는가?
　　① 개인　　　　② 가족　　　　③ 국가　　　　④ 전 인류
　　(해설) 정답 3번

13. 콩트는 국가가 사회의 기본단위가 되는 시대에서는 어떤 계층이 사회의 지배자
　　계층이 된다고 보았는가?
　　① 법률가　　　　② 군인　　　　③ 과학자　　　　④ 산업 경영자
　　(해설) 정답 1번

14. 콩트는 인류의 지적 발달단계에 따라 기본적인 사회단위의 범위가 따라서 변한
　　다고 보았다. 지적 발달이 과학적·실증적 단계로 발전한 사회의 사회단위는
　　무엇인가?
　　① 개인　　　　② 국가　　　　③ 가족　　　　④ 전 인류
　　(해설) 정답 4번

15. 다음 중 콩트와 관계가 먼 것은 어느 것인가?
　　① 사회구속성　　　　　　　　② 사회정학과 사회동학
　　③ 사회유기체적 접근　　　　④ 실증과학의 위계
　　(해설) 정답 1번

16. 콩트의 실증과학의 위계이론에서 실증적 방법의 가장 윗 단계에 있는 학문분야
   는 무엇인가?
   ① 수학   ② 사회학   ③ 천문학   ④ 생물학
   (해설) 정답 2번

17. 콩트는 개별 과학의 성격을 일정한 기준에 의하여 실증과학의 위계를 세웠다.
   다음 항목 중 콩트가 판단의 기준으로 제시하지 <u>않은</u> 성격은?
   ① 역사성   ② 일반성   ③ 단순성   ④ 독립성
   (해설) 정답 1번

18. 진화의 원리를 우주의 근본원리라고 믿고, 그 진화의 원리가 사회질서에도 적
   용된다고 생각했던 이론가는 누구인가?
   ① 짐멜   ② 콩트   ③ 스펜서   ④소로킨(P. Sorokin)
   (해설) 정답 3번

19. 진화의 원리를 우주의 근본원리라고 보고, 그것을 사회에 적용시키려 했던 학
   자는 누구인가?
   ① 콩트(A. Comte)   ② 스펜서(H. Spencer)
   ③ 소로킨(P. Sorokin)   ④ 뒤르켕(E. Durkheim)
   (해설) 정답 2번

20. 사회가 단순사회에서 점점 이질적이고 구조적으로 복잡한 복합사회, 이중복합
   사회, 삼중복합사회의 순서로 발전한다고 보는 사람은 누구인가?
   ① 파슨스(T. Parsons)   ② 콩트(A. Comte)
   ③ 스펜서(H. Spencer)   ④ 뒤르켕(E. Durkheim)
   (해설) 정답 3번
   스펜서(H. Spencer)는 사회가 단순사회에서 다양한 수준의 복잡사회로 발전(단
   순사회→복합사회→이중복합사회→삼중복합사회)하게 되며, 이러한 사회적 진
   화를 '군사형 사회'에서 '산업형 사회'로 진화하는 것으로 주장하였다.

21. 스펜서(H. Spencer)에 의하면 복합사회 다음에 출현 할 사회의 형태는 어느 것인가?
   ① 군사형 사회   ② 산업형 사회   ③ 이중복합사회   ④ 다중복합사회
   (해설) 정답 3번

22. 스펜서는 사회를 구조적 복합성의 정도에 따라 사회형태를 분류했다. 다음 중 구조적 복합성에 따른 스펜서의 분류에 맞는 항목은?
    ① 단순사회에서 복합사회로   ② 일차원적 사회에서 이차원적 사회로
    ③ 군사형 사회에서 산업형 사회로   ④ 세습적 조직형태에서 관료조직 형태로
    (해설) 정답 1번

23. 스펜서는 사회가 군사형 사회 또는 산업형 사회의 형태로 조직된다고 보았다. 그가 군사형 사회 또는 산업형 사회로 분류하는 기준은 무엇인가?
    ① 국민의 행복한 정도   ② 경제발전 정도
    ③ 국가 총예산에 대한 국방비 지출비율   ④ 사회 내적 규제의 정도와 형태
    (해설) 정답 4번

24. 자발적 협동과 계약적 관계로 특징지을 수 있는 사회는 어느 유형의 사회인가?
    ① 산업형 사회   ② 군사형 사회   ③ 정보화 사회   ④ 자본주의 사회
    (해설) 정답 1번

25. 스펜서는 사회의 내적 규제의 정도가 약한 사회는 어떤 유형의 사회가 조직된다고 보았는가?
    ① 군사형 사회   ② 복합사회   ③ 산업형 사회   ④ 단순사회
    (해설) 정답 3번

26. 스펜서가 지적한 '군사형 사회'의 특징으로 볼 수 없는 것은?
    ① 내적 규제는 강제적이고 중앙집권적이다.
    ② 일반적으로 이웃나라와 갈등관계에 있다.
    ③ 분권화된 규제 장치를 가지고 있다.
    ④ 애국심, 충성, 용기 등의 가치가 높이 평가된다.
    (해설) 정답 3번

27. 모든 국가의 권력은 중앙집권적이어서 사회조정의 원리가 강제적 협동에 바탕을 두는 사회를 지칭하는 용어는 어느 것인가?
    ① 군사형 사회   ② 산업형 사회   ③ 복합사회   ④ 관료제 사회
    (해설) 정답 1번

28. "좋은 사회란 각자의 이익을 추구하는 개인들 간의 계약 위에 기초한 사회이다. 국가가 사회복지나 다른 이유에서 이 협정을 방해한다면 사회질서를 붕괴시키는 결과를 가져온다."라고 주장한 사람은 누구인가?

① 베버(M. Weber)   ② 뒤르켕(E. Durkheim)

③ 호만스(G. Homans)   ④ 스펜서(H. Spencer)

(해설) 정답 4번

스펜서는 사회학을 개인 유기체들의 결합으로 출현한 초유기체(사회)의 진화에 관한 과학으로 정의하며, 사회학자의 임무 역시 사회생활에서 일어나는 사건들의 진화를 연구하는 것이라 주장하였다. 그 역시 사회유기체론의 관점에서 자연계에서 일어나는 적자생존과 자연도태 현상을 사회 속으로 도입하여, 개인에 대한 정부와 국가의 간섭을 극단적으로 배제하였다(개인주의적 자유주의

29. 극도의 개인주의를 주장한 학자는 누구인가?

① 스펜서   ② 뒤르켕   ③ 마르크스   ④ 베버

(해설) 정답 1번

30. 다음은 스펜서(Herbert Spencer)의 견해를 기술한 것이다. 스펜서의 견해와 다르게 기술된 문항은 어느 것인가?

① 사회는 단순사회에서 점점 구조적 복잡성이 증대되는 복합사회, 이중복합사회 순서로 필연적인 단계를 거쳐 진화한다.

② 진화의 원리가 우주의 근본원리라고 생각했다.

③ 강력한 정부의 통치가 국가의 부강(富强)을 가져오며 부강한 국가가 개인의 행복을 증진한다고 생각했다.

④ 개인주의적 자유주의를 주장했다.

(해설) 정답 3번

31. 다음 중 스펜서(H. Spencer)와 관련이 없는 것은?

① 진화론적 관점   ② 기계적 유대와 유기적 유대

③ 군사형 사회와 산업형 사회   ④ 단순사회, 복합사회, 이중복합사회

(해설) 정답 2번

32. '사회적 사실'이란 용어는 누구의 용어인가?

① 콩트(A. Comte)   ② 뒤르켕(E. Durkheim)

③ 오그번(W. Ogburn)   ④ 베버(M. Weber)

(해설) 정답 2번

33. 뒤르켕은 사회학은 (   )을(를) 연구하는 학문이라고 했다. (   )에 들어
    갈 가장 적합한 단어는 무엇인가?
    ① 사회분업론   ② 실증적 연구   ③ 집합의식   ④ 사회적 사실
    (해설) 정답 4번

34. 개인의 외부에 그리고 개인의 상부에 존재하는 객관적 사실로서 개인이 따르지
    않으면 안되는 실체를 말하는 뒤르켕의 용어는 무엇인가?
    ① 의식   ② 이데올로기   ③ 사회적 합의   ④ 사회적 사실
    (해설) 정답 4번

35. 다음 중 뒤르켕(Durkheim)과 관계 있는 단어를 고르시오. (2003 계절)
    ① 개인주의   ② 인간의 사회적 행위
    ③ 사회적 사실   ④ 사회구성체
    (해설) 정답 3번

36. "고정된 것이든 그렇지 않은 것이든 간에 개인에게 외재하며 그에게 구속력을
    행사하는 일체의 감정, 사고, 행동양식"을 일컫는 사회학적 용어는 무엇인가?
    ① 사회학주의   ② 사회적 사실   ③ 집단의식   ④ 출현적 속성
    (해설) 정답 2번

37. "고정된 것이든 그렇지 않은 것이든 개인에게 외재(外在)하며 그에게 구속력(拘
    束力)을 행사할 수 있는 일체의 감정, 사고, 행동양식"을 일컫는 가장 적합한 사
    회학적 용어는 무엇인가?
    ① 사회규범   ② 사회적 사실   ③ 사회체제   ④ 문화
    (해설) 정답 2번

38. 사회적 사실은 그 자체를 하나의 물건(thing)같이 객관적으로 취급해야 한다고
    주장하는 방법론을 무엇이라고 하는가?
    ① 심리학적 환원론   ② 사회학주의   ③ 객관주의   ④ 실증주의
    (해설) 정답 2번

39. 다음은 뒤르켐의 '사회적 사실'을 설명하는 글이다. 잘못 설명된 글은 어느 것인가?

① '효도'와 같은 가치적인 개념은 사회적 사실이 될 수 없다.

② 사회적 사실은 그 자체 물건같이 객관적으로 취급해야 한다고 한다.

③ 사회적 사실은 개인의 외부에 있다.

④ 사회적 사실은 개인을 규제한다.

(해설) 정답 1번

뒤르켐은 사회학을 '사회적 사실'을 연구하는 학문이라고 규정한다. 사회적 사실은 개인의 밖에 존재하며(외재성), 개인의 의사와는 관계없이 그것에 따르도록 강요한다(구속성).

40. 사회학주의의 제창자는 누구인가?

① 스펜서　　　　② 뒤르켐　　　　③ 마르크스　　　　④ 베버

(해설) 정답 2번

41. 다음 중 같은 무리에 속하지 않는 하나는 어느 것인가?

① 자본론　　　　　　　　　　② 사회분업론

③ 종교생활의 원시형태　　　　④ 자살론

(해설) 정답 1번

사회현상을 그 자체 하나의 실체를 가진 사회적 사실로서 이해하는 뒤르켐이 그것을 증명하려고 남긴 여러 실증적 연구 중 교재에 소개된 3개의 저서를 알고 있어야 하는 문제이다.

42. 『사회분업론』에서 뒤르켐(E. Durkheim)이 실증적으로 증명하려고 했던 중심 주제는 무엇인가?

① 현대 사회로 올수록 생산성을 높이기 위해서 분업화가 필연적이라는 것

② 경제제도에서 분업이 가져 온 효율성을 구체적으로 수치화하려고 함

③ 개인은 사회적 사실의 영향력을 벗어날 수 없는 존재라는 것을 증명하려 함

④ 사회가 분업화된다는 것은 필연적으로 사회분열을 가져온다는 것을 증명하려 함

(해설) 정답 3번

43. 인구 증가는 사회의 이질성(異質性)을 높이고 결국은 인간의 유대관계에 변화를 가져온다는 것을 처음으로 밝힌 책은 어느 것인가?
    ① 자살론   ② 사회분업론
    ③ 자본론   ④ 종교생활의 원시형태
    (해설) 정답 2번

44. 뒤르켕(E. Durkheim)은 기계적 연대의 사회에서 점차 유기적 연대의 사회로 이행한다고 보았다. 그는 사회가 이행하는 직접적인 원인을 무엇이라고 보는가?
    ① 시간의 흐름   ② 가족의 해체   ③ 분업의 발달   ④ 종교의 세속화
    (해설) 정답 3번

45. 이질성을 바탕으로 하는 사회의 특징이 아닌 것은 어느 것인가?
    ① 유기적 연대   ② 수단적 관계
    ③ 목적 합리적 관계   ④ 기계적 연대
    (해설) 정답 4번
    뒤르켕의 사회분업론: 분업의 발달이라는 사회적 사실로 인해 인간의 유대관계 역시 현대로 오면서 '기계적 연대'에서 '유기적 연대'로 변동·발전하였다.

46. 사회분업이 발달하지 않은 동질적인 사회의 인간관계의 유형을 나타내는 뒤르켕의 용어는 무엇인가?
    ① 일차적 관계   ② 이차적 관계   ③ 기계적 연대   ④ 유기적 연대
    (해설) 정답 3번

47. 인구밀도가 높아짐에 따라 사회는 생산성을 증가하기 위해 자연스럽게 분업이 발달한다고 보고, 이러한 분업의 발달이 인간의 유대관계에까지 영향을 미친다는 것을 밝힌 사람은 누구인가?
    ① 콩트   ② 베버(M. Weber)
    ③ 스펜서   ④ 뒤르켕(E. Durkheim)
    (해설) 정답 4번

48. 뒤르켕의 『자살론』에서 이타적 자살이 가장 높은 집단은 어느 집단인가?
    ① 개신교 집단   ② 가톨릭 집단
    ③ 유태교 집단   ④ 종교집단과 관련 없음
    (해설) 정답 3번

49. 뒤르켕은 유럽 여러 나라의 자살률을 연구한 결과 사회통합의 정도가 (a)고 규제력이 (b)한 사회에서는 이기적 자살이 (c)는 사실을 발견하였다. 위의 (a), (b), (c) 속에 들어가는 말을 순서대로 적은 것은 어느 항인가?

① (a) 낮, (b) 약, (c) 적다　　　　　② (a) 낮, (b) 강, (c) 많다

③ (a) 높, (b) 강, (c) 적다　　　　　④ (a) 높, (b) 강, (c) 많다

(해설) 정답 3번

50. 뒤르켕의 연구에 의하면 사회통합의 정도가 높고 규제력이 강한 사회에서 이타적 자살이 가장 높게 나타나는 집단은 다음 중 어느 집단인가?

① 유태교 집단　　　　　　　　　② 자녀가 없는 기혼자 집단

③ 개신교 집단　　　　　　　　　④ 미혼자 집단

(해설) 정답 1번

51. 뒤르켕의 연구에 의하면 이타적 자살이 가장 높게 나타나는 집단은 다음 중 어떤 집단인가?

① 자녀가 있는 기혼자　　　　　　② 자녀가 없는 기혼자

③ 결혼하지 않은 사람　　　　　　④ 무종교 집단

(해설) 정답 1번

52. 사회적 결속력의 정도가 개인의 내면세계에 영향을 준다는 사실을 검증한 사람은 누구인가?

① 스펜서　　　② 뒤르켕　　　③ 마르크스　　　④ 베버

(해설) 정답 2번

53. 마르크스(K. Marx)가 인류역사의 발전을 설명하는 방법론적 시각은 무엇인가?

① 변증법적 유물론　　　　　　　② 사회주의 이념

③ 프롤레타리아 혁명　　　　　　④ 이상주의

(해설) 정답 1번

마르크스는 헤겔의 사상에서 변증법적 역사발전론을 취하는 한편, 포이어바흐에게서 유물론적 사고를 받아들여 변증법적 유물론을 제창하였다.

54. 변증법적 유물론의 관점에서 인류역사의 단계적 발전 과정을 설명한 사람은 누구인가?

① 헤겔(Hegel)　　　　　　　　　② 마르크스(K. Marx)

③ 포이어바흐(Feuerbach)　　　　　④ 애덤 스미스(A. Smith)
(해설) 정답 2번

55. 마르크스는 인류역사를 원시공산사회에서부터 사회주의 사회로 단계적으로 발
전한다고 설명한다. 인류의 역사발전을 설명하는 마르크스의 방법론은 무엇인가?
① 계급이론　　　　　　　　　② 변증법적 유물론
③ 혁명이론　　　　　　　　　④ 프롤레타리아 이론
(해설) 정답 2번

56. 마르크스 사상에 영향을 주었다고 볼 수 <u>없는</u> 사상은 무엇인가?
① 독일 고전철학　　　　　　　② 고전 정치경제학
③ 신자유주의 사상　　　　　　④ 유토피아적 사회주의 사상
(해설) 정답 3번

57. 다음 중 마르크스(K. Marx) 사상에 영향을 끼쳤다고 볼 수 <u>없는</u> 이론이나 사상
은 무엇인가?
① 독일 고전철학　　　　　　　② 영국의 고전 정치경제학
③ 파슨스의 사회체계이론　　　④ 프랑스의 유토피아적 사회주의 사상
(해설) 정답은 3번

58. 다음 중 마르크스(K. Marx)의 방법론적 접근방식이 아니라고 생각되는 것은 무
엇인가?
① 전체적 접근　　　　　　　　② 역사적 접근
③ 변동성　　　　　　　　　　④ 사회명목론적 접근
(해설) 정답 4번

59. 다음 중 마르크스의 방법론적 접근방식이 <u>아닌 것은?</u>
① 전체적 접근　　② 역사적 접근　　③ 이해적 접근　　④ 변동성

60. 다음 중 마르크스(K. Marx)의 방법론적 접근방식이 <u>아닌</u> 것은?
① 역사적 접근　　② 전체적 접근　　③ 변동성　　④ 안전성
(해설) 정답 4번

61. 마르크스의 견해에 의하면 '생산력'이 계속 증가하기 위한 조건으로 <u>가장</u> 적합한 것은 무엇인가?
   ① 기술이 발달해야 한다.
   ② 생산설비가 갖추어져야 한다.
   ③ 생산력의 발전정도에 적합한 생산관계가 형성되어야 한다.
   ④ 생산력과 생산관계 사이에 모순이 일어나야 한다.
   (해설) 정답은 3번

62. 마르크스의 인류역사의 단계적 발전이론에 의하면 역사가 전 단계에서 그 다음 단계로 발전하는 시기를 언제라고 보는가?
   ① 자본주의가 그 자체의 모순으로 붕괴되는 시기
   ② 생산력이 계속 증가하는 시기
   ③ 생산력과 생산관계 사이에 모순과 갈등이 생기는 시기
   ④ 생산력이 더 이상의 발전을 멈추는 시기
   (해설) 정답 3번

   생산력의 발전은 생산력과 생산관계 사이 모순을 낳게 되며, 이로 인해 새로운 생산양식이 나타나는데, 마르크스는 이에 따라 인류의 역사가 '원시공산사회→노예제→봉건제→자본주의→사회주의사회'의 다섯 단계의 발전과정을 갖는다고 주장했다.

63. 마르크스(K. Marx)의 변증법적 역사발전 관점에서 볼 때 역사가 한 단계에서 다음 단계로 발전하는 계기는 언제인가?
   ① 프롤레타리아가 계급의식을 느낄 때
   ② 새로운 시대정신이 나타날 때
   ③ 부르주아의 독재체제가 강화될 때
   ④ 생산력과 생산관계 사이에 모순이 발생할 때
   (해설) 정답 4번

64. 마르크스의 사회구성체이론에서 상부구조에 속하지 <u>않는</u> 것은?
   ① 종교   ② 정치   ③ 생산양식   ④ 가치
   (해설) 정답 3번

65. 사회구성체론에서 하부구조에 해당하는 것은 무엇인가?
    ① 사회체제   ② 생산양식   ③ 생산관계   ④ 계급

66. 다음 중 공통성이 <u>없는</u> 것 한(1) 가지는 어느 것인가?
    ① 도덕   ② 가치   ③ 생산관계   ④ 종교
    (해설) 정답 3번
    마르크스에 의하면 ①, ②, ④는 사회구성체의 상부구조이고, ③ '생산관계'와 생산력의 복합체인 생산양식은 하부구조이다.

67. 다음 중에서 공통점이 <u>없는 것</u> 한 가지는 어느 것인가?
    ① 정치질서   ② 도덕규범   ③ 가치체계   ④ 생산양식
    (해설) 정답 4번
    마르크스는 사회를 상부구조와 하부구조로 구성된 사회구성체로 파악한다. 상부구조는 사상, 이념, 법, 정치, 도덕, 종교, 가치, 습관 등 사회의 정치적 영역에 해당되는 것을 말하며, 하부구조는 생산력과 생산관계의 복합체인 생산양식을 말한다. 문제에서 정치질서, 도덕규범, 가치체계는 모두 사회의 상부구조에 해당되는 것들이다.

68. 물건을 생산하는 과정에서 인간들 사이에 불가피하게 맺어질 수밖에 없는 인간관계를 마르크스의 용어로 무엇이라고 하는가?
    ① 계급   ② 하부구조   ③ 사회구성체   ④ 생산관계
    (해설) 정답 4번

69. 다음 중 마르크스의 사회구성체이론에서 생산양식에 대해서 <u>잘못</u> 설명한 글은 어느 것인가?
    ① 생산양식은 생산력과 생산관계의 복합체를 말한다.
    ② 생산양식은 변증법적으로 발전한다.
    ③ 생산양식은 결국 생산력의 발전 정도에 따라 단계적으로 발전하는 종속변수이다.
    ④ 생산양식은 사회구성체의 상부구조를 이룬다.
    (해설) 정답 4번

70. 마르크스의 역사발전 과정에 의하면 원시공산사회체제 다음에 오는 사회는 어느 것인가?
    ① 노예제 사회   ② 자본주의 사회   ③ 사회주의 사회   ④ 봉건제 사회
    (해설) 정답 1번

71. 생산수단을 가진 사람을 (   )(이)라고 한다. (   )에 들어갈 맞는 말은 무엇인가?
    ① 부르주아   ② 대자적 계급   ③ 프롤레타리아   ④ 노동자
    (해설) 정답 1번

72. 마르크스(K. Marx)가 계급을 유산자와 무산자로 분류하는 기준은 무엇인가?
    ① 생산수단의 소유 여부
    ② 계급의식이 있는가, 없는가의 기준
    ③ 권위를 가진자인가, 안 가진자인가의 기준
    ④ 농업, 상·공업 등의 직종에 의한 분류
    (해설) 정답 1번

73. 다음 중 같은 계급에 속하지 <u>않는</u> 계급은 어느 것인가?
    ① 무산자   ② 노동자
    ③ 프롤레타리아(Proletariat)   ④ 자본가
    (해설) 정답 4번
    무산자 = 노동자 = 프롤레타리아 / 유산자 = 자본가 = 부르주아

74. 다음 중 <u>잘못</u> 짝지어진 항목은 어느 것인가?
    ① 유산자-무산자   ② 영주-노동자   ③ 귀족-노예   ④ 자본가-노동자
    (해설) 정답 2번

75. 다음에서 생산양식을 맞게 설명한 글은 어느 것인가?
    ① 생산양식은 생산력과 생산관계의 복합체이며 한 사회의 하부구조를 이룬다.
    ② 생산관계는 생산력의 발전단계에 상응하지만 생산양식은 생산력의 발전정도와 무관하다.
    ③ 생산력과 생산관계가 적응이 잘되어 조화를 이루는 시기에 새로운 생산양식이 나타나고 인류역사는 발전한다.
    ④ 생산양식은 생산력과 동의어로 쓰인다.
    (해설) 정답 1번

76. 베버(M. Weber)는 사회학의 분석의 단위를 무엇이라고 했는가?
 ① 관료조직과 같은 조직체　　　② 국가
 ③ 사회구성체　　　　　　　　 ④ 개인의 사회적 행위
 (해설) 정답 4번

77. 사회학은 인간의 사회적 행위를 연구하는 학문이라고 규정한 사람은 누구인가?
 ① 파슨스(T. Parsons)　　　　 ② 콩트(A. Comte)
 ③ 뒤르켕(E. Durkheim)　　　　④ 베버(M. Weber)
 (해설) 정답 4번

78. 베버의 연구방법 중 한 가지로 연구자가 행위자(연구 대상자)와의 공통경험을
 바탕으로 그 행위자의 행위의 동기구조를 파악할 수 있고, 이로 인해 그 행위자
 의 행위를 그 행위자의 입장에서 파악할 수 있다고 한다. 이러한 방법론을 무엇
 이라고 하는가?
 ① 경험적 방법　　② 이해적 방법　　③ 주관적 방법　　④ 실증적 방법
 (해설) 정답 2번

79. 행위자와의 공통경험을 바탕으로 행위의 동기구조를 파악할 수 있다고 보는 베
 버(M. Weber)의 연구방법은 무엇인가?
 ① 체험적 방법　　② 관찰법　　③ 이해적 방법　　④ 객관적 연구방법
 (해설) 정답 3번
 베버에 따르면 사회학은 행위자가 자신의 행위에 주관적으로 부여한 의미를 찾
 아내고 이해해야 한다. 그러기 위해서는 행위자가 왜 그러한 행위를 했는가하
 는 행위의 동기구조를 행위자의 입장에서 파악하고 이해해야 한다. 이것이 베
 버의 '이해적 방법'이다.

80. 베버가 말하는 '이해'는 행위자가 (　　) 자기의 행위에 부여한 의미를 뜻한다.
 이 문장에서 (　　)속에 들어갈 <u>가장</u> 적합한 말은 무엇인가?
 ① 타자로부터　　　　　　　　② 객관적으로
 ③ 주관적으로　　　　　　　　④ 왜 그런 행위를 했는가에 대해
 (해설) 정답 3번

81. 『프로테스탄트 윤리와 자본주의 정신』이라고 하는 유명한 책의 저자는 누구인가?
 ① 뒤르켕(Durkheim)　　　　　② 베버(M. Weber)

③ 콩트(A. Comte)   ④ 스펜서(H. Spencer)
(해설) 정답 2번

82. 『프로테스탄트 윤리와 자본주의 정신』이라는 명저를 남긴 사람은 누구인가?
    ① 콩트   ② 뒤르켕   ③ 마르크스   ④ 베버
(해설) 정답 4번

83. 『프로테스탄트 윤리와 자본주의 정신』이라는 책은 어떤 내용인가?
    ① 기술발달이 사회변동을 가져온다는 내용의 연구서이다.
    ② 프로테스탄트 윤리가 이윤의 극대화를 목적으로 하는 자본주의 정신을 발전
       시켰다는 내용의 연구서이다.
    ③ 기독교 윤리가 개인에게 근검절약하는 생활태도를 갖도록 영향을 주었고 이
       것이 다시 자본주의 형성에 밑거름이 되어 사회변동을 가져왔다는 내용의
       연구서이다.
    ④ 기독교가 자본주의를 만나면서 더욱 활발히 전 세계로 전파되었다는 사실을
       증명해 보이면서 프로테스탄트 윤리는 자본주의라는 정신적 토양 위에서 번
       성한다는 내용이다.
(해설) 정답 3번

84. 다음 글 중 서구사회에서 자본주의가 발달한 동인으로 베버의 견해를 가장 잘
    설명한 글은 어느 것인가?
    ① 산업혁명을 시작으로 서구사회에서 기술이 먼저 발달했기 때문이다.
    ② 하느님의 은총 때문이다.
    ③ 자본주의 정신이 기독교의 개신교 윤리와 적합했기 때문이다.
    ④ 서양사회는 동양사회보다 물질적 측면을 강조하는 가치관을 가지고 있기 때
       문이다.
(해설) 정답 3번

85. 마르크스의 계급 분류의 기준은 무엇인가?
    ① 생산수단의 소유 여부   ② 상명하복의 권위구조
    ③ 정치적 지배와 피지배의 관계   ④ 생산양식
(해설) 정답 1번

86. 부분과 전체와의 관계에서 각 부분들은 전체의 유지와 존속에 기여한다는 생각
   은 다음 중 어떤 관점에 속하는가?
   ① 사회명목론적 관점　　　　　　　② 합의론적 관점
   ③ 갈등론적 관점　　　　　　　　　④ 사회구성체론의 기본관점
   (해설) 정답 2번

87. 체계는 스스로 균형과 조화를 이루려는 경향이 있다"고 보는 이론적 관점은 어
   느 것인가? (2001 기말A)
   ① 합의론적 관점　　　　　　　　　② 상호작용론적 관점
   ③ 갈등론적 관점　　　　　　　　　④ 유토피아적 이상주의적 관점
   (해설) 정답 1번
   체계의 항상성(homeostasis): 체계는 언제나 스스로 균형과 조화를 이루려는 경향
   이 있다.

88. '체계는 언제나 스스로 균형과 조화를 이루려는 경향이 있다'라는 공통가정을
   공유하지 않는 이론은 어느 것인가?
   ① 사회명목론　　　② 구조기능주의　　　③ 합의론　　　④ 균형론
   (해설) 정답 1번

89. 현대사회학에서 합의론적 관점의 대표적인 학자는 누구인가?
   ① 파슨스(T. Parsons)　　　　　　② 코저(L. Coser)
   ③ 다렌도르프(R. Dahrendorf)　　　④ 피아제(J. Piaget)
   (해설) 정답 1번

90. 다음 중 파슨스(T. Parsons)의 사회행위이론에서 사회행위가 일어나기 위한 세
   가지 기본요소에 해당되지 않는 것은 어느 것인가?
   ① 행위자　　　　　　　　　　　　② 상황
   ③ 행위자의 지향성　　　　　　　　④ 사회문화적 역사성
   (해설) 정답 4번

91. 파슨스의 사회행위이론에서 사회행위의 기본요소가 아닌 것은 무엇인가?
   ① 규범　　　　② 행위자　　　　③ 상황　　　　④ 지향성
   (해설) 정답 1번

92. 조선왕조에서는 역모 죄에 걸린 집안은 어린 아기까지 참수되거나 귀양 보내졌
다. 이러한 행동을 파슨스(T. Parsons)의 사회행동의 유형변수로 분류하면 어느
것에 속하는가?
① 확산적　　　　　② 제한적　　　　③ 특수적　　　④ 감정적
(해설) 정답 1번

93. 한 지역구 국회의원이 "사형제도 폐지에 관한 입법안"에 대해 당론과 자기 소
신과 일치하지 않아서 고민 중에 있다. 이 의원이 당론을 따른다면 파슨스(T.
Parsons)의 사회행동의 유형변수 중 어느 것에 해당하는가?
① 감정중립적　　　　② 보편적　　　③ 집합체 지향적　　　④ 제한적
(해설) 정답 3번

94. 『로미오와 줄리엣』은 세습적인 전통 사회에서 자신들의 사랑을 이룩하기 위해
서 죽음으로 끝을 맺은 슬픈 이야기이다. 이들 로미오와 줄리엣의 행동은 파슨
스(T. Parsons)의 사회행동의 유형변수에 의하면 어떤 유형에 속하는 행동인가?
① 감정 중립적　　　② 귀속적　　　③ 집합체 지향적　④ 자기 지향적

95. 복수 행위자의 상호의존적인 행위들이 만들어 내는 하나의 통일적인 전체를 지
칭하는 파슨스(T. Parsons)의 용어는 무엇인가?
　　① 사회체계　　② 행위의 유형변수　　　③ 사회행위　　④ 항상성
(해설) 정답 1번

96. 파슨스의 사회체계 이론에서 적응의 기능을 담당하는 사회제도는 무엇인가?
(2003 계절)
　　① 사법제도　　　② 교육제도　　　③ 경제제도　　　④ 정치제도
(해설) 정답 3번

97. 파슨스의 이론에 의하면 여러 가지 사회제도 중 국가나 사회의 목적달성의 기
능을 수행하는 제도는 무엇인가?
① 정치제도　　　② 경제제도　　　③ 사법제도　　　④ 교육제도
(해설) 정답 1번

98. 정치제도는 파슨스(T. Parsons)의 사회체계론에 의하면 어떤 기능을 담당한다고 보는가?

① 적응의 기능 ② 목적 달성의 기능
③ 통합의 기능 ④ 긴장관리의 기능

(해설) 정답 2번

파슨스(T. Parsons)의 사회체계 유지의 기능적 요건(AGIL): ① 적응의 기능 (A=adaptation)－경제제도가 기능 수행. ② 목적 달성의 기능(G=goal attainment)－정치제도가 기능 수행. ③ 통합의 기능(I=integration)－법, 관습 등이 기능 수행. ④ 잠재적 유형 유지와 긴장관리의 기능(L=latent pattern variables and management)－유형 유지는 교육, 문화, 종교가, 그리고 긴장관리는 문화, 오락, 종교가 기능 수행.

99. 파슨스의 사회체계 유지의 기능적 요건에서 사회통합의 기능을 담당하는 것은 다음 중 어느 것인가?

① 규범 ② 종교 ③ 교육 ④ 정치제도

(해설) 정답 1번

100. 파슨스가 보는 사회체계 유지의 기능적 요건에 해당되지 <u>않는</u> 기능은 무엇인가?

① 적응의 기능 ② 다양화의 기능
③ 긴장관리의 기능 ④ 목적 달성의 기능

(해설) 정답 2번

101. 다음은 특정 이론적 관점의 기본가정을 열거한 것이다. 공통점이 <u>없다</u>고 생각되는 가정은 무엇인가?

① 각각 맡은 바 기능에 충실
② 변동의 편재성
③ 소수의 힘 있는 자가 다수의 힘없는 자에게 강제력 사용
④ 갈등의 편재성

(해설) 정답 1번

①은 합의론의 기본 가정 중 하나이다.

102. 다음 중 갈등론의 기본 가정이라고 생각되는 문장은 어느 것인가?

① 사회의 각 부분요소는 각각 맡은 바 기능을 담당한다.
② 사회의 부분요소들은 사회의 와해와 변동에 기여한다.

③ 각 부분요소들은 상호유기적인 협력관계를 맺는다.

④ 사회는 스스로 조화와 균형을 이루려는 경향이 있다.

(해설) 정답 2번

①, ③, ④는 합의론의 기본 가정들이다.

103. 갈등의 편재성을 기본 가정으로 시작하는 이론은 무엇인가?

　　① 구조기능주의 이론　　　　　② 갈등론

　　③ 상호작용론　　　　　　　　　④ 사회실재론

　　(해설) 정답 2번

104. 다음 중 공통점이 없는 성질 한 가지는 어느 것인가?

　　① 체계의 항상성　　　　　　　② 갈등의 편재성

　　③ 변동의 편재성　　　　　　　④ 강자의 약자에 대한 강제성

　　(해설) 정답 1번

　　사회변동의 원인을 설명하는 이론 가운데에는 균형론적 견해와 갈등론적 견
　　해가 있다. 균형론적 견해는 사회체계는 균형을 이루려는 성질이 있는데 체계
　　내외적인 충격에 적응하기 위해 사회구조의 전반적인 균형회복 과정에서 사
　　회변동이 일어난다고 보는 견해이다. 한편, 갈등론적 견해는 사회체계 내적인
　　내재적 갈등이 사회변동의 원인이라고 보는 견해이다. 문제의 선택문항에서
　　'체계의 항상성'은 균형론적 견해와 관련되고 나머지 갈등의 편재성, 변동의
　　편재성, 강자의 약자에 대한 강제성 등은 갈등론적 견해와 관련된다.

105. 사회변동의 원인을 지배자(집단)와 피지배자(집단)의 끊임없는 갈등으로 설명
　　하는 사람은 누구인가?

　　① 다렌도르프(R. Dahrendorf)　　② 퇴니스(F. Tonnies)

　　③ 스펜서(H. Spencer)　　　　　　④ 마르크스(K. Marx)

　　(해설) 정답 1번

106. 마르크스의 프롤레타리아(proletariat)계급에 상응하는 다렌도르프(R. Dahrendorf)
　　이론의 계급은 무엇인가?

　　① 피지배계급　　② 유산자계급　　③ 지배계급　　④ 무산자계급

　　(해설) 정답 1번

107. 갈등은 부분요소들이 자기 이익을 추구하기 때문에 발생한다. 그러나 이러한 갈등도 긍정적 기능이 있다고 보는 학자는 누구인가?

① 다렌도르프(R. Dahrendorf) ② 머튼(R. K. Merton)

③ 밀스(C. W. Mills) ④ 코저(L. Coser)

(해설) 정답 4번

갈등론에서는 사회가 유지되고 질서 있는 것처럼 보이는 것은 그 사회 속에 살고 있는 성원들의 합의나 동의에 의한 질서 때문이 아니라, 사회의 힘있는 자가 힘없는 자를 자기들의 기준에 맞추어 따라오도록 강제적인 힘을 행사하기 때문이라고 본다. 갈등이론가인 코저(L. Coser)는 갈등론의 이러한 기본적 전제에 동의하면서도 갈등관계가 반드시 역기능적인 측면만 지니는 것이 아니라 긍정적 기능도 수행한다고 보았다.

긍정적 기능들: 집단결속의 기능, 집단보존의 기능, 집단구조의 결정, 이데올로기의 창출, 세력균형의 창출, 집단동맹의 확대

108. 갈등의 긍정적 기능을 강조하는 사람은 누구인가?

① 튜민(M. Tumin) ② 코저(L. Coser) ③ 마르크스 ④ 다렌도르프

(해설) 정답 2번

109. 갈등은 사회에 역기능적인 측면만 있는 것이 아니고 여러 가지 기능적 측면도 있다고 주장하는 학자는 누구인가?

① 벡커(H. Becker) ② 마르크스(K. Marx)

③ 다렌도르프(R. Dahrendorf) ④ 코저(L. Coser)

(해설) 정답 4번

110. 갈등이 사회에 분열만을 가져오는 것이 아니라 사회에 비판을 가능하게 하고 사회의 변동과 안정 양면에 기여한다고 보는 학자는 누구인가?

① 마르크스(K. Marx) ② 다렌도르프(R. Dahrendorf)

③ 코저(L. Coser) ④ 파슨스(T. Parsons)

(해설) 정답 3번

111. 사회의 갈등은 역기능적인 측면만 있는 것이 아니라 긍정적인 측면도 있다고 주장한 사람은 누구인가?

① 다렌도르프(R. Dahrendorf) ② 코저(L. Coser)

③ 마르크스(K. Marx) ④ 블라우(P. Blau)

(해설) 정답 2번

112. 다음 중 <u>틀린</u> 글은 어느 것인가?
    ① 마르크스 이론에서는 생산력이 역사를 추진하는 힘이라고 본다.
    ② 마르크스는 생산수단의 소유여부에 따라서 계급을 나눈다.
    ③ 콩트는 진보는 언제나 질서의 조건이고 질서는 진보의 필연적인 목적이라
      고 주장한다.
    ④ 다렌도르프(R. Dahrendorf)는 상명하복의 권위관계에 따라서 계급을 구분한다.
    (해설) 정답 3번

113. 다음은 서로 관계있다고 생각되는 것을 짝지은 것이다. 이들 중 아무런 <u>관계도</u>
    <u>없다</u>고 생각되는 짝은 어느 것인가?
    ① 베버—종교생활의 원시 형태   ② 뒤르켕—자살론
    ③ 마르크스—프롤레타리아 혁명   ④ 콩트—사회유기체적 접근
    (해설) 정답 1번

114. 다음 중 서로 관련이 <u>없는</u> 묶음은?
    ① 콩트(A. Comte) − 질서와 진보의 문제
    ② 스펜서 − 사회적 사실
    ③ 베버(M. Weber) − 이해적 방법
    ④ 뒤르켕(E. Durkheim) − 종교생활의 원시형태
    (해설) 정답 2번

115. 문화를 백인들만의 전유물인 것처럼 생각했던 때에 『원시문화』라는 책을 출판
    하여 문화의 개념을 새롭게 정의하는데 큰 공헌을 한 사람은 누구인가?
    ① 토머스(W. I. Thomas)   ② 타일러(E. B. Tylor)
    ③ 섬너(W. G. Sumner)   ④ 오그번(W. Ogburn)
    (해설) 정답 2번
    1871년 타일러(Edward B. Tylor)는 그의 저서 『원시문화』에서 문화를 "인간이
    사회의 성원으로서 습득한 지식, 신앙, 예술, 도덕, 법, 관습 그리고 기타의 모
    든 능력과 습관을 포함한 복합적인 총체"라고 정의했다. 그 후 문화인류학에
    서는 타일러의 문화의 개념을 사용하고 있다. 원시사회 또는 원시인에게는
    '문화'는 없다고 생각했던 당시로서 타일러의 『원시문화』라는 책제목은 서양
    사회에 큰 충격을 던져주었다. 이 점에 있어서 타일러의 공헌은 대단한 것이

었다. 그러나 인간 생활 자체가 문화라는 접근은 너무 광범위하고 포괄적이라는 비판을 받는다.

116. 1871년에 『원시문화』라는 책을 펴내 '문화'의 개념에 획기적인 전기를 마련하는 데 큰 공헌을 한 학자는 누구인가?
① 토머스(W. Thomas)　　　　　② 섬너(W. G. Sumner)
③ 베네딕트(R. Bennedict)　　　　④ 타일러(E. B. Tylor)
(해설) 정답 4번

117. 문화는 서구사회의 백인(白人)들만이 누린다고 생각했던 시대에 이런 사고를 획기적으로 바꾸어 놓는 데 크게 기여한 사람은 누구인가?
① 미드(M. Mead)　　　　　　　② 타일러(E. B. Tylor)
③ 볼드리지(J. Baldridge)　　　　④ 토머스(W. I. Thomas)
(해설) 정답 2번

118. 서구인의 문화의 개념에 획기적인 변화를 불러온 사람이 타일러(E. Tylor)이다. 이와 관련된 그의 대표적인 저서는 무엇인가?
① 원시문화　　② 문화의 개념　　③ 원시인과 문화　　④ 원시종교와 문화
(해설) 정답 1번

119. 문화를 포괄적이고 총체적으로 이해하는 데 크게 공헌한 타일러(E. B. Tylor)의 저서는 무엇인가?
① 원시문화　　② 문화의 개념　　③ 원시인과 문화　　④ 미개문화
(해설) 정답 1번
1871년 타일러(Edward B. Tylor)는 그의 저서 『원시문화』에서 문화를 "인간이 사회의 성원으로서 습득한 지식, 신앙, 예술, 도덕, 법, 관습 그리고 기타의 모든 능력과 습관을 포함한 복합적인 총체"라고 정의했다. 그 후 문화인류학에서는 타일러의 문화의 개념을 사용하고 있다. 원시사회 또는 원시인에게는 '문화'는 없다고 생각했던 당시로서 타일러의 『원시문화』라는 책제목은 서양 사회에 큰 충격을 던져주었다. 이 점에 있어서 타일러의 공헌은 대단한 것이었다. 그러나 인간 생활 자체가 문화라는 접근은 너무 광범위하고 포괄적이라는 비판을 받는다.

120. 문화를 "인간이 사회성원으로서 습득한 지식·신앙·예술·도덕·법·관습 그리고 기타의 모든 능력과 습관을 포함한 복합적인 총체"라고 정의한 사람은 누구인가?

① 섬너(W. G. Sumner)　　　　② 타일러(E. B. Tylor)
③ 사회학자들　　　　　　　　④ 볼드릿지(J. V. Baldridge)

(해설) 정답 2번

121. 아래에 기술된 문화의 정의들 중 <u>사회학</u>에서 의미하는 문화의 정의는 어느 것인가?

① 문화란 인간이 사회의 성원으로서 습득한 모든 것, 모든 능력과 습관을 포함한 복합적인 총체이다.
② 문화란 한 사회성원의 인지와 표현의 규범이 사회적으로 규준화된 지식체계를 말한다.
③ 문화란 야만과 반대되는 개념으로 정교하게 다듬어지고 세련된 창조를 의미한다.
④ 문화란 질서체계를 말한다.

(해설) 정답 2번

122. "문화"와 "문화의 산물"을 구별한다면 다음 중 한(1) 가지는 다른 것들과 구분된다. 어느 것인가?

① 춘향전　　　　② 초가집　　　　③ 온돌　　　　④ 건축양식

(해설) 정답은 4번

①, ②, ③은 문화의 개념이 겉으로 드러난 것, 즉 문화의 산물이고, ④는 인지와 표현의 규범으로서의 지식 체계, 즉 문화에 해당한다.

123. 다음은 문화의 개념에 대한 갑론을박이다. 맞는 글은 어느 것인가?

① 산모에게 끓여 주는 미역국은 우리의 문화이다.
② 미역국 자체는 문화가 아니라 문화의 산물이다.
③ 초가집은 우리의 독특한 주거 문화이다.
④ 김치, 미역국, 초가집은 모두 표현의 지식체계이므로 문화이다.

(해설) 정답 2번

"문화"는 인지와 표현의 규범으로서의 지식체계이고, "문화의 산물"은 인지와 표현이 구체적으로 겉으로 드러난 물건, 행동, 그리고 생각과 감정의 결과물로 나타난 각종 예술작품이라고 할 수 있다. 이 문제에 제시된 김치, 미역국,

초가집은 모두 우리민족의 독특한 인지와 표현이 구체적으로 드러난 "문화의 산물"인 것이다.

124. 다음 중 문화의 속성이 <u>아닌</u> 특성은 무엇인가?
    ① 다양성   ② 습관성   ③ 변동성   ④ 체계성
    (해설) 정답 2번
    문화의 속성: ① 창조성 ② 후천성 ③ 축적성 ④ 공유성 ⑤ 체계성 ⑥ 보편성
    ⑦ 다양성 ⑧ 변동성.

125. 다음 중 문화의 속성에 속하지 <u>않는</u> 것은 어느 것인가?
    ① 축적성   ② 공유성   ③ 개연성   ④ 보편성
    (해설) 정답 3번

126. 다음 중 문화의 속성이 <u>아닌</u> 것은?
    ① 창조성   ② 보편성   ③ 획일성   ④ 체계성
    (해설) 정답 3번

127. 다음 중 문화의 속성은?
    ① 보편성   ② 우연성   ③ 선천성   ④ 일회성
    (해설) 정답 1번

128. 다음 중 문화의 속성은?
    ① 창조성   ② 개별성   ③ 유희성   ④ 안정성
    (해설) 정답 1번

129. 문화는 여러 요소들로 구성되어 있다. 이들 요소들은 서로 서로 조화를 이루며 전체적으로는 하나의 특징을 이루는 방향으로 형성된다. 즉 각 문화의 특징이 형성되는 것이다. 이러한 경향은 문화의 어떤 성격을 말해주는 것인가?
    ① 창조성   ② 체계성   ③ 후천성   ④ 보편성
    (해설) 정답 2번

130. 요즘 예식장에서 가끔 볼 수 있는 새로운 행태 중에 신랑신부의 부모님께 인사드리는 모습이다. 언제부터인가 하얀 드레스를 입은 신부의 옆에 서있는 신랑이 신부부모님께 넙죽 엎드려 큰절을 드리는 모습을 볼 수 있다. 문화의 속성으로 볼 때 무언가 잘 어울리지 않는다는 느낌이 든다. "잘 어울리지 않는다는 느낌"을 설명할 수 있는 문화의 속성은 무엇인가?
    ① 체계성   ② 다양성   ③ 창조성   ④ 보편성
    (해설) 정답 1번

131. 하얀 웨딩드레스를 입고 결혼식을 마친 신부도 폐백을 드릴 때는 한복으로 바꾸어 입고 큰절을 올린다. 양장을 하고 큰절을 드리는 것은 불편하기도 하지만 어딘가 잘 어울리지 않기 때문이다. 이러한 현상을 설명할 수 있는 문화의 속성은 무엇인가?
    ① 창조성   ② 축적성   ③ 공유성   ④ 체계성
    (해설) 정답 4번

132. 언제부터인가 결혼식장에서(전통 혼례가 아닌) 신랑이 양가 부모님께 절을 올릴 때 땅바닥에 넙죽 엎드려 큰절을 하는 모습을 가끔 본다. 이러한 행위는 문화의 속성 중 무엇에 맞지 <u>않는</u> 행위인가?
    ① 창조성   ② 공유성   ③ 다양성   ④ 체계성
    (해설) 정답 4번

133. 다음 중 문화의 보편성에 해당되지 <u>않는</u> 문항은 어느 것인가?
    ① 자연환경에 대처하는 지식
    ② 질병의 예방과 치료에 대한 지식
    ③ 어린이의 교육과 양육에 대한 지식
    ④ 결혼 상대를 자신이 직접 찾도록 하는 관습
    (해설) 정답 4번

134. 황진이와 미스 코리아는 심미적 문화가 정의한 미인들이다. 그러나 이들의 아름다움은 유사하지 않을 것이다. 그 이유는 무엇인가?
    ① 문화의 다양성 때문이다.   ② 문화의 공유성 때문이다.
    ③ 문화의 보편성 때문이다.   ④ 문화의 변동성 때문이다.
    (해설) 정답 4번

135. 된장 담그는 법, 김치 담그는 법 등은 어느 문화내용에 속하는가?
① 경험적 문화　　② 전통적 문화　　③ 심미적 문화　　④ 규범적 문화
(해설) 정답은 1번

136. 한밤중에 아기가 열이 펄펄 오를 때 당황한 엄마의 대처 방법은 일반적으로
무엇으로부터 배운 것인가?
① 경험적 문화　　② 심미적 문화　　③ 규범적 문화　　④ 병원
(해설) 정답 1번

137. 토머스(W. I. Thomas)가 규정한 '상황의 정의'는 문화의 내용 중 어느 것으로
분류하는 것이 가장 적합할까?
① 규범적 문화　　② 경험적 문화　　③ 심미적 문화　　④ 법
(해설) 정답 2번

138. 다음 중 경험적 문화에 속하는 것은 어느 것인가?
① 아름다운 것을 보고 아름답다고 느끼는 감정　　② 교통법규
③ 에티켓　　　　　　　　　　　　　　　　　　　　④ 상황의 정의
(해설) 정답 4번
경험적 문화는 주어진 자연적, 사회적 환경에 적응하면서 얻어진 기술과 지식
이 축적된 문화를 말한다. 예를 들면 주어진 기후 조건에 맞는 주택 구조와 집
짓는 기술, 농작물 선정과 재배 방법, 음식조리법 등을 들 수 있다. 이러한 경
험적 문화는 우리가 살고 있는 현실 또는 실재에 대하여서 우리 스스로가 생
각하고 판단하기 이전에 미리 상황을 규정해 주기도 하는데 이를 토머스(W.
I. Thomas)의 용어로 '상황의 정의(definition of situation)'라고 한다. 1번 문항의
'아름다운 것을 아름답다고 느끼는 감정'은 심미적 문화에, 2, 3번 문항, 즉 교
통법규와 에티켓은 규범적 문화에 속한다.

139. "현재"라는 상황은 문화에 의해서 규정된다는 것을 밝힌 사람은 누구인가?
① 짐멜(G. Simmel)　　　　　② 토머스(W. Thomas)
③ 섬너(W. Sumner)　　　　　④ 타일러(E. B. Tylor)
(해설) 정답 2번

140. 우리 정부가 북한에서 핵 개발을 하고 있는 것을 알면서도 대북 지원을 계속
했다는 언론 보도가 있다. 그러나 국민의 입장에서는 정말 북한이 핵 개발을
하고 있는지 없는지 실상을 알 수 없는 일이다. 이와 같이 현재의 상황이란 객
관적으로 존재하든 존재하지 않든 상관없이, 사회에서 상황을 규정해 놓으면
"실재(實在)"와 무관하게 사람들은 그 상황을 그대로 믿는다는 뜻을 나타내는
사회학적 용어는 무엇인가?
① 문화의 공유성　② 사회적 사실　③ 경험적 문화　④ 상황의 정의
(해설) 정답 4번

141. 2006년 7월 5일 북한은 동해상에 미사일 7기를 발사했다. 이 사실에 대해 미국
과 일본에서는 '대단한 위험'이라고 논평하는 반면, 우리 정부에서는 별로 위
험하다고 생각지 않는 듯하며, 따라서 우리 국민도 별 위협(힘)을 느끼지 않는
다. 이러한 현상을 설명할 수 있는 가장 적합한 개념은 무엇인가?
① 상황의 정의　　② 신뢰관계　　③ 민족의식　　④ 경험적 문화
(해설) 정답 1번

142. 예술품의 창작과 감상에 관여하는 문화는 어느 문화인가?
① 경험적 문화　　② 심미적 문화　③ 규범적 문화　④ 예술 문화
(해설) 정답 2번

143. '얼짱', '몸짱'을 규정하는 데 작용하는 문화는 무엇인가?
① 다양성의 문화　② 경험적 문화　③ 규범적 문화　④ 심미적 문화
(해설) 정답 4번

144. 황진이와 미스 코리아를 비교해 보면 많은 이미지(image)의 차이점이 있을 것
으로 간주된다. 이들의 차이점을 설명할 수 있는 가장 적합한 개념은 무엇인가?
① 규범적 문화의 변화　　　　　② 경험적 문화의 변화
③ 심미적 문화의 변화　　　　　④ 역사의 흐름
(해설) 정답 3번

145. 김소월의 '진달래 꽃'에서 물씬 풍기는 정서를 외국어로 번역할 때 그 정서까
지 번역하기에 어려운 이유로 가장 적합한 설명이라고 생각되는 것은?
① 외국인들과 우리의 역사적 환경이 다르기 때문이다.
② 그들과 우리의 심미적 문화를 공유하지 않기 때문이다.

③ 규범적 문화가 다르기 때문에 "왜 고이 보내"드려야 하는지 모르기 때문이다.

④ 언어는 경험에 의해서 습득되는 것인데 우리와 경험적 문화가 다르기 때문이다.

(해설) 정답 2번

146. 인간행동의 가치를 제시해 주고, 옳고 그름을 판단케 해 주는 행위의 기준이 되는 문화를 무엇이라고 하는가?

① 경험적 문화   ② 심미적 문화   ③ 규범적 문화   ④ 내재적 문화

(해설) 정답 3번

147. 친척에 대한 호칭 사용법은 다음 중 어느 것에 속하는가?

① 규범적 문화   ② 경험적 문화   ③ 심미적 문화   ④ 법

(해설) 정답 1번

148. 문화적 범주에서 볼 때, '경제정의'는 어디에 속하는가?

① 경험적 문화   ② 심미적 문화   ③ 규범적 문화   ④ 시장질서

(해설) 정답 3번

149. 다음 중 민습(folkways)은 어느 것인가?

① 에티켓(etiquette)   ② 삼종지도(三從之道)

③ 칠거지악(七去之惡)   ④ 민법

(해설) 정답 1번

① 민습(folkways): 일반적으로 상식 또는 에티켓이라고 부른 정도의 행동규칙. 강제력의 정도에 있어 가장 규제력이 약하다. 식사예절, 옷 입는 법, 말씨, 주도 등

② 원규(mores): 그 사회가 추구하고 있는 가치를 실현할 수 있도록 구체화한 행동규범. 강제력의 정도에 있어 규제력이 상당히 강하다. 근친상간 금기, 불효, 삼종지도 등

이 문제에서 ②, ③은 원규, ④는 법률이다.

150. 어른 앞에서 술을 마시면 일정한 예절을 갖출 것이 기대된다. 이러한 예절은 다음 중 어느 것에 속하는가?

① 민습(folkways)   ② 용인적 기대   ③ 원규(mores)   ④ 법(laws)

(해설) 정답 1번

151. 일상생활에서의 식사예절은 다음 중 어디에 속하는가?
① 경험적 문화   ② 심미적 문화   ③ 민습(folkways)   ④ 원규(mores)
(해설) 정답 3번

152. 근친상간 금기는 어느 종류의 규범에 속하는가?
① 민습   ② 원규   ③ 가족법   ④ 형법
(해설) 정답 2번

153. 다음 중 분명하고 구체적인 상벌규정에 의해 운영되는 규범은 어느 것인가?
① 민습   ② 원규
③ 법   ④ 모든 규범은 상벌규정을 갖고 있다.
(해설) 정답 3번

154. 공식화(公式化)되고 명문화(明文化)된 사회통제의 수단은 무엇인가?
① 법률   ② 원규   ③ 민습   ④ 도덕
(해설) 정답 1번

155. 공식화되고 명문화된 사회통제 규범은 무엇인가?
① 민습   ② 원규   ③ 법률   ④ 유행
(해설) 정답 3번

156. 사회규범이 규범으로서 유지되고 계속 존속되기 위하여 반드시 필요한 것은 무엇인가?
① 중요한 타자   ② 일반화된 타자   ③ 규범의 내면화   ④ 초자아
(해설) 정답 3번
규범의 내면화(internalization): 자기 마음과 의식 속에 깊이 받아들여 자기 것으로 만드는 과정을 의미한다. 완전히 자기의 것으로 만들었기 때문에 일상생활에서 특히 불편하거나 의식할 필요가 없는 상황이 된다는 뜻이기도 하다. 그러므로 규범의 내면화란 개인이 사회의 규범을 충분히 자기 것으로 소화했기 때문에 일상생활에서 매 순간 어떻게 행동해야 하는지 생각할 필요 없이 마음대로 행동을 해도 그것이 사회의 규범에 적합한 행동이 되는 상태를 말한다.

157. 사회규범이 규범으로서 계속 유지되고 존속되기 위해서 꼭 필요한 과정은 무엇인가?
① 규범의 다양성   ② 규범의 세속화   ③ 규범의 내면화   ④ 규범의 적응력
(해설) 정답 3번

158. 사회 규범이 지켜지고 존속되기 위해서는 꼭 필요한 몇 가지조건이 있다. 이에 해당된다고 볼 수 <u>없는</u> 것은 무엇인가?
① 타당성   ② 제재   ③ 자율성   ④ 내면화
(해설) 정답 3번

159. 다음 중 문화의 기능이라고 볼 수 <u>없는</u> 것은 어느 것인가?
① 인간의 욕구를 충족시킬 수 있는 수단을 제공해 준다.
② 적응방식을 제공해 준다.
③ 개인의 욕구를 제한하고 규제한다.
④ 사회발전을 위해 갈등을 조장한다.
(해설) 정답 4번

160. 우리가 생각하는 핏줄을 물려받은 '아버지'라는 개념이 없고, 우리 문화에서 '아버지'가 상징하는 자녀에 대한 권리와 양육의 의무는 외숙에게 있는 문화는 어느 문화인가?
① 트로브리안드 섬 주민들의 문화   ② 뉴기니의 챔불리족 문화
③ 티베트의 네팔족 문화   ④ 남인도의 토다족 문화
(해설) 정답 1번

161. 세상에는 '일처다부제가족'도 있고 '일부다처제가족'도 있다. 이러한 현상을 가장 잘 나타낼 수 있는 용어는 무엇인가?
① 문화의 보편성   ② 문화의 변동성   ③ 문화의 공유성   ④ 문화의 다양성
(해설) 정답 4번

162. 남녀의 성격(지배적, 공격적, 수동적, 의존적 등)과 역할은 모든 문화에서 공통적으로 나타나는 현상이 아니고 문화에 따라 다르게 나타난다는 사실을 현지조사를 통해 밝힌 인류학자는 누구인가?
① 타일러(E. B. Tylor)   ② 미드(Margaret Mead)
③ 프로이트(S. Freud)   ④ 베네딕트(Ruth Benedict)

(해설) 정답 2번

마거릿 미드(M. Mead)는 그의 저서 <남성과 여성>에서 남자와 여자의 성격과 역할이 문화에 따라 다르게 나타난다는 것을 자세하게 쓰고 있다. 우리 사회를 비롯한 유럽 사회에서는 여자는 수동적·의존적이고 남자는 공격적·적극적·지배적인 성격을 태어날 때부터 가지고 태어난 것처럼 생각하고 있으나 사모아 족, 남태평양의 마누스 족, 뉴기니의 아라페시 산악 족, 유아트 강의 식인종으로 알려진 먼두그물 족, 뉴기니의 참불리 족, 이아트물 족, 발리네스 족 등에 대한 현지조사를 한 결과 남녀의 특성이 종족마다 다르게 나타나는 것을 알 수 있었다. 따라서 M. 미드는 남녀의 성격적 특성은 선천적으로 태어나는 것이 아니라 문화에 따라 다르게 나타난다는 사실을 『남성과 여성』에서 밝히고 있다. 베네딕트 여사의 연구는 남녀 기질의 차이에 초점을 둔 것이 아니고 문화 유형에 따라 퍼스낼리티 유형도 다르게 나타난다는 것을 밝히고 있다. 즉, 아폴로형 문화 속에 살고 있는 사람들은 남녀 공히 전통과 규율을 중시하고 안정과 평화를 무엇보다 소중하게 생각하는 퍼스낼리티를 지닌 반면, 디오니소스형 문화에 사는 사람들은 남녀 모두 격렬한 경험을 최대의 가치로 생각하기 때문에 대인관계에서도 심한 경쟁과 갈등이 항상 존재한다는 것이다.

그러므로 주어진 문제는 남녀의 성격과 역할이 문화에 따라 다르게 나타난다는 연구에 대한 문제이지, 개인의 성격유형(남과 여를 포함한 일반인)이 문화에 따라 다르게 나타난다는 연구 결과에 대한 문제가 아니기 때문에 정답은 M. 미드가 맞다.

163. 뉴기니아(New Guinea) 주민들의 연구를 통해서 남자는 공격적이고 독립적인 반면, 여자는 부드럽고 의존적이라는 사회통념은 잘못된 것이라고 주장한 사람은 누구인가?
① 시몬 드 보브아르(Simone de Beauvoir)　　② 마거릿 미드(Margaret Mead)
③ 베네딕트(Ruth Benedict)　　④ 레비—스트로스(C. Levi-Strauss)
(해설) 정답 2번

164. 한 사회 내의 특정 집단이 자기 집단성원들끼리만 공유하는 문화를 일컫는 용어는 무엇인가?
① 준거집단문화　　② 지배문화　　③ 하위문화　　④ 자집단문화
(해설) 정답 3번
부분문화(하위문화): 한 사회 구성원들 중의 일부가 그들만의 감정이나 생활

유형을 갖고 그들이 추구하는 공동의 가치를 나누며, 유사한 행동 또는 의식을 행하는 집단들의 문화

165. 방송대인의 문화는 어디에 속하는가?
① 하위문화　　　② 반문화　　　③ 전체문화　　　④ 지배문화
(해설) 정답 1번

166. 한국대학생들의 문화는 어느 문화에 속하는가?
① 하위문화　　　② 반문화　　　③ 지배문화　　　④ 전체문화
(해설) 정답 1번

167. 고령화 사회가 되면서 노인 인구가 증가하고 있다. 노인들의 문화는 한국사회에서 볼 때 어느 문화에 속하는가?
① 지배문화　　　② 하위문화　　　③ 기성문화　　　④ 반문화
(해설) 정답 2번

168. 다음 중 부분문화가 너무 많을 때 나타날 수 있는 현상은 무엇인가?
① 창의성을 통해 사회통합에 기여한다.
② 자민족중심주의를 강화할 수 있다.
③ 뒤르켕의 아노미(anomie) 현상이 일어날 수 있다.
④ 기계적 연대가 강화된다.
(해설) 정답 3번

169. 다음은 부분문화가 너무 많을 때 나타나는 사회현상을 열거한 것이다. 적합하지 <u>않은</u> 설명은 어느 것인가?
① 사회성원들의 일체감이 높아진다.　　② 가치관이 다양해진다.
③ 전체 사회의 규범이 약화된다.　　　　④ 사회에 아노미 현상이 일어난다.
(해설) 정답 1번

170. 부분문화가 너무 많으면 가치관이 다양해지고 전체사회의 규범이 약화될 수 있다. 이러한 현상을 일컫는 뒤르켕의 용어는 무엇인가?
① 문화지체　　　② 문화변용　　　③ 공희의례　　　④ 아노미(anomie)
(해설) 정답 4번

171. 부분문화가 <u>너무</u> 많을 때 나타나는 문화적인 현상으로 <u>가장</u> 적합한 것은?
　　① 선택의 폭이 넓다.　　　　　　② 개인의 자유가 보장된다.
　　③ 뒤르켐의 아노미 현상이 나타난다.　④ 사회통제가 강화된다.
　　(해설) 정답 3번

172. 한 사회 내에 하위문화가 많을 때의 사회현상을 설명한 글이다. <u>틀린</u> 글은 어느 것인가?
　　① 그 사회가 자신감이 있다는 증거이다.
　　② 그 사회를 강력하게 통합하는 규제력이 있다는 증거이다.
　　③ 청소년들에게 행동의 선택의 폭이 넓다는 것을 의미한다.
　　④ 사회가 유연성이 높다는 증거이다.
　　(해설) 정답 2번

173. 공희의례(供犧儀礼) 등의 행위에 가치판단을 내리지 않는 태도를 무엇이라고 하는가?
　　① 탈규범화　　　　　　　　② 문화적 상대주의
　　③ 자민족중심주의　　　　　　④ 방임주의
　　(해설) 정답 2번
　　'공희의례(供犧儀礼)'는 신의 노여움을 풀기 위해 처녀나 동물 등의 제물을 바치는 것을 말한다. '문화적 상대주의(cultural relativism)'란 모든 문화는 그 문화 특유의 가치가 있기 때문에 그 문화 자체의 가치를 인정해야 하며 제3의 입장에서 혹은 절대적 가치를 내세워 타문화의 우열을 평가할 수 없다는 태도를 말한다.

174. 세계문화의 다양성을 인식하고 각 문화를 가치를 있는 그대로 존중해야 한다는 생각을 무엇이라고 하는가?
　　① 문화적 상대주의　　② 포용주의　　③ 문화 제일주의　　④ 민족중심주의
　　(해설) 정답 1번

175. 초야권(初夜權), 공희의례(供犧儀礼) 등을 인정하는 태도를 무엇이라고 하는가?
　　① 문화의 다양성　　　　　　② 문화적 상대주의
　　③ 자민족중심주의　　　　　　④ 부분문화
　　(해설) 정답 2번
　　① 다양성: 세계 각국의 문화는 서로 다양할 뿐 아니라 한 사회 내에서도 지역

별로, 집단별로 서로 다른 문화를 공유

② 문화적 상대주의(cultural relativism): 자신의 문화와 다른 문화를 대할 때는 그 문화 독특한 경험과 역사, 가치를 인정하고 존중하여야 하며 자신의 문화의 가치를 기준으로 다른 문화를 평가·판단하지 말아야 한다는 견해. 세계문화의 다양성을 인식하고, 각 문화는 그 문화의 독특한 환경과 역사·사회적 상황에서 이해해야 하며, 각 문화의 가치를 인정하고 존중해야 한다는 태도

③ 자민족중심주의(ethnocentrism): 자기 민족의 모든 것이 다른 민족의 그것보다 우수하다고 생각하고 상대적으로 다른 민족의 모든 것이 열등하다고 판단하여 열등한 민족의 문화를 없애거나 바꾸어 자신의 문화와 같은 것으로 만들어야 한다는 견해(나치와 일제의 문화적 우월주의). 이는 자기 문화의 가치관을 다른 집단에게도 강요하는 문화적 제국주의로 나타남

④ 부분문화(하위문화): 한 사회 구성원들 중의 일부가 그들만의 감정이나 생활유형을 갖고 그들이 추구하는 공동의 가치를 나누며, 유사한 행동 또는 의식을 행하는 집단들의 문화

176. 미국에서 부시 대통령의 재집권을 평가하는 세계인들 중에는 이번 부시 행정부의 승리로 미국인의 (   )가 나타나지 않을까 우려하는 사람들도 있다. 위 글에서 (   ) 속에 들어갈 <u>가장 적합한</u> 말은 무엇인가?
① 민주주의적 가치　　　　　　② 문화적 상대주의
③ 자민족중심주의　　　　　　④ 자본주의적 가치
(해설) 정답 3번

177. 다음은 문화변용을 일으킬 수 있는 요인들을 적어 본 것이다. 이들을 일정한 범주에 의해 분류한다면 세 가지는 한데 묶을 수 있다. 그러면 나머지 하나는 어느 것인가?
① 유학　　　　② 여행　　　　③ 이론서적　　　　④ 전쟁
(해설) 정답 3번

178. 세계는 인터넷을 통하여 온갖 정보를 주고받으며 급속히 변한다. 만약 근래의 사회변동이 인터넷의 확산·보급이 원인이라고 본다면 이와 같은 문화현상을 표현하는 용어로 가장 적합한 말은 무엇인가?
① 문화변형　　　② 문화접촉　　　③ 문화수용　　　④ 문화전파
(해설) 정답 4번

문화전파: 접촉은 하지 않아도 외래문화의 내용이 전파되어 문화변용을 일으키는 것. 현대의 첨단과학과 사상·이론 등의 새로운 기술과 지식은 주로 전파에 의해서 급속히 전 세계로 전해진다.

179. 우리나라의 동화 '콩쥐 팥쥐'와 서구의 '신데렐라'는 누가 누구에게 영향을 준 것인지는 모르지만 유사한 내용이다. 이와 같은 현상을 일컫는 <u>가장</u> 적합한 용어는 무엇인가?
　① 문화접촉　　　② 문화전파　　③ 문화수용　　④ 문화동화
　(해설) 정답 2번
　① 문화접촉: 외래문화와 직접 혹은 간접적인 접촉을 통하여 문화의 내용이 변하는 것. ② 문화전파: 접촉은 하지 않아도 외래문화의 내용이 전파되어 문화변용을 일으키는 것. ③ 문화수용: 두 문화가 접촉을 하면서도 각각 자체 문화의 가치관과 특성을 그대로 유지하면서 한 사회 내에 공존하는 분화현상(동아시아권의 화교). ④ 문화동화: 여러 가지의 독특한 하위문화를 가진 집단이 그 사회의 지배문화로 통합되는 문화현상(미국문화에 동화하는 이민족 집단).

180. 2005년도 독일 프랑크푸르트 도서전에 우리나라가 주빈국으로 초청되었다. 이 행사를 통해 앞으로 우리 문화가 세계(와, 로, 를) 널리 (　　)(하, 되)는 계기가 될 것이라고 한다. 이 글 중 (　　　)에 들어갈 <u>가장</u> 적합한 말은 무엇인가?
　① 접촉　　　　　② 동화　　　　③ 수용　　　　④ 전파
　(해설) 정답 4번

181. 다음 중 문화변동의 원인에 속하지 <u>않는</u> 것은?
　① 발명　　　　　② 문화지체　　③ 문화전파　　④ 문화접촉
　(해설) 정답 2번

182. "서로 다른 문화를 가진 집단들이 직접적이고 지속적인 접촉을 함으로써 어느 일방 또는 쌍방의 본래의 문화유형에 변화를 가져올 때 일어나는 제반 문화현상"을 일컫는 허스코비츠(M. Herskovits)의 용어는 무엇인가?
　① 문화수용　　　② 문화동화　　③ 문화접변　　④ 문화변형
　(해설) 정답 3번

183. 우리나라에 사는 화교들과 같이 그들 문화의 가치관과 특성을 지키면서 한국 문화와 공존하며 사는 문화접변 현상을 무엇이라고 하는가?
① 문화수용   ② 문화동화   ③ 문화변형   ④ 문화접촉
(해설) 정답 1번

184. 다음 중 문화접변(acculturation) 현상이 <u>아닌</u> 것은?
① 발명   ② 문화수용   ③ 문화동화   ④ 문화변용
(해설) 정답 1번

185. 이동통신은 급속도로 확산되고 있는데 아직도 강의실과 공공장소에서 큰소리로 전화통화를 하는 사람들을 본다. 이러한 현상을 설명할 수 있는 적합한 용어는 무엇인가?
① 문화동화   ② 문화변형   ③ 문화갈등   ④ 문화지체
(해설) 정답 4번

186. 레비−스트로스(C. Levi-Strauss)에 의하면 인간은 누구나 동일한 사고구조(思考構造)를 갖고 있다고 한다. 그가 찾아 낸 가장 단순한 인간의 사고구조는 무엇인가?
① 삼각관계   ② 2분적 대립(二分的 對立)
③ 갈등구조   ④ 동조행위
(해설) 정답은 2번
레비−스트로스는 인간은 누구나 동일한 사고구조를 갖고 있다고 보고 세상 모든 사람들이 갖고 있는 사고의 구조가 구체적으로 무엇인지를 찾아내고자 하였다. 그 가장 단순한 관계가 '2분적 대립(binary opposition)'이다. 이것은 사물과 감정을 그 성질에 따라서 2분적으로 대조하고 대립시키는 것을 말하는데, 예를 들면 하늘을 땅과, 남성을 여성과, 남쪽을 북쪽과 대조시켜 생각하는 방식이다.

187. 인간의 사고구조에는 누구에게나 동일한 심성이 있다는 것을 밝히려 한 학자는 누구인가?
① 허스코비츠(M. Herskovits)   ② 레비−스트로스(C. Levi-Strauss)
③ 파슨스(T. Parsons)   ④ 오그번(W. Ogburn)
(해설) 정답 2번

188. 모든 인간의 깊은 마음속에는 자아와 타자를 구별하는 것과 같은 동일한 사고 구조를 갖고 있다고 주장한 대표적인 학자는 누구인가?
    ① 미드(G. H. Mead)　　　　　　② 프로이트(S. Freud)
    ③ 레비-스트로스(C. Levi-Strauss)　④ 허스코비츠(M. Herskovits)
    (해설) 정답 3번

189. 현대인이나 원시인이나 유사한 논리적 감각을 가지고 논리적으로 사고한다고 주장한 대표적인 학자는 누구인가?
    ① 타일러(E. B. Tylor)　　　　　② 레비-스트로스(C. Levi-Strauss)
    ③ 뤼시엥 레비-브륄(L. Levy-Bruhl)　④ 오그번(W. F. Orburn)
    (해설) 정답 2번

190. 레비-스트로스(C. Lévi-Strauss)는 가장 단순한 인간 심성의 기본구조는 무엇이라고 보는가?
    ① 2분적 대립　　② 이기적 심성　　③ 갈등적 대립　　④ 이타심
    (해설) 정답 1번

<문제 9-5> (사회화와 퍼스낼리티)

1. '인간이 사회가 바라는 사회적 인간으로 성장하는 과정'을 의미하는 사회학적 용어는 무엇인가?
    ① 사회화　　　　　② 사회적 사실　　　　③ 내면화　　　　　④ 인격발달
    (해설) 정답 1번

2. 한 동물적 존재인 인간이 타인과의 상호작용을 통해 그 사회가 바라는 인간다운 인간으로 성장하는 과정을 일컫는 사회학적 용어는 무엇인가?
    ① 인격형성　　　② 사회화　　　③ 정체감 형성　　　④ 퍼스낼리티 형성
    (해설) 정답은 2번

3. 인간은 '상호작용'을 통해서만이 사람다운 사람이 되어간다는 뜻을 가장 잘 나타내는 사회학적 용어는 무엇인가?
    ① 사회적 상호작용　　② 사회화　　③ 일차적 사회화　　④ 원초적 사회화
    (해설) 정답은 2번

4. 다음 중에서 공통점이 <u>없는 것</u> 한 가지는 어느 것인가?
   ① 언어　　　　② 개인적 습관　　　　③ 지위와 역할　　　　④ 사회규범
   (해설) 정답 2번
   교과서에 명확하게 기술되어 있지 않은 부분이라 어렵게 느껴질 수 있는 문제이
   다. 언어, 지위와 역할, 그리고 사회규범 등은 개인이 사회화를 통해서 습득하게
   되는 내용들이다. 한편 사회화가 성공적인 집단이라 하더라도 그 속에서 행동하
   는 개인들은 모두 독특한 특성을 지니고 있게 되는데 이를 퍼스낼리티라고 한
   다. 개인적 습관은 바로 이런 퍼스낼리티에 속하는 것이다.

5. 영아기와 유아기(주로 5세까지)의 욕구 충족 또는 불만의 경험이 개인의 성품 발
   달에 영향을 주고 그 영향이 개인의 일생동안 작용한다고 보는 사람은 누구인가?
   ① 프로이트(S. Freud)　　　　　　② 미드(G. Mead)
   ③ 에릭슨(E. Erikson)　　　　　　④ 피아제(J. Piaget)
   (해설) 정답 1번

6. 프로이트(S. Freud)에 의하면 적절한 대소변 훈련을 통해서 사람은 창조적·비창
   조적 성격을 형성한다고 한다. 이 시기는 그의 발달단계 이론에서 어느 단계를
   말하는가?
   ① 음경기(3～5세)　　　　　　　② 잠재기(6～11세)
   ③ 구순기(0～1세)　　　　　　　④ 항문기(2～3세)
   (해설) 정답 4번

7. 프로이트(S. Freud)의 성품발달 이론에 의하면 사회의 도덕과 질서의식이 형성되
   는 데 영향을 주는 시기는 어느 단계인가?
   ① 구순기　　　　② 항문기　　　　③ 음경기　　　　④ 사춘기
   (해설) 정답 2번

8. 프로이트(S. Freud)의 성품발달이론에서 '오이디푸스 콤플렉스'가 형성될 가능성
   이 있는 단계는 어느 단계인가?
   ① 구순기　　　　② 항문기　　　　③ 음경기　　　　④ 사춘기
   (해설) 정답 3번

9. 프로이트의 발달단계에 의하면 남자 어린아이가 '거세공포(去勢恐怖)'를 느끼고 외디푸스 콤플렉스가 형성될 수도 있는 시기는 언제인가?

① 음경기　　　　② 잠재기　　　③ 사춘기　　　④ 항문기

(해설) 정답 1번

10. 프로이트(S. Freud)의 성품발달이론에 의하면 개인의 성격형성에 상대적으로 영향이 적은 발달단계는 언제인가?

① 구순기　　　　② 항문기　　　③ 음경기　　　④ 사춘기

(해설) 정답 4번

프로이트는 음경기까지를 성품 형성에 아주 중요한 단계로 보고 그 이후는 이전단계의 반응이라고 생각했다.

11. 프로이트의 성품발달이론에서 <u>가장</u> 중요한 시기라고 보는 단계는 언제인가?

① 사춘기　　　　② 음경기　　　③ 구순기　　　④ 항문기

(해설) 정답 2번

12. 프로이트의 성품발달이론에서는 전성기단계(前性器段階, pregenital stage)까지의 경험을 매우 중요하게 본다. 다음 중 전성기단계에 해당되지 <u>않는</u> 시기는 언제인가?

① 음경기　　　　② 구순기　　　③ 항문기　　　④ 잠재기

(해설) 정답 4번

13. 프로이트(S. Freud)의 성품발달이론에서 전성기단계(前性器段階, pregenital stage)에 속하지 <u>않는</u> 발달단계는?

① 사춘기　　　　② 음경기　　　③ 구순기　　　④ 항문기

(해설) 정답 1번

14. 영수는 스포츠 카 신모델 발표회를 갖다 온 후 그것을 갖고 싶은 욕망이 대단히 크다. 그 후 몇 번을 다시 가 보았다. 그러나 자신의 월급으로는 아무래도 감당키 어렵다고 판단했다. 그래서 경차 신모델로 결정했다. 영수의 결정에 영향을 준 자아는 무엇인가?

① I　　　　　　② Id　　　　③ Super-ego　　④ Ego

(해설) 정답 4번

프로이트의 자아이론: 프로이트는 자아(self)를 구성하는 서로 다른 세 가지 요

소를 설정하여 각각 Id, Ego, Super-ego라고 구분하였다. Id는 본능적 · 충동적 자아로서 삶에 원초적인 힘과 에너지를 공급하는 자아이다. Ego는 합리적인 사고를 할 줄 아는 이성적인 자아이며, Super-ego는 선(善)과 악(惡)을 판단하고 사회의 규범을 내면화한 사회적 양심을 말한다.

15. 다음 중 본능적 충동과 사회적 양심 사이의 갈등을 통제하고 조정하는 역할을 하는 자아는 무엇인가?
   ① I   ② Id   ③ Ego   ④ Super-ego
   (해설) 정답 3번

16. 충동적인 욕구와 사회적 양심 사이에서 자아의 방향을 제시해 주고 판단하는 자아는 어떤 자아인가?
   ① I   ② Id   ③ Ego   ④ Super-ego
   (해설) 정답 3번

17. 에릭슨(E. Erikson)의 자아발달 이론을 가장 잘 설명한 글은?
   ① 개인의 성격발달은 그의 본능적인 측면뿐 아니라 문화적 환경과 그의 인생 전체를 통해 경험한 경험들이 모두 작용하여 형성된다고 한다.
   ② 개인의 성격발달에 가장 중요한 영향을 미치는 것은 무엇보다도 생득적인 요인이다.
   ③ 개인의 성격형성에는 본능적인 욕구가 충족되지 못한다고 해도 별로 영향을 받지 않는다고 한다.
   ④ 그의 5단계 발달이론은 주로 사회적 경험에 초점을 맞추고 있다.
   (해설) 정답 1번

18. 에릭슨의 자아발달 이론에 의하면 세상은 믿을만한 곳이라고 생각하는 신뢰감이나 또는 불신감은 어느 단계에서 형성된다고 하는가?
   ① 취학 전 아동기(4~5세경)   ② 유아기(2~3세경)
   ③ 영아기(0~1세경)   ④ 청소년기(12~18세경)
   (해설) 정답 3번
   에릭슨(E. Erikson)의 자아발달 8단계: ① 신뢰감과 불신감의 단계(0~1세) ② 자율성과 의구심의 단계(2~3세) ③ 진취성과 죄의식의 단계(4~5세) ④ 근면성과 열등감의 단계(6~11세) ⑤ 자아정체감과 역할혼돈의 단계(12~18세) ⑥ 친근감과 고립감의 단계(청년기) ⑦ 창의력과 침체의 단계(중년기) ⑧ 자아완성과 절

망의 단계(노년기)

19. 에릭슨(E. Erikson)의 자아발달 이론에 의하면 자아정체감이 생기는 시기는 언제인가?
① 영아기(0~1세)　　　　　　　② 유아기(2~3세)
③ 청소년기(12~18세)　　　　　④ 청년기(18세 이후 중년기 이전)
(해설) 정답 3번

20 에릭슨(E. Erikson)은 친근감 또는 고립감이 형성되는 시기를 언제라고 보았는가?
① 영아기　　　② 유아기　　　③ 청년기　　　④ 중년기
(해설) 정답 3번

21. 에릭슨(E. Erikson)은 인간의 성품발달 과정에서 성품발달이 완성에 이르는 자아완성의 단계를 언제라고 보는가?
① 청년기　　　② 노년기　　　③ 중년기　　　④ 사춘기
(해설) 정답 2번

22. 에릭슨(E. Erikson)의 자아발달 단계에 의하면 인간이 자신의 업적에 만족하고 자아완성에 이르는 단계는 어느 단계인가?
① 아동기　　　② 청년기　　　③ 중년기　　　④ 노년기
(해설) 정답 4번

23. 피아제(Jean Piaget)는 아동의 성품 형성에 영향을 주는 요인을 무엇이라고 생각했는가?
① 상호작용의 정도　　　　　　② 인지성숙의 정도
③ 사회적 경험　　　　　　　　④ 본능 충족의 정도
(해설) 정답 2번

24. 피아제(J. Piaget)에 의하면 아동의 성품 형성에 영향을 주는 요인은 무엇이라고 보는가?
① 아동의 경험의 폭　　　　　　② 욕구 충족의 정도
③ 상호작용의 친밀 정도　　　　④ 인지 성숙의 정도
(해설) 정답 4번

25. 피아제(Jean Piaget) 이론에 의하면 아기가 감각활동을 통해서 주위 사물을 인식하는 단계는 언제인가?
   ① 지각동작단계　　　　　　　② 조작전기단계
   ③ 구체적 조작단계　　　　　　④ 사춘기
   (해설) 정답 1번

26. 피아제(J. Piaget)의 인지발달이론에 의하면 '지각동작단계'에 있는 어린이의 발달 특징은 무엇인가?
   ① 언어를 배우기 시작하고 다른 사람의 말과 행동을 단순히 모방한다.
   ② 나름대로의 사고를 통해서 사물을 이해하고 질량 보존의 개념도 생긴다.
   ③ 모든 감각이 발달하고 감각과 활동을 통해서만 사물을 인식한다.
   ④ 복잡한 논리적 사고를 할 수 있는 단계이다.
   (해설) 정답 3번

27. 피아제(J. Piaget)의 인지발달이론에 의하면 어린이에게 질량보존의 개념이 생기는 시기는 언제라고 보는가? (2002 기말)
   ① 지각동작단계(0~1.5세)　　　② 조작전기단계(1.5~7세)
   ③ 구체적 조작단계(7~11, 12세)　④ 사춘기(12~14세)
   (해설) 정답 3번

28. 피아제(J. Piaget)는 개인이 세계 속의 자신을 인식하고 타인의 입장도 이해할 수 있으며, 타인의 입장에서 세상을 관찰할 수 있는 안목이 생기는 인지발달은 어느 단계에서 가능하다고 보는가?
   ① 사춘기 단계　　　　　　　② 구체적 조작단계
   ③ 지각동작단계　　　　　　　④ 사춘기 이후 단계
   (해설) 정답 4번

29. 피아제의 인지발달이론에 의하면 인간이 여러 가지 추상적이고 복잡한 논리적 사고를 할 뿐 아니라 세계 속의 자신을 인식하고 타인의 입장도 이해해 주는 성숙한 단계는 언제인가? (2005 기말)
   ① 지각동작단계(sensory-motor stage)
   ② 조작전기단계(pre-operational stage)
   ③ 형식적 조작단계(formal operational stage)
   ④ 구체적 조작단계(concrete operational stage)

(해설) 정답 3번

30. 언어와 같은 상징을 중요한 사회화의 수단으로 강조한 사람은 누구인가? (2003 기말)
   ① 미드(G. H. Mead)　　　　　　② 프로이트(S. Freud)
   ③ 에릭슨(E. Erikson)　　　　　　④ 마르크스(K. Marx)
   (해설) 정답 1번
   미드(G. H. Mead)에 따르면 갓 태어난 아기는 자아라는 개념이 없다. 그러나 엄마와의 육체적 접촉과 상호작용을 통해서 자신과 엄마가 분리된 존재임을 의식하게 된다. 이때 자아개념이 생기기 전에 타인의 개념이 먼저 생긴다. 자아개념이나 자아정체감은 언어를 배우고 기타 상징적 수단(제스처를 포함해서)을 통해 부모와 형제와 상징적, 물리적 자극을 주고받으면서 형성된다.

31. 지속적인 상호작용을 통해 어린이의 자아형성에 중요한 영향력을 미치는 사람을 일컫는 미드(G. H. Mead)의 개념은 무엇인가?
   ① 선생님　　　② 중요한 타자　　　③ 일반화된 타자　　　④ 영상자아
   (해설) 정답 2번

32. 어린이와의 지속적인 상호작용을 통해 어린이의 자아형성에 큰 몫을 담당하는 사람을 총칭하는 개념으로 가장 적합한 용어는 무엇인가?
   ① 가족　　　② 중요한 타자　　　③ 일반화된 타자　　　④ 학교 선생님
   (해설) 정답 2번

33. '중요한 타자'는 어느 집단에 속하는가?
   ① 결사체적 집단　　　　　　　② 이차집단
   ③ 사회구성원 전체　　　　　　④ 일차집단
   (해설) 정답 4번
   미드의 자아발달이론: 미드에 의하면 갓 태어난 아기는 자아개념이 없다. 엄마와 가족들과의 접촉을 통해서 타인에 대한 개념이 먼저 생기고 타인이 아닌, 타인과 구별되는 자신의 존재를 인식하게 된다고 본다. 이와 같이 다른 사람과의 상호작용을 통해서 자아가 형성되고 그러한 과정에서 사회의 규범을 내면화하여 사회화된 인간이 되어 간다. 이러한 일련의 과정에서 한 개인에게 가장 중요하고 원초적인 영향을 주는 사람들이 '중요한 타자(significant others)'이다.

34. 다음 중 '중요한 타자(significant others)'는 무엇인가?

① 거리의 시민　　　　　　　　② 일차적 사회화의 대행자

③ 재사회화 기관　　　　　　　　④ 일차적 사회화

(해설) 정답 2번

미드의 개념으로 주로 가족, 학교 선생님을 말하며, 어린이와 지속적인 상호작용을 통해 어린이의 자아 형성에 큰 몫을 담당하는 사람을 일컫는다. 문제에서 중요한 타자인 가족, 학교 선생님 등은 어린이가 자아를 형성할 수 있도록 옆에서 도와주고 사회화시키는 사람이라는 점에서 일차적 사회화의 대행자라고 할 수 있다.

35. 사회의 규범과 가치를 내면화한 일반인을 일컫는 미드(G. H. Mead)의 용어는 무엇인가?1

① 일반화된 타자　　② 초자아　　③ 중요한 타자　　④ 거울에 비친 타자

(해설) 정답 1번

36. 어린이 행동의 선과 악의 판단의 기준이 되고 사회의 규범과 가치를 내면화한 일반인을 지칭하는 개념으로 가장 적합한 개념은 무엇인가?

① 중요한 타자　　② 일반화된 타자　　③ 규범집단　　④ 가족집단

(해설) 정답 2번

37. 옆자리 친구의 답안지를 보고 싶은 자아가 있는 동시에 한편으로는 컨닝은 범죄라고 말하는 자신 속의 또 다른 자아가 있다. 전자와 같이 주관적인 자아를 나타내는 개념은 무엇인가?

① I　　　　　② Me　　　　　③ Ego　　　　　④ Super-ego

(해설) 정답 1번

38. 미드(G. H. Mead)에 의하면 어린이는 다른 사람과 상호작용 하는 과정에서 역할을 학습한다고 한다. 어린이가 특정 역할에 부여되는 의미를 이해하고 모방하는 행동은 어느 단계에 속하는가?

① 준비단계　　　② 단순 모방단계　　　③ 유희단계　　　④ 경기단계

(해설) 정답 3번

39. 미드(G. H. Mead)에 의하면 어린이의 역할 학습은 단계적으로 이루어진다고 한다. 단순한 모방밖에 모르던 어린이가 규칙을 준수할 수 있는 역할을 학습하게 되는 단계는 어느 단계인가?
    ① 경기단계   ② 준비단계   ③ 모방단계   ④ 유희단계
    (해설) 정답 4번

40. 미드(G. Mead)가 설명하는 어린이의 역할학습의 3단계 과정을 순서적(단계적)으로 맞게 적은 것은 어느 것인가?
    ① 준비단계 ⇒ 유희단계 ⇒ 경기단계   ② 유희단계 ⇒ 준비단계 ⇒ 경기단계
    ③ 유희단계 ⇒ 경기단계 ⇒ 준비단계   ④ 준비단계 ⇒ 경기단계 ⇒ 유희단계
    (해설) 정답 1번

41. 미드(G. H. Mead)는 어린이는 역할학습을 통해서 사회의 규칙을 준수하고 상대방의 역할을 기대하고 그에 대처하는 능력을 학습하게 된다고 본다. 밑줄 친 부분의 능력을 습득하는 단계는 언제인가?
    ① 준비단계   ② 유희단계   ③ 경기단계   ④ 내면화 단계
    (해설) 정답 3번

42. 어린이가 사회의 가치와 규범을 인식할 수 있는 단계는 어느 단계인가?
    ① 유희단계   ② 지각동작단계   ③ 준비단계   ④ 경기단계
    (해설) 정답 4번

43. 다른 사람(타인)의 마음속에 그려진 자신의 모습을 보고 그것이 자아라고 인지한다는 의미를 함축하고 있는 자아개념은 무엇인가?
    ① 일반화된 타자   ② 객관적인 자아   ③ 주관적 자아   ④ 거울에 비친 자아
    (해설) 정답 4번

44. 고정된 자아개념은 없는 것이며 自我란 다른 사람들이 나를 어떻게 생각하고 반응하는가에 따라서 영향을 받는다고 주장하는 사람은 누구인가?
    ① 미드(G. H. Mead)   ② 쿨리(C. H. Cooley)
    ③ 프로이트(S. Freud)   ④ 호만스(G. Homans)
    (해설) 정답 2번
    쿨리의 영상자아: 쿨리(Charles H. Cooley)는 한 개인의 자아를 그 사람에 대한 타인들의 평가라 본다. 이러한 맥락에서 쿨리는 영상자아(影像自我, the looking-glass

self; 거울에 비친 자아)라는 개념을 발전시켰는데, 이때 거울은 다른 사람의 마음을 말한다. 즉, 다른 사람의 마음속에 비친 나의 모습, 다른 사람이 자신을 어떻게 평가하고 인식하고 있는가를 스스로 인지한 모습이 곧 자아이다. 그러므로 쿨리는 자아란 고정된 개념이 아니고 상황에 따라서 변하고, 상호작용하는 타인에 따라서 변하는 개념이라고 보고 있다.

45. '거울에 비친 자아'라는 개념을 발전시킨 학자는 누구인가?
   ① 미드(G. Mead)　　　　　　　② 쿨리(C. H. Cooley)
   ③ 프로이트(S. Freud)　　　　　④ 에릭슨(E. Erikson)
   (해설) 정답 2번

46. 자아(self)란 타인의 마음속에 비친 자신의 모습이라고 규정한 사람은 누구인가?
   ① 에릭슨(E. Erikson)　　　　　② 프로이트(S. Freud)
   ③ 미드(G. H. Mead)　　　　　 ④ 쿨리(C. H. Cooley)
   (해설) 정답 4번

47. 다음 중 잘못 짝지어진 것은 어느 짝인가?
   ① 에릭슨(E. Erikson)—Id　　　② 미드(G. Mead)—Me
   ③ 프로이트(S. Freud)—Ego　　④ 쿨리(C. Cooley)—The looking-glass self
   (해설) 정답 1번

48. 우리는 흔히 '불혹의 나이에'라는 말을 듣는데 이 '불혹의 나이'란 언제를 말하는가?
   ① 30세　　　　　② 40세　　　　③ 50세　　　　④ 60세
   (해설) 정답 2번

49. 공자님이 마음에서 원하는 대로 행하여도 법도에 어긋나는 일이 없었다고 하신 인격의 완성단계는 언제인가?
   ① 50세　　　　　② 60세　　　　③ 70세　　　　④ 80세
   (해설) 정답 3번

50. 다음 중 일차 사회화 기관은 어느 것인가?
   ① 대중매체　　　② 교도소　　　③ 정신병원　　　④ 군대
   (해설) 정답 1번

① 일차적 사회화의 대행자: 일차적인 사회화를 도와주는 가족·친구집단·학교·직장·대중매체 등

② 재사회화의 대행자(기관): 일차적인 사회화가 실패했거나 또는 일차 때와는 다른 새로운 규범과 가치를 사회화 시켜야 할 필요 때문에 행해지는 재사회화를 도와주는 교도소·정신병원·군대 등

51. 다음 중 일차 사회화의 대행자는 무엇인가?
① 군대   ② 교도소   ③ 정신병원   ④ 직장
(해설) 정답 4번

52. 다음 사회화의 대행자(또는 주관자) 중 개인을 '예기사회화' 시키는데 가장 영향력 있는 공식적 대행자는 무엇인가?
① 동료   ② 직장   ③ 정신병원   ④ 학교
(해설) 정답 4번

53. 이미 형성된 자아 정체감과 사회의 가치와 규범 등을 모두 잊어버리고 백지화되는 현상을 무엇이라고 하는가?
① 재사회화   ② 탈사회화(脫社會化)
③ 예기사회화(予期社會化)   ④ 과잉 사회화(over-socialization)
(해설) 정답 2번

54. 다음 중 재사회화 기관이 아닌 것은 무엇인가?
① 교도소   ② 대중매체   ③ 정신병원   ④ 군대
(해설) 정답 2번

55. 모든 사람들이 완벽하게 성공적인 사회화가 이루어지면 현존하는 사회에서 불리한 처지에 있는 소수인종, 여성들, 정신적·신체적 장애인들은 그들의 잠재적 가능성을 충분히 계발시키지 못하고 불리한 대로 그저 그런 것이려니 하고 현존하는 가치체계를 받아들일 가능성이 있다. 이러한 사람들을 나타내는 개념으로 가장 적합한 용어는 무엇인가?
① 사회화의 대행자   ② 재사회화 담당자
③ 사회화의 피해자   ④ 퍼스낼리티 결함자
(해설) 정답 3번

56. 여성이나 신체장애인처럼 현존 질서에서 대접받지 못하고 사회제도가 오히려 이들에게 불리하게 작용하는 집단을 지칭하는 <u>가장 적합한</u> 사회학적 용어는 무엇인가?

① 사회화의 피해자   ② 일탈자   ③ 하층계급   ④ 소수자

(해설) 정답 1번

57. 현존 질서에서 대접받지 못하는 동성애자, 성전환자 등을 총칭하는 사회학적 용어로 가장 적합한 용어는 무엇인가?

① 국외자   ② 주변인
③ 사회화의 피해자   ④ 사회적 대안자

(해설) 정답 3번

58. 다음 중 사회화의 피해자가 될 가능성이 <u>가장 적은</u> 집단은 어느 집단인가?

① 기득권 층   ② 소수민족
③ 여성   ④ 미국사회의 흑인 집단

(해설) 정답 1번

59. 다음 중 세 가지는 서로 관계가 있다. 나머지 한 가지는 어느 것인가?

① 아폴로형 문화   ② 디오니소스형 문화
③ 리스만(D. Riesman)   ④ 베네딕트(R. Benedict)

(해설) 정답 3번

60. 리스만(D. Riesman)은 사회의 발전단계에 따라 많이 나타나는 퍼스낼리티 유형이 있다는 것을 제시했다. 그에 의하면 일차산업이 지배적이던 사회의 퍼스낼리티 유형은 무엇인가?

① 타자지향형 퍼스낼리티   ② 전통지향형 퍼스낼리티
③ 자기 지향형 퍼스낼리티   ④ 내부지향형 퍼스낼리티

(해설) 정답 2번

리스만(David Riesman)의 퍼스낼리티 유형: ① 전통지향형 퍼스낼리티: 전근대적인 일차산업이 지배적이던 사회의 퍼스낼리티 유형. 개인행동의 기준이 개인적인 가치에 있는 것이 아니라 문화가 제시해 주는 행동규범에 따라 행동하는 퍼스낼리티를 말한다. ② 내부지향형 퍼스낼리티: 일차산업이 점점 이차산업으로 바뀌면서 생산을 중심으로 하는 초기 공업화사회에서 나타나는 퍼스낼리티 유형. 산업혁명이 이루어지고 과학의 발달에 따른 새로운 지식과 기술이

보급됨에 따라 급속한 사회변동이 야기되고 전통적 규범은 약화된다. 이런 시기에는 개인이 자기 스스로의 판단과 목표에 따라서 행동을 결정한다. 이렇게 개인적인 행동 목표에 의해서 행동하는 성격을 내부지향형 퍼스낼리티라고 한다. ③ 타자지향형 퍼스낼리티: 산업이 발달하고 특히 제2차 세계대전 이후에 3차산업의 비중이 점점 커지는 사회에서 나타나는 퍼스낼리티 유형. 대량소비와 대량생산이 국가적 가치로 등장하게 됨에 따라 개인들은 소비지향적 문화에서 누가 무엇을 가졌느냐에 관심을 갖게 되고 다른 사람의 감정과 행동에 민감하게 반응하게 된다.

61. 우리나라는 인터넷과 이동통신, 그리고 컴퓨터 게임 보급률이 다른 나라에 비해 빠른 편이다. 이러한 현상은 새로운 기술 습득에 선진적이기 때문이라고 할 수도 있지만, 다른 한편 문화적 유행에 민감한 퍼스낼리티를 가진 탓이라고 해석할 수도 있다. 이와 같은 퍼스낼리티 유형은 다음 중 어느 것인가?
① 감각지향형 퍼스낼리티   ② 전통지향형 퍼스낼리티
③ 타자지향형 퍼스낼리티   ④ 내부지향형 퍼스낼리티
(해설) 정답 3번

62. '타자지향형 퍼스낼리티'라는 용어를 사용하여 오래도록 센세이션을 일으켰던 『고독한 군중(The Lonely Crowd)』의 저자는 누구인가?
① 리스만(David Riesman)   ② 미드(M. Mead)
③ 오그번(W. Ogburn)   ④ 베네딕트(R. Benedict)
(해설) 정답 1번

63. 다음 중에서 최재석이 『한국인의 사회적 성격』에서 지적한 한국인의 사회적 성격이 아닌 것은 어느 것인가?
① 감투지향 의식   ② 상하서열 의식   ③ 측은지심   ④ 친소구분의식
(해설) 정답 3번

64. 다음 중 사회화의 결과라고 볼 수 없는 것은?
① 자아정체감 형성   ② 퍼스낼리티 형성
③ 사회화의 피해자 발생   ④ 사회갈등과 문화변동
(해설) 정답 4번

<문제 9-6> (역할, 지위 그리고 인간)

1. 개인 하나 하나가 사회구조와 연결되는 고리 역할을 하는 개념은 무엇인가?
   ① 역할   ② 계층   ③ 구조   ④ 조직
   (해설) 정답 1번

2. 개인과 사회를 만나게 하고, 이 둘을 중개하는 역할을 하는 개념으로 적절한 것은?
   ① 사회적 역할   ② 결사체   ③ 직장   ④ 원초적 관계
   (해설) 정답 1번

3. 개인이 사회에서 점하고 있는 위치를 나타내는 사회학적 용어는 무엇인가?
   ① 사회계층   ② 사회적 지위   ③ 사회적 신분   ④ 품위
   (해설) 정답 2번

4. 다음 중 다렌도르프(R. Dahrendorf)가 지적한 역할의 성격이 아닌 것은 어느 것인가?
   ① 역할은 준객관적 복합체라는 것
   ② 역할의 내용은 사회구조에 의해서 규정되고 수정된다는 것
   ③ 역할은 사회구속력 또는 제재력을 갖는다는 것
   ④ 역할은 필연적으로 역할갈등을 수반한다는 것
   (해설) 정답 4번

5. 다음 중 다렌도르프(Dahrendorf)가 규정한 역할의 성격이라고 볼 수 없는 특성은
   어느 것인가?
   ① 역할은 일종의 준객관적 복합체이다.
   ② 역할의 내용은 사회구조에 의해 규정되고 수정된다.
   ③ 역할에는 자율성과 융통성이 있다.
   ④ 역할은 개개인의 행위를 통제한다.
   (해설) 정답 3번

6. 다음 중 다렌도르프가 설명하는 역할의 성격에 해당되지 않는 것은?
   ① 역할은 불변의 성격을 갖는다.
   ② 역할은 준객관적 복합체이다.
   ③ 역할의 내용은 사회구조에 의해 규정되고 수정된다.
   ④ 역할은 개개인의 행위를 통제한다.

(해설) 정답 1번

7. 다음 중 다렌도르프(R. Dahrendorf)가 정리한 역할의 성격이 <u>아닌</u> 설명은?
   ① 역할은 일종의 준객관적 복합체이다.
   ② 역할의 내용은 사회구조에 의해 규정되고 수정된다.
   ③ 역할은 개개인의 행위를 통제한다.
   ④ 역할의 내용은 개인에 따라 달라진다.
   (해설) 정답 4번

8. 모든 사람은 자신의 지위에 기대되는 역할이 있다. 대통령이 부정부패에 연루되
   어서는 안 된다는 역할기대는 다음 중 어느 기대에 해당하는가?
   ① 관료적 기대   ② 사회·문화적 기대
   ③ 법적 기대   ④ 용인적 기대
   (해설) 정답 3번

9. 장·차관 임명권은 행정부의 수반인 대통령에게 있다. 그러나 가끔은 특정 지역
   이나 특정 연고에 편중되었다며 대통령의 인사를 매스컴에서 비판하는 것을 볼
   수 있다. 이런 현상을 대통령의 역할과 관련하여 설명한다면 가장 적합한 설명은
   어느 것인가?
   ① 법적 기대에 어긋나는 인사이기 때문이다.
   ② 사회·문화적 기대에 어긋나는 인사이기 때문이다.
   ③ 원규를 지키지 않은 인사이기 때문이다.
   ④ 대통령의 권한에 대해 매스컴이 월권을 하는 정치력 부재 현상이다.
   (해설) 정답 2번

10. 식물국회라고 비판받아 온 17대 국회가 첫날 했던 일이 박창달 의원 체포동의
    안을 부결한 것이다. 이에 대해 네티즌들의 항의가 빗발쳤는데 이는 17대 국회
    가 국민의 기대에 부합하지 못했기 때문이다. 어떤 역할기대에 어긋난 것인가?
    ① 행동적 기대   ② 법적 기대
    ③ 용인적 기대   ④ 사회·문화적 기대
    (해설) 정답 4번

11. 박지성 선수가 영국 맨체스터 유나이티드 구단에 입단한 사실로 축구 팬들은 매우 기뻐하고 있다. 국내에서 그의 인기는 매우 높은 것으로 나타났다. 우리가 국가 대표 축구 선수에게 바라는 역할기대는 다렌도르프(R. Dahrendorf)의 역할 기대와 사회적 제재의 관점에서 볼 때 다음 중 어떤 기대에 해당하는가?
　　① 법적기대　　　　　　　　② 사회·문화적 기대
　　③ 일반적 기대　　　　　　　④ 용인적 기대
　　(해설) 정답 2번

<문제 9-7> (집단과 조직체)

1. 사회학에서는 몇 가지 특성을 갖는 사람들의 모임을 '사회집단'이라고 한다. 다음 중 사회집단의 특성이 <u>아닌</u> 것은 무엇인가?
　　① 한두 사람의 모임을 사회집단이라고는 하지 않고 대규모 사람들의 모임이라는 특성을 갖고 있다.
　　② 성원들 사이에 소속감이 있다.
　　③ 합의된 가치체계를 공유한다.
　　④ 지속적인 상호작용을 하고 서로 간에 영향을 주고받는다.
　　(해설) 정답 1번

2. 운동도 함께하고, 식사도 함께하는 등 사회관계를 유지하고 동류의식도 있으나 아직 공식적인 조직체를 만들지 않은 집단은 다음 중 어느 범주에 속하는가?
　　① 사회집단　　　② 결사체　　　③ 통계적 범주　　④ 사회적 범주
　　(해설) 정답 1번

3. 다음 중 결사체는 어느 것인가?
　　① 관료조직(체)　　　② 가족　　　③ 유희집단　　　④ 등산회
　　(해설) 정답 1번

4. 학교는 다음 집단의 범주 중 어디에 속하는가?
　　① 통계적 범주　　　② 사회적 범주　　③ 결사체　　　④ 사회집단
　　(해설) 정답 3번

5. 갓 태어난 아기를 성숙한 사회적 존재로 성장시키는데 가장 중요한 기능을 담당하는 사회집단을 지칭하는 사회학적 용어는 무엇인가?
   ① 일차집단 　　　　② 이차집단 　　③ 준거집단 　　④ 사회화
   (해설) 정답 1번

6. '부부싸움은 칼로 물 베기'라고 한다. 이 속담에 표현된 부부관계를 설명하는 가장 적합한 해석은 어느 것인가?
   ① 부부관계는 표현적 관계이다.
   ② 부부관계는 목적을 이루기 위한 목적 지향적 관계이다.
   ③ 부부관계는 수단적 관계이기 때문에 수단을 얻기 위해서 싸운다.
   ④ 부부관계는 두 사람으로 구성된 이차관계이기 때문에 싸운다.
   (해설) 정답 1번
   일차집단(또는 원초집단)이라는 말은 쿨리(C. H. Cooley)가 처음 사용한 개념이다. 쿨리는 가족, 어린이들의 유희집단, 이웃 등의 집단은 한 개인의 사회적 성격과 이상을 형성하는데 가장 기본적이고 원초적인 영향을 준다고 하여 이러한 집단을 원초집단이라고 개념화했다.
   사회학자들은 일차집단과 상대적인 개념으로 사용할 수 있는 이차집단이라는 용어를 만들어서 널리 통용하고 있다. 일차집단과의 두드러진 차이점은 일차집단은 자연스럽게 형성된 집단이지만 이차집단은 특정 목적을 수행하기 위해 의식적으로 만든 집단이라는 것이다. 이차집단은 곧 목적합리적, 수단적, 비인간적, 익명적, 그리고 일시적인 특징을 가진 집단이다.

7. 일차집단의 특성이 아닌 것은 무엇인가?
   ① 면대면 관계이다. 　　　　　　② 소규모이다.
   ③ 전인격적(全人格的) 관계이다. 　　④ 비인격적 수단적 관계이다.
   (해설) 정답 4번
   일차집단: 갓 태어난 인간을 성숙한 사회적 존재로 성장시키는 데 가장 중요한 기능을 담당하는 사회집단
   일차집단의 요건: ① 면대면 관계, ② 집단 규모는 소규모, ③ 잦은 접촉과 사귐

8. 다음 중 일차집단의 필요조건이 아닌 조건은?
   ① 면대면 관계 　　② 수단적 관계 　　③ 소규모 집단 　　④ 잦은 접촉
   (해설) 정답 2번

9. 다음 중 일차집단이 <u>아닌</u> 것은?
   ① 소꿉놀이 친구들　　　　　② 유치원 선생님들
   ③ 사이버 채팅친구들　　　　④ 형제자매
   (해설) 정답 3번
   • 단의 특성
   ① 성원들 사이에 합의된 가치체계를 공유한다.
   ② 상호작용을 하고 서로 간에 영향을 미친다.
   ③ 소속감이 있다.
   ④ 형식적이며 명백하게 규정된 관계가 있다(일차집단과 이차집단으로 구분할
   　수 있다).

   • 次集団(일차집단)
   일차집단이란 쿨리(C. H. Cooley)의 용어로는 원초집단을 말한다. 일차집단의 특
   징은 다음과 같다.
   ① 성원의 수가 소규모이며 친밀한 유대관계를 맺는다.
   ② 면대면 관계이며 반복적 상호작용을 한다.
   ③ 성원들 끼리 강한 소속의식을 가지고 있다.
   ④ 가치체계를 공유한다.
   ⑤ 행동에 대한 제재는 비공식적인 방법을 택한다.
   ⑥ '나'라는 개념 보다 '우리'라는 개념이 더욱 강하다.
   ⑦ 대인관계가 全人的인 人格關係로 맺어진다.
   ⑧ 무의식적, 비공식적으로 자연스럽게 형성된 집단이다.
   ⑨ 성원들끼리는 자발적, 감정적이고 인간적이다.
   ⑩ 관계가 오래 지속된다.
   일차적 또는 원초적 관계에 있는 사람들 사이에서는 깊은 우애와 친밀한 유대관
   계를 맺으며 감정적이고 포용적이다. 감정적이라는 말은 서로의 느낌을 있는 그
   대로 솔직히 표출한다는 뜻이다. 그러므로 일차적 관계를 표출적 또는 표현적
   관계라고 한다. 일차적 관계의 전형적인 형태가 부부 사이이고, 부모와 자식 관
   계, 그리고 아주 친밀한 친구사이를 예로 들 수 있다.

   • 二次集団(이차집단)
   이차집단의 특성은 다음과 같다.
   ① 목적합리적 집단이다.
   ② 인간관계가 제한적이고 형식적이다.

③ 개인에 대한 평가가 수단적 가치와 수단적 관계에서 이루어진다.

④ 면대면 관계가 아닌 간접적인 관계이다.

⑤ 의사소통이 사무적, 형식적인 문서에 의해서 이루어진다.

⑥ 유대관계가 일시적이다.

이차적 관계에서는 인간관계가 목적합리적이고 인위적, 사무적, 그리고 일시적이다. 친밀감이 없으며 감정을 통제해야 하고 피상적이다. 따라서 깊은 인간적인 친밀감과 유대관계는 기대하기 어렵다.

10. 초기사회화가 이루어지는 집단은 어느 것인가?

① 준거집단　　　② 일차집단　　　③ 이차집단　　　④ 목적집단

(해설) 정답 2번

일차집단(또는 원초집단)이라는 말은 쿨리(C. H. Cooley)가 처음 사용한 개념이다. 쿨리는 가족, 어린이들의 유희집단, 이웃 등의 집단은 한 개인의 사회적 성격과 이상을 형성하는 데 가장 기본적이고 원초적인 영향을 준다고 하여 이러한 집단을 원초집단이라고 개념화했다.

사회학자들은 일차집단과 상대적인 개념으로 사용할 수 있는 이차집단이라는 용어를 만들어서 널리 통용하고 있다. 일차집단과의 두드러진 차이점은 일차집단은 자연스럽게 형성된 집단이지만 이차집단은 특정 목적을 수행하기 위해 의식적으로 만든 집단이라는 것이다. 이차집단은 곧 목적합리적, 수단적, 비인간적, 익명적, 그리고 일시적인 특징을 가진 집단이다.

11. 초기사회화를 시키는 집단은 무엇인가?

① 일차집단　　　② 이차집단　　　③ 우리집단　　　④ 내집단

(해설) 정답 1번

12. 일차집단에서 이루어지고 있는 어린이의 학습과정을 일컫는 사회학적 개념을 무엇이라고 하는가?

① 재사회화　　　② 이차사회화　　　③ 유아사회화　　　④ 초기사회화

(해설) 정답 4번

13. 쿨리는 인간본성(human nature)이 생물학적으로 주어지는 유전인자에 의해서 형성되지 않는다고 한다. 그러면 그는 인간본성은 어디에서 형성된다고 보는가?

① 사회에서　　　　　　　② 대중 속에서

③ 이차집단 내에서　　　　④ 일차집단 안에서

(해설) 정답 4번

14. 백화점의 판매원과 고객과의 관계는 어떤 관계인가?
   ① 표현적 관계   ② 일차적 관계   ③ 이차적 관계   ④ 감정 표출적 관계
   (해설) 정답 3번

15. 인간관계가 제한적이고 형식적이라는 말을 다른 말로 표현했을 때 가장 적합한
   말은 무엇인가?
   ① 인간관계가 전인적(全人的)이다.
   ② 인간관계가 감정적이다.
   ③ 인간관계가 목적합리적 수단적 관계이다.
   ④ 지속적인 상호작용을 하는 인간관계이다.
   (해설) 정답 3번

16. 산업현장의 연구에서 메이요(E. Mayo)가 발견한 중요한 연구 결과는 무엇인가?
   ① 경제적 유인만이 노동의욕을 증진시키는 유일한 요인이라는 것이다.
   ② 윗사람과의 빈번한 상호작용의 빈도와 노동의욕의 정도가 정비례한다는 것
      이다.
   ③ 작업장의 바로 위 단계의 사람의 성격에 따라 노동 효율성에 차이가 있다는
      것이다.
   ④ 이차집단 내에서도 일차집단적 관계가 노동의욕 증진에 매우 중요하다는 것
      이다.
   (해설) 정답 4번

17. 다음 중에서 공통점이 없는 것 하나는 어느 것인가?
   ① 이차집단   ② 기계적 연대(p.178)
   ③ 결사체   ④ 게젤샤프트(Gesellschaft)
   (해설) 정답 2번
   집단의 분류

성격 \ 분류자	공동체적 의미	결사체적 의미
쿨리	일차집단 · 원초집단	이차집단
퇴니스	게마인샤프트(Gemeinschaft)	게젤샤프트(Gesellschaft)

※ 뒤르켕의 사회분업론: 분업의 발달이라는 사회적 사실로 인해 인간의 유대관

계 역시 현대로 오면서 '기계적 연대'에서 '유기적 연대'로 변동·발전하였다.

18. '결사체'는 다음 중 어떤 집단의 속성이 있는가? (2006 기말)
  ① 일차집단   ② 이차집단
  ③ 공동체   ④ 게마인샤프트(Gemeinschaft)
  (해설) 정답 2번

19. 다음은 유사한 것끼리 짝지은 것이다. 잘못 짝지어진 것은 어느 짝인가?
  ① 공동체―게마인샤프트(Gemeinschaft)   ② 가족―일차집단
  ③ 부부관계―결사체   ④ 게젤샤프트(Gesellschaft)―이차집단
  (해설) 정답 3번

20. 다음 중 유사성이 가장 약한 것 한 가지는 어느 것인가?
  ① 결사체   ② 이차관계
  ③ 소규모 사회집단   ④ 게젤샤프트(Gesellschaft)
  (해설) 정답 3번

21. 종교적 신념에 따라 병역을 거부하는 행위와 같이 고차원의 신념으로 실정법을 어기는 자를 일컫는 머튼(R. K. Merton)의 용어는 무엇인가?
  ① 비동조자(non-conformist)   ② 일탈자(deviant)
  ③ 범법자(crime)   ④ 국외자(outsider)
  (해설) 정답 1번

22. 사람들은 자신의 지위의 높낮이를 평가할 때 남의 지위를 비교 잣대로 활용한다는 것을 처음으로 밝힌 사람이 하이만(H. Hyman)이다. 하이만이 사용한 이 개념은 무엇인가?
  ① 비교준거집단   ② 규범적 준거집단
  ③ 사회집단   ④ 동류집단
  (해설) 정답 1번

23. 개인의 행동과 태도의 기준이 되고 꿈의 방향을 설정하는 데 중요한 역할을 하는 집단은 무엇인가?
  ① 우리 집단   ② 일차집단   ③ 준거집단   ④ 내집단
  (해설) 정답 3번

24. 개인에게 '상대적 박탈감'을 느끼게도 하고 또 그런 이유 때문에 '상대적 박탈감'을 설명하는 데 유용한 기준으로 사용될 수 있는 집단은 무엇인가?
   ① 규범적 준거집단　② 비교준거집단　③ 비회원집단　④ 소집단
   (해설) 정답은 2번

25. 최근 우리 사회는 부(富)의 양극화 현상이 나타난다고 우려하는 목소리가 높다. 경제발전이 이루어져도 부의 불평등이 심하면 하층계급은 심한 불만을 갖게 된다. 이들이 느끼는 심리적 불만을 일컫는 사회학적 개념으로 가장 적합한 개념은 무엇인가?
   ① 상대적 박탈감　　　　　② 지위불일치
   ③ 상황의 정의　　　　　　④ 상류층에 대한 반감
   (해설) 정답 1번

26. 준거집단과 관련된 설명으로 틀린 문장은 어느 것인가?
   ① 준거집단은 상대적 박탈감을 느끼게 하는 집단으로 작용할 수도 있다.
   ② 준거집단은 비교집단으로 기능할 수도 있다.
   ③ 준거집단은 반드시 회원집단이어야 한다.
   ④ 준거집단은 규범적 집단으로 기능할 수도 있다.
   (해설) 정답 3번
   • 상대적 박탈감: 개인이 자신과 다른 사람의 수준을 비교 평가할 때 자신이 다른 사람보다 사회적으로 인정을 받지 못한다거나 경제적으로도 적합한 대우를 받지 못한다고 느끼는 감정. 객관적 사실보다 심리적 감정이 더욱 중요하게 작용
   • 비교준거집단: 자기를 상대적으로 비교하기 위해 선택하는 비교기준집단으로, 상대적 박탈감을 해명하는데 유익한 개념
   • 규범적 준거집단: 개인이 자신의 행동과 가치판단의 기준으로 생각하여 모범으로 삼는 집단
   • 원천지위: 현재 속해있는 집단의 지위
   • 종착지위: 장차 자기가 속하고 싶은 집단의 지위
   • 예견적 사회화: 현재 속해있는 집단보다 장차 자기가 속하고 싶은 집단의 지위에 따라 생각하고 행동하는 현상
   • 주변적 인간: 종착지위를 성취해 낼 능력이 없거나 부족함에도 불구하고 종착지위를 자기의 규범적 준거집단으로 삼는 사람

27. 다음은 준거집단에 대한 설명이다. 이 들 중 <u>틀린 설명</u>은 어느 것인가?
   ① 준거집단에는 비교준거집단과 규범적 준거집단이 있다.
   ② 규범적 준거집단은 회원집단일 수도 있고 비회원집단일 수도 있다.
   ③ 규범적 준거집단은 개인에게 예견적 사회화 기능을 한다.
   ④ 준거집단은 개인의 원천지위에 많은 영향을 준다.
   (해설) 정답 4번

28. 한 개인이 자신의 종착지위를 미리 정해 놓고 그 종착지위가 요구하는 자질과 삶의 양식을 익히고 준비하는 행동과 태도를 설명할 수 있는 용어로 <u>가장 적합한</u> 것은 무엇인가?
   ① 주변 인간   ② 예견적 사회화   ③ 역할 학습   ④ 지위 상승 열망
   (해설) 정답 2번

29. 자신이 바라는 종착지위를 획득하기 위해서 미리 종착지위가 요구하는 삶의 양식을 배우고 익히는 현상을 나타내는 사회학적 용어는 무엇인가?
   ① 준비 사회화   ② 사회화   ③ 예견적 사회화   ④ 준거 사회화
   (해설) 정답 3번

30. 서로 다른 두 집단에 속해 있으면서 어느 집단에도 완전히 소속되지 못하고 두 집단의 변두리 부분에 속해 있는 사람들을 일컫는 용어로 가장 적합한 용어는 무엇인가?
   ① 사회화의 피해자   ② 국외자
   ③ 일탈자   ④ 주변적 인간(marginal man)
   (해설) 정답 4번

31. 근대사회로 올수록 관료조직체가 증가할 것이라고 예견한 사람은 누구인가?
   ① 오그번(W. Ogburn)   ② 베버(M. Weber)
   ③ 파슨스(T. Parsons)   ④ 짐멜(G. Simmel)
   (해설) 정답 2번

32. 다음 중 관료제의 순기능은 무엇인가? (2004 계절)
   ① 능력원칙(meritocracy)   ② 몰인정성(impersonal)
   ③ 번문욕례(red tape)   ④ 형식주의(ritualism)
   (해설) 정답 1번

33. 다음 중 관료제의 순기능이라고 볼 수 없는 것은 무엇인가?
 ① 지위에 따른 임무를 명쾌하게 규정한다.
 ② 직책과 지위가 일정한 위계체계에 따라 배열된다.
 ③ 형식주의(ritualism)에 빠지게 한다.
 ④ 충원은 능력원칙(meritocracy)에 따라 이루어진다.
 (해설) 정답 3번
 관료제의 순기능: ① 지위에 따른 임무를 명쾌하게 규정한다. ② 직책과 지위가 일정한 위계체계에 따라 배열되어 있고 이 위계체계는 책임 소재를 분명히 해준다. ③ 충원문제는 능력에 따라 이루어진다. ④ 직책 보유자의 능률적 직책 수행을 유발하고 보장해 주기 위해 고정된 급료의 보장, 능력에 따른 직급 등이 명백하게 규정된다.
 ※ 형식주의: 자기 분야가 요구하는 규칙에만 얽매임으로써 융통성 없는 관료가 되거나 선례(先例)가 없으면 아무 일도 하지 않는 것으로 관료제의 역기능에 해당한다.

34. 다음 중 베버가 말하는 관료제의 순기능이라고 볼 수 없는 것은?
 ① 지위에 따른 임무가 명백하게 규정된다.
 ② 직책과 지위가 일정한 위계체계가 있다.
 ③ 형식주의(ritualism)가 내재한다.
 ④ 능력원칙에 의해 충원된다.
 (해설) 정답 3번

35. 다음 중 베버(M. Weber)가 지적한 이념형적 관료제의 특징에 속하지 않는 속성은 어느 것인가?
 ① 융통성   ② 능력원칙   ③ 재직보장   ④ 엄격한 위계서열
 (해설) 정답 1번

36. 베버가 제시한 이념형으로서의 관료제의 특징이 아닌 것은?
 ① 인간적 배려   ② 재직보장
 ③ 능력원칙   ④ 지위에 따른 명백한 임무규정
 (해설) 정답 1번

37. 다음 중 베버가 지적한 이념형적 관료제의 특징이 <u>아닌</u> 것은 어느 것인가?
    ① 승진은 연공서열에 의해서 이루어진다(연공서열원칙).
    ② 충원은 개인의 능력에 따라 이루어진다(능력원칙).
    ③ 직책과 지위는 분명한 위계체계에 의해 배열된다(위기체계의 명확성).
    ④ 문제의 해결은 담당 직원의 재량에 의해 즉각적으로 처리된다(행정업무의
       융통성).
    (해설) 정답 4번

38. 다음 중 관료제의 역기능이라고 볼 수 <u>없는</u> 특징은 무엇인가?
    ① 형식주의   ② 몰인정성
    ③ 번문욕례(red tape)   ④ 능력원칙(meritocracy)에 의한 충원
    (해설) 정답 4번

39. 대학은 다음 중 어느 관료제 조직에 속하는가?
    ① 강제적 관료제   ② 규범적 관료제   ③ 공리적 관료제   ④ 문화적 관료제
    (해설) 정답 2번
    관료제의 세 유형

구분	강제적 관료제	규범적 관료제	공리적 관료제
개념	관료제 안에 있는 사람을 물리력으로 강제하는 관료제	조직 자체의 도덕성과 정당성을 인정받기 때문에 그 조직 내에 있는 사람들이 자발적으로 조직의 규범을 따르는 관료제	관료조직 내에서 일하는 사람들은 각종 형태의 보상을 받기 때문에 조직의 규범에 동조한다.
사례	감옥·수용소·정신병동	대학·개혁지향적 자원단체	산업조직체

40. 다음 중 규범적 관료제에 속하는 조직은 어느 것인가?
    ① 교도소   ② NGO 단체들   ③ 포로수용소   ④ 산업조직체
    (해설) 정답 2번

41. 산업조직체는 관료제 중 어느 유형에 속하는가?
    ① 강제적 관료제   ② 공리적 관료제   ③ 규범적 관료제   ④ 민주적 관료제
    (해설) 정답 2번

42. (주)현대자동차는 다음 중 어디에 속하는 조직인가?
    ① 강제적 관료제   ② 공리적 관료제
    ③ 자유주의적 관료제   ④ 규범적 관료제

(해설) 정답 2번

43. 다음은 공통점이 있는 것끼리 짝지은 것이다. 공통점이 없는 것은 어느 짝인가?
   ① 중요한 타자―일반화된 타자   ② 영상자아―일차집단
   ③ 사회분업론―종교생활의 원시형태   ④ 자살론―이해적 방법
   (해설) 정답 4번

<문제 9-8> (사회제도)

1. 사회제도를 그 중요성에 따라 분류할 때 다음 중 원초적 제도에 속하지 않는 제
   도는 어느 것인가?
   ① 후생복지제도   ② 가족제도   ③ 종교제도   ④ 정치제도
   (해설) 정답 1번
   사회의 규모가 커지고 점점 복잡해짐에 따라 한 제도가 담당하던 여러 가지 기
   능들을 더 이상 수행하기 어려워지면 특정 기능만을 맡아서 처리할 수 있는 새
   로운 제도가 나타난다. 이런 현상을 제도의 분화라고 한다.
   ① 종교제도의 분화: 한 마을의 풍년을 빌고 가뭄과 수재로부터 마을을 보호하
      기 위한 제례를 올리면서 의식과 절차에 능통하고, 특히 초자연적인 힘과 교
      통할 수 있는 능력이 있다고 생각되는 전문인(사제나 샤먼·무당 등)이 필요
      하게 되었고, 이들이 제례의식을 담당하면서부터 종교는 가족으로부터 분화
      하여 종교제도가 성립하였다고 본다.
   ② 정치제도의 분화: 사람들이 모여 살다 보면 개인과 개인 사이에 그리고 가족
      과 사이에 갈등과 분쟁이 생기게 된다. 이러한 갈등과 분쟁을 해결하기 위해
      서, 그리고 다른 종족으로부터 침입을 당했을 때 자기 종족의 힘을 규합하여
      대항하기 위해서는 가족 내의 통치와 질서유지 기능만으로는 충분하지 못하
      게 된다. 이렇게 종족 내의 질서 유지와 통제를 위해서, 그리고 외부 종족의
      침입으로부터 자기 종족을 보호하고 통합하기 위해서 권위가 있다고 생각되
      는 지도자(추장, 사제, 또는 고령자나 용맹스러운 젊은이)의 추대가 필요하게
      되었을 것이고 그 지도자의 영도 아래 다스려지는 정치제도가 가족으로부터
      분화하였다고 본다.
   ③ 경제제도의 분화: 근대 이전 사회에서 가족은 아주 중요한 생산과 소비의 단
      위였다. 완전 자급자족 시기를 지나 생산이 증가하고, 잉여물이 생기면서 생
      산물의 교환과 용역의 교환이 필요하게 된다. 생산물과 생산물 또는 생산물
      과 용역의 교환에서 일정한 기준(화폐·금·은·쌀·양·염소 등)과 규범이

나타나게 된다. 이것이 경제제도의 시초라고 할 수 있다. 근세까지도 가족은 생산과 소비의 기능을 수행해 왔다. 그러나 과학기술의 발달로 생산은 점차 공장에서 대량생산이 이루어지고 사회의 구조가 점점 복잡해짐에 따라 관료조직체가 증가하고 비제조업 부분이 증가하는 산업구조는 많은 인구를 서비스 부분으로 흡수한다. 이제 가족은 더 이상 생산의 기능을 수행할 수 없게 되었다. 따라서 가족은 이제 소비의 기능만 남게 되었다.

④ 교육제도의 분화: 교육도 이제는 가족 내에서만 이루어질 수 없게 되었다. 사회는 점차 전문인력을 필요로 하고 전문적인 기술은 대부분 가족 밖에서 배운다. 사회가 점점 고학력화 될수록 교육은 점차 부모 형제가 아닌 가족 밖에서 이루어진다. 가족이 전담하던 교육기능의 대부분을 학교 등을 통한 교육제도가 담당하고 현대의 가족은 교육의 극히 일부분을 수행할 뿐이다. 오락, 휴식, 통신, 심지어 가족의 후생복지까지도 가족 내에서 이루어지지 않고 그것을 전담하는 사회제도가 가족으로부터 분화 독립해 나간다.

2. 사회제도는 여러 가지 방법으로 분류된다. 사회제도를 원초적 제도와 파생적 제도로 분류할 때 인간의 기본욕구를 충족시키는 다목적 다기능적인 사회제도는 무엇인가?
   ① 교육제도　　　　　　　　　　② 정치제도
   ③ 가족제도　　　　　　　　　　④ 대중통신, 대중매체와 같은 오락제도
   (해설) 정답 3번

3. 사회제도를 제도의 중요성에 따라 분류한다면 수단적 기능을 담당하는 원초적 제도에 속하는 것은?
   ① 교육　　　　　② 정치　　　　　③ 가족　　　　　④ 오락
   (해설) 정답 2번

4. 사회제도는 기능을 중심으로 분류하는 것이 일반적이다. 다음 중 표출적 기능을 수행하는 제도는 무엇인가?
   ① 후생복지제도　　　　　　　　② 정치제도
   ③ 여가생활에 관련된 제도　　　　④ 가족제도
   (해설) 정답 3번

5. 사회제도를 제도가 수행하는 기능을 기준으로 분류할 때 가족제도는 어떤 기능을 수행하는 제도인가?

   ① 적응의 기능(A)   ② 목적달성의 기능(G)
   ③ 통합의 기능(I)   ④ 잠재적 유형유지와 긴장처리의 기능(L)
   (해설) 정답 4번

6. 파슨스의 제도의 분류에 의하면 가족제도는 어떤 기능을 수행한다고 보는가?

   ① 적응의 기능   ② 잠재적 유형유지와 긴장처리의 기능
   ③ 통합의 기능   ④ 목표달성의 기능
   (해설) 정답 2번

7. 권력은 적절한 행사와 통제를 위해서 제도화가 필요하다. 권력의 제도화는 사회에 어떤 기능을 수행하는가? 파슨스의 기능적 측면에서 답을 고르시오.

   ① 적응의 기능   ② 잠재적 유형유지와 긴장처리의 기능
   ③ 통합의 기능   ④ 목표달성의 기능
   (해설) 정답 4번
   이 문제는 파슨스의 이론을 묻는 질문이다. 파슨스는 사회체계가 유지되고 존속되기 위해서는 최소한 4가지 기능을 수행해야 된다고 보는 사람이다. 한 국가나 사회를 하나의 사회체계로 볼 때 여러 가지 사회제도가 각각의 기능을 수행한다고 보는 것이다.

8. 사회제도는 언제나 그 제도가 수행하고자 하는 특정 목적이 있다. 이와 같이 제도의 성립 당시 의도한 기능을 무엇이라고 하는가?

   ① 현재적 기능(manifest function)   ② 잠재적 기능(latent function)
   ③ 순기능(eufunction)   ④ 역기능(dysfunction)
   (해설) 정답 1번

9. 모든 사회제도는 그 제도를 만들 때 의도했던 사회적 기능이 있다. 반대로 전혀 예상하지 않았는데 제도의 시행과정에서 나타나는 기능도 있다. 후자와 같이 예견하지 못했던 제도의 기능을 무엇이라고 하는가?

   ① 잠재적 기능   ② 명시적 기능   ③ 현재적 기능   ④ 역기능
   (해설) 정답 1번

10. 사회제도는 운영하는 과정에서 처음에는 전혀 예기치 못했던 뜻밖의 결과가 나타나기도 하는데, 이러한 기능을 무엇이라고 하는가?
 ① 잠재적 기능   ② 역기능   ③ 현재적 기능   ④ 순기능
 (해설) 정답 1번

11. 핵가족이 현대 사회에서 나타난 가족제도가 아니라, 단지 현대의 산업사회 구조와 핵가족의 이념이 적합하기 때문에 현대 산업사회에서 핵가족이 증가하는 추세라고 설명한 사람은 누구인가?
 ① 오그번(W. Ogburn)   ② 파슨스(T. Parsons)
 ③ 윌리엄 구드(William J. Goode)   ④ 섬너(W. G. Sumner)
 (해설): 정답 3번
 윌리엄 구드(William J. Goode)는 핵가족이라는 말이 단순히 미혼자녀와 부부로 구성된 가족형태 그 자체만을 칭하는 것이 아니라, 단지 현대의 산업사회 구조와 핵가족의 이념이 적합하기 때문에 현대 산업사회에서 핵가족이 증가하는 추세라고 설명한다.

12. 다음 중 구드(W. Goode)가 제시한 이념형으로서의 핵가족의 특징이 <u>아닌</u> 것은?
 ① 핵가족은 일상생활에서 광범한 혈족·인척관계를 배제한다.
 ② 핵가족의 부부는 친척들의 도움을 기대할 수 없고 일가친척들도 부부의 봉사를 요구할 수 없다.
 ③ 혼인 연령이나 혼인 상대자의 선택에 대해 친척이 결정권을 가질 수 없다.
 ④ 핵가족의 신혼부부는 남편의 주거지에서 거주한다.
 (해설) 정답 4번

13. 사회의 모든 재화와 용역의 생산과 분배 그리고 소비에 관여하는 제도는 무엇인가?
 ① 정치제도   ② 경제제도   ③ 가족제도   ④ 소비자 보호제도
 (해설) 정답 2번

14. 다음은 자본주의 경제제도의 장점을 열거한 것이다. 이 중 자본주의의 장점이라고 생각할 수 <u>없는</u> 점은 무엇인가?
 ① 개인에게 생산과 소비, 그리고 직업 선택의 자유를 준다는 점
 ② 인간의 이기심을 인정하고 상호 협력이 개인의 자유의사에서 이루어지도록 유도한다는 점

③ 생산자와 생산수단의 분리로 노-사간의 협동이 이루어진다는 점

④ 자본을 축적할 수 있어서 잉여재산을 사회에 환원시키게 할 수 있다는 점

(해설) 정답 3번

15. 자본주의 경제제도의 단점이라고 볼 수 <u>없는</u> 것은 어느 것인가?

① 자유경쟁에서 이기기 위하여 합리적 경영을 가능하게 한다는 점

② 노동자가 생산수단으로부터 소외된다는 점

③ 노-사 갈등이 구조적으로 내재해 있다는 점

④ 富가 소수의 자본가에게 집중되고 통제된다는 점

(해설) 정답 1번

16. "I have a dream……"이라는 인종차별 폐지 연설로 유명한 마틴 루터 킹 목사는 그를 따르는 수백만의 시민들에게 열렬한 지지와 존경을 받았다. 그의 권위는 다음 중 어느 것에 속하는가?

① 카리스마적 권위   ② 전통적 권위   ③ 합법적 권위   ④ 민주적 권위

(해설) 정답 1번

베버(M. Weber)의 지배 양식

• 카리스마적 지배: 권위를 행사하는 자의 절대적인 인격의 위광에 매혹되어 그를 신성시하고 그의 초자연적, 초인격적 권위를 정당한 것이라고 따르는 지배 형태

• 전통적 지배: 과거부터 관습적으로 정당한 것이라고 믿어 왔던 일상적, 전통적 권위를 말한다. 예) 가부장에 대한 권위

• 합법적 지배: 법률과 규준에 따라 합법적이라고 규정해 놓은 지배 형태

문제에서 노무현 대통령은 국민들에 의한 대통령 직접선거라는 합법적인 절차에 의해 대통령에 선출됨으로써 권위를 획득한 경우이기 때문에 합법적 지배에 해당한다.

17. 이라크에 대한 미국 부시 대통령의 강경 태도를 못마땅해 하는 사람들은 새삼 인도 간디의 비폭력저항을 높이 평가하고 있다. 인도 국민의 전폭적인 존경을 받으며 인도를 지도했던 마하트마 간디의 지배 양식은 다음 중 어느 것에 속하는가?

① 자율적 지배   ② 카리스마적 지배

③ 전통적 지배   ④ 의존적 지배

(해설) 정답 2번

18. 우리 문화에서는 '웃어른에게는 말대꾸를 하지 말라'고 한다. 이와 같은 지배양식은 다음 중 어느 유형에 속하는가?
① 카리스마적 지배   ② 합법적 지배   ③ 전통적 지배   ④ 권위적 지배
(해설) 정답 3번

19. 대통령의 권위는 베버의 지배양식의 분류에 의하면 어디에 속하는가?
① 카리스마적 지배   ② 전통적 지배   ③ 민주적 지배   ④ 합법적 지배
(해설) 정답 4번

20. 이제 2월이 되면 제16대 대통령이 취임한다. 대통령의 지배의 양식은 베버(M. Weber)가 분류한 방법에 의하면 어떤 양식에 속하는가?
① 전통적 지배   ② 합법적 지배
③ 카리스마적 지배   ④ 군사적 지배
(해설) 정답 2번
법률과 규준에 따라 합법적이라고 규정해 놓은 지배형태를 합법적 지배라고 한다.

21. 베버(M. Weber)의 지배양식의 분류에 의하면 노무현 대통령의 지배의 양식은 어느 것에 해당하는가?
① 카리스마적 지배 ② 전통적 지배   ③ 합법적 지배   ④ 민주적 지배
(해설) 정답 3번

22. 소수의 지도자들이 권력을 행사하고 권위를 누리는 정치체제를 무엇이라고 하는가?
① 군주제(monarchy)   ② 독재체제(dictatorship)
③ 민주정치(democracy)   ④ 과두정치제(oligarchy)
(해설) 정답 4번

23. 정치제도의 조직에서 1인 또는 1개 정당이 모든 정치권력을 장악하고 사회의 모든 부분과 개인생활에 속속들이 영향을 미치는 정치형태를 무엇이라고 하는가?
① 정당정치   ② 독재·전체주의
③ 과두정치   ④ 군주제
(해설) 정답 2번

24. 지배권력을 분산시켜 권력의 집중을 막고 지배자와 피지배자 간의 힘의 균형을
    달성하려는 정치체제는 무엇인가?
    ① 군주제   ② 과두정치제   ③ 전체주의체제   ④ 민주정치
    (해설) 정답 4번

25. 다음 중 정치제도의 드러난 기능은 무엇인가?
    ① 사회질서 유지의 기능   ② 권력의 집중화 기능
    ③ 정경(政経) 연합의 기능   ④ 권력 엘리트의 형성 기능
    (해설) 정답 1번
    제도의 기능에는 '드러난 기능'과 '숨은 기능'이 있다. 드러난 기능은 그 제도가
    처음에 의도했던 기능을 말하며, 숨은 기능이란 처음에 의도했던 것과는 관계
    없이 전혀 예기치 못한 뜻밖의 결과가 나타나는 것을 말한다.
    정치제도의 드러난 기능: ① 사회질서 유지 기능 ② 사회성원들을 위험으로부
    터 보호하는 기능 ③ 행정부라는 구체적인 조직을 통하여 사회의 목표달성을
    주도하는 기능 ④ 확대된 정부 기능: 노인, 미혼모 보호 문제나 경제 분야에의
    개입과 같이 다른 제도가 담당하던 기능들이 정치제도 특히 정부의 기능으로
    통합된 경우
    정치제도의 역기능(숨은 기능): 권력집중현상과 권력 엘리트 형성. 행정부의 권
    한이 막대한 사회에서는 의도하지 않았던 부정, 부패 등 관료들의 범죄가 생겨
    난다.

26. 다음 중 정치제도의 드러난 기능은 무엇인가?
    ① 권력 엘리트 형성의 기능   ② 행정부 영역의 확대 기능
    ③ 사회의 목표 달성의 기능   ④ 정·경(政·経) 유착의 기능
    (해설) 정답 3번

27. 다음 중 정치제도의 드러난 기능이라고 볼 수 없는 기능은 무엇인가?
    ① 사회질서 유지의 기능   ② 권력 엘리트 형성의 기능
    ③ 국민 보호의 기능   ④ 목표달성의 기능
    (해설) 정답 2번

28. 교육제도의 가장 중요한 드러난 기능은 무엇인가?
    ① 아동의 보호기능   ② 문화혁신의 기능
    ③ 지위 상승의 기능   ④ 사회성원의 사회화 기능
    (해설) 정답 4번

29. 다음 중 교육의 대표적인 드러난 기능은 무엇인가?
   ① 아동의 보호기능　　　　　　② 사회성원의 사회화 기능
   ③ 학연 형성의 기능　　　　　　④ 문화혁신의 기능
   (해설) 정답 2번

30. 다음 중 교육제도의 드러난 기능은 어느 것인가?
   ① 아동의 보호기능　　　　　　② 사회통제의 기능
   ③ 결혼의 조절기능　　　　　　④ 지위 상승의 기능
   (해설) 정답 2번
   ① 교육의 드러난 기능: 사회화, 기술교육, 신지식 창출, 사회통제
   ② 교육의 숨은 기능: 아동의 보호, 결혼의 조절, 실업의 조절, 학연 형성, 문화
      혁신, 지위 상승

31. 다음 중 교육제도의 드러난 기능이 <u>아닌</u> 것은 무엇인가?
   ① 새로운 기술교육의 기능　　　② 사회통제의 기능
   ③ 문화혁신의 기능　　　　　　④ 사회성원의 사회화
   (해설) 정답 3번

32. 부모의 교육 정도가 높을수록 자녀의 대학 진학률이 높은 현상을 설명하는 <u>가
   장</u> 적합한 이론은 다음 중 어느 이론인가?
   ① 모델이론　　　② 기회이론　　　③ 준거집단 이론　　　④ 능력이론
   (해설) 정답 1번

33. 뒤르켐은 『종교생활의 원시형태』라는 그의 저서에서 가장 원초적인 단계의 종
   교의 시작은 (　)과 (　)의 구별에서부터 시작된다고 말했다. 앞의 (　) 속에
   들어 갈 말을 순서대로 나열한 항목은 어느 것인가?
   ① 신, 인간　　　② 두려움, 믿음　　　③ 영혼, 육체　　　④ 성, 속
   (해설) 정답 4번
   『종교생활의 원시형태』에서 뒤르켐은 종교는 성(聖)과 속(俗)의 구별에서부터
   시작된다고 주장한다. 이때 성과 속의 구별은 대상 그 자체의 속성 때문이 아니
   라 집단 성원들이 특정 대상에게 성스럽다고 의미를 부여하기 때문이다.

34. 다음 중 종교의 구성요소라고 볼 수 <u>없는</u> 것은 무엇인가?
   ① 의식(ritual)　　② 감정(feeling)　　③ 영혼(soul)　　④ 조직(organization)
   (해설) 정답 3번

35. 이슬람교와 기독교의 분쟁은 '문명의 충돌'을 예견할 정도로 심각한 양상을 띠고 있다. 신앙의 대상이 되는 신을 기준으로 분류할 때 이슬람교는 어느 종교에 속하는가?

① 유일신교　　　② 다신교　　　③ 윤리종교　　　④ 토템 신앙

(해설) 정답 1번

36. 다음 중 종교의 숨은 기능은 어떤 현상인가?

① 사회변동의 촉진　　　② 사회 통합과 통제
③ 사회적 갈등 조장　　　④ 심리적 위안 제공

(해설) 정답 3번

<문제 9-9> (사회계층과 사회이동)

1. 구조화된 불평등 체계를 일컫는 사회학적 개념은 무엇인가?

① 사회계층　　　② 사회체계　　　③ 경제제도　　　④ 사회구성체

(해설) 정답 1번

2. 지위나 수입 등이 상하로 배열된 서열구조를 일컫는 일종의 연속적 속성을 가진 개념으로 가장 적합한 사회학적 용어는 무엇인가?

① 계층　　　② 계급　　　③ 신분　　　④ 사회적 지위

(해설) 정답 1번

3. 지위나 수입 등이 상하로 배열된 서열구조를 일컫는 용어는?

① 계급　　　② 계층화　　　③ 계층　　　④ 신분질서

(해설) 정답 3번

4. 사회의 희소가치를 불평등하게 분배받은 사회층이 시간의 흐름에 따라 점차 위계서열로 배열되는 과정을 지칭하는 용어는 무엇인가?

① 계층제도　　　② 계층화　　　③ 계층구조　　　④ 계급

(해설) 정답 2번

5. 다음 중 계층구조를 맞게 설명한 글은 어느 것인가?

① 비슷한 정도의 사회적 희소가치를 향유하는 사람들의 집단을 말한다.
② 사회적 희소가치를 분배하는 위계배열이 고정화 되어 일정한 유형으로 굳어

진 현상을 말한다.

③ 사회적 희소가치를 다르게 향유하는 사회층이 점차 일정한 위계서열에 의해 배열되는 과정을 말한다.

④ 단순히 지위의 서열화를 말한다.

(해설) 정답 2번

6. 아직은 이루지 못했으나 인류사회가 지향해야 할 목표로 삼는 계층 형태는 어느 것과 유사한 형태의 사회일까?

① 부분성층형   ② 부분평등형   ③ 완전평등형   ④ 완전성층형

(해설) 정답 3번

7. 우리나라의 1960~70년대는 산업화, 공업화 정책으로 급속한 경제성장의 발판이 되었다고 평가된다. 이 시기의 우리나라의 계층형태는 다음 중 어느 유형에 속하는가?

① 완전성층형   ② 완전평등형   ③ 부분평등형   ④ 부분성층형

(해설) 정답 4번

8. 저임금 공장노동자가 많은 초기 산업사회에서 있을 수 있는 계층의 형태는 다음 중 어느 유형인가?

① 완전성층형   ② 부분평등형   ③ 부분성층형   ④ 완전평등형

(해설) 정답 3번

9. 후기 산업사회를 나타내는 계층 형태로 가장 가까운 유형은 어느 것인가?

① 부분성층형   ② 완전평등형   ③ 부분평등형   ④ 완전성층형

(해설) 정답 3번

10. 이념형으로 볼 때 노르웨이, 스웨덴 등 복지사회의 계층형태는 다음 중 어느 유형인가?

① 완전성층형   ② 부분평등형   ③ 부분성층형   ④ 완전평등형

(해설) 정답 2번

11. 대중 민주주의 사회에서 가장 바람직한 계층 형태는 어떤 유형일까?

① 완전성층형   ② 부분성층형   ③ 부분평등형   ④ 업적주의형

(해설) 정답 3번

12. 다음 중 계층제도에 속하는 것은 어느 것인가?
　① 신분제도　　　　　　　　　② 부분성층형 계층형태
　③ 부분평등형 계층형태　　　　④ 완전성층형 계층형태
　(해설) 정답 1번

13. 다음 중 사회제도로서의 계층제도는 어느 것인가?
　① 부분성층형　　② 부분평등형　　③ 신분제도　　④ 완전성층형
　(해설) 정답 3번

14. 전통적인 인도 사회의 계층제도는 무엇인가?
　① 카스트제도　　② 신분제도　　③ 계급제도　　④ 열린 계층제도
　(해설) 정답 1번

15. 개인의 지위가 혈통과 가문에 의해서 결정되고 사회이동이 허용되지 않는 힌두교 사회의 계층제도는 무엇인가?
　① 신분제도　　　　　　　　　② 카스트제도
　③ 브라만 계급제도　　　　　　④ 열린제도
　(해설) 정답 2번

16. 인도 사회의 계층구조에서 가장 낮은 계층은 어떤 집단인가? 이들은 카스트에 끼지도 못한다고 한다.
　① 브라만　　　　② 수드라　　　③ 바이샤　　　④ 카스트 외적 집단
　(해설) 정답 4번

17. 다음 중 가장 닫힌 계층제도는 어느 것인가?
　① 신분제도　　　　　　　　　② 카스트제도
　③ 사회주의 계급제도　　　　　④ 자유민주주의 계층제도
　(해설) 정답 2번

18. 인류역사에서 가장 닫힌 계층제도는 무엇인가?
　① 신분제도　　　　　　　　　② 완전성층형 계층 형태
　③ 카스트제도　　　　　　　　④ 근대사회의 비정형적 계층제도
　(해설) 정답 3번

19. 사회적 지위가 법률에 의해서 규정되는 계층제도는 어느 것인가?
　　① 카스트(caste) 제도　　　　　　② 신분제도(estate)
　　③ 근대적 계층제도　　　　　　　④ 열린 계층제도
(해설) 정답 2번

20. 법에 따라서 신분이 규정되고 각종 법률적 차별이 따르는 계층제도를 무엇이라
　고 하는가?
　　① 카스트제도　　② 신분제도　　③ 열린 제도　　④ 근대적 계층제도
(해설) 정답 2번

21. 신분제도(estate)는 사회적 지위가 무엇에 의해서 규정되는 제도인가?
　　① 법률　　　　② 귀속적 속성　　　③ 직업　　　④ 교육
(해설) 정답 1번

22. 역사적으로 볼 때 조선사회의 계층제도는 무엇이었는가?
　　① 근대적·유동적 계층제도　　　② 신분제도
　　③ 카스트제도　　　　　　　　　④ 인도식 계층제도
(해설) 정답 2번

23. 근대적인 계층제도의 특징은 무엇인가?
　　① 비정형적(非定型的)이다.　　② 법률에 의해서 규정된다.
　　③ 사회이동이 허용되지 않는다.　④ 운명적·귀속적이다.
(해설) 정답 1번

24. 현재의 한국사회의 계층제도를 설명한 글 중 가장 적합한 설명은 어느 것인가?
　　① 한국사회의 계층제도는 완전성층형 계층제도에 가깝다.
　　② 한국사회의 계층제도는 카스트제도에 유사하다.
　　③ 한국사회의 계층제도는 비정형적인 계층제도라고 할 수 있다.
　　④ 한국사회는 신분제도와 유사한 계층제도이다.
(해설) 정답 3번

25. 계층을 규정하는 요인으로 마르크스(K. Marx)는 무엇을 가장 핵심적인 요인으로 보았는가?
　① 권위관계에서의 위치　　② 생산수단　　③ 사회적 지위　　④ 권력
　(해설) 정답 2번

26. 다음은 사회계층에 대한 마르크스(K. Marx)의 단일차원론에서 서로 같은 계급에 대한 용어를 짝지은 것이다. 잘못된 짝은 어느 것인가?
　① 생산수단을 가진 자－부르주아(bourgeois)
　② 프롤레타리아(proletariat)－자본가 계급
　③ 생산수단을 안가진자－무산자
　④ 무산자－노동자
　(해설) 정답 2번

27. 다음 중 공통점이 없는 것 한 가지는 어느 것인가?
　① 무산자(無産者)　　　　　　　② 프롤레타리아(proletariat)
　③ 노동자(勞動者)　　　　　　　④ 부르주아지(bourgeoisie)
　(해설) 정답 4번

28. 생산수단을 가진 자본가 계급이 아닌 무산자, 즉 단순히 유산자와 무산자를 분류하는 차원의 무산자 계급을 가장 정확하게 지칭하는 용어는 무엇인가?
　① 부르주아　　　　　　　　　　② 무산자
　③ 대자적 계급의 노동자　　　　④ 즉자적 계급의 노동자
　(해설) 정답 4번
　마르크스의 단일차원론
　① 마르크스는 이른바 계층을 규정하는 핵심적인 차원으로서 경제적인 단일요인(소유제도—생산수단의 소유여부)을 들고 그것에 의해서 사회계급의 형성·발달의 경위를 설명하려고 하였다.
　② 그는 자본주의사회의 주요 계급을 자본가계급(부르주아지)와 노동자계급(프롤레타리아트)로 나눈다. 그는 생산수단의 소유여부라는 객관적인 조건 또는 상황에 있어서 동일한 위치를 점하고 있는 사람들의 집단을 즉자적 계급(Klasse an sich)이라고 부르고, 그것은 참다운 계급 즉 대자적 계급(Klasse fur sich)의 전제가 되는 조건이라고 말한다. 마르크스는 이 즉자적 계급은 계급 성원들이 조만간에 그들의 이해관계를 인식하는 이른바 계급의식(Class consciousness)을 가지고 부르주아지에 대항하는 진정한 의미의 계급(대자적

계급)으로 발전하는 것이라고 풀이한다.

③ 그는 계급결정의 기본적 요인인 경제적 요인 또는 경제구조에서 차지하는 사람들의 위치는 그들의 모든 사회적 속성, 이를테면 그들의 생활양식, 생활정도, 정치적 성향, 신념, 가치관 등을 규정하는 것이라고 강조한다.

29. 계급의식은 형성되지 않았으나 생산수단을 갖고 있는지, 없는지 하는 단순한 분류기준에 따라 분류되어지는 집단을 표현하는 가장 적합한 용어는 무엇인가?
① 대자적 계급(對自的階級)　　② 즉자적 계급(卽自的階級)
③ 노동자 계급　　　　　　　④ 부르주아 계급
(해설) 정답 2번

30. 계층을 규정하는 핵심적인 요인은 생산수단의 소유 여부라고 주장하는 견해를 무엇이라고 하는가?
① 계층규정의 핵심요인론　　② 계층규정의 단일차원론
③ 계층규정의 생산성중심이론　④ 프롤레타리아이론
(해설) 정답 2번

31. 다음 중 관계가 서로 맞게 이루어진 짝은 어느 것인가?
① 부르주아지(bourgeoisie)—자본가 계급, 생산수단을 안 가진 집단
② 프롤레타리아(proletariat)—노동자 계급, 생산을 직접 담당하는 생산수단을 가진 집단
③ 부르주아지(bourgeoisie)—유산자 계급
④ 프롤레타리아(proletariat)—무산자 계급, 생산 수단을 가진 집단
(해설) 정답 3번

32. 다음은 개인이 어느 계층에 소속되는가를 규정하는 데 대한 베버(M. Weber)의 견해를 설명한 글이다. 잘못된 설명은 어느 것인가?
① 개인의 경제적 지위는 중요하지 않다고 보았다.
② 국가 권력에서의 개인의 위치는 중요한 요인이라고 보았다.
③ 사회구성원들로부터 존경받는 정도는 계층소속에 중요한 요인이라고 보았다.
④ 학문, 예술 등의 분야에서 이룬 개인의 업적도 계층의 중요한 요인이라고 보았다.
(해설) 정답 1번

33. 한 개인의 계층을 규정하기 위해서는 그 개인이 가지고 있는 사회적 희소가치를 여러 측면에서 골고루 반영해야 한다는 견해를 가진 학자는 누구인가?
   ① 베버   ② 파슨스   ③ 렌스키   ④ 마르크스
   (해설) 정답 1번

34. 베버는 사회계층의 기초로서 최소한 세 가지의 차원을 고려하여 한 개인의 계층을 말할 수 있다고 한다. 그가 명시한 세 가지 차원(또는 요인)에 속하지 <u>않는</u> 것은 어느 것인가?
   ① 계급   ② 사회적 지위   ③ 교육   ④ 권력
   (해설) 정답 3번

35. 베버는 한 개인의 사회계층은 여러 측면을 함께 고려하여야 한다고 주장했다. 그가 제시한 계층의 다차원적인 고려에 포함되지 않는 측면은 무엇인가?
   ① 경제적 지위   ② 명예   ③ 권력   ④ 혈통
   (해설) 정답 4번

36. 다음 중 베버(Max Weber)의 다차원론에 해당되지 <u>않는</u> 요인은 무엇인가?
   ① 계급   ② 학력   ③ 사회적 지위   ④ 권력
   (해설) 정답 2번

37. 베버는 개인의 계층은 몇 가지 요인을 복합적으로 고려해야 한다고 주장한다. 그 몇 가지 중 다른 사람들로부터 인정받는 존경의 정도에 따라 결정되는 지위에 포함되는 요인에는 무엇이 있는가?
   ① 자산   ② 명예   ③ 정치적 지위   ④ 생산수단
   (해설) 정답 2번

38. 직업, 교육, 소득 등을 기준으로 계층을 측정하는 방법은 무엇인가?
   ① 실증적 방법   ② 객관적 방법   ③ 주관적 방법   ④ 평가적 방법
   (해설) 정답 2번

39. 한 개인의 계층을 측정할 때 그 개인의 사회경제적 지위를 지표로 측정하는 방법을 무엇이라고 하는가?
   ① 주관적 방법   ② 객관적 방법   ③ 평가적 방법   ④ 종합적 방법
   (해설) 정답 2번

	객관적 방법	주관적 방법	평가적 방법
측정 요인	객관적 계층변수 (직업·교육수준·소득)	대상자들의 자기평가	타인에 대한 평가
주요 용도	사회경제적 지위	계층(귀속)의식	비교적 좁은 지역사회에서의 실제 영향력자 파악

40. 개인의 계층을 측정할 때 사회과학에서는 흔히 사회·경제적 지위(socio-economic status)라는 지표를 사용한다. 이런 방법으로 계층을 측정하는 방법을 무엇이라고 하는가?
① 지표적 방법　　　　　　　　② 사회·경제적 방법
③ 평가적 방법　　　　　　　　④ 객관적 방법
(해설) 정답 4번

41. 개인의 계층을 측정하는 방법은 여러 가지가 있다. 사람들의 계층의식, 또는 특정 계층에의 귀속의식을 탐색하는 데 가장 적합하다고 생각되는 계층 측정방법은 무엇이라고 생각하는가?
① 객관적 방법　　② 평가적 방법　　③ 주관적 방법　　④ 과학적 방법
(해설) 정답 3번

42. 사람들의 계층의식, 또는 특정 계층에의 귀속의식을 탐색하는 데 가장 유효한 사회계층 측정방법은 무엇인가?
① 객관적 방법　　② 실험적 방법　　③ 주관적 방법　　④ 평가적 방법
(해설) 정답 3번

43. 1998년 IMF외환위기를 맞은 후 우리 사회는 '상대적 박탈감'을 느끼는 사람들이 증가한 것 같다. 이것을 연구하기 위하여 우리나라 사람들의 계층 의식을 조사한다면 어떤 방법을 사용하는 것이 가장 적합한 방법일까?
① 객관적 방법　　② 주관적 방법　　③ 평가적 방법　　④ 횡단연구
(해설) 정답 2번

44. 좁은 지역사회에서 그 지역의 실질적인 영향력을 지닌 사람을 파악하는 데 가장 유용한 계층 측정방법은 무엇인가?
① 객관적 방법　　　　　　　　② 주관적 방법
③ 사회경제적 지수에 의한 방법　　④ 평가적 방법
(해설) 정답 4번

45. 국가 통수권자의 정치적 권력은 최상층에 속한다. 그러나 그의 최종학력은 고등학교 졸업이고, 경제적 지위는 중상쯤 되리라고 판단된다. 그의 사회적 지위를 표현하는 말로 <u>가장</u> 적합한 용어는 무엇인가?

① 객관적 지위　　　　　　　② 상승이동된 지위

③ 지위불일치　　　　　　　④ 주관적 지위

(해설) 정답 3번

지위불일치: 계층을 다차원적인 견해에서 생각한다면 한 개인이 각 차원에서 점하고 있는 위치가 항상 같을 수 없다. 이와 같이 한 개인이 사회의 희소가치의 배분에서 점하고 있는 위치가 각 차원에서 서로 다를 때 지위불일치가 발생한다. 즉, 한 개인이 점하고 있는 지위가 여러 차원에서 서로 일치하지 않는 상황을 지위불일치라고 한다. 예를 들면 고생하며 자수성가한 회사의 창업주가 학교에 다닐 기회를 놓쳐 교육차원에서는 하위 지위를 차지하지만 경제적 차원과 명예나 위신에서는 상위 지위를 차지하는 경우와 또는 궁핍한 시인이나 학자가 경제적인 차원에서는 하위 지위를 점하고 있으나 사회적 명망과 위신에서는 상위 지위를 차지하고 있는 경우를 생각해 볼 수 있다.

46. 다음은 지위불일치한 사람에 대한 설명이다. <u>맞지 않은</u> 설명은 어느 글인가?

① 지위불일치는 타인과의 상호작용 과정에서 대체적으로 긍정적인 영향을 한다.

② 지위불일치한 사람은 기존 질서를 파괴하려는 경향이 있다고 한다.

③ 지위불일치한 사람은 기존 사회체제에 대해 불만을 표출한다.

④ 지위불일치를 느끼는 고소득층의 사람들이 과시적 소비를 하는 경향이 있다.

(해설) 정답 1번

47. 사회가 불평등한 이유에 대해서 기능주의적 관점을 잘 나타낸 글은 어느 것인가?

① 재능 있는 사람으로 하여금 사회에 기능적으로 중요한 일을 하게 하려면 그에 적합한 보상을 해야 하기 때문에 불평등이 생겼다.

② 사회의 모든 직업에는 귀천이 없으나 특정 직업을 가진 사람들이 자기들의 일이 중요하다고 주장하기 때문에 불평등이 생긴 것이다.

③ 잉여자원이 없을 때는 불평등도 없었다. 불평등이 있다는 것은 사회에 잉여자원이 있기 때문이다.

④ 권력 있는 사람이 힘으로 힘없는 사람의 몫을 갈취하기 때문에 사회에 불평등이 생긴 것이다.

(해설) 정답 1번

48. 사회가 불평등한 것은 직업의 기능적 중요도에 차이가 있기 때문이라고 보는 관점은 어떤 관점인가?

① 기능주의적 관점 ② 상호작용론적 관점
③ 갈등론적 관점 ④ 렌스키 등의 종합적 관점

(해설) 정답 1번

49. 사회의 불평등은 직업의 기능적 중요도와 일의 난이도 등에 따라 차등적인 보상이 주어지기 때문에 생겨난 자연스런 현상이라고 보는 관점은 어느 것인가?

① 기능주의적 관점 ② 관념론적 관점 ③ 갈등론적 관점 ④ 자연주의 관점

(해설) 정답 1번

50. 유능한 지도자는 적재적소(適材適所)에 인재를 기용해야하며, 그들의 역할에 따라 차등적으로 보상하는 것은 정당하다는 이론을 제시한 사람(들)은 누구인가?

① 머튼(R. K. Merton) ② 데이비스-무어(K. Kavis-W. Moore)
③ 렌스키(G. Lenski) ④ 베버(Max Weber)

(해설) 정답 2번

기능주의적 견해(데이비스-무어 이론): 기능주의의 기본적인 관점은 사회가 유지되고 존속하려면 반드시 수행하지 않으면 안 되는 여러 가지 기능이 있다는 것이다. 나아가 사회가 좀 더 효율적으로 움직이려면 적재적소에 꼭 필요한 사람을 '정당히' 충원해야 한다. 이러한 과정에서 불평등한 분배가 자연스럽게 나타난다고 보는 견해가 기능주의적 관점이다. 이러한 견해를 대표하는 이론으로 데이비스와 무어(K. Davis-W. Moore)이론이 있다. 이들의 주장은 다음과 같다.

51. 사회에서 어렵고 중요한 일을 하는 사람에게 높은 보상을 주는 것은 당연하다고 주장하는 사람은 누구인가?

① 튜민(M. Tumin) ② 다렌도르프(R. Dahrendorf)
③ 오소브스키(S. Ossowski) ④ 데이비스-무어(K. Davis-W. Moore)

(해설) 정답 4번

52. 인간의 능력은 천부적인 측면보다는 환경에 의해 계발되는 측면이 더 크다고 전제하고 사회의 불평등한 분배가 불평등한 능력 계발을 가져온다고 주장하는 견해는 무엇인가?

① 기능주의적 견해 ② 갈등론적 견해
③ 합리주의적 견해 ④ 인적자원 개발이론

(해설) 정답 2번

53. 사회가 불평등하기 때문에 유능한 인재 발굴의 가능성이 제한된다고 주장한 사람은 누구인가?
    ① 오소브스키(S. Ossowski)   ② 다렌도르프(R. Dahrendorf)
    ③ 데이비스－무어(K. Davis－W. Moore) ④ 튜민(M. Tumin)
    (해설) 정답 4번

54. '직업에는 귀천이 없으며, 모든 일은 다 중요하다'고 주장하는 것은 어떤 관점으로 계층을 해석하는 것인가?
    ① 기능주의적 관점 ② 종합적 관점   ③ 해석적 관점   ④ 갈등론적 관점
    (해설) 정답 4번
    기능주의적 관점에서 볼 때, 특정한 일은 사회에 더 중요한 것과 덜 중요한 것이 있다. 그런데 기능적으로 더 중요한 일은 일반적으로 어렵고, 그 일을 수행하기 위해서 일정한 훈련을 받아야 한다. 반면, 갈등론적 견해에 의하면 사회가 유지되고 존속되기 위해 기능적으로 더 중요하고 덜 중요한 일은 없다.

55. '직업에는 귀천이 없다. 모든 직업은 사회에 중요한 역할을 한다'고 주장하는 사람은 누구인가?
    ① 튜민(M. Tumin)   ② 렌스키(G. Lenski)
    ③ 데이비스(K. Davis)   ④ 무어(W. Moore)
    (해설) 정답 1번

56. 사회가 유지되고 존속되기 위해서는 모든 일이 다 중요하며 기능적 중요도에 차이가 없다고 주장하는 사람은 누구인가?
    ① 렌스키(G. Lenski)   ② 다렌도르프(R. Dahrendorf)
    ③ 튜민(M. Tumin)   ④ 무어(W. Moore)
    (해설) 정답 3번

57. 다음 기술 중 튜민이 지적한 계층현상의 역기능이라고 볼 수 없는 기술은 어느 것인가?
    ① 계층이 있으므로 유능한 인재 발견의 가능성이 제한된다.
    ② 사회의 생산적 자원을 확장할 가능성을 제약한다.
    ③ 개혁적 경향이 지배하게 된다.
    ④ 낮은 계층에게는 사회에 대한 충성심과 참여의식을 저하시키는 기능을 한다.
    (해설) 정답 3번

58. 사회의 불평등은 잉여자원이 생기면서부터 시작되었다는 것을 전제하고 잉여
   자원이 어떻게 분배되는가를 설명한 사람은 누구인가?
   ① 튜민(M. M. Tumin)　　　　　② 오소브스키(S. Ossowski)
   ③ 데이비스(K. Davis)　　　　　④ 렌스키(G. Lenski)
   (해설) 정답 4번
   렌스키(G. Lenski)와 오소브스키(S. Ossowski)는 사회계층 현상을 설명함에 있어
   기능주의적 관점이나 갈등론적 관점에서 각각 취할 점이 있다고 생각한다. 렌
   스키는 사회의 불평등은 잉여자원이 생기면서부터 시작되었고 그 잉여자원은
   권력에 의해 불평등하게 분배된다고 설명한다.

59. 권력이 사회의 잉여자원을 분배한다고 보기 때문에 결국 권력이 사회의 불평등
   의 원인이라고 유추하는 사람은 누구인가?
   ① 튜민(M. Tumin)　　　　　② 렌스키(G. Lenski)
   ③ 데이비스(K. Davis)　　　　　④ 마르크스(K. Marx)
   (해설) 정답 2번
   렌스키의 종합이론: 렌스키(G. Lenski)와 오소브스키(S. Ossowski)는 사회계층 현
   상을 설명함에 있어 기능주의적 관점이나 갈등론적 관점에서 각각 취할 점이
   있다고 생각한다. 렌스키는 사회의 불평등은 잉여자원이 생기면서부터 시작되
   었고 그 잉여자원은 권력에 의해 불평등하게 분배된다고 설명한다. 렌스키는
   기능주의적 견해와 갈등론적 견해에서 각각 몇 가지 가정을 취한 후에 그것을
   바탕으로 두 가지의 분배의 법칙을 제시한다.

60. 사회의 불평등은 잉여자원이 생기면서부터 시작되었다고 보는 사람은 누구인가?
   ① 파슨스(T. Parsons)　　　　　② 데이비스(K. Davis)
   ③ 튜민(M. Tumin)　　　　　④ 렌스키(G. Lenski)
   (해설) 정답 4번

61. 사회의 불평등은 잉여자원이 생기면서부터 시작되었다고 보는 사람은 누구인가?
   ① 렌스키(G. Lenski)　　　　　② 오소브스키(S. Ossowski)
   ③ 데이비스-무어(Davis-Moore)　　　　　④ 튜민(M. Tumin)
   (해설) 정답 1번

62. 왜 생산품을 다른 사람과 나누어 가지는가(분배)를 설명하는 과정에서 인간은
   혼자 살 수 없기 때문에 다른 사람이 생존할 정도의 생산품은 나누어 가질 것

이며, 또 타인의 생산활동이 자신에게 이익이 되는 수준에서 생산품을 나누어 갖는다는 분배의 법칙은 어느 것인가?

① 마르크스의 공산주의 분배 법칙

② 데이비스-무어의 기능주의적 분배 법칙

③ 렌스키의 제1분배의 법칙

④ 렌스키의 제2분배의 법칙

(해설) 정답 3번

63. 렌스키(G. Lenski)의 제 2 분배의 법칙은 결국 사회불평등의 원인을 무엇이라고 보는가?

① 재산　　　　　② 명예　　　　　③ 위신　　　　　④ 권력

(해설) 정답 4번

64. 한 사회의 사회이동의 폭과 규모는 그 사회의 구조적인 특성에 영향을 받는다. 다음 중 사회이동에 영향을 미치는 사회구조적인 특성이 <u>아닌</u> 요인은 무엇인가?

① 사회이동에 대한 개인의 열망 정도

② 개인의 능력에 대한 평가 방법(귀속적 또는 업적적)

③ 사회구조의 분화 정도

④ 사회통제의 방식

(해설) 정답 1번

65. 다음 중 한 사회나 국가의 사회이동에 영향을 주는 정도가 <u>가장 적은</u> 요인은 어느 것인가?

① 전쟁　　　　　　　　　② 공업화

③ 남아선호 사상　　　　　④ 인구의 전출입 유형

(해설) 정답 3번

사회이동의 요인

• 사회구조적인 요인

① 사회경제적 요인의 변동: 사회변동에 의한 사회이동의 기회확대. 工業化, 革命이나 戰爭 같은 돌발적인 사회변동 등

② 인구학적 요인에 따른 사회이동: 출생, 사망, 계층별 출산력의 차이, 인구의 전출입의 유형 등

• 개인적인 요인: 개인의 능력, 교육정도, 상승이동에의 열망 등

66. 다음 중 사회이동의 개인적 요인이라고 볼 수 없는 것은 무엇인가?
   ① 상승이동에의 열망　　　　　② 교육 정도
   ③ 개인적 행운　　　　　　　　④ 사회구조의 분화 정도
   (해설) 정답 4번

67. 다음 중 개인의 사회이동에 영향을 주는 개인적 요인이라고 볼 수 없는 요인은
   어느 것인가?
   ① 전쟁　　　　　　　　　　　② 개인의 능력
   ③ 상승이동에의 열망　　　　　④ 교육정도
   (해설) 정답 1번

68. 염상섭의 소설『삼대』는 만석꾼인 할아버지로부터 손자인 '덕기'까지 한 가족
   의 재산이 탕진되는 과정을 보여주고 있다. 이와 같이 할아버지로부터 아버지,
   그리고 손자와 증손대에까지 이어지면서 가문의 재산이 탕진되고 몰락해 가는
   현상을 가장 잘 나타내는 용어는 다음 중 무엇인가?
   ① 세대 간 하강이동(世代間下降移動)　② 상승이동(上昇移動)
   ③ 세대 간 상승이동(世代間上昇移動)　④ 세대 내 하강이동(世代內下降移動)
   (해설) 정답 1번

69. 사회이동의 유형을 범주화 할 때 노무현 대통령 당선자의 사회이동은 어느 유
   형에 속하는가? 가장 적합한 유형을 고르시오.
   ① 세대 간 수평이동　　　　　② 하강이동
   ③ 세대 간 상승이동　　　　　④ 세대 내 이동
   (해설) 정답 3번

70. 다음 사회이동에 대한 설명 중 맞는 설명은 어느 것인가?
   ① 수직적 이동은 현재의 계층보다 위 단계로 이동하는 현상만을 의미한다.
   ② 잘살던 부모의 재산을 탕진하는 자식의 이동은 세대 간 하강이동이다.
   ③ 1960년대의 한국사회의 생활정도와 현재(2006년)를 비교하면, 국민 전체를
      한 집단으로 볼 때 우리의 생활정도는 대체로 나아졌다. 이런 현상을 국민
      개개인의 개인적 상승이동이라고 할 수 있다.
   ④ 사회이동은 언제나 사회통합에 기여한다.
   (해설) 정답 2번

71. 사회이동은 그 깊이와 폭의 정도에 따라서 사회통합에 기여할 수도 있고, 사회 분열을 조장할 수도 있다. 다음 중 사회이동으로 인해 사회분열이 조장될 수도 있는 조건은 언제라고 보는가?
   ① 사회이동이 권력 핵심층의 특혜에 의해서 광범위하게 이루어질 때
   ② 사회의 모든 차원에서 이동이 골고루 일어날 때
   ③ 사회이동이 대다수 성원에게 실현될 때
   ④ 개인 상호간에 문화적 단절이 최소화될 때
   (해설) 정답 1번

<문제 9-10> (일탈, 범죄와 통제)

1. 다음 중 일탈의 개념을 틀리게 설명한 글은 어느 것인가?
   ① 일탈은 상대적인 개념이다.
   ② 모든 일탈은 범죄행위이다.
   ③ 일탈은 특정 행위에 대한 특정 사회의 반응이라고 보기도 한다.
   ④ 일탈을 했다고 해도 공식적 낙인이 없으면 일탈행위가 공식적으로 성립되지 않는다고 보는 견해도 있다.
   (해설) 정답 2번
   레머트(Lemert)와 맛짜(D. Matza)는 일탈을 일탈자 자신의 행위속성이라기보다 특정 행위에 대한 특정 사회의 반응이라고 본다. 이는 일탈을 어떤 행위에 대해 사회나 정치당국이 일탈행위로 규정함으로써 비로소 그것이 일탈로 정착된다고 보는 관점이다. 이렇게 보면 일탈은 주관적이고, 유동적이고 때로는 자의적으로 규정되는 행위여서, 인과적으로 딱 부러지게 정의 내릴 수 없게 된다.

2. 법 집행의 객관성과 예측성을 강조하면서 형벌에 있어 등가주의 원칙을 주장한 이론은 어느 이론인가?
   ① 고전적 범죄이론   ② 신고전적 범죄이론
   ③ 아노미 이론   ④ 중화이론
   (해설) 정답 1번

3. 형벌의 강도는 범죄로 인해 훼손된 이익에 비례해야 한다고 주장하는 범죄이론은 무엇인가?
   ① 고전론적 범죄이론   ② 신고전론적 범죄이론
   ③ 기능론적 범죄이론   ④ 과정론적 범죄이론

(해설) 정답 1번

4. 고문폐지를 주장하고 사형제도뿐 아니라 사면제도까지 비판했던 이론은 어느 것인가?
　　① 신고전적 범죄이론　　　　　　② 고전론적 범죄이론
　　③ 기능론적 범죄이론　　　　　　④ 과정론적 일탈이론
　　(해설) 정답 2번

5. 다음은 형벌에 대한 베카리아(Beccaria)의 주장을 소개한 글이다. 그의 주장이 아닌 것은 어느 글인가?
　　① 그는 형벌에 있어 등가주의 원칙을 주장했다.
　　② 범죄 억제를 위해서 때로는 사형도 필요하다고 주장했다.
　　③ 법집행의 예측성을 강조했다.
　　④ 법관은 자기의 주관적 법정신에 따라 재판해서는 안되고 오로지 법의 객관적 규정에 따라야 한다는 것을 강조했다.
　　(해설) 정답 2번

6. 다음은 고전범죄이론가들에 대해서 설명하는 글이다. 이중 잘못 설명된 글은 어느 것인가?
　　① 이들은 인간을 자유의지의 소유자라고 생각했다.
　　② 이들은 인간을 본성적으로 이기심을 갖고 있는 존재라고 생각했다.
　　③ 이들은 군주의 권위를 유지하기 위하여 형벌의 집행은 엄격하고 신속하고 정확하게 해야 한다고 주장했다.
　　④ 이들은 공리주의의 영향을 받은 이론가들이다.
　　(해설) 정답 3번

7. 다음 중 고전론적 범죄이론가의 주장이 아닌 글은 어느 것인가?
　　① 인간은 범죄를 할 것인가 동조를 할 것인가를 스스로 결정하는 자유의지의 소유자이다.
　　② 국가는 범죄에 대한 형벌의 책임을 져야 한다.
　　③ 형벌의 강도는 범죄로 인해 얻은 이익에 비례해야 한다.
　　④ 효과적으로 범죄를 예방하기 위해서는 사형제도를 둘 수 있다.
　　(해설) 정답 4번

8. 다음 중 '고전(적) 범죄이론'에 대한 설명이 <u>아닌</u> 글은 어느 것인가?
   ① 형벌에 등가주의 원칙을 주장했다.
   ② 범죄 예방이 중요하다고 보고 범죄를 억제할 수 있는 방법을 연구했다.
   ③ 법집행의 객관성과 예측성을 강조했다.
   ④ 사면제도를 비판했다.
   (해설) 정답 2번

9. 범죄이론가로서 팬옵티콘(panopticon)이라고 하는 독특한 감옥구조를 제안한 사람은 누구인가?
   ① 베카리아(Beccaria)   ② 레머트(E. Lemert)
   ③ 맛짜(D. Matza)   ④ 벤담(Bentham)
   (해설) 정답 4번

10. 교도소의 구조를 팬옵티콘(panopticon)이라는 구조로 바꿀 것을 제안한 사람은 누구인가?
    ① 벤담(Bentham)   ② 뒤르켕(E. Durkheim)
    ③ 머튼(R. Merton)   ④ 베카리아(Beccaria)
    (해설) 정답 1번

11. '팬옵티콘(panopticon)'이라고 하는 그 당시로서는 새로운 감옥구조를 제안했던 사람은 누구인가?
    ① 베카리아(Beccaria)   ② 머튼(Merton)   ③ 맛짜(Matza)   ④ 벤담(Bentham)
    (해설) 정답 4번

12. "감옥은 참회의 장소가 되어야지 고통을 주는 곳이 되어서는 안 된다"고 주장하는 사람은 누구인가?
    ① 벤담(Bentham)   ② 글레이서(Glaser)
    ③ 베카리아(Beccaria)   ④ 맛짜(Matza)
    (해설) 정답 1번
    벤담(Bentham)은 팬옵티콘(panopticon)이라고 하는 독특한 감옥제도를 제안했다. 이는 감옥 중심부에 높은 감시대를 세우고 이를 중심으로 부챗살처럼 감방을 배열함으로써 효과적으로 죄수들의 활동을 샅샅이 감시할 수 있게 하는 것이다. 또한 감옥은 터무니없이 잔인한 고통을 주는 곳이 아니라, 참회하면서 개과천선하게 하는 제도가 되어야 한다고 주장했다. 이러한 뜻에서 감옥은 참회장소(penitentiary)가 된다.

13. 감옥은 참회의 장소이지 고통을 주는 장소가 되어서는 안 된다는 것을 강력하게 주장한 사람은 누구인가?
   ① 벤담(Bentham)
   ② 베카리아(Beccaria)
   ③ 머튼(R. Merton)
   ④ 뒤르켕(E. Durkheim)
   (해설) 정답 1번

14. 다음 중 공통성이 없는 것 하나는 어느 것인가?
   ① 범죄행위의 무력화
   ② 고문폐지
   ③ 사형제도 비판
   ④ 사면제도 비판
   (해설) 정답 1번
   무력화란 범죄자를 사형시켜버린다든지 무기수로 수감시켜버림으로써 범죄자의 행위 자체를 무력화시킨다는 뜻이다. 무력화의 방법으로 선고양을 높이거나 선고의 일관성을 관철시키고, 심각한 범죄자는 장기 수감시키는 것을 권장하기도 한다(윌슨, Wilson). ① "범죄행위의 무력화"는 신고전적 범죄이론이다.

15. 다음 중 공통점이 <u>가장 적은 것</u> 한 가지는 어느 것인가?
   ① 재범문제
   ② 특수억제
   ③ 무력화(incapacitation)
   ④ 등가주의
   (해설) 정답 4번
   ④ 등가주의는 고전적 범죄이론이다.

16. 범죄를 처벌이나 형벌 차원에서 접근하지 않고 사회에서 범죄 자체가 일어나지 않도록 예방하고 억제하는 것이 더욱 중요하다는 관점에서 연구하는 범죄이론은 무엇인가?
   ① 고전론적 범죄이론
   ② 신고전적 범죄이론
   ③ 기능론적 범죄이론
   ④ 과정론적 일탈이론
   (해설) 정답 2번

17. 형벌이 엄격하고, 확실하고, 신속하게 집행되면 범죄억제에 효과적일 것이라고 보는 범죄이론은 무엇인가?
   ① 베카리아의 범죄이론
   ② 벤담의 범죄이론
   ③ 신고전적 범죄이론
   ④ 공리주의적 범죄이론

(해설) 정답 3번

18. 신고전 범죄이론가들에 의하면 가장 효과적으로 범죄를 억제할 수 있는 방법은 다음 중 어느 것인가?
   ① 객관적 규정에 의한 처벌
   ② 면죄특권이 주어지지 않는 확실한 처벌
   ③ 무력화(無力化, incapacitation)
   ④ 수단적 범죄에 대한 등가주의 처벌 원칙 적용
   (해설) 정답 3번

19. 범죄 무력화의 방법으로 사형제도를 찬성한 범죄이론은 무엇인가?
   ① 고전 범죄이론   ② 신고전 범죄이론
   ③ 낙인이론   ④ 중화이론
   (해설) 정답 2번

20. 카드빛을 갚기 위해 은행 강도를 한 범죄는 어느 유형의 범죄인가?
   ① 수단적 범죄   ② 인습 범죄   ③ 표현적 범죄   ④ 중화적 범죄
   (해설) 정답 1번

21. 다음 중 맞는 글은 어느 것인가?
   ① 형벌의 엄격성은 범죄를 방지하는데 확실히 효과가 있다.
   ② 처벌의 엄격성과 신속성을 높이면 모든 종류의 범죄율을 낮출 수 있다.
   ③ 수단적 범죄의 경우에는 형벌의 엄격성, 신속성, 확실성이 높아지면 범죄율을 낮출 수 있다.
   ④ 표현적 범죄의 경우에도 형벌의 엄격성, 신속성, 확실성은 범죄 억제에 기여한다.
   (해설) 정답 3번
   신고전론자들은 형벌을 독립변수로 보고, 범죄율을 종속변수로 본다. 독립변수인 형벌의 객관적 조건들을 엄격성(severity), 확실성(certainty), 신속성(celerity) 등의 세 가지로 설명한다. 즉, 형벌이 엄격하고, 확실하고, 신속하게 집행된다면 범죄억제도 효과적이어서 그만큼 범죄율이 떨어질 것이라는 것이다.
   그런데 인과관계는 이렇게 단순한 것이 아니어서 형벌의 객관적 조건 못지않게 주관적 조건도 중요한 범죄행위의 요인이다. 객관적으로 형벌이 엄격하다 할지라도 기존 범죄자나 잠재적 범죄자들이 별로 엄격하지 않다고 인지한다면 범죄

억제의 효과는 낮을 것이다. 그러므로 이 두 가지 조건, 즉 형벌의 객관적 조건과 억제 대상자들의 주관적 조건이 높을 때 범죄율이 낮아진다고 가정할 수 있다. 흥미로운 것은 대체로 법 집행 당국자들은 형벌의 세 가지 조건 가운데 형벌의 엄격성을 가장 효과적인 범죄억제 방법으로 믿고 있는 반면, 학자들은 대개 형벌의 확실성이 가장 효과적인 독립변수라고 생각한다는 사실이다.

대체로 신고전학파의 범죄이론은 수단적 범죄를 억제하는 데는 효과적이다. 목적달성을 위한 수단으로 범죄를 선택하는 경우에는 형벌의 확실성과 엄격성, 그리고 신속성이 높아질 때 범죄율은 낮아질 수 있다. 그러나 이른바 표현적 범죄, 즉 격정적·우발적 범죄인 경우 신고전론의 주장은 설득력이 약해진다.

22. 신고전 범죄이론을 적용하는 데 <u>가장 적합한</u> 범죄는 어떤 경우(행위)일까?
 ① 돈을 갈취할 목적으로 어린이를 유괴하는 행위(경우)
 ② 부부싸움 도중 칼부림을 하다 한 쪽이 살해되는 경우(행위)
 ③ 고등학교 친구들끼리 치고받고 하다 실수로 친구를 사망에 이르게 하는 경우. 예) 드라마 '꽃보다 아름다워'의 장인철
 ④ 애인이 배신했다고 그 집에 불을 지르는 행위(경우)
 (해설) 정답은 1번
 대체로 신고전학파의 범죄이론은 수단적 범죄를 억제하는 데에는 효과적인 것 같다. 목적 달성을 위한 수단으로 범죄를 선택하는 경우에는 형벌의 확실성과 엄격성과 신속성이 높아질 때 범죄율은 낮아질 수 있다.

23. 다음은 신고전학파의 범죄이론에 대한 유효성을 설명하는 글이다. 맞는 글은 아느 것인가?
 ① 신고전학파의 범죄이론은 수단적 범죄와 표현적 범죄 모두에 적절한 이론이다.
 ② 신고전학파의 범죄이론은 표현적 범죄에는 설득력이 있으나 수단적 범죄에는 유효하지 않은 이론이다.
 ③ 신고전학파의 범죄이론은 수단적 범죄를 억제하는 데는 효과적이지만 표현적 범죄를 억제하는 데는 별로 유효하지 않은 이론이다.
 ④ 신고전학파의 범죄이론은 수단적 범죄와 표현적 범죄 모두에 부적절한 이론이다.
 (해설) 정답은 3번

24. 뒤르켕(E. Durkheim) 등 기능론적 시각으로 볼 때 일탈은 역기능만 있는 것이 아니다. 다음 중 그들이 제시하는 일탈의 순기능이라고 볼 수 <u>없는</u> 설명은 어느

것인가?

① 일탈은 사회적·도덕적 경계선을 뚜렷하게 해준다.

② 일탈은 집단연대를 강화시켜준다.

③ 일탈은 때때로 긴장을 해소시켜주는 기능을 한다.

④ 일탈은 처벌을 강화시키도록 여론을 조작하는 기능을 한다.

(해설) 정답 4번

뒤르켐은 일탈의 순기능을 다음과 같이 인식했다.

첫째, 일탈행위는 사회적·도덕적 경계선을 뚜렷하게 알려준다. 도덕적 기대를 어기는 일탈행위로 인하여 사람들은 새삼 사회적·도덕적 기대를 알게 되고, 일종의 도덕적 지도의 존재와 그것의 지형을 분명히 깨닫게 된다.

둘째, 사람들은 일탈자나 범죄자를 국외자(局外者)로 몰아붙임으로써 자기들끼리의 집단연대를 강화한다. 범죄자는 일종의 외집단(外集団)이 되는 셈이다.

셋째, 사회개혁의 기능이 있다. 일탈행위 중 기존규범에 비동조적인 비동조행위는 당당하게 기존 규범과 법을 위반함으로써 낡은 규범을 변화시키는 기능을 담당하기도 한다. 즉, 오늘의 범죄자가 내일의 개혁자가 될 수도 있다.

넷째, 일탈행위는 때때로 긴장을 해소시키는 기능을 담당한다. 때와 장소만 적절하게 선택한다면 허용되는 일탈이 있으며, 그러한 일탈은 긴장해소에 도움이 된다고 한다.

25. 노예 상태와 같은 절망적 상황에서 발생하는 자살을 뒤르켐은 어떤 유형의 자살이라고 보았는가?

① 이기적 자살　　② 이타적 자살　③ 숙명적 자살　④ 아노미적 자살

(해설) 정답 3번

26. 뉴욕의 무역센터 건물로 비행기를 몰고 들어가 폭파시킨 조종사와 그 일행의 행위를 자살이라고 볼 때, 다음 중 어느 유형의 자살에 속하는가?

① 이기적 자살　　② 이타적 자살　③ 아노미적 자살　④ 허무적 자살

(해설) 정답 2번

자살하려는 사람이 그가 속한 사회집단에 깊이 통합되어 있는 경우, 그 집단의 위기는 곧 자신의 위기로 믿어진다. 집단을 위기에서 구하는 일이 시급하다고 믿게 될 때 자살을 선택할 수 있는 것이다. 이러한 자살이 이타적 자살이다. 사무라이의 하라키리나 이차대전 때 전투비행사들의 가미가제 돌격대의 죽음이 대표적 보기가 된다. 이기적 자살은 집단으로부터 소외되었을 때, 곧 집단결속력이 아주 떨어질 때 생겨나는 자살이다. 개신교 신자가 천주교 신자보다 이기

적 자살을 저지를 가능성이 더 큰 까닭은 개신교 신자의 심리적 특성이나 종교
의 교리 때문이라기보다는 그들의 집단결속력이 천주교 신자의 경우보다 약하
기 때문이다. 아노미적 자살은 규범이 와해되어 인간의 욕구가 통제를 벗어나
치솟게 되고 옳고 그름을 판별해내기 어려운 사회적 상황에서 일어나는 자살이
다. 규범 와해를 가져오는 사회구조적 요인으로서는 갑작스러운 경제적 호황과
공황, 급속한 기술지식의 발전, 광활한 시장의 유혹 등을 들고 있다.

27. 뒤르켕(E. Durkheim)의 자살론에서 집단결속력이 약한 집단에서 가장 많이 나타
나는 자살유형은 어느 것인가? (2003 계절)
① 이기적 자살   ② 이타적 자살   ③ 아노미적 자살   ④ 숙명적 자살
(해설) 정답 1번
참고로 한균자 교수 홈페이지에 올려진 설명을 보면, 이기적 자살의 예는 주위
에서 많이 볼 수 있는 일이다. 노름하다 빚을 잔뜩 져 놓고 그 빚을 감당하기
어려워서, 또는 두려워서 남은 가족들이 당할 고통은 아랑곳하지 않고 자살이
라는 방법으로 회피해 버리는 자살이 대표적인 이기적 자살유형에 속한다. 이
와 유사한 예는 우리 사회에서 얼마든지 찾아볼 수 있다. 이기적 자살은 말 그
대로 다른 사람의 고통이나 어려움 같은 것은 전혀 생각하지 않고 자기 자신만
의 고통에서 벗어나려고 택하는 행위이고, 이타적 자살은 자신의 한 목숨을 바
쳐서 자신의 조국이나 사회, 또는 종교의 발전을 위해서 기꺼이 귀한 목숨을 바
친다고 생각해서 하는 자살행위를 말한다. 이기적·이타적이라는 단어의 뜻만
알면 쉽게 생각할 수 있는 것이다. 전에는 이타적 자살의 대표급에 해당되는 예
가 일본의 자살 특공대라고 불리는 가미가제였다. 그런데 요즘은 그렇게 오래
전으로 거슬러 올라갈 필요도 없이 지금도 중동지역에서 벌어지고 있는 이라크
의 자살 폭탄 테러가 있다. 이라크뿐 아니라 팔레스타인과 이스라엘의 싸움에
서도 상대방을 겨냥한 자살 폭탄 테러가 일어나고 있다. 이런 일들이 이타적 자
살의 많은 예들이다.

28. 뒤르켕(E. Durkheim)에 의하면 갑작스러운 경제적 호황이나 공황과 같은 시기에
일어날 수 있는 일탈현상은 다음 중 어느 것인가? (2002 대체)
① 이기적 자살   ② 아노미적 자살   ③ 이타적 자살   ④ 동조적 자살
(해설) 정답 2번

29. 예전과 달리 근래에 우리 사회에는 노인층의 자살이 증가하고 있다. 뒤르켐의 『자살론』에 의하면 우리 사회의 노인의 자살은 어느 유형의 자살에 속하는가?
① 이기적 자살 ② 이타적 자살 ③ 숙명적 자살 ④ 아노미적 자살
(해설) 정답 4번

30. 뒤르켐에 의하면 단순한 농경사회에서 분업이 발달한 현대 산업사회로 급속하게 변동하는 과정에서 많이 나타나는 자살유형은 어느 것인가?
① 숙명적 자살 ② 아노미적 자살 ③ 이타적 자살 ④ 이기적 자살
(해설) 정답 2번

31. 모든 사회는 그 사회가 지향하는 문화적 목표를 설정하고 또 그 목표를 달성할 수 있는 제도적 수단을 제공한다. 그런데 개인에 따라서는 이 사회적 목표와 제도적 수단을 동시에 갖지 못하는 사람들이 있다. 이러한 현상을 <u>가장 잘</u> 나타내는 사회학적 용어는 무엇인가?
① 일탈현상   ② 아노미   ③ 무규범(無規範)   ④ 대안적 동일화
(해설) 정답 2번

32. 다음은 일탈과 범죄에 대한 전반적인 설명이다. <u>틀린 설명</u>은 어느 것인가?
① 기능론적 시각에서는 일탈이나 범죄도 사회체제 유지에 필요하며 유익하다고 본다.
② 뒤르켐에 의하면 이기적 자살은 집단결속력이 약한 집단일수록 많이 생겨나는 자살유형이다.
③ 뒤르켐에 의하면 규범이 와해되면 인간의 욕구는 통제를 벗어나 치솟게 되고 옳고 그름을 판별해내기 어렵게 되는데 이러한 상황에서 일어나는 일탈을 아노미적 일탈이라고 한다.
④ 머튼은 아노미가 일탈행위를 유발하는 원인이라고는 생각하지 않았다.
(해설) 정답 4번

33. 머튼의 아노미(anomie) 개념을 맞게 설명한 글은?
① 문화적 목표와 제도적 수단 간의 괴리를 말한다.
② 규범이 없어 사회가 무질서한 상황을 말한다.
③ 규범이 너무 많아 사회가 혼란한 상황을 말한다.
④ 사회성원들의 정신적 혼돈 상황을 말한다.
(해설) 정답 1번

34. 머튼(R. K. Merton)의 아노미이론에 의하면 학생들이 컨닝을 하는 행위는 다음 중 어느 유형의 일탈에 속하는가?
    ① 고안형   ② 저항형   ③ 의례주의형   ④ 동조형
    (해설) 정답 1번
    성공하고 싶은 욕구를 갖고 있으나 제도적 수단을 갖고 있지 못할 경우, 사람들은 제도외적 수단, 곧 일탈적 수단을 활용하여 출세욕구를 만족시키려 한다. 이때 그들이 일탈적 수단을 찾아내거나 고안해 내거나 한다는 뜻에서 innovation이란 낱말을 쓴 것 같다. 이 낱말은 대체로 새로운 것을 만들어낸다는 뜻이 있어 부정적으로는 잘 쓰지 않는데 머튼은 이것을 일탈·범죄형의 적응을 표시하는 낱말로 사용했다.

35. 성공하고 싶은 욕구는 갖고 있으나 제도적 수단을 갖고 있지 못한 경우 제도외적 수단을 활용하여 출세 욕구를 만족시키려 하는 일탈유형은 어느 유형인가?
    ① 고안형   ② 의례주의형   ③ 은둔형   ④ 저항형
    (해설) 정답 1번

36. 시험 볼 때의 부정행위는 일탈이다. 머튼(Merton)의 이론에 의하면 어느 유형의 일탈에 속하는가?
    ① 고안형   ② 의례주의형   ③ 은둔형   ④ 저항형
    (해설) 정답 1번
    머튼이 분류한 일탈양식 중 하나인 '고안형'에 대한 이해를 묻는 문제이다. 성공하고 싶은 욕구를 갖고 있으나 제도적 수단을 갖고 있지 못할 경우, 사람들은 제도외적 수단, 곧 일탈적 수단을 활용하여 출세 욕구를 만족시키려 한다는 것

37. 머튼(R. K. Merton)의 아노미 이론에서 별다른 목표의식은 갖고 있지 않으나 제도적 수단은 있는 사람들에게서 나타나는 일탈유형은 다음 중 어느 것인가?
    ① 의례주의형(ritualism)   ② 고안형(innovation)
    ③ 동조형(conformity)   ④ 저항형(rebellion)
    (해설) 정답 1번

38. 미국 시카고학파의 한 사람인 서덜랜드(E. Sutherland)의 일탈이론을 무엇이라고 하는가?
    ① 아노미이론   ② 중화이론   ③ 차별교섭이론   ④ 낙인이론
    (해설) 정답 3번

39. 청소년 범죄는 범죄를 한 친구들과 끼리끼리 어울리면서 상호작용하는 과정에서 범죄에 물들게 된다는 이론은 무엇인가?

① 낙인이론(labeling theory)

② 아노미이론(anomie theory)

③ 중화이론(neutralization theory)

④ 차별교섭이론(differential association theory)

(해설) 정답 4번

40. 다음 중 서로 관계가 <u>가장 먼 것</u> 한 가지는 어느 것인가?

① 고전범죄이론   ② 차별교섭이론   ③ 시카고학파   ④ 범죄문화

(해설) 정답 1번

41. 아노미(anomie)를 경험하는 사람들 중 범죄문화에 접근가능성에 따라 일탈자가 되기도 하고 일탈자가 안 되기도 한다고 보는 이론은 어느 이론인가?

① 뒤르켕의 아노미 이론

② 머튼의 아노미 이론

③ 클라워드와 올린의 기회구조이론

④ 서덜랜드의 차별교섭이론(differential association theory)

(해설) 정답 3번

한균자 교수의 해설을 통해 좀 더 쉽게 보면, 이 문제에서 "아노미를 경험하는 사람들 중 범죄문화에 접근가능성에 따라"라고 되어 있으므로 앞부분에 있는 '아노미를 경험하는 사람들 중'이라는 구절이 정답을 고르는 데 고려되어야 하는 가장 중요한 포인트가 되는 것이다. 다시 말하면 서덜랜드의 차별교섭이론은 아노미를 경험하는 사람이든 아니든 그것에 관해서는 언급하지 않는다. 서덜랜드는 우리말에 있는 "끼리끼리 어울린다"는 말과 상통하는 차별교섭이론이라는 일탈이론을 제시한 것이다. 즉 '끼리끼리' 중에는 아노미를 경험하는 청소년도 있을 수 있고, 아노미를 경험하지 않는 청소년도 있을 수 있다. 그러므로 만약 문제의 기술이 '아노미를 경험하는 사람들 중'이라는 수식어가 없었다면 시카고학파의 이론도 포함되는 것이다. 그러나 한정하는 수식어가 있기 때문에 정답은 클라우드와 올린의 기회구조이론이 되는 것이다.

42. 아노미를 경험하는 사람 중에서 범죄문화가 제공하는 수단이 얼마나 이용 가능한가에 따라 범죄가 유발되거나 또는 유발되지 않는다는 이론은 다음 중 어느 이론인가?
　　① 맛짜의 중화이론　　　　　　② 클라워드와 올린의 기회구조론
　　③ 머튼의 아노미 이론　　　　　④ 과정론적 일탈이론
　　(해설) 정답 2번

43. 다음 중 일탈현상을 아노미(anomie) 개념(아노미이론)으로 접근하지 <u>않은</u> 사람은 누구인가?
　　① 뒤르켕(E. Durkheim)　　　　② 머튼(R.K. Merton)
　　③ 맛짜(Matza)　　　　　　　　④ 클라워드와 올린(Cloward-Ohlin)
　　(해설) 정답 3번

44. 맛짜(D. Matza)의 중화이론(neutralization theory)을 이해하기 위해서는 우선적으로 전제되는 개념은 무엇인가?
　　① 일탈자나 동조자나 모두 규범을 어기고 싶은 욕구를 갖고 있는 사람들이라
　　　는 생각
　　② 일탈은 시간적·공간적으로 상대적이라는 생각
　　③ 일탈은 행위자 자체의 속성으로 보아야 한다는 생각
　　④ 일탈은 사회적 합의에 의해서 규정되는 개념이라는 생각
　　(해설) 정답 1번

45. 일탈자나 동조자나 일탈하고 싶은 잠재적 욕구를 갖고 있다는 점에서 크게 다르지 않다는 기본 생각을 가진 학자는 누구인가?
　　① 베커(H. Becker)　　　　　　② 맛짜(O. Matza)
　　③ 클라워드와 올린(Cloward & Ohlin)　④ 머튼(R. Merton)
　　(해설) 정답 2번

46. 범죄자 또는 일탈행위를 하는 사람이 따로 있는 것이 아니라 정상적이고 모범적이라고 평가받는 사람들 중에서도 일탈을 정당화시켜 양심의 압박으로부터 자유롭게 될 수 있는 기법만 알고 있으면 누구든지 일탈자가 될 수 있다는 이론은 다음 중 어느 것인가?
　　① 낙인이론　　　② 아노미이론　　　③ 중화이론　　　④ 억제이론
　　(해설) 정답 3번

47. 특정 범죄행위로 인하여 희생자가 발생했을 때 범법자가 자신의 잘못이라기보다는 그 피해자(희생자)가 스스로 자초한 일이라고 자신의 범법행위를 합리화하는 것은 맛짜의 중화기법 중 어떤 방법에 해당하는가?

① 피해자의 부인(denial of victim)

② 책임회피(denial of responsibility)

③ 상해의 부인(denial of injury)

④ 범죄통제자에 대한 비난(condemnation of the condemners)

(해설) 정답은 1번

48. 정부의 '언론개혁'에 해당 언론기관들은 일제히 '언론탄압'이라고 맞서고 있다. 맛짜(Matza)의 중화이론에 의하면 이들 언론기관들의 행위는 다음 중 어느 범주에 속하는가?

① 상해의 부인　　　　　　　② 범죄통제자에 대한 비난

③ 피해자의 부인　　　　　　④ 낙인

(해설) 정답 2번

맛짜는 중화의 기법으로 다음 다섯 가지를 지적했다.

① 책임회피(denial of responsibility): 일탈행위를 하고 나서 그 탓을 자기 아닌 다른 곳에 돌린다. 이것은 자기가 저지른 행위가 떳떳하지 못하다는 것을 알고 있음을 뜻한다.

② 상해의 부인(denial of injury): 자기가 저지른 행위의 잘못된 점을 부인함으로써 일탈을 합리화하려는 것이다. 남의 물건을 훔치는 행위를 "잠시 빌리는 것"으로 합리화하거나, 남의 상점을 약탈해 놓고서 "장난"으로 했다고 둘러대는 따위가 그러하다. 때때로 사회는 그와 같은 합리화를 관대하게 받아 주기도 한다.

③ 피해자의 부인(denial of victim): 범죄를 저지르게 되면, 그 범죄행위로 인해 생기는 희생자가 나오기 마련이다. 그런데 범법자는 피해자가 스스로 자초한 불행으로 합리화한다. 예를 들면 폭력을 가하고도 "그놈은 맞을 짓을 했어"라는 등의 변명을 늘어놓는다.

④ 범죄통제자에 대한 비난(condemnation of the condemners): 경찰이나 사법기구 같은 범죄통제기구를 반도덕적인 부패기구로 몰아침으로써 자기 행위를 합리화하는 기법이다. "경찰은 뇌물 받고, 판사는 썩었어". "교사는 촌지 받고 있어요. 학생을 체벌할 자격이 없어요" 따위로 일탈·범죄 통제자를 비난한다.

⑤ 더 고상한 원칙에 호소(appeal to higher loyalties): 초범자들이 흔히 쓰는 기법이다. 현행규범위반 행위가 오히려 더 떳떳한 도덕적 행위라고 믿는 비동조

자의 경우(양심수나 확신범의 경우처럼), 더 고상한 원칙에 대한 헌신 때문에 기존의 규범을 당당히 어길 수 있다.

49. 근래 정치 지도자들의 억대의 뇌물 수수에 관한 뉴스는 수 천 만원의 빚에 쪼들리는 사람들에게는 범죄를 저지르게 하는 좋은 구실(변명)이 될 수 있다. 이와 같은 범죄의 경우 중화의 기법 중 어느 것에 해당하는가?
① 책임회피　　　　　　　　② 상해의 부인
③ 피해자의 부인　　　　　　④ 범죄통제자에 대한 비난
(해설): 정답 4번

50. 낙인이론의 대표자는 누구인가?
① 레머트(E. Lemert)　　　　② 서덜랜드(E. Sutherland)
③ 베커(H. Becker)　　　　　④ 머튼(R. K. Merton)
(해설) 정답 3번

51. "일탈이란 사람이 저지르는 행위의 속성이 아니라 다른 사람들이 그 규칙을 적용하여 이른바 규칙위반자에게 가하는 제재의 결과라 하겠다. 일탈자란 그러한 낙인이 성공적으로 적용된 사람이며, 일탈행위란 사람들이 그렇게 낙인찍은 행위이다." 이 글은 누구의 글인가?
① 서덜랜드(E.H. Sutherland)　　② 클라워드와 올린(Cloward-Ohlin)
③ 베커(H. Becker)　　　　　　　④ 맛짜(Matza)
(해설) 정답 3번

52. 사회통제가 먼저 있은 후 범죄가 발생한다고 보는 이론은 무엇인가?
① 낙인이론　　② 아노미 이론　　③ 기회구조론　　④ 가능론적 일탈이론
(해설) 정답 1번

53. 누구나 범할 수 있는 경미한 일탈을 지칭하는 용어는 무엇인가?
① 일차일탈　　　　② 이차일탈　　　　③ 범죄　　　　④ 낙인
(해설) 정답 1번

54. '아노미'를 경험하는 사람이 모두 일탈자가 되는 것은 아니며, 일탈이나 범죄문화와 접촉하는 기회구조에 따라 다른 결과를 유발한다는 이론은 무엇인가?
① 아노미 이론　　② 중화이론　　③ 낙인이론　　④ 기회구조론

(해설) 정답 4번

55. 다음 중 공통점이 <u>없는</u> 범죄 한 가지는 어느 것인가? (2004 계절 21)
    ① 매매춘   ② 마약   ③ 도박   ④ 강도
    (해설) 정답 4번
    대체로 심각한 범죄는 쉽게 사회적 합의가 이루어진다. 이를테면 살인·강도 등에 대해서는 모두가 일탈 또는 범법행위로 본다. 그러나 사회적 의견일치를 얻기 어려운 일탈행위들에 대해 실증주의적 방법으로, 특히 공식 통계를 통해 접근하기란 간단하지가 않다. 이를테면 낙태·매매춘·도박·정치적 데모 등의 행위를 한 마디로 일탈 또는 범죄로 규정하기란 쉽지 않은 것이다. ①, ②, ③은 피해자 없는 범죄들이다.

56. 정부의 발표에 의하면 경미한 전과자의 수사기록은 5년이 지난 뒤에는 완전히 삭제될 것이라고 한다. 이 법률 개정안으로 인해 올해에는 9월 30일 현재 약 431만 명의 경미한 전과자의 전과 기록이 삭제될 것이며 앞으로도 매년 약 35만 명 대한 전과기록이 삭제될 것이다. 이 법률 개정안은 다음 중 어떤 효과를 가져올 것이라고 보는가?
    ① 피해자 없는 범죄자(victimless crime)를 만들지 않을 것이다.
    ② 중화이론에서 일컫는 이른바 '잠행가치'를 억제하는 데 탁월한 효과를 보일 것이다.
    ③ 이차적 일탈을 예방하는 효과를 가져 올 것이다.
    ④ 일차적 일탈을 감소하는 데 결정적인 역할을 할 것이다.
    (해설) 정답 3번

<문제 9-11> (집합행동과 사회운동)

1. 군중, 대중, 공중을 통틀어서 칭하는 용어로 <u>가장</u> 적합한 단어는 무엇인가?
    ① 집합   ② 군중   ③ 집단   ④ 군집
    (해설) 정답 4번

2. 다음 중 셋은 하나의 범주로 묶을 수 있는데 다른 하나는 성격상 그것들과 다르다. 그 <u>다른</u> 한 가지는 어느 것인가?
    ① 군중   ② 결사체   ③ 대중   ④ 공중
    (해설) 정답 2번

집합행동에 참여하는 사람들을 통틀어서 군집이라고 한다.

3. 이승엽 선수의 56호 홈런을 보기 위해 야구 경기장에 모였던 관중들은 어느 군집에 속하는가?
   ① 임시적 군중   ② 인습적 군중   ③ 활동적 군중   ④ 대중
(해설) 정답 2번

4. 지난 월드컵 때 '붉은악마'의 응원 모습은 전 세계를 놀라게 했다. 그 당시 세종로와 시청 앞 광장을 가득 메운 군중의 모습은 응원 그 자체라기보다는 우리 국민의 일체감을 불러일으키고 열광토록 하기에 충분했다. 이러한 군중을 무엇이라고 하는가?
   ① 임시적 군중   ② 능동적・활동적 공중
   ③ 대중   ④ 표출적 군중
   (해설) 정답 4번

5. 지난 9월 전국통일연대 등 몇몇 진보단체들은 인천 자유공원에 있는 맥아더 장군 동상 철거를 주장하는 집회를 가졌다. 이 과정에 경찰과 격렬한 충돌을 빚기도 했는데 이 집회에 참가했던 집단의 사람들은 블루머(H. Bluemer)의 군중의 분류에 의하면 어떤 군중에 해당하는가?
   ① 표출적 군중   ② 능동적・활동적 군중
   ③ 임시적 군중   ④ 인습적 군중
   (해설) 정답 2번

6. 공동의 관심사에 대해 의견을 같이하거나 달리하는 사람들의 집합을 일컫는 용어는 무엇인가?
   ① 군중   ② 대중   ③ 군집   ④ 공중
   (해설) 정답 4번

7. 여론을 형성하는 군집은 어느 것인가?
   ① 인습적 군중   ② 능동적 군중   ③ 공중   ④ 대중
   (해설) 정답 3번

8. 현대사회에서 여론 형성의 주체는 무엇인가?
   ① 능동적 군중   ② 활동적 군중   ③ 대중   ④ 공중

(해설) 정답 4번

9. 지속적이고 조직적이며 행동의 목표와 정당성이 명백한 집합행동을 무엇이라고 하는가?

   ① 군중행동   ② 사회운동   ③ 혁명   ④ 인습적 군중집회

   (해설) 정답 2번

   사회운동: 사회변화를 증진시키거나 또는 그것을 저지하기 위해 조직된 인간집단의 집합행위. 사회운동은 지속적이며 조직적이고, 분명한 목표가 설정되어 있을 뿐 아니라 목표 달성을 위한 전략적인 행동을 모색한다.

10. 화석에너지 소비절감 운동은 다음 중 어느 유형에 가장 가까운 사회운동인가?

    ① 경제적 사회운동   ② 복고적 사회운동
    ③ 개혁주의적 사회운동   ④ 절약주의 사회운동

    (해설) 정답 3번

11. 사회운동이 일어나기 위해서는 여러 가지 사회적 요인들이 있어야 한다. 특정한 요인들이 한 가지씩 더 첨가될수록 사회운동이 성공할 가능성이 높아진다는 이론은 무엇인가?

    ① 집합행동 이론   ② 부가가치이론
    ③ 사회운동의 주기이론   ④ 브린톤의 혁명이론

    (해설) 정답 2번

12. 사회운동의 전개과정을 설명하는 스멜서의 부가가치이론에 의하면 구조적 긴장보다 먼저 있어야 하는 조건은 무엇인가?

    ① 촉발요인   ② 참여자의 동원
    ③ 일반화된 신념   ④ 구조적 유발성

    (해설) 정답 4번

    스멜서의 부가가치이론: 구조적 유발성 → 구조적 긴장 → 일반화된 신념 → 촉발요인 → 행동을 위한 참여자의 동원 → 사회통제 기제의 작용

13. 사회운동이 성공하기 위해서는 단계마다 다른 특성을 가진 지도자들이 필요하다. 사회의 불만을 전체 민중에게 확산시키고 선동하는 단계인 민중화단계에 가장 효과적인 지도자는 어떤 유형의 사람들인가?

    ① 개혁가(reformers)

② 지적이고 정치적 수완이 있는 지도자(statesman)

③ 행정집행가(administrator-executive)

④ 선동가(agitator)

(해설) 정답 1번

14. 사회운동이 성공하려면 각 운동의 각 단계에 가장 적합한 유능한 지도자가 있어야 한다. 제도화 단계에 가장 적합한 지도자 유형은 무엇인가?

① 행정집행가　　　② 선동가　　　③ 개혁가　　　④ 예언자

(해설) 정답 1번

15. 사회운동의 성공과 실패는 지도자의 성격과 유형에 크게 영향을 받는다. 사회운동의 마지막 단계인 제도화단계에 가장 적합한 지도자 유형은 무엇인가?

① 예언자 유형　　　　　　　　② 정치적 수완이 있는 지도자

③ 행정집행가　　　　　　　　④ 개혁지향주의자

(해설) 정답 3번

16. 사회운동의 주기이론에서 볼 때 사회운동이 초기의 목표를 달성하여 새로운 사회제도를 만들고 새로운 사회질서를 세워나가는 단계는 어느 단계인가?

① 민중화단계　　② 형식화단계　　③ 제도화단계　　④ 구조조직단계

(해설) 정답 3번

17. 혁명(revolution)과 반란(rebellion)에 대한 설명 중 맞는 글은?

① 반란은 단순히 권위적 지위에 있는 사람을 제거하려는데 일차적인 목적이 있다.

② 혁명은 기능적으로 미분화된 사회에서 일어날 가능성이 크다.

③ 반란은 기능적으로 분화된 사회에서 일어날 가능성이 크다.

④ 혁명은 기존 사회질서를 공고히 하려는 집단적인 행동이다.

(해설) 정답 1번

18. 존슨(C. Johnson)은 혁명과 반란을 구별한다. 그에 의하면 반란이 일어날 가능성이 큰 사회는 어떤 사회인가?

① 국가 재정이 고갈된 사회

② 삼권분립이 제대로 기능하지 못하는 사회

③ 기능적으로 분화된 사회

④ 기능적으로 미분화된 사회

(해설) 정답 4번

존슨에 의하면 혁명은 기존 사회질서를 변혁하여 과거에는 없었던 전혀 새로운 사회질서의 실현을 목적으로 하는 집단적인 행동인 반면, 반란은 정치적 이념에 대한 도전이 아니라 단순히 권위적 지위에 있는 사람(폭군)을 제거하는 데 일차적인 목적이 있다고 한다. 그는 기능적으로 미분화된 사회에서 반란이 일어날 가능성이 크고, 기능적으로 분화된 사회에서 혁명이 일어날 가능성이 크다고 주장한다.

19. 기본적으로 부의 불평등한 분배, 즉 경제적 요인이 혁명의 발생요인이라고 주장하는 사람은 누구인가?

① 토크빌(A. Tocqueville) ② 데이비스(J. Davies)

③ 존슨(C. Johnson) ④ 마르크스와 엥겔스(K. Marx & Engels)

(해설) 정답 4번

20. 프랑스 혁명에 대한 토크빌(A. Tocqueville)의 해석은 무엇인가?

① 프랑스 혁명은 부의 불평등한 분배가 주된 원인이었다.

② 프랑스 혁명은 신분적으로 상승되어 가던 부르주아 계급이 귀족계급과 동일한 정치적·신분적 권리를 향유하지 못하는 데에 대한 불만으로 발생하게 되었다.

③ 프랑스 혁명은 사회해체에서 오는 사회병리 현상으로 폭발한 것이다.

④ 프랑스 혁명은 노동자의 경제적 상승이 자본가의 자본 축적 정도를 따라가지 못하는 데서 오는 노동자의 불만 때문에 발생했다.

(해설) 정답 2번

21. 브린톤(C. Brinton)은 혁명의 원인을 무엇이라고 보는가?

① 경제적 궁핍 ② 상대적 박탈감 ③ 신분차별 ④ 사회해체

(해설) 정답 4번

22. 브린톤(C. Brinton)이 그의 저서『혁명의 해부』에서 혁명발생의 사회적 조건으로 지적하지 않은 요인은 어느 것인가?

① 계급 간의 반목

② 지식인들의 지배계급으로부터 이탈

③ 지배계급의 자신감 결여

④ 극도의 사회분화로 인한 사회적 단위의 원자화

(해설) 정답 4번

23. 다음 중 브린튼(C. Brinton)이 제시한 혁명 발생의 사회적 조건에 해당되지 않는 요인은 무엇인가?

① 경제적 발전과 사회적 불만

② 지식인들의 지배계급으로부터 이탈

③ 지배계급의 자신감 결여

④ 분배 위주의 경제정책

(해설) 정답 4번

24. 다음은 혁명은 정치, 경제, 사회적인 여건이 점차 향상되어 가는 과정에서 상대적 박탈감에서 발생한다고 주장하는 학자들을 열거한 것이다. 여기에 속하지 않은 학자는 누구인가?

① 데이비스(J. Davies)   ② 토크빌(A. de Tocqueville)

③ 브린튼(C. Brinton)   ④ 마르크스(K. Marx)

(해설) 정답 3번

25. 존슨(C. Johnson)의 견해에 따르면 다음 중에서 혁명발생의 직접적 원인(近因)은 아니라고 생각되는 요인은 무엇인가?

① 체제의 불균형과 내적 긴장   ② 집권자의 권력의 축소

③ 지도자의 권위의 상실   ④ 촉발요인의 존재

(해설) 정답 1번

<문제 9-12> (사회변동과 사회발전)

1. 다음 중 '진화론'이라는 단어에 포함되어 있지 않은 의미는 무엇인가?

① 진보의 의미   ② 방향성

③ 적자생존의 원리   ④ 되돌림(퇴보)의 의미

(해설) 정답 4번

2. 사회구성원들 사이의 자발적 협동과 개인의 창의성에 기초하는 사회를 스펜서(H. Spencer)는 어떤 유형의 사회라고 칭했는가?

① 단순사회   ② 평화로운 사회   ③ 군사형 사회   ④ 산업형 사회

(해설) 정답 4번

3. 다음 중 서로 공통점이 있는 개념들끼리 묶여진 그룹은 어느 것인가?
   ① 산업형 사회, 유기적 연대, 일차관계
   ② 군사형 사회, 유기적 연대, 일차관계
   ③ 군사형 사회, 기계적 연대, 이차관계
   ④ 산업형 사회, 유기적 연대, 이차관계
   (해설) 정답 4번
   ③ 군사형 사회는 기계적인 연대로서 일차관계나 이차관계로 생각할 수 있는 성
      질의 것이 아니다.

4. 다양성과 이질성, 그리고 상호의존성이 특징인 사회를 일컫는 뒤르켕(E. Durkheim)
   의 용어는 무엇인가?
   ① 산업형 사회   ② 산업화된 사회
   ③ 유기적 연대로 맺어진 사회   ④ 기계적 연대로 맺어진 사회
   (해설) 정답 3번

5. 마르크스의 역사발전론에서 볼 때 봉건적 생산양식이 지배하던 사회의 생산관계
   는 무엇인가?
   ① 자본가와 노동자 관계   ② 영주와 농노 관계
   ③ 귀족과 노예 관계   ④ 부르주아와 프롤레타리아 관계
   (해설) 정답 2번

6. 사회는 분화와 통합을 반복하면서 발전한다고 보는 발전이론은 무엇인가?
   ① 신진화론   ② 변증법적 유물론   ③ 진화론   ④ 의사진화론
   (해설) 정답 1번

7. "모든 문명은 도전과 반응을 거듭하면서 점차 발전되어 간다"고 보는 학자는 누
   구인가?
   ① 아이젠슈타트(S. N. Eisenstadt)   ② 토인비(A. J. Toynbee)
   ③ 슈펭글러(O. Spengler)   ④ 이븐 칼둔(Ibn Khaldun)
   (해설) 정답 2번
   토인비의 나선계단형 이론: 토인비는 세계의 주요 문명들이 발생했다가 사라져
   가는 힘을 찾아내어 역사의 본질을 파악하려고 했다. 이 과정에서 그는 모든 문

명이 도전과 반응을 거듭하면서 그 이전 사회보다 점차 향상·발전되어 간다고 한다. 이러한 변동과정을 그림으로 나타내면 마치 우리가 나선형 계단을 한 계단씩 밟아 올라가는 모양과 같다고 하여서 나선계단형 이론이라고 한다.

8. 세계 문명의 흥망성쇠를 도전과 반응이라는 틀로 설명하는 학자는 누구인가?
   ① 토인비(A. Toynbee)   ② 아이젠슈타트(S.N. Eisenstadt)
   ③ 스튜어드(J. Steward)   ④ 칼둔(Ibn Khaldun)
   (해설) 정답 1번

9. 다음 중 세 사람은 사회가 단순사회에서 복잡(합) 사회로 변동한다고 보았다. 그러면 나머지 한 사람은 누구인가?
   ① 뒤르켕   ② 스펜서   ③ 퇴니스   ④ 소로킨
   (해설) 정답 4번
   다른 말로 표현한다면 이 문제는 진화론적 관점으로 사회변동을 설명하는 사람이 아닌 것을 고르는 문제이다.

10. 우리 속담에 '달도 차면 기운다'라는 말이 있다. 이와 유사한 개념에서 사회변동을 '극한의 원리'로 설명하는 학자는 누구인가?
    ① 파슨스(T. Parsons)   ② 소로킨(P. Sorokin)
    ③ 스멜서(N. Smelser)   ④ 토인비(A. Toynbee)
    (해설) 정답 2번

11. 문명의 발생, 성숙, 쇠퇴 등의 순환과정으로 볼 때 서양문명은 쇠망의 단계로 접어들었다고 본 학자는 누구인가?
    ① 파레토(V. Pareto)   ② 소로킨(P. Sorokin)
    ③ 슈펭글러(O. Spengler)   ④ 이븐 칼둔(Ibn Khaldun)
    (해설) 정답 3번

12. 다음은 사회변동을 설명하는 이론가들이다. 이 중 한 사람은 다른 세 사람과 뚜렷이 견해가 다르다. 누구인가?
    ① 소로킨(P. Sorokin)   ② 파레토(V. Pareto)
    ③ 슈펭글러(O. Spengler)   ④ 토인비(A. Toynbee)
    (해설) 정답 4번
    ①, ②, ③은 순환론을 주장한 사람들이고, ④ 토인비는 진화론적 관점으로 사

회변동을 설명하였다.

13. 균형이론에서 <u>가장</u> 핵심적인 개념은 무엇인가?
① 합의　　　　　② 유기체　　　③ 항상성　　　④ 변동성
(해설) 정답은 3번
균형이론: 사회를 균형 잡힌 체계로 보고 사회변동을 생물유기체의 개체유지과
정으로부터 유추하여 설명한 이론이다. 금세기 중반 미국 사회학의 중심을 이
루었던 이론인데, 대표적 이론가는 파슨스이다. 균형이론에서 가장 핵심적인
개념은 항상성(homeostasis)이다. 생물유기체는 자연치유능력 등 원래의 상태로
돌아가려는 성향이 있는데 이를 항상성이라 한다.

14. 균형이론에서 가장 핵심적인 개념은 무엇인가?
① 갈등성　　　　② 온전성　　　③ 항상성　　　④ 전체성
(해설) 정답 3번

15. 인류의 역사발전 과정에 대한 마르크스의 설명에서 봉건적 생산양식에 적합한
(상응하는) 생산관계는 무엇인가?
① 귀족과 노예 관계　　　　　② 영주와 농노 관계
③ 귀족과 농노 관계　　　　　④ 지주와 소작인 관계
(해설) 정답 2번

16. 소로킨(P. Sorokin)의 관점에서 본다면 오늘날 미국의 세계지배가 지나쳐 패권주
의로 흐르게 된다면 언젠가 그 패권은 힘을 잃게 될 것이라고 예견할 수 있다.
이러한 예견을 뒷받침할 수 있는 소로킨의 논리는 무엇인가?
① 흥망성쇠의 원리　② 균형의 원리　③ 극한의 원리　④ 패권의 논리
(해설) 정답 3번

17. 대자적 계급의 노동자들이 함께 연대하여 자본가에게 대항해서 투쟁하면 자본
주의 사회를 붕괴시킬 수 있다고 보는 혁명은 어떤 혁명인가?
① 프롤레타리아(Proletariat) 혁명　　② J곡선 혁명이론
③ 프랑스 혁명이론　　　　　　　　④ 체제불균형 이론
(해설) 정답 1번

18. 프롤레타리아 혁명은 계급의식이 형성된 노동자가 있어야 한다. 프롤레타리아 혁명이 가능하기 위해서 필수적인 계급의식 형성의 최초단계는 무엇인가?
    ① 격렬한 증오심　　② 유사의식　　③ 연대의식　　④ 대항의식
    (해설) 정답 2번

19. 다음 중 계급의식 형성 과정에 필수적인 의식이 <u>아닌</u> 것은 무엇인가?
    ① 소외의식　　　　② 연대의식　　③ 대항의식　　④ 유사의식
    (해설) 정답 1번

20. 계급의식이 형성된 계급을 무엇이라고 하는가?
    ① 프롤레타리아(proletariat)　　　② 부르주아지(bourgeoisie)
    ③ 즉자적 계급(Klasse an sich)　　④ 대자적 계급(Klasse für sich)
    (해설) 정답 4번

21. 다음 중 계급의식을 가진 계급은 어느 집단인가?
    ① 모든 프롤레타리아　　　　　　② 모든 부르주아
    ③ 즉자적 계급의 프롤레타리아　　④ 대자적 계급의 프롤레타리아
    (해설) 정답 4번

22. 프롤레타리아 혁명에 대한 설명으로 맞는 글은 어느 것인가?
    ① 프롤레타리아 혁명의 주체 세력은 대자적 계급의 프롤레타리아이다.
    ② 프롤레타리아 혁명은 즉자적 계급의 노동자와 대자적 계급의 노동자 사이의 갈등에서 발생한다.
    ③ 계급의식의 유무(有無)가 프롤레타리아 혁명의 발생 조건이 되지 않는다.
    ④ 프롤레타리아 혁명은 소수의 지주들이 넓은 땅을 소유한 반면, 많은 수의 소작인들은 전혀 땅을 소유할 수 없는 조건에 대한 프롤레타리아의 폭동이다.
    (해설) 정답 1번

23. 사회변동의 원인을 정치적인 권위관계에서 찾는 학자는 누구인가?
    ① 베버(M. Weber)　　　　　　② 마르크스(K. Marx)
    ③ 다렌도르프(R. Dahrendorf)　　④ 오그번(W. Ogburn)
    (해설) 정답 3번
    다렌도르프(Ralf Dahrendorf)는 마르크스가 사회변동의 원인을 주로 경제적인 것에서 찾은 것과는 달리 정치적인 권위관계에서 찾는다.

24. 영국 청교도의 근검·절약정신이 자본주의 정신과 서로 적합하여 자본주의 발달에 기여했다고 보는 사람은 누구인가?
 ① 베버　　　　　② 오그번　　　③ 뒤르켕　　　④ 헤이건(E. Hagen)
 (해설) 정답 1번

25. 영국 청교도의 종교적인 신념이 현대 자본주의 발생의 주요 원인 가운데 하나임을 밝힌 저작물은 무엇인가?
 ① 종교와 경제　　　　　　　　② 프로테스탄트 윤리와 자본주의 정신
 ③ 청교도 혁명과 자본주의의 발달　④ 신의 은총과 구원
 (해설) 정답 2번.

26. 사회변동에 대한 기술결정론적 관점을 반증(反証)하는 대표적인 실증적 연구는 무엇인가?
 ① 자살론　　　　　　　　　　② 관념지향형 문화와 감각지향형 문화
 ③ 자본론　　　　　　　　　　④ 프로테스탄트 윤리와 자본주의 정신
 (해설) 정답 4번

27. 스멜서(N. Smelser)는 경제발전이 근대화의 척도가 될 수 없다고 주장한다. 그가 뜻하는 근대화된 사회란 어떤 사회를 말하는가?
 ① 정치적으로 민주주의가 실현되는 사회
 ② 국민의 복지 향상이 잘 이루어진 사회
 ③ 사회구조적 분화와 통합과정에서 발생하는 여러 가지 혼란에 적절히 대응하고 처리하는 능력이 있는 사회
 ④ 감정중립, 한정성, 보편주의적, 업적본위, 자기지향적 성격이 많이 나타나는 사회일수록 더욱 근대화된 사회이다.
 (해설) 정답 3번
 스멜서는 근대화를 경제발전이 가져오는 사회구조적 변동과정에서 발생하는 여러 가지 사회적 문제와 혼란에 적절히 대응하고 처리하는 능력으로 보았다. 한마디로 스멜서는 경제발전이 가져오는 사회구조적 변동에 적응할 수 있는 능력을 근대화로 보았다. 참고로 ④는 호설리츠의 근대화이론이다.

28. 산업화된 사회는 모두 유사해 질 것이라고 전망하는 이론을 무엇이라 하는가?
 ① 동화이론　　　② 수렴이론　　　③ 근대화 이론　　　④ 산업화 이론
 (해설) 정답 2번

29. 제3세계의 발전이 늦은 이유를 세계 경제체제에서 선진 자본주의 사회와 후발
    국들 사이의 불평등한 교환관계에서 찾으려고 하는 관점은 무엇인가?
    ① 교환이론   ② 종속이론   ③ 저발전이론   ④자본주의 체제이론
    (해설) 정답 2번

30. 경제발전의 종속관계를 주장하는 푸르타도(C. Furtado)는 제3세계가 저발전하는
    과정을 몇 단계로 설명한다. 그의 이론에 의하면 "세계의 모든 나라들이 자국에
    서 가장 싸게 생산할 수 있는 상품을 만들어 서로 교환하는 단계에서부터 저발
    전국들은 선진국들보다 불리한 위치에서 교환을 하게 된다"라고 주장한다. 이
    러한 단계는 어디에 속하는가?
    ① 원자재의 교환단계   ② 비교우위단계
    ③ 다국적 기업의 확산 단계   ④ 수입대체단계
    (해설) 정답 2번

31. 정보사회의 시민을 규정한 토플러(A. Tofler)의 용어는 무엇인가?
    ① 정보 제공자   ② 정보 중독자
    ③ 정보의 프로슈머(prosumer)   ④ 정보 교란자
    (해설) 정답 3번

32. 정보통신의 발달은 쌍방향 통신을 가능하게 했다. 쌍방향 통신은 사회구조에
    여러 가지 영향을 미칠 것이 분명하다. 다음 중 쌍방향 통신의 영향이라고 볼
    수 없는 현상은 무엇이라고 생각하는가?
    ① 원격 민주주의가 어느 정도 가능해질 것이라고 본다.
    ② 쌍방향 통신 시대의 시민은 정보의 프로슈머(prosumer)가 될 것이다.
    ③ 쌍방향 통신 시대의 시민은 정보의 반응자(reactor)로 남아 있게 될 것이다.
    ④ 자율적 시민운동의 공간이 확대될 수 있을 것이다.
    (해설) 정답 3번

미래의 인간행동과 사회환경

미래의 인간행동은 어디에 영향을 받고, 또한 어디에 영향을 줄 것인가가 미래 발전과 흥망성쇠에 중요한 역할을 할 것이다.

인간은 사회를 떠나서는 살수 없으나, 사회를 지배하고, 미래에는 사회와 관계없이 사회의 반항아적인 인간행동도 많이 나타날 것이다. 과거 우리가 알고 있던 인간행동과는 사뭇 다른 양태를 가질 것이다. 인간의 상태는 다양하다. 그것을 심리적, 교육적 측면에서 다양성의 논리로 살펴보면 아래와 같다.

1. 가르시아 효과(Garcia Effect)

먹는 행동과 그로 인해 나타나는 결과 사이에는 시간적으로 어느 정도 차이가 있지만, 그들 사이에는 일정한 인과관계가 존재한다. 다시 말해 닭고기를 먹고 나서 어느 정도 시간이 흐른 후에 배탈이 났다고 하더라도 닭고기와 배탈 사이에는 인과관계가 성립한다.

이와 같이 특정한 먹을거리의 미각과 뒤에 따르는 결과(질병) 사이의 관련성을 학습하는 놀랄 만한 재능을 '가르시아 효과'라고 한다.

가르시아 효과는 인간을 비롯한 모든 유기체들이 가지고 있는 생존 본능이다. 사람과 동물은 자기의 생명을 위협하는 먹을거리를 한 번의 경험만으로도 터득하는 놀라운 재능을 가지고 있다.

2. 가짜약 효과(Placebo Effect)

약효가 전혀 없는 약을 먹고도 약효 때문에 병이 난 것과 같은 효과를 얻는 현상을

'가짜약 효과'라고 한다. 가짜약이란 뜻의 한자어를 써서 '위약 효과'라고도 한다. 플라시보란, 생물학적으로는 아무런 효과가 없는 중성적인 물질이지만 그것이 효과가 있다고 믿는 사람들에게는 실제 효과가 나타나는 약물이나 물질을 말한다.

3. 걸맞추기 원리(Matching Principle)

사람들은 태도와 가치관이 유사한 사람들을 더 좋아한다. 그뿐 아니라 인종, 종교, 문화, 정치, 사회 계층, 교육 수준, 연령이 유사한 사람들을 그렇지 않은 사람보다 더 좋아한다. 물론 전혀 어울릴 것 같지 않은 사람들이 친하게 지내는 경우도 있다. 하지만 그건 어디까지나 예외일 뿐이다.

이런 유사성 원리는 데이트나 결혼에서도 나타난다. 특히 유사성 원리가 데이트나 결혼에서 나타나는 현상을 '걸맞추기 원리'라고 한다.

4. 고립효과(Isolated Effect)

남극에 파견된 연구원과 군인들, 잠수함을 타고 오랜 시간을 해저에서 생활하는 사람들, 우주 공간에서 우주인으로 생활하는 사람들, 좁은 하숙방을 같이 쓰는 사람들과 같이 좁은 공간을 함께 사용하는 사람들은 고립 효과를 경험할 가능성이 높다.

이처럼 좁은 공간에서 함께 생활할 때 심리와 행동이 격해지는 현상을 '고립 효과'라고 한다. 특히 이런 현상들이 남극에 파견된 연구원들과 군인들에게서 부각되어 연구되었기 때문에 '남극형 증후군'이라고도 한다.

5. 고백 효과(Confession Effect)

사람들은 어떤 사람에게 도움을 못 주었다는 죄의식, 남에게 피해를 입혔다는 죄의식이 있을 때 죄의식을 덜려고 남을 도와주는 행동을 한다. 물론 순수한 봉사 정신과 사랑 때문에 돕는 분들이 더 많다. 그런데 자신의 죄의식을 남에게 고백하면 그런 죄의식이 사라져 다른 사람을 돕는 행동이 줄어든다. 이런 현상을 '고백 효과'라고 한다.

6. 고슴도치 딜레마

다른 사람과 깊은 인간관계를 맺지 않으려는 사람들도 있다. 자기의 삶과 자기 일에만 몰두해서 남들이 보기에는 이기적이라고 할 정도로 자기중심적이다. 늘 자기를 감추고 상대방과 일정한 거리를 두려고 한다. 그러면 피차 서로 간섭할 일도 없고 부딪칠 일도 없기 때문에 부담이 없다. 게다가 상대방으로부터 상처를 받을 일도 없다. 이렇게 인간관계 초기부터 상대방과 일정한 거리를 두고 자기를 방어하려는 사람들의 심리를 일컬어 '고슴도치 딜레마'라고 한다.

7. 과잉 적응 증후군 – 일 중독증(Workaholic)

자기의 삶보다는 직장이 우선이고, 고향 친구들보다는 직장에서의 인간관계가 중요하고, 자신의 욕구보다는 일이 더 중요하다. 행여 집안에 무슨 행사라도 있으면 자신이 하는 일이 방해받는 것 같아 귀찮아한다. 자신과 가족의 개인적인 삶이나 욕구는 제쳐둔 채 가정보다는 일을 우선하는 사람들이 보이는 심리적, 행동적 현상을 '과잉 적응 증후군' 또는 '일 중독증'이라고 한다.

8. 권위주의적 성격 증후군(Authoritarian Personality Syndrome)

세상을 삐딱하게 보는 사람들이 독특한 성격을 가지고 있다는 연구는 미국 유태인 위원회에 의해 시작되었다. 그 위원회는 독일인들이 유태인들을 증오하고 학살한 원인에 관심을 가졌다. 대표적인 연구자인 아도르노는 반유태주의는 권위주의적인 가치와 행동 패턴을 가진 독특한 성격 특성 때문에 나타난 것이라고 결론지었다. 이처럼 편견과 관련 있는 성격 특성을 '권위주의적 성격 증후군'이라고 한다.

9. 극화 현상(Extremity Shift or Polarization)

집단에서 어떤 의사 결정을 하면 대부분 혼자 결정할 때보다 더 모험적인 쪽으로 의사결정이 이루어진다. 이철머 여럿이 모여 결정을 하면 혼자 결정할 때보다 더 모험적으로 의사결정이 이루어지는 현상을 '모험 이행(Risky Shift)'이라고 한다. 그러나 집단 의사결정이 언제나 모험 쪽으로 결정 나는 것은 아니다. 어떤 경우에는 집단에서 결정하는 것이 혼자 결정할 때보다 더 보수적일 때도 있다. 이런 현상을 '보수 이행(Conservative Shift)'이라고 한다. 이렇듯 집단 의사결정은 어떤 경우에는 모험 쪽으로, 어떤 경우에는 보수 쪽으로 치우쳐서 나타나는데 이런 현상을 '극화 현상'이라고 한다.

10. 기본 귀인 오류(Fundamental Attributional Error)

사람들은 어떤 상황적인 요소는 고려하지 않고, 그 사람의 성격, 태도, 가치관 등과 같은 그 사람의 내부 성향에서 원인을 찾는다. 이런 현상은 원인을 제대로 못 찾는 귀인 오류 중의 하나다. 사람들은 이렇게 상황 탓보다는 사람 탓을 많이 하는 귀인 오류를 자주 범하는데 그런 오류를 '기본 귀인 오류'라고 한다. 그러므로 행동의 원인을 찾을 때는 항상 기본 귀인 오류를 염두에 두고, 그 사람을 둘러싼 상황이 어떤지를 좀 더 고려해보는 게 좋다.

11. 기억상실증

새로운 정보를 불과 몇 초 또는 몇 분 동안밖에는 기억하지 못하는 현상을 '순행성 기억상실'이라 한다. 단기기억은 가능하지만, 단기기억에서 장기기억으로 넘어가는 과정에 문제가 생겼기 때문에 발생한 것이다. 다시 말해 단기기억에서 장기기억으로 넘어가기 위해서는 시연이란 과정과 해마와 편도체가 작용해야 한다. 시연(Rehearsal)이란, 감각기관에 들어오는 환경 자극을 반복적으로 되뇜으로써 단기기억을 장기기억으로 만드는 과정으로 전화번호 안내를 받고 잊어버리지 않으려고 입으로 중얼거리는 것도 일종의 시연이다.

12. 쿠바드 증후군(Couvade Syndrome)

요즘은 아기가 태어나기도 전에 예비 아버지들이 아이의 탄생에 많은 관심을 보인다. 그런 관심이 지나치다 못해 어떤 남편들은 아내가 임신 중에 아내와 함께 식욕 상실, 메스꺼움, 구토, 치통과 같은 증상을 겪기도 한다. 이처럼 아내의 임신과 출산 중에 나타나는 남편의 여러 가지 심리적·신체적 증상들을 영국의 정신분석학자인 트리도우언은 '쿠바드 증후군'이라고 불렀다. 쿠바드는 불어의 'couver'에서 온 말로 '알을 품다, 부화하다'의 뜻을 가지고 있다. 쿠바드 증후군은 임신 3개월경에 가장 심하다. 그리고 점차 약해지다가 임신 말기가 되면 또다시 심해진다. 이 증상은 비단 신체적 증상에만 그치지 않고 우울증과 긴장이 고조되고 신경과민적인 심리적 증상으로도 나타난다.

13. 나르시시즘(Narcissism)

자기를 지나치게 사랑하고, 자기중심적인 사고방식을 가지고 자기도취에 빠져 있는 현상을 '나르시시즘'이라고 한다. 원래 나르시시즘이라는 말은 1899년 정신의학자 네케가 처음으로 사용했다. 이 말은 그리스 로마 신화에 나오는 나르시스에서 유래된 말로 자신의 몸을 성적 대상으로 삼아 쾌감을 느끼기 위해 보고 만지고 애무하고, 자기 몸에서 완전한 만족을 얻는 행위를 표현한 말이다. 그러나 요즘에는 자기도취에 빠져 자기를 사랑의 대상으로 삼는 사람들을 일컫는 말이 되었다.

14. 낙인 효과(Stigma Effect)

우리는 어떤 사람이 전과자이고, 어떤 사람이 정신과 병력을 가지고 있고, 어떤 사람이 이혼한 경력이 있다고 하면 왠지 모르게 색안경을 끼고 본다. 그것도 일종의 편견이다. 하지만 그런 치우친 세상 보기는 거기서 끝나지 않고 그런 사람들과 거래는 물론이고 인간적인 교류조차 하지 않으려고 한다. 이처럼 과거 경력이 현재의 인물 평가에 미치는 영향을 '낙인 효과'라고 한다.

15. 다운증후군(Down's Syndrome)

21번 염색체에 이상이 있는 발달 장애를 겪게 된 것을 '다운증후군'이라고 한다. 다운증후군은 염색체 배열에서 21번 염색체가 3개일 때 나타나는 장애이다. 이 증후군은 신체적인 장애와 인지발달 장애가 동시에 나타난다.

- 클라인펠터증후군(Kleinfelter's Syndrome)

여성의 성염색체가 하나 더 있어서 발달과 생식 능력에 장애를 초래하는 현상을 '클라인펠터 증후군'이라고 한다.

- XYY증후군(XYY Syndrome)

여성 성염색체가 하나 더 있는 클라인펠터증후군과 달리 남성 성염색체가 하나 더 있는 현상이다.

- 터너증후군(Turner Syndrome)

정상적인 여서의 성염색체가 XX인 데 비해 터너증후군을 가진 여자들은 X염색체가 하나 없이 그냥 X다.

- 세 쌍 X염색체 증후군(triple X syndrome)

정상적인 여성염색체 쌍인 XX에 여성 성염색체가 하나 더 있는 XXX 구조를 가진 사람들에게서 나타나는 증상으로 주로 인지능력 발달에 장애를 보인다.

- X 결함 증후군(Fragile-X syndrome)

이 증후군은 주로 어머니의 X 염색체 이상이 아들이나 딸에게 전달되어 나타나는데, 정상적인 X염색체보다 구부러져 있거나 지나치게 가늘다.

16. 떠벌림 효과(Profess Effect)

어떤 이가 담배를 끊어보려고 시도하려고 사용한 심리학적인 원리가 있다. 하나는 조건부 계약이라는 것이다. 가령 자신이 담배를 피우면 친구에게 얼마를 주겠다고 하는 식으로 조건을 거는 계약을 조건부 계약(유관 계약)이라고 한다. 다른 하나는 공개 표방이란 것이다. 자신이 달성하고자 하는 목표를 공개적으로 알림으로써 주위 사람들의 지원을 얻는 방법이다. 자신이 목표로 삼은 행동을 공개적으로 표방하면 자신이

한 말에 더 책임을 느끼고, 실없는 사람이 되지 않기 위해 약속을 더 잘 지키게 된다. 그런 현상을 '떠벌림 효과'라고 한다.

17. 로미오와 줄리엣 효과(Romeo & Juliet Effect)

부모들이 반대할수록 애정이 더 깊어지는 현상. 반발 심리와 인지부조화(Cognitive Dissonance) 때문에 로미오와 줄리엣 효과가 나타난다. 인지부조화란 태도와 행동이 일치하지 않을 경우 사람들이 느끼는 긴장과 불안을 말한다. 사람들은 긴장과 불안을 감소시키려고 태도나 행동 중 하나를 바꿔 태도와 행동을 일치시키려는 경향이 있다.

18. 마법의 숫자(Magic Number)

사람들은 7을 행운의 숫자라고 해서 좋아하지만, 심리학자인 밀러는 7을 '마법의 숫자'라고 불렀다. 그것은 7이란 숫자가 단기기억 용량을 나타내고 있기 때문이다.

사람들의 기억은 감각기억, 단기기억, 장기기억으로 구성되어 있는데, 그중에서도 단기기억은 감각기억보다는 길지만 단기기억보다는 짧은 약 30초 정도의 지속 시간을 갖는다. 단기기억은 30초라는 짧은 시간이 지속되면서 7 ± 2라는 기억 용량을 가지고 있다. 다시 말해 단기 기억의 용량은 5~9 정도인데, 평균 기억 용량이 7이기 때문에 7을 신비의 숫자라고 불렀다.

19. 머피의 법칙(Murphy's law)

머피의 법칙이란 사실 시간적으로 단순히 앞선 사건이 나중에 일어나는 사건의 원인이라고 착각하는 인지적 오류를 말한다. 머피의 법칙은 사람들이 모든 현상의 원인을 찾으려 하기 때문에 나타나는 심리적 현상으로 논리학에서는 이런 현상을 '거짓원인의 오류'라고 한다. 머피의 법칙이 다소 부정적이고, 구시대적이라면 요즘 새롭게 등장한 '샐리의 법칙'은 긍정적이고, 신세대적이라 할 수 있다. 샐리의 법칙이란 머피의 법칙과 반대되는 현상이다.

20. 면역 효과(Inoculation Effect)

맥과이어는 메시지를 전달받는 수신자의 과거 경험이 설득에 중요한 역할을 한다는 사실을 알았다. 그래서 맥과이어와 그의 동료들은 설득당하지 않으려면 미리 약한 설득 메시지를 경험하도록 해야 한다고 주장했다. 다시 말해 미리 면역 기능을 길러주어야 한다는 것이다. 그렇게 하면 강한 설득 메시지에 노출되더라도 쉽게 설득되지 않는다. 이처럼 미리 경험을 함으로써 설득에 저항하는 현상을 '면역 효과'라고 한다.

강한 바이러스가 신체에 치명적인 상을 주듯이 강한 설득 메시지는 더 많은 태도 변화를 일으킨다. 그래서 예방주사를 맞은 사람이 항체를 형성해 이후의 강한 바이러스에 저항하듯이 미리 약한 메시지를 받으며 메시지에 면역성을 키운 사람들은 강한 설득 메시지에도 잘 저항한다. 그러면 어떤 사람들이 설득이 더 잘될까?

첫째, 공격적인 사람들은 처벌적 커뮤니케이션에 더 영향을 받지만 공격적이지 않은 사람들은 관대한 커뮤니케이션에 더 영향을 받는다.

둘째, 어떤 조건에서 설득이 잘되는 사람들은 그렇지 않은 사람들보다 다른 장면에서도 설득이 잘되는 경향이 있다.

셋째, 자존심이 낮은 사람들은 높은 사람들보다 설득이 잘된다. 자존심이 낮은 사람들은 자신이 하는 일이나 자기의 태도에 자신의 태도를 변화시키는 것을 부담스럽게 생각하지 않는다고 한다. 그래서 조금만 위협받아도 자신의 태도를 변화시키기가 쉽다.

넷째, 지능이 높은 사람들은 비판력 있게 정보를 받아들이기 때문에 설득이 잘되기도 하고, 반대로 안 되기도 한다. 지능이 높은 사람들은 논리적이고 일관성 있는 주장에는 설득이 잘되지만, 지능이 낮은 사람들은 오히려 복잡하거나 난해하지 않은 주장들에 설득이 잘된다. 다시 말해 메시지가 어떤 종류냐에 따라 지능이 영향을 미친다.

21. 뮌히하우젠 증후군(Munchhausen Syndrome) - 뮌히하우젠 바이 프록시(Munchhausen by Proxy)

병적으로 거짓말을 하고, 그럴 듯하게 이야기를 지어내고, 마침내 자기도 그 이야기에 도취해버리는 증상을 말한다. 원래 1720년 독일에서 태어난 뮌히하우젠이라는 사람에게서 유래되었다. 그는 터키와 러시아 전쟁에 참전하고 1760년 퇴역, 하노버에 정착했다. 뮌히하우젠은 하노버에서 군인으로서, 사냥꾼으로서 그리고 스포츠맨으로서 자기가 했던 일들을 거짓말로 꾸며 사람들에게 들려주었는데 나중에 그 이야기들이 각색되어 1793년 『뮌히하우젠 남작의 모험』이라는 책이 나왔다. 뮌히하우젠 증후군이란 바로 뮌히하우젠처럼 병적인 거짓말은 하는 것이 특징이다.

22. 바넘 효과(Barnum Effect)

점괘는 매우 일반적이다. 그래서 점술가들이 하는 얘기는 다 맞는 것 같다. 12개의 별자리, 십이간지, 그리고 토정비결, 역학의 해석들은 일반적인 특성을 기술한다. 그렇기 때문에 많은 사람들은 점괘가 마치 자신을 잘 나타내는 것처럼 받아들이고, 그런 점괘가 정확하다는 착각을 한다. 이렇듯 어떤 일반적인 점괘가 마치 자신을 묘사하는 것이라고 받아들이는 현상을 '바넘 효과'라고 한다.

23. 방관자 효과(Bystander Effect)

사람들이 위기에 처해 있는 사람들을 도와주는 것은 여러 가지 요인에 의해 결정된다. 시간 압력, 도움을 줄 수 있는 능력 그리고 성격 등이 영향을 미친다. 그중에서도 흥미로운 사실은 나 이외에 다른 사람이 있었느냐에 따라 도움 행동이 결정된다는 것이다. 특히 사람들은 목격자가 많을수록 다른 사람을 덜 도와준다. 설령 도움 행동을 한다 하더라도 도움 행동을 하기까지 걸리는 시간이 더 길다. 달리와 라테인은 이런 현상을 '방관자 효과'라고 했다.

24. 베르테르 효과(Werthers Effect)

괴테의 소설 『젊은 베르테르의 슬픔』에서 주인공 베르테르는 로테와의 사랑을 이루지 못하고 끝내 권총 자살로 생을 마감한다. 이 소설이 19세기 유럽의 젊은이들 사이에서 공감대를 형성하며 널리 읽히자 소설의 주인공 베르테르처럼 자살하는 젊은 이들이 급증했다. 그런 현상에 비유해 어떤 유명인이 죽은 다음 동조 자살하는 현상을 '베르테르 효과'라 이름붙인 것이다.

25. 부분 강화 효과(Partial Reinforcement Effect, PRE)

사람들이 도박을 하는 이유에는 세 가지가 있다.

첫째, 도박이 예측할 수 없는 보상을 주기 때문이다.

둘째, 도박사의 오류 때문이다. 노름꾼들은 성격 특성상 모든 사건이 앞에서 일어난 사건과 독립적으로 일어난다는 확률 이론의 가정을 받아들이지 않는다.

셋째, 병을 가지고 있기 때문이다.

부분 강화 효과란 보통 일정한 시간이 흐르거나 몇 번 시행을 하면 보상을 주는 것과 달리, 보상이 언제 있을지 예측할 수 없기 때문에 어떤 행동이 오래 지속되는 현상을 말한다.

26. 부정성 효과(Negativity Effect)

사람들은 어떤 사람의 인상을 평가할 때 대개는 긍정적으로 평가를 한다. 기왕이면 좋게 사람들을 평가하려는 그런 경향을 '인물 긍정성 편향'이라고 하고 미국 소설에 나오는 여주인공의 성격에 비유해 '폴리아나 효과(Pollyana Effect)'라고도 한다. 그럼에도 불구하고 사람들은 어떤 부정적인 정보가 나타나면 다른 긍정적인 정보보다 부정적인 것에 더 비중을 두고 인상을 평가한다. 다시 말해 모든 것이 동일하다면 부정적인 특성들은 긍정적인 특성들보다 인상 형성에 더 많은 영향을 준다. 이런 현상을 '부정성 효과'라고 한다.

27. 빈 둥지 증후군(Empty Nest Syndrome)

자녀들이 성장해 부모의 곁을 떠난 시기에 중년 주부들이 느끼는 허전한 심리를

'빈 둥지 증후군'이라고 한다. 빈 둥지 증후군은 중년기 위기 증상이다. 중년기 위기는 여성들의 폐경기를 전후해서 나타난다. 정신분석학자 융은 사람들이 40세를 전후로 이전에 가치를 두었던 삶의 목표와 과정에 의문을 제기하면서 중년기 위기(Midlife Crisis)가 시작된다고 주장했다. 이런 중년기 위기는 사회경제적으로 성공하기 위해 자신의 욕구를 억압하며 살아온 것에 대한 회의와 무가치감으로부터 시작된다.

28. 사회병질 증후군(Sociopathic Syndrome)

요즘 우리 사회의 모습을 보면 상대적 피해망상, 자기 속으로의 도피, 불신감의 확대, 감정 조절의 실패, 삶의 방향감각 상실, 양심의 붕괴와 같은 정신분열 증상들이 만연해 있다. 개인적인 정신분열 현상이 사회로 확산되면 사회도 정신분열 증상을 앓는다. 그런 사람들이 모여 있는 사회는 반사회적이고 반도덕적이다. 이렇게 극도로 분열된 사회 분위기를 '사회병질 증후군'이라고 한다. 사회병질 증후군을 안고 있는 사회는 불신감의 만연, 존경할 만한 대상의 상실, 도덕성의 실종, 한탕주의의 성행으로 노력한 만큼 얻을 수 있다는 '공정 세상관'까지 흔들어 놓는다.

29. 사회 쇠약 증후군(Social Breakdown Syndrome)

노인들은 몸도 쇠약해서 일자리를 구하기도 힘들다. 인지능력도 떨어져 기억력과 판단력도 예전 같지 않다. 게다가 사고의 융통성도 없어지고 고집만 늘어 자식들과 의견을 맞추기도 힘들다. 그러다 병이라도 나서 앓아눕기라도 하면 자식들에게 짐만 되는 것 같아 부담스럽다. 노인들에 대한 이런 부정적인 사회 인식은 노인들 스스로를 더 무능하고 의존적으로 만든다. 이처럼 노인에 대한 부정적인 인식이 만연된 생태학적인 풍토가 노년기 적응과 발달에 미치는 부정적인 영향을 '사회 쇠약 증후군'이라고 한다. 노인을 무능하고 비능률적인 대상으로 보고, 부정적으로 낙인을 찍는 것은 바람직하지 않다. 게다가 노인들을 물질적으로만 풍족하게 해주는 것도 좋지 않다. 그러면 노인들은 건강과 기능이 훨씬 빠르게 퇴화한다. 노인들을 부정적으로 보면서, 물질적으로만 보조하는 것은 노인들에게 부적절한 지지를 보내는 것이다. 그것보다는 근본적으로 노인들을 바라보는 인식이 달라져야 한다. 실제로 노인들을 바라보는 시각을 부정적인 것에서 긍정적인 것으로 바꿔주면 노인들에게 긍정적인 영향을 줄 수 있다. 가령 노인들을 유능하고, 현명하고, 경험이 풍부한 존재로 보고, 사회복지 제도가 그런 인식을 뒷받침해주면 노인들도 사회에 재적응하기 위한 기술을 배우고, 자신을 유능하고 가치 있는 존재로 여긴다. 이처럼 노인을 긍정적인 존재로 인정하고 사회복지제도가 잘 뒷받침될 때 나타나는 노인들의 긍정적인 적응 양식을 '사회 복구 증후군'이라고 한다.

30. 사회 전염(Social Contagion)

세상을 살다 보면 어떤 경우에는 다른 사람들에게 무의식적으로 동조하고, 어떤 경우에는 집단 속에서 자기 자신을 잃어버린 채 행동하기도 한다. 그런 현상은 집단의 한 점에서 시작된 소용돌이가 집단 전체로 전염되기 때문에 나타난다. 프랑스의 사회학자 르봉은 이런 현상을 '사회 전염'이라고 불렀다. 집단행동을 병이 전염되어 퍼져나가는 현상에 비유한 것이다. 세균과 바이러스가 질병을 옮기는 것과 같이 사람들의 정서와 행동이 한 사람에서 다른 사람에게로 옮겨지는 현상이 사회 전염이다. 이런 현상은 집단의 한 지점으로부터 원을 그리기 시작해 점차 큰 원을 그리며 확산된다.

사회 전염은 사람들이 가지고 있는 도덕심, 가치 체계, 사회적 규칙들, 책임감에 의한 행동 통제 기제가 무너지고 원초적인 공격성과 성충동들이 나타나기 때문에 발생한다.

이런 현상은 일상생활에서도 흔히 나타난다. 가령 한 사람이 하품을 하면 다른 사람도 하품을 하고, 한 사람이 팔짱을 끼면 다른 사람도 팔짱을 끼고, 한 사람이 담배를 피우면 다른 사람도 담배를 꺼내 문다. 그리고 강의실에서도 질문 있으면 하라고 하면 서로 눈치만 보고 가만히 있다가 한 학생이 질문하기 시작하면 서로 질문하려고 손을 든다. 그뿐 아니라 사회 전염은 사회적으로도 나타난다. 가령, 어떤 지역에서 누가 초인종에 불을 질렀다는 소식이 전해지면 나라 전체가 연쇄 방화에 시달리고, 한 회사에서 노사 분규가 시작되면 전국적으로 노사 분규가 퍼지고, 유언비어는 살을 덧붙여 퍼져나간다.

31. 상승정지 증후군

인생의 목표를 세워놓고 끝없이 전진하던 사람들이 어느 날 더 이상 올라갈 데가 없다고 느끼면 왠지 허무하고 공허해진다. 특히 어느 날 갑자기 한가한 자리로 책상이 옮겨지거나 자신의 업무와 무관한 계열 회사로 발령을 받았을 때, 더 이상 승진할 수 없다고 느낄 때, 자신이 물러나야 할 때라고 생각될 때 느끼는 허무하고 공허한 심리적 현상들을 '상승정지 증후군'이라 한다.

32. 상위 효과(Discrepancy Effect)

일반적으로 생각해보면 메시지와 그것을 받아들이는 수신자의 태도가 다를수록 수신자가 받는 태도 변화의 압력이 증가할 것 같다.

그러나 메시지와 수신자의 태도가 너무 다르면 오히려 반발이 일어나 태도는 잘 변하지 않는다. 다시 말해 메시지와 어느 정도 다를 때까지는 태도 변화량도 증가하지만, 지나치게 다를 경우에는 오히려 태도 변화량이 감소한다. 이런 현상을 '상위 효과'라고 한다. 상위(Discrepancy)란, 의사전달자의 입장과 수신자의 입장 차이를 말한다. 남을 설득하기 위해서는 상대방이 가지고 있는 태도와 정보를 파악해서 적당히 차이 나는 정보를 제시해야 커뮤니케이션 효과가 나타난다. 그러기 위해서는 우선 상대방이 가지고 있는 태도를 파악하고, 그에 맞는 메시지를 전달해야 한다. 적을 알지도 못하고 일방적인 설득 전략을 구사하는 것은 시간 낭비일 뿐이다.

33. 상태 의존 학습(State-dependent Learning)

무언가를 외울 때의 기분과 기억해낼 때의 기분이 비슷한 상태일 때 기억 회상이 잘된다는 사실을 보여주고 있다. 이런 현상을 '상태 의존 학습'이라고 한다. 내부 심리, 생리에 달려 있는 상태 의존 학습과 달리 어떤 장소에 가면 기억이 잘 떠오르는 현상을 '장 의존 학습(Field-dependent learning)'이라고 한다. 가령 공부한 데서 시험을 보면 기억이 잘 나고, 애인과 데이트하던 곳에 가면 과거의 추억이 떠올라 흐뭇해진다. 그래서 현지 적응 훈련이 필요한 것이다.

34. 설단(舌端) 현상(Tip-of-the-tongue Phenomenon)

어떤 사실을 알고 있긴 한데 혀끝에서 맴돌며 밖으로 표현되지 않는 현상을 '설단 현상'이라고 한다. 설단 현상은 여러 정보가 복잡하게 얽혀 있어 기억 인출에 실패했을 경우, 시험과 같이 심리적 압박이 심할 경우, 무의식적으로 어떤 것을 떠올리지 않으려고 하는 경우와 같이 다양한 이유로 나타난다. 대개 인출 실패로 인한 설단 현상은 인출단서를 제공해주면 쉽게 교정된다.

35. 소크라테스 효과(Socratic Effect)

사람들이 어떤 대상이나 인물에게 가지고 있는 심리적 호오(好惡) 감정을 태도라고 한다. 이렇게 사람들이 가지고 있는 태도는 몇 가지 특징을 가지고 있다.

첫째, 태도는 시간이 흐를수록 더욱 강해진다. 가령 친한 친구의 경우, 그 친구를 생각하면 할수록 좋은 점들을 떠올릴 것이다. 이따금 나쁜 점들이 떠올라도 그것은 어디까지나 예외일 뿐이라고 생각하면서 그 친구를 더 좋아한다. 그러나 싫어하는 친구의 경우, 그 친구를 생각하면 할수록 나쁜 점들만 떠올릴 것이다. 이따금 좋은 점들이 떠올라도 그것은 어디까지나 예외일 뿐이라고 생각하면서 그 친구를 더 싫어한다. 이처럼 사람들은 자신이 가지고 있는 태도를 스스로 반복적으로 검토하면서 자신의 태도를 강화시킨다. 둘째, 태도는 시간이 흐를수록 논리적으로 변한다. 사람들은 평소 태도에 일관성이 있어야 한다는 심리적 압박을 받고 있다. 만약 자기의 태도에 일관성이 없으면 몹시 긴장한다. 그래서 태도가 논리적으로 일관되지 않으면 사람들은 자발적으로 자신의 태도를 변화시켜 논리적이게 한다. 흥미로운 사실은 그런 태도 변화가 외부의 압력 없이 자발적으로 일어난다는 점이다.

소크라테스가 자기 제자들에게 질문을 던져 스스로 결론에 이르도록 한 것처럼 사람들도 자발적으로 자신의 태도를 논리적으로 일관성 있게 변화시킨다. 이런 현상을 '소크라테스 효과'라고 한다.

36. 스톡홀름 신드롬(Stockholm Syndrome, 리마증후군)

사람들은 스트레스를 받는 상황에 처하면 나름대로 그 상황에 적응하려는 적응 기제를 발동한다. 사실 인질로 잡히는 것은 매우 갑작스럽고 강력한 스트레스다. 게다가 인질이나 경찰은 그 상황을 통제할 만한 힘도 없다. 그런 스트레스 상황에서 인질들은 어떤 반응을 보일 것인가? 인질들이 경찰이나 사회보다는 그들을 잡고 있는 인질범들의 편을 드는 현상을 스톡홀름 은행 강도 사건에 비유해 '스톡홀름 신드롬'이라고 한다. 스톡홀름 신드롬은 세 단계를 거쳐 일어난다.

1단계: 인질들은 자신들의 생사를 가늠할 수 있는 인질범들이 자신을 해치지 않는 것을 고마워하고 그들에게 온정을 느끼기 시작한다.

2단계: 인질들은 위험을 초래하며 그들을 구출하려고 시도하는 경찰들에게 오히려 반감을 느낀다.

3단계: 인질범들도 그들의 인질에게 긍정적인 감정을 느낀다.

결국 인질과 인질범들은 모두 함께 고립되어 있고, 두려움을 같이하는 '우리'라는 믿음이 생겨난다.

37 스트루프 효과(Stroop Effect)

사람들은 크게 두 가지 종류의 주의(Attention)를 가지고 있다. 하나는 의식적 주의다. 의식적 주의는 능동적이고 의도적으로 일어난다. 다른 하나는 자동적 주의다. 자동적 주의는 의식적 안내 없이 무의식적으로 일어난다. 실험자는 피험자들에게 제시되는 나무토막의 색깔 이름을 대라고 요구했다. 한 조건에서는 색칠한 나무토막의 이름을 대는 것이고, 다른 조건에서는 나무투막 위에 쓰인 글자의 색 이름을 대는 것이었다. 그런데 나무토막에 쓰인 글자의 색 이름을 대는 조건에서는 글자와 다른 색을 제시했다. 가령, '초록'이라는 단어가 노란색으로 쓰여 있기도 했고, '노랑'이라는 단어가 빨간색으로 쓰여 있기도 했다. 제시되는 자극의 이름과 쓰인 글자의 색이 불일치되도록 한 것이다.

그렇게 두 조건으로 나누고 나무토막에 제시되는 색깔 이름을 대라고 요구하고 그 반응 시간을 쟀다. 그 결과 두 번째 조건의 반응 시간이 두 배 이상 걸리는 것으로 나타났다.

단어를 읽으라고 요구하지도 않았고, 피험자들도 그 글자를 읽으려고 하지도 않았는데도 자동적 주의가 의식적 주의에 영향을 미친 것이다. 제시되는 나무토막의 색깔이 무엇인지를 물었지만 사람들은 무의식적, 자동적으로 씌어 있는 글자를 정보 처리했다. 다시 말해 색깔 이름을 대려는 의식적 주의뿐만 아니라 씌어 있는 글자를 무의식적으로 읽는 자동적 주의가 동시에 일어난 것이다. 이처럼 무의식적인 자동적 주의 때문에 정보를 처리하는 데 더 많은 시간과 노력이 드는 현상을 '스트루프 효과'라고 한다.

38. 신데렐라 콤플렉스(Cinderella Complex)

여성들은 원하기만 하면 얼마든지 스스로 독립할 수 있다. 그러나 막상 스스로 독립할 때가 되면 왠지 모를 두려움 때문에 망설인다. 부모로부터 독립하는 것, 남성들로부터 독립하는 것이 불안하다. 홀로 서고 싶지만 홀로 서는 것이 두렵다. 이처럼 독립하고 싶지만 독립에 대한 불안 때문에 독립하지 못하는 여성들의 심리적 갈등을 '신데렐라 콤플렉스'라고 한다.

39. 신 포도 기제(Sur Grape Mechanism)

방어기제(Defense Mechanism)란, 사람들이 불쾌한 일을 당했을 때 무의식적으로 잊어버리려 하고 좋지 않은 짓을 했을 때 자기도 모르게 변명하는 것과 같이, 개인이 불쾌한 정황이나 욕구 불만에 직면했을 때 자신을 방어하려는 자동적인 적응 방법이다. 이런 방어기제는 주로 자아를 보호하기 때문에 자아 방어기제라고도 한다. 정신분석을 창시한 프로이트에 따르면 사람들의 성격 구조는 세 가지로 구성되어 있다.

본능적으로 움직이려는 이드(Id), 현실적으로 움직이려는 자아(Ego), 도덕적으로 움직이려는 초자아(Super Ego)가 그것이다. 그중에서도 방어기제는 자아를 보호하기 위한 중요한 방어 수단이다. 자존심이 상한다는 것은 곧 자아를 손상받는 것이다. 그래서 사람들은 무의식적으로 방어기제를 사용해 자존심, 즉 자아를 방어하려고 한다.

이솝우화의 여우와 같이 자존심을 보호하기 위해 합리화라는 방어기제를 사용했던 것이다. 그래서 합리화를 일명 '신 포도 기제'라고도 한다.

40. 엘렉트라 콤플렉스(Electra Complex)

남자 아이들이 오이디푸스 갈등을 겪는 비슷한 시기인 4~6세경에 여자 아이들도 비슷한 심리적 갈등을 겪는다. 남자 아이들이 어머니를 상대로 사랑을 표현하고 아버지를 상대로 자신의 사랑 감정을 표현하고 아버지와의 근친상간적인 상상에 빠져든다. 이렇게 여자 아이들이 아버지를 사랑하며 어머니를 경쟁상대로 놓고 겪는 심리적 갈등을 '엘렉트라 콤플렉스'라고 한다.

41. 열등 콤플렉스(Inferiority Complex)

사람들은 자신의 모습을 자기 내면보다는 다른 사람들과 자신을 비교하는 가운데 찾는다.

타인이 자신을 비춰주는 거울인 셈이다. 사회학자인 쿨리는 그렇게 자기의 모습을 찾아가는 사회적인 자기를 '거울 속에 비친 자기(Looking-glass Self)'라고 했다. 다른 사람과 비교하고 그들에게 비춰지는 자신의 모습을 바라보며 자신(Self)을 찾다 보면 자기보다 잘생기고, 잘나고, 잘사는 사람들이 눈에 띈다. 그러면 자연스럽게 상대적인 열등감이 발동한다. 그런 콤플렉스를 바로 '열등 콤플렉스'라고 한다.

42. 오이디푸스 콤플렉스(Oedipus Complex)

4~6세 정도의 남자 아이들이 어머니를 사랑하고 아버지와 갈등 관계에 빠지는 상황을 오이디푸스 상황이라고 한다. 오이디푸스 상황에서 남자 아이들은 어머니를 놓고 아버지와 경쟁하는 한편, 어머니의 사랑을 독차지하려는 욕망으로 아버지를 살해하려는 적의를 품기도 한다. 이런 현상을 정신분석학의 창시자 프로이트는 '오이디푸

스 콤플렉스'라고 불렀다.

43. 위치 효과(Position Effect)

커뮤니케이션 구조 중에 바퀴형, Y형, 사슬형과 같은 중앙집중적 통신망에서는 전체 집단 구성원들의 만족이 낮다. 그도 그럴 것이 중앙집중적 통신망에서는 주변에 위치해 있는 사람들이 중심에 위치해 있는 사람보다 많기 때문에 의사소통에서 소외될 가능성이 높다. 그에 비해 분산적 통신망은 집단 구성원 한 사람 한 사람의 권한, 행동 그리고 자기주장을 북돋워주기 때문에 분산적 통신망에 속한 집단 구성원들의 만족 수준은 높다. 이처럼 통신망에서 위치에 따라 집단 구성원들의 만족이 달라지는 현상을 '위치 효과'라고 한다.

44. 음주 효과

음주운전 사고, 술 마시다 일어나는 다툼, 음주 후 가정에서의 아내 구타 그리고 술 취한 사람들의 갖은 추태를 흔히 볼 수 있다. 이처럼 술을 마신 다음이나 술을 마시는 중에 일어나는 사람들의 심리 행동 변화를 '음주 효과'라고 한다.

45. 인쇄 효과(Printing Effect)

바로 앞에서 얻은 정보가 이후의 인상 판단에 직접 영향을 미치는 현상을 '인쇄 효과'라고 한다. 사람들은 편견이 심한 사람이건 심하지 않은 사람이건 간에 어떤 사람을 보면 자동적으로 도식적 처리를 한다. 그러나 그런 도식적 처리는 상대방을 삐딱하게 볼 소지가 다분하다. 누구에게 들은 정보를 가지고 사람을 단 한 번에 평가한다면 그보다 어리석은 일은 없다.

46. 일반 적응 증후군(General Adaptation Syndrome)

사람들은 지속적인 스트레스를 받으면 일단 신체적 증상을 나타낸다. 스트레스 반응으로 나타나는 이런 신체적, 생리적 반응들을 한스 셀리는 '일반 적응 증후군'이라고 했다. 이 증상들은 세 단계로 나타난다. 스트레스의 초기에는 경고 반응이 나타난다. 이때에는 흔히 입과 혀가 헐고, 두통, 미열, 피로, 식욕 부진, 무력감, 근육통, 관절통 등의 증상이 나타나고 심신의 저항력이 떨어진다. 스트레스가 경고 단계에서 해소되지 않고 더 지속되면 저항 단계에 이른다. 이 단계에서는 뇌하수체에서 부신피질자극호르몬(ACTH)과 부신에서 부신피질호르몬(Steroid)이 분비되어 스트레스 반응을 완화시키려 한다. 이때에는 스트레스에 대한 저항력이 높아지고 스트레스 초기에 나타났던 증상들이 사라진다.

신체의 저항에도 불구하고 스트레스가 지속되면 탈진 단계에 이른다. 이때에는 뇌하수체나 부신에서 호르몬 분비가 더 이상 충분히 이루어지지 않기 때문에 스트레스에 대한 신체 저항력이 상실되고 초기 단계에서 나타났던 여러 증상들이 다시 나타난다. 그러나 더 이상 회복이 불가능하기 때문에 질병으로 발전하거나 심할 경우 사망으로 이어진다. 스트레스가 오래 지속되면 신체의 균형이 깨뜨려 심장병, 편두통, 위궤양, 고혈압, 알레르기 등 여러 가지 정신 신체적 질환을 초래하고, 심리적 불균형 때문에 불면증, 불안, 환각, 망상이 나타나기도 한다.

47. 일반화의 오류

사람들은 어떤 것을 배우면 그것을 다른 장면에도 적용하려는 경향이 있는데 그런 현상을 '일반화'라고 한다. 가령 '자라 보고 놀란 가슴 솥뚜껑 보고도 놀란다', '더위 먹은 소, 달만 봐도 허덕인다'와 같은 속담은 일반화 현상을 잘 보여주고 있다.

48. 일 중독증(workaholic, 과잉 적응 증후군)

자신과 가족의 개인적인 삶이나 욕구는 제쳐둔 채 가정보다는 일을 우선하는 사람들이 보이는 심리적, 행동적 현상을 '과잉 적응 증후군'이라 한다.

49. 자기 핸디캡 전략(Self-handicapping Strategy)

사람들은 어떤 중요한 일을 앞두고 너무 스트레스를 받으면 그 상황을 무의식적으로 모면하려고 한다. 그래서 학교 가기 싫은 학생들은 꾀병을 부리고, 시험이 부담스러운 사람들은 시험에 떨어졌을 때 자신의 실패를 방어할 구실을 만든다. 이렇게 스스로 핸디캡을 만들고 나서 실패하면 자신이 실력이 없어서 그런 것이 아니라 나름대로 이유가 있었기 때문이라고 핑계를 대며 자존심을 보호하려는 전략이다.

50. 자이가르닉 효과(Zeigarnik Effect)

사람들은 특정한 일을 수행하고 있거나 그런 수행이 중도에 멈출 경우 그 일을 계속해서 수행하려고 하기 때문에 기억을 잘한다. 그러나 일단 일이 완성되면 그 일과 관련된 기억들은 사라지는데, 그런 현상을 '자이가르닉 효과'라고 한다. 자이가르닉 효과는 업무가 완성되지 않으면 심리적으로 압박을 받기 때문에 그것을 기억하지만, 일단 업무가 완성되면 그 업무와 관련된 기억이 사라지는 현상을 말한다. 사람들은 어떤 과제를 받으면 인지적으로 불평형 상태(Disequili-brium State)가 된다. 다시 말해 긴장한다. 그런 긴장은 문제가 해결될 때까지 계속된다. 만약 문제가 해결되지 않으면 그런 긴장은 지속되고, 그 문제와 관련된 기억은 생생하게 남는다.

51. 잔물결 효과(Ripple Effect)

조직 구성원의 일부를 야단쳤을 때 다른 구성원들에게 미치는 부정적 영향을 '잔물결 효과'라고 한다. 잔물결 효과는 특히 벌을 받는 사람이 조직에서 중요한 역할을 하고 있을 경우, 상사의 명령이나 지시가 모호하고 분명하지 않을 경우에 더 크게 나타난다.

52. 조건 형성 학습(Conditioning Learning)

사람들은 무의식적, 자동적으로 어떤 현상을 보면 그 현상을 반사적으로 배운다. 그런 현상을 '조건 형성'이라고 한다. 덜 익은 살구를 생각하기만 해도 입에 침이 고이는 현상, 잔소리 많은 상사를 보면 저만치서 피해가는 현상들은 모두 조건형성이 되어 있기 때문이다. 또한 어렸을 때 닭고기에 탈이 났던 사람이 커서도 닭고기를 먹지 못하는 가르시아 효과도 조건 형성의 결과다. 이처럼 어떤 자극과 자극이 연합을 통해 세상을 배우는 원리를 '조건 형성 학습'이라고 한다.

53. 좌절 효과(Frustration Effect)

어떤 보상을 기대했다가 보상이 이루어지지 않으면 사람들은 좌절한다. 그러면 좌절은 오히려 다른 행동을 유발하는 하나의 강력한 동기가 되어 사람들의 행동을 더 활성화시킨다.

가령 위급한 환자를 C라는 병원으로 데리고 갔다고 하자. 그런데 그 병원에서는 담당 의사가 없다고 환자를 받아주지 않는다. 그래서 다른 병원엘 가야만 한다. 그럴 경우 보호자들은 처음 C병원에 갈 때보다 더 빨리 움직이게 된다. C병원에서의 좌절이 오히려 다른 병원으로 가는 행동을 활성화시켰기 때문이다. 이처럼 좌절이 다른 행동의 강력한 동기로 작용하는 현상을 '좌절 효과'라고 한다. 보상이 줄어들수록 좌절 효과는 그만큼 커지고, 그다음 행동도 더 강하게 일어난다.

54. 정열소진 증후군, 탈진 증후군(Burnout Syndrome)

일에 자신의 에너지를 다 쏟아 붓다가 어느 순간 일로부터 자신이 소외당하면서 겪는 심리적·행동적 증상들을 '정열소진 증후군', 또는 '탈진 증후군'이라고 한다.

55. 최신 효과(Recency Effect)

사회생활을 하다 보면 첫인상이 중요하다는 얘기를 많이 한다. 실제로 심리학의 연구 결과들도 첫인상이 인상 형성에서 가장 중요하다는 사실을 보여주고 있다. 이처럼 사회생활에서 첫인상이 나중의 인상 평가에 미치는 영향을 초두 효과 또는 후광 효과라고 한다. 그래서 사람들은 어떤 사람과 처음 만날 때 좋은 인상을 주려고 꽤나 노력한다. 그러나 첫인상 못지않게 중요한 것이 끝인상이다. 초두효과와는 달리 헤어질 때, 또는 계약 후의 사후 관리도 중요하다. 이처럼 시간적으로 끝에 제시된 정보가 인상 판단에서 중요한 역할을 하는 현상을 '신근성 효과' 또는 '최신 효과'라고 한다.

- 인간생활에서 주의해야 할 5적

첫째, 행측이심(行厠異心). 화장실 갈 때와 나올 때 다른 마음을 가져서는 안 된다.

둘째, 인면수심(人面獸心). 사람의 탈을 쓰고 짐승 짓을 해서는 안 된다.

셋째, 행시주육(行尸走肉). 살아있는 송장이요, 걸어다니는 고깃덩어리처럼 쓸모없는 사람이 되어서는 안 된다.

넷째, 가렴주구(苛斂誅求). 가혹하게 세금을 징수하여 재물을 빼앗듯이 힘없고 가난한 사람들을 못살게 굴어서는 안 된다.

다섯째, 토사구팽(兎死狗烹). 토끼를 잡으면 삶아먹듯이 요긴한 때는 소중하게 여기고 필요없을 때는 희생양으로 삼아서는 안 된다.

56. 최적 각성 수준(Optimal Level of Arousal)

옆에서 누가 지켜볼 때 일을 더 잘하는 현상을 사회적 촉진 현상이라고 하고, 옆에서 누가 지켜볼 때 일을 더 못하는 현상을 사회적 억제 현상이라고 한다. 사람들에겐 일이 가장 잘되는 각성 수준이란 게 있다. 그것을 '최적 각성 수준'이라고 한다. 다시 말해 일하기에 가장 적합한 각성 수준이 있다는 얘기다. 가령 단순한 일을 혼자서 하면 긴장이 풀려 일의 능률이 오르지 않는다. 그러나 복잡하고 머리를 써야 하는 일을 하는데 누가 옆에서 지켜보거나 잔소리를 하면 너무 긴장해서 일이 잘 안 된다. 그래서 단순한 일은 같이하는 게 좋지만 복잡한 일은 혼자 하는 게 능률적이다. 결국 일을 능률적으로 처리하려면 과제마다 긴장하는 게 달라야 한다. 인간의 각성 수준은 주의 집중을 담당하는 뇌의 망상활성체(RAS)라는 부위에서 담당한다. 망상활성체는 각성 수준을 조절해 과제 수행 능력과 수행량에 영향을 미친다.

57. 침묵 효과(MUM Effect)

다른 사람들에게 나쁜 소식을 함구하고 전달하지 않으려는 현상을 '침묵 효과'라고 한다. 사람들은 어떤 정보가 자신의 무능이나 약점을 나타낼 것 같으면 흔히 침묵한다. 그러나 자신의 무능이나 약점과 아무런 상관이 없는데도 사람들은 부정적인 메시지를 전달하는 메신저가 되길 꺼린다. 나쁜 소식이 유발시키는 부정적 감정들이 메시지를 전달하는 사람에게 전이되는 것을 두려워하기 때문이다.

58. 카인 콤플렉스(Cain Complex)

부모의 사랑을 더 차지하기 위해 형제간에 나타나는 심리적 갈등이나 적대감, 경쟁심을 '카인 콤플렉스'라고 한다.

59. 칵테일 파티 효과(Cocktail Party Effect)

사람들은 모든 것을 다 보고 들을 수는 없다. 정보 처리능력에 한계가 있기 때문이다. 그래서 사람들은 정보를 선택적으로 받아들여 처리한다. 그렇기 때문에 사람들은 시끄러운 파티장, 나이트클럽, 시끄러운 공사장에서도 서로 대화가 가능하다. 자기에게 의미 있는 정보만을 선택적으로 받아들이는 이런 현상을 선택적 지각(Selective Perception)이라고 한다. 칵테일 파티장에서도 많은 소리들이 귀에 들어오지만 의식되는 정보는 별로 없다.

그러다가 자기 이름을 부르는 소리가 희미하게나마 들리면 돌아보는 현상도 일종의 선택적 지각이다. 특히 칵테일 파티장에서 일어나는 것과 같은 선택적 지각 현상을 '칵테일 파티 효과'라고 한다. 칵테일 파티 효과는 감각기억이 존재하기 때문에 가능하다. 감각기억은 다시 청각에서 일어나는 잔향기억과 시각에서 일어나는 영상기억으로 구분된다. 그중에서도 칵테일 파티 효과는 잔향기억에서 일어나는 현상이다.

시끄러운 나이트클럽에서 고래고래 소리를 지르며 대화를 할 수 있는 것도 아주 짧은 순간이긴 하지만 잔향기억이 존재하고 있기 때문이다.

60. 코르샤코프 증후군(Korsakoff Syndrome)

기억상실증(amnesia)이란, 뇌에 충격을 받거나 약물의 과다 사용으로 뇌 손상 이전의 일을 전혀 기억하지 못하거나 뇌 손상 이후의 일을 새롭게 기억하지 못하는 현상을 말한다. 과거의 기억을 모두 지우는 것을 역행성 기억상실증이라 하고, 앞으로 벌어질 기억들을 방해하는 것을 순행성 기억상실증이라고 한다. 사람들이 계속해서 폭음을 하면 이와 같은 기억상실증이 나타난다. 지나친 음주로 단기기억에서 장기기억으로 저장하는 기억 과정이 손상되었기 때문이다. 지나친 음주로 인한 기억상실증을 '코르샤코프 증후군(Korsakoff Syndrome)'이라고 한다.

61. 쿨리지 효과(Coolidge effect)

결혼을 하고 얼마 지나면 흔히 권태기라는 것이 온다. 똑같은 생활을 반복하면 지루하고 맛있는 음식도 자꾸 먹으면 물리듯이 아무리 멋진 파트너라 해도 자주 보고 자주 안으면 권태가 일어난다. 이런 권태를 심리학에서는 '심리적 피로(Psychological Fatigue)'라고 한다.

심리적 피로란 어떤 일을 계속할 의사가 있음에도 불구하고 심리적·신체적·생리적 탈진 현상 때문에 계속할 수 없는 상태를 말한다.

성행위의 대상이 바뀌지 않았을 때보다 성행위의 대상이 바뀔 경우 성행위의 수준이 높게 유지되는 현상을 '쿨리지 효과'라고 한다. 같은 음식이라도 다른 모양으로 만들거나 다른 재료를 섞어 입맛을 돋우듯이 부부의 권태도 새로운 변화를 통해 극복할 수밖에 없다. 부부가 서로의 문제를 솔직히 표현하고 서로 새로운 모습으로 변모하려고 노력해야 할 것이다. 새로운 모습으로의 변모는 새로운 파트너를 만난 듯한 '유사

효과(Quasi-effect)'를 창출할 수 있다.

62. 크레스피 효과(Crespi Effect)

낮은 보상에서 높은 보상으로 변하는 것은 수행을 촉진시키지만, 높은 보상에서 낮은 보상으로 변하는 것은 수행을 급격히 떨어뜨린다. 이렇게 보상의 방향에 따라 수행이 급격히 변하는 현상을 연구자의 이름을 따서 '크레스피 효과'라고 한다. 월급을 가지고 징계를 하거나 행동 변화를 시도하는 것은 바람직하지 않다. 봉급이 줄어드는 것을 좋아할 샐러리맨은 없기 때문이다. 생계가 달려 있는 봉급을 줄이는 것으로 징계를 하는 일은 개인과 조직 모두에게 큰 손실을 가져올 수 있으므로 그런 징계 방법은 신중하게 적용되어야 한다.

63. 파랑새 증후군(Blue Bird Syndrome)

현대 사회는 빠르게 변해가고 있다. 그런 변화는 사람들 스스로 만들어가는 것이지만 거기에 적응하지 못하는 사람들은 스트레스를 받는다. 변화에 적응하지 못하는 직장인에게서 나타나는 대표적인 부적응 현상이 '파랑새 증후군'이다. 파랑새 증후군은 직장인들이 겪는 노이로제(Neurosis)의 일종이다. 노이로제란 신경증을 말한다. 다시 말해 욕구 불만, 갈등, 스트레스 때문에 발생하는 심리적 긴장이 신체적인 증상으로 나타난 것이다.

* 파랑새 증후군에 대처하는 몇 가지 방법
  - 취미 생활을 즐겨라: 직무 이외에 취미 생활을 한 가지 이상 갖고 적극적으로 즐겨라.
  - 일거리를 집으로 가져가지 마라: 직장에서 하다 남은 일을 집으로 가져가지 말고, 직장과 집을 구분하라.
  - 중·장기적인 목표를 세워라: 단기적인 목표에 얽매이기보다 중·장기적인 목표에 따라 움직여라.
  - 회사 내의 소모임 활동에 참여하라: 비공식 조직에 참여해 활동하고, 다른 직

장 동료들과 인간관계를 돈독하게 하라.

- 남의 눈치를 보지 마라: 누가 나를 어떻게 평가하고, 나에게 무엇을 기대하는지 신경 쓰지 말고, 자기의 능력과 소신에 따라 움직여라.
- 디데이를 정하라: 이왕 그만둘 거면 명예퇴직과 같이 퇴직금과 실업 급여를 챙길 수 있을 때, 나중을 위해 회사나 동료들이 아쉬워할 때 그만두어라.

64. 편견 효과(Prejudice Effect)

편견이 문제가 되는 것은 대개 편견이란 감정에 그치지 않고 그 집단 구성원들을 차별 대우하는 행동으로 이어지기 때문이다. 그렇게 편견이 행동으로 나타나 그 집단에 속한 사람들에게 불이익을 주는 현상을 '편견 효과'라고 한다. 편견 효과는 다음 다섯 단계의 행동으로 나타난다.

1단계, 적대적인 말(Antilocution)이다. 편견을 가지고 있는 사람들은 처음에는 독일인들이 유태인들을 비난했듯이 편견 대상을 욕하기 시작한다. 어떤 지역 사람들은 어떻고, 곱슬머리는 어떻고와 같은 부정적인 말을 하기 시작한다.

2단계, 회피(Avoidance)다. 편견이 강해지면 자기 손해를 감수하고서라도 독일인들이 유태인 이웃을 회피했듯이 편견 대상을 피하기 시작한다. 지역감정으로 보면 어떤 지역 사람들과는 상거래를 하지 않고 친목도 도모하지 않으려고 한다.

3단계, 차별대우(Discrimination)다. 편견 대상에 대해 직접적인 적대 행위와 불이익을 주기 시작해 고용, 주택, 정치적 권리, 교육, 종교, 의료혜택 등에서 차별대우를 한다.

4단계, 신체적 공격(Physical Attack)이다. 편견을 가진 사람들은 편견 대상을 심하게 배척하고 위협해 이사 가도록 하고, 같은 편견을 가진 사람들끼리 모여 살게 된다.

5단계, 몰살(Extermination)이다. 가장 강도가 심한 편견은 몰살이다. 집단구타, 개인학살, 집단학살과 같이 감정적 요소와 신념적 요소를 넘어 병적인 이상 증상으로 나타나 다차우나 아우슈비츠 같은 가스실을 만들어 낸다.

65. 프로테우스 인간(Proteus Man)

프로테우스는 오래된 바다의 신으로 바다의 노인 중 하나다. 그는 포세이돈을 위해 바다표범과 그 밖의 생물들을 지켰다. 그는 또 예언력을 가지고 있었으나 예언하기를 싫어했다. 그래서 예언을 들으러 찾아오는 사람을 피하기 위해 여러 섬을 돌며 불이나 물, 또는 야생의 짐승 등으로 자주 모습을 바꾸었다. 그래서 현대인 중에도 자신의 모습을 잘 바꿔가며 사회와 조직의 변화에 잘 적응해 가는 사람들을 '프로테우스 인간'이라고 한다.

66. 피그말리온 효과(Pygmalion Effect)

사람들은 누가 자기에게 기대를 가지고 사랑해주면 그런 기대에 부응하려고 한다. 부모가 자식을 키울 때도 그렇고, 교사가 학생들을 지도할 때도 그렇다. 기대와 사랑, 그리고 관심을 가지고 자녀와 학생을 대하면 그들의 지능, 태도, 행동까지도 변한다. 그런 현상을 '피그말리온 효과'라고 한다.

67. 피터팬 증후군(Peter Pan Syndrome)

어렸을 때부터 부모님이 지나치게 모든 것을 다 해준 아이의 경우 어린 시절에 만족해 다음 발달 단계로 넘어가지 못하는 경우가 종종 있다. 한 발달 단계에서 다음 발달 단계로 넘어가지 못하는 그런 현상을 '고착'이라고 한다. 고착이 일어나면 몸은 커지는 데 반해 심리적 발달은 제자리걸음을 한다. 마치 동화 속에 나오는 피터팬이 어린이에 만족하면서 다음 발달 단계로 넘어가지 않으려는 현상을 '피터팬 증후군 (Peter Pan Syndrome)'이라고 한다.

68. 피험자 편파(Subject Bias)

심리학은 사람들을 대상으로 하는 학문이기 때문에 실험에 참가하는 사람들이 어떤 것을 실험하는지 모르게 해야 한다. 그뿐 아니라 실험을 수행하는 사람도 어떤 실험을 어떤 조건에서 행하는지 몰라야 한다. 만약 무슨 실험이고 가설은 무엇이고, 어떤 것을 알아보고자 하는 것인지를 실험 받는 피험자가 알면 그런 것들은 의식적, 무의식적으로 실험에 영향을 미친다. 실험자들이 실험에 관한 정보를 알고 있기 때문에 나타나는 편파를 '실험자 편파(Experimenter Bias)'라 하고, 피험자들이 실험에 관한 정보를 알고 있기 때문에 나타나는 편파를 '피험자 편파(Subject Bias)'라고 한다. 그래서 심리학과 같이 사람들을 대상으로 하는 실험들은 편파를 줄이려고 실험 협조자와 실험에 참가해 테스트를 받는 피험자들이 무슨 실험을 하는지를 알지 못하게 한다. 실험자 편파와 피험자 편파를 줄이기 위해 흔히 사용하는 방법을 맹목 또는 차단 기법(Blind Technique)이라고 한다. 차단 기법이란 실험 수행자나 피험자가 실험의 목적을 알면 실험에 영향을 줄 수 있기 때문에 그런 편파를 없애려고 실험에 관한 정보를 차단하는 방법이다.

69. 학습 딜레마(Learning Dilemma)

시도와 실패란 시행착오를 통해 새로운 해결책을 찾아내고 좀 더 넓고 깊게 세상을 보면서 세상을 배워나가는 원리를 '학습 딜레마'라고 한다.

70. 현저성 효과(Saleince Bias, 독특성 효과)

상식적으로 만드는 가설이 항상 정확하지는 않다. 사람들은 지적으로 게으르기 때문에 모든 정보를 다 처리하지 않고 섣부르게 결론을 내린다. 설령 어떤 정보를 모두 다 처리한다 하더라도 자기중심적으로 정보 처리를 하기 때문에 오류를 범하기 쉽다. 그런 현상을 귀인 오류라고 한다. 귀인 오류는 특히 어떤 자극이 특출할 때 잘 나타난다. 사람들은 어떤 자극이 지각적으로 특출하면 그 자극의 어떤 현상의 원인으로 삼는 오류를 범하는데 그런 오류를 '독특성 효과' 또는 '현저성 효과'라고 한다. 뭔가 튀는 사람이 눈에 잘 들어오고, 그 사람이 가장 영향력 있어 보이는 현상이다. 사람들은 이처럼 어떤 원인을 찾거나 세상을 볼 때 지각적으로 특출한 자극들의 역할을 강조한다. 이는 곧 지각적으로 튀는 사람들이 그렇지 않은 사람보다 더 쉽게 도마에 오를 수 있음을 보여준다. 그러나 튄다는 것은 어떤 집단에서 지배적인 역할을 할 가능성을 높여준다. 그래서 어떤 조직이든지 처음에 말을 많이 하는 사람을 대표로 뽑는 경향이 있다.

71. 호손 효과(Hawthorne Effect)

사람들은 누군가 관심을 가지고 지켜보면 더 분발한다. 그런 현상은 할 수 있다고 믿으면 잘하는 피그말리온 효과와도 비슷하지만, 여럿이 함께 일하면 생산성이 올라가는 사회적 촉진 현상과도 관련 있다. 그런 현상이 산업 장면에 적용되어 누군가 관심을 가지고 지켜볼 때 생산성이 향상되는 현상을 '호손 효과'라고 한다.

72. 회상 효과(Reminiscent Effect)

사람들은 어떤 일을 거듭할수록 피로가 쌓이고 주의 집중력이 떨어져 수행도 떨어진다. 그래서 잠시 쉬며 피로를 회복하면서 주의 집중력을 높여 주어야 한다. 그러면 회상 효과가 나타난다. 회상 효과는 무엇인가를 배울 때는 집중적으로 계속하기보다 적절한 시간 간격을 유지하는 게 효과적이란 사실을 보여준다.

73. 후광 효과(Halo Effect)

사람들은 어떤 사람이 매력적이면 그 사람은 지적이고, 관대하고, 성격도 좋고, 집안 환경도 좋을 거라고 생각한다. 그에 비해 어떤 사람이 매력적이지 않으면 그 사람은 둔하고, 이기적이고, 성격도 나쁘고, 집안 환경도 나쁠 것이라고 생각한다. 신체적 매력이 개인의 다른 인상 평가에 긍정적으로 영향을 미치는 현상을 '후광 효과'라고 하고, 부정적으로 영향을 미치는 현상을 '부정 후광 효과(Negative Halo Effect)'라고 한다. 그런 후광 효과는 인간관계에도 나타난다. 사람들은 신체적으로 매력적인 사람들과 함께 있길 원한다. 그래서 사람들은 이왕이면 잘생긴 친구하고 어울리려 하고, 매력적인 사람과 결혼하려고 한다. 매력적인 사람 때문에 자기의 주가가 올라가기 때문이다. 신체적 매력과 후광 효과의 관계는 크게 발산효과와 대비효과로 나누어진다. 발산효과는 매력 있는 사람과 함께 있을 때 자신의 평가가 높아지는 현상이고, 대비효과는 매력 있는 사람과 함께 있을 때 자신의 평가가 상대적으로 낮아지는 현상이다. 결국 매력 있는 사람과 같이 있다고 해서 항상 좋은 것은 아니다. 그 사람과 자신이 어떤 관계이냐가 중요한 것이다.

74. 풍선 효과

풍선의 한 곳을 누르면 다른 곳이 불거져 나오는 것처럼 문제 하나를 해결하는 대신에 또 다른 문제가 생겨나는 현상이다.

75. 낙인(stigma) 효과

피그말리온 효과와는 반대로 나쁜 사람이라고 부정적인 낙인이 찍히면 그 낙인에 걸맞은 행동을 한다는 것을 말한다.

76. 플라시보 효과

밀가루를 알약처럼 만든 플라시보가 약효를 보는 것처럼 가짜 약이 진짜 약처럼 정신적, 신체적 변화를 일으키는 것을 말한다.

77. 노시보 효과

　적절한 처방이나 약도 정작 환자 본인이 믿지 않고 의구심을 가지면 약을 먹는다 해도 잘 낫지 않는다는 것을 말한다.

78. 베블런 효과

　가격이 상승한 소비재의 수요가 증가하는 현상으로 허영심에 의해 수요가 발생하는 효과이다.

79. 악마(Devil) 효과

　후광 효과와는 반대로 못생긴 외모 때문에 그 사람의 다른 측면까지 부정적으로 평가되는 것을 말한다.

80. 방사(Radiation) 효과

　예쁜 여자랑 다니는 못생긴 남자는 뭔가 다른 특별한 게 있을 것이라고 보는 것처럼 매력 있는 짝과 함께 있을 때 사회적 지위나 자존심이 고양되는 것을 말한다.

81. 대비(Contrast) 효과

　방사 효과와는 반대로 여자들이 자기보다 예쁜 친구와는 될 수 있는 한 같이 미팅에 안 나가는 것처럼 너무 매력적인 상대와 함께 있으면 그 사람과 비교되어 평가절하 되는 것을 말한다.

82. 하인드 펙토리 버레드 증후군

갑자기 기분이 좋아지거나 갑자기 기분이 나빠지는 현상. 강한 집착을 가지고 있는 사람들에게 많이 나타나는 증상이다.

83. 전위적 공격행동(Displaced Aggression)

자기 마누라한테 받은 분풀이를 회사에 와서 부하직원에게 푸는 것처럼 처벌을 가한 자에게 공격행동을 하기보다는 다른 대상을 찾아 분노감을 해소하는 것을 말한다.

84. 자기 이행적 예언(Self-Fulfilling Prophecy)

'며느리가 미우면 며느리 발뒤꿈치까지 밉다'고 어떤 사람을 의심하면 하는 짓마다 수상하게 보이고 미워하면 미운 짓만 하는 것 같은 것을 말한다.

85. 기대 - 가치 이론(Expectancy-Value Theory)

'제 눈에 안경' 혹은 '끼리끼리 논다'는 유유상종이란 말처럼 자기와 함께할 상대자를 선택할 때 그 상대방의 매력 정도뿐만이 아니라 그 상대와의 성사 가능성이란 기대 정도도 고려해서 결정한다는 것을 말한다.

86. 욕구 - 상보성 가설(Need Complementarity Hypotheses)

기대-가치이론과는 반대로 지배욕구가 강한 사람은 순종적인 사람을 좋아하는 것처럼 서로 상반되는 성향의 사람들이 자신들의 욕구를 보상받을 수 있는 상대와 친해지려고 하는 것을 말한다.

87. 초두 효과(Primacy effect)

만남에서 첫인상이 중요한 것처럼 먼저 제시된 정보가 나중에 들어온 정보보다 전반적인 인상 형성에 강력한 영향을 미치는 것을 말한다.

88. 맥락 효과(Context Effect)

성실한 사람이 머리가 좋으면 머리 좋은 게 지혜로운 것으로 해석되고 이기적인 사람이 머리가 좋으면 교활한 것으로 해석되는 것, 또는 예쁜 여자가 공부도 잘하면 기특한 거고, 못생긴 여자가 공부를 잘하면 독한 년이라고 처음에 제시된 정보가 나중에 들어오는 정보들의 처리 지침을 만들고 전반적인 맥락을 제공하는 것을 가리킨다.

89. 주의 감소(Attention Dcrement) 현상

첫인상이 나쁘면 나중에 아무리 잘해도 어려운 것처럼 후에 들어오는 정보에 주의를 기울이는 정도가 줄어드는 것을 말한다.

90. 중요성 절감(Discounting) 현상

이기적이라고 생각했던 사람이 갑자기 호의를 보이면 의심하듯이 나중에 들어오는 정보의 중요성은 처음 들어오는 정보에 비해 가볍게 취급되는 것을 말한다.

91. 부정성의 효과(Negative Effect)

한 번 전과자는 사회에 발붙이기 힘들다고 하듯이 부정적인 특징이 긍정적인 것보다 인상 형성에 더 강력하게 작용하는 것을 말한다.

92. 수면자 효과(Sleeper Effect)

큰 잘못을 해도 시간이 지나면 용서 받을 수 있듯이 초기에 제시된 정보도 잠자고 나면 점차 망각되는 것을 말한다.

93. 빈발 효과(Frequency Effect)

내성적이라고 생각했던 사람도 웃기는 행동을 자주 하면 외향적이라고 생각되듯이 반복해서 제시되는 행동이나 태도가 첫인상을 바꾸는 것을 말한다.

94. 통제감의 착각(Illusion of Control)

'사람들은 모두 제 잘난 맛에 산다'고 불행한 사건이 일어날 가능성은 낮게 보고 남들보다 행복한 미래가 기다리고 있다고 생각하는 것처럼 우연에 의해 결정되는 일도 자신이 통제력을 행사할 수 있다고 믿는 것을 말한다.

95. 행위자 – 관찰자 편향(Actor–Observer Bias)

운전할 땐 차선의 빨간불이 길게 느껴지고, 길을 걸을 땐 횡단보도의 빨간불이 길게 느껴지는 것처럼 똑같은 행동도 자신이 행위자일 때와 다른 사람이 그 행위를 하고 있는 것을 관찰할 때가 서로 다른 것을 말한다.

96. 허구적 일치성 효과(False Consensus Effect)

바람기 있는 남자는 자기 친구가 업무상 여자를 만나면 바람을 피운다고 추측하기 쉽듯이 객관적인 절차 없이 남들도 자기와 같을 것이라고 짐작하는 것을 말한다.

97. 허구적 독특성(False Uniqueness)

내가 하면 낭만적 로맨스고 남이 하면 주책 같은 스캔들이라고 자신은 남들과 달리 독특한 개성을 갖고 있다고 보려는 것을 말한다.

98. 사회 비교 이론(Social comparison Theory)

내가 남들에게 어떻게 보이는가가 항상 궁금하듯이 사람은 의식적 또는 무의식적으로 자신을 타인과 비교하려는 욕구가 있다는 것을 말한다.

99. 단순 보상의 효과(Simple Reward Effect)

사람들이 유명세에 약하듯이 부담스러운 것보다는 보상을 추구하는 성향이 있기 때문에 일단은 강한 자 편에 서고 싶어 하는 것을 말한다.

100. 자존심 고양의 효과(Self-esteem Enhancing Effect)

유명하고 똑똑하고 힘 있는 사람이 내 주변에 많으면 내 자존심이 올라간다고 생각하는 것을 말한다.

101. 발부터 들여놓기 기법(Foot-in-the-door Technique)

외판사원들이 하는 영업수법으로 작은 요구에 응하게 하여 나중에 큰 요구를 들어주게 하는 것을 말한다.

102. 머리부터 들여놓기 기법(Face-in-the-door Technique)

어린애들이 엄마에게 우선 비싼 것을 사달라고 떼쓰다가 그것이 안 되면 그것보다 좀 싼 것을 사달라고 하는 식으로 무리한 부탁을 먼저 해서 나중에 제시한 작은 요구를 들어주게 하는 방법을 말한다.

103. 내적귀인(Internal Attribution)

'잘되면 내 탓'이라고 자기가 한 일이 성공적인 경우는 자신의 재능이나 노력 등 스스로의 공으로 돌리는 것을 말한다.

104. 외적귀인(External Attribution)

'못 되면 조상 탓'이라고 실패한 경우는 타인이나 상황 또는 운으로 탓을 돌리는 것을 말한다.

105. 방어적 귀인(Defensive Attribution)

실패했을 때는 남의 탓으로 돌려야 자존심이 상하지 않으며, 잘 되었을 때는 자기의 공으로 치부해서 자기의 자존심이 고양되는 것을 말한다.

106. 조건반사(Conditioning)

'파블로프의 개'처럼 과거에 경험했던 어떤 자극이 제시되면 그 자극상황에서 나타났던 반응들이 일어나는 것을 말한다.

107. 혐오적 조건 형성(Aversive Conditioning)

만일 나비가 하수도에서 산다면 나비도 쥐처럼 사람들이 혐오하는 곤충이 되었을 것이라는 상상처럼 더럽고 불쾌한 자극과 짝지어 제시되었기 때문에 어떤 것을 혐오스럽게 생각하는 것을 말한다.

108. 자극 일반화(Stimulus Generalization) 현상

'자라 보고 놀란 가슴 솥뚜껑 보고 놀란다'고 조건형성된 자극과 유사한 자극이 나타나도 학습된 조건반사와 비슷한 반응을 보이는 것을 말한다.

109. 터널시야(Tunnel Vision) 현상

열 받으면 눈에 뵈는 게 없는 것처럼 생리적인 흥분이 증가되어 주의력과 정보처리 능력이 현저하게 저하되는 것을 말한다.

110. 비인간화(Dehumanization) 현상

상대방이 어떤 사람인지 모르는 경우에는 상대방을 비인격적인 존재로 격하하기 때문에 상대방을 아는 경우보다 공격성이 촉발되는 것을 말한다.

111. 사건처리(Event Processing Hypothesis) 가설

모르는 길을 찾아갈 때는 이것저것 파악해야 할 게 많아 멀게 느껴지지만 돌아올 때는 파악해야 할 것이 갈 때보다 적어 가깝게 느껴지는 것처럼 처리되는 사건의 수에 따라 시간의 추정이 달라지는 것을 말한다.

112. 자기불구화(Self-handicapping) 현상

어떤 일을 실패할 가능성이 많다고 생각할 때는 다른 이유로 책임을 전가하여 핑계 댈 구실을 만들어 자존심을 보호하는 것을 말한다.

113. 심리적 반발(Psychological Reactance)

멍석 깔아주면 안 하는 것처럼 하라면 하기 싫고, 말리면 하고 싶은 것을 말한다.

114. 자극포만 기법(Stimulus-satiation Technique)

비정상적인 행동을 그만두게 하는 심리학적인 치료방법으로 좋아하는 것을 물리게 하여 그만두게 하는 것을 말한다.

115. 정서의 말초설(Peripheral Theory of Emotion)

아이들이 싸우다 코피가 나면 눈물을 흘리며 우는 것처럼 신체의 말초반응들이 감정을 유도하는 것을 말한다.

116. 점화 효과(Priming Effect)

특정한 정서와 관련된 정보들이 그물망처럼 서로 연결되어 있어서 한 가지 정보가 자극을 받으면 관련된 기억들이 함께 떠오르는 것을 말한다.

117. 몰개성화(Deindividuation) 현상

스타의 공연을 보는 오빠부대처럼 흥분하면 자신의 상태를 파악하는 능력이 감소되어 하나의 독립된 개체로서의 개성을 상실하는 것을 말한다.

118. 뷰 캐넌 증후군

루이뷔통, 프라다, 샤넬, 피에르가르탱 등의 명품을 앞에 두고 그것을 느끼는 감정
으로 제임스 트위첼이 지은『럭셔리신드롬』에서 나온 용어이다.

명확하지는 않지만, 명품을 구입하는 사람들이 경제적으로 자기보다 아래 계층사
람들과 구별하기 위한 혐오스러운 비교, 쾌감이나 정복감, 억압으로부터 해방감까지
의 감정 등을 복합적으로 가리키는 말이다. 무엇보다도 자기만족현상을 말한다.

119. 쇼그렌 증후군

자가면역질환으로 자신의 외분비선을 공격해 점액질 분비와 침샘 눈물샘이 손상되
는 것을 말한다.

120. 램프 증후군

많은 사람들이 가지고 있는 '걱정의 마술램프' 걱정이라는 거인을 스스로 불러놓고
명령한다. "자 나를 불행의 세계로 인도해 다오", "지금 고통을 이리로 데려오렴" 걱
정이라는 환영을 붙들고 그저 처분만 기다리며 괴로워하는 현상을 말한다.

121. 에반스 증후군

신체가 적혈구, 혈소판, 백혈구 등을 파괴하는 희귀한 자기면역혼란 증상이다. 에반
스 증후군의 증상은 경우에 따라 다르다. 환자는 여러 가지 증상들을 모두 나타내기
도 하며, 한두 가지만을 나타내기도 한다. 자기 신체가 자신을 파괴하는 증후군을 말
한다.

122. 단순접촉효과(Effect of Simple Contrast)

자주 만나고, 우연으로라도 자주 보게 되면 정이 들고 그렇다하고 생각하는 것처럼 단지 자주 접촉하는 것만으로도 호감을 주는 효과를 말한다.

123. 민모션 증후군

큰 소리로 울지 못해서 입술을 깨물거나 손으로 입을 막으며 울음소리를 밖으로 내비치지 않으려는 현상을 말한다.

124. 소극적 공격성

소극적 공격성이란 겉으로는 조용하고 순해 보이지만, 소리치고 불같이 화를 내는 것보다 오히려 상대방을 더 화나게 하는 상대하기 어려운 성격을 일컫는다. 말로는 남의 속을 뒤집는 깐족이라도 행동으로 공격은 하지 않는다. 대화 중 말끝마다 토를 달고 비꼬는 버릇이 있는데, 아무 말 없이 고집스럽게 일을 하지 않고 버티거나 이유 없이 자신이 속한 조직을 욕하는 것, 혹은 자신의 불운에 대해 듣는 이가 없어도 끊임 없이 중얼거리는 행위 등도 이에 속한다. 실수를 무서워하는 사람에게 나타나는 증상이며, 실수를 피하려다 나타나는 조용한 반항이다.

125. 로스트 베이로제 증후군

힘들거나 우울할 때, 자신도 모르게 기대게 되는 현상이다. 그 순간만 기억에서 잊히게 되면, 나중에는 전혀 기억이 나지 않는다. 겉으로는 강한 '척'을 하거나 믿음직스러운 '척'을 하는 사람들에게 나타나는 증세를 말한다.

126. 롤리타(lolita) 콤플렉스

롤리타 콤플렉스는 어린이를 성적 대상으로 삼고 이를 즐기는 것, 혹은 소아에 대한 이상 성욕을 가지는 것을 말한다. 이는 성적도착증(性的倒錯症)을 다룬 소설로 롤리타 콤플렉스라는 말이 이 소설에서 생겨났다. '롤리타 콤플렉스'란 아직 성인이 되기 전의 여자 아이, 특히 10세 이하 또는 10대 초반의 미성숙한 소녀에 대해 성적인 매력을 느끼는 심리를 말한다. 롤리타 콤플렉스를 줄여서 '롤리콘'이라고도 한다.

127. 쇼타로 콤플렉스

롤리타 콤플렉스의 반대되는 계념으로 성인이 되기 전의 남자아이, 특히 초등학교 저학년의 귀여운 소년에서 느끼는 성적 매력을 의미한다. 줄여서 '쇼타콘'이라고도 한다.

128. 루키즘(lookism)

외모가 개인 간의 우열과 성패를 가름한다고 믿어 외모에 지나치게 집착하는 외모지상주의를 일컫는 용어로서 외모(용모)가 개인 간의 우열뿐 아니라 인생의 성패까지 좌우한다고 믿어 외모에 지나치게 집착하는 경향 또는 그러한 사회 풍조 현상을 말한다.

129. 아스퍼거 증후군(Asperger Syndrome)

자폐성을 특징으로 하는 증상으로, 자폐증처럼 뇌기능 장애의 일종이지만, 지능이나 언어능력이 정상이라는 점에서 자폐증과 구분된다. 일반적인 증상은 사교성(사회성)이 없다는 점. 사회성 발달 장애에 따라 사람들과 눈을 마주치지 못한다. 말로 표현되지 않는 표정이나 몸짓 등 비언어적 의사소통에 서툴기 때문에 다른 사람의 감정상태도 전혀 파악하지 못한다.

130. 파토스 정서

감정을 공유하고픈 욕구 때문에 타인과의 교류를 문학적으로 파토스적 정서라고
한다.

131. 해리성 정체장애

해리성 다중인격장애라고도 하며, 한 사람이 둘 이상의 인격을 가지고 있는 정신
질환이며, 다중인격장애라고도 하고, 예전에는 빙의라고도 하였다. 다중인격은 실제
로 한 사람 안에 여러 개의 인격이 있는 것이 아니라, 한 사람의 내부에서 오랫동안
형성된 정신 상태의 일부분들이 일시적으로 그 사람의 전체를 조종하는 것이다. 원인
은 유년시절에 받은 육체적 또는 성적 학대로 알려져 있다. 그 외에 가족이나 친구의
죽음, 끔찍한 사고의 목격 등 정신적 외상이 원인이 되기도 한다.

132. 자성예언(Self-fulfilling Prothecy)

자성예언이란 사람들은 타인에 대해서 어떤 기대나 신념을 가지면 타인으로 하여
금 기대와 일치하는 행동을 하도록 유도하여 자신의 기대를 확증시키는 경향을 일컫
는 말이다. 비슷한 의미로 '피그말리온 효과(pygmalion effect)'가 있다.[113]

미래사회는 거져 되는 것이 아니다. 끊임없이 노력하고, 변화하고, 움직일 때 미래
사회는 만들어지는 것이고 설계되는 것이다. 지금 상황에 만족하고 현재가 좋으니까
그대로 있자고 하면 미래는 절대로 희망적이지 않다. 죽도록 일하고, 죽도록 공부하
고, 죽도록 연구하고, 죽도록 고뇌할 때 미래는 만들어지는 것이다.

인간행동이 동물적이거나, 기존의 패러다임으로 움직인다고 해서 그것에 만족해서
는 안 된다. 미래는 만들어 가는 사람들과 만들어 가는 조직에 성공이 있다.

인간행동은 단순하지만 미래는 복잡하다. 복잡하고 다원주의적이고, 다변적인 미

---

113) http://kin.naver.com/qna/detail.nhn?d1id=11&dirId=110501&docId=104646957&qb=66+4656Y7J2YlOyduOqwhO2WieuPmQ==-
&enc=utf8&section=kin&rank=5&search_sort=0&spq=0&pid=gRyJSdoi5Ulsssquiiosss--438670&sid=TUy7VZyFTE0AAAqCYnM

래를 성공적으로 만들기 위해서는 지금이 중요하다. 지금 무엇을 하느냐가 아니라 지금 어떻게 하느냐가 중요한 것이다. 어떻게 미래를 만들어 갈 것인가를 고뇌하고, 설계해야 할 것이다. 인간행동과 사회환경의 해답은 동일하지 않다.

지금 정답이 아닐지라도 나중에 정답이 될 수 있다. 사회과학의 이론은 정답이 없다고 하듯이 단순하게 정답을 구하거나, 획일적인 정답만을 주장해서도 안 된다. 그러므로 우리는 다양한 언어와 다양한 생각과, 다양한 방법으로 인간행동을 사회환경으로 침투시켜 체인(하나의 몸에 익히는 과정)을 만들어야 할 것이다.

변화에 능동적인 대처만이 인간행동과 사회환경을 이해하는 기본 마인드가 되어야 할 것이다.

한만봉
韓萬奉
Han Man-Bong

1994. U.S.A. Midwest University(M.Div)
2002. 고려대학교(교육정책학 석사-수석장학생)
2005. 성균관대학교 대학원 박사Cand(교육행정학 전공)

1991. 한국세무신문사 전문취재부 기자
1995. 한국어린이선교원신학교 캠퍼스 분교장
2002. 고려교육정책학회 상임회장(한국연구재단 학회검색가능)
2002. 몬테쏘리학회 상임회장(한국연구재단 학회검색가능)
2002. 고구려대학교 설립추진위원회 법인이사
2003. 한주신학 학술원 설립 이사(신학원 교수)
2003. U.S.A. Glenford University 교육학과 교수
2004. U.S.A. Cohen University 정책학과 외래교수
2004. 한국복지상담학술재단 이사 겸 홍보처장
2005. U.S.A Holy People University Campus 유학담당 지도교수
2005. PHILIPPINE PRESBYTERIAN THEOLOGICAL COLLEGE 객원교수
2005. 대통령직속기관 사법개혁추진위원회 모의재판 배우활동(광주공연, 서울공연)
2005. 혜전대학 겸임교수
2006. 고위직 직무교육 콘텐츠 연기자 활동(기아, 현대, 대우자동차 고위직 직무교육)
2006. 장애인복지시설, 행복한재단 이사
2008. 혜전대학 초빙교수
2008. 지방분권신문사 사장(대표이사)
2009. Korea Entertainment institute 대표이사
2009. 충남정책자문단 교수위원 위원장
2009. 한민대학교 출강(사회복지정책학, 사회복지행정학, 사회복지상담학 강의)
2009. 고려신학교, 고려사이버신학 원격평생교육원 기획처장
2010. 연희대학신학교 총장(2010년 5월 29일, 3대 총장 취임)

「우리나라의 복지행정제도에 관한 고찰 연구」(1988)
「Kal Barth 의 신관 연구」(1988)
「한국 민중문화와 민중 신학 연구」(1992)
「Rein hold Niebuhr & Marx에 대한 상관관계 연구」(1993)
「A CHRONOLOGICAL HARMONY OF THE RESURRECTION APPEARANCES OF JESUS THE MESSIAH」(1994)
「북한종교의 변화 전망 연구」(2002)
「교육위원회와 지방의회간의 갈등 현상에 관한 연구」(2001)
「조선조 과거시험 방식의 정책적 분석」(공동, 2005)
「조선의 과거제도에 대한 정책적 연구」(공동, 2005)
「조선왕조 과거제도 인사정책 연구」(공동, 2005)
「조선왕조 과거시험주기 정책적 주장 분석연구」(공동, 2005)
「조선왕조 과거제도가 현대 정책에 주는 의미」(공동, 2005)
「과거제도 시험주기의 정책 분석연구」(공동, 2005)
「북한 종교지형 변천 정책 분석연구」(공동, 2005)
「내포문화권 보부상관광벨트 가능성 연구」(공동, 2009)

1. 『대학생활영어』(공저)
2. 『행정경제교육』(저술)
3. 『행정정책기획론』(저술)
4. 『의원학』(저술)
5. 『국회의원학』(저술)
6. 『교육정책학 상』(저술)
7. 『교육정책학 하』(저술)
8. 『산학협동교육학』(저술)
9. 『현대교육학실기론』(저술)
10. 『현대환경행정론』(공저)
11. 『행정사무관리론』(공저)
12. 『영재교육심리』(저술)
13. 『인사행정학』(저술)
14. 『행정복지론』(저술)
15. 『조직신학』(공저)
16. 『아다르마 성공비법』(저술)
17. 『동양환경행정』(저술)
18. 『교육학과 비서행정』(저술)
19. 『7만교인 교육론』(저술)
20. 『지방자치발전론』(저술)
21. 『CEO 지도자론』(공저)
22. 『NGO 행정론』(공저)
23. 『경영행정학』(저술)
24. 『직업과 경제』(저술)
25. 『실기교육방법론』(저술)
26. 『전산실무』(저술)
27. 『사회복지행정론』(공저)
28. 『대박마케팅』(공저)
29. 『행정학』(저술)
30. 『멘토』(저술)
31. 『모세오경의 교육론』(공저)
32. 『사회복지정책론』(공저)
33. 『금융·재테크 성공론』(공저)
34. 『사회복지법제』(저술)
35. 『리더쉽 성공론』(저술)
36. 『사회복지상담』(저술)
37. 『경찰행정법』(공저)
38. 『무역법과 상거래』(공저)
39. 『복지행정조사방법론』(저술)
40. 『행정조직관리론』(저술)
41. 『카타콤 제자훈련』(저술)
42. 『복지재무론』(저술)
43. 『교육인사행정』(저술)
44. 『자살심리론』(저술)
45. 『인간행동과 사회환경』(공저)
외 다수

연락처: doctor@skku.edu
초청특강 및 강의요청(스케줄 조정) 010-4432-8561

배상목 ——————————

경기대학교 무역학과 학사
경기대학교 경영학 석사
경기대학교 경영학 박사
충남방적(주) 과장 역임

청운대학교 기획처 근무
한서대학교 국제통상학과 강사 역임
혜전대학 무역유통마케팅과 학과장, 기획과장, 입학관리 본부장, 산학협력단장, 산학협력센터장 역임
2001. ~ 홍성군 행정서비스헌장 심의위원
2002. ~2003. 민방위소양강사
2002. ~ 홍성군 도청유치 자문위원
2003. ~ 바른선거선도위원
2005. ~ 홍주고등학교 학교법인 이사
2005. 청정홍성 21 추진협의회 운영위원(장)
2006. ~2010. 홍성군정 자문위원
2005. ~ 천안문화원 이사
2008. ~2010. 홍성군 자체평가위원
2009. ~2011. 법무부 범죄예방자원봉사위원

「한국기업의 스왑거래제도 이용실태에 관한 연구」(1991)
「한국기업의 효율적 외환관리 방안에 관한 연구」(1999)
「한국의 복합운송에 관한 연구」(1994)
「금융선물시장의 국내도입 방안에 관한 연구」(1994)
「파생금융상품거래에 관한 고찰」(1998)
「국내 파생금융상품거래 실태에 관한 연구」(1999)
「우리나라 항만의 e-port구현전략에 관한 연구」(2002)
「eUCP-전자적 제시를 위한 UCP500의 추록의 주요 내용에 관한 연구」(2002)
「전자식선하증권의 운용방안에 관한 연구」(2003)
「치기공사의 이직에 관한 연구」(2003)
「IMF 이후 한국기업 외환관리의 문제점과 개선방향」(2003)
「확장된 기술수용모델(ETAM)에 의한 전자무역 수용에 관한 연구」(2003)
「환경 특성에 따른 전자무역 수용에 관한 연구」(2005)
「2005학년도 대입전형 변형에 따른 대학의 대응전략」(2005)

『최신경영학원론』(2005)
『무역실무론』(2005)
『무역법과 상거래』(2009)

인간행동과 사회환경

초판인쇄 | 2011년 4월 15일
초판발행 | 2011년 4월 15일

지 은 이 | 한만봉, 배상목
펴 낸 이 | 채종준
펴 낸 곳 | 한국학술정보㈜
주   소 | 경기도 파주시 교하읍 문발리 파주출판문화정보산업단지 513-5
전   화 | 031) 908-3181(대표)
팩   스 | 031) 908-3189
홈페이지 | http://ebook.kstudy.com
E-mail | 출판사업부 publish@kstudy.com
등   록 | 제일산-115호(2000. 6. 19)

ISBN   978-89-268-2113-8 93330 (Paper Book)
        978-89-268-2114-5 98330 (e-Book)